2차 [실기합격]

임상심리사
2급 기출이 답이다
한권으로 끝내기

시대에듀

2025 기출이 답이다 임상심리사 2급 2차 실기합격 한권으로 끝내기

Always **with you**

사람의 인연은 길에서 우연하게 만나거나 함께 살아가는 것만을 의미하지는 않습니다.
책을 펴내는 출판사와 그 책을 읽는 독자의 만남도 소중한 인연입니다.
시대에듀는 항상 독자의 마음을 헤아리기 위해 노력하고 있습니다. 늘 독자와 함께하겠습니다.

자격증 · 공무원 · 금융/보험 · 면허증 · 언어/외국어 · 검정고시/독학사 · 기업체/취업
이 시대의 모든 합격! 시대에듀에서 합격하세요!
www.youtube.com ➔ 시대에듀 ➔ 구독

PREFACE

머리말

임상심리사란 개인이나 집단이 경험하는 심리·생리적 문제나 정신건강과 관련된 다양한 영역의 문제를 이해·평가·치료하는 전문인력입니다.
임상심리사는 정신적 문제를 예방하기 위한 활동과 정신적 어려움을 겪은 사람이 사회에 적응할 수 있도록 돕는 재활활동을 중심으로, 정신건강 분야의 관계자나 기타 산업체 및 정부기관 관계자 등에게 필요한 심리상담 자문을 제공하기도 하며 우리 사회 곳곳에 공헌하고 있습니다.
최근에는 정신건강에 대한 개인·사회적 관심이 높아지면서 관련 분야의 자격시험 응시인원 역시 증가하였고, 그중에서도 임상심리사 자격시험은 한국산업인력공단에서 발표하는 종목별 자격시험 접수 건수 통계에서 매년 상위 10위 안에 들고 있습니다.

현대에는 정신질환이 아니어도 학교폭력 등의 사회적 문제로 인하여 극심한 스트레스를 경험하거나 심리적 고통을 호소하는 사람이 점차 증가하고 있으며, 이에 따른 심리상담 전문인력에 대한 사회적 요구 역시 급증하고 있습니다. 이러한 흐름 속에서 임상심리 분야의 시장은 더욱 성장할 것으로 보이며, 고용 규모 역시 더욱 확대될 것으로 전망됩니다.
특히 임상심리사는 개별 심리센터를 개업하여 상담서비스를 제공하는 것도 가능하기 때문에 상대적으로 연령 등의 제한 없이 오래 종사하는 것이 가능한 직군입니다. 최근에는 다양한 심리 관련 지식을 알려주는 임상심리사들의 유튜브 채널이 많은 구독자의 관심을 얻으며, 그 활동 범위를 점점 더 넓혀가고 있기도 합니다.

이처럼 새로운 가능성으로 떠오른 임상심리사 자격시험을 준비하는 수험생분들을 위해, 본 교재에는 2015년부터 2024년까지의 임상심리사 2급 실기시험 기출복원문제와 상세한 해설을 수록하였습니다. 그리고 출제유형을 파악하며 다시 한번 이론을 정리할 수 있도록 '빨리보는 간단한 키워드(빨간키)'를 함께 담았습니다. 수험생 여러분이 본 교재를 통해 임상심리사 2급 실기시험의 출제경향을 분석하고 부족한 학습을 보강하여 실전을 철저히 대비하실 수 있도록 구성하였습니다.

본 교재를 선택하여 주신 여러분이 꼭 합격하기를 기원합니다.

편저자 일동

시험안내

임상심리사 개요

임상심리사는 인간의 심리적 건강 및 효과적인 적응을 다루어 궁극적으로는 심신의 건강 증진을 돕고, 심리적 장애가 있는 사람에게 심리평가와 심리검사, 개인 및 집단 심리상담, 심리재활 프로그램의 개발과 실시, 심리학적 교육, 심리학적 지식을 응용해 자문을 한다.

임상심리사는 주로 심리상담에서 인지, 정서, 행동적인 심리상담을 하지만 정신과 의사들이 행하는 약물치료는 하지 않는다.

정신과병원, 심리상담기관, 사회복귀시설 및 재활센터에서 주로 근무하며 개인이 혹은 여러 명이 모여 심리상담센터를 개업하거나 운영할 수 있다. 이 외에도 사회복지기관, 학교, 병원의 재활의학과나 신경과, 심리건강 관련 연구소 등 다양한 사회기관에 진출할 수 있다.

시험일정

구 분	제1회	제2회	제3회
1차 필기	2월 7일 ~ 3월 4일	5월 10일 ~ 5월 30일	8월 9일 ~ 9월 1일
2차 실기	4월 19일 ~ 5월 9일	7월 19일 ~ 8월 6일	11월 1일 ~ 11월 21일

※ 본 시험일정은 2025년도 국가기술자격검정 시행일정 사전공고를 바탕으로 작성하였습니다.
※ 자세한 내용은 큐넷 홈페이지(www.q-net.or.kr)를 확인하십시오.

시험형식

구 분	시험과목	문항수	시험방법	시험시간
1차 필기	• 심리학개론 • 이상심리학 • 심리검사 • 임상심리학 • 심리상담	100문항 (각 20문항)	객관식	2시간 30분
2차 실기	• 기초심리평가 • 기초심리상담 • 심리치료 • 자문 · 교육 · 심리재활	18 ~ 20문항	필답형	3시간

합격기준

구분	합격기준
1차 필기	100점을 만점으로 하여 과목당 40점 이상 / 전과목 평균 60점 이상
2차 실기	100점을 만점으로 하여 60점 이상

응시현황

연도	필기			실기		
	응시(명)	합격(명)	합격률(%)	응시(명)	합격(명)	합격률(%)
2023	7,941	5,833	73.5	7,521	2,965	39.4
2022	5,915	4,574	77.3	6,792	2,054	30.2
2021	6,469	5,465	84.5	6,461	2,614	40.5
2020	5,032	3,948	78.5	6,081	1,220	20.1
2019	6,016	3,947	65.6	5,858	1,375	23.5
2018	5,621	3,885	69.1	6,189	1,141	18.4
2017	5,294	4,360	82.4	6,196	1,063	17.2
소계	42,288	32,012	75.8	45,098	12,432	27

필기 출제항목

1과목 심리학개론	2과목 이상심리학	3과목 심리검사	4과목 임상심리학	5과목 심리상담
심리학의 역사와 개관	이상심리학의 기본개념	심리검사의 기본개념	임상심리학의 역사와 개관	상담의 기초
발달심리학		지능검사	심리평가 기초	심리상담의 주요 이론
성격심리학		표준화된 성격검사	심리치료의 기초	심리상담의 실제
학습 및 인지 심리학		신경심리검사	임상심리학의 자문, 교육, 윤리	중독상담
심리학의 연구 방법론	이상행동의 유형	기타 심리검사	임상 특수분야	특수문제별 상담유형
사회심리학				
동기와 정서				

시험안내

실기 출제항목

주요항목	세부항목	세세항목
기초심리평가	기초적인 심리검사 실시/채점 및 적용하기	• 지능검사를 지침에 맞게 실시·채점하고 해석할 수 있다. • 표준화된 성격검사를 지침에 맞게 실시·채점하고 해석할 수 있다. • 투사 검사를 지침에 맞게 실시·채점할 수 있다. • 신경심리검사를 지침에 맞게 실시·채점할 수 있다. • 다양한 행동 평가 방법을 활용하여 목표행동을 규정하고 자료를 수집할 수 있다.
기초심리상담	심리상담하기	• 내담자와 관계형성을 할 수 있다. • 내담자의 심리적 특성을 평가할 수 있다. • 상담 목표와 계획을 수립할 수 있다. • 수퍼비전하에 상담을 진행할 수 있다.
심리치료	심리치료하기	• 내담자와 치료관계를 형성할 수 있다. • 기초 행동수정법을 적용할 수 있다. • 대인관계증진법을 적용할 수 있다. • 아동지도법을 적용할 수 있다. • 아동청소년 스트레스 관리 프로그램을 실시할 수 있다.
자문·교육·심리재활	자문하기	기초적인 자문을 할 수 있다.
	교육하기	• 심리교육프로그램을 개발할 수 있다. • 심리교육을 시행할 수 있다. • 심리건강을 홍보할 수 있다.
	심리재활하기	• 심리사회적 기능을 평가할 수 있다. • 심리재활 계획을 수립할 수 있다. • 심리재활 프로그램을 실시할 수 있다. • 사례관리를 할 수 있다.

과목별 학습공략

STRATEGY

제1과목　기초심리평가

평균 7문제 정도의 가장 많은 문제가 출제되는 영역인 만큼 비중을 두어 학습해야 하는 과목입니다. 기존에 자주 출제되었던 MMPI 척도 분석 문제와 TCI의 하위척도 기질 문제는 올해에도 출제되었습니다. 대부분의 문제가 오래된 기출문제를 변형하여 출제되었고 TAT의 개념 및 해석 방식과 같은 신출 유형도 있었습니다. 여러 심리평가의 목적이나 특징 등의 전체적인 구조를 정확히 파악하고 각 심리평가의 세부내용을 꼼꼼히 암기해야 합니다.

제2과목　기초심리상담

평균적으로 5~6문제가 출제되었습니다. 얄롬의 집단상담의 치료적 요인, 자기표현훈련 등 이미 자주 출제된 익숙한 키워드의 문제가 유사한 유형으로 출제되었습니다. 상대적으로 큰 어려움은 없었으리라고 생각하지만, 기출문제와 같은 내용을 묻되 더 상세하거나 긴 답안을 요구하는 방식으로 변형된 문제들로 구성되어 배점은 큰 과목이었습니다. 아깝게 한두 문제에서 감점되지 않도록, 기출키워드에 관련된 내용을 교재에서 꼼꼼히 확인하고 기출문제보다 확장된 답안을 요구하는 문제에도 막힘없이 답안을 쓸 수 있도록 암기하시기 바랍니다.

제3과목　심리치료

작년과 달리 이번 2024년 시험에서는 출제비중이 크지 않았던 영역입니다. 기본적으로 방어기제, 인간중심상담, 로저스 관련 문제와 같은 빈출유형이 올해도 어김없이 출제되었습니다. 해당 문제의 모범 답안을 꼼꼼하게 암기하여, 개념을 이해하고 숙지해두실 것을 추천드립니다. 실전에서 답안 작성에 막힘이 없도록, 교재의 내용을 자신의 언어로 정리할 수 있을 정도의 명확한 개념 숙지가 필요합니다.

제4과목　자문·교육·심리재활

4과목에서는 상대적으로 적은 수의 문제가 출제되었습니다. 그중에서도 심리재활 관련 문제는 매회 1문제 이상 출제되었지만, 자문과 교육 관련한 문제는 2회차 시험을 제외하고는 출제되지 않았습니다. 재활치료의 주요 개념으로 손상, 핸디캡 등을 설명하라는 문제는 자주 출제되어 답안을 작성하는 데 어려움이 없었을 거라 사료됩니다. 제4과목에서는 이러한 경향이 거의 유지되고 있으므로, 본 교재에 수록된 기출복원문제와 최신 기출키워드를 다시 한번 눈여겨보시기 바랍니다.

이 책의 구성과 특징

STRUCTURES

10개년 기출복원문제 및 심화해설

▶ 2015년부터 2024년까지의 총 23회분 실기시험 기출복원문제와 상세한 해설을 수록하였습니다.
▶ 충분한 기출복원문제로 실력을 가늠하고, 실전에 철저히 대비하세요.
▶ 과년도 기출표시로 빈출문제를 확인하며 학습전략을 세워보세요.

전문가의 한마디

▶ 기출문제를 심층적으로 분석한 '전문가의 한마디'를 수록하였습니다.
▶ 복잡한 상담심리 분야 이론체계부터 출제자가 원하는 답안 작성 요령까지 파악하고 기출문제를 완벽하게 정복하세요.

합격의 공식 Formula of pass | 시대에듀 www.sdedu.co.kr

알아두기

▶ 기출해설과 함께 알아두면 유용한 유관개념을 '알아두기'에 담았습니다.

▶ 신출유형까지 대비하고 합격에 한 걸음 더 다가가세요.

핵심이론 빨간키

▶ 방대한 핵심이론을 정리한 빨리보는 간단한 키워드를 수록하였습니다.

▶ 출제경향을 분석하고 부족한 부분을 보강하며 학습하세요.

▶ 최신기출해설 무료 동영상 강의 제공

최신 빈출키워드

제1과목　기초심리평가

#K-WAIS-IV　#지표점수　#투사기법　#토큰 이코노미　#심리검사 결과 해석　#MMPI
#타당도척도　#4-9척도　#기질 및 성격검사(TCI)　#로샤검사　#엑스너 종합체계방식
#사회성숙도검사　#특정공포증　#BDI　#카우프만　#리히텐베르거　#형태질
#주제통각검사(TAT)　#심리평가의 목적　#심리검사 도구 선정　#지능평가　#9번 척도　#바이너
#틱 장애　#아동인성평정척도

제2과목　기초심리상담

#집단상담　#얄롬　#상담의 기술　#집단구성　#접수면접　#슈퍼비전　#비밀보장　#윤리원칙
#라포　#임상적 면접　#SOLER　#상담 종결의 상황　#행동치료　#자기표현훈련　#사회기술훈련
#자기노출

제3과목　심리치료

#방어기제　#인지적오류　#백　#행동치료　#파괴적 행동문제　#정신분석적 치료　#인간중심상담
#로저스　#실존치료　#정상적 불안　#아동상담　#놀이치료　#저항　#아동심리치료　#가족치료

제4과목　자문·교육·심리재활

#재활치료　#병리　#손상　#장애　#핸디캡　#건강심리학　#프로차스카　#변화단계모델
#재활모형　#재활　#환자교육방법　#직업재활　#자문　#아동문제

합격수기

REVIEW

2024년 제1회 시험

합격자 이○○

안녕하세요.
저는 시대에듀 교재와 동영상 강의로 공부하여, 이번 2024년 제1회 임상심리사 2급 필기시험과 실기시험에서 동차 합격을 했습니다.

시대에듀를 선택한 이유?
직접 임상현장에서 상담(심리치료)을 하시는 교수님들의 이론 강의를 토대로 풍부한 임상경험과 학습방법 제시 등 정보를 제공해 주셔서 유익하게 학습할 수 있었습니다. 그리고 핵심 내용과 기출문제가 자세히 잘 정리된 교재 덕분에 단기간에 시험을 준비하는 데 큰 도움을 받았습니다.

학습전략은?
필기(5과목)는 방대한 분량의 학습 내용을 세부적으로 하나하나 암기하기에는 무리가 있었기에, 우선 강의 내용을 듣고 기출문제를 중심으로 공부했습니다. 실기(4과목)는 강의 내용을 듣고 이해가 안 되는 챕터는 그 부분만 녹음자료를 반복 청취하며 내용을 암기하고 답안 작성 연습을 했습니다.

시험을 치르며 느낀 점?
임상 심리 시험 과목 이론의 전반적 이해도 중요하지만, 시험 준비기간 동안 효율적인 학습 계획과 실천, 그리고 기출문제의 반복 학습이 합격에 도움이 되었다고 생각합니다.

마지막 한마디?
사실 시험 준비 기간도 짧고 암기력이 약해서 여러모로 걱정스러웠지만, 끝까지 도전해 보자는 마음으로 준비한 시험이 좋은 결과를 얻게 되어 기쁩니다. 무엇보다도 자세한 이론 설명이 담긴 교재와 훌륭한 두 교수님의 강의라면 학습자님도 충분히 합격하실 수 있다고 봅니다. 자격증을 준비하시는 분들 꼭 합격하시길 바랍니다.

※ 해당 후기는 시대에듀 합격자 수기 게시판에 남겨주신 내용을 재구성하였습니다.
※ 합격수기는 개인정보 보호를 위해 가명으로 작성되었습니다.

이 책의 목차

빨리보는 간단한 키워드

- 제1과목 기초심리평가 · 003
- 제2과목 기초심리상담 · 044
- 제3과목 심리치료 · 060
- 제4과목 자문·교육·심리재활 · 075

2024년
- 제1회 기출(복원)문제 및 해설 · · · · · · · · 003
- 제2회 기출(복원)문제 및 해설 · · · · · · · · 039
- 제3회 기출(복원)문제 및 해설 · · · · · · · · 068

2023년
- 제1회 기출(복원)문제 및 해설 · · · · · · · · 097
- 제2회 기출(복원)문제 및 해설 · · · · · · · · 132
- 제3회 기출(복원)문제 및 해설 · · · · · · · · 167

2022년
- 제1회 기출(복원)문제 및 해설 · · · · · · · · 199
- 제3회 기출(복원)문제 및 해설 · · · · · · · · 231

2021년
- 제1회 기출(복원)문제 및 해설 · · · · · · · · 267
- 제3회 기출(복원)문제 및 해설 · · · · · · · · 293

2020년
- 제1회 기출(복원)문제 및 해설 · · · · · · · · 325
- 제2회 기출(복원)문제 및 해설 · · · · · · · · 345
- 제3회 기출(복원)문제 및 해설 · · · · · · · · 373

2019년
- 제1회 기출(복원)문제 및 해설 · · · · · · · · 403
- 제3회 기출(복원)문제 및 해설 · · · · · · · · 424

2018년
- 제1회 기출(복원)문제 및 해설 · · · · · · · · 451
- 제3회 기출(복원)문제 및 해설 · · · · · · · · 467

2017년
- 제1회 기출(복원)문제 및 해설 · · · · · · · · 485
- 제3회 기출(복원)문제 및 해설 · · · · · · · · 504

2016년
- 제1회 기출(복원)문제 및 해설 · · · · · · · · 523
- 제3회 기출(복원)문제 및 해설 · · · · · · · · 542

2015년
- 제1회 기출(복원)문제 및 해설 · · · · · · · · 565
- 제3회 기출(복원)문제 및 해설 · · · · · · · · 586

빨간키

빨리보는 간단한 키워드

합격의 공식 시대에듀 www.sdedu.co.kr

PART 1 기초심리평가

PART 2 기초심리상담

PART 3 심리치료

PART 4 자문·교육·심리재활

무언가를 위해 목숨을 버릴 각오가 되어 있지 않는 한
그것이 삶의 목표라는 어떤 확신도 가질 수 없다.

– 체 게바라 –

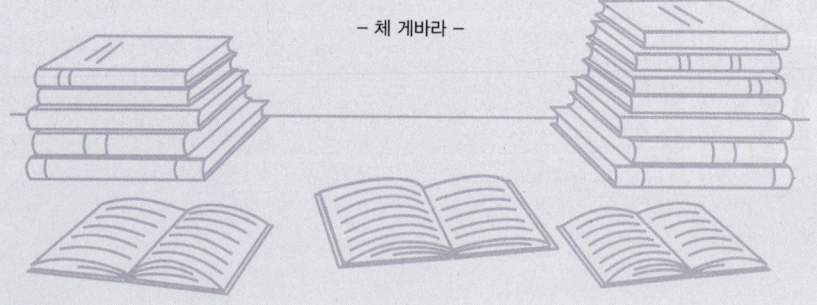

  **끝까지 책임진다! 시대에듀!**
QR코드를 통해 도서 출간 이후 발견된 오류나 개정법령, 변경된 시험 정보, 최신기출문제, 도서 업데이트 자료 등이 있는지 확인해 보세요! **시대에듀 합격 스마트 앱**을 통해서도 알려 드리고 있으니 구글 플레이나 앱 스토어에서 다운받아 사용하세요. 또한, 파본 도서인 경우에는 구입하신 곳에서 교환해 드립니다.

PART 01 기초심리평가

1 DSM-5

■ **DSM-5의 개정 배경**
① 정신장애에 대한 최신 연구결과의 반영
② 범주적 진단체계의 한계에 대한 인식
③ 사용자 접근성 및 임상적 유용성의 고려

■ **범주적 진단분류와 차원적 진단분류**
① 범주적 진단분류
　장애의 유무에 초점을 두는 방식으로, 이상행동이 정상행동과 질적으로 구분된다고 본다.
② 차원적 진단분류
　장애의 정도에 초점을 두는 방식으로, 이상행동과 정상행동은 부적응성의 정도 문제일 뿐 질적인 차이는 없으며, 단지 정도의 차이만 있다고 본다.

■ **DSM-5의 정신장애 분류범주** `19, 23, 24년 기출`

① 신경발달장애(Neurodevelopmental Disorders)

> - 지적장애(Intellectual Disabilities)
> - 의사소통장애(Communication Disorders)
> - 자폐스펙트럼장애(Autism Spectrum Disorder)
> - 주의력결핍 및 과잉행동장애(Attention-Deficit/Hyperactivity Disorder)
> - 특정 학습장애(Specific Learning Disorder)
> - 운동장애(Motor Disorders) - 틱 장애(Tic Disorders) 등

② 조현병 스펙트럼 및 기타 정신병적 장애(Schizophrenia Spectrum and Other Psychotic Disorders)

> - 조현형 (성격)장애 또는 분열형 (성격)장애[Schizotypal (Personality) Disorder]
> - 망상장애(Delusional Disorder)
> - 단기 정신병적 장애 또는 단기 정신증적 장애(Brief Psychotic Disorder)
> - 조현양상장애 또는 정신분열형 장애(Schizophreniform Disorder)
> - 조현병 또는 정신분열증(Schizophrenia)
> - 조현정동장애 또는 분열정동장애(Schizoaffective Disorder) 등

③ 양극성 및 관련 장애(Bipolar and Related Disorders)

> - 제1형 양극성장애(Bipolar I Disorder)
> - 제2형 양극성장애(Bipolar II Disorder)
> - 순환성장애 또는 순환감정장애(Cyclothymic Disorder) 등

④ 우울장애(Depressive Disorders)

- 주요우울장애(Major Depressive Disorder)
- 지속성 우울장애(Persistent Depressive Disorder) 또는 기분부전증(Dysthymia)
- 월경 전 불쾌감장애(Premenstrual Dysphoric Disorder)
- 파괴적 기분조절곤란장애 또는 파괴적 기분조절부전장애(Disruptive Mood Dysregulation Disorder) 등

⑤ 불안장애(Anxiety Disorders)

- 분리불안장애(Separation Anxiety Disorder)
- 선택적 무언증 또는 선택적 함구증(Selective Mutism)
- 특정공포증(Specific Phobia)
- 사회불안장애 또는 사회공포증(Social Anxiety Disorder or Social Phobia)
- 공황장애(Panic Disorder)
- 광장공포증(Agoraphobia)
- 범불안장애(Generalized Anxiety Disorder) 등

⑥ 강박 및 관련 장애(Obsessive-Compulsive and Related Disorders)

- 강박장애(Obsessive-Compulsive Disorder)
- 신체변형장애 또는 신체이형장애(Body Dysmorphic Disorder)
- 저장장애 또는 수집광(Hoarding Disorder)
- 발모증(Trichotillomania) 또는 모발뽑기장애(Hair-Pulling Disorder)
- 피부벗기기장애 또는 피부뜯기장애[Excoriation(Skin-Picking) Disorder] 등

⑦ 외상- 및 스트레스 사건-관련 장애(Trauma- and Stressor-Related Disorders)

- 반응성 애착장애(Reactive Attachment Disorder)
- 탈억제 사회관여장애 또는 탈억제성 사회적 유대감장애(Disinhibited Social Engagement Disorder)
- 외상후스트레스장애(Posttraumatic Stress Disorder)
- 급성스트레스장애(Acute Stress Disorder)
- 적응장애(Adjustment Disorder) 등

⑧ 해리성 장애 또는 해리장애(Dissociative Disorders)

- 해리성정체감장애(Dissociative Identity Disorder)
- 해리성기억상실증(Dissociative Amnesia)
- 이인증/비현실감장애(Depersonalization/Derealization Disorder) 등

⑨ 신체증상 및 관련 장애(Somatic Symptom and Related Disorders)

- 신체증상장애(Somatic Symptom Disorder)
- 질병불안장애(Illness Anxiety Disorder)
- 전환장애(Conversion Disorder)
- 허위성(가장성 또는 인위성)장애(Factitious Disorder) 등

⑩ 급식 및 섭식장애(Feeding and Eating Disorders)

- 이식증(Pica)
- 반추장애 또는 되새김장애(Rumination Disorder)
- 회피적/제한적 음식섭취장애(Avoidant/Restrictive Food Intake Disorder)
- 신경성 식욕부진증(Anorexia Nervosa)
- 신경성 폭식증(Bulimia Nervosa)
- 폭식장애(Binge-Eating Disorder) 등

⑪ 배설장애(Elimination Disorders)

- 유뇨증(Enuresis)
- 유분증(Encopresis) 등

⑫ 수면-각성 장애(Sleep-Wake Disorders)

- 불면장애(Insomnia Disorder)
- 과다수면장애(Hypersomnolence Disorder)
- 수면발작증 또는 기면증(Narcolepsy)
- 호흡 관련 수면장애(Breathing-Related Sleep Disorders)
- 일주기 리듬 수면-각성장애(Circadian Rhythm Sleep-Wake Disorders)
- 수면이상증 또는 사건수면(Parasomnias)
- 초조성 다리 증후군 또는 하지불안 증후군(Restless Legs Syndrome) 등

⑬ 성기능 장애 또는 성기능 부전(Sexual Dysfunctions)

- 지루증 또는 사정지연(Delayed Ejaculation)
- 발기장애(Erectile Disorder)
- 여성 절정감장애 또는 여성 극치감장애(Female Orgasmic Disorder)
- 여성 성적 관심/흥분장애(Female Sexual Interest/Arousal Disorder)
- 생식기(성기)-골반 통증/삽입장애(Genito-Pelvic Pain/Penetration Disorder)
- 남성 성욕감퇴장애(Male Hypoactive Sexual Desire Disorder)
- 조루증 또는 조기사정[Premature (Early) Ejaculation] 등

⑭ 성 불편증 또는 성별 불쾌감(Gender Dysphoria)

- 아동의 성 불편증(Gender Dysphoria in Children)
- 청소년 및 성인의 성 불편증(Gender Dysphoria in Adolescents and Adults) 등

⑮ 파괴적, 충동조절 및 품행장애(Disruptive, Impulse-Control, and Conduct Disorders)

- 반항성장애 또는 적대적 반항장애(Oppositional Defiant Disorder)
- 간헐적 폭발성 장애 또는 간헐적 폭발장애(Intermittent Explosive Disorder)
- 품행장애(Conduct Disorder)
- 반사회성 성격장애(Antisocial Personality Disorder)
- 병적 방화 또는 방화증(Pyromania)
- 병적 도벽 또는 도벽증(Kleptomania) 등

⑯ 물질-관련 및 중독장애(Substance-Related and Addictive Disorders)

물질-관련 장애	• 알코올-관련 장애(Alcohol-Related Disorders) • 카페인-관련 장애(Caffeine-Related Disorders) • 칸나비스(대마)-관련 장애(Cannabis-Related Disorders) • 환각제-관련 장애(Hallucinogen-Related Disorders) • 흡입제-관련 장애(Inhalant-Related Disorders) • 아편류(아편계)-관련 장애(Opioid-Related Disorders) • 진정제, 수면제 또는 항불안제-관련 장애(Sedative-, Hypnotic-, or Anxiolytic-Related Disorders) • 흥분제(자극제)-관련 장애(Stimulant-Related Disorders) • 타바코(담배)-관련 장애(Tobacco-Related Disorders) 등
비물질-관련 장애	도박장애(Gambling Disorder)

⑰ 신경인지장애(Neurocognitive Disorders)

- 섬망(Delirium)
- 주요 및 경도 신경인지장애(Major and Mild Neurocognitive Disorders) 등

⑱ 성격장애(Personality Disorders)

A군 성격장애	• 편집성 성격장애(Paranoid Personality Disorder) • 조현성(분열성) 성격장애(Schizoid Personality Disorder) • 조현형(분열형) 성격장애(Schizotypal Personality Disorder)
B군 성격장애	• 반사회성 성격장애(Antisocial Personality Disorder) • 연극성(히스테리성) 성격장애(Histrionic Personality Disorder) • 경계선 성격장애(Borderline Personality Disorder) • 자기애성 성격장애(Narcissistic Personality Disorder)
C군 성격장애	• 회피성 성격장애(Avoidant Personality Disorder) • 의존성 성격장애(Dependent Personality Disorder) • 강박성 성격장애(Obsessive-Compulsive Personality Disorder)

⑲ 성도착장애 또는 변태성욕장애(Paraphilic Disorders)

- 관음장애(Voyeuristic Disorder)
- 노출장애(Exhibitionistic Disorder)
- 접촉마찰장애 또는 마찰도착장애(Frotteuristic Disorder)
- 성적 피학장애(Sexual Masochism Disorder)
- 성적 가학장애(Sexual Sadism Disorder)
- 아동성애장애 또는 소아애호장애(Pedophilic Disorder)
- 성애물장애 또는 물품음란장애(Fetishistic Disorder)
- 의상전환장애 또는 복장도착장애(Transvestic Disorder) 등

⑳ 기타 정신장애(Other Mental Disorders)

2 자폐스펙트럼장애(Autism Spectrum Disorder)

■ **DSM-5에 의한 자폐스펙트럼장애의 주요 진단 기준** 〔15년 기출〕

① 다양한 맥락에 걸쳐 사회적 의사소통 및 사회적 상호작용에 지속적인 결함을 보이며, 이는 현재 또는 과거에 다음과 같이 나타난다.

> - 사회적-정서적 상호작용에 있어서 결함을 나타낸다.
> - 사회적 상호작용을 위해 사용되는 비언어적 의사소통 행동에 있어서 결함을 나타낸다.
> - 대인관계의 발전, 유지, 이해에 있어서 결함을 나타낸다.

② 행동, 흥미 또는 활동에 있어서 제한적이고 반복적인 패턴을 보이며, 이는 현재 또는 과거에 다음 중 최소 2가지 이상으로 나타난다.

> - 운동 동작, 물체 사용 또는 언어 사용에 있어서 정형화된 또는 반복적인 패턴을 나타낸다.
> - 동일성에 대한 고집, 일상적인 것에의 완고한 집착 또는 언어적 혹은 비언어적 행동의 의식화된 패턴을 나타낸다.
> - 매우 제한적이고 고정된 흥미를 보이는데, 그 강도나 초점이 비정상적이다.
> - 감각적 자극에 대해 과도한 또는 과소한 반응을 나타내 보이거나, 주변 환경의 감각적 측면에 대해 비정상적인 흥미를 보인다.

③ 이러한 증상들은 초기 발달기에 나타난다.
④ 이러한 증상들은 사회적·직업적 기능 또는 다른 중요한 기능 영역에서 임상적으로 유의미한 손상을 초래한다.
⑤ 이러한 장해들은 지적 장애(지적 발달장애)나 전반적 발달 지연에 의해 더 잘 설명되지 않는다.

■ **DSM-5의 자폐스펙트럼장애로 통합된 DSM-Ⅳ 분류기준상의 진단명** 〔15년 기출〕

① 아동기 붕괴성장애(Childhood Disintegrative Disorder)
② 아스퍼거장애(Asperger's Disorder)
③ 자폐성장애(Autistic Disorder)

3 주의력결핍 및 과잉행동장애(Attention-Deficit/Hyperactivity Disorder)

■ **주의력결핍 및 과잉행동장애(ADHD)의 의의 및 특징**

① DSM-5 분류기준상 '신경발달장애(Neurodevelopmental Disorders)'의 하위분류에 포함되는 것으로, 주의력결핍 또는 부주의(Inattention), 과잉행동과 충동성(Hyperactivity and Impulsivity)을 핵심증상으로 한다.
② 핵심증상은 대부분 어린 아동에게서 일반적으로 나타는 특성들을 포함하고 있으나, 그와 같은 특성들이 성장하면서 줄어들지 않은 채 부적응적 행동 특성으로 나타나는 경우 ADHD로 진단된다.

③ DSM-5에서는 ADHD를 '주의력결핍 우세형(Predominantly Inattentive Presentation)', '과잉행동/충동 우세형(Predominantly Hyperactive/Impulsive Presentation)', '혼합형(Combined Presentation)'의 세 하위유형으로 구분하고, 증상의 심각도에 따라 '경도(Mild)', '중(등)도(Moderate)', '고도 또는 중증도(Severe)'로 명시하도록 하고 있다.
④ ADHD를 가진 아동은 지능수준에 비해 학업성취도가 저조하며, 학습장애나 의사소통장애 또는 운동장애를 동반하는 경우가 많다. 또한 정서적으로 불안정하고 공격적·반항적인 행동을 나타내기도 한다.

■ DSM-5에 의한 주의력결핍 및 과잉행동장애(ADHD)의 주의력결핍 또는 부주의 증상
① 종종 세밀하게 주의를 기울이지 못하거나 학업, 직업 또는 다른 활동에서 빈번히 실수를 저지른다.
② 종종 과제를 하거나 놀이를 할 때 지속적으로 주의를 집중하지 못한다.
③ 종종 다른 사람이 직접 말을 할 때 경청하지 않는 것처럼 보인다.
④ 종종 주어진 지시를 수행하지 못하며, 학업, 잡일, 작업장에서의 임무들을 완수하지 못한다.
⑤ 종종 과업과 활동을 체계화하지 못한다.
⑥ 종종 지속적인 정신적 노력을 요구하는 과업들에 참여하기를 회피하거나 싫어하거나 혹은 마지못해 한다.
⑦ 종종 과제나 활동을 하는 데 필요한 물건들을 잃어버린다.
⑧ 종종 외부 자극에 의해 쉽게 산만해진다.
⑨ 종종 일상적인 활동을 잊어버린다.

■ DSM-5에 의한 주의력결핍 및 과잉행동장애(ADHD)의 과잉행동-충동성 증상
① 종종 손발을 가만히 두지 못하거나 의자에 앉아서도 몸을 꼼지락거린다.
② 종종 가만히 앉아 있어야 할 상황에서 자리를 떠나 돌아다닌다.
③ 종종 상황에 부적절하게 뛰어다니거나 높은 곳을 기어오른다(주의 : 청소년이나 성인의 경우 좌불안석을 경험하는 것으로 제한될 수 있음).
④ 종종 조용한 여가활동에 참여하거나 놀지 못한다.
⑤ 종종 끊임없이 활동하거나 자동차에 쫓기는 것처럼 행동한다.
⑥ 종종 지나칠 정도로 수다스럽게 말을 한다.
⑦ 종종 질문이 채 끝나기도 전에 성급히 대답한다.
⑧ 종종 줄서기 상황에서 자신의 차례를 기다리지 못한다.
⑨ 종종 다른 사람의 활동을 방해하거나 간섭한다.

■ 주의력결핍 및 과잉행동장애(ADHD)의 주요 행동치료 기법 09, 16, 21년 기출
① 타임아웃(Time-out)
② 토큰경제(Token Economy)
③ 반응대가(Response Cost)
④ 과잉교정(Overcorrection)
⑤ 조건부 계약(Contingency Contract)

4 조현병 또는 정신분열증(Schizophrenia)

■ DSM-5에 의한 조현병(정신분열증)의 주요 진단 기준   09, 11, 15년 기출

① 다음 중 2가지 이상이 1개월의 기간 동안 상당 부분의 시간에 나타난다. 다만, 이들 중 하나는 망상, 환각 또는 와해된 언어이어야 한다.

> • 망 상
> • 환 각
> • 와해된 언어(예 빈번한 주제의 이탈이나 지리멸렬함)
> • 심하게 와해된 행동 또는 긴장증적 행동
> • 음성증상들(예 정서적 둔마 또는 무욕증)

② 장해가 시작된 후 상당 부분의 시간 동안 직업, 대인관계 혹은 자기관리와 같은 주요 영역 중 한 가지 이상에서 기능 수준이 장해 이전 성취된 수준보다 현저히 저하되어 있다.
③ 장해의 징후가 최소 6개월 동안 지속된다.
④ 조현정동장애(분열정동장애)와 정신병적 특성을 가진 우울 또는 양극성장애는 배제된다.
⑤ 이러한 장해는 물질이나 다른 의학적 상태의 생리적 효과에 기인한 것이 아니다.
⑥ 아동기에 발병한 자폐 스펙트럼 장애나 의사소통장애의 병력이 있는 경우, 조현병의 진단에 요구되는 다른 증상에 더해 현저한 망상이나 환각이 최소 1개월 이상 나타날 경우에만 조현병의 추가적인 진단이 내려진다.

■ 조현병(정신분열증)의 양성증상과 음성증상   15년 기출

양성증상	음성증상
• 정상적·적응적 기능의 과잉 또는 왜곡을 나타냄 • 도파민 등 신경전달물질의 이상에 의한 것으로 추정함 • 스트레스 사건에 의해 급격히 발생함 • 약물치료에 의해 호전되며, 인지적 손상이 적음 • 망상 또는 피해망상, 환각, 환청, 와해된 언어나 행동 등	• 정상적·적응적 기능의 결여를 나타냄 • 유전적 소인이나 뇌세포 상실에 의한 것으로 추정함 • 스트레스 사건과의 특별한 연관성 없이 서서히 진행됨 • 약물치료로도 쉽게 호전되지 않으며, 인지적 손상이 큼 • 정서적 둔마, 무논리증 또는 무언어증, 무욕증 등

※ 참 고
• 정서적 둔마 또는 둔마된 정동(Affective Flattening) : 정서표현이 거의 없거나 아주 드문 경우 또는 부적절한 정서를 보이는 경우
• 무논리증 또는 무언어증(Alogia) : 말을 할 때 극히 제한된 단어만 사용하며, 말하는 방식에 있어서 자발성이 부족한 경우
• 무욕증(Avolition) : 과제를 지속적으로 추진해 나가는 데 있어서 의지의 부족 또는 흥미와 욕구의 결핍

■ 조현병 양성증상을 보이는 환자를 대상으로 임상심리사가 수행할 수 있는 대처방법   17, 20년 기출

① 환각이나 환청이 정상이냐 비정상이냐를 놓고 따지거나 논쟁하지 않으며, 이를 극복할 수 있는 실질적인 조언을 해 준다.
② 망상의 내용에 대해 동의하지 않으며, 가능한 한 화제를 다른 쪽으로 바꾸어 망상적인 내용에서 벗어나도록 유도한다.
③ 와해된 언어나 행동의 위험성 여부와 관련하여 환자 가족이 견딜 수 있는 한계와 함께 그 한계를 넘을 경우 어떤 조치를 취할 것인지를 구체적으로 정하도록 한다.

5 양극성 및 관련 장애(Bipolar and Related Disorders)

■ DSM-5의 분류기준에 의한 양극성 및 관련 장애의 주요 하위유형
① 제1형 양극성장애(Bipolar I Disorder)
② 제2형 양극성장애(Bipolar II Disorder)
③ 순환성장애 또는 순환감정장애(Cyclothymic Disorder)

■ 제1형 양극성장애의 의의 및 특징
① 양극성장애의 유형 중 가장 심한 형태로서, 기분이 비정상적으로 고양되는 조증 상태를 특징으로 한다.
② 조증 삽화(Manic Episode)의 7가지 주요 증상들 중 3가지(단지 기분이 과민한 경우 4가지) 이상이 유의미한 정도로 나타날 때 진단된다.
③ 한 번 이상의 조증 삽화가 나타나는 모든 경우에 해당하며, 보통 제1형 양극성장애를 가진 사람들은 한 번 이상의 주요우울증 삽화를 경험한다.
④ 양극성장애는 현재의 증상은 물론 과거의 병력까지 고려하여 세부적인 진단이 내려진다. 예를 들어, 현재는 주요우울증 삽화를 나타내고 있으나 과거에 조증 삽화를 나타낸 적이 있는 경우 제1형 양극성장애로 진단되며, 가장 최근의 주요우울증 삽화와 그 심각도가 명시된다.

■ DSM-5에 의한 순환성장애(Cyclothymic Disorder)의 주요 진단 기준   18년 기출
① 기분 삽화에 해당하지 않는 경조증 증상과 우울 증상이 최소 2년 동안(아동 및 청소년의 경우 최소 1년 동안) 다수의 기간에 걸쳐 나타난다.
② 2년 이상의 기간 동안(아동 및 청소년의 경우 1년 이상의 기간 동안) 경조증 기간과 우울증 기간이 절반 이상을 차지하며, 아무런 증상이 없는 기간이 2개월 이상 지속되지 않는다.
③ 주요우울증 삽화, 조증 삽화, 경조증 삽화를 한 번도 경험한 적이 없다.

6 주요우울장애(Major Depressive Disorder)

■ 주요우울장애의 의의 및 특징
① 우울장애의 유형 중 가장 심한 형태로서, 주요우울증 삽화의 9가지 증상들 중 5가지 이상이 2주 연속으로 지속된다.
② 우울한 기분을 주된 증상으로 하면서 그 밖에 다양한 심리적 문제, 즉 슬픈 감정, 좌절감, 절망감, 죄책감, 고독감, 무가치감, 허무감 등의 고통스러운 정서 상태를 동반한다.
③ 의욕 저하에 따른 침체되고 위축된 생활, 자기비하적인 생각과 부정적이고 비관적인 생각의 증폭, 타인과 세상에 대한 적대감과 냉혹감, 미래에 대한 비관과 허무주의, 죽음과 자살에 대한 생각 등을 특징으로 한다.
④ 주의집중 곤란, 기억력 저하, 판단력 저하 등 인지적 기능이 저하된 양상을 보이며, 활력 저하, 수면 장해, 식욕 저하 및 체중 감소, 성욕 감소, 소화불량, 두통 등의 신체생리적인 변화를 나타낸다.

■ **DSM-5에 의한 주요우울증 삽화(Major Depressive Episode)의 9가지 주요 증상**

03, 04, 07, 08, 09, 13, 17, 18, 22년 기출

① 우울한 기분이 거의 매일, 하루 중 대부분의 시간에 주관적인 보고나 객관적인 관찰에 의해 나타난다.
② 모든 또는 거의 모든 일상 활동에서 거의 매일, 하루 중 대부분, 흥미나 즐거움이 현저히 저하되어 있다.
③ 체중조절을 하지 않음에도 불구하고 체중에 의미 있는 감소가 나타나거나, 거의 매일 식욕 감소 또는 증가를 느낀다.
④ 거의 매일 불면에 시달리거나 과도한 수면을 한다.
⑤ 거의 매일 정신운동성의 초조나 지체가 나타난다.
⑥ 거의 매일 피로를 느끼며 활력을 상실한다.
⑦ 거의 매일 자신이 무가치하다고 느끼거나 부적절한 죄책감을 느낀다.
⑧ 거의 매일 사고력이나 집중력이 감소되거나 우유부단함을 보인다.
⑨ 죽음에 대한 반복적인 생각, 구체적인 계획 없이 반복되는 자살 생각, 자살 시도나 자살 수행을 위한 구체적인 계획을 떠올린다.

7 지속성 우울장애(Persistent Depressive Disorder) 또는 기분부전증(Dysthymia)

■ **지속성 우울장애의 의의 및 특징**

① '지속성 우울장애' 또는 '기분부전증'은 우울 증상이 2년 이상(단, 아동 및 청소년의 경우 1년 이상) 장기간에 걸쳐 지속되는 경우에 해당한다.
② DSM-5에서 새롭게 제시된 진단명으로서, DSM-Ⅳ의 분류기준상 '만성 주요우울장애(Chronic Major Depressive Disorder)'와 '기분부전장애(Dysthymic Disorder)'가 합쳐진 것이다.
③ 최소 2년(단, 아동 및 청소년의 경우 1년) 동안 하루의 대부분을 우울한 기분을 가지며, 우울한 기분이 있는 날이 그렇지 않은 날보다 많은 것을 특징으로 한다.
④ DSM-Ⅳ의 진단 기준에서 기분부전장애는 장애가 있던 최초 2년 동안 주요우울증 삽화가 나타나지 않아 주요우울장애나 부분 관해(Remission)로 잘 설명되지 않는 경우 진단되는 것으로 제시하였다. 그러나 DSM-5의 진단 기준에서 지속성 우울장애는 우울 증상의 심각도보다는 그 지속기간을 강조하여 만성적 우울감을 핵심증상으로 제시하고 있다.

■ **DSM-5에 의한 지속성 우울장애의 6가지 주요 증상**

① 식욕 부진 또는 과식
② 불면 또는 수면 과다
③ 기력 저하 또는 피로감
④ 자존감 저하
⑤ 집중력 감소 또는 결정의 어려움
⑥ 절망감

8 반응성 애착장애(Reactive Attachment Disorder)

■ **DSM-5에 의한 반응성 애착장애의 3가지 주요 증상**

① 성인 양육자에 대한 시종일관 정서적으로 억제되고 위축된 행동

- 아동이 스트레스를 느낄 때 거의 위안을 구하지 않거나 최소한의 위안만을 구한다.
- 아동이 스트레스를 느낄 때 위안에 거의 반응하지 않거나 최소한의 반응만을 나타낸다.

② 지속적인 사회적·정서적 장해

- 다른 사람에 대해 최소한의 사회적·정서적 반응만을 보인다.
- 긍정적인 정서가 제한적으로 나타난다.
- 성인 양육자와의 비위협적인 상호작용 중에도 이유 없이 짜증이나 슬픔 혹은 두려움을 나타낸다.

③ 아동의 불충분한 양육으로 인한 극단적인 형태의 경험

- 위안, 자극, 애정에 대한 기본적인 욕구가 성인 양육자에 의해 지속적으로 결핍되어 사회적 방임이나 박탈의 형태로 나타난다.
- 주된 양육자의 반복된 변경으로 인해 안정적인 애착을 형성할 기회가 극히 제한된다.
- 비정상적인 환경에서 선택적인 애착을 형성할 기회가 극히 제한된다.

■ **양육의 병리성 여부를 판단하는 기준** 09, 14년 기출

① 안락함, 자극, 애정에 대한 아동의 기본적인 정서적 욕구의 지속적인 방치
② 아동의 기본적인 신체적 욕구의 지속적인 방치
③ 양육자의 반복된 변경으로 인한 안정적인 애착형성의 방해

9 외상후스트레스장애(Posttraumatic Stress Disorder)

■ **DSM-5 진단 기준에 의한 외상후스트레스장애의 5가지 침투 증상**

① 외상 사건의 고통스러운 기억을 자신의 의지와 상관없이 반복적이고 침투적으로 경험한다.
② 외상 사건과 관련된 내용 및 정서가 포함된 고통스러운 꿈들을 반복적으로 경험한다.
③ 외상 사건이 마치 되살아나는 듯한 행동이나 느낌이 포함된 해리 반응을 경험한다.
④ 외상 사건의 특징과 유사하거나 이를 상징화한 내적 혹은 외적 단서에 노출되는 경우 강렬한 혹은 장기적인 심리적 고통을 경험한다.
⑤ 외상 사건의 특징과 유사하거나 이를 상징화한 내적 혹은 외적 단서에 대해 현저한 생리적 반응을 나타낸다.

■ 아동의 외상후스트레스장애 진단에서 성인과 차별되는 외상적 사건에 대한 재경험의 특징적 준거 `12년 기출`
① 성인 환자에게서 나타나는 외상 사건의 반복적·침투적인 경험이 아동에게는 그와 관련된 반복적인 형태의 놀이로 표출되기도 한다.
② 성인 환자에게서 나타나는 외상 사건과 관련된 내용 및 정서가 포함된 고통스러운 꿈들이 아동에게는 내용을 알 수 없는 무서운 꿈으로 나타나기도 한다.
③ 성인 환자에게서 나타나는 외상 사건으로 인한 해리 반응의 경험이 아동에게는 외상 특유의 재현으로써 놀이의 형태로 나타나기도 한다.

10 해리성 기억상실증(Dissociative Amnesia)

■ 해리성 기억상실증의 의의 및 특징
① 과거 '심인성 기억상실증(Psychogenic Amnesia)'으로 불린 것으로서, 개인의 중요한 과거 경험이나 정보를 기억하지 못하는 일종의 기능적 기억장애에 해당한다.
② DSM-5에서는 해리성 기억상실증의 핵심증상으로서, 통상적인 망각과는 일치하지 않는 중요한 자서전적 정보에 대한 회상능력의 상실을 제시하고 있다.
③ DSM-5에서 해리성 기억상실증은 해리성 둔주(Dissociative Fugue)가 함께 나타나는 유형과 그렇지 않은 유형으로 구분된다.
④ 정체성과 생활사에 대한 전반적인 기억상실이 나타나는 경우에도 일반상식이나 지식과 같은 비개인적인 정보의 기억에는 손상이 없으며, 언어 및 학습능력 등 일반적 적응기능 또한 유지되는 경우가 대부분이다.
⑤ 해리성 기억상실증을 가진 사람은 억압(Repression) 및 부인(Denial)의 방어기제를 통해 불안과 공포의 경험을 무의식 안으로 억압하거나 의식에서 몰아내는 경향을 보인다.
⑥ 뇌손상이나 뇌기능장애가 아닌 심리적 요인에 의해 기억상실이 급작스럽게 발생하며, 일시적인 지속과 함께 회복된다.

■ 기능성 기억장애와 기질성 기억장애의 차이점 `07, 09, 17년 기출`

구 분	기능성 기억장애	기질성 기억장애
주요 원인	심리적 요인	뇌의 병변이나 감각기관의 장애
경 과	급작스럽고 완전하게 기억이 회복되는 경우가 많음	기억이 회복되더라도 그 속도가 느리고 불완전한 경우가 대부분임
예	친구가 교통사고를 당하는 광경을 목격한 후 당시의 사고 장면에 대한 기억을 일시적으로 잊음	교통사고로 뇌 손상을 입은 환자가 심각한 기억 손실과 함께 주의집중 곤란, 정서적 증상을 보임

11 전환장애(Conversion Disorder)

■ **전환장애의 의의 및 특징**

① 운동기능이나 감각기능상의 장해가 나타나지만 그와 같은 기능상의 장해를 설명할 수 있는 신체적 혹은 기질적 이상이 발견되지 않는 경우이다.
② 신경학적 손상을 시사하는 한 가지 이상의 신체적 증상을 나타내므로 '기능성 신경증상 장애(Functional Neurological Symptom Disorder)'로도 불린다.
③ 신체 증상은 의도적으로 가장된 것이 아니며, 그에 선행된 심리적 갈등이나 스트레스를 전제로 한다.
④ MMPI 임상척도 1-3(Hs & Hy)의 상승척도쌍을 보이는 정신과 환자들에게서 흔히 진단된다.
⑤ 부인(Denial) 및 억압(Repression)의 방어기제를 주로 사용한다.

■ **DSM-5에 의한 전환장애의 주요 진단 기준**

① 수의적 운동기능이나 감각기능상의 변화를 나타내는 한 가지 이상의 증상이 있다.
② 그 증상과 확인된 신경학적 혹은 의학적 상태 간의 불일치를 보여주는 임상적 증거가 있다.
③ 이러한 증상이나 결함이 다른 신체적 질병이나 정신장애에 의해 더 잘 설명되지 않는다.
④ 이러한 증상이나 결함이 사회적·직업적 기능 또는 다른 중요한 기능 영역에서 임상적으로 유의미한 고통이나 손상을 초래하거나 의학적 평가를 필요로 한다.

12 신경성 식욕부진증(Anorexia Nervosa)

■ **DSM-5에 의한 신경성 식욕부진증의 3가지 주요 증상** 21년 기출

① 필요한 양에 비해 영양분 섭취를 제한함으로써 나이, 성별, 발달수준, 신체건강의 맥락에서 현저한 저체중을 초래한다.
② 현저한 저체중 상태임에도 불구하고, 체중이 증가하거나 비만이 되는 것에 대한 극심한 두려움, 혹은 체중 증가를 막기 위한 지속적인 행동을 보인다.
③ 체중이나 체형의 경험 방식에서의 장해, 자기평가에 있어서 체중이나 체형의 지나친 영향, 혹은 현재의 체중미달의 심각성에 대한 지속적인 인식 부족을 나타내 보인다.

■ **신경성 식욕부진증의 하위유형**

제한형 (Restricting Type)	지난 3개월 동안 폭식이나 제거 행동(예 구토 유도 혹은 하제, 이뇨제, 관장제 남용)이 반복적으로 나타나지 않는다. 이러한 하위유형은 체중미달이 주로 체중관리, 단식 그리고(혹은) 과도한 운동에 의해 이루어진 것임을 나타낸다.
폭식/제거형 (Binge-eating/ Purging Type)	지난 3개월 동안 폭식이나 제거 행동(예 구토 유도 혹은 하제, 이뇨제, 관장제 남용)이 반복적으로 나타났다.

13 심리평가에 대한 이해

■ **심리평가의 목적**　　　　　　　　　　　　　　　　　　　　　　　13, 21, 24년 기출

　① 임상적 진단
　② 자아기능 평가
　③ 치료전략 평가

■ **심리평가의 기능(Talbott et al.)**

　① 문제의 명료화 및 세분화
　② 개인의 인지적 기능 및 강점 평가
　③ 문제해결을 위한 적절한 치료계획 및 치료전략의 제시
　④ 내담자(수검자)에 대한 이해 및 치료적 관계로의 유도
　⑤ 치료 결과 및 효과에 대한 평가

■ **주요 내용**

　① 인지기능에 대한 평가
　② 성격역동에 대한 평가
　③ 대인관계에 대한 평가
　④ 진단 및 감별진단
　⑤ 예후 및 방향 제시

■ **심리평가를 위한 주요 자료**

　① 면 담
　② 행동관찰
　③ 심리검사

■ **심리평가 자료원 중 심리검사의 장점**　　　　　　　　　　　　　　17년 기출

　① 객관적이고 포괄적인 정보 제공
　② 표집자료를 통한 전체의 추정
　③ 측정영역에 대한 간접적 유추

■ **심리평가자에게 요구되는 자질**　　　　　　　　　　　　　　　　11, 14, 20년 기출

　① 과학자로서의 자질
　　심리평가자는 과학자로서 전문적인 지식과 객관적인 실험, 논리적인 검증을 통해 내담자에 대한 종합적이고 체계적인 해석과 판단을 내려야 한다.
　② 예술가로서의 자질
　　심리평가자는 다양한 평가 경험과 치료 경험에 근거하여 통찰력을 발휘해야 한다. 또한 선의와 용기로써 내담자를 이해하고 희망과 에너지로써 치료전략을 수립하며, 전문적인 관계 형성을 통해 내담자를 치료적인 관계로 유도해야 한다.

■ 심리평가 보고서(Psychological Test Report)의 구성형식 `10, 17, 20, 21, 23년 기출`
  ① 제목 및 내담자에 관한 정보
  ② 의뢰된 이유 및 원천
  ③ 평가도구 및 절차
  ④ 행동관찰
  ⑤ 평가 결과에 대한 해석
  ⑥ 생활사적 정보와 평가 결과의 통합
  ⑦ 요약 및 권고

■ 심리평가 보고서 작성 시 심리검사 결과와 생활사적 정보의 통합 이유 `05, 12, 16, 20년 기출`
  ① 심리검사는 내담자의 검사에 대한 직접적인 반응을 통해 내담자의 심리적 특성과 현재의 상태를 표출하지만, 이는 내담자의 반응에 의한 주관적인 정보에 불과하다.
  ② 내담자에 대한 직접적인 관찰정보, 생활사적·발달사적 정보, 다양한 기록자료 등은 내담자의 심리적 상태를 파악하는 데 유효한 객관적인 정보에 해당한다.
  ③ 주관적인 정보와 객관적인 정보는 서로 통합됨으로써 오류를 최소화할 수 있으며, 내담자에 대한 보다 정확한 진단 및 평가가 가능하다.

■ 심리평가에 대한 전통적 모델과 치료적 모델의 차이점 `07, 22년 기출`

전통적 모델	• 현존하는 문제와 관련하여 그 차원과 범주를 명확히 기술한다. 또한 환자에 대한 치료적 결정을 도우며, 전문가들 간의 의사소통을 원활히 한다. • 심리평가자는 객관적인 관찰자이자 반숙련된 전문가로서 비교적 제한적인 역할을 수행한다.
치료적 모델	• 환자로 하여금 자기 자신과 타인에 대해 생각하고 느끼는 새로운 방식을 학습할 수 있도록 하며, 문제에 대한 이해를 확장시켜 자신의 삶의 문제를 해결할 수 있도록 돕는다. • 심리평가자는 보다 능동적인 역할을 수행하며, 검사도구는 물론 인간의 성격 및 정신병리에 대한 지식과 기술을 갖춘 전문가로서의 역할을 수행한다.

14 심리검사에 대한 이해

■ 심리검사의 일반적인 목적
  ① 기술적 진단
  ② 미래 행동의 예측
  ③ 개성 및 적성의 발견
  ④ 조사 및 연구

■ 심리평가에서 심리검사를 시행하는 주요 목적 `15년 기출`
  ① 내담자가 표면적으로 드러내지 않은 문제를 확인하고 진단하기 위해
  ② 내담자의 문제증상이나 행동의 심각성 및 그 정도를 파악하기 위해
  ③ 변별진단을 위해
  ④ 특수한 영역에서의 기능평가를 위해
  ⑤ 내담자의 성격적인 측면이나 전반적인 기능 수준을 평가하기 위해

■ 심리검사 도구 선정 시 고려사항 `10, 24년 기출`
  ① 심리평가의 목적을 분명히 하여 그 목적에 부합하는 적절한 검사도구를 선정한다.
  ② 표준화된 검사를 사용하는 경우 반드시 신뢰도와 타당도를 검토한다.
  ③ 검사 시행 및 채점의 간편성, 검사 시행 시간, 검사지의 경제성 등 심리검사의 실용성을 고려한다.

■ 심리검사 결과 해석의 과정   22년 기출

① 제1단계 – 해석 준비하기
  내담자가 검사결과가 나타내는 의미를 충분히 이해하고 있는지 숙고하여 해석을 준비한다.
② 제2단계 – 내담자 준비시키기
  내담자가 검사결과 해석을 듣고 이를 받아들일 수 있도록 준비시킨다.
③ 제3단계 – 정보(결과) 전달하기
  점수가 의미하는 것에 유의하여 결과를 내담자에게 실제로 전달한다.
④ 제4단계 – 추후활동
  내담자가 검사결과를 어떻게 이해했는지 확인한다.

■ 심리검사 결과의 올바른 해석을 위한 해석지침   14, 20, 23, 24년 기출

① 검사 결과 해석의 기본관점을 수립한다.
② 수검자에게 표준점수 등 통계학적 해석에 대해 설명한다.
③ 개인 간 차이와 개인 내적 차이를 명료화한다.
④ 측정오차를 고려하여 해석한다.

■ 심리검사 결과 해석 시 주의할 사항   24년 기출

① 검사해석의 첫 단계는 검사 매뉴얼을 알고 이해하는 것이다.
② 내담자가 받은 검사의 목적과 제한점 및 장점을 검토해 본다.
③ 백분위나 표준점수가 해석에 포함될 경우 채점되는 과정이 설명되어야 한다.
④ 결과에 대한 구체적 예언보다는 오히려 가능성의 관점에서 제시되어야 한다.
⑤ 내담자의 이해를 증가시키며, 내담자 스스로 해석을 할 수 있도록 격려해야 한다.
⑥ 검사 결과는 내담자가 이용 가능한 다른 정보와 관련하여 제시되어야 한다.
⑦ 내담자가 검사해석의 내용을 이해하는지 확인하며, 그 정보에 대한 반응을 표현할 수 있도록 격려해야 한다.
⑧ 검사 결과로 나타난 장점과 약점 모두가 객관적으로 검토되어야 한다.

15 객관적 검사(자기보고형 검사)와 투사적 검사

■ 객관적 검사의 장·단점   09, 17년 기출

장점	• 검사 실시의 간편성 • 객관성의 증대 • 부적합한 응답의 최소화	• 시간과 노력의 절약 • 신뢰도 및 타당도의 확보
단점	• 사회적 바람직성 • 묵종 경향성 • 응답 제한성	• 반응 경향성 • 문항 제한성

■ 투사적 검사의 장 · 단점

장 점	• 반응의 독특성 • 반응의 풍부함	• 방어의 어려움 • 무의식적 내용의 반응
단 점	• 검사의 낮은 신뢰도 • 반응에 대한 상황적 영향력	• 검사 결과 해석의 타당도 검증 부족

■ 투사기법의 장단점   19, 24년 기출

장 점	• 라포(Rapport) 형성 • 자존감 유지 • 아동 수검자에게 적합 • 제한적 언어 기능을 가진 수검자에게 적합 • 왜곡 반응 방지
단 점	• 표준화된 절차의 부족 • 채점 및 해석 과정의 객관성 부족 • 규준자료에 대한 정보 부족 • 신뢰도 관련 문제 • 타당도 관련 문제

■ 로샤검사(Rorschach Test)와 다면적 인성검사(MMPI)의 결과 불일치 이유   08, 10, 16년 기출

① 인간 성격의 복합적인 구조
② 상이한 측정 수준
③ 측정 방법과 관련된 다양한 요인들의 영향
④ 측정 방법과 관련된 검사 결과 산출에의 영향

16 신뢰도(Reliability)

■ 의의 및 특징

① 측정도구가 측정하고자 하는 현상을 일관성 있게 측정하는 능력을 말한다.
② 어떤 측정도구를 사용해서 동일한 대상을 측정하였을 때 항상 같은 결과가 나온다면 이 측정도구는 신뢰도가 매우 높다고 할 수 있다.
③ 연구조사 결과와 그 해석에 있어서 충분조건은 아니지만 필요조건에 해당한다고 볼 수 있다.
④ 신뢰도와 유사한 표현으로서 신빙성, 안정성, 일관성, 예측성 등이 있다.

■ 신뢰도 추정방법   19, 22년 기출

① 검사-재검사 신뢰도(Test-retest Reliability)
    동일한 검사를 동일한 수검자에게 일정 시간 간격을 두고 두 번 실시하여 얻은 두 검사 점수의 상관계수에 의해 신뢰도를 추정하는 방법이다.

② 동형검사 신뢰도(Equivalent-form Reliability)
동일한 수검자에게 첫 번째 시행한 검사와 동등한 유형의 검사를 실시하여 두 검사 점수 간의 상관계수에 의해 신뢰도를 추정하는 방법이다.
③ 반분신뢰도(Split-half Reliability)
전체 문항 수를 반으로 나눈 다음 상관계수를 이용하여 두 부분이 모두 같은 개념을 측정하는지 일치성 또는 동질성 정도를 비교하는 방법이다.

■ **심리검사의 신뢰도에 영향을 주는 요인**
① 개인차 : 개인차가 클수록 신뢰도 계수도 커진다.
② 문항 수 : 문항 수가 많은 경우 신뢰도는 커지지만 정비례하여 커지는 것은 아니다.
③ 문항반응 수 : 문항반응 수가 적정수준을 초과하는 경우 신뢰도는 평행선을 긋게 된다.
④ 검사유형 : 속도검사를 전후반분법으로 추정할 경우 전·후반 점수 간 상관계수는 낮아진다.
⑤ 신뢰도 추정방법 : 서로 다른 신뢰도 추정방법에 따라 얻어진 신뢰도 계수는 각기 다를 수밖에 없다.

■ **검사-재검사 신뢰도에 영향을 미치는 요인**
① 요인 1
- 검사요인(테스트 효과) : 검사 간 시간 간격이 짧은 경우 앞선 검사에서 응답했던 내용을 반복함으로써 검사 결과에 영향을 미칠 수 있다.
- 성숙요인(시간의 경과) : 검사 간 시간 간격이 긴 경우 측정대상의 속성이나 특성이 변화하여 검사 결과에 영향을 미칠 수 있다.
- 역사요인(우연한 사건) : 측정기간 중에 검사자의 의도와는 상관없이 일어난 통제 불가능한 사건이 검사 결과에 영향을 미칠 수 있다.
- 물리적 환경의 변화 : 두 검사 시기의 물리적인 환경 변화(온도, 날씨 등)가 검사 결과에 영향을 미칠 수 있다.

② 요인 2
- 성숙효과 : 두 검사 사이의 시간 간격이 너무 클 경우 측정대상의 속성이나 특성이 변화할 수 있다.
- 반응민감성 : 검사를 치르는 경험이 후속 반응에 영향을 줄 수 있다.
- 이월효과(기억효과) : 두 검사 사이의 시간 간격이 너무 짧을 경우 앞에서 답한 것을 기억해서 뒤의 응답 시 활용할 수 있다.

17 타당도(Validity)

■ **의의 및 특징**
① 실증적 수단인 조작적 정의나 지표가 측정하고자 하는 개념을 제대로 반영하는 정도를 의미한다.
② 측정의 타당도는 조사자가 측정하고자 한 것을 실제로 정확히 측정했는가의 문제이다.
③ 어떤 측정수단이 조사자가 의도하지 않은 내용을 측정하는 경우 이 수단은 타당하지 못한 것이 된다.

④ 사회과학 영역에서 특히 타당도가 문제시되는 이유는 보통 측정을 간접적으로 할 수밖에 없는 사회과학 고유의 특성 때문이다.

■ 타당도의 종류(추정방법)

내용타당도 (Content Validity)	• '논리적 타당도'라고도 하며, 문항 구성이 그 개념을 얼마나 잘 반영하고 있는지, 해당 문항들이 각 내용영역들의 독특한 의미를 얼마나 잘 나타내주고 있는지 평가한다. • 논리적 사고와 분석과정에 입각한 주관적 타당도로서, 객관적인 자료에 근거하지 않는다.
준거타당도 (Criterion Validity)	• '기준관련타당도', '실용적 타당도' 또는 '경험적 타당도'라고도 하며, 경험적 근거에 의해 타당도를 확인하는 방법이다. • 이미 전문가가 만들어놓은 신뢰도와 타당도가 검증된 측정도구에 의한 측정결과를 토대로 한다. • 준거타당도는 '동시타당도'와 '예언타당도'를 포함한다.
구성타당도 (Construct Validity)	• '개념타당도' 또는 '구조적 타당도'라고도 하며, 조작적으로 정의되지 않은 인간의 심리적 특성이나 성질을 심리적 개념으로 분석하여 조작적 정의를 부여한 후, 검사점수가 조작적 정의에서 규명한 심리적 개념들을 제대로 측정하였는가를 검증하는 방법이다. • 구성타당도는 '수렴타당도', '변별타당도', '요인분석'을 포함한다.

■ 내적 타당도를 저해하는 요인

① 성숙요인(시간의 경과)　　　　　　② 역사요인(우연한 사건)
③ 선별요인(선택요인)　　　　　　　④ 상실요인(실험대상의 탈락)
⑤ 통계적 회귀요인　　　　　　　　⑥ 검사요인(테스트 효과)
⑦ 도구요인　　　　　　　　　　　　⑧ 모방(개입의 확산)
⑨ 인과적 시간-순서(인과관계 방향의 모호성)

■ 외적 타당도를 저해하는 요인

① 연구표본의 대표성
② 조사반응성(반응효과)

18 표준화 검사

■ 검사 규준

① 규준(Norm)은 특정 검사 점수의 해석에 필요한 기준이 되는 자료이다.
② 한 특정 개인의 점수가 어떤 의미를 지니고 있는지에 관한 정보를 제공해준다.
③ 비교대상의 점수들을 연령별, 사회계층별, 직업군별로 체계적으로 정리하여 자료로 구성한 것이다.
④ 개인의 점수를 다른 사람들의 점수와 비교하고 해석하는 과정에서 비교대상이 되는 집단을 '규준집단(Norming Sample)' 또는 '표준화 표본집단(Standardized Sample)'이라고 한다.
⑤ 규준참조검사(Norm-Referenced Test)는 개인의 점수를 해석하기 위해 유사한 다른 사람들의 점수를

비교하여 평가하는 상대평가 목적의 검사로서, 점수분포를 규준으로 하여 원점수를 규준에 따라 상대적으로 해석한다.
⑥ 규준은 절대적이거나 보편적인 것이 아니며, 영구적인 것도 아니다. 따라서 규준집단이 모집단을 잘 대표하는 것인지 확인하는 과정이 요구된다.

■ 집단 내 규준의 종류
① 백분위점수
원점수의 분포에서 100개의 동일한 구간으로 점수들을 분포하여 변환점수를 부여한 것이다. 표준화 집단에서 특정 원점수 이하인 사례의 비율이라는 측면에서 표시한 것으로서, 개인이 표준화 집단에서 차지하는 상대적인 위치를 가리킨다.

② 표준점수
원점수를 주어진 집단의 평균을 중심으로 표준편차 단위를 사용하여 도출한 선형변환점수로, Z점수, T점수, H점수 등이 대표적이다.

Z점수	• 원점수를 평균이 0, 표준편차가 1인 Z분포상의 점수로 변환한 점수 • Z점수 = (원점수 − 평균) ÷ 표준편차
T점수	• 평균이 50, 표준편차가 10이 되도록 Z점수를 변환한 점수 • T점수 = 10 × Z점수 + 50
H점수	• T점수를 변형한 것으로서 평균이 50, 표준편차가 14인 표준점수 • H점수 = 14 × Z점수 + 50

③ 표준등급
• '스테나인(Stanine)'이라고도 하며, 원점수를 백분위점수로 변환한 다음 비율에 따라 1~9까지의 구간으로 구분하여 각각의 구간에 일정한 점수나 등급을 부여한 것이다.
• 평균은 5점이며, 최저점수 1점과 최고점수 9점을 제외하여 계산하는 경우 표준편차는 2점이다.

스테나인	1	2	3	4	5	6	7	8	9
백분율(%)	4	7	12	17	20	17	12	7	4

[정규분포에서 표준등급(Stanine)에 해당하는 면적 비율]

■ 발달규준의 종류
① 정신연령규준
② 학년규준
③ 서열규준
④ 추적규준

■ 정규분포곡선에서의 Z점수, T점수, 백분위

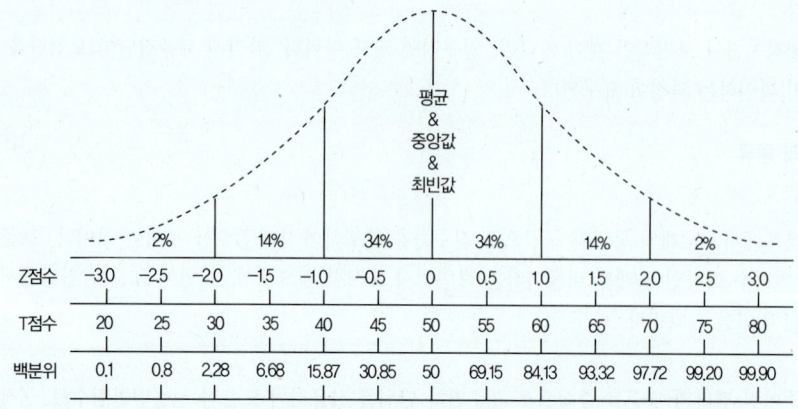

■ 이상으로 간주되는 수준   05년 기출
① 백분위점수 : 2.28% 이하, 97.72% 이상
② Z점수 : -2.0 이하, +2.0 이상
③ T점수 : 30 이하, 70 이상

19 지능에 대한 이해

■ 지능의 정의   04, 10, 15, 19년 기출
① 웩슬러(Wechsler)
지능은 개인이 합목적적으로 행동하고 합리적으로 사고하며, 자신을 둘러싼 환경을 효율적으로 다룰 수 있는 종합적·전체적인 능력이다.
② 비네(Binet)
지능은 일정한 방향을 설정하고 이를 유지하는 경향성, 자신이 소망하는 바를 성취하기 위해 순응하는 능력, 자신이 도달한 목표를 아는 능력이다.

■ 지능에 대한 주요 연구

비네(Binet) - 일반지능설	지능은 개인의 판단 또는 양식, 실용적 감각, 창의력, 상황에 대한 적응능력과 연관되며, 이해력·판단력·논리력·추리력·기억력 등 다양한 요소들 간의 포괄적인 관계로 구성된다.
스피어만(Spearman) - 2요인설	지능은 모든 개인이 공통적으로 가지고 있는 일반요인(General Factor)과 함께 언어나 숫자 등 특정한 부분에 대한 능력으로서 특수요인(Special Factor)으로 구분된다.

서스톤(Thurstone) – 다요인설	지능은 언어이해(Verbal Comprehension), 수(Numerical), 공간시각(Spatial Visualization), 지각속도(Perceptual Speed), 기억(Memory), 추리(Reasoning), 단어유창성(Word Fluency) 등 7가지 요인으로 구분된다.
길포드(Guilford) – 복합요인설(입체모형설)	지능의 구조는 내용(Content), 조작(Operation), 결과(Product)의 3차원적 입체모형으로 이루어지며, 이들의 상호작용에 의한 180개의 조작적 지적 능력으로 구성된다.
카텔과 혼(Cattell & Horn) – 위계적 요인설	지능은 유동성 지능(Fluid Intelligence)과 결정성 지능(Crystallized Intelligence)으로 구분된다.
가드너(Gardner) – 다중지능이론	지능은 언어지능(Linguistic Intelligence), 논리-수학지능(Logical-Mathematical Intelligence), 공간지능(Spatial Intelligence), 신체-운동지능(Bodily-Kinesthetic Intelligence), 음악지능(Musical Intelligence), 대인관계지능(Interpersonal Intelligence), 개인 내적 지능(Intra Personal Intelligence)을 포함하여 다양한 독립된 지능으로 구성된다.
스턴버그(Sternberg) – 삼원지능이론	지능은 개인의 내부세계와 외부세계에서 비롯되는 경험의 측면에서 성분적 지능(Componential Intelligence), 경험적 지능(Experiential Intelligence), 상황적 지능(Contextual Intelligence)으로 구분된다.

■ 유동성 지능과 결정성 지능 04, 10, 15, 19년 기출

① 유동성 지능(Fluid Intelligence)
- 유전적·선천적으로 주어지는 능력으로서 경험이나 학습의 영향을 거의 받지 않으며, 뇌와 중추신경계의 성숙에 비례하여 발달하다가 청년기 이후부터 퇴보현상이 나타나기 시작한다.
- 속도(Speed), 기계적 암기(Rote Memory), 지각능력(Perception), 일반적 추론능력(General Reasoning) 등과 같이 새로운 상황에서의 문제해결능력으로 잘 나타난다.

② 결정성 지능(Crystallized Intelligence)
- 환경이나 경험, 문화적 영향에 의해 발달되는 지능으로서, 유동성 지능을 토대로 후천적인 발달이 이루어진다.
- 언어이해능력(Verbal Comprehension), 문제해결능력(Problem Solving), 상식(Common Sense), 논리적 추리력(Logical Reasoning) 등과 같이 나이를 먹으면서도 계속 발달할 수 있는 능력으로 잘 나타난다.

■ 지능 평가의 임상적 접근과 개념적 접근 18, 21, 24년 기출

임상적 접근	• 지능을 측정 가능한 구체적인 실체라고 가정하는 입장이다. • 심리학자는 현재 주로 사용되는 지능검사 도구들을 가지고 어떻게 지능을 측정할 것인가의 실용적인 측면에 초점을 두게 된다.
개념적 접근	• 지능을 가설적 혹은 이론적 구성개념으로 가정하는 입장이다. • 심리학자는 지능의 정의와 분석방법을 연구하는 데 초점을 두는 반면, 현재 주로 사용되는 지능검사의 활용에 대해서는 그다지 관심을 가지지 않는다.

20 지능에 대한 평가

■ **지능검사의 기본 철학(Kaufman & Lichtenberger)** 　　　　　　　　　　　　　22, 24년 기출

① 지능검사의 소검사는 개인의 학습경험을 측정한다.
② 지능검사의 소검사는 행동의 표집일 뿐 그 총체는 아니다.
③ 개인 대상의 표준화된 지능검사는 특정한 실험 환경에서의 정신기능을 평가한다.
④ 지능검사와 같은 종합검사는 이론적 모형을 토대로 해석해야 유용하다.
⑤ 검사 프로파일을 통해 도출된 가설은 다양한 출처의 자료로써 지지되어야 한다.

■ **지능 평가의 임상적 접근과 개념적 접근** 　　　　　　　　　　　　　　　　18, 21, 24년 기출

임상적 접근	• 지능을 측정 가능한 구체적인 실체라고 가정하는 입장이다. • 심리학자는 현재 주로 사용되는 지능검사 도구들을 가지고 어떻게 지능을 측정할 것인가의 실용적인 측면에 초점을 두게 된다.
개념적 접근	• 지능을 가설적 혹은 이론적 구성개념으로 가정하는 입장이다. • 심리학자는 지능의 정의와 분석방법을 연구하는 데 초점을 두는 반면, 현재 주로 사용되는 지능검사의 활용에 대해서는 그다지 관심을 가지지 않는다.

■ **지능검사 시행 시 라포 형성의 방법** 　　　　　　　　　　　　　　　　　　　18, 24년 기출

① 성취동기가 부족하고 쉽게 포기하는 수검자로 하여금 최선을 다하도록 격려한다.
② 평가 상황에서 지나치게 긴장하고 불안해하는 수검자로 하여금 안심하고 검사에 집중할 수 있도록 돕는다.
③ 검사에 대한 수검자의 관심을 유발하고, 침착하고 차분하게 과제를 제시하며, 각 소검사들을 부드럽게 연결시켜 준다.
④ 사전에 수검자가 알아두어야 할 일반적인 사항들을 설명해 준다.

■ **지능검사 시행 후 병전지능의 추정방법** 　　　　　　　　　　　　　　　　　　19년 기출

① 지능검사의 소검사에 근거한 추정
  어휘, 상식 또는 기본지식, 토막짜기 등 소검사 점수를 활용한다.
② 현재 언어능력에 근거한 추정
  NART(National Adult Reading Test)와 같이 읽기능력에 특화된 검사를 이용한다.
③ 인구통계학적 특성을 활용한 추정
  교육수준, 연령, 성별, 학업 성취도(학력), 이전의 직업기능 수준(직업력) 등을 참조한다.

21 한국판 웩슬러성인용지능검사(K-WAIS) & K-WAIS-IV

■ K-WAIS의 구성

06, 20년 기출

언어성 소검사	• 기본지식(Information) • 숫자외우기(Digit Span) • 어휘문제(Vocabulary) • 산수문제(Arithmetic) • 이해문제(Comprehension) • 공통성문제(Similarity)
동작성 소검사	• 빠진곳찾기(Picture Completion) • 차례맞추기(Picture Arrangement) • 토막짜기(Block Design) • 모양맞추기(Object Assembly) • 바꿔쓰기(Digit Symbol)

■ K-WAIS-IV의 구성 및 주요 측정 내용

16, 20, 21, 22, 23년 기출

① 언어이해(Verbal Comprehension)

공통성 (Similarity)	언어적 개념형성능력, 논리적·추상적 추론능력, 연합 및 범주적 사고력, 본질과 비본질을 구분하는 능력 등
어휘 (Vocabulary)	언어발달 정도, 단어지식 및 언어적 개념형성능력, 언어 사용 및 축적된 언어학습능력, 우수한 학업성취 및 교육적 배경, 장기기억 등
상식 (Information)	일반적·실제적 지식의 범위, 과거의 학습 또는 학교교육, 지적 호기심 또는 지식을 얻고자 하는 욕구, 장기기억과 정보축적, 결정성 지능, 획득된 지식 등
이해-보충 (Comprehension)	사회적 상황의 이해력 및 사회적 성숙도, 관습적 행동규준에 관한 지식 정도, 과거 경험을 평가하고 사용하는 능력, 실질적 지식과 판단력, 언어적 추론 및 개념화 등

② 지각추론(Perceptual Reasoning)

토막짜기 (Block Design)	시각적 자극의 분석 및 통합능력, 시각-운동 협응능력, 지각적 조직화 능력, 비언어적 개념형성능력, 시간적 압박하에서의 작업능력 등
행렬추론 (Matrix Reasoning)	광범위한 시각적 지능, 부분과 전체의 관계를 파악하는 능력, 지각적 조직화 능력, 시공간 정보에 대한 동시적 처리능력, 유동성 지능 등
퍼즐 (Visual Puzzles)	광범위한 시각적 지능, 부분들 간의 관계를 예상할 수 있는 능력, 시각적·지각적 조직화 능력, 시각적 기억능력, 공간적 표상능력 등
무게비교-보충 (Figure Weights)	양적·수학적 추론능력, 유추적 추론능력, 시각적 조직화 및 주의집중력 등
빠진 곳 찾기-보충 (Picture Completion)	시각적·지각적 조직화 능력, 대상의 핵심적인 세부사항을 시각적으로 인식해내는 능력, 본질과 비본질을 구분하는 능력, 시각적 기억능력, 환경적 세부사항에 대한 인식 등

③ 작업기억(Working Memory)

숫자 (Digit Span)	청각적 단기기억능력, 즉각적인 기계적 회상능력, 연속적 정보처리능력, 암기학습능력, 주의력 및 주의집중력, 정신적 조작능력 등
산수 (Arithmetic)	청각적 단기기억능력, 연속적 정보처리능력, 주의력 및 주의집중력, 수리적 추론능력, 계산능력, 단기 및 장기기억 등
순서화-보충 (Letter-Number Sequencing)	청각적 단기기억능력, 주의력 및 주의집중력, 정신적 조작능력, 순차적 처리능력 등

④ 처리속도(Processing Speed)

동형찾기 (Symbol Search)	정보처리속도, 시각-운동 협응능력, 시각적 단기기억능력, 시각적 변별력, 주의력 및 주의집중력 등
기호쓰기 (Coding)	정보처리속도, 시각-운동 협응능력, 시각적 단기기억능력, 시각적 지각능력 및 탐색능력, 주의력 및 주의집중력, 사무적 과제의 속도 및 정확성, 친숙하지 않은 과제를 학습하는 능력 등
지우기-보충 (Cancellation)	정보처리속도, 시각-운동 협응능력, 시각적 단기기억능력, 선택적 주의력, 속도와 정확성 등

22 한국판 웩슬러아동용지능검사(K-WISC-Ⅲ) & K-WISC-Ⅳ

`08, 14년 기출`

■ K-WISC-Ⅲ의 구성

언어성 소검사	• 상식(Information) • 공통성(Similarities) • 산수(Arithmetic) • 어휘(Vocabulary) • 이해(Comprehension) • 숫자(Digit Span) - 보충검사
동작성 소검사	• 빠진곳찾기(Picture Completion) • 기호쓰기(Coding) • 차례맞추기(Picture Arrangement) • 토막짜기(Block Design) • 모양맞추기(Object Assembly) • 동형찾기(Symbol Research) - 보충검사 • 미로(Mazes) - 보충검사

■ K-WISC-Ⅳ의 구성

_{15, 17, 22, 24년 기출}

언어이해 (Verbal Comprehension)	• 공통성(Similarities) • 어휘(Vocabulary) • 이해(Comprehension) • 상식(Information) - 보충검사 • 단어추리(Word Reasoning) - 보충검사
지각추론 (Perceptual Reasoning)	• 토막짜기(Block Design) • 공통그림찾기(Picture Concepts) • 행렬추리(Matrix Reasoning) • 빠진곳찾기(Picture Completion) - 보충검사
작업기억 (Working Memory)	• 숫자(Digit Span) • 순차연결(Letter - Number Sequencing) • 산수(Arithmetic) - 보충검사
처리속도 (Processing Speed)	• 기호쓰기(Coding) • 동형찾기(Symbol Search) • 선택(Cancellation) - 보충검사

23 한국교육개발원 웩슬러아동용지능검사(KEDI-WISC)

■ KEDI-WISC의 구성

_{21년 기출}

언어성 검사	• 상식(Information) • 공통성(Similarities) • 산수(Arithmetic) • 어휘(Vocabulary) • 이해(Comprehension) • 숫자(Digit Span) - 보충검사
동작성 검사	• 빠진곳찾기(Picture Completion) • 기호쓰기(Coding) • 차례맞추기(Picture Arrangement) • 토막짜기(Block Design) • 모양맞추기(Object Assembly) • 미로(Mazes) - 보충검사

■ KEDI-WISC의 시행순서

① 상식 → ② 빠진곳찾기 → ③ 공통성 → ④ 차례맞추기 → ⑤ 산수 → ⑥ 토막짜기 → ⑦ 어휘 → ⑧ 모양맞추기 → ⑨ 이해 → ⑩ 기호쓰기 → ⑪ 숫자 → ⑫ 미로

24 웩슬러 지능검사의 일반적 해석 및 진단

■ 웩슬러 지능검사의 양적 분석에 포함되는 내용

① 현재 지능의 파악
② 병전 지능의 파악
③ 언어성 검사와 동작성 검사 간 비교
④ 소검사 간 점수들의 분산 분석
⑤ 각 소검사 환산점수와 지표 간 비교에 의한 분산 분석

■ 언어성 IQ와 동작성 IQ 간의 점수차에 의한 일반적 해석

① 언어성 IQ > 동작성 IQ

주요 원인	• 수검자가 고학력인 경우 • 언어적 자극을 처리하는 뇌의 좌반구가 발달한 경우 • 시·공간적 자극을 처리하는 뇌의 우반구가 손상된 경우 • 우울증, 신경학적 장애, 강박장애 등을 가진 경우
특 징	• 청각적-언어적 정보처리 능력이 상대적으로 발달함 • 시각-운동 협응능력이 상대적으로 저조함 • 즉각적인 문제해결 능력이 저조함 • 실용적인 과제를 다루는 데 어려움이 있음 • 시간제한이 있는 과제를 수행하는 데 어려움이 있음

② 언어성 IQ < 동작성 IQ

주요 원인	• 수검자가 저학력인 경우 • 시·공간적 자극을 처리하는 뇌의 우반구가 발달한 경우 • 언어적 자극을 처리하는 뇌의 좌반구가 손상된 경우 • 자폐증, 정신지체, 학습장애, 반사회적 성격장애 등을 가진 경우
특 징	• 시각-운동 협응능력이 상대적으로 발달함 • 청각적-언어적 정보처리 능력이 상대적으로 저조함 • 축적된 경험을 통한 문제해결 능력이 저조함 • 언어능력, 읽기능력이 저조하며 학업수행에 어려움이 있음 • 시간제한이 없는 과제에서도 이를 효율적으로 수행하는 데 어려움이 있음

■ 언어성 IQ와 동작성 IQ의 차이를 해석할 때 고려해야 할 사항

① 신경학적 요인
② 의사소통상의 요인
③ 운동 협응능력의 요인
④ 시간제한의 요인
⑤ 장 독립성과 장 의존성
⑥ 유동성 지능과 결정성 지능

■ 웩슬러 지능검사의 결과를 통해 나타나는 우울증의 특징　　　　　　　　　　　04, 10년 기출

① 언어성 지능이 동작성 지능에 비해 상대적으로 높은 수준을 보인다.
② 쉽게 포기하는 경향을 보이는 등 지구력이 부족하다.
③ 전반적으로 반응속도가 느리다.
④ 언어성 검사 중 공통성(Similarities)의 점수가 낮으며, 동작성 검사 중 빠진 곳 찾기(Picture Completion)를 제외한 다른 동작성 소검사들에서 낮은 점수를 보인다.
⑤ 반응의 질적인 면에서의 정교화나 언어표현의 유창성 등이 부족하다.
⑥ 자신에 대해 비판적인 양상을 보인다.
⑦ 사고의 와해는 보이지 않는다.

25 K-WAIS-Ⅳ의 조합점수별 측정 내용

■ K-WAIS-Ⅳ의 지능지수 산출방법　　　　　　　　　　　　　　　　　　　　　09년 기출

① 소검사의 원점수를 구한다.
② 원점수를 표준점수로 환산하여 환산점수를 도출한다.
③ 조합점수(합산점수)를 도출한다.

■ K-WAIS-Ⅳ의 조합점수별 측정 내용　　　　　　　　　　　　　　　　　　16, 23년 기출

① 언어이해지수(VCI ; Verbal Comprehension Index)
　언어적 이해능력, 언어적 정보처리능력, 언어적 기술 및 정보의 새로운 문제해결을 위한 적용능력, 어휘를 이용한 사고능력, 결정적 지식, 인지적 유연성, 자기감찰 능력 등을 반영한다.
② 지각추론지수(PRI ; Perceptual Reasoning Index)
　지각적 추론능력, 시각적 이미지에 대한 사고 및 처리능력, 시각-운동 협응능력, 공간처리 능력, 인지적 유연성, 제한된 시간 내에 시각적으로 인식된 자료를 해석 및 조직화하는 능력, 유동적 추론능력, 비언어적 능력 등을 반영한다.
③ 작업기억지수(WMI ; Working Memory Index)
　작업기억, 청각적 단기기억, 주의집중력, 수리능력, 부호화 능력, 청각적 처리기술, 인지적 유연성, 자기감찰 능력 등을 반영한다.
④ 처리속도지수(PSI ; Processing Speed Index)
　시각정보의 처리속도, 과제 수행속도, 시지각적 변별능력, 정신적 수행의 속도 및 정신운동 속도, 주의집중력, 시각-운동 협응능력, 인지적 유연성 등을 반영한다.
⑤ 전체지능지수(FSIQ ; Full Scale IQ)
　개인의 인지능력의 현재 수준에 대한 전체적인 측정치로서, 언어이해지수(VCI), 지각추론지수(PRI), 작업기억지수(WMI), 처리속도지수(PSI) 등 4가지 지수를 산출하는 데 포함된 소검사 환산점수들의 합으로 계산된다.

⑥ 일반능력지수(GAI ; General Ability Index)

언어이해의 주요 소검사(공통성, 어휘, 상식)와 지각추론의 주요 소검사(토막짜기, 행렬추론, 퍼즐)로 구성된 조합점수이다. 특히 전체지능지수(FSIQ)에 비해 작업기억 및 처리속도의 영향을 덜 받으므로, 전체지능지수(FSIQ)에 포함된 이들 요소들을 배제한 인지적 능력을 검토할 필요가 있는 경우 사용한다.

⑦ 인지효능지수(CPI ; Cognitive Proficiency Index)

작업기억의 주요 소검사(숫자, 산수)와 처리속도의 주요 소검사(동형찾기, 기호쓰기)로 구성된 조합점수이다. 언어이해 및 지각추론에 덜 민감한 인지적 능력에 대한 측정이 필요한 경우 사용한다.

■ K-WAIS-Ⅳ의 과정점수   16년 기출

① 시간 보너스 없는 토막짜기(BDN ; Block Design No Time Bonus)
② 숫자 바로 따라하기(DSF ; Digit Span Forward)
③ 숫자 거꾸로 따라하기(DSB ; Digit Span Backward)
④ 숫자 순서대로 따라하기(DSS ; Digit Span Sequencing)
⑤ 최장 숫자 바로 따라하기(LDSF ; Longest Digit Span Forward)
⑥ 최장 숫자 거꾸로 따라하기(LDSB ; Longest Digit Span Backward)
⑦ 최장 숫자 순서대로 따라하기(LDSS ; Longest Digit Span Sequence)
⑧ 최장 순서화(LLNS ; Longest Letter-Number Sequence)

26 K-WAIS에 의한 지능과 학습문제   14년 기출

■ 지능의 진단적 분류

IQ	분 류	이론적 정규분포(%)	표본분포(%)
130 이상	최우수(Very Superior)	2.2	2.3
120~129	우수(Superior)	6.7	6.7
110~119	평균상(High Average)	16.1	18.0
90~109	평균(Average)	50.0	48.6
80~89	평균하(Low Average)	16.1	15.3
70~79	경계선(Borderline)	6.7	7.3
69 이하	정신지체(Mentally Retardation)	2.2	1.8

■ K-WAIS-IV에 의한 지능의 진단적 분류

IQ	분 류	이론적 정규분포(%)	표본분포(%)
130 이상	최우수(Very Superior)	2.5	2.3
120~129	우수(Superior)	7.2	6.8
110~119	평균상(High Average)	16.6	17.1
90~109	평균(Average)	49.5	50.2
80~89	평균하(Low Average)	15.6	15.0
70~79	경계선(Borderline)	6.5	6.1
69 이하	장애 수준(Defective)	2.1	2.5

■ 학습문제의 유형
① 학습부진(Underachievement)
② 학습장애(Learning Disability)
③ 학습 저성취(Low Achievement)
④ 학습지진(Slow Learner)
⑤ 학업지체(Academic Retardation)

27 미네소타 다면적 인성검사(MMPI)

20, 24년 기출

■ MMPI의 타당도척도

19년 기출

① ? 척도(무응답 척도, Cannot Say)
② L척도(부인 척도, Lie)
③ F척도(비전형 척도, Infrequency)
④ K척도(교정 척도, Correction)

■ MMPI의 임상척도　　　　　　　　　　　　　　　　　　　　　　　　　　23, 24년 기출

　① 척도 1 Hs(Hypochondriasis, 건강염려증)
　② 척도 2 D(Depression, 우울증)
　③ 척도 3 Hy(Hysteria, 히스테리)
　④ 척도 4 Pd(Psychopathic Deviate, 반사회성)
　⑤ 척도 5 Mf(Masculinity-Femininity, 남성성-여성성)
　⑥ 척도 6 Pa(Paranoia, 편집증)
　⑦ 척도 7 Pt(Psychasthenia, 강박증)
　⑧ 척도 8 Sc(Schizophrenia, 정신분열증)
　⑨ 척도 9 Ma(Hypomania, 경조증)
　⑩ 척도 0 Si(Social Introversion, 내향성)

■ MMPI 실시 전 수검자에 대한 고려사항

　① 수검자의 독해력
　② 수검자의 연령
　③ 수검자의 지능수준
　④ 수검자의 임상적 상태

■ MMPI의 일반적인 해석 과정　　　　　　　　　　　　　　　　　　　　　15년 기출

　① 제1단계 : 검사태도에 대한 검토
　② 제2단계 : 척도별 점수에 대한 검토
　③ 제3단계 : 척도 간 연관성에 대한 검토
　④ 제4단계 : 척도 간 응집 및 분산에 대한 분석
　⑤ 제5단계 : 낮은 임상척도에 대한 검토
　⑥ 제6단계 : 형태적 분석
　⑦ 제7단계 : 전체 프로파일 형태에 대한 분석

■ MMPI에서 ? 척도가 상승하는 경우　　　　　　　　　　　　　　　　　11, 15, 22년 기출

　① 수검자가 강박성으로 인해 문항 내용에 대한 정확한 응답에 과도하게 집착하는 경우
　② 수검자가 정신적 부주의나 혼란으로 인해 문항을 빠뜨리는 경우
　③ 수검자가 방어적인 태도로 자신을 드러내는 것에 대해 거부감을 느끼거나 검사 및 검사자에 대해 불신하는 경우
　④ 수검자가 검사자에게 비협조적이고 반항적인 태도를 보이는 경우
　⑤ 수검자가 극도의 불안이나 우울증상을 보이는 경우

■ L척도 · K척도 30 이하, F척도 70 이상인 환자의 상태에 대한 추론　　　　15, 20년 기출

　① 신체적 · 정서적 곤란을 인정하나 자신의 문제를 해결할 자신도 능력도 결여되어 있다.
　② 문제 해결을 위한 도움을 얻고자 의도적으로 증상을 과장하거나 정신적 장애가 있는 것처럼 위장한다.

■ 부정왜곡(Faking-bad) 프로파일을 나타낼 수 있는 성향을 가진 사람들의 유형 　09, 20, 24년 기출
① 자신의 문제성을 과장하여 반응함으로써 주위의 관심이나 도움을 받으려는 사람
② 검사 자체 또는 검사자에게 저항하는 사람
③ 자신의 책임을 회피하거나 다른 사람을 기만할 목적을 가진 사람(예 보상을 위한 감정의뢰자, 병역을 기피하는 징집의뢰자 등)

■ MMPI 주요 상승척도쌍의 가능한 진단 　06, 07, 08, 10, 11, 12, 15, 16, 17, 18, 20, 21, 23, 24년 기출
① 1-2 또는 2-1코드(Hs & D) : 신체증상장애, 불안장애
② 1-3 또는 3-1코드(Hs & Hy) : 전환장애
③ 2-6 또는 6-2코드(D & Pa) : 편집성 성격장애, 조현병(정신분열증)
④ 2-7 또는 7-2코드(D & Pt) : 우울장애, 불안장애, 강박장애
⑤ 2-8 또는 8-2코드(D & Sc) : 우울장애, 불안장애, 조현정동장애(분열정동장애)
⑥ 3-8 또는 8-3코드(Hy & Sc) : 조현병(정신분열증), 신체증상장애
⑦ 4-6 또는 6-4코드(Pd & Pa) : 수동-공격성 성격장애, 조현병(정신분열증)
⑧ 4-8 또는 8-4코드(Pd & Sc) : 조현병(정신분열증), 조현성(분열성) 성격장애, 편집성 성격장애
⑨ 4-9 또는 9-4코드(Pd & Ma) : 반사회성 성격장애, 양극성장애
⑩ 6-8 또는 8-6코드(Pa & Sc) : 조현병(정신분열증), 조현성(분열성) 성격장애, 편집성 성격장애
⑪ 7-8 또는 8-7코드(Pt & Sc) : 우울장애, 불안장애, 조현성(분열성) 성격장애, 조현형(분열형) 성격장애
⑫ 8-9 또는 9-8코드(Sc & Ma) : 조현병(정신분열증), 양극성장애

28 미네소타 다면적 인성검사 제2판(MMPI-2)

■ MMPI-2의 타당도척도
① ? 척도(무응답 척도, Cannot Say)
응답하지 않은 문항 또는 '그렇다', '아니다' 모두에 응답한 문항들의 총합이다.
② VRIN 척도(무선반응 비일관성 척도, Validity Response INconsistency)
수검자가 응답을 하면서 무선적으로 반응하는 경향을 탐지한다.
③ TRIN 척도(고정반응 비일관성 척도, True Response INconsistency)
수검자가 문항에 응답하면서 모든 문항에 '그렇다' 혹은 '아니다'로 반응하는 경향을 탐지한다.
④ F척도(비전형 척도, Infrequency)
검사 문항에 대해 정상인들이 응답하는 방식에서 벗어나는 경향을 탐지한다.
⑤ F_B척도(비전형-후반부 척도, Back inFrequency)
검사 실시 과정에서 수검자의 수검 태도상의 변화를 탐지한다.
⑥ F_P척도(비전형-정신병리 척도, inFrequency Psychopathology)
F척도의 상승이 실제 정신과적 문제 때문인지 혹은 의도적으로 자신을 부정적으로 보이려고 한 것인지를 탐지한다.

⑦ FBS 척도(증상타당도척도, Fake Bad Scale)
  개인상해 소송이나 신체장애 판정 장면에서의 꾀병을 탐지한다.
⑧ L척도(부인 척도, Lie)
  수검자가 자신을 좋게 보이려고 하는 다소 고의적이고 부정직하며 세련되지 못한 시도를 탐지한다.
⑨ K척도(교정 척도, Correction)
  분명한 정신적인 장애를 지니면서도 정상적인 프로파일을 보이는 사람들을 식별하기 위한 것으로서, 심리적인 약점에 대한 방어적 태도를 탐지한다.
⑩ S척도(과장된 자기제시 척도, Superlative Self-presentation)
  수검자가 자신의 도덕적 결함을 부인하고 자신을 과장된 방식으로 표현하는 것을 탐지한다.

■ MMPI-2의 임상척도

① 척도 1 Hs(Hypochondriasis, 건강염려증)
  수검자의 신체적 기능 및 건강에 대한 과도하고 병적인 관심을 반영한다.
② 척도 2 D(Depression, 우울증)
  검사 수행 당시 수검자의 우울한 기분 상태를 반영한다.
③ 척도 3 Hy(Hysteria, 히스테리)
  현실적 어려움이나 갈등을 회피하는 방법으로 부인기제를 사용하는 성향 및 정도를 반영한다.
④ 척도 4 Pd(Psychopathic Deviate, 반사회성)
  반사회적 일탈행동, 권위적 대상에 대한 불만, 반항, 적대감, 충동성 등을 반영한다.
⑤ 척도 5 Mf(Masculinity-Femininity, 남성성-여성성)
  남성성 혹은 여성성의 정도를 반영한다.
⑥ 척도 6 Pa(Paranoia, 편집증)
  대인관계에서의 민감성, 의심증, 집착증, 피해의식, 자기 정당성 등을 반영한다.
⑦ 척도 7 Pt(Psychasthenia, 강박증)
  심리적 고통이나 불안, 공포, 자신의 능력에 대한 의심과 회의, 강박관념의 정도를 반영한다.
⑧ 척도 8 Sc(Schizophrenia, 정신분열증)
  정신적 혼란과 불안정 상태, 자폐적 사고와 왜곡된 행동을 반영한다.
⑨ 척도 9 Ma(Hypomania, 경조증)
  심리적·정신적 에너지의 수준, 사고나 행동에 대한 통제 수준을 반영한다.
⑩ 척도 0 Si(Social Introversion, 내향성)
  사회적 활동 및 사회에 대한 흥미 정도, 사회적 접촉이나 책임을 피하는 정도를 반영한다.

■ MMPI-2에서 과장된 보고를 탐지하는 척도   19, 23년 기출

① F척도 : 100T 이상인 경우 수검자가 의도적으로 심각한 정신병적 문제를 과장하고 있음을 시사한다.
② F_B척도 : 90T 이상이면서 F척도보다 최소 30T 이상 높은 경우 수검 태도상 유의미한 변화가 있음을 시사한다.
③ F_P척도 : 100T 이상인 경우 수검자의 무선반응 혹은 부정왜곡(Faking-bad)을 시사한다.

■ MMPI-2의 성격병리5요인척도(PSY-5 척도)   18, 21년 기출

공격성 (AGGR)	도구적인 공격성에 초점을 둔 척도로서, 모욕적·약탈적 공격성, 다른 사람을 지배·정복·파괴하고자 하는 적대적인 욕구 등을 반영한다.
정신증 (PSYC)	현실과의 단절을 평가하는 데 초점을 둔 척도로서, 활성화된 정신병적 사고, 특이한 경험, 백일몽, 불신과 의심 등을 반영한다.
통제결여 (DISC)	감각추구, 위험추구에 초점을 둔 척도로서, 편의주의적 도덕성, 비행, 충동성, 대담성 등을 반영한다.
부정적 정서성/신경증 (NEGE)	부정적 정서를 경험하는 성격적 특성에 초점을 둔 척도로서, 걱정과 불안, 짜증과 분노, 두려움과 죄책감을 유발하는 스트레스로 인한 압박감 등을 반영한다.
내향성/낮은 긍정적 정서성 (INTR)	기쁨이나 즐거움을 경험하는 성격적 특성에 초점을 둔 척도로서, 사회적 이탈, 정서적 회복력 결여 등을 반영한다.

■ MMPI-2의 재구성 임상척도   16, 20년 기출

① 개발 목적 : 기본 임상척도의 중요한 기술적 특성을 그대로 유지하면서 그동안 임상척도의 문제점으로 제기되어왔던 해석상의 모호함을 감소시키고 변별력을 증가시키는 것을 목적으로 한다.
② 재구성 임상척도의 구성

척도명			내용	문항 수
RCd	dem	Demoralization	의기소침	24문항
RC1	som	Somatic Complaints	신체증상 호소	27문항
RC2	lpe	Low Positive Emotions	낮은 긍정 정서	17문항
RC3	cyn	Cynicism	냉소적 태도	15문항
RC4	asb	Antisocial Behavior	반사회적 행동	22문항
RC6	per	Ideas of Persecution	피해의식	17문항
RC7	dne	Dysfunctional Negative Emotions	역기능적 부정 정서	24문항
RC8	abx	Aberrant Experiences	기태적 경험	18문항
RC9	hpm	Hypomanic Activation	경조증적 상태	28문항

29 기질 및 성격검사(TCI)

■ TCI의 의의

① 미국 워싱턴 대학교 교수인 클로닝거(Cloninger)의 심리생물학적 인성모델에 기초하여 개발된 것으로, 인성을 이루는 두 개의 큰 구조로서 기질(Temperament)과 성격(Character)을 구분한다.
② 기질과 성격의 분리를 통해 개인의 인성발달에 영향을 미친 유전적 영향과 환경적 영향을 구분하여 인성발달 과정을 이해할 수 있도록 한다.

■ TCI의 4가지 기질척도   18, 23, 24년 기출

자극추구 (NS)	새로운 자극이나 보상 단서에 이끌려 행동이 활성화되는 유전적 성향과 연관된다.
위험회피 (HA)	위험하거나 혐오스러운 자극에 대해 행동이 억제되고 위축되는 유전적 성향과 연관된다.
사회적 민감성 (RD)	사회적 보상 신호, 즉 타인의 표정 및 감정 등에 대해 강하게 반응하는 유전적 성향과 연관된다.
인내력 (P)	지속적인 강화가 없더라도 한 번 보상된 행동을 일정 시간 동안 꾸준히 지속하려는 유전적 성향과 연관된다.

■ TCI의 3가지 성격척도   18, 23, 24년 기출

자율성 (SD)	자신이 선택한 목표와 가치를 이루기 위해 자신의 행동을 상황에 맞게 통제, 조절, 적응시키는 능력과 연관된다.
연대감 (CO)	타인에 대한 수용 능력 및 타인과의 동일시 능력과 연관된다.
자기초월 (ST)	우주만물과 자연을 수용하고 동일시하면서 이들과 일체감을 느낌으로써 도달하는 개인의 영성과 연관된다.

30 로샤검사(Rorschach Test)

■ 로샤검사의 의의   18, 24년 기출

① 추상적·비구성적인 잉크반점을 자극 자료로 하여 수검자의 학습된 특정 반응이 아닌 여러 가지 다양한 반응을 유도하는 투사적 검사이다.
② 로샤검사를 투사적 검사로 분류하는 것에 대한 반대의견도 있는데, 특히 바이너(Weiner)는 검사 결과에 대한 주관적 해석이 단지 검사자의 검사도구에 대한 미숙함 때문이며, 투사된 자료가 없는 프로토콜에 대해서도 해석 가능하다는 점을 이유로 들고 있다.

■ 로샤검사의 잉크반점카드(Ink-blot Card)

순 서	색 상	평범반응
카드 Ⅰ	무채색	박쥐 또는 나비
카드 Ⅱ	무채색에 부분 적색	동 물
카드 Ⅲ	무채색에 부분 적색	인간의 형상
카드 Ⅳ	무채색	인간 또는 거인
카드 Ⅴ	무채색	박쥐 또는 나비
카드 Ⅵ	무채색	양탄자 또는 동물가죽

카드 Ⅶ	무채색	인간의 얼굴 또는 동물의 머리
카드 Ⅷ	유채색	움직이는 동물
카드 Ⅸ	유채색	인간 또는 인간과 흡사한 형상
카드 Ⅹ	유채색	게 또는 거미

■ 엑스너(Exner) 종합체계방식의 주요 채점 항목 15, 20, 23, 24년 기출

① 반응영역(반응의 위치)　② 발달질
③ 결정인　④ 형태질
⑤ 반응내용　⑥ 평범반응
⑦ 쌍반응　⑧ 조직화 활동
⑨ 특수점수

■ 반응영역(Location)의 기호화 19, 23년 기출

① W(전체반응) : 잉크 반점 전체가 반응에 사용된 경우
② D(흔한 부분반응) : 흔히 이용되는 잉크 반점 영역이 반응에 사용된 경우
③ Dd(드문 부분반응) : 드물게 이용되는 잉크 반점 영역이 반응에 사용된 경우
④ S(공백반응) : 흰 공간 부분이 반응에 사용된 경우

■ 특수점수에서 특수내용의 종류 18, 20, 23년 기출

① 추상적 내용(Abstract Content, AB)
② 공격적 운동(Aggressive Movement, AG)
③ 협조적 운동(Cooperative Movement, COP)
④ 병적인 내용(Morbid Content, MOR)

■ 구조적 요약에 제시되는 형태질 종류 17, 24년 기출

① FQx(Form Quality Extended)
② MQual(Human Movement Form Quality)
③ W + D(Common Area Form Quality)

31 집-나무-사람 그림검사(HTP)

■ HTP의 의의
집-나무-사람 그림검사(House-Tree-Person)는 1948년 벅(Buck)이 처음 개발한 투사적 그림검사로서, 수검자가 자신의 개인적 발달사와 관련된 경험을 그림에 투사한다는 점에 기초한다.

■ HTP의 투사적 상징　　　　　　　　　　　　　　　　　　　　　　　14, 22년 기출
① 집(House) : 자기-지각(Self-awareness), 가정생활의 질, 자신의 가족 내 관계에 대한 지각
② 나무(Tree) : 무의식적·원시적 자아개념, 심리적 갈등과 방어, 정신적 성숙도, 환경에 대한 적응수준 등
③ 사람(Person) : 자화상 또는 자기상(Self-image), 이상적인 자아, 중요한 타인 등
　• 머리 : 인지능력 및 지적 능력, 공상 활동, 충동 및 정서의 통제
　• 얼굴 : 타인과의 의사소통 및 관계형성
　• 몸통 : 기본적 추동(Drive)의 양상

■ HTP의 구조적 해석　　　　　　　　　　　　　　　　　　　　　　　07, 20년 기출
① 검사 소요시간
　• 일반적 소요시간 : 하나의 그림을 완성하는 데 대략 10분 정도 소요
　• 과도하게 빨리(2분 이내) 또는 느리게(30분 이상) 그린 경우 : 수검자의 갈등과 연관됨
　• 오랜 시간 소요 : 완벽 성향, 강박 성향
　• 어려움 호소 : 낮은 자존감, 우울감
② 그림의 순서
　• 일반적 순서
　　- 집 : 지붕 → 벽 → 문 → 창문
　　- 나무 : 둥치(큰 줄기) → 가지 → 수관 → 뿌리 등
　　- 사람 : 얼굴 → 눈 → 코 → 입 → 목 → 몸 → 팔 → 다리
　• 일반적 순서와 다르게 그린 경우 : 사고장애, 발달장애 가능성
　• 얼굴의 내부를 먼저, 윤곽을 나중에 그린 경우 : 평소 타인과의 대인관계에 문제가 있음
　• 그림을 지우고 새로 그린 경우 : 해당 영역이 상징하는 것과 관련하여 열등감 또는 가장 성향을 지니고 있음
③ 그림의 크기
　• 일반적 크기 : 종이 크기의 2/3 정도 사용
　• 그림을 과도하게 크게 그린 경우 : 공격성, 과장성, 낙천성, 행동화 성향, 자기 확대 욕구 등
　• 그림을 과도하게 작게 그린 경우 : 열등감, 불안감, 위축감, 낮은 자존감, 의존성 등
④ 그림의 위치
　• 일반적 위치 : 종이 가운데
　• 가운데 : 적정 수준의 안정감, 융통성의 부족
　• 위 : 높은 욕구, 목표달성에 대한 스트레스, 공상적 만족감
　• 아래 : 불안정감, 우울 성향, 실제적인 것을 선호하는 성향

- 왼쪽 : 충동성, 외향성, 변화 욕구, 즉각적 만족 추구 성향
- 오른쪽 : 자기 통제적 성향, 내향성, 지적 만족 추구 성향
- 구석 : 두려움, 위축감, 자신감 결여

32 홀랜드유형 직업적성검사(CAT)

■ CAT의 직업성격 육각형 모델

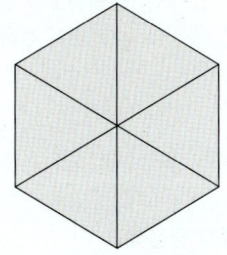

[홀랜드의 육각형 모델과 직업성격 유형의 차원]

■ CAT의 6가지 직업성격 유형

09년 기출

유 형	적합 직업
현실형(R)	기술직 · 토목직, 자동차엔지니어, 비행기조종사, 농부, 전기 · 기계기사 등
탐구형(I)	화학자, 생물학자, 물리학자, 의료기술자, 인류학자, 지질학자, 디자인 기술자 등
예술형(A)	문학가, 작곡가, 미술가, 무용가, 무대감독, 디자이너, 인테리어 장식가 등
사회형(S)	사회사업가, 교사, 상담사, 간호사, 임상치료사, 언어재활사, 목회자 등
진취형(E)	기업실무자, 영업사원, 보험설계사, 정치가, 변호사, 판매원, 연출가 등
관습형(C)	사무직 근로자, 경리사원, 컴퓨터 프로그래머, 사서, 은행원, 회계사, 법무사, 세무사 등

33 사회성숙도 검사(SMS)

■ **SMS의 의의 및 특징**
① 바인랜드 사회성숙척도(VSMS)를 김승국과 김옥기가 0~30세까지의 일반인 2,230명을 대상으로 표준화한 것이다.
② 사회적응능력 발달 수준을 평가하여 아동의 인지적 성숙도를 측정할 수 있다.
③ 장애아동 및 비장애아동의 진단 및 치료 목적으로 활용되고 있다.

■ **아동의 발달을 측정하기 위해 이용하는 영역** 　　　　　　　　　15, 22, 24년 기출
① 자조 영역(SH)　　　　　　　② 이동 영역(L)
③ 작업 영역(O)　　　　　　　 ④ 의사소통 영역(C)
⑤ 자기관리 영역(SD)　　　　　⑥ 사회화 영역(S)

34 사회성숙도 검사(SMS)

■ **보호자의 보고에 의한 아동 및 청소년 대상 주요 평정척도** 　　12, 17, 20, 24년 기출
① 아동·청소년 행동평가척도(K-CBCL 혹은 CBCL)
② 아동인성평정척도(KPRC)

■ **KPRC의 척도 구성** 　　　　　　　　　　　　　　　　　　　　　16년 기출

타당도 척도	• T/R척도(Test-Retest) : 검사·재검사 척도 • L척도(Lie) : 방어적인 태도 • F척도(Infrequency) : 증상의 과장이나 무선반응
자아탄력성 척도 및 임상척도	• ERS척도(Ego-resilience) : 자아탄력성 • VDL척도(Verbal Development) : 언어발달 • PDL척도(Physical Development) : 운동발달 • ANX척도(Anxiety) : 불안, 긴장 • DEP척도(Depression) : 우울, 자신감 결여 • SOM척도(Somatic Concern) : 신체화 경향성 • DLQ척도(Delinquency) : 비행, 품행장애 • HPR척도(Hyperactivity) : 주의력결핍 및 과잉행동 • FAM척도(Family Dysfunction) : 부모-자녀 관계, 가족 간의 불화 • SOC척도(Social Dysfunction) : 사회적 관계의 어려움 • PSY척도(Psychoticism) : 정신증, 현실접촉의 어려움

35 종합심리검사(Full Battery)

■ **종합심리검사의 특징**
① 개별적·단편적인 검사에 의한 정보수집의 한계를 극복하여 종합적인 평가자료의 수집이 가능하다.
② 자동화된 해석체계가 존재하므로 검사자의 채용을 촉진한다.
③ 환자의 병전 기능수준에 대한 평가와 함께 현재 기능수준에 대한 파악이 가능하다.
④ 임상적 평가 목적과 연구 목적이 함께 충족될 수 있다.
⑤ 자료가 광범위하거나 불충분하게 제공될 수 있으며, 시간과 비용이 많이 소요된다.
⑥ 최신의 신경심리학적 연구결과들을 반영하기 어렵다.

■ **종합심리검사를 실시하는 이유**　　　　　　　　　　　　　　　　　　　　　05년 기출
① 개인의 자아상, 인지, 정서, 대인관계, 스트레스에 대한 대응 등 다양한 정보를 종합적으로 수집함으로써 개인 심리의 전반적인 평가가 가능하다.
② 각각의 심리검사에 대한 교차타당성 검증을 통해 측정오차를 최소화하는 동시에 정확도를 향상시킨다.

■ **종합심리검사에서 사용하는 검사 중 신경심리검사로서의 역할을 할 수 있는 주요 검사**　16, 23년 기출
① 웩슬러 지능검사(WAIS)
② 벤더게슈탈트 검사(BGT)

■ **종합심리검사에 지능검사를 넣는 이유**　　　　　　　　　　　　　　　　　18, 21년 기출
① 개인의 신경학적 문제와 정신건강의학적 문제의 감별진단
② 개인의 성격적·정서적 특징의 파악
③ 개인의 적응에 도움을 주는 강점 및 장애를 일으키는 약점의 파악
④ 개인의 인지적 특성, 신체감각, 운동기능 등의 파악
⑤ 수검 과정에서의 직접적인 행동관찰을 통한 적응적 혹은 부적응적 행동 양상의 파악

36 신경심리검사 및 신경심리평가

■ **신경심리검사(신경심리평가)의 목적**
① 환자 상태의 예측(진단)
② 환자 관리 및 치료계획 수립
③ 재활 및 치료평가
④ 연구

■ 서울신경심리검사(SNSB ; Seoul Neuropsychological Screening Battery)의 구성   15, 20년 기출

인지영역	신경심리검사
주의집중능력	• Digit Span : Forward / Backward • Letter Cancellation
언어 및 관련 기능	• Spontaneous Speech / Comprehension / Repetition • Korean-Boston Naming Test(K-BNT) • Reading / Writing • Finger Naming / Right-Left Orientation / Calculation • Body Part Identification • Praxis Test : Buccofacial, Ideomotor
시공간 기능	• K-MMSE : Drawing • Rey Complex Figure Test(RCFT) : Copy
기억력	• K-MMSE : Registration / Recall • Seoul Verbal Learning Test(SVLT) • RCFT : Immediate & Delayed Recalls / Recognition

전두엽 집행기능	• Contrasting Program / Go-No-Go Test
	• Fist-Edge-Palm / Alternating Hand Movement
	• Alternating Square and Triangle / Luria Loop
	• Controlled Oral Word Association Test(COWAT)
	   - Semantic(Animal, Supermarket)
	   - Phonemic(ㄱ, ㅇ, ㅅ)
	• Korean-Color Word Stroop Test(K-CWST)

기타 지표	• K-MMSE • Geriatric Depression Scale(GDS) • Barthel Activities of Daily Living(B-ADL) • Clinical Dementia Rating Scale(CDR)

■ 신경심리검사 중 시공간 능력을 평가하기 위해 사용되는 검사   22년 기출

① 벤더도형검사(BGT) 또는 벤더게슈탈트검사(BGT)
② 레이 복합도형검사(R-CFT) 또는 레이-오스테리스 복합도형검사(RO-CFT)
③ 웩슬러 지능검사의 토막짜기 소검사(Block Design)
④ 시계 그리기 검사(CDT)
⑤ 인물화 검사(DAP)

■ **신경심리평가의 주요 평가영역** 15년 기출
① 지 능
② 기억과 학습능력
③ 언어기능
④ 주의력과 정신처리속도
⑤ 시각구성능력(시공간 기능)
⑥ 집행기능(실행기능 혹은 관리기능)
⑦ 성격 및 정서적 행동

■ **무시 증후군(Neglect Syndrome)** 17, 21년 기출
① 의의 및 특징
뇌병변 반대쪽에 의미 있는 자극을 제시하였을 때 그 자극을 감지하지 못하거나 반응을 하지 않는 현상을 말한다.
예 우반구 손상 환자에게 자신의 왼편에 어떤 물건을 집게 하였을 때 그 물건을 잘 찾지 못하거나 손 움직임이 느릴 수 있다.
② 평가도구
글자 지우기 검사, 선 이등분 검사(직선이분 검사), 선 지우기 검사 등

PART 02 기초심리상담

1 초기면담

■ **임상장면의 초기면담에서 주요 목표**
① 내담자가 호소하는 심리적 문제 혹은 내담자의 문제 증상을 탐색
② 치료에 대한 내담자의 기대를 탐색
③ 치료자와 내담자 간의 긍정적인 치료적 관계를 형성
④ 전반적인 치료 과정을 구조화

■ **임상장면의 초기면담 과정에서 내담자에 대한 행동관찰의 요소**   03, 06, 13, 16, 19년 기출
① 말과 표현   ② 신체 동작
③ 면담 태도   ④ 용모 및 외모
⑤ 정서적 반응   ⑥ 이해력
⑦ 의사소통능력

■ **아동 대상 초기면담에서의 주요 관찰사항**   08년 기출
① **목소리와 말** : 목소리의 크기 및 강도, 반응시간, 언어의 일탈 등
② **비언어적 행동** : 자세변화, 시선접촉, 표정과 면접내용에 대한 적절성 등
③ **개인적 용모** : 아동의 옷차림, 몸차림, 머리모양 등
④ **정동** : 감정의 적절성, 신체 움직임 및 제스처의 의미 등
⑤ **신체·신경학적 발달** : 운동발달 수준, 키와 몸무게, 안색 등

■ **접수면접에 포함되는 주요 내용**   16, 20, 24년 기출
① 접수면접을 위한 기본 정보(인적사항)   ② 내담자의 호소문제
③ 현재 및 최근의 주요 기능 상태   ④ 스트레스의 원인
⑤ 사회적·심리적 자원(지원체계)   ⑥ 호소문제와 관련된 개인사 및 가족관계
⑦ 외모 및 행동   ⑧ 진단평가 및 면접자의 소견

■ **임상적 면접의 서면보고서에 포함되는 내용**   08, 19, 23년 기출
① 환자에 대한 신상정보   ② 주 호소문제
③ 현재병력   ④ 과거병력
⑤ 병전성격   ⑥ 개인력
⑦ 가족력   ⑧ 정신상태검사
⑨ 권고사항

2 상담의 초기단계 및 구조화

■ 상담의 초기단계에서 반드시 이루어져야 하는 내용　　13, 16, 23년 기출
　① 상담관계(Rapport) 형성
　② 내담자의 이해와 평가
　③ 상담의 구조화
　④ 상담 목표 설정

■ 라포 형성의 방법　　21년 기출
　① 주의 기울이기
　② 열린 자세 유지하기
　③ 경청하기
　④ 무비판적 태도 지향하기

■ 상담 구조화의 방법
　① 시간 및 행동의 제한
　② 상담자 역할 및 내담자 역할의 구조화
　③ 상담 과정 및 목표의 구조화
　④ 비밀보호의 원칙 및 한계 등

■ 상담 구조화의 원칙
　① 상담자는 내담자가 편안한 느낌을 가질 수 있도록 구조화를 최소한으로 줄이는 것이 바람직하다.
　② 상담시간 및 장소, 상담자와 내담자의 역할관계 및 행동규범 등을 구체적으로 규정해야 한다.
　③ 구조화는 결코 내담자에게 일방적으로 지시를 내리거나 처벌하는 방식으로 이루어져서는 안 된다.
　④ 구조화는 공감적인 분위기 속에서 상담자와 내담자 간의 자연스러운 합의로 전개되어야 한다.
　⑤ 구조화는 상담 첫 회기에 한 번만 이루어지는 것이 아닌 상담의 전 과정에서 필요에 따라 진행될 수 있다.

■ 첫 회 상담 혹은 초기 상담의 운영　　03, 06, 16, 20, 22년 기출
　① 내담자가 원하는 것을 파악한다.
　② 상담 분위기를 조성하며, 신뢰관계를 형성한다.
　③ 긍정적 상담 효과에 대한 기대감을 형성한다.

3 상담의 기본원리 및 목표

■ 상담의 기본원리(Biestek)

① 개별화의 원리
② 의도적인 감정표현의 원리
③ 통제된 정서적 관여의 원리
④ 수용의 원리
⑤ 비심판적 태도의 원리
⑥ 자기결정의 원리
⑦ 비밀보장의 원리

■ 상담 목표의 중요성

① 상담의 방향을 제시한다.
② 상담자의 전문성과 기술적 역량을 평가할 수 있는 기회를 제공한다.
③ 상담 과정에서 목표 달성을 위한 노력을 촉진한다.
④ 상담 목표에 부합하는 효과적인 상담 전략을 계획할 수 있도록 한다.
⑤ 상담 과정에서 상담의 진행 상황 및 유효성 여부를 판단할 수 있는 기준을 제시한다.
⑥ 자기 동기화의 기회를 제공한다.

■ 목표 설정 시 지켜야 할 기준(Egan)   11, 17, 21년 기출

① 행동보다는 결과 또는 성취로 진술되어야 한다.
② 검증이 가능하며, 구체적인 행동으로 이어질 수 있는 것이어야 한다.
③ 가시적이고 실제적인 차이로 나타나는 것이어야 한다.
④ 내담자의 능력 및 통제력을 고려하여 현실적인 것이어야 한다.
⑤ 내담자의 가치에 적절한 것이어야 한다.
⑥ 그 도달을 위한 현실적인 기간이 설정되어야 한다.

■ 목표 설정 시 유의사항   09년 기출

① 목표는 구체적이어야 한다.
② 목표는 실현가능해야 한다.
③ 목표는 내담자가 원하고 바라는 것이어야 한다.
④ 목표는 상담자의 능력(기술)과 부합해야 한다.
⑤ 목표는 내담자의 문제에 대해 내담자와 함께 설정해야 한다.

4 상담의 종결

■ **청소년 상담을 포함하여 일반적인 상담의 종결 과정에서 다루어야 할 사항** `14, 20, 23년 기출`
　① 지난 상담 과정에 대해 점검 및 평가하기
　② 증상의 재발 가능성에 대해 논의하기
　③ 다시 찾아올 수 있음을 알리기
　④ 자기 분석을 격려하기
　⑤ 의존성 문제 다루기
　⑥ 이별의 감정에 대해 이야기하기

■ **바람직한 상담 종결을 위해 상담관계를 마무리하면서 해야 할 일** `13, 17년 기출`
　① 이별의 감정 다루기
　② 상담 성과에 대한 평가 및 문제해결력 다지기
　③ 추수상담(추후상담)에 대해 논의하기

■ **상담의 종결 단계에서 지난 상담 과정에 대한 평가사항** `21년 기출`
　① 상담 과정과 경험에 대한 주관적인 평가
　② 상담에 대한 기대 및 목표 달성 정도에 대한 평가
　③ 긍정적인 변화 유무에 대한 평가
　④ 변화에의 자발적인 기여 인식에 대한 평가

■ **내담자에 대한 심리치료 및 상담을 종결할 수 있는 상황** `23, 24년 기출`
　① 내담자가 더 이상 심리학적 서비스를 필요로 하지 않는 경우
　② 내담자에 대한 계속적인 서비스가 도움이 되지 않을 경우
　③ 상담자나 내담자가 내담자 또는 내담자와 관계가 있는 제3자의 위협을 받는 경우
　④ 상담자나 내담자가 심리학적 서비스 과정에서 위험에 처하게 될 경우

■ **내담자가 상담을 끝낼 준비가 되었는지를 판단할 수 있는 방법(Young, Hackney & Cormier)** `16년 기출`
　① 내담자가 상담 계약에 명시했던 인지적·정서적·행동적 목표에 도달하였는지를 확인한다.
　② 내담자 스스로 자신이 획득하고자 원했던 영역에서 긍정적인 발전이 있음을 확신할 수 있는지를 확인한다.
　③ 상담관계가 도움이 되었는지를 확인한다.
　④ 상담 초기에 설정되었던 상황이 변화되었는지를 확인한다.

5 상담윤리

■ **한국상담심리학회 상담심리사 윤리강령의 주요 내용**　　06, 12, 15, 20, 22년 기출
　① 전문가로서의 태도 : 전문적 능력, 성실성 등
　② 사회적 책임 : 사회와의 관계, 고용 기관과의 관계, 다른 전문직과의 관계 등
　③ 내담자의 복지와 권리에 대한 존중 : 내담자 복지, 내담자의 권리와 사전 동의, 다양성 존중 등
　④ 상담관계 : 다중관계, 성적 관계, 여러 명의 내담자와의 관계 등
　⑤ 정보의 보호 및 관리 : 사생활과 비밀보호, 비밀보호의 한계, 상담 외 목적을 위한 내담자 정보의 사용 등

■ **심리치료자가 내담자에 대해 비밀보장을 할 수 없는 경우**　　11, 16, 20, 24년 기출
　① 내담자가 자신이나 타인의 생명을 위협하는 경우
　② 내담자가 중대한 범죄행위로 사회의 안전을 위협하는 경우
　③ 내담자가 감염성이 있는 치명적인 질병이 있다는 확실한 정보를 가졌을 경우
　④ 미성년인 내담자가 학대를 당하고 있는 경우
　⑤ 내담자가 아동학대를 하는 경우
　⑥ 법적으로 정보의 공개가 요구되는 경우

6 단기상담

■ **단기상담**
　① 상담을 수행하는 기간이 비교적 짧은 상담으로, 상담 시작부터 시간제한성에 직면한다.
　② 상담의 회기 수가 평균적으로 6~8회 정도에 불과하다.
　③ 내담자의 성격구조나 생활상에 대한 전반적인 통찰 등의 포괄적인 목표가 아닌 내담자가 즉시 해결하기를
　　 희망하는 현실중심의 목표에 초점을 둔다.
　④ 내담자는 보통 문제발생 이전에 기능적인 생활을 해왔다.
　⑤ 내담자는 구체적인 호소문제를 가지고 있다.
　⑥ 내담자에 대한 생애발달적 접근을 통해 내담자의 심리사회적 발달단계 및 그 수준을 고려한다.
　⑦ 문제중심 접근방식이지만 문제의 원인에 초점을 두기보다는 내담자가 가진 자원 또는 강점에 중점을 둔다.

■ **단기상담에 적합한 내담자의 특성**　　15, 18, 23년 기출
　① 호소하는 문제가 비교적 구체적이다.
　② 주 호소문제가 발달상의 문제와 연관된다.
　③ 호소문제가 발생하기 이전에는 생활기능이 정상적이었다.
　④ 내담자를 사회적으로 지지해 주는 사람이 있다.
　⑤ 과거든 현재든 상보적 인간관계를 가져본 적이 있다.
　⑥ 성격장애를 가지고 있지 않다.

7 단회상담

■ **단회상담**
① 단회상담은 상담의 가장 짧은 형태로서, 상담이 1회기로 종료되는 유형의 상담을 말한다.
② 상담이 단회로 끝나는 이유는 내담자가 자신의 심리적 문제에 대한 간단한 진단 및 조언을 요구하는 경우, 내담자가 연속상담에 거부감을 나타내는 경우, 내담자의 호소문제가 단회로 해소될 수 있는 경우, 상담자가 내담자의 문제를 전문적으로 다룰 수 없거나 그 밖의 다른 사유로 인해 다른 상담자에게 소개하는 경우 등이 있다.

■ **단회상담의 원리 및 기술** `11, 15, 19, 23년 기출`
① 단회 여부의 신속한 결정
② 내담자가 원하는 것의 발견
③ 원하는 것 및 상담목표의 논의와 합의
④ 대화 과정의 능동적 조절
⑤ 융통성과 단호함
⑥ 문제 해결 동기의 지속성 유지
⑦ 조언 및 지시의 적절한 사용
⑧ 탈이론적 융통성 및 주체성
⑨ 직면의 기술적인 사용
⑩ 해당 회기에서 결과 및 성취에 도달하기

8 행동평가 및 관찰법

■ **행동평가(관찰) 방법** `08, 11년 기출`
① 자연관찰법(직접관찰법) : 참여자가 아닌 관찰자가 환경 내에서 일어나는 참여자의 행동을 관찰하는 방법
② 유사관찰법(통제관찰법) : 상담실이나 실험실 등의 통제된 공간 내에서 관찰하는 방법
③ 참여관찰법 : 관찰하고자 하는 개인이 자연스러운 환경에 관여하면서 기록하는 방법
④ 자기관찰법 : 내담자 자신이 개인과 환경 간의 상호작용에 관한 자료를 수집하는 방법

■ **내담자 면접 평가 시 사용하는 행동평가 방법** `19, 23년 기출`
① 행동적 면접 : 내담자의 구체적인 문제행동은 물론 이를 유지시키는 상황, 수반되는 결과 등을 파악한다.
② 관찰법 : 자연관찰법, 통제관찰법, 자기관찰법 등 여러 가지 관찰법을 사용한다.
③ 질문지 혹은 평정척도 : 간단한 지필검사로 내담자의 외현적인 행동은 물론 우울, 불안, 주의력결핍 등을 평가한다.

■ **행동을 직접 측정할 때 포함시키는 특성** `15, 24년 기출`
① 움직임의 형태(Topography)
② 양(Amount) : 빈도와 지속기간
③ 강도(Intensity)
④ 자극통제(Stimulus Control)
⑤ 잠재기간(Latency)
⑥ 질(Quality)

■ 관찰법 시행 시 유의사항
① 관찰대상 및 관찰장면을 명확히 한정해야 한다.
② 관찰대상 및 관찰장면의 선정이 어느 정도 전체를 대표할 수 있어야 한다.
③ 체계적이고 과학적인 방법으로 관찰해야 한다.
④ 관찰 계획 및 방법을 사전에 세밀하게 수립해야 한다.
⑤ 관찰 당시의 환경적 조건을 기록하는 것이 필요하다.
⑥ 관찰자는 객관적이고 일관적인 태도를 유지해야 한다.
⑦ 관찰대상을 신속하고 빠짐없이 기록해야 한다.
⑧ 관찰대상에게 관찰을 전후하여 관찰자가 영향을 미치지 않도록 해야 한다.

■ 행동평가의 평가요소로서 4가지 변인(SORC) `19년 기출`
① 자극(Stimuli) : 개인의 증상이나 문제행동에 선행되는 조건 및 환경적 상황
② 유기체(Organismic) : 자극을 받아들이는 유기체의 내부에서 일어나는 생리적 혹은 심리적 요인들
③ 반응(Overt Responses) : 자극에 대해 유기체가 보인 외양적 반응 혹은 행동
④ 후속변인(Consequent Variables) : 반응에 영향을 미치는 후속변인들

9 자기표현훈련

■ 자기표현훈련이 필요한 내담자의 특성 `10, 18, 21, 24년 기출`
① 남의 시선을 회피한다.
② 상대방의 잘못에 대해 지적하거나 언급하기를 두려워한다.
③ 모임이나 회의에서 습관적으로 구석자리를 찾는다.
④ 자기를 비난하는 소리를 듣고만 있다.
⑤ 불만이나 적개심 등의 표현을 주저한다.
⑥ 지나치게 변명하고 사과하는 태도를 보인다.
⑦ 지배적인 인물에 대해 전혀 반박하지 못한다.
⑧ 좋아하거나 사랑하는 대상에게 애정을 표시하지 못한다.
⑨ 남을 칭찬할 줄도 남에게서 칭찬을 받을 줄도 모른다.
⑩ 친한 사람의 비합리적인 요구를 차마 거절하지 못한다.

■ 자기표현훈련에 의한 내담자의 행동변화

구 분	부적응 행동	적응 행동
상대방에 대한 접근방식	자신과 상대방 중 어느 한 쪽만 옳다고 단정한다.	자신도 상대방도 모두 옳다고 인정한다.
의사결정의 방식	의사결정을 상대방에게 미루거나, 상대방을 위해 결정을 내린다.	자신의 자유로운 선택의지에 따라 의사결정을 내린다.
자부심(자긍심)	자신에 대한 자부심이나 자긍심의 수준이 대체로 낮다.	자신에 대한 자부심이나 자긍심의 수준이 대체로 높다.
문제 상황에서의 행동	문제에 직면하는 경우 이를 회피하거나 굴복하는 양상을 보인다.	문제에 직면하는 경우 이를 직접 대면하고자 한다.
상대방의 반응방식	상대방의 불만이나 불평, 방어적인 태도를 유발한다.	상대방의 상호 존중적인 행동을 유도한다.
성공의 양상	운이나 상대방의 조력에 의해 성공을 경험한다.	자신의 노력에 의해 완전한 성공을 경험한다.

■ 자기표현훈련을 통해 내담자가 인식해야 할 사항 10, 18년 기출

① 자신 또한 다른 사람과 마찬가지로 인간으로서의 기본 권리를 가지고 있다.
② 자기 스스로 결정할 권리를 가지고 있다.
③ 타인으로부터 침해받지 않을 권리를 가지고 있다.
④ 자신의 생각과 감정을 표현할 권리를 가지고 있다.

10 사회기술훈련

■ 의의 및 특징

① 사회기술은 좁은 의미에서 의사소통을 통해 대인관계의 효율성을 향상시키는 기술을 말하는 한편, 넓은 의미에서 사회생활을 통해 자신이 원하는 것을 성취하는 데 필요한 모든 기술을 말한다.
② 사회기술훈련은 사회기술이 부족한 사람은 누구나 대상이 될 수 있으나, 특히 급성 또는 만성 정신질환을 앓고 있는 환자들을 대상으로 유효하게 시행할 수 있다.
③ 행동의 효과성을 강조하므로 개인의 무의식적 갈등이나 성격장애가 아닌 부적응적인 행동 자체에 초점을 둔다.

■ 주요 기술

① 모델링
② 역할연습(역할시연)
③ 강화(피드백)
④ 과제부여

■ 사회기술훈련에 임하는 치료자의 태도 및 자질
　① 권위적인 자세가 아닌 적극적인 자세로 임한다.
　② 확신감을 가지고 자신의 스타일에 맞게 모임을 이끌어 나간다.
　③ 모임 동안 참석자들의 주의력을 유지시키며, 분위기를 고조시키기 위해 노력한다.
　④ 정신역동적 탐색이나 동기에 중점을 두지 말고 행동의 교정에 초점을 둔다.
　⑤ 참석자들이 모방할 수 있는 좋은 모델링이 되도록 노력한다.
　⑥ 부정적인 측면보다는 긍정적인 측면을 강화시킨다.
　⑦ 개방적인 자세로 자신의 경험을 이야기하며, 자신의 반응을 솔직히 표현한다.
　⑧ 인간관계를 유연하게 이끌어 나가는 유머감각이 필요하다.

■ 사회기술훈련을 집단으로 시행하는 경우의 장점　　　　　　　　　　　　　　08, 18, 24년 기출
　① 정신장애인 간의 사회적 반응을 통해 사회기술을 연습할 기회를 가진다.
　② 치료자가 참여자의 사회기술 습득 및 진행 정도를 자연스럽게 평가할 수 있다.
　③ 칭찬이나 인정을 통해 학습한 기술의 강화 효과가 증폭된다.
　④ 치료자를 포함하여 보다 많은 시범 연기자들을 확보할 수 있다.
　⑤ 참여자들이 친구가 되어 주어진 과제를 완수하도록 격려해 준다.
　⑥ 많이 호전된 참여자의 참석을 통해 계속적인 참여에 대한 동기를 북돋운다.
　⑦ 기존 참여자들이 새로운 참여자에게 사회기술훈련에 대한 오리엔테이션을 해 준다.
　⑧ 집단 내의 우호적인 관계가 참여자의 증상 호전에 긍정적인 영향을 미친다.
　⑨ 개인치료보다 시간이나 비용 면에서 효율적이다.

11 집단상담

■ 집단 구성 시 현실적 고려사항　　　　　　　　　　　　　　　　　　　　　　　18, 24년 기출
　① 집단성원의 구성(→ 동질집단 대 이질집단)
　② 집단의 크기
　③ 회기의 빈도와 기간
　④ 전체 집단회기의 길이
　⑤ 집단 실시 장소
　⑥ 집단의 개방성 여부(→ 개방집단 대 폐쇄집단)

■ 집단의 치료적 효과(Yalom) 09, 12, 13, 14, 17, 18, 19, 21, 22, 24년 기출

① 희망의 고취
② 보편성
③ 정보전달
④ 이타심
⑤ 1차 가족집단의 교정적 재현
⑥ 사회기술의 발달
⑦ 모방행동
⑧ 대인관계학습
⑨ 집단응집력
⑩ 정 화
⑪ 실존적 요인들

■ 집단성원들의 적절한 자기노출을 위한 지침 21, 24년 기출

① 집단성원들의 자기노출은 집단상담의 목적 및 목표와 관계가 있어야 한다.
② 집단성원들이 어떤 사람에 대해 계속적으로 같은 반응을 보인다면 그 문제를 공개적으로 다루도록 유도해야 한다.
③ 집단성원들은 무엇을, 그리고 어느 정도로 자신을 드러낼 것인지를 결정해야 한다.
④ 집단성원들은 자기노출을 위해 어느 정도 위험을 감수해야 한다.
⑤ 집단의 발전 단계에 따라 자기노출의 정도를 적절히 조절해야 한다.

■ 집단상담의 장점(이점) 21년 기출

① 시간과 비용의 절감
② 현실검증의 기회 제공
③ 개인상담이 줄 수 없는 풍부한 학습경험 제공
④ 대인관계적 문제에 대한 효과적 접근
⑤ 소속감과 동료의식의 발전
⑥ 개인상담을 기피하는 내담자에 대한 효과적 유도

■ 집단상담의 단점(제한점) 15, 21, 23년 기출

① 비밀보장의 한계
② 개인에 대한 관심 미약
③ 대상의 부적합성에 따른 역효과의 가능성
④ 집단 압력의 가능성
⑤ 집단경험 자체를 목적으로 삼는 목적전치
⑥ 지도자의 전문성 부족

12 상담의 기술

20, 21, 22, 23, 24년 기출

■ **반영(Reflection)**

① 상담자가 내담자의 행동 속에 내재된 내면감정을 정확히 파악하여 내담자에게 전달해 주는 것을 말한다. 상담자는 반영을 통해 내담자의 태도를 거울에 비추어 주듯이 보여줌으로써 내담자의 자기 이해를 도와줄 뿐만 아니라 자기가 이해받고 있다는 인식을 주게 된다.

② 반영할 때는 말로 표현된 내용 자체보다는 그것의 밑바탕에 깔려 있는 감정을 그대로 되돌려주기 위해 노력해야 한다. 상담자는 내담자의 행동을 유심히 관찰하여 말로써 표현한 것뿐만 아니라 자세, 몸짓, 목소리, 눈빛 등 비언어적 행동에서 나타나는 감정까지도 반영해 주어야 한다.

> 예 "당신은 …을 말하는 것 같군요", "당신은 …을 느끼고 있는 거로군요" 등의 표현을 사용하여 반영하는 경우, 내담자는 "네, 맞아요", "정말 그래요" 등과 같은 반응을 보이게 된다.

■ **재진술(Paraphrasing)**

① '환언' 또는 '부연하기'라고도 하며, 내담자의 메시지 내용에 초점을 두고 내담자가 말한 바를 바꿔 말하는 것이다. 자신의 표현양식으로 내담자의 말을 재진술함으로써 내담자의 입장을 이해하기 위해 노력하고 있다는 인상을 줄 수 있다.

② 내담자가 한 말을 간략하게 반복함으로써 내담자가 한 말에 대해 자신이 제대로 이해하고 있는지 확인할 수 있으며, 내담자의 생각을 구체화할 수 있다.

> 예 내담자에게 "그러니까 당신의 생각으로는 …", "지금 당신이 한 말은 …하다는 말인가요?" 등의 표현을 사용하여 재진술할 수 있다.

■ **명료화(Clarification)**

① '명확화'라고도 하며, 내담자의 말 속에 포함되어 있는 불분명한 내용에 대해 상담자가 그 의미를 분명하게 밝히는 것을 말한다. 상담자는 내담자에게 자신의 생각이나 감정을 분명하게 표현할 수 있도록 격려하며, 상담자 자신 또한 그것을 잘 이해하고 있음을 입증한다.

② 상담자가 내담자의 말을 정확히 이해하기 위해서도 필요하고, 내담자가 스스로의 의사와 감정을 구체화하여 재음미하도록 하기 위해서도 필요하다.

> 예 "~라고 말한 것은 구체적으로 무엇을 뜻합니까?", "~에 대해 자세하게 말해줄 수 있나요?" 등의 표현을 사용한다.

■ **직면(Confrontation)**

① 내담자의 말이나 행동이 일치하지 않은 경우 또는 내담자의 말에 모순점이 있는 경우 상담자가 그것을 지적해 주는 것이다.
② 내담자의 강한 감정적 반응을 야기할 수 있으므로, 내담자가 받아들일 준비가 되어있을 때를 이용하여 시기적절하게 이루어져야 한다.
③ 상담자는 내담자에 대해 평가하거나 비판하는 인상을 주지 않도록 해야 하며, 이를 위해 내담자가 보인 객관적인 행동과 인상에 대해 서술적으로 표현하는 것이 바람직하다.
④ 직면 사용 시 유의사항
  - 상담자는 직면의 기본적인 목적과 의미를 명확히 이해한 후 직면을 시작해야 한다.
  - 사회적 직면과 치료적 직면을 혼동해서는 안 된다.
  - 공감과 지지의 분위기에서 이루어져야 한다.
  - 내담자와의 충분한 관계형성이 이루어진 후 직면을 사용해야 한다.
  - 직면의 첫 단계에서는 가급적 구체적인 방법으로 접근해야 한다.
  - 내담자에게서 치료적 징후가 보이는 경우 직면의 과정을 시작한다.

■ **질문(Question)**

① 상담자가 내담자의 문제를 탐색할 때 가장 많이 사용하는 기술이다. 실제 상담장면에서 상담자가 질문을 많이 사용하여 내담자에게 지속적으로 응답을 요구하는 것은 바람직하지 못하며, 질문을 사용할 경우 그 방법 및 분량, 적절한 시기 등을 고려해야 한다.
② 상담 시 피해야 할 질문

유도질문	• 당신의 행동이 잘못됐다고 생각해보지는 않았나요? (×) • 당신은 그와 같은 상황에서 어떻게 행동하는 것이 더욱 좋았으리라 생각하나요? (○)
모호한 질문	• 당신은 어렸을 때 어땠나요? (×) • 당신은 어렸을 때 친구들과 어떻게 지냈나요? (○)
이중질문	• 당신은 선생님께는 어떻게 말했고, 부모님께는 어떻게 말했나요? (×) • 당신은 학교 성적이 떨어진 것에 대해 부모님께 어떻게 말했나요? (○)
'왜' 질문	• 왜 당신은 상담받기를 꺼려하나요? (×) • 당신이 상담에 대해 어떤 부정적인 생각을 가지고 있는지 궁금하군요. (○)
폭탄형 질문	• 당신은 친구에게 절교를 당했을 때 어떤 느낌이 들었나요? 혹시 당신이 친구에게 나쁜 행동을 했다고 생각해보진 않았나요? 그렇게 친구가 절교선언을 했을 때 당신은 어떤 반응을 보였나요? (×) • 당신은 친구에게 절교를 당했을 때 어떤 느낌이 들었나요? … 당신은 친구가 절교선언을 했을 때 어떻게 반응했나요? (○)

■ **침묵 다루기** _{08, 10, 12, 15, 19, 23년 기출}

① 대개의 경우 내담자가 자기 자신을 음미해보거나 머릿속으로 생각을 간추리는 과정에서 침묵이 발생하므로, 이때의 침묵은 유익한 필요조건이 된다.
② 상담자는 '조용한 관찰자'의 태도로써 내담자의 침묵을 섣불리 깨뜨리려 하지 말고, 인내심을 가지고 어느 정도 기다려보는 것이 바람직하다.
③ 침묵의 발생원인
- 내담자가 상담 초기 관계형성에서 두려움을 느끼는 경우
- 내담자가 상담 중 논의된 것에 대해 음미하고 평가하며 정리해 보고자 하는 경우
- 내담자가 상담자에게 적대감을 가지고 저항하는 경우
- 내담자가 자신의 말에 대한 상담자의 확인이나 해석을 기대하고 있는 경우
- 내담자가 자신의 감정 표현으로 인한 피로에서 회복하고 있는 경우
- 내담자가 다음에 무엇을 논의할 것인지 상담자가 결정해 주기를 기다리고 있는 경우
- 내담자가 할 말이 더 이상 생각나지 않거나 무슨 말을 해야 할지 모르는 경우
- 내담자가 자신의 생각이나 느낌을 표현하고자 노력하고 있음에도 불구하고 적절한 표현이 떠오르지 않는 경우

■ **저항 대응하기** _{24년 기출}

① 상담이나 심리치료의 진행을 방해하고 현재 상태를 유지하려는 내담자 또는 환자의 의식적 혹은 무의식적 사고, 태도, 감정, 행동을 의미한다.
② 저항의 대응방법

저항의 수용 (제1단계)	저항의 이유가 무엇이든 간에 상담자는 내담자가 저항하며 나타내는 불안과 두려움 등을 있는 그대로 표현하도록 하며, 이를 수용한다.
저항의 해석 (제2단계)	상담자는 내담자의 저항을 분석하고 해석함으로써 내담자로 하여금 저항 행동의 숨은 의미를 이해하고 통찰할 수 있도록 돕는다.

■ **경청(Listening)** _{14, 20, 22, 23, 24년 기출}

① 상대방의 감정과 생각을 이해하기 위해 그의 말을 주의 깊게 듣는 것이다.
② '아하', '예', '그랬군요' 등의 최소 반응을 통해 내담자로 하여금 자신의 생각이나 감정을 자유롭게 표현할 수 있도록 격려한다. 특히 내담자의 언어적인 표현은 물론 비언어적인 표현까지 자세히 살피며, 내담자가 말한 단어의 뜻 자체보다는 내담자의 잠재적인 감정에 주목한다.
③ 생산적인 경청자의 태도
- 반응하기에 앞서 내담자가 자신에 대해 충분히 말할 시간을 제공한다.
- 내담자가 심각하게 말하고 있는 것을 스스로 그렇게 받아들인다.
- 내담자의 말에 충분한 주의를 기울인다.
- 고개를 끄덕이거나 '음' 하는 등의 최소 반응으로 주의를 기울이고 있음을 보여준다.
- 필요한 질문을 하며, 불필요한 질문을 삼간다.
- 내담자와 자주 눈을 맞추며, 시계를 보는 등의 행위를 삼간다.

- 내담자의 말을 가로막지 않으며, 내담자와의 논쟁을 회피하지 않는다.
- 주제를 바꾸는 등 내담자의 문제나 호소를 회피하지 않는다.
- 내담자가 할 말을 찾을 때 충분히 인내하고 기다린다.
- 말하기 전에 생각하며, 즉각적인 충고를 삼간다.

④ 올바른 경청의 자세(Egan) - SOLER
- S(Squarely) : 내담자를 정면으로 마주본다.
- O(Open) : 내담자에게 개방적인 자세를 취한다.
- L(Leaning) : 내담자 쪽으로 약간 몸을 기울인다.
- E(Eye contact) : 적당한 거리에서 내담자와 지속적으로 시선을 접촉한다.
- R(Relaxed) : 내담자를 편안하고 자연스럽게 대한다.

■ 해석(Interpretation)   06, 08, 11, 15, 18, 21년 기출
① 내담자가 새로운 방식으로 자신의 문제들을 돌아볼 수 있도록 사건들의 의미를 설정해주고, 자신의 문제를 새로운 각도에서 이해할 수 있도록 그의 생활 경험과 행동, 행동의 의미를 설명하는 것이다.
② 내담자가 받아들일 준비가 되어 있을 때 조심스럽게 해야 하며, 내담자의 심리적인 균형을 깨뜨리지 않도록 주의해야 한다.
③ 상담 초기에는 감정의 반영, 상담 중기에는 명료화와 직면, 상담 후기에는 구체적인 해석의 과정을 거쳐 해석이 전개되도록 한다.

■ 자기노출(Self-disclosure)
① 상담자가 상담을 효과적으로 전개하기 위해 내담자에게 자신에 대한 주관적인 정보, 즉 자신의 경험이나 생각, 느낌 등을 내담자에게 노출하는 기술이다.
② 상담자가 내담자와 대화하는 동안 경험하게 되는 자신의 생각이나 느낌을 이야기하는 '여기-지금(Here & Now)'의 자기노출과 함께, 과거에 있었던 상담자 자신의 경험과 느낌을 토대로 현재 내담자가 경험하고 있는 것에 대해 이야기하는 과거 경험의 자기노출이 있다.
③ 내담자의 자기노출 수준(자아의식 모델)
- 개방영역(Open Area) : 자신은 물론 타인도 알고 있는 영역
- 맹인영역(Blind Area) : 자신은 알지 못하나 타인은 알고 있는 영역
- 은폐영역(Hidden Area) : 자신은 알고 있으나 타인은 알지 못하는 영역
- 미지영역(Unknown Area) : 자신은 물론 타인도 알지 못하는 영역

13 상담 슈퍼비전

■ 슈퍼비전의 기능(Kadushin)　　　　　　　　　　　　　　　　　　　　　17, 20, 24년 기출

① **교육적 기능** : 슈퍼바이지의 업무능력 개선에 목표를 두고 업무에 필요한 지식과 기술을 제공하는 것이다.
② **관리적 · 행정적 기능** : 기관의 규정과 절차에 부합하는 서비스를 제공하는 데 초점을 두어 이를 감독하고 평가하는 것이다.
③ **지지적 기능** : 슈퍼바이지의 업무만족감 고취를 목표로 하여 효과적인 업무수행을 위한 심리적 자원을 제공하는 것이다.

■ 임상적 슈퍼비전과 행정적 슈퍼비전

구 분	임상적 슈퍼비전	행정적 슈퍼비전
주요 목적	전문성의 발달	조직 내 효율적인 업무 처리
슈퍼바이저의 역할	임상, 상담 분야에서 전문적인 지식과 기술을 가진 경험 있는 전문가	조직의 근무자, 관리자, 상사
슈퍼비전의 내용	• 지식과 기술의 전달 • 상담과정에 대한 지속적인 관찰 및 평가	• 조직의 근무자로서 가지는 역할 및 책임과 관련된 이슈 • 인사, 시간관리, 기록관리 등

■ 상담 슈퍼비전에서 회기 기록의 장점　　　　　　　　　　　　　　　　　　19년 기출

① 슈퍼바이지의 자기통찰
② 슈퍼바이저의 슈퍼비전 점검 및 평가를 통한 향후 전략 수립
③ 교육적 · 행정적 자료

14 사이버(인터넷) 상담　　　　　　　　　　　　　　　　　　　　　　　　23년 기출

■ 특 징

단회성, 신속성, 문자 중심의 상호작용, 익명성, 자발성 · 주도성, 시 · 공간의 초월성, 개방성, 경제성, 자기성찰의 기회 제공

■ 주요 기법　　　　　　　　　　　　　　　　　　　　　　　　　　　　　23년 기출

① **즉시성과 현시기법** : 상담자가 내담자의 글에 대한 자신의 심정과 모습을 생생하게 시각화하여 표현하는 것이다.
② **정서적 표현에 괄호 치기** : 글 속에 숨어있는 정서적 내용을 보여주며, 사실에 대한 대화를 주고받으면서 정서적 표현을 전달하는 것이다.
③ **말줄임표 사용** : 침묵하는 것을 나타내거나 눈으로 글을 읽고 있음을 나타낼 때 사용하는 것이다.
④ **비유적 언어 사용** : 문제나 상황에 대한 의미를 전달하고 심화시키기 위해 은유 등을 사용하는 것이다.
⑤ **글씨체 사용** : 강조하고 싶은 경우 큰 글씨를 사용하거나, 내담자가 보내온 것과 같은 글씨체나 크기를 사용하여 내담자와 내적 세계를 공유하는 것이다.

■ 장 점
① 개인의 지위, 연령, 신분, 권력 등을 짐작할 수 있는 사회적 단서가 제공되지 않는다.
② 내담자의 자발적 참여도가 대면 상담에 비해 높다.
③ 내담자가 자신의 행동이나 감정에 대한 즉각적인 판단이나 비판을 염려하지 않아도 된다.
④ 대면 상담에 비해 비용 면에서 효율적이며, 상담료 또한 저렴하다.
⑤ 상담 내용의 저장, 유통, 가공, 검색, 재검토 등이 용이하다.

15 피아제(Piaget)의 인지발달이론

■ 인지발달의 단계별 주요 특징
① 감각운동기(0~2세) : 대상영속성 이해, 목적지향적 행동
② 전조작기(2~7세) : 직관적 사고, 상징놀이, 물활론, 자기중심성
③ 구체적 조작기(7~12세) : 논리적 사고, 유목화·서열화·보존개념 획득, 자기중심성 극복
④ 형식적 조작기(12세 이상) : 추상적 사고, 연역적·조합적 사고, 가설의 설정 및 논리적 활동계획 수립

■ 전조작기, 구체적 조작기, 형식적 조작기의 아동 및 청소년을 위한 상담   13, 19, 23년 기출
① 전조작기(2~7세)
오감을 활용한 놀이법이나 상징놀이를 통해 자신을 표현할 수 있도록 한다.
② 구체적 조작기(7~12세)
역할연기, 독서치료 등 다양한 체험을 하도록 하며, 학교 수행이나 가정의 특수한 상황에 따른 부적응적인 감정을 다룬다.
③ 형식적 조작기(12세 이상)
청소년기의 정서적 취약성을 이해하고 민감하게 반응한다.

■ 피아제의 도덕성 발달단계
① 제1단계 : 전 도덕성의 단계
대략 2~4세 정도 유아에게서 나타나는 도덕성 수준으로, 사실상 도덕적 인식이 전혀 없는 단계이다.
② 제2단계 : 타율적 도덕성의 단계
대략 5~7세 정도 전조작기의 도덕성 수준으로, 외적 준거와 행위의 결과에 의해 판단하는 단계이다.
③ 제3단계 : 자율적 도덕성의 단계
대략 8세 이후 구체적 조작기의 도덕성 수준으로, 행위의 결과와 의도를 함께 고려하는 단계이다.

PART 03 심리치료

1 심리치료

■ 심리치료의 공통적인 치료요인   11, 17년 기출

① 치료자-내담자 관계
　치료자는 특정 유형의 심리치료에서 권위있는 전문가인 만큼 내담자의 기대에 어느 정도 영향을 미칠 수 있는 잠재력이 있다.
② 해석, 통찰, 이해
　심리치료는 내담자 자신 및 그의 개인적인 어려움에 대한 이해를 증가시킨다.
③ 정화와 방출
　치료자는 내담자로 하여금 자신의 문제를 이야기하고 불편한 과거와 현재 사건을 자세히 열거하도록 하며, 그에 따른 감정을 표현하도록 돕는다.
④ 치료자의 내담자 특정 행동 관찰 및 그에 대한 반응
　내담자의 특정 행동에 대한 해석 자체가 모든 심리치료 유형에서 공통적인 결과로 나타나는 것은 아니지만, 모든 심리치료에 있어서 내담자의 행동이 다루어진다는 점에서 공통점을 가진다고 볼 수 있다.

■ 심리치료의 효과성을 검증하는 방법   12년 기출

① 통계적 유의성
　치료적 개입의 효과성 여부를 밝히기 위해 과학적인 확률 및 통계방법을 활용한다.
② 임상적 유의성 또는 실질적(실무적) 유의성
　치료적 개입에 의한 문제증상의 변화 정도가 실질적인지, 그로 인해 환자의 문제증상에 유의미한 변화가 나타났는지를 임상적 관점에서 분석한다.

■ 심리치료의 일반적인 수행단계   15년 기출

초기 자문 → 문제 및 상황 평가 → 치료 목표 설정 → 치료 실시 → 치료 평가 → 치료 종결 → 추적 회기

■ 임상적 연구에서 통계적 판단의 장단점   10, 20년 기출

장점	• 개념의 구체화 및 조작화 과정을 통해 모호한 개념을 보다 명확하게 정의함으로써 통계적 공식에 따른 보다 구체적인 예측이 가능하다. • 객관적으로 도출된 공식, 명확한 준거, 회귀분석 등을 통해 임상적 판단이 극복하기 어려운 신뢰도 결여의 문제를 상당부분 해결할 수 있다.
단점	• 인간의 본질적 복잡성을 수량화하는 것은 그 자체로 한계가 있다. • 개인의 내면적 특성을 점수로 환원하는 것에 대해 내담자의 심리적인 거부감을 유발할 수 있으며, 윤리적인 문제가 나타날 수 있다.

2 정신분석 상담

■ 정신분석 상담의 과정

초기 단계	• 상담자는 내담자와 신뢰관계를 형성하며, 자유연상과 꿈의 분석을 통해 내담자의 심리적인 문제를 드러낸다. • 상담자가 내담자에게 수용의 자세를 보임으로써 내담자는 상담자에게 의존하게 되며, 그 과정에서 전이에 대한 욕구가 촉진된다.
전이 단계	• 내담자는 유아기 때 중요한 대상에게 가졌던 감정을 상담자와의 관계에서 반복하려고 한다. • 상담자는 내담자의 전이 욕구에 대해 중립적인 자세로 해석을 수행함으로써 내담자의 욕구를 좌절시킨다.
통찰 단계	• 내담자는 자신의 부정적인 감정이 애정과 의존 욕구의 좌절에서 비롯된 것임을 깨닫게 된다. • 내담자는 상담자에게 자신의 욕구가 좌절된 것에 대한 반감을 표시할 수도 있다.
훈습 단계	• 상담자는 내담자가 통찰한 것을 실제 생활로 옮기도록 조력한다. • 훈습에 의해 내담자의 변화된 행동이 안정 수준에 이르게 되면 종결을 준비한다.

■ 정신분석 상담의 기술

① 자유연상(Free Association)
② 해석(Interpretation)
③ 저항의 분석(Resistance Analysis)
④ 꿈의 분석(Dream Analysis)
⑤ 훈습(Working-through)
⑥ 버텨주기(Holding)와 간직하기(Containing)

■ 정신분석 상담 과정에서의 전이와 역전이   08, 15, 19, 23년 기출

전이 (Transference)	• 내담자가 과거에 충족되지 못한 욕구를 현재의 상담자를 통해 해결하고자 하는 일종의 투사 현상이다. • 상담자는 내담자에게 전이를 각성하도록 하여, 문제와 밀접하게 관련된 과거의 경험과 갈등들에 대한 통찰을 제공할 필요가 있다.
역전이 (Counter Transference)	• 상담자가 내담자에게 자신의 욕구나 소망을 투사함으로써 내담자의 전이에 반응하는 것이다. • 상담자는 자신의 과거 경험이 현재 자신에게 미치는 영향에 대해 지속적으로 점검하며, 교육분석과 슈퍼바이저의 지도·감독을 받을 필요가 있다.

■ 불안의 유형

현실 불안 (Reality Anxiety)	외부세계에서의 실제적인 위협을 지각함으로써 발생하는 감정적 체험이다.
신경증적 불안 (Neurotic Anxiety)	자아(Ego)가 본능적 충동인 원초아(Id)를 통제하지 못할 경우 발생할 수 있는 불상사에 대해 위협을 느낄 때 나타난다.
도덕적 불안 (Moral Anxiety)	원초아와 초자아(Superego) 간의 갈등에 의해 야기되는 불안으로서, 본질적 자기 양심에 대한 두려움과 연관된다.

■ 주요 방어기제 04, 07, 10, 17, 21, 22, 23, 24년 기출

① 억압(Repression)
    예 부모의 학대에 대한 분노를 억압하여 부모에 대한 이야기를 무의식적으로 꺼리는 경우
② 부인 또는 부정(Denial)
    예 애인이 교통사고로 사망했음에도 불구하고 그의 죽음을 인정하지 않은 채 여행을 떠난 것이라고 주장하는 경우
③ 합리화(Rationalization)
    예 여우가 먹음직스러운 포도를 발견하였으나 먹을 수 없는 상황에 처했을 때 "저 포도는 신 포도라서 안 먹는다"고 말하는 경우
④ 반동형성(Reaction Formation)
    예 미운 놈에게 떡 하나 더 준다.
⑤ 투사(Projection)
    예 자기가 화가 난 것을 의식하지 못한 채 상대방이 자기에게 화를 낸다고 생각하는 경우

■ 정신분석적 치료의 이상적인 치료 목표 16, 24년 기출

① 증상을 유발한 무의식적 갈등을 해소하며, 내담자의 성격구조를 건강하게 변화시킨다.
② 무의식적 갈등의 의식화를 통해 자신의 심리적 문제에 대한 통찰에 이르도록 한다.

■ 정신역동적 치료의 특징 20년 기출

① 환자의 감정과 정서 표현에 초점을 둔다.
② 특정한 주제를 회피하거나 치료적 진전을 지연시키는 환자의 행위를 탐색한다.
③ 환자가 나타내는 행위, 사고, 감정, 경험, 관계양상의 패턴을 파악한다.
④ 과거 경험을 강조한다.
⑤ 대인관계의 경험에 주목한다.
⑥ 치료적 관계를 강조한다.
⑦ 환자의 소망, 꿈, 공상 등 심리내적 역동을 탐색한다.

3 행동치료의 학습이론

■ **행동치료의 주요 특징**   23년 기출

① 행동치료에서 문제는 구체적이고 측정 가능한 행동단위로 분석되고 정의된다.
② 행동치료에서 문제는 행동상의 문제이고, 그 행동은 기본적으로 학습된 것으로 가정된다.
③ 행동치료에서는 변화될 행동을 조작적으로 정의하고 체계적으로 평가하며, 치료의 최종 목표점과 이를 달성하기 위한 기법 및 절차를 상세히 기술한다.

■ **행동 학습의 원리로서 ABC 패러다임과 2요인이론**   13, 16, 20, 23년 기출

① 행동에 앞서서 일어나는 것(→ 선행요인)이 행동을 하게 하는 자극이 되며, 행동에 뒤이어 일어나는 것(→ 후속결과)이 그와 같은 행동을 빈번히 일으키는 동기, 즉 강화요인이 된다.
② 특정 자극에 대한 공포나 불안감은 고전적 조건형성을 통해 학습되는 반면, 그러한 자극을 회피하는 행동은 조작적 조건형성을 통해 유지된다.
③ 불안의 발달과 지속에 대한 학습이론은 ABC 패러다임의 기본원리를 토대로 고전적 조건형성과 조작적 조건형성에 의한 학습 양상을 강조하는 2요인이론에 의해 잘 설명된다.

■ **토큰경제(Token Economy)에서 학습이론의 원리**   20, 24년 기출

① 토큰경제에서 강화는 조작적 조건형성의 원리를 근거로 한다.
② 스키너(Skinner)는 유기체의 의지와 상관없이 불수의적으로 나타나는 반응적 행동에 초점을 둔 고전적 조건형성의 한계를 인지하고, 자극이 없이 방출되는 반응으로서 자발적으로 나타나는 행동에 초점을 둔 조작적 조건형성을 강조하였다.

4 행동치료의 기술

■ **행동치료의 불안감소기법**   19, 20, 21년 기출

① 체계적 둔감법 또는 체계적 둔감화(Systematic Desensitization)
  혐오스런 느낌이나 불안한 자극에 대한 위계목록을 작성한 다음 낮은 수준의 자극에서 높은 수준의 자극으로 상상을 유도함으로써 혐오나 불안에서 서서히 벗어나도록 유도한다.
② 금지조건형성(Inhibitory Conditioning) 또는 내적 금지(Internal Inhibition)
  충분히 불안을 일으킬 수 있을만한 단서를 어떠한 추가적인 강화 없이 지속적으로 제시함으로써 처음에 불안반응을 보이던 내담자가 점차적으로 불안반응을 느끼지 않게 된다.
③ 반조건형성 또는 역조건형성(Counterconditioning)
  조건 자극과 새로운 자극(조건 자극과 조건 반응과의 연합을 방해하는 자극)을 함께 제시함으로써 불안을 감소시킨다.

④ 홍수법(Flooding)
혐오스런 느낌이나 불안한 자극에 대해 미리 준비를 갖추도록 한 후 가장 높은 수준의 자극에 오랫동안 지속적으로 노출시킴으로써 시간이 경과함에 따라 혐오나 불안을 극복하도록 한다.
⑤ 혐오치료(Aversion Therapy)
바람직하지 못한 행동에 혐오 자극을 제시하여 부적응적인 행동을 제거한다.
⑥ (자기)주장훈련 또는 주장적 훈련(Assertive Training)
내담자로 하여금 불안 이외의 감정을 표현하도록 하여 불안을 제거하도록 한다.

■ 체계적 둔감법의 표준절차 3단계(Morris)　　　09, 10, 15, 18, 21, 23년 기출

① 제1단계 : 근육이완훈련
② 제2단계 : 불안위계목록 작성
③ 제3단계 : 불안위계목록에 따른 둔감화

■ 행동치료의 학습촉진기법　　　19, 22년 기출

① 강화(Reinforcement)
어떤 특정한 반응이 일어날 확률을 증가 또는 감소시키기 위해 자극과 자극 또는 반응과 자극을 연결시킨다.
② 변별학습(Discrimination Learning)
둘 이상의 자극을 서로 구별하는 것으로, 유사한 자극에서 나타나는 조그만 차이에 따라 서로 다른 반응을 보이도록 유도한다.
③ 사회적 모델링과 대리학습(Social Modeling & Vicarious Learning)
타인의 행동에 대한 관찰 및 모방에 의한 학습을 통해 내담자로 하여금 문제행동을 수정하거나 학습을 촉진시킨다.
④ 행동조성 또는 조형(Shaping)
행동을 구체적으로 세분화하여 단계별로 구분한 후 각 단계마다 강화를 제공함으로써 내담자가 단번에 수행하기 어렵거나 그 반응을 촉진하기 어려운 행동 또는 복잡한 행동 등을 학습하도록 한다.
⑤ 토큰경제 또는 상표제도(Token Economy)
바람직한 행동들에 대한 체계적인 목록을 정해놓은 후 그러한 행동이 이루어질 때 그에 상응하는 보상(토큰)을 한다.

■ 토큰경제(토큰 이코노미)의 장점　　　12, 18, 21, 24년 기출

① 후속강화에 의한 1차적 강화 효과의 극대화
② 강화자극의 포화현상에서 비롯되는 강화력 감소의 예방
③ 토큰의 저장 및 적립에 따른 충족 지연 습성의 획득
④ 강화 제공의 간편성
⑤ 토큰의 즉각적 배분을 통한 강화 지연의 예방

■ 관찰학습이 효과적으로 일어날 수 있는 조건   14, 21, 23년 기출
  ① 모델에 대한 관심
  ② 획득한 정보의 유지
  ③ 모델 행동의 재현
  ④ 모델 행동의 동기화

■ 파괴적 행동문제의 청소년 대상 행동치료 시 행동원리에 의한 정적 강화 수준을 높여야 하는 이유
                                                              11, 17, 24년 기출
  ① 교사의 따뜻한 관심(→ 정적 강화인)은 파괴적 행동문제를 보이는 청소년이 더욱 따뜻한 관심을 받도록 유인하므로 파괴적 행동이 줄어들게 된다.
  ② 파괴적 행동문제를 보이는 청소년은 자신에게 가해지는 제재의 위협에 대해 별다른 두려움을 느끼지 못하므로 처벌의 효과를 기대하기 어렵다.
  ③ 청소년의 파괴적 행동에 대해 무관심하거나, 별다른 개입을 하지 않거나, 일관되지 못한 태도를 보이는 경우 오히려 파괴적 행동이 강화될 수 있다.

5 행동치료의 노출치료법

■ 행동치료의 노출치료법을 통해 환자가 가지게 되는 인지적 측면의 치료효과   12, 17, 22년 기출
  ① 상황에 대한 현실적 인식이 환자로 하여금 실제 상황을 덜 위협적인 것으로 느끼도록 만든다.
  ② 환자가 불안유발 상황에 노출되는 경우 그것이 생각했던 것보다 덜 두렵다고 인식하게 됨으로써 불안 수준이 감소하게 된다.
  ③ 노출치료는 환자로 하여금 자신이 불안에 잘 대처할 수 있다는 믿음을 가지도록 한다.

■ 노출치료에서 치료의 극대화를 위해 사용하는 일반적인 과정
  ① 제1단계 : 상반되는 반응
     환자는 노출이 이루어지는 동안 그와 상반되는 반응을 수행한다.
  ② 제2단계 : 반응제지
     환자는 치료를 받는 동안 과거 불안을 줄이기 위해 사용한 부적응적 도피 또는 회피행동을 제지당한다.
  ③ 제3단계 : 과장된 장면
     상상적 노출을 통해 불안유발 상황을 과장하여 묘사하도록 한다.

6 인지 · 정서 · 행동치료(REBT)

■ 기본원리

① 인지는 인간 정서의 가장 중요한 핵심적 요소이다.
② 역기능적 사고는 정서적 장애의 중요한 결정요인이다.
③ 사고와 감정의 연관성을 기초로 사고의 분석에서부터 시작한다.
④ 비합리적 사고와 정신병리를 유도하는 원인적 요인들은 유전적 · 환경적 영향을 포함하는 중다요소로 되어 있다.
⑤ 행동에 대한 과거의 영향보다 현재의 상태에 초점을 둔다.
⑥ 인간은 본래 비합리적으로 사고하지만, 비합리적인 사고를 바꿀 수 있는 힘이 있다고 믿는다.

■ 비합리적 신념의 뿌리를 이루는 3가지 당위성

① 자신에 대한 당위성
② 타인에 대한 당위성
③ 세상에 대한 당위성(조건에 대한 당위성)

■ 비합리적 사고(신념)의 주요 유형(Ellis)   12, 14, 18, 21년 기출

① 인간은 주위의 모든 중요한 사람들에게서 항상 사랑과 인정을 받아야만 한다.
② 인간은 모든 면에서 반드시 유능하고 성취적이어야 한다.
③ 어떤 사람은 악하고 나쁘며 야비하므로 그와 같은 행위에 대해서는 반드시 준엄한 저주와 처벌이 내려져야 한다.
④ 일이 내가 바라는 대로 되지 않는 것은 끔찍스러운 파멸이다.
⑤ 인간의 불행은 외부 환경 때문이며, 인간의 힘으로는 그것을 통제할 수 없다.

■ ABCDE 모델(Ellis)   14, 15, 19, 23년 기출

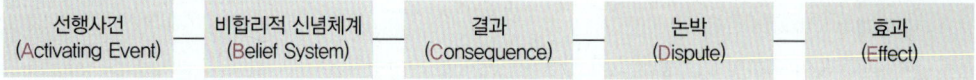

선행사건(Activating Event) — 비합리적 신념체계(Belief System) — 결과(Consequence) — 논박(Dispute) — 효과(Effect)

■ ABCDE 모델에 기초한 치료계획   14, 20년 기출

① 제1단계 : 합리적 신념과 비합리적 신념의 구분
② 제2단계 : 내담자의 자기보고 및 상담자의 관찰을 통한 비합리적 신념의 발견 및 인식 유도
③ 제3단계 : 내담자의 비합리적 신념에 대한 논박
④ 제4단계 : 내담자의 비합리적 신념을 합리적 신념으로 바꾸기 위한 연습 유도 및 과제 부여
⑤ 제5단계 : 합리적 행동의 시연 및 새로 학습한 결과의 실제 적용

7 인지치료

■ **인지적 오류(Beck)** 　07, 15, 18, 22, 23, 24년 기출

① 임의적 추론(Arbitrary Inference)
　예 자신의 메시지에 답변이 없다고 하여 상대방이 의도적으로 회피하는 것이라고 판단하는 경우
② 선택적 추상화(Selective Abstraction)
　예 필기시험에서 우수한 성적을 거두었으나 실기시험의 결과에 스스로 만족하지 못하는 사람이 전체 시험을 망쳤다고 판단하는 경우
③ 과도한 일반화(Overgeneralization) 또는 과잉일반화
　예 맞선으로 처음 만난 사람에게서 좋은 인상을 받았다고 하여 그 사람의 모든 됨됨이가 올바르고 선하다고 판단하는 경우
④ 개인화(Personalization)
　예 자신이 시험을 망쳤기 때문에 여자 친구와 헤어졌다고 판단하는 경우
⑤ 이분법적 사고(Dichotomous Thinking) 또는 흑백논리적 사고
　예 완벽하지 않은 것은 곧 잘못된 것이라고 판단하는 경우
⑥ 과장/축소(Magnification/Minimization) 또는 의미확대/의미축소
　예 어떤 학생이 한두 번 지각했다고 해서 그 학생이 게으르다고 판단하는 경우

■ **척도화 기법(Scaling Technique)** 　11, 16, 22년 기출

① 인지적 오류의 유형 중 특히 이분법적 사고(흑백논리적 사고)를 극복하도록 하기 위한 치료기법이다.
② 탈 이분법적 인지치료 전략에서 비롯된 것으로, 어떤 사건이나 경험을 판단할 때 양단 결정을 하지 않고 이를 비율(%)로 제시하도록 하여 중간지대를 떠올려 보도록 한다.

■ **내담자의 자기점검을 위한 역기능적 사고의 일일기록지(사고기록지)의 5개 칼럼** 　13, 20년 기출

① 상황(Situation)
② 감정 또는 정서[Emotion(s)]
③ 자동적 사고[Automatic Thought(s)]
④ 합리적 반응(Rational Response)
⑤ 결과(Outcome)

■ **소크라테스식 대화(질문법)의 특징** 　14, 17, 20, 23년 기출

① 일련의 신중한 질문을 통한 내담자 자신의 대안적 해결책 탐색
② 내담자 자신이 경험한 사건에 대한 보다 자세하고 진솔한 진술 유도
③ 치료자의 비판단적·교육적 접근을 통한 내담자의 역기능적 신념에의 변화 유도

■ 소크라테스식 대화(질문법) 사용 시 유의사항   13, 16, 19, 22년 기출
  ① 변화 가능성을 보여주는 질문을 한다.
  ② 구체적인 성과를 얻을 수 있는 질문을 한다.
  ③ 내담자를 학습 과정에 참여하도록 이끄는 질문을 한다.
  ④ 내담자의 인지기능, 주의집중력 등을 고려하여 도움이 되는 수준의 질문을 한다.
  ⑤ 정해진 결론으로 이끄는 질문을 삼간다.
  ⑥ 가급적 선다형의 질문을 사용하지 않는다.

8 인간중심상담(인간중심치료)

■ 인간중심상담에서 강조하는 상담자의 태도   08, 10, 14, 17, 18, 19, 20, 21, 22, 23, 24년 기출
  ① 일치성과 진실성
  ② 공감적 이해와 경청
  ③ 무조건적인 긍정적 관심(수용) 또는 존중

■ 인간중심치료에서 내담자의 긍정적 성격변화를 위한 치료의 필요충분조건   18, 21년 기출
  ① 두 사람(내담자와 치료자)이 심리적 접촉을 한다.
  ② 내담자는 불일치 상태, 즉 상처받기 쉽거나 초조한 상태에 있다.
  ③ 치료자는 내담자와의 관계에서 일치성 혹은 통합성을 보인다.
  ④ 치료자는 내담자를 위한 무조건적 긍정적 관심을 경험한다.
  ⑤ 치료자는 내담자의 내적 참조틀에 대한 공감적 이해를 경험하며, 이러한 경험을 내담자에게 전달하려고 노력한다.
  ⑥ 치료자의 무조건적 긍정적 관심과 공감적 이해가 내담자에게 어느 정도 전달되어야 한다.

9 실존주의 상담(실존치료)

■ 인간의 궁극적 관심사 4가지(Yalom)   22년 기출
  ① 죽음(Death)
  ② 자유(Freedom)
  ③ 고립 또는 소외(Isolation)
  ④ 무의미성(Meaninglessness)

■ 정상적 불안과 신경증적 불안의 특징(차이점)   16, 19, 24년 기출

정상적 불안	신경증적 불안
• 직면하고 있는 상황에 부합된다. • 억압을 요구하지 않는다. • 창조적으로 사용될 수 있다.	• 상황에 적합하지 못하다. • 억압된다. • 건설적이지 못하고 파괴적이다.

10 가족치료

■ 가족 갈등의 유형(Moore) *22년 기출*
① 관계 갈등(인간관계 갈등) ② 자료 갈등(사실관계 갈등)
③ 이익 갈등(이해관계 갈등) ④ 구조 갈등(구조적 갈등)
⑤ 가치 갈등(가치관 갈등)

■ 가족치료를 권하게 되는 경우 *15, 20년 기출*
① 내담자의 어떤 증상이 역기능적인 가족관계에 얽혀 있다고 판단되는 경우
② 내담자의 호소가 개인의 문제라기보다는 가족 간의 관계 변화에 있다고 판단되는 경우
③ 가족이 서로 분리되는 것에 대해 어려움을 겪는 경우

■ 경험적 가족치료
① 사티어(Satir)는 가족이 올바른 의사소통 방식을 학습하고 이를 실제장면에 적용함으로써 상호작용의 과정을 통해 문제를 해결할 수 있다고 보았으며, 이를 위해 가족조각, 가족그림 등의 표현적인 기법들을 사용하였다.
② 의사소통 유형 *11, 17, 23년 기출*

회유형	다른 사람을 존중하면서도 자신의 진정한 가치나 감정은 무시한다.
비난형	오로지 자기 자신만을 생각하며, 다른 사람들은 무시한다.
초이성형(계산형)	비인간적인 객관성과 논리성의 소유자이며, 자신과 타인을 무시한다.
산만형(혼란형)	주변상황과 관계없이 행동하며, 버릇없고 혼란스럽다.
일치형	자신 및 타인, 상황을 모두 신뢰하고 존중한다.

■ 전략적 가족치료 *19년 기출*
① 헤일리(Haley)가 제안한 단기치료로, 인간행동의 원인보다는 문제행동의 변화를 위한 해결방법에 초점을 둔다.
② 목표설정에 있어서 가족이 호소하는 문제를 포함하며, 가족의 문제를 해결하기 위한 다양한 전략을 모색한다.
③ 가족은 문제해결을 기대하면서도 무의식적으로 그에 저항하는데, 증상처방 등의 역설적 기법은 문제해결에 대한 가족의 저항을 처리하는 데 도움이 된다.

■ 해결중심적 가족치료   18, 23년 기출

① 스티브 드 세이저(Steve de Shazer)와 인수 김 버그(Insoo Kim Berg)는 가족의 병리적인 것보다 건강한 것에 초점을 두면서, 가족에게서 강점, 자원, 건강한 특성, 탄력성 등을 발견하여 이를 상담에 활용한다.
② 해결 지향적 질문의 주요 유형

상담 전 변화에 관한 질문	내담자가 상담을 약속한 후 상담소에 오기까지 경험한 변화에 대해 알아본다.
예외질문	문제해결을 위해 우연적이며 성공적으로 실행한 방법을 찾아낸다.
기적질문	문제가 해결된 상태 혹은 그 해결책을 상상해 보도록 한다.
척도질문	숫자를 이용하여 내담자에게 문제의 심각성 및 우선순위 등을 표현하도록 한다.
대처질문	어려운 상황에서의 적절한 대처 경험을 상기시키도록 한다.

■ 가족의 유기체적 관점으로서 체계이론적 가족치료의 기본전제(Becvar & Becvar)   19, 24년 기출

① 사람들 간의 관계에 대해 주목한다.
② 관찰자와 관찰대상 간의 상호작용 맥락을 고려한다.
③ '왜(Why)' 일어나는지보다는 '무엇(What)'이 일어나고 있는지를 강조한다.

11 아동 및 청소년의 심리치료

■ 아동심리치료에 있어서 고려해야 할 아동의 특성   17, 19, 24년 기출

① 아동은 인지능력 및 대처능력이 부족하며, 자발적인 치료 동기를 갖기 어렵다.
② 행동화 경향이 있으므로, 놀이나 게임, 예술 활동 등을 심리치료에 활용할 필요가 있다.
③ 보호자 통제의 영향을 받으므로, 보호자의 역할 및 참여가 중요하다.

■ 아동상담에서 놀이의 치료적 기능   16, 23, 24년 기출

① 관계형성의 기능
② 자기노출의 기능
③ 치유의 기능

■ 아동상담에서 놀이의 치료적 가치   15, 20, 22년 기출

① 저항을 극복하는 데 도움이 되므로, 치료적 관계형성에 유용하다.
② 의사소통의 매체로서 아동을 이해하고 진단하는 데 유용하다.
③ 아동의 불안 감소 및 긴장 이완을 통해 효과적인 치료를 가능하게 한다.
④ 정화(Catharsis)를 통해 심리적인 외상을 극복할 수 있도록 한다.
⑤ 창조적 사고를 통해 참신한 문제해결능력을 발달시키도록 한다.
⑥ 유능성을 향한 욕구를 자극하고 그 실현가능성을 높임으로써 자아존중감을 발달시킨다.
⑦ 역할놀이를 통해 새로운 행동을 연습하고 이를 획득하도록 하며, 나아가 공감력을 증진시킨다.

⑧ 은유적 교훈을 제시함으로써 통찰을 돕는다.
⑨ 환상과 상상을 통해 대리적인 욕구충족을 가능하게 한다.
⑩ 애착형성을 촉진하고 관계를 향상시킴으로써 타인과 친밀해지는 능력을 발달시킨다.
⑪ 일상생활에 일반적으로 적용될 수 있는 사회적 기술을 발달시킨다.

■ 성인을 대상으로 한 심리치료와 구분되는 아동심리치료의 특징   `19, 21년 기출`
① 아동 내담자의 언어발달 및 인지발달을 고려한다.
② 치료 동기 부여를 위한 치료 초기 관계형성이 중시된다.
③ 치료 과정에 놀이 등 아동 내담자와의 문제 공유를 위한 다양한 방법들이 활용된다.
④ 아동 내담자의 전인적 발달을 위한 통합적 접근이 요구된다.
⑤ 아동 내담자에게 영향을 미치는 부모, 교사 등의 협조와 참여가 요구된다.

■ 집단따돌림 피해청소년의 심리 · 사회적 특성   `22년 기출`

사 고	• 자폐적 · 경직적 · 비현실적이며, 자기패배적 · 피해망상적 사고 패턴이 많다. • 공상이나 환상 또는 자기만의 세계에 몰입하는 경향이 있다.
정 서	• 분노, 불안, 우울, 외로움 등 부정적인 정서에 사로잡힌다. • 무력감, 열등감, 낮은 자긍심을 가지고 있다.
행 동	• 자기표현능력이 부족하다. • 회피적인 행동이나 상황에 맞지 않는 행동을 한다.

12 자살상담

■ 자살 위험도의 평가적 요소(Cesnik & Nixon)
① 위험에 대한 자기보고 : 자살에 대한 생각이 얼마나 자주 떠오르는지, 이를 얼마나 오랫동안 견디어낼 수 있는지 등
② 자살의 계획 : 자살계획의 치명성 또는 성공률, 자살의 방법 및 도구, 계획의 구체성 등
③ 자살력 : 과거 자살시도 경험, 가족이나 친구 등 주변 인물들의 자살 및 자살시도 여부 등
④ 심리적 증상 : 심리적 고통이나 정신장애 유무, 알코올중독 또는 약물중독 여부 등
⑤ 환경적 스트레스 : 최근 발생한 중요한 변화 또는 상실, 성취 불가능한 욕구의 유무 등
⑥ 자원 및 지지체계 : 과거 유사한 상황에서의 도움, 자살충동의 억제요인, 미래에 대한 계획 등

■ 자살 위험성(가능성)에 대한 평가 항목   `04, 09, 13, 18, 22년 기출`
① 자살 의도 평가 : 자살 의도가 있는가?
② 자살 방법 평가 : 어떤 방법으로 자살할 생각을 가지고 있는가?
③ 자살 준비 평가 : 자살하기 위해 구체적으로 준비하고 있거나 준비한 적이 있는가?
④ 자살 시도 평가 : 최근 자신이 생각한 방법으로 실제 자살 시도를 한 적이 있는가?

■ 자살 예방의 대처방법   04, 09, 13, 16, 18, 19, 22, 24년 기출
  ① 가족이나 가까운 사람에게 알려야 한다.
  ② 혼자 있지 못하게 한다.
  ③ 자살을 시도할 수 있는 위험한 물건이나 상황에 가까이 있지 않게 한다.
  ④ 정신건강의학과 전문의를 포함한 자살 예방 전문가를 만나게 한다.

13 인터넷 중독 상담

■ 인터넷 중독의 3단계
  ① 제1단계 : 호기심
     인터넷 게임, 성인사이트, 사이버 채팅에 호기심을 가지고 참여한다.
  ② 제2단계 : 대리만족
     인터넷을 통해 현실에서 느끼기 어려운 즐거움을 만끽한다.
  ③ 제3단계 : 현실탈출
     가상세계의 환상에 사로잡혀 현실을 인식하는 데 장애를 초래한다.

■ 인터넷 중독의 증후   04, 08년 기출
  ① 내성, 금단, 남용 증상이 있다.
  ② 현실에 대한 적응 및 일상생활에서의 곤란을 경험한다.
  ③ 신체적 · 정신적 건강상에 문제가 발생한다.
  ④ 수면장애가 발생한다.
  ⑤ 과도한 인터넷 사용으로 수업에 집중하기 어렵고, 수업시간에 잠을 자기도 한다.
  ⑥ 가족이나 또래친구와 소원해지는 등 대인관계에 문제가 발생한다.
  ⑦ 하루도 빠짐없이 인터넷을 한다.
  ⑧ 인터넷에 접속하는 경우 시간 가는 줄 모른다.
  ⑨ 인터넷 사용으로 상당한 시간을 소모한다는 사실을 부인한다.
  ⑩ 식사시간이 줄어들며, 모니터 앞에서 식사를 하기도 한다.
  ⑪ 가족이나 주위사람들이 모니터 앞에 너무 오래 앉아있다고 나무란다.
  ⑫ 가족이 없는 경우 오히려 편안한 마음으로 인터넷을 한다.

■ 인터넷 중독에서 벗어날 수 있도록 돕는 주요 방법(Young)   17, 20, 22년 기출
  ① 반대로 실행하기(Practice the Opposite)
  ② 외적 중지자 활용하기(Use External Stoppers)
  ③ 컴퓨터 사용시간에 대한 구체적인 목표 세우기(Set Goals)
  ④ 특정 응용프로그램의 사용 금지(Abstain from a Particular Application)
  ⑤ 득과 실을 상기시키는 카드를 활용하기(Use Reminder Cards)
  ⑥ 그동안 소홀히 한 활동에 대한 목록 만들기(Develop a Personal Inventory)

14 성폭력 상담

■ **성폭력 초기상담 시 파악해야 할 내용**

① **피해자의 특성** : 피해자의 성별, 연령, 장애 유무 등
② **가해자의 특성** : 가해자의 성별, 연령, 결혼상태, 가족관계, 성격 특성, 전과 유무 등
③ **피해자와 가해자의 관계** : 친족, 직장동료, 학교 선·후배, 이웃사람 등 아는 사람, 강도, 행인, 택시기사 등 모르는 사람
④ **피해 유형** : 강간, 강제추행, 성추행, 성희롱, 스토킹 등
⑤ **피해 상황** : 피해 시간 및 장소, 횟수, 지속 유무 및 지속 기간, 피해 후 산부인과 진료 및 심리상담 유무, 경찰에 신고 유무, 임신 또는 낙태 유무 등

■ **성폭력 피해자 및 가족을 위한 위기개입 방법론(Koss & Harvey)**

① 지지적 관계형성
② 즉각적 욕구에의 대처
③ 피해경험의 환기
④ 의미 있는 타자에 대한 상담
⑤ 실제 상황에의 대처
⑥ 미래에 대한 대처준비 및 사후보호

■ **성폭력 피해 후 피해자의 심리적 단계**

단 계	특 징
충격과 혼란 (제1단계)	• 피해자는 성폭력 충격으로 인해 자신에 대한 무력감과 타인에 대한 불신감을 가진다. • 피해자는 자신의 성폭력 사실을 알려야 할지 혹은 숨겨야 할지 양가감정을 가진다.
부정 (제2단계)	• 피해자는 자신의 성폭력 피해 사실을 인정하지 않으려 한다. • 피해자는 외견상 적응된 것 같은 모습을 보이면서 상담을 받지 않으려는 경향이 있다.
우울과 죄책감 (제3단계)	• 피해자는 자신에 대해 수치스러워 하면서 스스로를 비난한다. • 피해자의 잘못된 분노표출은 삶에 대한 절망감으로 이어지기도 한다.
공포와 불안 (제4단계)	• 피해자는 자신이 앞으로 건강한 삶을 살 수 없다는 불안감을 느끼면서 악몽을 꾸기도 한다. • 피해자는 자신이 커다란 약점을 가지게 되었다는 부적절한 생각으로 인해 다른 사람과 만나지 않으려고 한다.
분노 (제5단계)	• 피해자는 가해자는 물론 자기 자신, 상담자, 주변사람들에 대해서도 분노를 느낀다. • 피해자의 다른 사람들에 대한 분노감은 남성이나 사회에 대한 불신으로까지 이어진다.
재수용 (제6단계)	• 피해자는 성폭력 피해에 대한 재조명을 통해 성폭력이 자신의 잘못에 의해 발생한 것이 아님을 인식한다. • 피해자는 성폭력 경험에 대한 동화와 함께 자아개념을 회복하기 시작하며, 자신을 소중한 존재로 인정하게 된다.

■ 성폭력 피해자가 전화로 도움을 요청할 경우 상담자의 조치방법   17, 20년 기출
① 상담자는 우선 내담자를 안정시키고 지지해 주며 위로한다.
② 성폭력 상황에 대해 구체적으로 파악하며, 특히 증거를 보관하도록 당부한다.
③ 내담자의 심리적 안정을 도와줄 수 있는 사람을 찾는다.
④ 병원과 연계하여 성폭력으로 인한 피해사실을 확인하며, 임신이나 성병에 대한 예방조치를 한다.
⑤ 법적·의료적 절차에 관한 정보를 제공하며, 관련 전문기관을 통해 지원받을 수 있도록 한다.

15 심리적 응급처치

■ 심리적 응급처치(Psychological First Aid)의 의미
① 재난이나 외상 사건에 노출된 사람들을 돕는 단기간의 적극적인 조력 과정이다.
② 생존자들의 정상적인 기능 회복을 위해 사건이 발생한 가까운 장소에서 필요가 발생한 즉시 서비스를 제공한다.

■ 심리적 응급처치의 5단계 방법   17년 기출
① 사건 전 단계 : 사건 발생 이전
   사건 발생 전 사람들을 훈련시키고 정보를 제공하며, 사건 발생 시 신속히 협력할 수 있는 네트워크를 구성한다.
② 충격 단계 혹은 급성 단계 : 사건 발생 직후(0~48시간)
   생존자들의 기본적인 욕구를 파악하고 심리적 응급처치를 수행한다.
③ 구출 단계 혹은 반응 단계 : 사건 발생 후 0~1주
   생존자들의 현재 상태를 평가하며, 그들의 욕구가 얼마나 잘 다루어지고 있는지를 파악한다. 또한 고위험자를 적절한 의료기관에 의뢰하며, 아웃리치 연계활동을 한다.
④ 회복 단계 : 사건 발생 후 1~4주
   회복이 일어나고 있는 환경, 생존자, 제공되는 서비스를 종합적으로 점검하며, 회복과 탄력적 적응을 돕는다.
⑤ 재통합 단계 : 사건 발생 후 2주~2년
   필요한 경우 생존자들을 치료에 의뢰하여 증상을 감소시키고 기능을 증진하도록 돕는다.

■ 심리적 응급처치의 활동 과정
첫 접촉과 라포 형성 → 안전에 대한 확인 → 심리적 안정화 → 정보 수집 → 문제 해결에 대한 안내 → 회복을 위한 준비

PART 04 자문 · 교육 · 심리재활

1 자문에 대한 이해

■ 유형
① 비공식적 동료집단 자문
② 내담자 중심 사례자문
③ 피자문자 중심 사례자문
④ 프로그램 중심 행정자문
⑤ 피자문자 중심 행정자문

■ 일반적인 과정
07, 21, 23년 기출

질문의 이해 → 평가 → 중재 → 종결 → 추적조사

■ 자문가의 역할
① 전문가로서의 자문가
② 교육자/수련가로서의 자문가
③ 협력자로서의 자문가
④ 옹호자로서의 자문가
⑤ 진상조사자로서의 자문가
⑥ 과정-전문가로서의 자문가

2 자문의 주요 모델

■ 정신건강 모델
13, 21, 23년 기출

기본적으로 자문 요청자에게 문제해결의 능력이 있다고 가정한다. 자문가와 자문 요청자 간의 관계는 평등하며, 자문가는 조언과 지시를 제공하여 촉진자로서의 역할을 수행한다. 자문의 성공 여부는 자문 요청자의 진단, 대처, 기술적·정서적 문제해결 능력의 확장 정도 등으로 평가한다.

■ 조직인간관계 모델

조직 내에서 개인들 간의 상호작용이 어떻게 이루어지는가에 관심을 기울인다. 자문가는 인간관계의 촉진자로 묘사되는데, 개인의 가치 및 태도, 집단 과정에 초점을 두어 계획된 변화를 이끌어냄으로써 조직의 생산성 향상 및 사기 증진에 이바지한다.

■ 조직사고 모델

조직인간관계 모델의 변형된 형태로서, 조직 내 의사소통 및 의사결정, 목표설정 및 역할규정, 조직 내 갈등 등에 관심을 기울인다. 자문가는 시범을 보이고 훈련을 제공하는 등 보다 직접적인 개입을 통해 집단 과정을 촉진한다.

■ 과정 모델

기본적으로 자문가와 자문 요청자 간의 협동을 강조한다. 조직의 상호작용을 분석하여 문제를 파악하고 해결책을 모색하며, 자문 요청자로 하여금 조직의 생산성 및 조직 내 정서적 분위기에 영향을 미치는 대인관계 상호작용에 대한 이해도를 높인다.

■ 행동주의 모델 <small>13, 21, 23년 기출</small>

자문가와 자문 요청자 간에 보다 분명한 역할이 있다. 자문가는 학습이론이 어떻게 개인, 집단 및 조직의 문제에 실질적으로 적용될 수 있는지를 가르치고 보여주는 인정된 전문가이다. 문제해결에 있어서 상호관계가 있을 수 있지만, 행동지식 기반에 있어서 자문가와 자문 요청자 사이에는 커다란 불균형이 있다.

3 과학자-전문가 모델

■ 의 의 <small>07, 13년 기출</small>

① 1949년 미국 콜로라도의 보울더(Boulder)에서 개최된 미국심리학회 회의에서 제시되었다.
② 임상심리학자의 수련 및 다양한 학문들 간 관계 형성을 통한 진단, 평가, 연구, 치료에 중점을 둔 심리학적 영역이 부각되었다.
③ 과학과 임상실습의 통합적 접근을 통해 임상심리학자가 과학자이자 서비스제공자로서의 역할을 동시에 수행할 것을 강조한다.
④ 임상심리학자는 과학자와 전문가로서의 역할을 동시에 훈련받음으로써, 이론적·학문적·응용적·임상적인 역량을 강화할 수 있다.
⑤ 임상심리학자는 임상장면에 적용 가능한 연구방법론을 개발하고, 그 기술과 기법에 능숙한 임상가가 되어야 한다.
⑥ 임상심리학자는 일차적으로 과학자(심리학자)가 되어야 하며, 이후에 임상가(전문가)가 되어야 한다.

■ 특 징

① 순수과학과 임상실습의 통합적 접근을 강조한다.
② 임상심리학자의 교육 및 훈련에서 과학과 임상 간의 연속성을 강조한다.
③ 임상심리학자는 순수과학과 임상실습 간의 교량 역할을 해야 한다고 주장한다.
④ 임상심리학자는 모든 인간행동에 대한 과학적이고 체계적인 지식 및 기술을 습득해야 한다고 주장한다.

4 사례관리

■ **등장배경(Moxley)**
  ① 탈시설화
  ② 지역사회서비스의 지방분권화
  ③ 다양한 문제와 욕구를 가진 인구의 증가
  ④ 서비스의 분산화·단편화
  ⑤ 클라이언트의 삶의 질에 대한 사회적 인식
  ⑥ 대인서비스의 비용효과성

■ **기본원칙**
  ① 개별화
  ② 포괄성
  ③ 지속성(연속성)
  ④ 연계성
  ⑤ 접근성
  ⑥ 자율성

■ **서비스 과정** `04년 기출`
  ① **접수** : 사례를 통해 적절한 클라이언트를 확인하며, 사례관리의 수용 여부에 따라 계약을 체결한다.
  ② **사정** : 클라이언트의 신체적·정서적 상태 및 욕구, 주위의 자원 환경, 장애물 등에 대한 전체적·체계적인 이해를 통해 현재 시점에서 클라이언트의 문제를 진단한다.
  ③ **계획** : 사정에 의해 수집된 정보를 토대로 클라이언트의 욕구 또는 문제를 해결하기 위한 구체적인 목표를 수립하며, 그에 따른 전략과 함께 서비스 계획을 설정한다.
  ④ **개입** : 클라이언트, 클라이언트의 사회적 관계망, 관련 서비스제공자 등을 변화시키기 위해 직접적·간접적으로 관여한다.
  ⑤ **점검** : 클라이언트의 욕구에 부합하는 서비스가 계획에 따라 원활히 이루어지고 있는지 서비스 및 자원의 전달 과정을 추적하여 총체적으로 검토한다.
  ⑥ **평가** : 사례관리자에 의해 형성·조정된 서비스 계획, 서비스 구성요소, 서비스 활동 등이 가치 있는 것인지의 여부를 측정한다.

5 상담사 및 임상심리사의 윤리원칙

■ 상담자와 내담자의 상담관계에서 제시되는 일반적인 윤리원칙   20년 기출
   ① 자율성
   ② 선행 또는 덕행
   ③ 무해성 또는 비해악성
   ④ 정의 및 공정성
   ⑤ 성실성 또는 충실성

■ 임상심리사 혹은 임상심리학자의 윤리원칙   24년 기출
   ① 유능성
   ② 성실성
   ③ 전문적이고 과학적인 책임
   ④ 인간의 권리와 존엄에 대한 존중
   ⑤ 타인의 복지에 대한 관심
   ⑥ 사회적 책임

■ 임상심리사가 유능성의 윤리원칙을 위반하는 이유   11, 16, 19, 22년 기출
   ① 임상심리사가 개인적인 심리적 문제를 가지고 있는 경우
   ② 임상심리사가 너무 많은 부담으로 인해 지쳐있는 경우
   ③ 임상심리사가 교만하여 더 이상 배우지 않고 배울 필요가 없다고 생각하는 경우
   ④ 임상심리사가 해당되는 특정 전문교육수련을 받지 않고도 특정 내담자군을 잘 다룰 수 있다고 여기는 경우

6 건강심리학

■ 의의 및 특징
   ① 건강의 유지 및 증진, 질병의 예방 및 치료를 목적으로 심리학적인 이론과 방법을 동원하는 학문이다.
   ② 신체적 질병이 특히 생활습관이나 스트레스에 대한 대처방식과 밀접한 연관을 가진다는 점을 강조한다.
   ③ 일상생활에서 현대인들의 건강과 밀접하게 연관된 금연, 체중조절, 스트레스 관리 등을 위한 다양한 프로그램을 연구·개발·실행하고 있다.

■ 건강심리학의 발달배경   17, 24년 기출
   ① 급성질환에서 만성질환으로 질병의 양상이 변화되었다.
   ② 과학과 의학 기술의 발전에 따라 건강심리학의 영역이 확장되었다.
   ③ 건강관리가 서비스 산업으로 빠른 성장을 보이고 있다.
   ④ 비만, 흡연, 음주 등 건강 관련 문제들에 대한 관심과 함께 건강 관련 의료 수요가 증가하고 있다.

■ 행동변화의 변화단계모델(Prochaska et al.)   20, 23, 24년 기출
  ① 제1단계 : 사전 단계(계획 전 단계, 인식 전 단계 또는 전 숙고 단계)
  ② 제2단계 : 계획 단계(인식 단계 또는 숙고 단계)
  ③ 제3단계 : 준비 단계(결심 단계)
  ④ 제4단계 : 행동 단계(실행 단계 또는 행동실천 단계)
  ⑤ 제5단계 : 유지 단계
  ⑥ 제6단계 : 종결 단계

7 지역사회심리학

■ 의의 및 특징
  ① 문제의 발생 및 완화에서 환경적인 힘의 역할을 강조하는 정신건강 접근이다.
  ② 개인과 지역사회의 자원 및 강점을 확인하고 이를 개발함으로써 대안을 창출하는 데 주력한다.
  ③ 개인과 지역사회조직은 능력부여를 통해 전통적인 전문적 개입이 없이도 자신의 문제를 통제하고 지배하도록 장려된다.

■ 자조집단의 1차적 기능(Orford)   18, 21년 기출
  ① 정서적 지지를 제공한다.
  ② 집단성원들이 다루고 있는 문제를 직면하고 정복한 역할모델을 제공한다.
  ③ 집단성원의 문제들을 이해하는 방법을 제공한다.
  ④ 중요하고 적절한 정보를 제공한다.
  ⑤ 기존 문제에 어떻게 대처할 것인가에 대한 새로운 아이디어를 제공한다.
  ⑥ 집단성원들 간에 서로 돕는 기회를 제공한다.
  ⑦ 사교 관계(Social Companionship)를 제공한다.
  ⑧ 자신들의 문제에 대한 향상된 숙달감과 통제감을 제공한다.

8 정신재활 및 정신사회재활

■ **치료와 재활의 차이점** 〈04, 06, 07, 20년 기출〉
① 치료는 개인의 증상과 병리를 감소시키는 데 초점을 두는 반면, 재활은 개인의 강점이나 자원을 개발시키는 데 초점을 둔다.
② 치료는 개인의 역기능을 완화시키는 데 주력하는 반면, 재활은 개인의 기능을 회복시키는 데 주력한다.
③ 치료는 병의 경감에 관심을 두는 반면, 재활은 건강의 유도에 관심을 둔다.
④ 치료는 개인의 장애를 직접적으로 공략하는 반면, 재활은 개인이 가지고 있는 자원을 발견하고 이를 개발하는 데 주력한다.

■ **정신재활의 기본원리** 〈03, 05, 22년 기출〉
① 정신재활의 일차적인 초점은 정신과적 장애를 가진 사람의 능력을 향상시키는 데 있다.
② 정신재활이 환자에게 주는 이득은 그가 살고 있는 환경 속에서 필요한 행동을 향상시키는 데 있다.
③ 정신재활은 다양한 기법들을 사용하므로 절충적이라고 할 수 있다.
④ 정신재활의 주요 초점은 정신과적 장애를 가진 사람의 직업성과를 향상시키는 데 있다.
⑤ 환자가 희망을 가지는 것은 재활 과정의 필수 요소이다.
⑥ 재활 초기 환자의 재활전문가에 대한 의존은 점진적인 자신감 회복과 함께 환자의 독립적인 기능을 증대시키기 위한 것이다.
⑦ 환자를 재활 과정에 적극적으로 참여시키는 것이 바람직하다.
⑧ 정신재활의 기본적 개입방법은 환자의 기술을 개발시키는 것과 환자에 대한 환경적 자원을 개발해 주는 것이다.
⑨ 정신과 환자의 재활을 위해서는 약물치료와 함께 다양한 재활개입이 필수적이다.

■ **재활계획의 4단계** 〈20, 22년 기출〉
① 제1단계 : 재활목표의 설정
② 제2단계 : 기술 및 자원의 우선순위 설정
③ 제3단계 : 목표 달성 기간의 설정
④ 제4단계 : 목표 달성을 위한 협력 내용 및 치료방법의 결정

■ **정신재활 계획 개입 시 재활치료의 구성요소** 〈09, 13, 16, 20, 21, 22년 기출〉
① 사회기술훈련
② 환자 교육
③ 가족 교육 및 치료
④ 직업재활
⑤ 지역사회 지지서비스
⑥ 다양한 주거 프로그램

■ 정신과 환자들을 대상으로 한 환자 교육 방법   `20, 24년 기출`
　① 증상관리 교육 : 문제 증상이 일상생활에 미치는 영향을 최소화하는 방법을 교육시킨다.
　② 약물관리 교육 : 약물에 대한 올바른 지식과 함께 적절한 투약방법을 교육시킨다.

■ 직업재활을 해야 하는 이유   `20, 24년 기출`
　① 경제생활을 유지하도록 한다(→ 생계의 수단).
　② 사회적 욕구를 충족시킨다(→ 사회적 기여의 수단).
　③ 자기성취와 자기발전을 이루도록 한다(→ 자아실현의 수단).

■ 정신재활 절차의 3단계
　① 제1단계 : 진단 및 기능적 평가
　② 제2단계 : 재활계획의 수립
　③ 제3단계 : 개입

■ 정신재활모형   `06, 12, 13, 15, 16, 18, 19, 23, 24년 기출`

병리(Pathology)	원인 요소에 의한 중추신경계 이상이나 병적 소인을 말함
손상(Impairment)	생리적·심리적·해부학적 구조 또는 기능에 이상이 있는 상태 (→ 약물치료, 정신치료 등)
장애(Disability)	손상으로 인해 정상적인 행동을 수행할 능력이 제한 또는 결핍된 상태 (→ 직업재활상담, 역할훈련, 환경지원 등)
불이익 또는 핸디캡(Handicap)	손상이나 장애로 인해 정상적인 역할 수행에 제한 또는 장애가 발생함으로써 사회적 불이익을 경험하는 상태 (→ 제도 변화, 권익 옹호, 편견 해소 등)

■ 정신질환자를 위한 지역사회 지지체계의 10가지 기능(Turner & TenHoor)
　① 클라이언트 개발/현장방문(Identification & Location of Client/Outreach)
　② 기본적 욕구해결을 위한 협조(Assistance in Meeting Human Needs)
　③ 24시간 위기개입(24-Hour Crisis Intervention)
　④ 심리사회 및 직업 서비스(Psychosocial and Vocational Services)
　⑤ 재활을 위한 지지적 주거(Supportive Services for Rehabilitation)
　⑥ 신체 및 정신건강 보호(Health and Mental Health Care)
　⑦ 상호지지체계(Mutual Support System)
　⑧ 자문 및 옹호(Consultation and Advocacy)
　⑨ 클라이언트 권리보호(Protection of Client Right)
　⑩ 사례관리(Case Management)

■ 만성 정신질환자를 위한 정신사회재활의 일반적인 목표　　　　　　　　　15, 23년 기출
　① 증상의 호전을 장기간 지속시킨다.
　② 대인관계 및 독립적인 생활 기술을 습득하도록 한다.
　③ 보다 만족스러운 삶의 질을 성취하도록 한다.

■ 정신사회재활의 긍정적 효과
　① 질병의 재발률이 낮아진다.
　② 환자의 사회적응력이 향상되며, 삶의 질이 개선된다.
　③ 환자 가족의 부담이 감소된다.
　④ 환경적 긴장이나 스트레스로 인한 충격이 완화된다.
　⑤ 일상생활에서 다양한 문제들에 대한 대처능력 및 극복기술이 향상된다.
　⑥ 직업적 자기관리 능력에서의 장애가 감소된다.

9　만성 정신질환자의 회복과 치료

■ 만성 정신질환자의 탈시설화 추세가 나타나게 된 배경　　　　　　　　　19, 23년 기출
　① 약물치료의 발전으로 대부분의 증상들을 생리학적으로 조절할 수 있게 됨에 따라 정신질환자의 격리 필요성이 줄어들게 되었다.
　② 인도주의 이념이 대두됨에 따라 정신질환자를 열악한 정신병원에 감금시켜서는 안 되며, 지역사회로 복귀시켜야 한다는 주장이 제기되었다.
　③ 장기 입원환자들을 보호감독하는 데 막대한 비용이 소요됨에 따라 지역사회보호를 통해 경제적 부담을 분산시키려는 움직임이 나타났다.

■ 만성 정신질환자의 치료 및 재활을 위한 가족성원의 올바른 태도　　　　05, 14, 20년 기출
　① 환자가 치료와 재활을 지속적으로 받을 수 있도록 지지하고 돕도록 한다.
　② 환자의 재발을 방지하기 위해 약을 지속적으로 복용하도록 격려한다.
　③ 환자가 병원이나 지역사회 내에서 보다 나은 서비스를 받을 수 있도록 환자의 입장을 대변해 준다.
　④ 차분하고 인내하는 집안 분위기를 유지하도록 한다.
　⑤ 환자의 역할 수행에 대한 기대치를 현실적인 수준으로 낮추도록 한다.
　⑥ 환자로 하여금 치료와 스트레스를 적게 주는 활동에 참여하도록 격려한다.

■ 만성 정신질환자의 치료 및 재활을 위한 가족성원의 피해야 할 태도 　　　05, 14, 20년 기출
① 환자에게 지나치게 과잉개입하며, 자신의 모든 것을 희생한 채 환자를 헌신적으로 돌본다.
② 환자에게 지나치게 잔소리를 하거나 비판적인 어투로 말한다.
③ 가족 내에서 환자를 따돌리거나 친구를 만나지 못하게 한다.
④ 환자의 작은 호전을 마치 당연한 것으로 생각한다.
⑤ 환자가 금세 호전될 것이라고 기대한다.
⑥ 환자로 인해 자신이 좋아하는 여가 활동이나 개인적 활동을 포기한다.

■ 만성 정신질환자에 대한 약물치료 효과를 극대화하기 위한 지침 　　　04, 07, 09년 기출
① 약물치료와 함께 상담 및 심리치료를 병행한다.
② 약 복용 시간·횟수·용량 등 약물처방의 규칙을 준수하도록 지시한다.
③ 정기적인 심리검사 및 행동관찰을 통해 환자의 상태를 점검하며, 그에 따라 약물처방을 조정한다.
④ 환자 및 환자가족에게 처방 약물의 특성 및 부작용에 대해 교육시킨다.
⑤ 약에 대한 자가 평가지를 작성하도록 유도하며, 약물 교육모임 등에 참여하여 관련 정보들을 입수하도록 한다.
⑥ 약 복용을 기피하거나 약 복용 여부가 의심스러운 환자의 경우 작용시간이 긴 주사제를 선택한다.
⑦ 한 달 중 대략 일주일 정도 약을 복용하지 않는 약 휴일 치료방식을 시도해 본다.

10 시간-제한적 집단정신치료

■ 시간-제한적 집단정신치료가 부상하게 된 이유
① 치료의 장기적 시행에 따른 경제적·심리적 부담감을 줄일 수 있다.
② 치료자들 사이에서 완벽한 치료는 불가능하다는 인식이 팽배해지고 있다.
③ 치료방법 및 치료기간이 제한되는 관리의료체제에 부응할 수 있다.
④ 구조적인 시간제한 집단치료의 급증에 따른 대안으로 비구조적인 집단정신치료에 있어서 시간제한의 가능성을 제시하게 되었다.

■ 시간-제한적 집단정신치료의 주요 특징 　　　15, 21, 23년 기출
① 기능 수준 및 집단의 동질성을 고려하여 집단 참여자를 선정한다.
② 대인관계학습의 접근법을 활용한다.
③ 시간-제한으로 집중적인 치료를 수행하며, 환자의 빠른 회복에 대한 동기를 유발하고 치료에 대한 책임감을 인식시킨다.

우리가 해야할 일은 끊임없이 호기심을 갖고
새로운 생각을 시험해보고 새로운 인상을 받는 것이다.

- 월터 페이터 -

2024년

임상심리사 2급

제1회 기출(복원)문제 및 해설

제2회 기출(복원)문제 및 해설

제3회 기출(복원)문제 및 해설

합격의 공식 시대에듀

교육이란 사람이 학교에서 배운 것을
잊어버린 후에 남은 것을 말한다.

– 알버트 아인슈타인 –

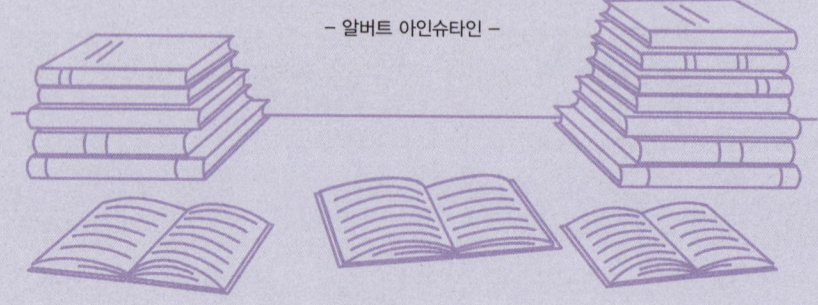

끝까지 책임진다! 시대에듀!

QR코드를 통해 도서 출간 이후 발견된 오류나 개정법령, 변경된 시험 정보, 최신기출문제, 도서 업데이트 자료 등이 있는지 확인해 보세요! **시대에듀 합격 스마트 앱**을 통해서도 알려 드리고 있으니 구글 플레이나 앱 스토어에서 다운받아 사용하세요. 또한, 파본 도서인 경우에는 구입하신 곳에서 교환해 드립니다.

제1회 기출(복원)문제 및 해설

※ 임상심리사 2급 실기시험은 기출 미공개 시험으로, 본 교재는 기출 키워드를 분석하여 복원한 문제를 수록하였습니다. 실제문제와 차이가 있을 수 있으므로 참고하시기 바랍니다.

01 상담장면에서 내담자는 성격발달의 수준이나 불안의 정도에 따라 여러 가지 유형의 방어기제를 사용한다. 내담자에게서 나타날 수 있는 방어기제의 유형을 5가지만 쓰시오.

5점 | 04, 07, 10, 17, 21, 22, 23년 기출

고득점을 향한 심화해설

① 억압(Repression)
 죄의식이나 괴로운 경험, 수치스러운 생각을 의식에서 무의식으로 밀어내는 것으로서 선택적인 망각을 의미한다.
 예 부모의 학대에 대한 분노를 억압하여 부모에 대한 이야기를 무의식적으로 꺼리는 경우

② 부인 또는 부정(Denial)
 의식화되는 경우 감당하기 어려운 고통이나 욕구를 무의식적으로 부정하는 것이다.
 예 애인이 교통사고로 사망했음에도 불구하고 그의 죽음을 인정하지 않은 채 여행을 떠난 것이라고 주장하는 경우

③ 합리화(Rationalization)
 현실에 더 이상 실망을 느끼지 않기 위해 또는 정당하지 못한 자신의 행동에 그럴듯한 이유를 붙이기 위해 자신의 말이나 행동을 정당화하는 것이다.
 예 여우가 먹음직스러운 포도를 발견하였으나 먹을 수 없는 상황에 처했을 때 "저 포도는 신 포도라서 안 먹는다"고 말하는 경우

④ 반동형성(Reaction Formation)
 자신이 가지고 있는 무의식적 소망이나 충동을 본래의 의도와 달리 반대되는 방향으로 바꾸는 것이다.
 예 미운 놈에게 떡 하나 더 준다.

⑤ 투사(Projection)

사회적으로 인정받을 수 없는 자신의 행동과 생각을 마치 다른 사람의 것인 양 생각하고 남을 탓하는 것이다.

예 자기가 화가 난 것을 의식하지 못한 채 상대방이 자기에게 화를 낸다고 생각하는 경우

> **전문가의 한마디**
> 방어기제의 유형에 관한 문제는 보통 3~5가지를 쓰고 설명하는 방식으로 출제되고 있으므로, 가급적 위의 5가지 유형의 명칭과 함께 간략한 내용까지 기억해 두시기 바랍니다. 다만, 이번 문제에서는 설명하라는 별다른 지시가 없으므로, 각 유형의 명칭만 답안으로 작성하도록 합니다. 또한 방어기제의 유형은 그 수가 매우 많으므로, 위의 5가지 이외에 다른 것을 제시하여도 무방합니다. 참고로 방어기제는 지그문트 프로이트(Sigmund Freud) 이후 안나 프로이트(Anna Freud)에 의해 정리되었으며, 이후 많은 정신분석 이론가들이 첨삭해 왔습니다.

알아두기 그 밖의 주요 방어기제

전치 또는 치환 (Displacement)	자신이 어떤 대상에 대해 느낀 감정을 보다 덜 위협적인 다른 대상에게 표출하는 것이다. 예 종로에서 뺨 맞고 한강에서 눈 흘긴다.
전환 (Conversion)	심리적인 갈등이 신체 감각기관이나 수의근육계의 증상으로 바뀌어 표출되는 것이다. 예 글쓰기에 심한 갈등을 느끼는 소설가에게서 팔의 마비가 나타나는 경우
격리 (Isolation)	과거의 고통스러운 기억에서 동반된 부정적인 감정을 의식으로부터 격리시켜 무의식 속에 억압하는 것이다. 예 직장 상사와 심하게 다툰 직원이 자신의 '상사살해감정'을 무의식 속으로 격리시킨 채 업무에 있어서 잘못된 것이 없는지 강박적으로 서류를 반복하여 확인하는 경우
보상 (Compensation)	어떤 분야에서 탁월하게 능력을 발휘하여 인정받음으로써 다른 분야의 실패나 약점을 보충하여 자존심을 고양시키는 것이다. 예 작은 고추가 맵다.
대치 (Substitution)	받아들여질 수 없는 욕구나 충동 에너지를 원래의 목표에서 대용 목표로 전환시킴으로써 긴장을 해소하는 것이다. 예 꿩 대신 닭

02 벡(Beck)의 인지적 오류 5가지를 쓰고, 각각에 대해 설명하시오. [10점] [07, 15, 18, 22, 23년 기출]

고득점을 향한 심화해설

① **임의적 추론(Arbitrary Inference)**
  어떤 결론을 지지하는 증거가 없거나 그 증거가 결론에 위배됨에도 불구하고 그와 같은 결론을 내린다.
  예 자신의 메시지에 답변이 없다고 하여 상대방이 의도적으로 회피하는 것이라고 판단하는 경우

② **선택적 추상화(Selective Abstraction) 또는 정신적 여과(Mental Filtering)**
  다른 중요한 요소들은 무시한 채 사소한 부분에 초점을 맞추고, 그 부분적인 것에 근거하여 전체 경험을 이해한다.
  예 필기시험에서 우수한 성적을 거두었으나 실기시험의 결과에 스스로 만족하지 못하는 사람이 전체 시험을 망쳤다고 판단하는 경우

③ **과도한 일반화 또는 과잉일반화(Overgeneralization)**
  한두 가지의 고립된 사건에 근거해서 일반적인 결론을 내리고 그것을 서로 관계없는 상황에 적용한다.
  예 맞선으로 처음 만난 사람에게서 좋은 인상을 받았다고 하여 그 사람의 모든 됨됨이가 올바르고 선하다고 판단하는 경우

④ **개인화(Personalization)**
  자신과 관련시킬 근거가 없는 외부사건을 자신과 관련시키는 성향으로, 실제로는 다른 것 때문에 생긴 일에 대해 자신이 원인이고 자신이 책임져야 할 것으로 받아들인다.
  예 자신이 시험을 망쳤기 때문에 여자친구와 헤어졌다고 판단하는 경우

⑤ **이분법적 사고 또는 흑백논리적 사고(Dichotomous Thinking)**
  모든 경험을 한두 개의 범주로만 이해하고 중간지대가 없이 흑백논리로써 현실을 파악한다.
  예 완벽하지 않은 것은 곧 잘못된 것이라고 판단하는 경우

⑥ **과장/축소 또는 의미확대/의미축소(Magnification/Minimization)**
  어떤 사건 또는 한 개인이나 경험이 가진 특성의 한 측면을 그것이 실제로 가진 중요성과 무관하게 과대평가하거나 과소평가한다.
  예 어떤 학생이 한두 번 지각했다고 해서 그 학생이 게으르다고 판단하는 경우, 혹은 시험에 수석으로 합격하고도 단지 운이 좋아서 좋은 결과에 이르렀다고 보는 경우

⑦ 정서적 추론 또는 감정적 추리(Emotional Reasoning)
  자신의 정서적 경험이 마치 현실과 진실을 반영하는 것인 양 간주하여 이를 토대로 그 자신이나 세계 또는 미래에 대해 그릇되게 추리한다.
  예 자신이 부적절하다는 느낌을 통해 아무런 쓸모없는 사람이라고 단정하는 경우

⑧ 긍정 격하(Disqualifying the Positive)
  자신의 긍정적인 경험이나 능력을 객관적으로 평가하지 않은 채 그것을 부정적인 경험으로 전환하거나 자신의 능력을 낮추어 본다.
  예 자신의 계획이 성공에 이르렀음에도 불구하고 이를 자신의 실력이 아닌 운에 의한 것으로 돌리는 경우

⑨ 재앙화 또는 파국화(Catastrophizing)
  어떠한 사건에 대해 자신의 걱정을 지나치게 과장하여 항상 최악을 생각함으로써 두려움에 사로잡힌다.
  예 길을 걷다가 개에게 물린 사람이 이제 곧 광견병으로 목숨을 잃게 될 것이라 생각하는 경우

⑩ 잘못된 명명(Mislabelling)
  어떠한 하나의 행동이나 부분적 특성을 토대로 사람이나 사건에 대해 완전히 부정적이고 단정적으로 명명한다.
  예 한 차례 지각을 한 학생에 대해 '지각대장'이라는 이름표를 붙이는 경우

⑪ 독심술적 사고(Mind-reading)
  충분한 근거 없이 다른 사람의 마음을 마음대로 추측하고 단정한다.
  예 자신이 타인의 마음을 정확하게 꿰뚫어 볼 수 있는 능력을 지녔다고 믿는 경우

⑫ 예언자적 오류(Fortune Telling)
  충분한 근거 없이 미래에 일어날 일을 단정하고 확신한다.
  예 미팅에 나가봤자 호감 가는 이성과 짝이 되지 않거나 그에게 거부당할 것이 분명하다고 믿는 경우

전문가의 한마디

벡(Beck)의 인지적 오류에 관한 문제는 인지적 오류의 유형을 제시된 개수만큼 쓰고 설명하거나(→ 2023년 1회 2번), 보기의 사례로 제시하여 그에 해당하는 인지적 오류의 명칭을 직접 작성하거나(→ 2022년 1회 5번), 보기에 주어진 인지적 오류의 명칭과 그것에 대한 각각의 설명을 서로 매칭시키는 방식으로 출제됩니다(→ 2023년 2회 12번).

요컨대, 이 문제에서는 인지적 오류에 해당하는 각각의 유형에 대한 예를 쓰라는 지시가 없으므로, 반드시 예를 답안으로 작성해야 하는 것은 아닙니다. 사실 인지적 오류의 유형과 그 예는 명확한 정답이 있는 것이 아닙니다. 그 이유는 어떤 예가 보는 사람의 관점에 따라 두 가지 이상의 유형에 동시에 포함될 수도 있기 때문입니다. 다만, 주의해야 할 것은 인지적 오류의 유형이 머릿속에 떠오르지 않은 나머지 벡(Beck)의 인지치료의 주요 개념으로서 '자동적 사고(Automatic Thoughts)'를 답안으로 작성할 경우 오답으로 처리된다는 점입니다. 그 이유는 인지적 오류가 곧 '부정적 자동적 사고'를 의미하기 때문입니다. 이와 관련하여 1차 필기시험에 다음과 같은 문제가 출제된 바 있습니다.

> Beck의 인지이론에 따르면 다양한 인지 오류가 내담자의 문제를 지속시키는 역할을 담당한다고 보고 있다. 이러한 인지 오류에 해당되지 않는 것은? 〔15년 기출〕
> ① 자동적 사고 ② 선택적 추상화 ③ 임의적 추론 ④ 이분법적 사고
>
> 답 ①

03 얄롬(Yalom)이 제시한 집단상담의 치료적 요인을 5가지 기술하시오.

5점 | 09, 12, 13, 14, 17, 18, 19, 21년 기출

고득점을 향한 심화해설

① 희망의 고취(Instillation of Hope)
   집단은 집단성원들에게 문제가 개선될 수 있다는 희망을 심어주는데, 이때 희망 그 자체가 치료적 효과를 가질 수 있다.

② 보편성(Universality)
   참여자 자신만 심각한 문제, 생각, 충동을 가진 것이 아니라 다른 사람들도 자기와 비슷한 갈등과 생활경험, 문제를 가지고 있다는 것을 알고 위로를 얻는다.

③ 정보전달(Imparting Information)
   집단성원들은 집단상담자에게서 다양한 정보를 습득함으로써 자신의 문제에 대해 보다 명확하게 이해하며, 동료 참여자에게서 직·간접적인 제안, 지도, 충고 등을 얻는다.

④ 이타심(Altruism)
   집단성원들은 위로, 지지, 제안 등을 통해 서로 도움을 주고받는다. 자신도 누군가에게 도움을 줄 수 있고, 타인에게 중요할 수 있다는 발견은 자존감을 높여준다.

⑤ 1차 가족집단의 교정적 재현(The Corrective Recapitulation of the Primary Family Group)
   집단은 가족과 유사한 점이 있다. 다시 말해 집단상담자는 부모, 집단성원은 형제자매가 되는 것이다. 집단성원은 부모형제들과 교류하면서 집단 내에서 상호작용을 재현하는데, 그 과정을 통해 그동안 해결되지 못한 갈등상황에 대해 탐색하고 도전한다.

⑥ 사회기술의 발달(Development of Socializing Techniques)
   집단성원으로부터의 피드백이나 특정 사회기술에 대한 학습을 통해 대인관계에 필요한 사회기술을 개발한다.

⑦ 모방행동(Imitative Behavior)
   집단상담자와 집단성원은 새로운 행동을 배우는 데 좋은 모델이 될 수 있다.

⑧ 대인관계학습(Interpersonal Learning)
   집단성원과의 상호작용을 통해 자신의 대인관계에 대한 통찰과 자신이 원하는 관계형성에 대한 아이디어를 가질 수 있으며, 대인관계 형성의 새로운 방식을 시험해 볼 수 있는 장이 된다.

⑨ 집단응집력(Group Cohesiveness)

집단 내에서 자신이 인정받고, 수용된다는 소속감은 그 자체로 집단성원의 긍정적인 변화에 영향을 미친다.

⑩ 정화(Catharsis)

집단 내의 비교적 안전한 분위기 속에서 집단성원은 그동안 억압되어온 감정을 자유롭게 발산할 수 있다.

⑪ 실존적 요인들(Existential Factors)

집단성원과의 경험 공유를 통해 자기 자신이 다른 사람에게 아무리 많은 지도와 후원을 받는다고 해도 자신의 인생에 대한 궁극적인 책임은 스스로에게 있다는 것을 배운다.

> **전문가의 한마디**
>
> 얄롬(Yalom)은 자신의 저서 『집단정신치료의 이론과 실제, The Theory and Practice of Group Psychotherapy』 개정 제5판 서문을 통해 그동안 심리치료의 결실을 '치유(Cure)'로 여긴 것이 자신의 착각이었음을 고백하면서, 치유가 아닌 '변화(Change) 또는 성장(Growth)'을 강조하였습니다. 그와 함께 변화나 성장을 가져오는 요인을 기존의 '치유적 요인(Curative Factors)'에서 '치료적 요인(Therapeutic Factors)'으로 변경하였습니다. 얄롬이 제시한 집단의 치료적 요인은 위의 문제 해설에서 볼 수 있듯이 총 11가지입니다. 참고로 집단의 치료적 요인에 관한 내용은 교재에 따라 다르게 제시되기도 합니다. 'Corey, G., 『집단심리상담의 이론과 실제』, 조현재 外 譯, 시그마프레스 刊'에서는 집단의 치료적 요인을 다음과 같이 제시하고 있습니다.

• 신뢰와 수용	• 공감과 관심
• 희 망	• 자유로운 시도
• 변화를 위한 실천	• 친밀감
• 정 화	• 인지적 재구조화
• 자기-드러내기	• 직 면
• 피드백의 이점	• 논 평

04 다음 보기의 사례를 읽고 물음에 답하시오.

> 내담자: "저는 지난밤 너무도 기이한 꿈을 꾸었어요. 아버지와 함께 숲으로 사냥을 나섰는데요, 사냥감에 온통 주의를 기울이느라 깊숙한 곳까지 다다르게 되었죠. 그런데 갑자기 바위 뒤편에서 커다란 물체가 튀어나오는 거예요. 저는 순간 사슴인 줄 알고 방아쇠를 당겼지요. 어렴풋이 그 물체가 쓰러진 듯이 보였고, 저는 두근거리는 가슴을 부여잡은 채 서서히 다가갔어요. 가까이 가보니 그 물체는 사슴이 아닌 아버지였어요. 아버지가 숨을 쉬지 않은 채 죽어 있더라고요. 저는 너무도 황당하고 두려워서 잠에서 깨어났는데요, 등에서는 식은땀이 줄줄 흐르더라고요."

보기의 내담자가 이야기한 꿈의 내용을 듣고 상담자가 '명료화'와 '직면'으로 반응하는 것을 대화체로 쓰시오.

(1) 명료화

고득점을 향한 심화해설

① "비록 꿈이지만, 총을 잘못 쏘아 아버지를 돌아가시게 한 것에 대해 죄책감 같은 것을 느꼈는지도 모르겠군요."
② "황당하고 두려웠다는 것은 구체적으로 어떤 죄책감이 들었다는 의미인가요?"

(2) 직면

고득점을 향한 심화해설

① "혹시 권위적이고 무관심한 아버지가 일찍 사고로 세상을 떠났으면 하는 생각이 마음 한구석에 있었는지도 모르겠군요."
② "평소 아버지를 미워했나요?"

(3) 반 영

고득점을 향한 심화해설

① "당신은 그런 끔찍한 꿈을 꾸고 마음이 몹시 당황했군요."
② "당신은 지난밤 꿈으로 인해 정말 많이 놀랐나보군요."

(4) 해 석

고득점을 향한 심화해설

① "권위적인 존재에 대한 적개심을 간접적으로나마 인정하고 표현했다는 점이 중요하다고 볼 수 있겠군요."
② "아버지에 대한 적개심이 총을 오작동하도록 만든 것은 아닌가요?"

전문가의 한마디 이 문제는 '아버지와 사슴', '형과 돼지'의 사례로 임상심리사 시험에 종종 등장하는 문제로서, 특히 2016년 3회 실기시험(8번) 및 2022년 3회 실기시험(3번)에 출제된 문제의 변형된 형태에 해당합니다. 수험생들의 의견에 따르면, 사슴이 등장하는 사례의 내용에는 큰 차이가 없으나, '반영'과 '해석'의 기법이 제외된 채 '명료화'와 '직면'의 반응 예를 대체로 표현하도록 요구하고 있다는 것이었습니다. 사실 2016년 3회 및 2022년 3회 문제의 경우 상담자의 반응을 문제상에서 구체적인 대화체의 표현으로 제시하여 그에 가장 부합하는 개입기술의 명칭을 답안으로 제시하면 되었으므로 비교적 쉬운 문제로 볼 수 있었습니다. 그러나 이번 문제는 개입기술의 명칭만을 제시한 채 상담자가 내담자의 진술에 대해 특정 개입기술로써 어떻게 반응할지를 역으로 구체적인 대화체의 표현으로 쓰도록 요구하고 있다는 점에서 상당히 까다로운 문제로 볼 수 있습니다. 그 이유는 내담자의 진술에 대한 상담자의 반응에 있어서 단 하나의 표현, 즉 단 하나의 정답이 있는 것은 아니며, 앞선 두 회의 문제 지문에서 볼 수 있듯이 실제 시험에서조차 각각의 개입기술에 따른 표현들이 약간씩 다르게 제시되고 있기 때문입니다. 결국 이 문제는 다양한 답안이 제시될 수 있으며, 채점자에 따라 서로 다르게 채점이 이루어질 수도 있는 것입니다.
요컨대, 해설 본문에서는 '명료화'와 '직면'의 반응 예 외에 '반영'과 '해석'의 반응 예를 추가적으로 수록하였는데, 이는 임상심리사 시험이 동일한 문제를 그대로 반복해서 출제하기보다는 약간씩 변형된 형태로 출제하는 경향이 있다는 점을 염두에 둔 것입니다. 물론 이 문제의 답안으로 '명료화'와 '직면'의 반응 예 외에 다른 기법의 반응 예를 추가적으로 답안에 기술할 경우 오답처리 됩니다.

05 행동치료기법 중 토큰 이코노미(Token Economy)의 장점을 5가지 쓰시오. 5점 12, 18, 21년 기출

고득점을 향한 심화해설

① 후속강화에 의한 1차적 강화 효과의 극대화
토큰강화는 하나의 기대행동에 두 번의 강화인을 받는 결과를 유발한다. 즉, 기대행동을 했을 때 토큰을 받음으로써 1차적 강화가 이루어지고, 획득한 토큰으로 평소 가지고 싶은 물건이나 특혜(기회)를 얻게 됨으로써 2차적 강화가 이루어지는 것이다.

② 강화자극의 포화현상에서 비롯되는 강화력 감소의 예방
토큰은 다양한 강화물로의 교환이 가능하므로 환자의 필요에 따라 효과가 좌우되는 포화현상을 제거할 수 있다. 예를 들어, 사탕이 더 이상 강화력을 가지지 못한다면 이를 과자로 대체할 수 있다.

③ 토큰의 저장 및 적립에 따른 충족 지연 습성의 획득
장기간 토큰을 저장 및 적립하여 더 크고 값진 물건이나 특혜와 교환할 수 있으므로 강화의 효과가 상대적으로 크다. 예를 들어, 아동은 토큰을 즉시 교환하기보다 이를 장기간 저장하여 목돈을 만듦으로써 값비싼 장난감을 얻는 경험을 하게 된다.

④ 강화 제공의 간편성
환자의 행동을 강화할 때 간편하게 주고받을 수 있다. 예를 들어, 강화자극의 제공을 위해 사탕이나 장난감을 항상 들고 다닐 필요는 없다.

⑤ 토큰의 즉각적 배분을 통한 강화 지연의 예방
토큰의 즉각적인 배분을 통해 강화의 지연을 예방할 수 있다. 특히 아동은 기대행동을 하고 난 다음 강화자극이 즉각적으로 주어지지 않을 때 실망을 하게 된다. 한 학기나 한 학년이 끝났을 때 시상을 하는 방식으로는 아동의 지속적인 관심을 끌기 어렵다.

전문가의 한마디 토큰경제 또는 토큰 이코노미(Token Economy)는 내담자와 행동계약을 체결하여 적응적 행동을 하는 경우 토큰(보상)을 주어 강화하는 기법입니다. 이러한 토큰경제의 장점에 대해서는 학자마다 교재마다 다양하게 제시되고 있습니다. 몇몇 학자들이 제시한 토큰경제의 장점을 한 데 모으면 다음과 같이 정리할 수 있습니다(Ayllon & Azrin, 1965 ; Kazdin & Bootzin, 1972 ; Maag, 1999).

- 토큰은 표적행동이 일어난 직후 강화인으로 사용할 수 있다.
- 토큰경제는 고도로 구조화되어 있으므로 바람직한 표적행동에 대해 보다 일관성 있게 강화할 수 있다.
- 토큰은 다양한 다른 강화인들과 짝지어져 있는 일반화된 조건 강화인이므로 내담자를 위해 설정된 특정한 조작과 관계없이 언제든지 강화인으로 기능할 수 있다.
- 토큰은 쉽게 분배할 수 있으며, 수납자가 모으기 쉽다.
- 토큰 강화인은 쉽게 수량화될 수 있으므로 다른 행동들에 대해 서로 다른 크기의 강화가 가능하다.
- 반응대가를 수행하기 쉽다. 이는 수납자가 모은 토큰을 문제행동 직후 즉시 박탈할 수도 있기 때문이다.
- 수납자는 더 큰 물품을 사기 위해 토큰을 저축함으로써 미래의 계획을 세우는 기술을 배울 수 있다.

알아두기 강화전략의 원칙
- 강화의 경험성 : 강화의 효과는 아동의 경험과 직결되므로, 강화인과 행동과의 인과관계를 먼저 파악하여야 한다.
- 강화의 즉각성 : 강화는 어떤 바람직한 행동이 발생하면 즉각적으로 주어져야 한다.
- 강화의 일관성 : 강화의 제공은 아동의 기대에 따라 일관되게 이루어져야 한다.
- 강화의 적절성 : 강화의 양은 행동변화를 위해 필요한 만큼 적절히 주어져야 한다.
- 강화의 단계성 : 강화는 계획된 단계에 따라 융통성 있게 운영되어야 한다.

06 집단상담의 집단 과정에서 집단 구성 시 현실적 고려사항을 5가지 쓰시오. 5점 18년 기출

고득점을 향한 심화해설

① 집단성원(집단원)의 구성 – 동질집단 대 이질집단
  ㉠ 집단의 목표를 고려하여 집단을 동질적인 사람들로 구성할지 아니면 이질적인 사람들로 구성할지 결정한다.
  ㉡ 일반적으로 어떤 욕구와 목표를 가진 특정 집단의 경우 이질적인 사람들보다는 동질적인 사람들로 집단을 구성하는 것이 낫다. 특히 집단의 동질성은 집단의 응집력을 높이며, 그들의 삶의 위기에 대한 개방적이고 깊숙한 탐색을 할 수 있도록 한다.

② 집단의 크기
  ㉠ 집단성원들의 연령, 집단상담자의 경험정도, 집단의 형태, 집단에서 탐색할 문제 등을 고려하여 집단의 크기를 결정한다.
  ㉡ 집단의 크기는 집단성원 간의 상호작용을 위한 충분한 기회를 제공해 주고, 모든 집단성원들이 참여하여 '집단'이라는 느낌을 가질 수 있는 정도가 적당하다. 예를 들어, 아동 대상 집단의 크기는 3~4명, 청소년 대상 집단의 크기는 6~8명이 적당하며, 매주 만나는 성인 집단의 경우 집단상담자 1명에 집단성원 8명이 이상적인 것으로 알려져 있다.

③ 회기의 빈도와 기간
  ㉠ 집단상담자의 집단 운영 스타일과 집단 참여자의 유형을 고려하여 회기의 빈도와 기간 등을 결정한다.
  ㉡ 일반적으로 아동 및 청소년 대상 집단의 경우 비교적 짧은 시간 동안 자주 만나도록 하는 것이 주의력을 집중시키는 데 유리하다. 반면, 대학생 및 성인 대상 집단의 경우 매주 1회기 2시간 정도가 적당한데, 이는 집중적인 작업이 가능할 만큼 충분한 동시에 지루하지 않을 정도의 시간이다.

④ 전체 집단회기의 길이
  ㉠ 집단 프로그램의 시간적 한계에 따른 구성원 개인의 목표 달성 정도나 삶에 미치는 영향력 등을 고려하여 전체 집단회기의 길이를 결정한다.
  ㉡ 종료일이 정해진 집단은 집단성원들로 하여금 그들이 개인적인 목표를 달성할 수 있는 시간이 영원하지 않다는 것을 깨닫게 함으로써 집단 참여에 대한 책임감을 느끼도록 돕는다. 반면, 일부 동질적인 집단은 여러 해 동안 진행되기도 하는데, 이러한 구조는 집단성원들로 하여금 문제 사항을 깊이 있게 다루도록 하며, 인생의 변화를 위한 도전을 돕는다.

⑤ 집단 실시 장소
  ㉠ 집단 프로그램의 물리적 환경과 구성원 개인의 사생활 보호 등을 고려하여 집단 실시 장소를 결정한다.
  ㉡ 혼란스러운 병실이나 강당은 바람직하지 않으며, 의자나 탁자 등으로 혼잡스럽지 않고 편안히 앉을 수 있는 집단상담실이 좋다. 특히 집단성원들이 둥글게 원형으로 앉는 배열이 효과적인데, 이는 모든 참여자들이 서로를 바라볼 수 있고 자유롭게 신체적인 접촉을 할 수 있기 때문이다.
⑥ 집단의 개방성 여부 – 개방집단 대 폐쇄집단
  ㉠ 집단 구성에 있어서 변화를 추구할지 아니면 원래의 구성을 유지할지를 고려하여 개방집단 혹은 폐쇄집단을 결정한다.
  ㉡ 개방집단은 집단성원들의 변화를 통해 집단성원들을 자극시키는 장점이 있는 반면, 집단성원들 간 결속력이 약해질 수 있는 단점도 있다. 특히 개방집단에서는 새로운 집단성원을 한 번에 한 명씩 받아들이는 것이 좋으며, 입회 면담 때 집단의 기본원칙에 대해 설명하는 것이 바람직하다.

전문가의 한마디
집단상담에서 집단 구성 시 고려사항에 대해서는 여러 교재에서 약간씩 다르게 설명하고 있으나, 여기서는 문제상의 표현과 마찬가지로 "집단 구성 시 현실적 고려사항"을 구체적으로 소개하고 있는 'Corey, M. S. et al., 『집단상담 과정과 실제』, 김명권 外 譯, 시그마프레스 刊'의 해당 내용을 토대로 답안을 작성하였습니다. 참고로 문제상에서 고려사항을 5가지 쓰도록 요구하고 있으므로, 위의 해설에서 내용상 서로 연결되어 있는 '③ 회기의 빈도와 기간'과 '④ 전체 집단회기의 길이'를 하나로 통합하여 쓰도록 합니다.

알아두기
집단상담에서 기본적인 규칙의 수립에 관한 집단상담자의 준수사항(Corey & Corey)
- 비밀유지가 무엇이고 어떤 의미를 가지는지, 그것이 왜 중요한지, 그리고 이를 지키는 데 있어서의 어려움은 무엇인지 등을 명확히 정의하여 집단성원을 보호한다.
- 물리적 위협, 두려움, 강요, 과도한 동료들의 압박으로부터 집단성원의 권리를 보호한다.
- 집단에 참여함으로써 발생할 수 있는 위험부담(예 생활의 변화 등)에 대해 집단성원과 대화를 하며, 집단성원 스스로 그와 같은 위험을 직면하고자 하는지에 대해 탐색하도록 돕는다.
- 자발적으로 참여하는 집단성원은 물론 비자발적인 집단성원들로부터 참여에 대한 동의를 받고 이를 확인하는 절차를 거친다.
- 상담자가 집단성원에게 어떤 모습을 기대하고 있는지에 대해 말해준다.
- 집단성원에게 집단에서 활용되는 기법이나 활동에는 어떤 것들이 있는지를 알려준다.

07 접수면접에 포함되어야 할 내용을 5가지 쓰시오.

고득점을 향한 심화해설

① 접수면접을 위한 기본 정보(인적사항)
   접수면접의 날짜, 내담자 및 면접자의 이름, 내담자의 생년월일 등
② 내담자의 호소문제
   내담자가 상담을 받으려는 이유, 상담소를 찾아온 목적 혹은 배경(내원의 계기) 등
③ 현재 및 최근의 주요 기능 상태
   내담자가 일상생활을 어떻게 진행하고 있는지에 관한 정보, 내담자의 현재 및 최근(6개월 혹은 1년) 기능 수행 정도
④ 스트레스의 원인
   내담자의 말과 표현방식에서 나타나는 스트레스 양상, 다양한 스트레스 조건에 대한 탐색(예 대인관계의 불화, 의사결정, 학업, 경제적 어려움 등)
⑤ 사회적·심리적 자원(지원체계)
   내담자가 문제 상황에서 주변으로부터 지원을 받거나 내담자를 심리적으로 지지해 줄 수 있는 지원체계
⑥ 호소문제와 관련된 개인사 및 가족관계
   과거 동일한 문제에 대한 내담자의 대처방식, 내담자의 호소문제에 대한 가족들의 행동 및 태도, 내담자의 가족 안에서의 역할 수행 및 관계 맺는 양식 등
⑦ 외모 및 행동
   내담자의 옷차림, 두발상태, 표정, 말할 때의 특징, 시선의 적절성, 면접자와 대화할 때의 태도, 행동, 예절 등
⑧ 진단평가 및 면접자의 소견
   정신의학적·심리학적 진단 및 분류체계를 이용한 내담자의 문제에 해당하는 적절한 진단명 부여, 내담자에 대한 느낌·인상, 내담자에 대한 관찰 내용, 상담전략이나 상담계획에 대한 의견 제시 등

| 전문가의 한마디 | 접수면접에 포함되어야 할 내용 혹은 접수면접에서 다루어야 할 내용은 교재마다 약간씩 다르게 제시되고 있으나 내용상 큰 차이는 없습니다. 참고로 위의 해설 내용은 '김청자 外, 『상담의 이론과 실제』, 동문사 刊', '강갑원, 『알기 쉬운 상담이론과 실제』, 교육과학사 刊', '김춘경 外, 『청소년상담』, 학지사 刊' 등에 제시된 비교적 공통된 내용을 간략히 정리한 것입니다. 이와 관련하여 임상심리사 2급 및 청소년상담사 2급 필기시험에 다음과 같은 문제들이 출제된 바 있습니다.

다음 중 접수면접에서 반드시 확인되어야 할 사항과 가장 거리가 먼 것은? [임상 09, 12, 19, 22년 기출]
① 인적사항
② 주 호소문제
③ 내원하게 된 직접적 계기
④ 문제의 원인으로 추정되는 어린 시절의 경험

답 ④

대면 접수면접에서 다루는 내용에 해당하지 않는 것은? [청소년 23년 기출]
① 기본정보 파악
② 호소문제 탐색
③ 가족정보 파악
④ 태도와 행동 관찰
⑤ 통찰 촉진을 위한 직면

답 ⑤

08
다음 보기는 슈퍼비전의 기능에 대한 설명이다. 괄호 안에 들어갈 슈퍼비전의 기능을 쓰시오.

4점 | 20년 기출

(1) (A) 기능은 슈퍼바이지의 업무능력 개선에 목표를 두고 업무에 필요한 지식과 기술을 제공하는 것이다.
(2) (B) 기능은 슈퍼바이지의 업무만족감 고취를 목표로 하여 효과적인 업무수행을 위한 심리적 자원을 제공하는 것이다.

고득점을 향한 심화해설

A : 교육적
B : 지지적

슈퍼비전의 기능(Kadushin)

① **교육적 기능**
   교육적 슈퍼비전의 핵심은 슈퍼비전을 받는 슈퍼바이지(Supervisee)로서 상담자의 지식과 기술을 향상시키는 데 있다. 슈퍼바이저(Supervisor)는 기관의 기본가치, 임무 및 목적에 대한 교육과 함께 다양한 서비스 실천이론 및 모델에 대한 교육을 통해 상담자의 문제해결 및 실천기술 향상을 도모한다.

② **관리적·행정적 기능**
   관리자로서 슈퍼바이저의 역할은 기관의 규정과 절차에 부합하는 서비스를 제공하는 데 초점을 둔다. 가장 적합한 상담자에게 특정 내담자의 사례를 위임하는 것을 비롯하여 상담자의 사례관리 및 서비스 제공을 감독하고 평가하는 역할을 수행한다.

③ **지지적 기능**
   슈퍼비전의 교육적 기능 및 관리적(행정적) 기능은 상담자의 수단적 욕구에 관심을 두지만, 지지적 기능은 상담자의 개별적 욕구에 관심을 둔다. 슈퍼바이저는 슈퍼바이지인 상담자의 동기와 사기를 진작시키는 한편 불만족과 좌절을 해결함으로써 업무만족을 높이는 데 초점을 둔다.

전문가의 한마디

슈퍼비전의 기능에 관한 문제는 2017년 1회 실기시험(5번)에 출제된 바 있으나, 이 두 문제는 보기의 내용에서 차이가 있습니다. 다만, 보기의 내용이 다르다고 해서 문제에서 요구하는 답안까지 다른 것은 아니므로, 해설의 내용을 충분히 이해하도록 합니다. 참고로 슈퍼비전의 기능은 다양한 학자들에 의해 제안되었으나, 카두신(Kadushin)이 제안한 3가지가 널리 알려져 있습니다.

알아두기 슈퍼비전의 5가지 기능(Holloway)

점검하기/평가하기 (Monitoring/Evaluating)	슈퍼바이저는 슈퍼바이지의 전문적 역할과 관련된 행동을 판단하고 평가한다.
가르치기/조언하기 (Instructing/Advising)	슈퍼바이저는 슈퍼바이지에게 전문적 지식과 기술에 기초한 정보, 견해, 제안을 제공한다.
모델링 (Modeling)	슈퍼바이저는 전문적 행동과 실제에서 슈퍼바이지의 모델이 된다.
자문하기 (Consulting)	슈퍼바이저는 슈퍼바이지의 정보와 견해를 토대로 임상적이고 전문적인 상황에서의 문제를 해결하도록 촉진한다.
지지하기/공유하기 (Supporting/Sharing)	슈퍼바이저는 공감적 관심과 격려를 통해 슈퍼바이지를 지지한다.

09 심리치료자가 내담자에 대해 비밀보장을 할 수 없는 경우를 6가지 쓰시오. 6점 [11, 16, 20년 기출]

고득점을 향한 심화해설

① 내담자가 자신이나 타인의 생명을 위협하는 경우
② 내담자가 중대한 범죄행위로 사회의 안전을 위협하는 경우
③ 내담자가 감염성이 있는 치명적인 질병이 있다는 확실한 정보를 가졌을 경우
④ 미성년인 내담자가 학대를 당하고 있는 경우
⑤ 내담자가 아동학대를 하는 경우
⑥ 법적으로 정보의 공개가 요구되는 경우

전문가의 한마디

비밀보장의 예외사유에 관한 내용은 교재에 따라 약간씩 다르게 제시될 수 있으나 내용상 차이가 있는 것은 아닙니다. 위의 문제 해설은 한국상담학회 윤리강령 '제2장 정보의 보호' 中 '제7조 비밀보장의 한계'에 제시된 내용을 토대로 임상심리사 2급 및 청소년상담사 2급 필기시험의 지문을 참조하였습니다. 복습 차원에서 다음의 문제들을 풀어보시기 바랍니다.

치료관계에서 얻은 내담자의 정보에 대한 비밀보장의 예외적인 경우에 해당하지 않는 것은?

[임상 17년 기출]

① 자해의 위험성이 있는 경우
② 제3자에게 위해가 가해질 우려가 있는 경우
③ 감염성 질병이 있는 경우
④ 내담자에게 알리지 않고 내담자의 정보를 책에 인용한 경우

답 ④

임상심리학자로서 지켜야 할 내담자에 대한 비밀보장에 관한 설명으로 틀린 것은?

[임상 11, 21년 기출]

① 일반적으로 상담과정에서 내담자에 대해 알게 된 사실을 다른 사람들에게 말하면 안 된다.
② 아동 내담자의 경우에도 아동에 관한 정보를 부모에게 알려서는 안 된다.
③ 자살 우려가 있는 경우 내담자의 비밀을 지키는 것보다는 가족에게 알려 자살예방조치를 취하는 것이 더 중요하다.
④ 상담 도중 알게 된 내담자의 중요한 범죄사실에 대해서는 비밀을 지킬 필요가 없다.

답 ②

집단상담에서 비밀보장 원칙의 예외상황으로 옳지 않은 것은? 〔청소년 20년 기출〕
① 집단원이 자신을 해칠 의도나 계획을 갖고 있는 경우
② 집단원이 타인을 해칠 의도나 계획을 갖고 있는 경우
③ 집단원의 직장에서 집단원에 관한 정보를 요청한 경우
④ 법원에서 판결을 위해 집단원에 관한 정보를 요청한 경우
⑤ 집단원이 코로나19 확진자임을 알게 된 경우

답 ③

알아두기 한국상담학회 윤리강령 '제2장 정보의 보호' 中 '제7조 비밀보장의 한계'
상담자는 아래와 같은 내담자 개인 및 사회에 임박한 위험이 있다고 판단될 때 내담자에 관한 정보를 사회 당국 및 관련 당사자에게 제공해야 한다.

1. 내담자가 자신이나 타인의 생명 혹은 사회의 안전을 위협하는 경우
2. 내담자가 감염성이 있는 치명적인 질병이 있다는 확실한 정보를 가졌을 경우
3. 미성년인 내담자가 학대를 당하고 있는 경우
4. 내담자가 아동학대를 하는 경우
5. 법적으로 정보의 공개가 요구되는 경우

10. 투사기법의 장점과 단점을 각각 4가지씩 기술하시오. [8점] [19년 기출]

(1) 장점

고득점을 향한 심화해설

① 라포(Rapport) 형성
   투사기법은 검사자와 수검자 간 라포를 형성시켜 준다. 대부분의 투사기법은 흥미롭기 때문에 검사 초기에 느끼는 불편감을 없애줄 수 있다.

② 자존감 유지
   투사기법은 수검자의 자존감을 저하시키지 않는다. 투사기법을 사용한 투사검사들에는 상당한 융통성이 주어지는 검사들이 많으므로, 수검자의 자존감을 손상시키지 않으면서 검사를 수행하는 것이 가능하다.

③ 아동 수검자에게 적합
   투사기법은 아동과 같이 언어적 이해력에 제한이 있는 사람들에게 실시하기가 용이하다.

④ 제한적 언어 기능을 가진 수검자에게 적합
   투사기법은 비언어적 자극을 사용함으로써 언어 기능에 제한이 있는 수검자에게도 실시하기가 용이하다.

⑤ 왜곡 반응 방지
   투사기법은 자기보고식 검사처럼 반응을 왜곡하기가 어렵다. 더욱이 숙련된 평가자를 속인다는 것이 그리 쉬운 일은 아니다.

(2) 단점

심화해설

① 표준화된 절차의 부족

투사기법을 사용한 투사검사들은 실시 과정에 대한 표준화된 절차가 부족하다. 실시 과정에서 검사자의 언어표현이 검사 결과에 영향을 미칠 수 있으며, 동일한 언어표현을 사용한다고 하더라도 검사자의 태도가 수검자의 검사 반응에 영향을 미칠 수 있다.

② 채점 및 해석 과정의 객관성 부족

검사의 초기 자료에 대해 객관적인 채점체계가 적용되었다 하더라도 해당 자료들을 통합하고 해석하는 과정에서 검사자의 임상적 경험 및 이론적 성향이 영향을 미치게 된다. 특히 해석 과정에서 수검자의 성격역동보다는 검사자의 이론적 성향이나 선호하는 가설 등이 반영될 가능성이 있다.

③ 규준자료에 대한 정보 부족

규준자료에 대한 정보 부족은 검사자로 하여금 자신의 경험이나 자신이 선호하는 이론에 기초하여 해석을 내리도록 한다. 그러나 검사자가 접한 대상이 전체 규준을 대표한다고 보기는 어렵다.

④ 신뢰도 관련 문제

심리검사의 채점 과정은 객관적이어야 하며, 마지막 통합 및 해석 과정에서 신뢰도 또한 갖추어야 한다. 그러나 투사기법을 사용한 투사검사들은 양적인 측정치들이 규준에 따라 바로 해석되지 않으며, 그로 인해 동일한 검사 결과라 하더라도 해석자에 따라 다른 결론에 도달할 수 있다.

⑤ 타당도 관련 문제

투사기법을 사용한 투사검사에서 대부분의 타당도 연구는 통계적인 분석이나 실험설계상 제한점이 있는 경우가 많다. 대다수 투사검사들은 정확한 공존타당도(동시타당도 또는 공인타당도)를 제시하지 못하는데, 이는 검사 해석에서 직접적인 영향을 미칠 수도 있다.

전문가의 한마디

이 문제는 임상심리사 자격시험이 왜 어려운지, 왜 대다수 수험생들이 예상보다 낮은 점수를 받았다고 하소연하는지를 여실히 보여주는 문제이기도 합니다. 왜냐하면 대다수 수험생들이 이 문제에 대해 투사적 검사(투사검사)의 일반적인 장단점을 답안으로 작성하였을 것이기 때문입니다. 그러나 이 문제는 투사기법의 장단점에 관한 것으로, 기존 임상심리사 2급 1차 필기시험에도 출제된 바 있는 투사적 검사의 장단점에 관한 문제와는 약간 다른 것입니다. 물론 위의 해설에서 살펴볼 수 있듯이 문제상에 제시된 투사기법의 장단점과 일반적인 투사적 검사의 장단점의 차이점을 명확히 구분하기 어렵다고 해도, 이 문제는 비교적 정확한 출처가 있고 출제자 또한 해당 출처를 토대로 정답지를 마련하였을 것이므로, 가급적 위의 해설 내용을 충실히 작성하여야 정답으로 인정받을 수 있을 것으로 보입니다. 문제 해설과 관련된 내용은 '김재환 外, 『임상심리검사의 이해(제2판)』, 학지사 刊'에 기술되어 있습니다.

11 K-WISC-Ⅳ의 4가지 지표점수를 쓰시오. 4점 17, 22년 기출

고득점을 향한 심화해설

① 언어이해지표(VCI ; Verbal Comprehension Index)
  ㉠ 주요(핵심) 소검사 : 공통성(Similarities), 어휘(Vocabulary), 이해(Comprehension)
  ㉡ 보충 소검사 : 상식(Information), 단어추리(Word Reasoning)
② 지각추론지표(PRI ; Perceptual Reasoning Index)
  ㉠ 주요(핵심) 소검사 : 토막짜기(Block Design), 공통그림찾기(Picture Concepts), 행렬추리(Matrix Reasoning)
  ㉡ 보충 소검사 : 빠진 곳 찾기(Picture Completion)
③ 작업기억지표(WMI ; Working Memory Index)
  ㉠ 주요(핵심) 소검사 : 숫자(Digit Span), 순차연결(Letter-Number Sequencing)
  ㉡ 보충 소검사 : 산수(Arithmetic)
④ 처리속도지표(PSI ; Processing Speed Index)
  ㉠ 주요(핵심) 소검사 : 기호쓰기(Coding), 동형찾기(Symbol Search)
  ㉡ 보충 소검사 : 선택(Cancellation)

전문가의 한마디

이 문제는 K-WISC-Ⅳ(한국판 웩슬러 아동용 지능검사 제4판)의 척도별 구성에 관한 것으로서, 이전 기출문제와 달리 K-WISC-Ⅳ의 4가지 지표(혹은 지표점수)에 포함되는 소검사를 쓰라는 별도의 지시 없이 각 지표의 명칭만 답안으로 작성하도록 요구하고 있습니다. 따라서 이 문제에 대해서는 '언어이해지표(VCI)', '지각추론지표(PRI)', '작업기억지표(WMI)', '처리속도지표(PSI)'의 4가지 지표 명칭을 답안으로 작성하도록 합니다. 다만, 이와 같은 문제는 보통 각 지표별 소검사의 명칭도 포함하여 쓰도록 요구하거나, 더 나아가 주요(핵심) 소검사와 보충 소검사를 구별하여 쓰도록 요구할 수 있으므로 반드시 위의 해설 내용을 충분히 암기하도록 합니다.
참고로 'Index'를 K-WAIS-Ⅳ에서는 '지수'로, K-WISC-Ⅳ에서는 '지표'로 부르기도 하며, 'Core Subtests'를 K-WAIS-Ⅳ에서는 '핵심 소검사'로, K-WISC-Ⅳ에서는 '주요 소검사'로 부르기도 하는 등 관련 매뉴얼에서 서로 다른 우리말 용어를 사용하는 경우들을 볼 수 있으나, 이는 번역상의 차이일 뿐입니다. 임상심리사 시험에서는 이와 같은 번역상의 차이를 서로 구분하지 않는 것으로 보이므로, 이점 착오 없으시기 바랍니다.

알아두기 K-WAIS-IV와 K-WISC-IV의 척도별 구성 비교

척도	소검사 구분	K-WAIS-IV	K-WISC-IV
언어이해	핵심 소검사	공통성, 어휘, 상식	공통성, 어휘, 이해
	보충 소검사	이해	상식, 단어추리
지각추론	핵심 소검사	토막짜기, 행렬추론, 퍼즐	토막짜기, 공통그림찾기, 행렬추리
	보충 소검사	무게비교, 빠진 곳 찾기	빠진 곳 찾기
작업기억	핵심 소검사	숫자, 산수	숫자, 순차연결
	보충 소검사	순서화	산수
처리속도	핵심 소검사	동형찾기, 기호쓰기	기호쓰기, 동형찾기
	보충 소검사	지우기	선택

전문가의 한마디 K-WAIS-IV(한국판 웩슬러 성인용 지능검사 제4판)와 K-WISC-IV(한국판 웩슬러 아동용 지능검사 제4판)의 척도별 구성(지표)에서 차이가 있음을 반드시 기억해 두시기 바랍니다. 예를 들어, 이해(Comprehension) 소검사의 경우 K-WISC-IV에서는 주요(핵심) 소검사에 해당하지만, K-WAIS-IV에서는 보충 소검사로 분류됩니다. 반면, 상식(Information)과 산수(Arithmetic) 소검사의 경우 K-WISC-IV에서는 보충 소검사에 해당하지만, K-WAIS-IV에서는 핵심 소검사로 분류됩니다.

12 심리검사 결과 해석 시 주의할 사항을 5가지 기술하시오. [5점]

고득점을 향한 심화해설

① 검사해석의 첫 단계는 검사 매뉴얼을 알고 이해하는 것이다.
② 내담자가 받은 검사의 목적과 제한점 및 장점을 검토해 본다.
③ 백분위나 표준점수가 해석에 포함될 경우 채점되는 과정이 설명되어야 한다.
④ 결과에 대한 구체적 예언보다는 오히려 가능성의 관점에서 제시되어야 한다.
⑤ 내담자의 이해를 증가시키며, 내담자 스스로 해석을 할 수 있도록 격려해야 한다.
⑥ 검사 결과는 내담자가 이용 가능한 다른 정보와 관련하여 제시되어야 한다.
⑦ 내담자가 검사해석의 내용을 이해하는지 확인하며, 그 정보에 대한 반응을 표현할 수 있도록 격려해야 한다.
⑧ 검사 결과로 나타난 장점과 약점 모두가 객관적으로 검토되어야 한다.

전문가의 한마디

이 문제는 앞서 2023년 1회 실기시험(10번)에 출제된 "심리검사 결과의 올바른 해석을 위한 해석지침"과는 다른 문제입니다. 그 이유는 해석지침이 본래 심리검사 결과 해석의 방향이나 큰 틀에서의 방법에 관한 내용을 담고 있다면, 주의사항은 심리검사 결과 해석에서 검사자가 지켜야 할 혹은 삼가야 할 구체적인 행동을 담고 있기 때문입니다. 또한 이 문제는 "심리검사 결과 해석 상담 시 주의해야 할 사항"과도 다른 내용입니다. 그 이유는 심리검사 결과 해석 시 주의사항이 심리검사의 결과를 해석할 때 특히 주의를 기울여야 할 사항에 초점을 맞춘다면, 심리검사 결과 해석 상담 시 주의사항은 해석된 내용을 토대로 상담을 진행할 때 특히 주의를 기울여야 할 사항에 초점을 두기 때문입니다. 사실 심리검사 결과 해석과 관련된 주의사항은 교재에 따라 약간씩 다르게 제시되고 있으나, 이 문제의 경우 1차 필기시험에도 출제되어 비교적 정확한 출처가 있으므로, 가급적 위의 해설로 제시된 내용을 암기하시기 바랍니다. 이와 관련된 보다 자세한 내용은 '김봉환 外, 『학교진로상담』, 학지사 刊'을 참조하시기 바랍니다.

심리검사 결과 해석 시 주의할 사항과 가장 거리가 먼 것은? [16, 22년 기출]
① 검사해석의 첫 단계는 검사 매뉴얼을 알고 이해하는 것이다.
② 내담자가 받은 검사의 목적과 제한점 및 장점을 검토해 본다.
③ 결과에 대한 구체적 예언보다는 오히려 가능성의 관점에서 제시되어야 한다.
④ 검사 결과로 나타난 장점이 주로 강조되어야 한다.

답 ④

알아두기 심리검사 결과 해석 상담 시 주의해야 할 사항
- 내담자가 검사 결과를 이해하고 이용할 수 있는 능력이 있음을 보여 주며, 내담자가 자신이 직면한 의사결정에 도움을 얻기 위해 검사 정보를 직접 이용하는 것이 중요하다는 사실을 강조한다.
- 해석 과정이 시작되기 전에 내담자에게 자신이 받은 검사에 대해 어떻게 느끼는지 물어보도록 한다.
- 논의될 검사가 어떤 것인가를 내담자에게 상기시키면서 검사 결과에 대해 논의하도록 한다.
- 검사 결과를 내담자가 가진 다른 정보와의 관계 속에서 논의하도록 한다.
- 전문적인 용어를 삼가고 이해하기 쉬운 용어로써 검사의 목적을 제시한다.
- 검사 결과에 대한 언어적인 해석과 함께 도식적인 제시를 병행한다.
- 내담자의 검사 결과를 지나치게 규정짓는 것을 삼간다.
- 면접이 끝날 무렵 전체 면접의 결과를 요약하되 내담자 스스로 직접 요약해 보도록 한다.

13 MMPI 검사 결과 타당도 척도에 대한 T점수가 L척도 46, F척도 110, K척도 45로 나타났으며, 5번 Mf 척도를 제외한 대부분의 임상척도가 높게 나타났다. 이와 같은 프로파일을 나타낼 수 있는 성향을 가진 사람들의 유형을 3가지 쓰시오. 6점 09, 20년 기출

고득점을 향한 심화해설

① 자신의 문제성을 과장하여 반응함으로써 주위의 관심이나 도움을 받으려는 사람
② 검사 자체 또는 검사자에게 저항하는 사람
③ 자신의 책임을 회피하거나 다른 사람을 기만할 목적을 가진 사람(예 보상을 위한 감정의뢰자, 병역을 기피하는 징집의뢰자 등)

전문가의 한마디

이 문제는 정확한 복원이 이루어지지 않아 실제 문제와 차이가 있을 수 있습니다. 특히 구체적인 수치에 있어서 이전 문제의 변형된 형태로 출제되었을 가능성을 배재할 수 없으므로, 이점 감안하여 학습하시기 바랍니다.

요컨대, MMPI의 타당도 척도 중 F척도는 검사태도의 지표로서 이상반응을 탐지하거나 프로파일의 유효성 여부 또는 정신병리 정도를 파악하기 위한 척도입니다. 특히 F척도에서 80 이상의 높은 점수는 극도의 불안이나 정체성의 위기에 의해 나타날 수도 있지만, 보통 정신병 상태 또는 정신병의 의도적인 가장을 반영합니다. 즉, 수검자가 생소하지 않은 문항에 대해 비전형적으로 응답함으로써 의도적으로 일탈된 반응을 나타내는 것으로 볼 수도 있다는 것입니다. 특히 F척도가 다른 타당도 척도인 L척도나 K척도보다 압도적으로 높게 나타나는 것은 부정왜곡(Faking-bad) 프로파일의 전형적인 형태입니다. 이는 정신병리를 가진 사람의 경우 F척도 점수가 70~90 정도로 나타나면서 L척도나 K척도와 함께 동반상승하는 양상을 보이는 반면, 부정왜곡 프로파일에서는 F척도가 단독으로 100 이상 높게 나타나는 양상을 보이기 때문입니다.

참고로 MMPI-2에서는 FBS 척도(증상타당도 척도, Fake Bad Scale)가 일명 '부정왜곡 척도'로 불리는데, 특히 꾀병을 탐지하기 위해 고안된 FBS 척도는 다른 모든 척도들 가운데 가장 낮은 타당도로 인해 표준채점 양식에서 제외시키는 경향이 있습니다. 이와 관련하여 청소년상담사 2급 필기시험에 다음과 같은 문제가 출제된 바 있습니다.

> MMPI-2에서 신체장애 등급을 받거나 상해관련 소송에서 증상의 과장 또는 가장을 탐지할 목적으로 개발된 척도는? 청소년 18년 기출
> ① L척도
> ② FB척도
> ③ FP척도
> ④ S척도
> ⑤ FBS척도
>
> 답 ⑤

14 MMPI 2개 척도에 대한 분석에서 4-9/9-4 척도의 임상 양상을 4가지 기술하시오.

4점 | 06, 08, 11, 15, 17, 20, 21, 23년 기출

고득점을 향한 심화해설

① 재범 우려가 있는 범죄자나 신체노출, 강간 등의 성적 행동화를 보이는 사람, 결혼문제나 법적 문제 등에 연루된 사람에게서 종종 나타난다.
② 충동적 · 반항적 성격과 함께 과격하고 공격적인 행동을 특징으로 한다.
③ 일시적으로 다른 사람에게 좋은 인상을 주기도 하지만, 자기중심적 성향과 다른 사람에 대한 불신으로 대인관계가 피상적이다.
④ 자신의 행동에 대해 무책임하여 신뢰감을 주지 못하며, 사회적 가치를 무시하여 반사회적 범죄 행위를 저지르기도 한다.
⑤ 합리화의 방어기제를 사용하여 자신의 문제를 외면하며, 실패의 원인을 다른 사람에게 전가하기도 한다.
⑥ 반사회성 성격장애(Antisocial Personality Disorder), 양극성 장애(Bipolar Disorder)의 진단이 가능하다.

> **전문가의 한마디**
> 이 문제는 명확한 정답이 있는 것이 아니므로 다양한 답안이 도출될 수 있습니다. 참고로 4-9(9-4) 유형을 해석하는 경우 다른 척도와의 관계를 주의 깊게 살펴볼 필요가 있습니다. 가령 척도 1(Hs, 건강염려증), 2(D, 우울증), 3(Hy, 히스테리), 7(Pt, 강박증)은 척도 4(Pd, 반사회성)가 상승했을 때 나타나는 행동화 가능성을 억제할 수 있는 반면, 척도 6(Pa, 편집증), 8(Sc, 정신분열증)은 그와 같은 행동화 가능성을 증가시킬 수 있습니다. 참고로 1차 필기시험에 다음과 같은 문제들이 출제된 바 있습니다.

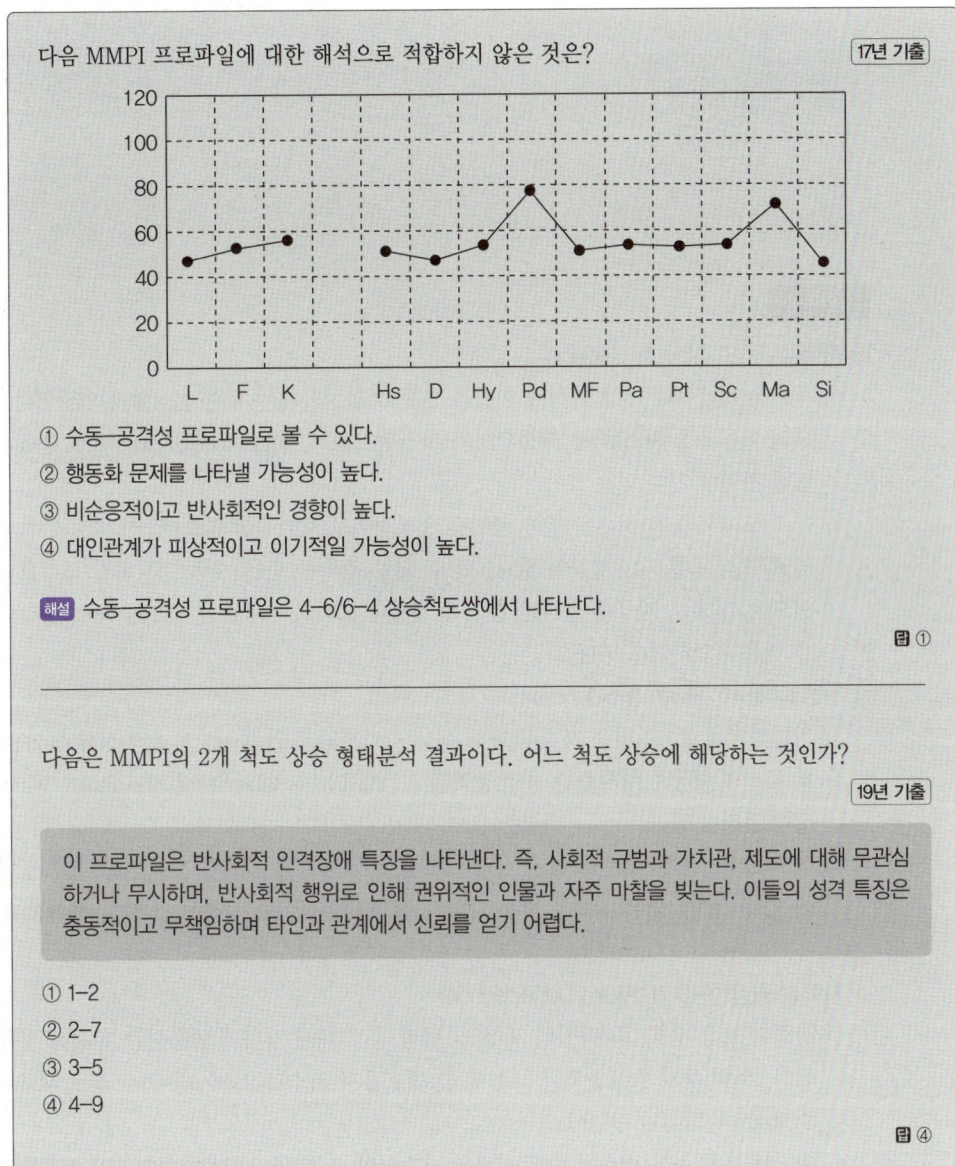

다음 MMPI 프로파일에 대한 해석으로 적합하지 않은 것은?

[17년 기출]

① 수동-공격성 프로파일로 볼 수 있다.
② 행동화 문제를 나타낼 가능성이 높다.
③ 비순응적이고 반사회적인 경향이 높다.
④ 대인관계가 피상적이고 이기적일 가능성이 높다.

해설 수동-공격성 프로파일은 4-6/6-4 상승척도쌍에서 나타난다.

답 ①

다음은 MMPI의 2개 척도 상승 형태분석 결과이다. 어느 척도 상승에 해당하는 것인가?

[19년 기출]

> 이 프로파일은 반사회적 인격장애 특징을 나타낸다. 즉, 사회적 규범과 가치관, 제도에 대해 무관심하거나 무시하며, 반사회적 행위로 인해 권위적인 인물과 자주 마찰을 빚는다. 이들의 성격 특징은 충동적이고 무책임하며 타인과 관계에서 신뢰를 얻기 어렵다.

① 1-2
② 2-7
③ 3-5
④ 4-9

답 ④

15 기질 및 성격검사(TCI)의 하위척도를 이루는 4가지 기질과 3가지 성격을 쓰시오.

7점 18년 기출

(1) 4가지 기질(기질척도)

고득점을 향한 심화해설

① 자극추구(NS ; Novelty Seeking)
  ㉠ 새로운 자극이나 보상 단서에 이끌려 행동이 활성화되는 유전적 성향과 연관된다. 특히 두뇌의 행동조절 시스템 중 행동활성화 시스템(BAS ; Behavioral Activation System)과 밀접한 관련이 있다.
  ㉡ 이 척도에서 높은 점수를 받은 사람은 충동적이고 호기심이 많으며, 신기한 것에 쉽게 이끌리고 빨리 흥분하는 경향이 있다. 반면, 낮은 점수를 받은 사람은 성미가 느리고 절제되어 있으며, 새로운 자극에 별다른 흥미가 없거나 오히려 저항적인 태도를 보이면서 익숙한 것을 더욱 편안하게 느낀다.
② 위험회피(HA ; Harm Avoidance)
  ㉠ 위험하거나 혐오스러운 자극에 대해 행동이 억제되고 위축되는 유전적 성향과 연관된다. 특히 두뇌의 행동조절 시스템 중 행동억제 시스템(BIS ; Behavioral Inhibition System)과 밀접한 관련이 있다.
  ㉡ 이 척도에서 높은 점수를 받은 사람은 조심성이 많고 세심하며, 겁이 많고 잘 긴장하는 경향이 있다. 반면, 낮은 점수를 받은 사람은 매사 낙천적이고 걱정이 없으며, 자신감이 있고 역동적이다.
③ 사회적 민감성(RD ; Reward Dependence)
  ㉠ 사회적 보상 신호, 즉 타인의 표정 및 감정 등에 대해 강하게 반응하는 유전적 성향과 연관된다. 특히 두뇌의 행동조절 시스템 중 행동유지 시스템(BMS ; Behavioral Maintenance System)과 밀접한 관련이 있다.
  ㉡ 이 척도에서 높은 점수를 받은 사람은 감수성이 풍부하고 공감적이며, 타인에게 헌신적이고 사회적 접촉을 좋아하는 경향이 있다. 반면, 낮은 점수를 받은 사람은 타인의 감정에 둔감하고 무관심하며, 혼자 있는 것에 만족하고 타인에게 자신의 감정을 잘 드러내지 않는다.

④ 인내력(P ; Persistence)
  ㉠ 지속적인 강화가 없더라도 한 번 보상된 행동을 일정 시간 동안 꾸준히 지속하려는 유전적 성향과 연관된다. 특히 두뇌의 행동조절 시스템 중 행동유지 시스템(BMS ; Behavioral Maintenance System)과 밀접한 관련이 있다.
  ㉡ 이 척도에서 높은 점수를 받은 사람은 근면하고 끈기가 있으며, 좌절이나 피로에도 불구하고 꾸준히 노력하는 경향이 있다. 반면, 낮은 점수를 받은 사람은 게으르고 비활동적이며, 일관성과 끈기가 부족하여 좌절이나 장애물에 부딪치면 쉽게 포기한다.

(2) 3가지 성격(성격척도)

고득점을 향한 심화해설

① 자율성(SD ; Self-Directedness)
  ㉠ 자신이 선택한 목표와 가치를 이루기 위해 자신의 행동을 상황에 맞게 통제, 조절, 적응시키는 능력과 연관된다.
  ㉡ 이 척도에서 높은 점수를 받은 사람은 성숙하고 책임감이 있으며, 목표지향적이고 건설적이면서 자존감이 높고 자신을 신뢰하는 경향이 있다. 반면, 낮은 점수를 받은 사람은 미성숙하고 책임감이 부족하며, 내적으로 조직화된 원칙이 결여되어 있으므로 의미 있는 목표를 설정 및 추구하는 데 어려움이 있다.
② 연대감(CO ; Cooperativeness)
  ㉠ 자기 자신을 사회의 통합적인 한 부분으로 지각할 수 있는 정도에 관한 것으로, 타인에 대한 수용 능력 및 타인과의 동일시 능력과 연관된다.
  ㉡ 이 척도에서 높은 점수를 받은 사람은 타인에게 관대하고 친절하고 협조적이며, 자신과 다른 성향을 가진 사람도 인정할 줄 알고 타인의 욕구나 선호를 존중하는 경향이 있다. 반면, 낮은 점수를 받은 사람은 타인에게 비판적·비협조적이고 자신의 이익을 추구하며, 자신과 다른 성향을 가진 사람에 대한 배려와 인내심이 적다.
③ 자기초월(ST ; Self-Transcendence)
  ㉠ 자기 자신을 우주의 통합적인 한 부분으로 지각할 수 있는 정도에 관한 것으로, 우주만물과 자연을 수용하고 동일시하면서 이들과 일체감을 느낌으로써 도달하는 개인의 영성(Spirituality)과 연관된다.

ⓒ 이 척도에서 높은 점수를 받은 사람은 정서적으로 집중된 상태에서 자기와 시공간을 잊고 몰입하며, 모호함이나 불확실성을 잘 견디면서 창조적이고 독창적으로 자신의 활동을 충분히 즐기는 경향이 있다. 반면, 낮은 점수를 받은 사람은 현실적·세속적이고 상상력이 부족하며, 모호함이나 불확실성을 잘 견디지 못하면서 자신이 하는 일의 모든 것을 통제하려고 한다.

전문가의 한마디

기질 및 성격검사(TCI)의 하위척도로서 기질과 성격에 대해서는 2018년 1회 실기시험(5번)에서 4가지 기질과 3가지 성격을 쓰고 설명하도록, 2023년 3회 실기시험(19번)에서 3가지 성격 척도를 쓰고 설명하도록 요구한 바 있으므로, 가급적 위의 7가지 기질 및 성격 척도의 명칭과 함께 간략한 내용까지 기억해 두시기 바랍니다. 다만, 이번 문제에서는 설명하라는 별다른 지시가 없으므로, 각 척도의 명칭만 답안으로 작성하도록 합니다.

요컨대, 기질(Temperament)은 자극에 대해 자동적으로 일어나는 정서적 반응 경향성을, 성격(Character)은 개인이 추구하는 목표 및 가치에서의 개인차를 반영합니다. 기질 및 성격검사(Temperament and Character Inventory)는 미국 워싱턴 대학교 교수인 클로닝거(Cloninger)의 심리생물학적 인성모델에 기초하여 개발된 것으로, 기질을 측정하는 4개의 척도와 성격을 측정하는 3개의 척도를 포함하여 총 7개의 기본척도로 이루어져 있습니다. 클로닝거의 심리생물학적 인성모델에서 기질과 성격은 인성(Personality)을 이루는 두 개의 큰 구조로 분리되는데, TCI는 이를 토대로 개인의 기질과 성격을 구분하여 측정함으로써 이를 명확히 구분하지 못한 기존 성격검사의 한계를 극복하고자 한 것입니다. 이와 같이 기질과 성격의 분리를 통해 개인의 인성발달에 영향을 미친 유전적 영향과 환경적 영향을 구분하여 인성발달 과정을 이해할 수 있도록 한 것이 TCI의 가장 큰 장점이라 할 수 있습니다.

16 로샤 검사 결과를 엑스너(Exner) 방식으로 채점하고자 한다. 엑스너 종합체계방식의 주요 채점 항목을 5가지만 기술하시오. 　5점　15, 20, 23년 기출

고득점을 향한 심화해설

① 반응영역 또는 반응의 위치(Location)
　수검자의 주된 반응이 어느 영역에 대해 일어나고 있는가?
② 발달질(Developmental Quality)
　반응영역에서 발달수준은 어떠한가?
③ 결정인(Determinant)
　반응을 결정하는 데 영향을 미친 반점의 특징은 어떠한가?
④ 형태질(Form Quality)
　반응이 잉크반점의 특징에 얼마나 부합하는가?
⑤ 반응내용(Content)
　반응은 어떤 내용의 범주에 포함되는가?
⑥ 평범반응(Popular)
　일반적으로 흔히 나타나는 반응인가?
⑦ 쌍반응(Pair Response)
　사물에 대해 대칭적으로 지각하고 있는가?
⑧ 조직화 활동(Organizational Activity)
　자극을 어느 정도 조직화하여 응답하고 있는가?
⑨ 특수점수(Special Score)
　어떠한 특이한 반응을 보이고 있는가?

전문가의 한마디 　로샤 검사와 관련하여 최근 임상심리사 2급 실기시험에 출제된 문제들을 정리하면 다음과 같습니다.

A. 2023년 1회 17번 : "로샤 검사 결과를 엑스너(Exner) 방식으로 채점하고자 한다. 엑스너 종합체계방식의 주요 채점 항목을 5가지만 기술하시오."
B. 2015년 3회 10번 : "아동 로샤 검사에서 기호화하는 항목을 6가지만 쓰시오."
C. 2012년 5번 : "로샤 검사 결과를 엑스너(Exner) 방식으로 채점하고자 한다. 질문을 통해 탐색해야 할 내용을 3가지 기술하시오."

이 문제들은 모두 동일한 문제일까요? 아니면 서로 다른 문제일까요?

위의 문제들 중 A와 B는 사실상 동일한 문제인 반면, C는 그와 다른 문제에 해당합니다.

우선 A는 "…주요 채점 항목"으로, B는 "…기호화하는 항목"으로 서로 다르게 제시하고 있습니다. 그러나 여기서 기억해야 할 것은 '채점(Scoring)'이 곧 수검자의 반응을 기호화하는 것을 말한다는 점입니다. 따라서 이 두 문제는 동일한 내용을 묻고 있습니다. 그러나 C는 질문 단계(Inquiry)에서 탐색해야 할 정보에 대해 묻고 있는 것으로 보이며, 이 경우 반응영역 또는 반응의 위치(Location), 결정인(Determinant), 반응내용(Content) 등 3가지가 해당됩니다. 문제 역시 다른 문제들과 달리 3가지를 기술하도록 요구하고 있습니다. 이와 같이 임상심리사 시험에 출제되는 문제들은 약간의 차이로 서로 다른 정답이 존재합니다. 따라서 이를 위해 문제 자체를 적절히 분석할 수 있는 능력이 요구됩니다.

> **알아두기** 엑스너(Exner)의 종합체계방식에 따른 주요 채점 항목
>
> - 반응영역 및 발달질
>   - 검사자는 수검자의 반응영역 자체를 평가하는 동시에 그와 관련된 인지적 활동을 평가한다.
>   - 반응영역에 대한 평가는 전체반응(W ; Whole Response), 흔한 부분반응 또는 보통 부분반응(D ; Common Detail Response), 드문 부분반응 또는 이상 부분반응(Dd ; Unusual Detail Response), 공백반응 또는 간격반응(S ; Space Response)으로 기호화한다.
>   - 발달질에 대한 평가는 통합반응(+ ; Synthesized Response), 모호-통합반응(v/+ ; Vague-Synthesized Response), 보통반응(o ; Ordinary Response), 모호반응(v ; Vague Response)으로 기호화한다.
> - 결정인
>   - 검사자는 수검자가 왜 그렇게 보았는지를 형태(Form), 운동(Movement), 유채색(Chromatic Color), 무채색(Achromatic Color), 음영(Shading), 형태차원(Form Dimension), 쌍반응 및 반사반응(Pairs / Reflections) 등 7가지 범주의 차원에서 평가한다.
>   - 특히 음영(Shading)의 경우 재질(Texture), 차원(Dimension), 확산(Diffuse)의 3가지 하위범주로 세분된다.
> - 형태질
>   - 검사자는 수검자가 사용한 반점 영역의 형태가 지각한 대상의 형태와 어느 정도 일치하는지를 평가한다.
>   - 우수-정교한(+ ; Superior-Overelaborated), 보통의(o ; Ordinary), 드문(u ; Unusual), 왜곡된(- ; Minus)으로 기호화한다.
> - 반응내용 및 평범반응
>   - 검사자는 수검자의 반응이 동시에 하나 이상의 대상을 포함하는 경우 반응에 포함된 내용들을 모두 기호로 표시한다.
>   - 수검자들에게서 흔히 나타나는 반응을 평범반응(Popular)이라고 하며, 이는 'P'로 기호화하여 반응내용 기호 뒤에 기록한다.
> - 쌍반응 및 반사반응
>   - 검사자는 수검자가 반점에 대해 대칭을 근거로 하여 반응하고 있는지를 평가한다.
>   - 쌍반응 기호인 '(2)'는 다른 결정인과 형태질 기호의 오른쪽에 표시한다.
>   - 반사반응은 대상의 대칭성이라는 측면에서 쌍반응과 동일하나 해당 대칭이 반사된 것 또는 거울상이라는 점에서 다르다.
> - 조직화 활동
>   - 검사자는 수검자의 자극영역을 조직화하려는 인지적 활동 수준을 Z점수로써 나타낸다.
>   - 이 경우 반드시 형태가 사용되어야 하며, 반점들 간의 의미 있는 관계가 형성되어야 유효한 것으로 인정된다.
> - 특수점수
>   - 검사자는 특이한 언어반응, 반응 반복, 통합 실패, 특수 내용, 개인적 반응, 특수 색채 반응 등의 항목에서 나타나는 수검자의 특징적 반응들을 계량화하여 평가한다.
>   - 특수점수를 사용함으로써 종합체계 이전에는 내용분석의 대상이었던 여러 가지 반응 특징들에 대해 수량화를 적용하는 것이 가능해졌다.

17 사회성숙도 검사(Social Maturity Scale)에서 아동의 발달을 측정하기 위해 이용하는 영역 6가지를 쓰시오.

6점 [15, 22년 기출]

고득점을 향한 심화해설

① 자조 영역(SH ; Self-Help)
   자조 일반(SHG ; Self-Help General), 자조 식사(SHE ; Self-Help Eating), 자조 용의(SHD ; Self-Help Dressing)의 3가지 영역을 통해 자조능력을 측정하기 위한 것으로서, 총 39개 문항으로 구성되어 있다.

② 이동 영역(L ; Locomotion)
   기어다니는 능력부터 어디든지 혼자서 다닐 수 있는 능력까지를 측정하기 위한 것으로서, 총 10개 문항으로 구성되어 있다.

③ 작업 영역(O ; Occupation)
   단순한 놀이에서부터 고도의 전문성을 요하는 작업에 이르기까지 다양한 능력을 측정하기 위한 것으로서, 총 22개 문항으로 구성되어 있다.

④ 의사소통 영역(C ; Communication)
   동작, 음성, 문자 등을 매체로 수용능력 및 표현능력을 측정하기 위한 것으로서, 총 15개 문항으로 구성되어 있다.

⑤ 자기관리 영역(SD ; Self-Direction)
   금전의 사용, 물건의 구매, 경제적 자립 준비, 그 밖의 책임 있고 분별 있는 행동을 통해 독립성과 책임감을 측정하기 위한 것으로서, 총 14개 문항으로 구성되어 있다.

⑥ 사회화 영역(S ; Socialization)
   사회적 활동, 사회적 책임, 현실적 사고 등을 측정하기 위한 것으로서, 총 17개 문항으로 구성되어 있다.

전문가의 한마디
사회성숙도 검사(SMS ; Social Maturity Scale)는 돌(Doll)에 의해 고안된 바인랜드 사회성숙척도(Vineland Social Maturity Scale)를 김승국과 김옥기가 0~30세까지의 일반인 2,230명을 대상으로 표준화한 검사도구입니다. 특히 사회적응능력 발달 수준을 평가하여 아동의 인지적 성숙도를 측정할 수 있다는 점에서, 장애아동 및 비장애아동의 진단 및 치료 목적으로 활용되고 있습니다.

알아두기 사회성숙도 검사의 측정 영역별 주요 문항

측정 영역	주요 문항	평균 연령
자조 (SH)	• (자조 일반)머리를 감는다. • (자조 일반)밖에 나갈 때 걸어가려고 한다. • (자조 일반)혼자서 대소변을 본다.	0.20세 1.22세 3.14세
	• (자조 식사)음식을 씹어 먹는다. • (자조 식사)먹을 수 있는 것과 먹을 수 없는 것을 구별한다. • (자조 식사)무슨 음식이든 남의 힘을 빌리지 않고 먹는다.	1.10세 1.47세 7.19세
	• (자조 용의)외투를 혼자서 벗는다. • (자조 용의)외투를 혼자서 입는다. • (자조 용의)혼자서 목욕을 한다.	2.23세 2.59세 8.05세
이동 (L)	• 방에서 배나 무릎으로 기어다닌다. • 집안이나 뜰에서 혼자 돌아다닌다. • 가까운 이웃집에 혼자서 놀러 다닌다. • 좀 먼 이웃 동네라도 혼자서 갔다 온다.	0.53세 1.47세 3.06세 11.65세
작업 (O)	• 물건을 옮긴다. • 연필이나 크레파스로 그림을 그린다. • 간단한 창의적인 일을 한다. • 일상적인 집안일을 맡아 책임지고 한다.	1.18세 4.16세 10.40세 14.05세
의사소통 (C)	• 깔깔대며 웃는다. • 짧은 문장으로 말을 한다. • 전화를 걸 줄 안다. • 시사 문제에 관심을 가진다.	0.19세 1.75세 8.07세 13.69세
자기관리 (SD)	• 소액의 돈을 가지고 사오라는 물건을 사온다. • 한 시간 이상 혼자서 집을 본다. • 자기가 가진 돈을 유용하게 쓴다. • 책임 있고 분별 있는 행동을 한다.	4.01세 9.13세 13.04세 17.18세
사회화 (S)	• 다른 사람의 주의를 끌려고 한다. • 다른 아이들과 같이 어울려 논다. • 산타클로스나 귀신이나 도깨비는 존재하지 않는 것으로 믿고 있다. • 협동을 요하는 집단 활동에 적극 참여한다.	0.63세 2.48세 7.23세 13.63세

18 재활치료의 주요 개념으로서 병리(Pathology), 손상(Impairment), 장애(Disability), 핸디캡(Handicap)을 각각 설명하시오. 4점 06, 15, 19년 기출

고득점을 향한 심화해설

① 병리(Pathology)
  ㉠ 원인 요소에 의한 중추신경계 이상이나 병적 소인을 말한다. 정신병적 증상을 일으킬 수 있는 뇌종양이나 감염 등 원인 요소가 이에 해당한다.
  ㉡ 인지, 주의집중력, 자율신경 기능, 각성과 정보전달 과정에서 결손을 유발하게 되며, 이상증상들이 상호 작용하여 급성적인 병리 상태를 일으킨다.

② 손상(Impairment)
  ㉠ 생리적·심리적·해부학적 구조 또는 기능에 이상이 있는 상태를 말한다. 신체기관의 구조나 기능이 상실되는 것, 비정상적으로 병리적인 상태에 놓이는 것, 심리적 손상이 일시적 혹은 영구적으로 있는 것을 의미한다.
  ㉡ 사고장애나 지리멸렬, 망상, 환각, 불안, 우울, 집중력이나 기억력 상실, 주의산만, 무감동 등의 증상을 나타낸다.

③ 장애(Disability)
  ㉠ 손상으로 인해 정상적인 행동을 수행할 능력이 제한 또는 결핍된 상태를 말한다. 즉, 개인이 사회적 상황에서 주어진 역할이나 과제를 해내지 못하거나 수행하는 데 한계를 보이는 것으로 볼 수 있다.
  ㉡ 기능상의 어려움으로 인해 일을 할 때나 자기 활동을 수행할 때, 의사소통이나 사회생활을 할 때 지장이 있다.

④ 핸디캡(Handicap)
  ㉠ 손상이나 장애로 인해 정상적인 역할 수행에 제한 또는 장애가 발생함으로써 사회적 불이익을 경험하는 상태를 말한다.
  ㉡ 핸디캡은 주로 낙인이나 편견에서 비롯되는데, '장애인'이라는 수식어가 사회적인 불리조건을 형성하며, 그로 인해 사회생활에서의 한계를 유발한다.

전문가의 한마디 이 문제에서는 '병리', '손상', '장애', '핸디캡'을 재활치료의 주요 개념으로 제시하고 있으나, 교재에 따라 이를 정신재활모형의 4단계로 간주하기도 합니다. 사실 정신재활모형은 세계보건기구(WHO, 1980)가 제안한 '손상', '장애', '핸디캡'의 3단계가 가장 널리 알려져 있으며, 여기에 '병리'를 포함시킨 것은 리버만(Liberman, 1988)입니다. 임상심리사 1차 필기 및 2차 실기 시험에서도 보통 3단계가 출제되고 있으나, 경우에 따라 변형된 형태의 4단계에 관한 문제도 출제될 수 있습니다. 복습 차원에서 1차 필기시험에 출제된 다음의 문제들을 풀어보시기 바랍니다.

만성 정신질환에 대한 재활모델 단계 중 "핸디캡"의 정의로 가장 알맞은 것은? [15년 기출]
① 원인 요소에 의한 중추신경계 이상
② 생물학적·심리학적 구조나 기능에 이상이 있는 것
③ 개인이 사회적 상황에서 주어진 역할이나 과제를 수행하지 못하거나 수행하는 데 한계를 보이는 것
④ 장애 때문에 사회에서 다른 사람에 비해 상대적으로 불이익을 받는 것

해설 ① 병리(Pathology), ② 손상(Impairment), ③ 장애(Disability)

답 ④

재활모형의 3단계(손상, 장애, 핸디캡) 중 핸디캡(불이익) 단계에서 발생하는 예로 가장 적합한 것은? [10년 기출]
① 환각, 망상이 나타나는 것
② 직무능력이 부족한 것
③ 일상생활기술이 부족한 것
④ 취업이 안 되는 것

해설 ① 손상(Impairment), ②·③ 장애(Disability)

답 ④

제2회 기출(복원)문제 및 해설

※ 임상심리사 2급 실기시험은 기출 미공개 시험으로, 본 교재는 기출 키워드를 분석하여 복원한 문제를 수록하였습니다. 실제문제와 차이가 있을 수 있으므로 참고하시기 바랍니다.

01 전문가로서 임상심리사가 지켜야 할 일반 상담윤리로서의 윤리원칙을 6가지 쓰시오.

고득점을 향한 심화해설

① 유능성

임상심리사는 자신의 강점과 약점, 자신이 가지고 있는 기술과 그것의 한계에 대해 충분히 자각해야 한다. 이를 위해 자신의 적절한 수련 및 경험에서 나온 서비스만을 제공하여야 한다. 또한 지속적으로 교육수련을 받고 경험을 쌓음으로써 변화와 발전의 시대적 흐름 속에서도 항상 최신의 기술을 가지고 있어야 한다.

② 성실성

임상심리사는 전문적이고 개인적인 성실성을 유지해야만 한다. 이를 위해 다른 사람들을 다루는 데 있어서 그들을 존중해야 하며, 공정하고 정직해야 한다. 성실하고 정직한 자세로 내담자에게 자신의 서비스로부터 기대할 수 있는 바를 설명하며, 자신의 작업과 관련하여 스스로의 욕구 및 가치가 어떠한 영향을 미치는지 알고 있어야 한다.

③ 전문적이고 과학적인 책임

임상심리사는 전문적이고 과학적인 기초 위에서 활동함으로써 자신의 지식과 능력의 범위를 인식할 의무가 있다. 환자나 내담자에게 최선을 다해 서비스를 제공하며, 이를 위해 필요에 따라 타 분야의 전문가들에게 자문을 구하여야 한다.

④ 인간의 권리와 존엄에 대한 존중

임상심리사는 각 개인의 개성과 문화의 차이에 대해 민감해야 하며, 자신의 일방적인 지식과 편견을 지양해야 한다. 개인의 자유, 사생활 그리고 기밀성에 대한 권리를 존중해야 하며, 자신의 환자나 내담자가 잘못된 결정을 내리고 있는 것으로 판단될지라도, 그들의 의지에 반하여 자신의 소망이나 의견을 강요해서는 안 된다.

⑤ 타인의 복지에 대한 관심

임상심리사는 자신이 제공하는 서비스를 통해 타인의 삶의 질이 개선될 수 있도록 노력해야 한다. 특히 자신의 환자나 내담자를 착취하거나 그들에게 해가 되는 일을 삼가야 한다.

⑥ 사회적 책임

임상심리사는 타인을 도우며, 인간 행동에 대한 과학과 지식을 진보시키기 위해 일한다. 특히 인간의 행동과 심리에 모순되거나 부당한 착취의 우려가 있는 정책에 대해 반대하여야 한다.

> **전문가의 한마디**
>
> 이 문제는 정확한 복원이 이루어지지 않아 실제 문제와 차이가 있을 수 있습니다. 다만, 전문가로서의 윤리원칙이 강조되었다는 점, 윤리원칙을 5가지가 아닌 6가지를 쓰도록 요구했다는 점에서 2020년 2회 실기시험(3번)에 출제된 키치너(Kitchener)의 상담윤리의 5가지 기본원칙을 쓰는 문제와는 다른 유형이며, 2022년 3회 실기시험(4번)에 출제된 임상심리사의 윤리원칙으로서 '유능성'에 관한 문제와 연관된 것으로 파악되고 있습니다.
>
> 요컨대, 임상심리사 시험에 종종 출제되는 임상심리사 혹은 심리학자의 윤리원칙은 사실 1992년 미국심리학회(APA ; American Psychological Association)에서 수립한 《심리학자의 윤리원칙 및 행동규약, Ethical Principles of Psychologists and Code of Conduct》에 근거합니다. 이 윤리규약은 일반원칙(General Principles)으로 다음의 6가지를 제시하였습니다.

Principle A : Competence(유능성)
Principle B : Integrity(성실성)
Principle C : Professional and Scientific Responsibility(전문적이고 과학적인 책임)
Principle D : Respect for People's Rights and Dignity(인간의 권리와 존엄에 대한 존중)
Principle E : Concern for Others' Welfare(타인의 복지에 대한 관심)
Principle F : Social Responsibility(사회적 책임)

미국심리학회(APA)에서는 2002년 윤리규약을 대폭 개정하였으며, 개정된 윤리규약에 따른 일반원칙은 다음의 5가지입니다.

Principle A : Beneficence and Nonmaleficence(유익성과 무해성)
Principle B : Fidelity and Responsibility(신뢰와 책임감)
Principle C : Integrity(성실성)
Principle D : Justice(공정성)
Principle E : Respect for People's Rights and Dignity(인간의 권리와 위엄에 대한 존중)

그럼에도 불구하고 임상심리사 시험에서는 임상심리사 혹은 심리학자의 윤리원칙과 관련하여 미국심리학회(APA)의 개정 전 윤리규약(예 유능성, 성실성 등)을 그대로 문제로 출제하고 있습니다. 이는 명확히 오류로 볼 수 있으나, 국내의 전문교재들조차도 그와 같은 사실을 제대로 반영하고 있지 않다는 점을 유의해야 할 필요가 있습니다. 즉, 임상심리사 시험에서도, 국내의 다수 전문교재들조차도 미국심리학회(APA)의 개정된 윤리규약을 제대로 반영하고 있지 않으므로, 이점 착안하여 답안을 작성해야 한다는 것입니다. 참고로 임상심리사 2017년 1회 필기시험에 다음과 같은 문제가 출제된 바 있습니다.

> 미국심리학회(2002)에서 제시하고 있는 윤리강령의 일반원칙에 해당하지 않는 것은? [17년 기출]
> ① 전문능력
> ② 성실성
> ③ 타인의 복지에 대한 관심
> ④ 치료자의 자기 인식능력
>
> 답 ④

02 건강심리학의 발달배경을 3가지 쓰시오. [6점] [17년 기출]

고득점을 향한 심화해설

① 급성질환에서 만성질환으로의 질병 양상의 변화
  ㉠ 과거에는 결핵, 폐렴, 그 밖의 감염병 등 급성질환(Acute Disorder)이 질병과 사망의 중요 원인이었으나, 이는 치료방법의 혁신과 공중보건위생 수준의 향상으로 감소하였다. 이와 같은 급성질환은 단기 질병으로서 바이러스나 세균의 침입에 의해 발병하며, 그 대부분은 치료가 가능한 것이었다.
  ㉡ 현대 산업사회에서는 심장질환, 암, 호흡기 질환 등 만성질환(Chronic Illness)이 질병과 사망의 중요 원인으로 대두되고 있다. 이와 같은 만성질환은 더 오래 사는 사람들에게 서서히 발전하며, 보통 치료할 수 없고 환자나 건강관리자들의 관리를 필요로 한다.
  ㉢ 만성질환은 심리사회적 요인을 주된 원인으로 하고 오랜 기간 관리를 필요로 하는 만큼 특히 심리학적 문제들이 대두된다. 따라서 만성질환을 가진 사람들로 하여금 자신들의 건강상태 변화를 인식시키는 동시에 심리사회적으로 적응하여 스스로 관리할 수 있도록 돕는 치료적 개입이 요구된다.

② 과학과 의학 기술의 발전에 따른 건강심리학 영역의 확장
  ㉠ 과학과 의학 기술의 발전은 건강심리학자들에 의해 다루어질 수 있는 영역들을 확장하고 있다. 예를 들어, 유방암을 포함한 많은 질병들의 주된 원인 중 하나가 유전자에서 비롯된 것임이 최근에 비로소 알려지기 시작했다. 만약 유방암 진단을 받은 어머니를 둔 자녀에게서 유방암 유전자 검사상 양성반응이 나왔다면, 그로 인해 그녀의 삶이 어떻게 변화하게 될 것인지에 대해 건강심리학이 답하게 된다.
  ㉡ 생명을 연장시키는 일부 치료들은 환자들의 삶의 질을 심각하게 떨어뜨릴 수 있으며, 환자들은 점차 생명 유지 조치에 대해 선택하도록 요구된다. 그들은 그와 같은 문제에 대해 상담을 필요로 하며, 이때 건강심리학자들이 그 과정에 개입하게 된다.

③ 건강관리 서비스의 확장
  ㉠ 건강관리는 서비스 산업으로 빠른 성장을 보이고 있다. 최근 몇 년 동안 건강관리사업의 증가에 대한 검토가 이루어졌으나, 건강관리 비용의 급증에도 불구하고 기본적인 건강지표는 향상되지 않고 있다.

ⓒ 최근 건강관리 비용의 절감을 위해 건강심리학에서 예방에 대해 지속적으로 강조하고 있다. 또한 건강관리사업이 모든 국민을 서비스 수혜자로 하는 의료보험제도와 직접적인 약정을 체결하게 됨으로써 건강심리학자들의 영향력이 날로 커지고 있다.

④ 건강 관련 의료 수요의 증가
  ㉠ 건강심리학의 수요 증가는 다양한 단기 행동치료적 개입의 개발로 나타나고 있다. 이는 통증 관리, 흡연·음주 등 부적절한 건강습관의 수정, 치료의 부작용 관리 등을 포함한 건강 관련 문제들에 초점을 두고 있다.
  ㉡ 비만, 흡연 등 위험요인의 제거를 목표로 하는 치료적 개입은 관상동맥성 심장질환의 발병률을 낮추며, 치료의 전 과정을 설명해 주는 유효적절한 개입은 환자의 치료 후 적응력을 증가시키는 것으로 나타났다.

전문가의 한마디
건강심리학(Health Psychology)은 최근에 등장하여 급속도로 성장하고 있는 심리학 영역으로서, 건강의 유지 및 증진, 질병의 예방 및 치료를 목적으로 심리학적인 이론과 방법을 동원하는 학문입니다. 현대인들의 주된 질병 및 사망의 원인을 심리사회적 관점에서 보는 것으로, 최근 현대인들의 건강에 대한 관심이 증폭되면서 현저히 발전하고 있습니다. 특히 건강심리학이 병원에서 의료전문가와 환자 간 원만한 의사소통을 통한 치료의 효율성 증가, 환자가 느끼는 고통과 통증의 완화, 습관성 물질중독의 예방과 치료 등에 크게 공헌할 것으로 기대하고 있습니다. 참고로 건강심리학의 주요 영역에 관한 문제가 1차 필기시험에 몇 차례 출제된 바 있습니다.

임상심리학자의 새로운 전문영역 중에서 비만, 스트레스 관리 등과 가장 밀접히 관련되는 것은?   10, 13년 기출

① 신경심리학   ② 건강심리학
③ 법정심리학   ④ 아동임상심리학

답 ②

건강심리학 분야의 초점 영역과 가장 거리가 먼 것은?   19년 기출

① 고혈압   ② 과민성대장증후군
③ 결 핵   ④ 통 증

답 ③

알아두기 건강심리학과 임상심리학의 차이점
- 임상심리학은 신체적 병리보다는 정신적 병리에 초점을 둔 반면, 건강심리학은 신체적 병리에 일차적인 관심을 기울인다.
- 임상심리학은 질병의 치료와 건강의 회복에 초점을 둔 반면, 건강심리학은 질병의 치료나 건강의 회복은 물론 건강의 유지 및 증진, 그리고 질병의 예방을 강조한다.
- 건강심리학은 여러 다른 학문들과의 공동협력을 보다 강조한다.

03 프로차스카(James O. Prochaska) 등의 변화단계모델은 개인의 행동이 5단계를 거쳐 변화하는 것으로 가정한다. 프로차스카 등의 행동변화 5단계를 쓰고, 각 단계에 대해 설명하시오.

10점 [20, 23년 기출]

고득점을 향한 심화해설

① 제1단계 – 사전 단계(계획 전 단계, 인식 전 단계 또는 전 숙고 단계)
  ㉠ 가까운 미래(→ 6개월 이내)에 행동변화에 대한 의사가 전혀 없는 단계이다.
  ㉡ 문제를 인식하지 못하거나 성공에 대한 확신이 없으며, 자신의 행동이 문제가 아니라고 주장하면서 변화를 거부한다.
  예 "나는 지금 담배를 많이 피우지만, 그것을 끊어야 한다고 생각하지 않아."

② 제2단계 – 계획 단계(인식 단계 또는 숙고 단계)
  ㉠ 가까운 미래(→ 6개월 이내)에 행동변화를 하려는 생각이 있는 단계이다.
  ㉡ 변화를 통해 얻을 수 있는 잠재적 혜택에 대해 인식하지만 그와 상반되는 감정을 느끼며, 실천계획을 구체화시키기에 이르지는 못한다.
  예 "담배를 끊는 것이 중요하다는 건 알지만, 지금 금연을 하면 일에 집중하기 어려운걸."

③ 제3단계 – 준비 단계(결심 단계)
  ㉠ 가까운 시간 내에(→ 1개월 이내) 행동변화를 취하기 위한 구체적인 계획을 세우는 단계이다.
  ㉡ 과거에 그와 같은 행동을 시도했을 가능성이 있으며, 자신의 행동을 변화시킬 수 있는 방법에 대해 가능한 많은 정보를 수집한다.
  예 "담배를 끊으려고 금연패치를 샀어. 아내한테도 금연을 시도하겠다고 다짐했어."

④ 제4단계 – 행동 단계(실행 단계 또는 행동실천 단계)
  ㉠ 현재 문제를 극복하기 위해 행동하는 단계이다.
  ㉡ 목표를 달성하기 위해 직접 행동을 펼치지만, 행동변화의 지속성을 유지하지는 못한다.
  예 "지금 담배를 피우지는 않지만 자꾸 생각이 나. 그래도 계속 시도해 봐야겠지?"

⑤ 제5단계 – 유지 단계
  ㉠ 새로 취한 행동을 일정 기간(→ 6개월 이상) 지속하고 있는 단계이다.
  ㉡ 오래된 습관을 보다 긍정적인 행동으로 대체하며, 재발을 성공적으로 피할 수 있을 때 자신에게 보상한다.
  예 "나는 계속 금연을 하고 있어. 이제 금연이 그렇게 어렵게 느껴지지는 않지만, 그래도 주변의 협조가 필요한 것 같아."

⑥ 제6단계 – 종결 단계
  ㉠ 전혀 유혹을 받지 않고 행동이 완전히 정착되는 단계이다.
  ㉡ 자기효능감과 함께 어떤 상황에서도 행동변화를 유지할 수 있다는 확신을 가진다.
  예 "나는 어떤 상황에서도 담배 생각이 나지 않아."

> **전문가의 한마디**
>
> 이 문제는 2020년 1회 실기시험(1번) 및 2023년 3회 실기시험(5번)에 출제된 문제의 변형된 형태로, 변화단계모델에서 행동변화 6단계의 명칭을 순서대로 쓰거나 해당 6단계 중 특정 단계를 설명하도록 한 이전 문제들과 달리, 주요 5단계를 쓰고 설명하도록 요구하고 있다는 점에서 차이가 있습니다. 이 경우 마지막 제6단계, 즉 '종결 단계'는 생략하도록 합니다.
>
> 요컨대, 프로차스카, 디클레멘트, 노크로스(Prochaska, DiClemente & Norcross)가 제안한 변화단계모델(Stages of Change Model) 혹은 범이론모델(Transtheoretical Model)은 바람직하지 않은 행동에서 바람직한 행동으로 변화할 때 사람들이 겪는 과정을 단계별로 제시하는데, 이를 통해 알코올중독이나 흡연과 같은 물질사용 문제에서부터 운동부족과 같은 행동 문제에 이르기까지 문제 수정의 방법을 단계별로 이해할 수 있도록 돕습니다. 특히 이 모델은 행동변화의 과정으로 5단계, 즉 '사전(전 숙고) 단계(Precontemplation)', '계획(숙고) 단계(Contemplation)', '준비 단계(Preparation)', '행동 단계(Action)', '유지 단계(Maintenance)'를 강조하는데, 여기에 '종결 단계(Termination)'를 추가하여 6단계로 확장하기도 합니다. 그리고 보통 습관적인 행동은 주기적인 과정을 통해 지속적으로 발생하게 되는데, 그에 따라 프로차스카 등도 행동변화의 단계를 선형이 아닌 순환형으로 기술하고 있습니다. 즉, 행동변화는 단 일회만의 수고에 의해 달성되는 것이 아니라 실수(Slip)나 재발(Relapse)을 거치면서 이전의 부적응적 행동을 버리고 적응적 행동 습관을 형성하게 된다는 것입니다. 따라서 6단계 과정의 마지막 단계를 '종결 단계(Termination)' 대신 '재발 단계(Relapse)'로 설명하기도 합니다. 참고로 프로차스카 등의 변화단계모델에 대한 보다 자세한 내용은 'Prochaska, J. O. et al., 《In Search of How People Change, Applications to Addictive Behaviors》, American Psychologist(Vol.47, No.9), American Psychological Association'을 살펴보시기 바랍니다.

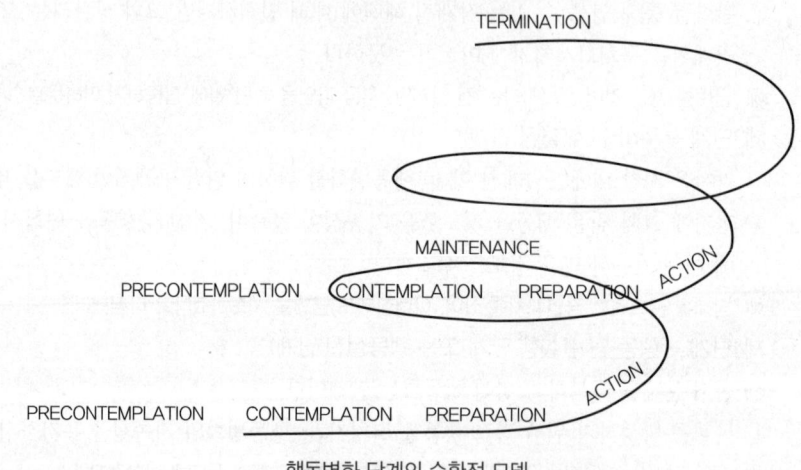

행동변화 단계의 순환적 모델

[출처 : Prochaska, J. O. et al., 《In Search of How People Change, Applications to Addictive Behaviors》]

04
재활모형에서 손상(Impairment)과 불이익(Handicap)에 대한 대표적인 개입방법을 예시를 들어 각각 쓰시오. [4점] [12년 기출]

고득점을 향한 심화해설

> 예) A씨는 교통사고를 당하여 한쪽 다리를 절단하는 수술을 받게 되었다.

① 손상(Impairment)
A씨는 한쪽 다리를 상실하였고 그로 인해 우울을 경험할 수 있으므로, 적절한 의학적·심리적 치료를 받도록 한다(→ 약물치료, 정신치료 등).

② 장애(Disability)
A씨는 걷는 능력이 제한되어 일상생활의 유지능력이나 직무수행능력이 부족할 수 있으므로, 임상적 재활을 통해 개인 능력을 향상시키고 환경적 자원을 활용할 수 있도록 돕는다(→ 직업재활상담, 역할훈련, 환경지원 등).

③ 불이익 또는 핸디캡(Handicap)
A씨는 취업 등 정상적인 사회활동에 있어서 제약을 받을 수 있다. 이는 개인적 차원의 접근보다는 사회적 차원의 접근을 통해 사회구조적 재활이 이루어질 수 있도록 사회체계의 변화를 이끌어 내려는 노력이 요구된다(→ 제도 변화, 권익 옹호, 편견 해소 등).

전문가의 한마디

이 문제와 관련하여 2023년 1회 실기시험(19번)에서는 '손상(Impairment), 장애(Disability), 핸디캡(Handicap)'의 3단계 재활모형 중 '장애(Disability)'의 개입방법에 대해 예를 들어 설명하도록 요구한 바 있습니다. 이와 같이 이 문제는 약간씩 변형되어 출제될 수 있으므로, 하나의 공통된 예시를 통해 재활모형의 각 단계에서 수행하는 개입방법들을 서로 비교하는 방식으로 학습하도록 합니다. 또한 이 문제는 이전 문제와 달리 "대표적인 개입방법"을 쓰도록 요구하고 있으므로, 각 단계에서의 대표적인 개입방법(예) '손상'의 경우 약물치료, 정신치료 등 / '불이익'의 경우 제도 변화, 권익 옹호, 편견 해소 등)을 함께 답안으로 작성하도록 합니다. 참고로 위의 해설에서 대표적인 개입방법에 대해서는 '박상규, 『정신재활의 이론과 실제』, 학지사 刊'을 참조하였습니다.

05 파괴적 행동문제를 보이는 청소년을 대상으로 행동치료를 수행할 때 행동원리에 의한 정적 강화의 수준을 높여야 하는 이유를 3가지 쓰시오. 6점 11, 17년 기출

고득점을 향한 심화해설

① 보상 추구의 반응양식
  ㉠ 정적 강화(Positive Reinforcement)는 바람직한 행동의 빈도를 증가시키기 위해 칭찬, 미소, 음식, 관심, 좋은 점수 등의 강화자극을 부여하는 것이다. 이때 강화자극은 표적행동의 발생률을 높일 수 있는 후속자극으로서 정적 강화인이 되며, 이러한 후속자극으로 인해 기대행동이 증가하게 되는 것이다.
  ㉡ 예를 들어, 교사가 교내 폭력사건에 연루된 학생에게 따뜻한 관심을 보여준다면, 그 학생은 자신이 다른 누군가의 관심 대상이라는 사실을 알게 되어 자신의 부적절한 행동을 점차적으로 삼가게 될 것이다. 즉, 교사의 따뜻한 관심(→ 정적 강화인)은 파괴적 행동문제를 보이는 청소년으로 하여금 더욱 따뜻한 관심을 받도록 유인하므로 파괴적 행동이 줄어들게 되는 것이다.

② 처벌의 낮은 효과성
  ㉠ 파괴적인 성향을 지닌 청소년은 자극과 모험을 추구하며, 사회적인 제재 등 부적절한 행위로 인해 나타날 수 있는 결과에 대해 별다른 두려움을 느끼지 않는 경우가 많다.
  ㉡ 파괴적 행동문제를 보이는 청소년에게 제재의 위협을 가하거나 실제 벌을 가한다고 해도 일시적으로 이전 행동을 억제할 수 있을 뿐 실질적인 효과를 기대하기는 어려우며, 오히려 처벌의 부작용에 따른 공격성을 증폭시킬 수 있다.

③ 역기능적인 훈육 및 교육 방식으로 인한 부적응 행동의 강화
  ㉠ 부모나 교사가 청소년의 파괴적인 행동에 대해 무관심하거나 별다른 개입을 하지 않는 경우, 일관되지 못한 태도를 보이는 경우, 고함을 지르거나 과도하게 화를 내는 경우 오히려 청소년의 파괴적 행동을 강화할 수 있다.
  ㉡ 예를 들어, 교사가 수업 중 떠드는 학생에게 계속 고함을 지르는 경우, 교사는 그와 유사한 상황에서 똑같은 반응을 보일 것이며, 그로 인해 학생들은 그 교사를 멀리하게 되고 심지어 교사의 고함치는 버릇을 모방할 수도 있다.

전문가의 한마디 이 문제는 명확한 정답이 있는 것이 아니므로 다양한 답안이 도출될 수 있습니다. 일반적으로 강화와 처벌 모두 행동수정에 유효한 것으로 알려져 있습니다. 다만, 청소년을 대상으로 하는 학교현장에서는 학생들의 지도 및 훈육을 위해 처벌보다는 강화가 보다 바람직하다고 주장하고 있습니다. 그러나 일부 학자들은 강화가 반드시 좋은 결과만을 가져오는 것은 아니라는 의견을 제시하고 있습니다. 그들은 아동의 파괴적인 행동이 부모에게서 관심을 끌기 위한 것일 수 있으며, 이때 부모가 자녀에게 관심을 보이는 것이 오히려 그와 같은 역기능적 행동을 강화할 수도 있다는 것입니다.

알아두기

1. 정적 강화자극의 종류
    - 소모할 수 있는 강화물(Consumable Reinforcer) : 과자, 사탕, 음료수 등
    - 활동할 수 있는 강화물(Activity Reinforcer) : TV 보기, 컴퓨터게임 하기, 친구들과 놀기 등
    - 조작할 수 있는 강화물(Manipulative Reinforcer) : 장난감모형 만들기, 색칠하기 등
    - 소유할 수 있는 강화물(Possessional Reinforcer) : 좋아하는 옷이나 신발, 구슬이나 인형 등을 갖게 하기
    - 사회적인 강화물(Social Reinforcer) : 칭찬해 주기, 미소 지어주기, 안아주기 등
2. 강화자극의 선택 시 고려사항
    - 쉽게 구할 수 있는 것이어야 한다.
    - 바람직한 행동이 나타난 즉시 줄 수 있는 것이어야 한다.
    - 포화가 쉽게 일어나지 않으며, 반복적으로 사용할 수 있는 것이어야 한다.
    - 강화자극의 소모에 많은 시간을 필요로 하지 않는 것이어야 한다.

06 정신분석적 치료에서는 이상적인 목표에 도달하게 될 때 치료를 종결하게 된다. 정신분석적 치료의 이상적인 치료 목표를 설명하시오.

[6점] [16년 기출]

고득점을 향한 심화해설

① 증상을 유발한 무의식적 갈등의 해소와 성격구조의 건강한 변화

정신분석적 치료의 궁극적인 목표는 내담자의 성격구조를 건강하게 변화시키는 것이다. 이는 내담자가 호소하는 증상이 성격의 구조적 갈등에서 비롯된다는 인식에 따른 것이다. 따라서 내담자의 무의식적 갈등을 해결하고 건강한 성격을 함양하도록 함으로써 증상은 자연히 해소된다. 이와 같이 정신분석적 치료는 증상의 제거 자체에 초점을 두기보다는 증상을 유발한 무의식적 갈등과 성격적 문제의 해결을 치료 목표로 한다.

② 무의식적 갈등의 의식화와 심리적 문제에 대한 통찰

대부분의 정신장애는 어린 시절의 좌절경험에 뿌리를 둔 무의식적 갈등에서 비롯되므로, 치료자는 내담자로 하여금 무의식적 갈등의 의식화를 통해 이를 자아(Ego)의 통제하에서 해결될 수 있도록 한다. 내담자는 자신의 증상에 대한 무의식적 의미를 이해하고 자신의 심리적 문제에 대해 통찰함으로써 부적절한 방어기제의 사용을 자제하며, 건강하게 일하고 사랑할 수 있는 성숙한 성격으로 변화할 수 있다.

전문가의 한마디

일반적으로 정신분석적 치료 혹은 정신분석 상담의 목표는 구체적인 관점에서 몇 가지로 나열할 수 있으나, 그 궁극적인 치료 목표는 내담자의 성격구조를 건강하게 변화시키는 데 있습니다. 프로이트(Freud)는 그 핵심으로 자아(Ego) 기능의 강화를 강조하였습니다. 즉, 자아의 기능을 강화하여 자아가 성격의 주인으로 확고하게 자리를 잡게 될 때 충동적이고 비합리적인 원초아(Id)를 효과적으로 제어할 수 있으며, 원초아(Id)와 초자아(Superego) 사이에서 현실의 요구를 적절히 조정할 수 있다는 것입니다. 이와 관련하여 프로이트는 "Wo Es war, soll Ich werden(Where Id was, there Ego shall be)", 즉 "원초아가 있는 곳에 자아를 있게 하라"는 유명한 말을 남기기도 했습니다.

알아두기

정신분석적 치료에서 치료의 종결 여부에 대한 결정 기준
- 심각한 갈등의 해결 및 자아기능의 향상
- 병리적 방어기제의 사용 감소
- 성격구조상의 중요한 긍정적 변화
- 증상의 상당한 호전 또는 증상을 스스로 극복할 수 있는 능력이 생겼다는 증거의 존재

07 인간중심 상담에서 로저스(Rogers)가 강조한 치료자의 기본 태도를 3가지 쓰시오.

6점 [08, 10, 14, 17, 18, 19, 20, 21, 22, 23년 기출]

고득점을 향한 심화해설

① 일치성과 진실성

일치성과 진실성은 치료자(상담자)의 내적인 경험과 외적인 표현이 일치되며, 내담자와의 관계에서 개방적인 표현이 이루어지도록 노력하는 것을 의미한다. 치료자의 일치성과 진실성은 내담자의 진솔한 감정 표현을 유도하며, 이를 통해 진솔한 의사소통이 촉진된다. 치료자는 내담자와의 상담관계에서 순간순간 경험하는 자신의 감정이나 태도를 있는 그대로 솔직하게 인정해야 한다.

② 공감적 이해와 경청

치료자는 내담자의 주관적인 경험을 감지하고 내담자의 마음속으로 들어감으로써 내담자로 하여금 자신의 감정을 더욱 강렬하게 경험하며, 내부의 불일치를 인식할 수 있도록 돕는다. 그러나 공감적 이해는 동정이나 동일시로써 내담자의 감정에 빠져드는 것을 의미하는 것이 아닌 객관적인 입장에서 내담자를 깊이 있게 이해하는 것을 뜻한다.

③ 무조건적인 긍정적 관심(수용) 또는 존중

치료자는 내담자의 사고나 감정, 행동에 대해 옳고 그름, 좋고 나쁨을 평가 또는 판단해서는 안 된다. 치료자는 아무런 조건 없이 수용적인 태도로써 내담자를 존중하며, 내담자의 사고나 감정, 행동에 대한 권리를 인정해야 한다.

전문가의 한마디

이 문제는 내담자중심치료(인간중심 상담)에서 로저스(Rogers)가 강조한 '치료자(상담자)의 특성', '치료자의 태도', '치료자의 자세', '치료자의 조건', '치료자의 필요충분조건' 등 다양한 표현으로 제시되고 있습니다. 주의해야 할 것은 이 문제를 2018년 1회(10번) 및 2021년 1회(14번) 실기시험 문제, 즉 "인간중심치료에서 로저스(Rogers)가 제시한 내담자의 긍정적 성격변화를 위한 치료의 필요충분조건을 4가지(혹은 5가지) 쓰시오"와 혼동해서는 안 된다는 점입니다. 로저스는 치료의 6가지 필요충분조건을 소개했는데, 위의 3가지는 그중 가장 핵심이 되는 조건에 해당합니다. 이 문제와 관련하여 1차 필기시험에 다음과 같은 문제들이 출제된 바 있습니다.

Rogers의 인간중심 상담에서 상담자에게 요구되는 3가지 태도에 해당하지 않는 것은? **10년 기출**

① 일치성
② 객관적 관찰
③ 공감적 이해
④ 무조건적 존경(존중)

답 ②

인간중심치료에서 자기와 경험 간의 일치를 촉진시키고, 자기실현을 하도록 치료자가 지녀야 할 특성과 가장 거리가 먼 것은? **17년 기출**

① 공감
② 진실성
③ 객관적인 이해
④ 무조건적 긍정적 존중

답 ③

심리치료 장면에서 치료자의 3가지 기본 특성 혹은 태도가 강조된다. 이는 인간중심 심리치료의 기본적 치료기제로도 알려져 있는데, 이러한 치료자의 기본 특성에 해당되지 않는 것은? **19년 기출**

① 무조건적인 존중
② 정확한 공감
③ 적극적 경청
④ 진솔성

해설 '적극적 경청'이 아닌 '공감적 경청'이 옳다. 적극적 경청이 '듣기'에 초점을 둔다면, 공감적 경청은 '이해'에 보다 중점을 둔다.

답 ③

08 실존치료에서는 정상적 불안과 신경증적 불안을 구분하고 있다. 그중 정상적 불안의 특징을 3가지 쓰시오.

심화해설

① 정상적 불안은 직면하고 있는 상황에 부합된다. 즉, 정상적 불안은 당면한 사상에 대한 적절한 반응이다.
② 정상적 불안은 억압을 요구하지 않는다. 우리 모두가 결국 죽게 된다는 사실에 타협할 수 있는 것처럼, 우리는 그것과 화해할 수 있다.
③ 정상적 불안은 창조적으로 사용될 수 있다. 예를 들어, 어떤 자극이 불안을 일으키는 딜레마에 직면하고 이를 확인하도록 돕기도 한다.

전문가의 한마디

실존치료에서는 불안을 인간생활의 필수조건으로 봅니다. 그 이유는 불안이 인간으로 하여금 생존하고 자기 존재를 유지하고 표현하기 위한 욕구에서 비롯된다고 보기 때문입니다. 그로 인해 실존치료자들은 불안을 정상적 불안과 신경증적 불안으로 구분합니다. 정상적 불안은 당면한 사상에 대한 적절한 반응으로서 병리적 상태가 아닌 긍정적 신호로 볼 수 있는 반면, 신경증적 불안은 상황과 조화를 이루지 못하는 부적절한 반응으로서 보통 의식 밖에서 사람을 무력화시키는 경향이 있기 때문입니다. 따라서 실존치료는 생존의 필수조건으로서 정상적 불안을 생활의 일부로 인정하도록 하는 한편, 신경증적 불안을 최소화하여 심리적 건강을 유지하도록 하는 것을 목표로 합니다. 참고로 실존주의에서 자주 언급되는 실존적 불안은 곧 정상적 불안이자 성장을 자극하는 건설적 불안을 의미하는 것으로 볼 수 있으며, 일부 교재에서는 아예 실존적 불안과 정상적 불안을 동일한 것으로 제시하기도 합니다.

알아두기

실존치료에서 신경증적 불안의 3가지 특징
- 신경증적 불안은 상황에 적합하지 못하다. 예를 들어, 어떤 부모는 아이가 차에 치일까봐 불안하여 아이를 절대 집 밖에 나가지 못하도록 할 수 있다.
- 신경증적 불안은 억압된다. 이는 대부분의 사람들이 핵전쟁의 두려움을 억압하는 것과 유사하다.
- 신경증적 불안은 건설적이지 못하고 파괴적이다. 또한 창조성을 자극하기보다는 개인을 마비시키는 경향이 있다.

09 상담 과정에서 나타나는 저항의 의미를 쓰고, 내담자의 저항에 대응하는 방법을 기술하시오.

4점

(1) 저항의 의미

> **고득점을 향한**
> **심화해설**

저항(Resistance)은 상담이나 심리치료의 진행을 방해하고 현재 상태를 유지하려는 내담자 또는 환자의 의식적 혹은 무의식적 사고, 태도, 감정, 행동을 의미한다.

(2) 저항의 대응방법

> **고득점을 향한**
> **심화해설**

① 제1단계 – 저항의 수용
  ㉠ 저항의 이유가 무엇이든 간에 상담자는 내담자가 저항하며 나타내는 불안과 두려움 등을 있는 그대로 표현하도록 하며, 이를 수용한다.
  ㉡ 상담자는 내담자로 하여금 저항의 감정을 드러내도록 한 후 이를 판단하지 말고 내담자의 행동을 객관적으로 그대로 묘사해 준다.
② 제2단계 – 저항의 해석
  ㉠ 상담자는 내담자의 저항을 분석하고 해석함으로써 내담자로 하여금 저항 행동의 숨은 의미를 이해하고 통찰할 수 있도록 돕는다.
  ㉡ 상담자가 내담자의 저항을 권위적이고 방어적으로 대하지 않으면, 내담자 스스로 자신의 문제와 경험에 대해 방어를 풀고 자신이 방어하는 진정한 의미를 깨달을 수 있다.

저항(Resistance)은 정신분석이론의 주요 개념으로서, 정신분석이론에서는 이를 "내담자가 무의식에 눌러놓은 고통스러운 기억들을 꺼내놓기 싫어 무의식적으로 자신을 방어하는 행동"으로 간주합니다. 따라서 정신분석적 상담에서는 내담자의 저항 속에 감추어진 불안과 두려움 등에 초점을 맞추어 내담자의 저항을 적절히 해석해 줌으로써 내담자 스스로 자신의 문제에 대한 이해와 통찰에 이를 수 있도록 돕습니다. 이는 정신분석적 상담의 주요 기법인 '저항의 분석(Resistance Analysis)'의 기본원리로서, 비단 정신분석적 상담에만 유용한 것이 아니라 일반적인 상담 과정에서도 유효하게 적용됩니다.

요컨대, 코리(Corey)는 저항에 대한 정신분석적 개념을 인정하면서, 상담 과정에서 저항은 지극히 정상적인 현상이며, 저항을 처리하는 것을 치료의 일부로 보아야 한다고 강조하였습니다. 그는 상담 과정 중 내담자의 저항이 확인되면 이를 토대로 인지적·정서적·행동적인 측면에서 도움을 줄 수 있으므로, 저항은 더 이상 치료의 장애물이 아닌 단서일 수 있다고 보았습니다. 따라서 상담자는 저항을 제거하는 방법을 배우는 것이 아니라 저항을 다루는 방법을 배워야 한다고 주장하면서, 저항의 다양한 양상을 제시하고 이를 어떻게 처리하는지를 자신의 저서를 통해 설명한 바 있습니다. 이와 관련된 보다 자세한 내용은 'Corey, G., 『상담 및 심리치료의 통합적 접근』, 현명호 外 譯, 시그마프레스 刊'을 참조하시기 바랍니다.

10 아동상담에서 놀이의 치료적 기능을 3가지 쓰고, 각각에 대해 설명하시오. 6점 16, 23년 기출

고득점을 향한 심화해설

① 관계형성의 기능

놀이치료는 상담자와 아동 간의 신뢰롭고 특별한 관계가 발달할 수 있도록 돕는 데 효과적이다. 또한 아동으로 하여금 상담 상황에 친숙하고 안정된 느낌을 가질 수 있도록 한다.

② 자기노출의 기능

놀이치료는 아동으로 하여금 자신의 감정, 갈등과 문제, 관계의 어려움 등을 직접적으로 혹은 상징적으로 재연하도록 한다. 따라서 다른 방법으로 표현하지 못하는 다양한 정보들을 제공하게 되며, 이를 통해 상담자는 아동을 더 잘 이해할 수 있게 된다.

③ 치유의 기능

놀이치료는 아동으로 하여금 자신의 감정과 갈등을 자유롭게 표현하도록 하여 감정의 발산과 정화를 촉진하므로 치료적인 효과를 가진다. 또한 아동은 안전한 환경에서 새로운 행동과 적절한 대처기술을 익히게 된다.

전문가의 한마디

'놀이의 치료적 기능'과 '놀이의 치료적 가치'는 동일한 것일까요? 대부분의 수험생 분들이 이 문제를 2022년 1회 11번 및 2022년 3회 18번 문제와 동일한 것으로 착각한 것 같습니다. 그러나 이 두 가지는 완전히 다른 문제입니다. 이와 같이 임상심리사 시험에서는 출제자가 단어 하나를 살짝 바꿔서 정답이 다른 문제를 만드는 경우가 종종 있습니다. 이는 수험생 분들이 아는 문제라 판단하여 열심히 답안을 작성하고도 생각보다 낮은 점수를 받았다고 하소연하는 이유이기도 합니다.

참고로 '놀이의 치료적 기능'에 관한 위의 해설 내용은 브렘스(Brems)의 놀이치료에 대한 이론적 입장입니다. 이와 관련된 내용은 '신현균, 『아동 심리치료의 실제』, 학지사 刊', '김춘경, 『아동상담 - 이론과 실제』, 학지사 刊', '강정원 外, 『영유아교사를 위한 아동상담』, 정민사 刊'을 참조하시기 바랍니다.

알아두기 아동상담에서 놀이의 3가지 역할(이장호)

- 감정발산의 수단
  아동이 주위 사람들에게 마음속으로 느꼈던 증오와 두려움을 놀이를 통해 발산하는 것은 성인이 이야기를 통해 감정을 표현하는 것과 유사하다.
- 자신의 갈등 및 생각과 행동의 다양한 측면으로의 표출
  놀이 중인 아동을 관찰해 보면, 아동이 어떤 방식으로 환경에 대처해 나가는지를 알 수 있다. 아동 스스로도 놀이치료가 진행됨에 따라 갈등적 행동이 줄어들고 점차 안정된 행동양식을 갖추게 된다.
- 아동상담에서 중요한 의사소통의 매체
  아동은 놀이를 통해 자기 자신에 대한 의사표현을 한다. 특히 아동의 놀이를 통한 자기표현은 상담자 앞에서 놀이를 하는 동안 아동이 상담자의 존재를 어떻게 받아들이느냐에 따라 달라진다. 따라서 놀이의 내용 및 방식은 상담자에 대한 의사소통의 기능을 갖고 있다고 볼 수 있다.

11 DSM-5 진단 기준에 따른 특정공포증(Specific Phobia)의 하위유형을 3가지만 쓰고, 각각에 대해 간략히 설명하시오. 6점 19년 기출

고득점을 향한 심화해설

① 동물형(Animal Type)

거미, 곤충, 개 등 동물이나 곤충에 대해 공포감을 느낀다.

② 자연환경형(Natural Environment Type)

고공(높은 장소), 폭풍, 물 등 자연환경에 대해 공포감을 느낀다.

③ 혈액-주사-상처형(Blood-Injection-Injury Type)

바늘, 침습적인 의학적 시술 등 피를 보거나 주사를 맞는 것에 대해 공포감을 느낀다.

④ 상황형(Situational Type)

비행기, 엘리베이터, 밀폐된 장소 등 폐쇄된 공간에 대해 공포감을 느낀다.

전문가의 한마디 임상적 장면에 찾아오는 성인들이 나타내 보이는 특정공포증(Specific Phobia)의 하위유형으로는 '상황형 > 자연환경형 > 혈액-주사-상처형 > 동물형' 순으로 많은 것으로 알려져 있습니다. 참고로 'Blood-Injection-Injury Type'은 '혈액-주사-상처형', '혈액-주사-손상형', '혈액-주사-부상형' 등 다양한 명칭으로 번역되고 있습니다.

요컨대, 이 문제의 답안으로 '광장공포증(Agoraphobia)'을 생각한 분들도 있을 겁니다. 그러나 광장공포증은 특정공포증과 별도로 불안장애(Anxiety Disorders)의 하위유형으로 분류되고 있습니다. DSM-5에서도 상황형 특정공포증이 광장공포증과 임상적으로 유사한 양상을 보이고 있음을 지적하고 있는데, 만약 개인이 광장공포증 상황 중 단 한 가지 상황에 대해서만 공포감을 느낀다면 상황형 특정공포증으로, 만약 두 가지 이상의 상황에 대해서 공포감을 느낀다면 광장공포증으로 진단을 내리도록 하고 있습니다.

12 반복적으로 또래친구들을 괴롭히며 교사에게 반항하는 아동의 문제를 호소하는 초등학교 3학년 담임선생님에게 자문을 하고자 한다. 해당 아동의 문제를 해결하는 데 도움을 줄 수 있는 조언을 4가지 쓰시오. 8점 08, 14년 기출

고득점을 향한 심화해설

① 학급의 규칙을 제시하도록 한다.
  학급의 규칙은 아동으로 하여금 다양한 상황에서 어떠한 행동이 기대되며, 어떠한 행동이 적절한 것으로 간주되는지에 대해 명백히 밝힐 수 있는 것이어야 한다. 특히 학급 내 행동의 가장 중요한 측면에 초점을 맞추어야 하며, 정기적으로 아동과 함께 검토가 이루어져야 한다.

② 관심과 칭찬을 제공하도록 한다.
  아동이 과제에 집중하는 태도를 보이는 것에 대해 관심을 기울이도록 한다. 특히 아동이 규칙을 잘 따르거나 적절한 행동을 보이는 경우 칭찬을 하도록 한다.

③ 토큰강화나 반응대가를 사용하도록 한다.
  한편으로 아동의 적절한 행동 발생 가능성을 높이기 위해 토큰을 이용한 강화를 사용하도록 하며, 다른 한편으로 아동의 부적절한 행동 발생 가능성을 줄이고 학급 중재의 효율성을 높이기 위해 아동이 습득한 토큰이나 특권을 잃도록 하는 반응대가 프로그램을 사용하도록 한다.

④ 고립을 사용하도록 한다.
  고립은 아동이 부적절한 행동을 보이는 경우 일정한 시간 동안 아동을 학급 활동에서 배제한 채 후속적 관찰로써 아동을 살피는 것이다. 다만, 고립은 윤리적인 문제와 부작용을 초래할 수도 있으므로, 아동을 학급에서 내보내는 완전고립은 가급적 삼가도록 한다.

⑤ 가정과 학교 간에 알림장을 통한 의사소통이 이루어지도록 한다.
  알림장은 부모와 교사 간의 의사소통을 증진시키고, 가정과 학교에서 아동의 행동을 중재하기 위한 일관성 있는 조치를 가능하게 한다. 알림장은 사용이 용이하고 작성이 간편해야 하며, 내용상 포함될 목표행동을 정하는 경우 쉽게 관찰될 수 있는 행동이어야 한다.

이 문제는 명확한 정답이 있는 것이 아니므로 다양한 답안이 도출될 수 있습니다. 인터넷 카페 등에서는 단순히 자문의 단계를 열거하거나 자문의 기능을 제시하는 방식으로 답안을 유도하고 있으나, 이는 출제자가 요구하는 답안과는 거리가 먼 것으로 보입니다. 더욱이 문제 자체를 보다 면밀히 살펴보면, 아동의 문제와 관련하여 가정, 학교, 지역사회 차원의 확장된 관점을 제시하기보다는 아동을 지도·훈육하는 담임선생님에게 아동의 부적응적인 문제해결을 위한 심리학적 차원에서의 행동주의적 접근을 자문가로서 심리전문가의 보다 직접적인 '조언'의 형태로 제시하도록 유도하고 있습니다. 다시 말해 아동의 문제행동을 바람직한 행동으로 변화시키기 위한 기술적 조언을 요구하고 있는 것으로 볼 수 있습니다. 위의 문제 해설은 그와 같은 점에 착안하여 'Gimpel, G. A. et al., 『유아기 정서 및 행동장애』, 방명애 外 譯, 시그마프레스 刊', '강위영 外, 『정서·행동 발달과 문제 예방』, 대구대학교출판부 刊', 그리고 '방명애 外, 《장애학생의 문제행동 중재방안 및 사례(제15회 국내세미나)》, 국립특수교육원 刊'의 도서 및 학술세미나 자료 등을 참조하여 답안을 작성하였습니다.

13 MMPI나 BDI와 같은 객관적 자기보고형 검사의 장점과 단점을 각각 2가지씩 쓰시오.

4점 09, 17, 22년 기출

(1) 장 점

고득점을 향한 심화해설

① 검사의 시행·채점·해석이 간편하며, 응답이 용이하다.
② 부호화와 분석이 용이하므로 시간과 노력이 절약된다.
③ 검사자나 상황변인의 영향을 덜 받으며, 검사 결과의 객관성이 보장된다.
④ 검사 제작 과정에서 신뢰도 및 타당도에 대한 증거를 확보할 수 있다.
⑤ 수검자의 무응답이나 검사 목적에 부합하지 않은 응답을 줄일 수 있다.

(2) 단 점

고득점을 향한 심화해설

① 수검자의 사회적 바람직성이 응답 결과에 영향을 미친다.
② 수검자는 일정한 흐름에 따라 응답할 수 있다.
③ 수검자가 자기 이해와 관계없이 협조적인 대답으로 일관할 수 있다.
④ 검사문항이 특정 상황에서의 특성과 상황 간의 상호작용 내용을 밝히기에 한계가 있다.
⑤ 응답의 범위가 제한되어 있으므로 수검자의 진술 기회가 상대적으로 적다.

> **전문가의 한마디** 객관적 검사(자기보고형 검사)의 장점과 단점에 관한 문제는 1차 필기시험에서 다음과 같이 출제되었습니다.

> 투사적 성격검사와 비교할 때, 객관적 성격검사의 장점은? [16년 기출]
> ① 객관성의 증대
> ② 반응의 다양성
> ③ 방어의 곤란
> ④ 무의식적 내용의 반응
>
> 답 ①
>
> ---
>
> 성격을 측정하는 자기보고 검사에 관한 설명으로 옳은 것은? [21년 기출]
> ① 개인의 심층적인 내면을 탐색하는 데 흔히 사용된다.
> ② 응답결과는 개인의 반응 경향성과 무관하다.
> ③ 강제선택형 문항은 개인의 묵종 경향성을 예방하는 데 효과적이다.
> ④ 사회적으로 바람직하게 응답하려는 경향을 나타내기 쉽다.
>
> **해설** ① 투사적 검사의 특징에 해당한다.
> ② 개인의 응답 방식에서 나타나는 일정한 흐름이 결과에 영향을 미치는 반응 경향성은 객관적 검사의 단점에 해당한다.
> ③ 자기 이해와 관계없이 협조적인 대답으로 일관함으로써 결과에 영향을 미치는 묵종 경향성은 객관적 검사의 단점에 해당한다.
>
> 답 ④

알아두기 투사적 검사의 장점과 단점
- 장 점
  - 수검자의 독특한 투사적 검사반응이 수검자에 대한 이해에 매우 효과적이다.
  - 수검자의 의도된 방어적 반응에 적절히 대처할 수 있다.
  - 모호한 자극에 의해 수검자의 다양한 반응이 나타난다.
  - 수검자의 전의식적이거나 무의식적인 심리적 반응을 유도한다.
- 단 점
  - 검사의 신뢰도가 전반적으로 결여되어 있다.
  - 검사 결과의 해석에 대한 타당도 검증이 빈약하다.
  - 여러 상황적 요인들이 검사반응에 영향을 미친다.

14 내담자의 능력을 평가하는 지능검사를 시행할 때 내담자와 라포(Rapport)를 형성하는 것이 중요하다. 라포 형성의 구체적인 방법을 4가지 기술하시오. 4점 18년 기출

고득점을 향한 심화해설

① 성취동기가 부족하고 쉽게 포기하는 수검자로 하여금 최선을 다하도록 격려한다.
② 평가 상황에서 지나치게 긴장하고 불안해하는 수검자로 하여금 안심하고 검사에 집중할 수 있도록 돕는다.
③ 검사에 대한 수검자의 관심을 유발하고, 침착하고 차분하게 과제를 제시하며, 각 소검사들을 부드럽게 연결시켜 준다.
④ 사전에 수검자가 알아두어야 할 일반적인 사항들을 설명해 준다.

전문가의 한마디 이 문제는 일반적인 상담 과정에서 상담자와 내담자 간 라포(Rapport) 형성에 관한 문제가 아닙니다. 또한 아동을 대상으로 한 지능검사에서 검사자와 수검자 간 관계형성의 방법을 묻는 지난 2012년 6번 문제와도 다릅니다. 이 문제에서는 '아동'이 전혀 언급되지 않았고, 일반적인 심리검사 대신 '지능검사'로 문제가 제시되었으며, 널리 알려진 웩슬러 지능검사의 특정 버전(예 K-WAIS, K-WAIS-IV)이 소개되지 않았다는 수험생들의 진술을 토대로, '염태호 外, 『K-WAIS 실시요강』, 한국가이던스 刊', '박영숙 外, 『최신 심리평가』, 하나의학사 刊'에 소개된 웩슬러 지능검사와 관련된 일반적인 고려사항 중 '라포(Rapport) 형성'에 관한 내용을 답안으로 작성하였습니다.

알아두기 지능검사를 실시할 때 숙지하여야 할 사항
- 검사 시작 전 검사의 목적, 방법, 그 밖의 일반적인 사항들을 설명해 준다.
- 새로운 소검사를 시작하기 전에 수검자에게 이를 자연스럽게 알린다(예 "이번에는 다른 종류의 검사를 해 보겠습니다.").
- 수검자의 반응이 모호하거나 분명하지 않을 때 중립적인 질문을 통해 탐색한다(예 "어떤 의미인지 좀 더 자세히 말씀해 주십시오.").
- 수검자의 다양한 반응에 민첩하고 적절하게 대처한다. 특히 검사 수행 후 수검자를 안심시키고 격려해 줄 수 있지만, 정답 여부를 직접 알려주어서는 안 된다.
- 수검자의 연령, 교육 수준, 지적 능력 등을 고려하여 수검자가 이해할 수 있는 언어로 쉽게 설명해 준다.
- 시간제한이 있는 소검사의 경우 이를 채점에 정확히 적용하는 한편, 시간제한이 없는 소검사의 경우 독촉받는 느낌을 갖지 않도록 시간적 여유를 부여한다.
- 검사는 제시된 순서에 맞게 한 번에 실시하는 것을 원칙으로 하되, 수검자의 상태로 인해 한 번에 실시하는 것이 어려운 경우 이를 나누어 실시할 수 있다.
- 수검자가 사용한 언어 반응 그대로 기록하는 것을 원칙으로 하되, 기록의 편의를 위해 일반적으로 많이 사용하는 언어에 대해서는 축약어를 사용할 수 있다.
- 검사 수행 동안 수검자가 보인 특이한 행동반응이나 언어사용 등을 면밀히 관찰하고 기록하여 이를 결과 해석에 활용하도록 한다.

15 카우프만(Kaufman)과 리히텐베르거(Lichtenberger)가 제시한 지능검사의 기본 철학을 5가지 쓰시오. 5점 22년 기출

고득점을 향한 심화해설

① 지능검사의 소검사는 개인의 학습경험을 측정한다.
  지능검사의 소검사 유형에 따라 언어적 혹은 비언어적 요소의 관여 정도가 다르지만, 기본적으로 모든 과제는 개인의 문화적·교육적 경험이나 일상생활에서의 경험 등을 통한 학습을 반영한다.

② 지능검사의 소검사는 행동의 표집일 뿐 그 총체는 아니다.
  지능검사는 제한된 시간 내에 통제된 환경에서 몇몇 과제를 수행하는 동안 수집된 특정 행동표집에 근거한 평가이므로, 지능의 본질적인 구성요소나 실생활에서의 전반적인 성취를 총망라하여 반영할 수 없다.

③ 개인 대상의 표준화된 지능검사는 특정한 실험 환경에서의 정신기능을 평가한다.
  개인은 일상생활에서 표준화된 절차나 통제된 환경하에 행동하지 않는다. 따라서 개인의 지능 수준을 보다 정확히 측정하기 위해 표준화된 절차를 엄격히 준수한다고 해도, 이는 일상생활의 조건과는 근본적인 차이가 있다.

④ 지능검사와 같은 종합검사는 이론적 모형을 토대로 해석해야 유용하다.
  여러 소검사가 포함된 종합검사는 이론적 모형을 토대로 검사 자료를 조직화해야 개인의 인지기능의 장단점을 보다 명확히 파악할 수 있으며, 실용적이고 의미 있는 해석을 할 수 있다.

⑤ 검사 프로파일을 통해 도출된 가설은 다양한 출처의 자료로써 지지되어야 한다.
  검사 결과에 기초하여 가설을 수립한 다음에는 해당 수검자에 대한 배경정보, 사회적 맥락, 행동관찰, 평상시 문제해결 방식 등 다양한 자료와 맥락을 통해 가설의 타당성을 검토하여야 한다.

전문가의 한마디
지능검사는 과학적인 검증을 거쳐 개발되기는 하였지만 어디까지나 인위적으로 표집하여 구성된 문항의 집합일 뿐 결과의 일반화에는 신중을 기해야 합니다. 또한 각 소검사는 지능의 특수한 측면에 국한하여 측정이 이루어지므로, 이를 보완하기 위해 여러 소검사를 조합한 지표점수나 요인구조로 결과를 분석하며, 다양한 행동표집 자료들을 통합하여 해석하는 것이 바람직합니다.

알아두기 지능검사의 일반적인 목적
- 개인의 전반적인 지적 능력을 평가한다.
- 개인의 인지적 특성, 인지적 강점 및 약점을 파악한다.
- 검사 결과에 기초하여 임상적 진단을 명료화한다.
- 검사 결과에 기초하여 기질적 뇌손상 또는 뇌손상에 따른 인지적 손상을 평가한다.
- 검사 결과에 기초하여 합리적인 치료 계획 및 치료 목표를 수립한다.

16 로샤 검사(Rorschach Test)의 구조적 요약에 제시되는 형태질 종류 3가지를 쓰시오.

6점 17년 기출

고득점을 향한 심화해설

① FQx
   ㉠ 'Form Quality Extended'를 의미하는 것으로, 모든 반응에 대한 형태질 빈도를 기입한다.
   ㉡ 형태를 사용한 모든 반응에 대해 각 FQ의 빈도를 계산하며, 형태를 사용하지 않은 반응의 경우 'none' 항목에 별도로 기록한다.

② MQual
   ㉠ 'Human Movement Form Quality'를 의미하는 것으로, 인간 운동반응에서 형태질의 분포를 기입한다.
   ㉡ 모든 인간 운동반응(M)의 FQ를 각각 계산하며, 형태를 포함하지 않은 Mnone 반응은 'none' 항목에 별도로 기록한다.

③ W+D
   ㉠ 'Common Area Form Quality'를 의미하는 것으로, 반응영역에서 전체반응(W ; Whole Response)과 함께 흔한 부분반응 또는 보통 부분반응(D ; Common Detail Response)으로 채점된 반응에 대한 형태질 빈도를 기입한다.
   ㉡ W와 D 영역을 사용한 반응 모두의 FQ를 각각 계산한다.

전문가의 한마디

로샤(Rorschach) 반응을 기호로 바꾼 다음 각 기호의 빈도, 비율, 백분율, 점수 등을 산출하여 체계적으로 요약하고 해석을 시도하게 되는데, 이를 '구조적 요약(Structural Summary)'이라 합니다. 이와 같은 구조적 요약을 위해 수검자의 반응을 채점한 후 각 반응에 대한 기호를 '점수계열 혹은 점수계열 기록지(Sequence of Score)'에 옮겨 적게 됩니다. 구조적 요약은 상단부와 하단부로 구성되는데, 상단부에는 주로 각 변인의 빈도를 기록하고, 하단부에는 비율, 백분율, 산출점수 및 6개의 특수지표 점수를 기록하게 됩니다. 이와 같은 자료를 근거로 수검자의 심리적 특성과 인지적 기능들에 대한 여러 가지 가설들을 세울 수 있습니다.

알아두기 로샤 구조적 요약(Rorschach Structural Summary)

반응영역 (Location of Features)

조직화 활동
- Zf =
- ZSum =
- ZEst =

영역 기호
- W =
- D =
- W+D =
- Dd =
- S =

발달질(DQ)
- + =
- o =
- v/+ =
- v =

형태질 (Form Quality)

	FQx	MQual	W+D
+	=	=	=
o	=	=	=
u	=	=	=
−	=	=	=
none	=	=	=

결정인(Determinants)

혼합(Blends)
- M.C
- FC.M
- FC'.FY.M
- FD.M
- F.M
- F.M

단일(Single)
- M =
- FM =
- m =
- FC =
- CF =
- C =
- Cn =
- FC' =
- C'F =
- C' =
- FT =
- TF =
- T =
- FV =
- VF =
- V =
- FY =
- YF =
- Y =
- Fr =
- rF =
- FD =
- F =
- (2) =

반응내용 (Contents)

- H =
- (H) =
- Hd =
- (Hd) =
- Hx =
- A =
- (A) =
- Ad =
- (Ad) =
- An =
- Art =
- Ay =
- Bl =
- Bt =
- Cg =
- Cl =
- Ex =
- Fd =
- Fi =
- Ge =
- Hh =
- Ls =
- Na =
- Sc =
- Sx =
- Xy =
- Id =

접근방식 (Approach)

- I
- II
- III
- IV
- V
- VI
- VII
- VIII
- IX
- X

특수점수 (Special Scores)

		Lv1	Lv2
DV	=	x1	x2
INC	=	x2	x4
DR	=	x3	x6
FAB	=	x4	x7
ALOG	=	x5	
CON	=	x7	

Raw Sum6 =
Wgtd Sum6 =

- AB = GHR =
- AG = PHR =
- COP = MOR =
- CP = PER =
- PSV =

비율 Ration, 백분율 Percentages, 산출점수 Derivations

핵심 (Core)

- R =   L =
- EB =   EA =   EBPer =
- eb =   es =   D =
-          Adj es =   Adj D =
- FM =   Sum C'=   Sum T =
- m =   Sum V =   Sum Y =

정서 (Affect)

- FC : CF+C = :
- Pure C =
- SumC' : WSumC = :
- Afr =
- S =
- Blends : R = :
- CP =

대인관계 (Interpersonal)

- COP =   AG =
- GHR : PHR = :
- a : p = :
- Food =
- SumT =
- Human Cont =
- Pure H =
- PER =
- Isol Index =

관념화 (Ideation)

- a : p =   : Sum6 =
- Ma : Mp =   : Lv2 =
- 2AB+Art+Ay = WSum6 =
- MOR =   M− =
              M none =

중재 (Mediation)

- XA% =
- WDA% =
- X−% =
- S− =
- P =
- X+% =
- Xu% =

처리 (Processing)

- Zf =
- W : D : Dd =
- W : M = :
- Zd =
- PSV =
- DQ+ =
- DQv =

자기지각 (Self-Precption)

- 3r+(2)/R =
- Fr+rF =
- SumV =
- FD =
- An+Xy =
- MOR =
- H : (H)+Hd+(Hd) = :

PTI =   DEPI =   CDI =   S−CON =   HVI =   OBS =

17. 주제통각검사(TAT)의 개념을 쓰고, 대인관계법의 해석 방식에 대해 설명하시오. [4점]

(1) 주제통각검사(TAT)의 개념

고득점을 향한 심화해설

① 주제(Themes)
개인의 이야기이자 공상 내용을 말하는 것으로, 개인의 내적 욕구와 환경적 압력의 관계, 생활체계와 환경과의 상호의존적 관계에서 생긴 것이다.

② 통각(Apperception)
지각에 대한 의미 있는 해석을 말하는 것으로, 외부세계에 대한 객관적인 지각 과정에 주관적인 요소가 개입된 통합적인 인식 과정이다.

③ 주제통각검사(Thematic Apperception Test)
개인에게 그림 속 인물의 주체적인 욕구와 환경이 갖는 객관적인 압력에 대한 공상적인 이야기를 만들도록 함으로써 이를 통해 개인의 역동적인 심리구조를 분석할 수 있도록 하는 검사도구이다.

(2) 주제통각검사(TAT)에 대한 5가지 해석 방식(Schneidman)

고득점을 향한 심화해설

① 표준화법(Normative Approach)
TAT 해석을 수량화하려는 입장으로, 반응상의 특징들을 항목별로 묶어 표준화 자료와 비교하여 해석하는 방법이다.

② 주인공 중심의 해석법(Hero-oriented Approach)

이야기에 나오는 주인공이나 주요 인물을 중심으로 해석하는 방법으로, 주인공 중심법, 욕구-압력 분석법, 이야기 속의 인물 분석법 등이 있다.

③ 직관적 해석법(Intuitive Approach)

정신분석에 기초한 것으로, 반응 내용 기저의 무의식적 내용을 자유연상을 통해 해석하는 방법이다.

④ 대인관계법(Interpersonal Approach)

이야기에 나오는 여러 인물의 사회적 지각 및 인물들의 상호관계를 중심으로 해석하는 방법으로, 인물 간 대인관계 사태 분석법, 수검자의 역할에 비추어 인물 간 및 인물들을 통해 표출되는 공격·친화·도피 감정을 중심으로 분석하는 방법 등이 있다.

⑤ 지각법(Perceptual Approach)

수검자의 이야기 내용의 형식을 분석하는 것으로, 도판의 시각 자극 왜곡, 언어의 이색적 사용, 사고나 논리의 특징적 양상, 이야기 자체의 기묘한 왜곡 등을 포착하는 방법이다.

전문가의 한마디

주제통각검사(TAT)는 로샤(Rorschach) 검사와 더불어 전 세계적으로 널리 사용되고 있는 대표적인 투사적 검사로, 1935년 하버드대학의 머레이와 모건(Murray & Morgan)이 『공상연구방법론 A Method for Investigating Fantasies』을 통해 처음 소개하였습니다. 머레이는 프로이트(Freud)와 융(Jung)의 정신분석을 통해 '지각(Perception)'보다는 '상상(Imagenation)'에 의한 반응이 우선한다는 점을 강조하였으며, 상상을 통해 인간 내면의 내용들을 탐구하는 새로운 검사방식으로서 주제통각검사(TAT)를 제안하였습니다. 머레이의 뒤를 이어 벨락(Bellak)은 아동을 위한 주제통각검사, 즉 아동용 주제통각검사(CAT ; Children's Apperception Test)를 고안하였는데, 벨락 또한 TAT 반응이 순수한 지각반응이 아닌 개인의 선행경험과 공상적 체험이 혼합된 통각적 과정이라 강조하였습니다.

요컨대, 이 문제에서는 슈나이드만(Schneidman)이 제시한 주제통각검사(TAT)의 5가지 해석 방식을 다루고 있습니다. 물론 문제상에서는 5가지 해석 방식 중 '대인관계법(Interpersonal Approach)'에 대해 설명하도록 요구하고 있으나, 추후 5가지 해석 방식 모두를 쓰도록 요구할 수 있으므로, 위의 해설로 제시된 5가지를 모두 기억해 두시기 바랍니다. 참고로 주제통각검사(TAT)에 대한 해석방법으로 '욕구-압력 분석법'이 널리 사용되고 있는데, 이는 위의 해설로 제시된 바와 같이 '주인공 중심의 해석법'에 해당합니다.

18 임상적 면접은 그 필요성과 상황, 목적에 따라 다르게 구분된다. 다음 보기의 내용과 연관된 임상적 면접의 종류를 쓰시오. 3점

> 환자 개인을 보다 정확히 이해하기 위해서는 그의 과거력을 아는 것이 중요하다. 임상심리사는 환자의 과거력을 중심으로 면접을 하게 되며, 이때 환자가 당면한 심리적 문제나 병적 증후는 크게 문제 되지 않는다. 그것보다는 환자의 생활 전반에 대한 평가가 중요하므로, 환자의 아동기 경험, 부모나 형제와의 관계, 학교생활이나 결혼생활 등에 관한 정보를 얻는다. 이를 위해 환자의 부모, 형제, 배우자 혹은 평소 가깝게 지내던 사람들을 면접하기도 한다.

고득점을 향한 심화해설

사례사 면접(혹은 생활사 면접)

임상적 면접의 주요 종류

진단 면접 (Diagnostic Interview)	• 환자를 진단·분류하기 위한 것으로, 환자의 증상을 중심으로 그것이 어떠한 장애 범주에 해당하는지 장애 유형을 구분한다. • 정신질환자를 진료하는 임상장면에서 주로 사용하는 방법으로, 환자의 증상이 무엇인지, 언제부터 증상이 나타났는지, 과거력 및 경과는 어떠한지 등을 면접한다.
접수 면접 (Intake Interview)	• 환자가 도움을 받고자 내원했을 때 내원한 기관에 대한 소개 및 환자의 치료 동기에 대하여 면접한다. • 환자의 요구와 임상장면에 대한 기대, 임상장면의 특징에 대한 소개(예 치료기관, 치료절차 등), 치료적 동기와 대안적 치료방법 등에 초점을 둔다.
사례사 면접 (Case-history Interview)	• 환자의 개인적 혹은 사회적 과거력을 중심으로 환자와 환자의 문제의 배경 및 맥락을 파악하기 위한 것이다. • 환자의 핵심문제나 핵심정서를 다루기보다는 환자의 과거 사건과 사실에 주로 초점을 맞추는 것으로, 환자의 아동기 경험, 부모·형제와의 관계, 학교 및 직장생활, 결혼생활, 직업적 흥미와 적응 정도 등에 관한 정보를 얻는다.
정신상태검진 면접 (Mental Status Examination Interview)	• 진단 면접 시 부수적으로 사용하는 방법으로, 환자의 인지·정서·행동상의 문제점을 평가한다. • 직접 관찰이나 질문, 간단한 형태의 검사를 사용하여 환자의 정신병적 증후나 뇌 기능의 손상을 평가한다. 다만, 환자의 성격이나 신경증적 상태를 이해하기 위한 방법으로는 적합하지 않다.

이 문제는 정확한 복원이 이루어지지 않아 실제 문제와 차이가 있을 수 있습니다. 수험생들의 의견에 따르면, 이 문제는 임상적 면접의 종류를 단답식으로 쓰는 것으로, 보기의 예시가 주어지고 그 내용에서 특히 환자의 과거력, 부모·형제 등 환자와 관련된 중요인물에 대해서도 면접이 이루어질 수 있다는 점이 부각되었다고 합니다.

일반적으로 '임상적 면접'이라 하면 환자가 왔을 때 그들의 치료에 대한 요구와 동기, 치료에 대한 소개 등을 다루는 접수 면접, 환자의 진단을 위해 필요한 제반 사항들을 면접하는 진단 면접이 널리 알려져 있습니다. 그러나 임상적 면접은 그 구체적인 목적에 따라 다양한 형태로 나타나는데, 위의 해설로 제시된 사례사 면접이나 정신상태검진 면접 이외에도 자문 면접, 위기 면접, 검사 전 면접, 이송 면접, 퇴원 면접, 선발 면접 등 여러 종류가 있습니다.

요컨대, 사례사 면접(혹은 생활사 면접)이 환자의 핵심문제나 핵심정서를 다루기보다 환자의 과거력, 즉 과거 사건과 사실에 주로 초점을 맞추는 이유는 객관적 보고가 가능한 것들에 중점을 둠으로써 환자 개인을 보다 정확히 이해하기 위함입니다. 이러한 사례사 면접은 환자 스스로 자신의 정신병적 증후를 밝히기를 꺼리거나 비협조적인 태도를 보이는 경우, 정도가 심한 정신병 환자나 우울증 환자, 함구증 환자, 연소한 아동이나 의사소통이 어려운 노인 환자를 대상으로 하는 경우 유용하게 사용될 수 있습니다.

제3회 기출(복원)문제 및 해설

※ 임상심리사 2급 실기시험은 기출 미공개 시험으로, 본 교재는 기출 키워드를 분석하여 복원한 문제를 수록하였습니다. 실제문제와 차이가 있을 수 있으므로 참고하시기 바랍니다.

01 다음은 상담장면에서 상담자가 내담자에 대한 비밀보장을 할 수 없는 예외적인 경우에 해당한다. 각각의 질문에 답하시오. 6점 19년 기출

(1) 상담자는 내담자가 스스로 자살할 계획을 가지고 있음을 알게 되었다. 그에 대한 대처방법을 3가지 쓰시오.

고득점을 향한 심화해설

① 내담자의 가족이나 가까운 사람에게 알려야 한다.
② 내담자로 하여금 혼자 있지 못하게 하며, 자살을 시도할 수 있는 위험한 물건이나 상황에 가까이 있지 않게 한다.
③ 정신건강의학과 전문의를 포함한 자살 예방 전문가를 만나게 한다.

(2) 상담자는 내담자가 타인을 살해할 계획을 가지고 있음을 알게 되었다. 그에 대한 대처방법을 3가지 쓰시오.

고득점을 향한 심화해설

① 내담자에게 비밀보호가 불이행되는 상황에 대해 재차 인식시킨다.

② 내담자의 위험성을 진단하며, 잠재적 피해자 및 그 가족에게 그와 같은 사실을 알린다.
③ 해당 분야의 전문가나 관련 기관에 의뢰하여 적절한 도움을 받도록 한다.

> **전문가의 한마디**
>
> 정신건강 영역의 종사자들에게는 '경보조치의 의무(Duty to Warn and Protect)'가 있습니다. 특히 미국에서는 전문상담자 혹은 치료자 등 관련 전문가가 내담자의 위험성을 진단하거나 예측하는 데 실패했을 경우, 폭력의 피해를 입을 잠재적 피해자에게 경보를 알리는 데 실패했을 경우, 위험한 개인을 다른 전문체계로 위임하는 데 실패했을 경우, 위험한 개인을 병원에서 성급하게 퇴원조치 하는 경우, 전문가로서의 이중적 의무를 유기한 것으로 간주되어 소송의 대상이 되기도 합니다.
>
> 요컨대, 경보조치의 의무와 관련하여 타라소프(Tarasoff) 판례가 유명합니다. 1969년 캘리포니아 대학의 학생상담센터에서 상담을 받고 있던 포다르(Poddar)라는 학생이 자신의 여자 친구인 타라소프(Tarasoff)를 살해할 계획이라고 상담자에게 말하였고, 이후 그의 여자 친구는 살해되었습니다. 타라소프의 부모는 이 상황을 자신의 딸에게 알리지 않았다는 이유로 캘리포니아 대학 이사회를 상대로 소송을 제기하였고, 상담자는 비밀보호의 의무를 지킨 것이므로 죄가 없다고 주장하였습니다. 타라소프 부모가 제기한 소송은 지방법원에서 기각되었으나 1976년 캘리포니아 주 대법원은 타라소프 부모의 항소를 수용하여 원고승소 판결을 내렸습니다. 주 대법원에서는 예상되는 피해자를 폭력으로부터 보호할 수 있는 합리적인 조치를 취해야 할 의무, 즉 내담자가 제삼자에게 해를 끼치는 상황이 예견될 경우 내담자에 대한 정보를 제삼자에게 제공하는 일종의 '보호차원의 행위'를 해야 할 책임이 있다고 결론을 내렸습니다.

02 상담에서는 상담자의 비언어적 태도로서 신체언어가 중요하다. 이건(Egan)은 상담자의 경청하는 자세와 관련하여 'SOLER'라는 명칭의 머리글자를 조합해서 만든 용어를 사용하였는데, 이때 'SOLER'가 의미하는 바를 각각 쓰시오. 5점

- S :
- O :
- L :
- E :
- R :

고득점을 향한 심화해설

① S(Squarely) – 내담자를 정면으로 마주본다.
   상담자가 내담자에게 관여하고 있다는 자세를 취하는 것이다. 이러한 자세를 통해 '나는 당신과 함께 있다, 당신에게 도움이 되고 싶다'는 뜻을 전달하게 된다.

② O(Open) – 내담자에게 개방적인 자세를 취한다.
   상담자가 내담자에게 마음의 문을 열고 있다는 자세를 취하는 것이다. 이러한 자세를 통해 '나는 당신을 도울 태세가 갖추어져 있다'는 뜻을 전달하게 된다.

③ L(Leaning) – 내담자 쪽으로 약간 몸을 기울인다.
   상담자가 내담자의 말에 관심을 기울이고 있다는 자세를 취하는 것이다. 이러한 자세를 통해 '나는 당신과 당신이 하는 말에 관심이 많다'는 뜻을 전달하게 된다.

④ E(Eye contact) – 적당한 거리에서 내담자와 지속적으로 시선을 접촉한다.
   상담자가 내담자에게 좋은 시선 접촉을 유지하는 자세를 취하는 것이다. 이러한 자세를 통해 '나는 당신에게 관심을 느끼고 있다, 당신이 하는 말을 듣고 싶다'는 뜻을 전달하게 된다.

⑤ R(Relaxed) – 내담자를 편안하고 자연스럽게 대한다.
   상담자가 내담자에게 편안하고 이완된 자세를 취하는 것이다. 이러한 자세를 통해 '나는 편안하고 자연스러운 상태에서 당신의 말을 들을 준비가 되어 있다'는 뜻을 전달하게 된다.

이 문제는 상담자의 비언어적 태도로서 올바른 경청의 자세에 관한 것으로, "상담장면에서 '생산적인 경청'을 하는 상담자가 보이는 구체적인 태도"를 쓰도록 한 2023년 2회 6번 문제, "내담자의 말을 경청하는 데 있어서 좋은 상담자가 되기 위한 구체적인 방법"을 쓰도록 한 2020년 3회 3번 문제와 유사하나 동일한 문제는 아닙니다. 즉, 이 문제는 특정 학자[→ 이건(Egan)]를 언급하고 그가 제시한 구체적인 방법으로서 상담자의 비언어적 태도를 쓰도록 요구하고 있다는 점에서 이전 문제들과 달리 비교적 명확한 정답을 가진 것으로 볼 수 있습니다. 특히 이 문제에서는 'SOLER'라는 두문자가 제시되고 그 의미를 쓰도록 요구하고 있으므로, 답안 작성 시 가급적 각각의 두문자에 해당하는 영문 단어를 병기하도록 합니다. 참고로 각각의 두문자는 다음의 표현을 압축하여 나타낸 것입니다.

- S : Face the client *Squarely*
- O : Adopt an *Open* posture
- L : Remember that it is possible at times to *Lean* towards the other
- E : Maintain good *Eye contact*
- R : Try to be relatively *Relaxed* or natural in these behaviours
    (출처 : Egan, G., 『The Skilled Helper ; A Client-Centred Approach』, Cengage Learning)

03 얄롬(Yalom)이 제시한 집단상담의 치료적 요인을 6가지 기술하시오.

6점　09, 12, 13, 14, 17, 18, 19, 21, 24년 기출

고득점을 향한 심화해설

※ 2024년 1회 3번 기출문제와 동일 또는 매우 유사하므로, 해당 해설을 참조하세요. ☞ 교재 7p

04 상담자가 내담자에 대한 심리치료 및 상담을 종결할 수 있는 상황을 3가지 쓰시오.

6점 23년 기출

고득점을 향한 심화해설

① 내담자가 더 이상 심리학적 서비스를 필요로 하지 않는 경우
② 내담자에 대한 계속적인 서비스가 도움이 되지 않을 경우
③ 상담자나 내담자가 내담자 또는 내담자와 관계가 있는 제3자의 위협을 받는 경우
④ 상담자나 내담자가 심리학적 서비스 과정에서 위험에 처하게 될 경우

전문가의 한마디

이 문제는 2019년 1회 13번 문제, 즉 "상담 종결 상황의 3가지 유형"을 쓰는 문제와는 다른 문제입니다. 2019년 1회 13번 문제는 상담이 종결되는 상황을 조기 종결과 목표 달성에 따른 종결로 구분하여 '상담자에 의한 조기 종결', '내담자에 의한 조기 종결', '성공적인 결과 후의 종결' 등 상담 종결 상황의 일반적인 유형을 쓰도록 한 반면, 이 문제는 상담을 종결할 수 있는 구체적인 상황을 쓰도록 요구하고 있습니다. 따라서 이 문제는 정확한 정답이 있는 것으로 볼 수 없으며, 다양한 상황들이 답안으로 제시될 수 있습니다. 또한 2023년 3회 실기시험(2번)에서는 4가지를 쓰도록 요구한 바 있으므로, 가급적 위의 해설로 제시된 4가지를 기억해 두시기 바랍니다. 참고로 위의 해설 내용은 한국심리학회 윤리규정에 근거한 것으로, 이와 관련된 내용이 임상심리사 2급 2021년 3회 필기시험에 출제된 바 있습니다.

> **제64조 (치료 종결하기)**
> 1. 심리학자는 내담자/환자가 더 이상 심리학적 서비스를 필요로 하지 않거나, 계속적인 서비스가 도움이 되지 않거나 오히려 건강을 해칠 경우에는 치료를 중단한다.
> 2. 심리학자는 내담자/환자 또는 내담자/환자와 관계가 있는 제3자의 위협을 받거나 위험에 처하게 될 경우에는 치료를 종결할 수 있다.
>
> (출처 : 한국심리학회 윤리규정)

> 상담자가 내담자에 대한 치료를 중단 또는 종결할 수 있는 경우에 해당하지 않는 것은? 21년 기출
> ① 내담자가 제3자의 위협을 받는 등 중대한 사유가 있는 경우
> ② 내담자가 치료과정에 불성실하게 임하는 경우
> ③ 내담자에 대한 계속적인 서비스가 도움이 되지 않을 경우
> ④ 내담자가 더 이상 심리학적 서비스를 필요로 하지 않는 경우
>
> 답 ②

05 행동치료에서 치료자들은 내담자의 행동을 간접 측정하기보다는 직접 측정하는 것을 선호한다. 이와 같이 행동을 직접 측정하는 경우 일반적으로 포함시키는 특성 6가지를 쓰시오.

6점 15년 기출

고득점을 향한 심화해설

① 움직임의 형태(Topography)

특정 반응이 나타나는 형태를 의미한다. 예를 들어, 교사가 발달장애아에게 수업 중 질문을 할 때는 팔을 높이 들어야 한다고 알려주고 그 행동을 조형하기를 원한다고 가정할 때, 교사는 팔을 들어 올리는 위치를 정하여 이를 단계별로, 즉 〈팔을 책상 위로 약간 떨어뜨리기 → 턱 높이로 올리기 → 눈 높이로 올리기 → 머리 위로 올리기〉의 순서로 조형해 나간다.

② 양(Amount) – 빈도와 지속기간

행동의 전체 양(Amount)을 측정하는 2가지 일반적인 방법으로 '빈도(Frequency)'와 '지속기간(Duration)'을 들 수 있다. '빈도'는 주어진 일정 시간 내에 발생하는 행동의 수를 말한다. 예를 들어, 피겨스케이트 선수가 연습을 통해 수행상의 개선이 있는지를 알아보기 위해, 그 선수가 수행한 점프와 회전의 빈도를 기록할 수 있다. 반면, '지속기간'은 어떤 기간 내에 행동이 일어나는 시간의 길이를 말한다. 예를 들어, 장시간 TV를 보는 습관이 어느 정도 개선되었는지 알아보기 위해, 가로축에 날짜, 세로축에 TV 시청시간 항목이 있는 차트에 TV를 시청한 누적시간을 기록할 수 있다.

③ 강도(Intensity)

반응의 강도 혹은 힘을 측정하는 것을 의미한다. 이와 같은 강도를 평가할 경우 기계를 자주 사용하게 된다. 예를 들어, 목소리의 크기와 관련된 행동의 경우 소리측정기(Voice Meter)를 이용하여 소리의 데시벨(dB) 수준을 측정할 수 있다.

④ 자극통제(Stimulus Control)

어떤 자극이 있을 때 어떤 행동이 발생하는가를 나타내는 데 사용된다. 예를 들어, 중증도 이상의 지적장애를 가진 사람의 행동을 측정하기 위한 객관적 행동평가를 통해 중증도 지적장애자의 자기 돌보기 기술, 가사 기술, 직업학교에서의 동작성 기술, 작업수행 등의 자극통제를 평가할 수 있다. 즉, "양말을 신어라"라는 언어적 지시와 촉진자극에도 불구하고 아무런 수행을 보이지 않는 경우, 언어적 지시와 촉진자극이 행동의 모델링과 함께 제시된 후 수행을 보이는 경우, 언어적 지시와 촉진자극 후에 수행을 보이는 경우, 다른 촉진자극 없이 언어적 지시만으로 적절히 수행이 이루어지는 경우로 구분하여 행동평가점수를 기록할 수 있다.

⑤ 잠재기간(Latency)

자극이 발생하여 반응을 하기까지의 시간을 말한다. 예를 들어, 어떤 아이는 비록 능률적으로 과제를 수행하지만, 그 전에 비교적 긴 잠재기간을 보인다. 즉, 과제에 착수할 시간에 이를 바로 시작하지 않고 한참을 빈둥거리다가 수행하는 것이다. 이와 같은 잠재기간은 지속기간(Duration)과 마찬가지로 시계를 가지고 평가한다.

⑥ 질(Quality)

앞서 언급된 특성들에 부가되는 것이 아닌 그 특성들이 개선된 것이라 할 수 있다. 예를 들어, 움직임의 형태(Topography)를 토대로 질의 차이를 판단할 수 있는데, 피겨스케이트 선수는 점프를 할 때 두 발로 착지하는 경우보다 한 발로 착지하는 경우 더 잘 것으로 평가된다. 또한 빈도(Frequency)를 토대로 질의 차이를 판단할 수 있는데, 작업자의 업무능력은 그가 주어진 기간 내에 얼마나 많은 행동을 수행하는가에 따라 평가된다.

> **전문가의 한마디** 이 문제는 직접적 행동평가의 기록 내용 및 방법에 관한 것으로서, 기록 행동의 6가지 특징을 기술하는 문제에 해당합니다. 특히 행동의 전체 양(Amount)을 측정하는 방법에 '빈도(Frequency)'와 '지속기간(Duration)'이 포함된다는 점을 반드시 기억해 두시기 바랍니다.

06 아동심리치료에 있어서 고려해야 할 아동의 특성을 3가지 쓰시오. 6점 17년 기출

고득점을 향한 심화해설

① 인지능력, 대처능력 부족

아동은 덜 발달된 자아로 인해 현실을 객관적으로 파악하기 어려우며, 대처능력 또한 미숙할 수밖에 없다. 아동은 자신이 겪고 있는 어려움에 대해 잘 인식하지 못하므로 자발적인 치료 동기를 갖기 어렵다.

② 행동화 경향

성인을 대상으로 하는 심리치료는 대화를 통해 이루어지는 경우가 대부분이다. 그러나 아동은 언어발달 및 인지능력이 미숙하고 특히 행동화하려는 경향이 있으므로, 대화를 주된 방법으로 하는 심리치료를 하는 것이 어려운 경우가 많다. 따라서 이와 같은 아동의 특성을 고려하여 놀이나 게임, 예술 활동 등을 위주로 하는 심리치료를 수행하는 것이 바람직하다.

③ 보호자 통제의 영향

아동의 삶은 상당 부분 보호자에 의해 통제되고 영향을 받는다. 이는 아동의 심리적인 문제를 이해하고 치료하는 데 있어서 부모를 포함한 보호자의 역할 및 참여가 중요하다는 점을 시사한다.

전문가의 한마디 이 문제는 아동기의 일반적인 특성을 기술하는 문제가 아닙니다. 따라서 2023년 1회 3번 문제와 같이 전조작기, 구체적 조작기 및 형식적 조작기에 이르는 아동 및 청소년의 특성을 기술하거나, 아동기의 신체발달, 인지발달, 정서발달, 사회성 발달 등 아동발달의 일반적인 내용을 답안으로 작성하는 경우 오답처리 됩니다.

알아두기 아동심리치료자가 가져야 할 기본적인 태도(Landreth)
- 온화하고 일관된 방식으로 아동을 대함으로써 안정적·보호적인 환경을 제공한다.
- 아동의 말과 행동에 대해 관심을 보여주면서, 아동의 관점을 이해하고 인정하며 수용하도록 노력한다.
- 아동으로 하여금 자신의 감정을 수용하면서 정서를 표현하도록 격려한다.
- 놀이도구의 선택과 사용법 등 치료 과정에서 아동이 스스로 선택할 수 있도록 허용적인 환경을 제공함으로써 자기 책임감과 의사결정 능력을 향상시킬 수 있도록 격려한다.
- 아동 스스로 다양한 사건들과의 상호작용 경험을 통해 자기통제력을 발달시키고 사건들을 통제할 수 있는 기회를 제공한다.
- 치료자가 아동의 감정과 행동을 경험하고 관찰한 것을 언어로 표현해 줌으로써, 아동으로 하여금 자신의 내적 동기, 정서, 상호작용 패턴 등을 통찰하도록 돕는다.

07 자기표현훈련이 필요한 내담자의 특성을 5가지 쓰시오.

5점 [10, 18, 21년 기출]

고득점을 향한 심화해설

① 남의 시선을 회피한다.
② 상대방의 잘못에 대해 지적하거나 언급하기를 두려워한다.
③ 모임이나 회의에서 습관적으로 구석자리를 찾는다.
④ 자기를 비난하는 소리를 듣고만 있다.
⑤ 불만이나 적개심 등의 표현을 주저한다.
⑥ 지나치게 변명하고 사과하는 태도를 보인다.
⑦ 지배적인 인물에 대해 전혀 반박하지 못한다.
⑧ 좋아하거나 사랑하는 대상에게 애정을 표시하지 못한다.
⑨ 남을 칭찬할 줄도 남에게서 칭찬을 받을 줄도 모른다.
⑩ 친한 사람의 비합리적인 요구를 차마 거절하지 못한다.

전문가의 한마디
이 문제와 관련하여 2021년 3회(8번) 및 2018년 3회(3번) 실기시험에서는 자기표현훈련이 필요한 내담자의 특성과 함께 자기표현훈련을 통해 내담자가 인식해야 할 사항을 쓰는 문제가 출제된 바 있으므로, 해당 문제의 해설을 함께 살펴보시기 바랍니다. 참고로 위의 문제 해설은 자기표현훈련이 필요한 내담자에게서 나타나는 구체적인 행동적 특성의 예를 열거한 '이장호, 『상담심리학』, 박영사 刊'을 참조하였습니다.

08 사회기술훈련을 집단으로 시행하는 경우의 장점을 3가지 쓰시오. 6점 [08, 18년 기출]

고득점을 향한 심화해설

① 사회기술훈련을 집단으로 시행하는 경우 정신장애인 간의 사회적 반응이 쉽게 일어나므로 다양한 사회기술을 자연스럽고 자발적으로 연습할 기회를 가지게 된다.
② 집단이 공개토론 장소로 이용되므로 치료자가 참여자의 사회기술 습득 및 진행 정도를 자연스럽게 평가할 수 있다.
③ 치료자는 물론 다른 참여자들이 칭찬이나 인정을 해 주므로 학습한 기술의 강화 효과가 증폭된다.
④ 참여자들이 적절한 시범연기를 보다 실감나게 보여줄 수 있으므로, 치료자를 포함하여 보다 많은 시범연기자들을 확보할 수 있다.
⑤ 참여자들이 친구가 되어 주어진 과제를 완수하도록 격려 혹은 촉구함으로써 서로에게 도움을 준다.
⑥ 많이 호전된 참여자가 집단에 처음 참석한 다른 참여자를 격려함으로써 그로 하여금 사회기술훈련에 계속 참여하도록 동기를 부여한다.
⑦ 치료자 외에도 계속 참석하고 있는 참여자들이 처음 참석한 참여자에게 사회기술훈련에 대한 오리엔테이션을 해 주며, 바람직한 기대감을 심어줄 수 있다.
⑧ 집단 내의 우호적인 관계가 참여자의 증상 호전에 긍정적인 영향을 미친다.
⑨ 집단치료 방식은 한 명의 치료자가 보통 4~8명 정도의 참여자들을 동시에 지도할 수 있으므로 개인치료보다 시간이나 비용 면에서 효율적이다.

전문가의 한마디 사회기술훈련의 집단적인 시행에 따른 장점 및 단점은 교재에 따라 약간씩 다르게 제시되고 있습니다. 특히 이 문제는 단순히 집단상담의 장점(이점)을 묻는 문제와는 근본적으로 출처가 다르므로, 이점 감안하여 학습하시기 바랍니다. 참고로 위의 문제 해설은 '김규수 外, 『정신장애인의 사회통합』, 학지사 刊'을 참조하여 답안을 작성하였습니다.

알아두기 사회기술훈련을 조직하고 체계적으로 실시해 나가는 데 이용되는 학습원칙
- 각 개인의 문제점과 목표를 행동적 개념으로 구체화한다.
- 행동적 측면에서 경과를 평가하고 추적한다.
- 기능적 분석을 통해 행동상의 문제와 결손을 지속시킬 수 있는 환경적 요인 및 결과를 알아낸다.
- 정신장애인의 적극적인 참여에 대한 동기를 불러일으키는 강화인자가 무엇인지 알아낸다.
- 학습 시 청각적·시각적 도구들을 이용함으로써 정신장애인의 인지적 결손을 보상한다.
- 학습을 촉진시킬 수 있는 최적의 약 용량과 종류를 결정한다.
- 목표행동을 한꺼번에 가르치기보다는 이를 세분화하여 가르치고 그 호전을 강화시킨다.
- 정신장애인에게 치료적 지시를 하며, 호전될 것이라는 기대감을 심어준다.
- 정신장애인에게 직접적으로 혹은 영상을 통해 시범연기를 보여준다.
- 반복적인 연습 및 학습이 이루어지도록 한다.
- 적극적으로 격려하고 구체적으로 지도한다.
- 호전에 대해 인정, 칭찬 등의 긍정적인 피드백을 준다.
- 배운 기술을 실제 생활에서 활용할 수 있도록 일반화시킨다.

09 재활치료를 받고 있는 정신과 환자들을 대상으로 한 환자 교육 방법 중 2가지를 쓰고, 각각에 대해 설명하시오. 4점 20년 기출

고득점을 향한 심화해설

① 증상관리 교육
  ㉠ 환자들에게 문제 증상이 일상생활에 미치는 영향을 최소화하는 방법을 교육시킴으로써 스스로 증상을 관리하여 재발과 입원을 막도록 돕는 교육 프로그램이다.
  ㉡ 치료자는 환자로 하여금 자신들의 증상에 대해 숙련된 관찰자가 되도록 함으로써 치료 과정에서 스스로 영향력 있는 참여자가 되도록 돕는다.
  ㉢ 일반적으로 조현병의 증상·징후, 조현병의 원인·발병·경과, 지속증상에 대한 대처방법, 재발증상 등이 교육의 내용에 포함된다.

② 약물관리 교육
  ㉠ 환자들에게 약물에 대한 올바른 지식과 함께 적절한 투약방법을 교육시킴으로써 약물을 더 잘 복용하고 재발을 막도록 돕는 교육 프로그램이다.
  ㉡ 치료자는 환자로 하여금 정신과 질환의 재발 가능성을 인식시킴으로써 약을 계속 복용하도록 촉구하며, 약물 부작용의 관리법을 주지시킨다.
  ㉢ 일반적으로 약물의 이해, 약물복용 이유에 대한 이해, 정신과 약물의 종류 및 특성, 약물 부작용 등이 교육의 내용에 포함된다.

전문가의 한마디

정신과 환자들을 대상으로 한 환자 교육 방법은 여러 가지가 있고, 전공교재에서도 여러 가지 방법들이 언급되고 있는 만큼, 이 문제는 다양한 답안이 도출될 수 있습니다. 다만, 이 문제는 비교적 정확한 출처가 있고 출제자 또한 해당 출처를 토대로 정답지를 마련하였을 것이므로, 가급적 위의 해설로 제시된 2가지를 답안으로 작성하시기 바랍니다.

요컨대, 이 문제는 재활치료의 구성요소 중 '환자 교육'에 관한 것입니다. '안창일, 『임상심리학』, 시그마프레스 刊'에서는 재활치료의 구성요소를 '사회기술훈련', '환자 교육', '가족교육 및 치료', '직업재활', '지역사회 지지서비스', '다양한 주거 프로그램'으로 구분하고, 특히 환자 교육의 구체적인 방법으로 '증상관리 교육' 및 '약물관리 교육'을 제시하고 있습니다. 반면, 일부 수험서에서는 이 문제의 답안으로 '사회기술훈련', '직업재활' 등을 제안하고 있는데, 이는 '환자 교육'의 구체적인 방법이라기보다는 단지 재활치료의 구성요소에 해당하는 바, 출제자가 요구하는 정답이라고 보기 어렵습니다.

사실 '환자 교육'은 환자로 하여금 자신의 병을 빨리 극복하여 재기할 수 있도록 돕는 것으로, 여기에는 증상관리 교육, 약물관리 교육 외에도 자기 보살피기, 성 교육, 대인관계 교육 등 다양한 교육 방법들이 포함됩니다. 다만, 증상관리 교육과 약물관리 교육이 여러 교재에서 가장 중요하게 언급되고 있으므로, 위의 해설에 제시된 2가지를 반드시 기억해 두시기 바랍니다.

10 직업재활을 해야 하는 이유를 3가지 쓰시오. 　6점　20년 기출

고득점을 향한 심화해설

① 생계의 수단 – 경제생활 유지
  ㉠ 직업은 생계의 수단이라는 경제적 의미를 지닌다. 개인은 직장을 구해 일을 함으로써 일정한 수입을 얻고 경제생활을 유지할 수 있다.
  ㉡ 경제활동은 인간의 욕구를 충족시키는 한 가지 방법으로, 각 개인은 직업을 통해 얻어지는 소득으로써 자신의 삶을 윤택하게 할 수 있다.

② 사회적 기여의 수단 – 사회적 욕구충족
  ㉠ 직업은 사회적 기여라는 사회적 의미를 지닌다. 개인은 사회활동을 통해 자신의 욕구를 충족시키는데, 직업은 사회활동의 가장 중요한 수단이자 사회봉사의 수단이기도 하다.
  ㉡ 모든 직업은 사회가 필요로 하기 때문에 존재하는 것이며, 따라서 존재하는 모든 직업은 소명을 가지고 봉사할만한 가치가 있다.

③ 자아실현의 수단 – 자기성취와 자기발전
  ㉠ 직업은 자아실현이라는 심리적 의미를 지닌다. 개인은 직업을 통해 자신의 능력을 발휘하고 일하는 보람과 삶의 보람을 느끼면서 자아실현을 할 수 있다.
  ㉡ 자신이 하고 싶은 일을 통해 자기목적을 성취하고 자기발전을 경험하는 것은 누구나 바라는 보람된 일이다.

전문가의 한마디 국제노동기구(ILO)는 장애인 직업재활에 관한 권고(제99호)에서 직업재활을 "직무지도와 훈련, 취업알선 등의 직업적 서비스를 포함한 연속적이고 협력적인 재활과정의 일부로 장애인이 적절한 고용을 확보하고 유지할 수 있도록 돕는 것"이라 명시하고 있습니다. 이러한 직업재활의 궁극적인 목표는 장애인이 자신의 능력과 적성에 맞는 직업을 찾아서 취업하고, 그 직무에 만족하며 적응하면서 시민으로서의 역할을 수행할 수 있도록 하는 데 있습니다. 참고로 재활 분야는 크게 의료재활, 교육재활, 직업재활, 사회재활, 심리재활로 분류되며, 최근에는 재활공학도 중요한 분야로 다루어지고 있습니다.

11. 집단상담의 내담자로서 집단성원들의 적절한 자기노출을 위한 지침을 5가지 쓰시오.

5점 | 21년 기출

고득점을 향한 심화해설

① 집단성원들의 자기노출은 집단상담의 목적 및 목표와 관계가 있어야 한다.
② 집단성원들이 어떤 사람에 대해 계속적으로 같은 반응을 보인다면 그 문제를 공개적으로 다루도록 유도해야 한다.
③ 집단성원들은 무엇을, 그리고 어느 정도로 자신을 드러낼 것인지를 결정해야 한다.
④ 집단성원들은 자기노출을 위해 어느 정도 위험을 감수해야 한다.
⑤ 집단의 발전 단계에 따라 자기노출의 정도를 적절히 조절해야 한다.

전문가의 한마디
이 문제는 일반적인 인간관계에서 의사소통을 위한 자기노출이 아닌 집단상담 장면에서 집단의 생산적인 변화를 위한 자기노출에 관한 문제이며, 더 나아가 집단상담에서 상담자의 자기노출이 아닌 내담자로서 집단성원들의 자기노출에 관한 문제입니다. 이와 같이 자기노출에 관한 문제라 하더라도 주어진 조건에 따라 답안이 달라지므로, 이점 유념하시기 바랍니다. 참고로 자기노출(Self-disclosure)은 '자아개방' 혹은 '자기개방'으로도 널리 불리고 있습니다.

알아두기 집단상담에서 상담자의 자기노출 문제에 관한 지침(Corey & Corey)
- 상담자가 자신의 개인적인 문제를 탐색하고 싶다면 자신을 위한 치료집단을 찾도록 한다. 즉, 상담자로서의 역할과 집단원으로서의 역할을 혼동하지 않도록 한다.
- 상담자가 자신의 사생활을 밝히고자 한다면 스스로 그 이유에 대해 자문해 보도록 한다.
- 상담자는 집단 내 상호작용과 관련이 없는 개인적인 사항을 밝히기보다 집단에서 진행되는 일과 관련하여 자기노출을 하도록 한다.
- 상담자는 앞으로 만나게 될 사람들에게 어느 정도 사생활을 공개하고 싶은지 자문해 보도록 한다.

12 가족을 하나의 유기체로 보는 벡바와 벡바(Becvar & Becvar)의 가족치료의 기본전제를 3가지 기술하시오. [6점] [19년 기출]

고득점을 향한 심화해설

① 사람들 간의 관계에 대한 주목
  가족치료는 개인과 개인의 문제를 별개로 보는 시각에서 벗어나 사람들 간의 관계와 관계 문제에 대해 주의를 기울인다.
② 관찰자와 관찰대상 간의 상호작용 맥락에 대한 고려
  가족치료는 전일적 관점에서 관찰자와 관찰대상 간의 상호의존을 강조하므로, 그 둘이 상호작용하는 맥락을 고려한다.
③ '왜(Why)'보다는 '무엇(What)'에 대한 강조
  가족 혹은 다른 체계에 대한 이해는 상호작용 패턴에 대한 사정을 필요로 하며, '왜(Why)' 일어나는지보다는 '무엇(What)'이 일어나고 있는지를 강조한다.

전문가의 한마디

벡바와 벡바(Becvar & Becvar)는 가족치료의 권위자로서, 체계이론적 가족치료의 틀을 제시한 학자들입니다. 그들은 가족치료에 대한 기존의 개인심리학 접근의 한계를 지적하였습니다. 개인심리학 접근은 서구 로크주의(Lockean) 전통의 가정들에 기초한 것으로서, 로크주의는 세상을 주체와 객체로 분리하고 실재(Reality)를 우리의 마음 밖에 존재하는 것으로 간주하며, 환원주의를 통해 실재에 관한 몇 가지 절대적 진실에 도달할 수 있다고 주장합니다. 그러나 그와 같은 개인주의적·환원주의적·기계론적인 세계관은 새로운 패러다임, 즉 유기체론적 세계관의 출현과 함께 혁신적인 변화를 경험하게 됩니다. 유기체론적 세계관의 확산에 따라 개인의 증상은 개인의 심리내적 요인에 의한 것이라기보다는 개인이 유기적인 관계를 맺고 있는 체계인 가족의 역기능적 상호작용을 반영하는 것이며, 따라서 개인의 증상 해결을 위해서는 가족의 역기능적 상호작용에 개입할 필요성이 있음을 인식하기에 이른 것입니다. 벡바와 벡바는 유기체론적 세계관에 기초하여 체계이론적 가족치료를 제안하였으며, 그것이 이론 중의 이론, 즉 메타이론이 되기를 내심 염원하였습니다.

알아두기 개인치료 및 가족치료 인식론의 비교

구 분	개인치료	가족치료
세계관	기계론적 세계관 (Mechanistic World View)	유기체론적 세계관 (Organismic World View)
주요 특징 (기본가정)	• '왜(Why)'라는 질문 • 선형적 인과성(직선적 인과관계) • 주체/객체의 이원론 • 이분법적(이것 아니면 저것) • 결정론적/반응적 • 법칙 및 법칙과 같은 외재적 실재 • 역사(과거사)에 초점 • 개인주의적 • 환원주의적 • 절대적	• '무엇(What)'이라는 질문 • 상호적 인과성(순환적 인과관계) • 전체성, 전일성(Holism) • 변증법적(이것과 저것 모두) • 선택의 자유/능동적 • 패 턴 • '여기-지금'에 초점 • 관계적 • 맥락적 • 상대적

13. 심리평가의 목적을 크게 3가지로 구분하시오. [3점] [13, 21년 기출]

고득점을 향한 심화해설

① 임상적 진단
  임상적 진단을 명료화·세분화하며, 증상 및 문제의 심각성 정도를 구체화한다.

② 자아기능 평가
  성격 및 정신병리에 대한 이해를 위해 내담자의 자아기능, 자아강도, 인지기능 등을 측정 및 평가한다.

③ 치료전략 평가
  적절한 치료유형, 치료전략, 치료적 개입에 의한 효과 등을 평가한다.

전문가의 한마디

심리평가의 목적에 관한 내용은 교재에 따라 약간씩 다르게 제시되어 있으나 내용상 큰 차이는 없습니다. 다만, 이 문제에서는 심리평가의 목적을 크게 3가지로 구분하여 제시할 것을 요구하고 있으므로, 보다 구체적인 목적들을 임상적 진단, 자아기능 평가, 치료전략 평가의 3가지 관점으로 축약하여 제시할 필요가 있습니다. 그러나 보다 일반적인 문제 유형으로서 심리평가의 목적을 제시할 것을 요구하는 경우, 다음과 같이 심리평가의 보다 구체적인 목적들을 작성하면 됩니다.

- 임상적 진단을 명료화·세분화한다.
- 증상 및 문제의 심각도를 구체화한다.
- 자아강도를 평가한다.
- 인지적 기능을 측정한다.
- 적절한 치료유형을 제시한다.
- 치료전략을 기술한다.
- 환자를 치료적 관계로 유도한다.
- 치료적 반응을 검토하고 치료효과를 평가한다.

참고로 위의 문제 해설은 '안창일, 『임상심리학』, 시그마프레스 刊', '박영숙, 『심리평가의 실제』, 하나의학사 刊'을 토대로 답안을 작성하였습니다.

14 심리검사 도구 선정 시 고려사항을 3가지 쓰시오.

6점 | 10년 기출

심화해설

① 심리평가의 목적을 분명히 하여 그 목적에 부합하는 적절한 검사도구를 선정한다.
② 표준화된 검사를 사용하는 경우 반드시 신뢰도와 타당도를 검토한다.
③ 검사 시행 및 채점의 간편성, 검사 시행 시간, 검사지의 경제성 등 심리검사의 실용성을 고려한다.

전문가의 한마디

심리검사 도구 선정 시 고려사항에 대한 내용은 교재마다 다양하게 제시되어 있으나 내용상 큰 차이는 없습니다. 심리검사는 상담 과정의 일부분으로서 상담의 효과를 높이기 위한 것이지만, 경우에 따라 상담 과정 및 결과에 부정적인 영향을 미치기도 합니다. 이를테면 내담자(수검자)가 능력검사에서 실패를 두려워하여 불안해한다거나, 성격검사에서 자신의 성격적 약점 혹은 결함이 드러날 것을 우려하여 왜곡된 반응을 보일 수도 있습니다. 검사도구 선정 시 내담자를 포함시키는 이유는 내담자로 하여금 검사의 목적이 내담자를 평가하기 위한 것이 아닌 내담자 스스로 자신을 더 잘 이해할 수 있도록 돕기 위한 것임을 알려줄 수 있기 때문입니다. 내담자는 검사의 유용성에 대해 확신을 가지게 되면서, 능력검사에서 최대한 노력하고, 성격검사에서 보다 솔직하게 응답하게 됩니다.
참고로 이와 유사한 내용으로, 심리검사의 선정기준에 관한 문제가 1차 필기시험에 출제된 바 있습니다.

> 심리검사 선정기준으로 틀린 것은?   21년 기출
> ① 신뢰도와 타당도가 높은 검사를 선정한다.
> ② 검사의 경제성과 실용성을 고려해 선정한다.
> ③ 수검자의 특성과 상관없이 의뢰 목적에 맞춰 선정한다.
> ④ 객관적 검사와 투사적 검사의 장·단점을 고려하여 선정한다.
>
> 답 ③

알아두기 | 심리검사 도구 선정 시 주요 고려사항

- 다양한 심리검사의 내용 및 특징 등에 대한 정확한 정보를 토대로 검사 내용상 검사 목적에 가장 잘 부합하는 심리검사를 선정하여야 한다.
- 타당성, 신뢰성, 객관성, 경제성, 실용성 등을 종합적으로 고려하여 검사도구를 선정하여야 한다.
- 검사로 인해 발생할 수 있는 결과에 대해 명확히 알고 있어야 한다.
- 검사 사용 시 발생할 수 있는 편향을 감소시키기 위해 필요한 과정들에 대해 명확히 알고 있어야 한다.
- 특정 검사의 특징과 함께 해당 검사의 사용과 관련된 폭넓은 지식을 가지고 있어야 한다.
- 검사도구 선정 시 내담자를 포함시키는 것이 바람직하다.

15. 지능을 평가할 때의 주요 쟁점으로 임상적 접근과 개념적 접근에 대해 설명하시오.

고득점을 향한 심화해설

① 임상적 접근

지능평가의 합리성을 강조하는 것으로, 지능이 측정 가능한 구체적인 실체라고 가정하는 입장이다. 따라서 심리학자는 현재 주로 사용되는 지능검사 도구들을 가지고 어떻게 지능을 측정할 것인가의 실용적인 측면에 초점을 두게 된다.

② 개념적 접근

지능을 가설적 혹은 이론적 구성개념으로 가정하면서, 지능의 구성개념이 매우 복잡하므로 현재 사용되는 지능검사로는 완전히 측정될 수 없다고 보는 입장이다. 따라서 심리학자는 지능의 정의와 분석방법을 연구하는 데 초점을 두는 반면, 현재 주로 사용되는 지능검사의 활용에 대해서는 그다지 관심을 가지지 않는다.

전문가의 한마디

지능의 평가와 관련된 두 가지 접근방법으로 '임상적 접근'과 '개념적 접근'은 오랫동안 논쟁이 되어 온 문제이기도 합니다. 다만, 이와 같은 두 가지 접근은 서로 무관할 수 없다고 보는 것이 타당합니다. 임상가는 어떤 구성개념이 정의되기 이전에는 이를 적절히 평가할 수 없으며, 연구자 또한 기존의 지능에 대한 경험적 정의가 없다면 지능을 평가하는 데 사용되는 도구의 타당도를 적절히 평가할 수 없을 것입니다. 참고로 이 문제는 지능에 관한 임상적 접근과 개념적 접근의 논쟁을 다루고 있으므로, 위의 해설과 같이 그 두 가지 접근의 대비되는 특징을 기술하여야 정답으로 인정받을 수 있습니다.

알아두기 지능에 대한 임상적 평가를 하는 데 있어서 유념해야 할 사항
- 지능의 본질이나 정의와 연관된 문제들을 인식하고 있어야 한다.
- 지능검사 결과를 무비판적으로 타당한 측정치로 받아들여서는 안 된다.

16 MMPI 임상척도 중 9번 척도의 T점수가 27점일 때 임상적 양상을 2가지 쓰시오. 4점 17년 기출

고득점을 향한 심화해설

① 무감동, 무기력, 피로감
　무감동적이고 기운이 없으며, 의욕이 없고 만성적인 피로감이나 무력감을 호소한다.
② 우울증상
　척도 2 D(Depression, 우울증)의 점수가 높지 않더라도 우울증상을 호소한다.

전문가의 한마디 척도 9 Ma(Hypomania, 경조증)에서의 과도하게 낮은 점수는 많은 경우에 있어서 우울장애에서 나타나는 정신운동성의 지체를 반영하는 것으로 알려져 있습니다. 따라서 척도 9에서 매우 낮은 점수를 보이는 경우 척도 2의 점수가 비교적 정상범위에 있다고 하더라도 우울할 가능성을 고려해 보아야 합니다. 이는 척도 2가 우울의 정서 상태를 반영하는 반면, 척도 9는 우울의 행동적 표현을 반영하기 때문입니다. 그로 인해 척도 9의 점수가 매우 낮은 사람은 소극적·통제적인 성향을 보이며, 정서적 표현을 삼가는 경향이 있습니다. 참고로 척도 9의 점수가 70T 이상인 경우 외향적·충동적·과대망상적 성향, 사고의 비약 등을 반영하며, 특히 80T를 넘어서는 경우 조증 삽화의 가능성이 있습니다. 이와 관련하여 1차 필기시험에 출제된 다음의 문제를 풀어보시기 바랍니다.

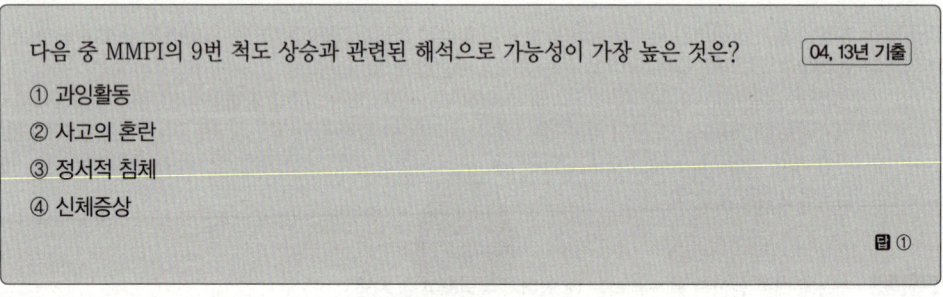

다음 중 MMPI의 9번 척도 상승과 관련된 해석으로 가능성이 가장 높은 것은? 04, 13년 기출
① 과잉활동
② 사고의 혼란
③ 정서적 침체
④ 신체증상

답 ①

17 기질 및 성격검사(TCI)는 4가지 기질과 3가지 성격을 측정하는 척도들로 구성되어 있다. 그중 기질척도를 3가지만 쓰고, 각각에 대해 설명하시오. 6점 18, 24년 기출

고득점을 향한 심화해설

※ 2024년 1회 15번 기출문제와 동일 또는 매우 유사하므로, 해당 해설을 참조하세요. ☞ 교재 30p

18 바이너(Weiner)는 심리검사를 객관적 검사와 투사적 검사로 구분하고 로샤 검사(Rorschach Test)를 투사적 검사로 분류하는 것에 대해 불만을 제기하였다. 그 이유를 2가지 기술하시오.

`4점` `18년 기출`

심화해설 (고득점을 향한)

① 주관적 검사로의 오명

로샤 검사를 객관적 검사가 아니라고 분류함으로써 검사자와 수검자에 따라 해석이 달라지는 주관적 검사라는 오명을 쓰게 된다는 것이다. 사실 주관적 해석은 검사 기법에서 비롯되는 문제라기보다는 검사자가 로샤 검사에 미숙하다는 의미이다.

② 비투사 반응에 대한 해석

투사적 검사는 반응 과정에서 반드시 투사가 작용하며, 그와 같은 투사의 작용으로써 유용한 정보를 얻을 수 있다는 것을 의미한다. 그러나 로샤 검사에서는 항상 투사가 일어나는 것도 아니고, 투사가 검사의 가장 중요한 핵심도 아니다. 수검자는 투사된 자료 없이도 로샤 카드에 반응할 수 있으며, 검사자는 투사된 자료가 없는 프로토콜을 해석할 수도 있다.

전문가의 한마디

로샤 검사의 창시자인 로샤(Rorschach)는 이른바 '심리학적 실험'으로써 객관적인 절차를 강조하였으며, 1921년 발표한 자신의 논문《Psychodiagnostics : A Diagnostic Test Based on Perception》에서 "지각에 의한 진단검사"를 부제로 한 것에서 알 수 있듯이 근본적으로 지각을 측정한다는 믿음을 가지고 있었습니다. 그는 표준절차에 따라 수검자의 잉크반점에 대한 반응을 분류하는 구체적인 기준을 마련하였으며, 자신이 관찰한 환자집단과 비환자집단 간의 차이를 기초로 몇 가지 요약점수를 만들고 이를 토대로 성격 특성을 추론할 수 있는 해석지침을 마련하기도 하였습니다.

요컨대, 로샤는 본인 스스로 로샤 검사의 본질에 대해 단정적인 결론을 내리는 것을 조심스러워했습니다. 그는 초창기 자신의 검사를 주의, 지각, 기억, 의사결정, 논리적 분석 등을 포함하는 인지구조화 과제로 본 반면, 자신의 검사가 무의식을 탐구하는 도구로 오인되어서는 안 된다고 주장하기도 하였습니다. 그러나 1922년 급작스럽게 세상을 떠나기 직전에는 로샤 검사와 정신분석에 관한 연구성과를 발표하기 위해 논문을 집필하고 있었으며, 이 논문을 통해 로샤 검사 반응이 수검자의 무의식에 대한 깊이 있는 통찰을 제공해 줄 수 있다고 주장하기도 하였습니다. 그의 이와 같은 상반된 견해는 이후 로샤 검사를 연구한 많은 학자들에 의해 논쟁거리가 되었으며, 한때 진단의 부정확성, 신뢰도 및 타당도에 관한 부정적인 결과들이 제시되면서 잊히기도 하였습니다. 그러나 엑스너(Exner)를 비롯한 몇몇 학자들의 지속적인 연구에 힘입어 로샤 검사에 대한 관심이 다시 부활하게 되었으며, 특히 엑스너의 종합체계를 통한 실증적 접근은 로샤 검사의 효용성을 부각시켰습니다.

19 틱(Tic) 장애를 평가하는 척도를 2가지 쓰시오. 　4점　16년 기출

고득점을 향한 심화해설

① 예일 틱 증상 평가척도 또는 예일 전반적 틱 심각도 척도(YGTSS ; Yale Global Tic Severity Scale)
② 뚜렛 증후군 심각도 척도 또는 뚜렛 증후군 증상 평가척도(TSSS ; Tourette Syndrome Severity Scale)
③ 뚜렛 증후군 전반적 척도 또는 뚜렛 증후군 평가척도(TSGS ; Tourette Syndrome Global Scale)
④ 뚜렛 증후군 증상목록(TSSL ; Tourette Syndrome Symptom List)
⑤ 뚜렛 증후군 설문지(TSQ ; Tourette's Syndrome Questionnaire)
⑥ 운동성 틱, 강박사고 및 강박충동, 음성 틱 평가조사표(MOVES ; Motor Tic, Obsessions and Compulsions, Vocal Tic Evaluation Survey)
⑦ 오하이오 뚜렛 조사 설문지(Ohio Tourette Survey Questionnaire)
⑧ 틱 전조감각 충동 척도(PUTS ; Premonitory Urge for Tics Scale)
⑨ 샤피로 뚜렛 증후군 심각도 척도(STSSS ; Shapiro Tourette Syndrome Severity Scale)
⑩ 전반적 틱 평정척도(GTRS ; Global Tic Rating Scale)
⑪ 뚜렛 증후군-전반적 임상 인상척도(TS-CGI ; Tourette Syndrome-Clinical Global Impression)
⑫ 홉킨스 운동성 틱/음성 틱 척도(HMVTS ; Hopkins Motor and Vocal Tic Scale)
⑬ 뚜렛 장애 척도(TODS ; Tourette's Disorder Scale)
⑭ 틱 통합 평정척도(UTRS ; Unified Tic Rating Scale)
⑮ 상파울루 대학 감각 현상 척도(USP-SPS ; University of São Paulo's Sensory Phenomena Scale)

전문가의 한마디

틱(Tic) 장애를 평가하는 척도는 그 종류가 매우 많습니다. 다만, 국내에서 가장 널리 알려지고 신뢰도 및 타당도 검증을 통해 한국판으로도 발행된 대표적인 척도는 '예일 틱 증상 평가척도(YGTSS)'입니다. 참고로 틱 장애를 평가하는 척도로 'Tsai, L. Y., 『자폐 및 정서·행동장애 아동의 약물치료에 대한 이해』, 이상복 外 譯, 시그마프레스 刊'에서는 '예일 틱 증상 평가척도 또는 예일 전반적 틱 심각도 척도(YGTSS)', '뚜렛 증후군 심각도 척도(TSSS)', '뚜렛 증후군 전반적 척도(TSGS)'를 제시하고 있으며, '조수철 外, 『틱장애』, 서울대학교출판부 刊'에서는 역시 '예일 틱 증상 평가척도(YGTSS)'와 함께 '뚜렛 증후군 증상목록(TSSL)'을 제시하고 있습니다. 그 밖에 위의 해설로 제시된 다양한 척도들은 'Martino, D. et al., 『Tourette Syndrome』, Oxford 刊'에 소개된 것입니다.

알아두기

예일 틱 증상 평가척도(YGTSS ; Yale Global Tic Severity Scale)
- 1989년 레크먼(Leckman) 등에 의해 개발된 것으로, 숙련된 평가자가 다양한 정보원들과의 반구조화된 면담을 통해 작성한다.
- 일주일 동안 관찰된 틱 증상에 관한 자가평가 설문지와 평가자의 직접 관찰을 통해 평가가 이루어진다.
- 틱 증상의 심각도는 운동성 틱과 음성 틱 각각에 대해 '개수, 빈도, 심한 정도, 복합성, 방해'의 5가지 차원에서 6점 순위척도로 평가한다.
- 5가지 차원에 따라 운동성 틱과 음성 틱에 대해 각각 동일한 방식의 순위척도가 사용되며, 장해도(현재 틱 증상의 심한 정도)에 대해서는 틱의 종류와 무관하게 별도의 채점을 하도록 되어 있다.
- 특히 장해도의 평가는 틱 장애가 일주일 동안 개인에게 미친 영향(예 자기에 대한 인식, 자신감, 가족성원들과의 관계, 사회 또는 또래관계, 학업 또는 직업적 상황에서의 수행정도 등)에 초점을 두며, 마찬가지로 6점의 순위척도에 기반을 둔다.
- 최종적으로 전체 점수는 운동성 틱에 대한 점수, 음성 틱에 대한 점수, 장해도를 합한 값으로 한다.
- 한국판 검사도구는 1999년 정선주 등에 의해 그 신뢰도와 타당도가 검증된 바 있다.

20 아동 평가에서 특정 문제영역이 아닌 전반적인 광범위한 문제영역에 대해 보호자의 보고를 토대로 평가할 수 있는 평정척도가 있다. 그에 해당하는 평정척도를 2가지 쓰시오.

2점 12, 17, 20년 기출

고득점을 향한 심화해설

① 아동·청소년 행동평가척도(K-CBCL 혹은 CBCL)
② 아동인성평정척도(KPRC)

전문가의 한마디

행동평정척도는 아동 및 청소년의 행동 특성에 관한 종합적인 판단을 부모, 교사 등 그들을 잘 알고 있는 정보제공자에게서 표준화된 형태의 척도를 이용하여 얻는 방식입니다. 즉, 대상 아동 및 청소년에게서 어떤 행동이 존재하는지를 면담자의 직접적인 행동관찰이나 구조화된 행동면접을 통해 일차적으로 측정하는 것이라기보다는 특정 행동에 대한 정보제공자의 지각을 측정하는 것으로, 특정 행동의 유무에 대한 응답만을 하는 단순 체크리스트와 달리, 특정 증상의 유무와 그 정도에 대해서도 평정할 수 있도록 합니다.

요컨대, 행동평정척도는 여러 가지가 있으므로, 위의 해설로 제시된 2가지 외에 다른 답안도 가능합니다. 다만, 행동평정척도의 명칭과 관련하여 일부 논란이 있을 수 있으므로, 이점 간략히 설명해 드립니다. 우선 'K-CBCL'은 1991년 만 4~18세 아동 및 청소년을 대상으로 개발된 'CBCL 4-18'을 오경자 등이 국내 표준화한 것으로, 이후 'CBCL 4-18'이 만 6~18세 아동 및 청소년을 대상으로 한 'CBCL 6-18'로 개정됨에 따라 우리나라에서는 국내 표준화 버전을 '한국판 CBCL 6-18' 혹은 'CBCL 6-18'의 명칭으로 부르고 있습니다. 그럼에도 불구하고 위의 해설에서 정식 명칭이 아닌 'K-CBCL' 혹은 'CBCL'로 제시한 이유는 개정 이후 버전보다는 개정 이전 버전에 대한 연구가 보다 많이 이루어진 데다가, 해당 명칭이 최근에도 학술논문이나 청소년상담사 등 각종 국가자격시험에서 널리 사용되고 있기 때문입니다.

성인을 대상으로 한 심리검사로 옳은 것을 모두 고른 것은? 청소 2급 22년 21회 기출

ㄱ. MMPI-2 ㄴ. K-WPPSI
ㄷ. K-ABC   ㄹ. MMTIC
ㅁ. K-CBCL

① ㄱ
② ㄱ, ㄹ
③ ㄴ, ㄷ, ㄹ
④ ㄱ, ㄷ, ㄹ, ㅁ
⑤ ㄱ, ㄴ, ㄷ, ㄹ, ㅁ

답 ①

> 초등학교 아동에게 사용하기 적합하지 않은 검사는? 　　　임상 2급 19년 1회 기출
> ① SAT
> ② KPRC
> ③ CBCL
> ④ K-Vineland-II
>
> 답 ①

따라서 답안 작성 시 개정판 정식 명칭인 '한국판 CBCL 6-18'이나 'CBCL 6-18'로 작성해도 혹은 간단히 'K-CBCL'이나 'CBCL'로 작성해도 정답으로 인정됩니다. 또한 아동인성평정척도(KPRC)는 아동용 인성검사(KPI-C)를 수정·보완한 것입니다. 따라서 답안 작성 시 'KPRC'를 제시해도 혹은 'KPI-C'를 제시해도 정답으로 인정됩니다.

2023년

임상심리사 2급

제1회 기출(복원)문제 및 해설

제2회 기출(복원)문제 및 해설

제3회 기출(복원)문제 및 해설

합격의 공식 시대에듀

우리 인생의 가장 큰 영광은
결코 넘어지지 않는 데 있는 것이 아니라
넘어질 때마다 일어서는 데 있다.

– 넬슨 만델라 –

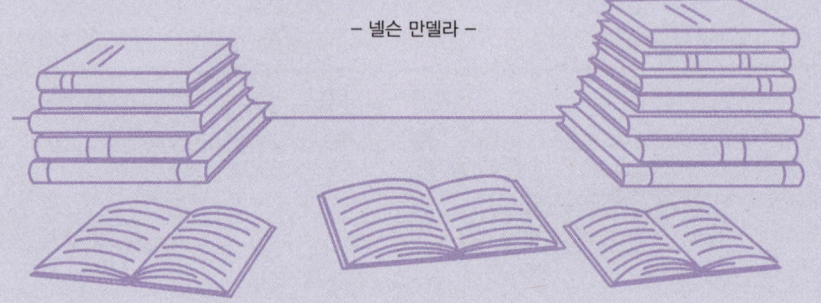

끝까지 책임진다! 시대에듀!

QR코드를 통해 도서 출간 이후 발견된 오류나 개정법령, 변경된 시험 정보, 최신기출문제, 도서 업데이트 자료 등이 있는지 확인해 보세요! **시대에듀 합격 스마트 앱**을 통해서도 알려 드리고 있으니 구글 플레이나 앱 스토어에서 다운받아 사용하세요. 또한, 파본 도서인 경우에는 구입하신 곳에서 교환해 드립니다.

2023 제1회 기출(복원)문제 및 해설

기출이 답이다 임상심리사 2급 2차 실기합격

※ 임상심리사 2급 실기시험은 기출 미공개 시험으로, 본 교재는 기출 키워드를 분석하여 복원한 문제를 수록하였습니다. 실제문제와 차이가 있을 수 있으므로 참고하시기 바랍니다.

01 정신분석적 상담 과정에서 나타나는 전이와 역전이에 대해 설명하시오. 〔4점〕 〔08, 15, 19년 기출〕

(1) 전이(Transference)

고득점을 향한 심화해설

① 의 의

상담 과정에서 전이는 내담자가 어린 시절 어떤 중요한 인물에 대해 가졌던 관계를 상담자에게 표출하는 것이다. 과거에 충족되지 못한 욕구를 현재의 상담자를 통해 해결하고자 하는 일종의 투사현상으로서, 예를 들어 내담자는 상담자가 어린 시절 권위적이었던 자신의 아버지와 닮았다고 판단하는 경우, 상담자에게 부정적인 감정을 가질 수 있다. 반면에 자신이 흠모했던 선생님과 닮았다고 판단하는 경우, 상담자에게 긍정적인 감정을 가질 수 있다.

② 해결방안

상담자는 내담자에게 전이를 각성하도록 하여, 문제와 밀접하게 관련된 과거의 경험과 갈등들에 대한 통찰을 제공할 필요가 있다. 또한 내담자가 과거 중요한 대상에게 가졌던 애정, 욕망, 기대, 적개심 등의 복잡한 감정들을 상담자에게 표현하도록 격려할 필요가 있다.

(2) 역전이(Counter Transference)

심화해설

① 의 의

역전이는 내담자의 태도 및 외형적 행동에 대한 상담자의 개인적인 정서적 반응이자 투사를 말한다. 즉, 상담자가 내담자에게 자신의 욕구나 소망을 투사함으로써 내담자의 전이에 반응하는 것이다. 이러한 역전이는 상담자가 내담자를 자신의 과거 경험 속 인물로 착각하도록 하여 무의식적으로 반응하게 하고 현실에 대한 왜곡을 야기한다.

② 해결방안

역전이를 방지하기 위해 상담자는 자신의 과거 경험이 현재 자신에게 미치는 영향에 대해 지속적으로 점검해야 할 필요가 있다. 또한 교육분석을 통해 자신에 대한 분석 결과 및 경험 내용을 지속적으로 축적하며, 슈퍼바이저의 지도·감독을 받을 필요가 있다.

전문가의 한마디

전이(Transference)와 역전이(Counter Transference)는 정신분석적 상담에서 매우 중요하게 다루어지는 개념입니다. 전이 분석은 내담자가 현재 관계에 대한 과거의 영향을 깨닫도록 하며, 상담자(치료자)가 내담자에게 느끼는 역전이 감정은 치료의 도구로 활용할 수도 있기 때문입니다. 참고로 위의 해설에서 '교육분석(Training Analysis)'은 상담자가 전문 교육분석가에게서 상담 과정에 영향을 미칠 수 있는 자신의 정신내적 갈등에 대한 이해를 얻기 위한 것입니다. 전이 및 역전이와 관련하여 1차 필기시험에 다음과 같은 문제들이 출제된 바 있습니다.

> 정신분석 상담에서 전이 분석이 중요한 이유로 가장 적합한 것은?   [10, 13, 16년 기출]
> ① 내담자에 대한 상담자의 감정이 나온다.
> ② 상담자의 감정을 드러내지 않게 해 준다.
> ③ 무의식 내용을 알 수 있는 최선의 길이다.
> ④ 내담자에게 현재 관계에 대한 과거의 영향을 깨닫게 해 준다.
>
> 답 ④

치료자가 환자에게 자신의 욕구, 소망 및 역동을 투사함으로써 환자의 전이에 반응하는 것은?

18년 기출

① 전 이
② 전 치
③ 역할전이
④ 역전이

답 ④

심리치료에서 치료자의 역전이(Counter Transference)에 대한 설명으로 가장 적합한 것은?

15년 기출

① 치료자는 내담자에 대해 부정적인 감정을 가져서는 안 된다.
② 내담자에게 좋은 치료자라는 말을 듣고 싶은 것은 당연한 욕구이다.
③ 내담자에게 느끼는 역전이 감정은 치료의 중요한 도구로 활용할 수 있다.
④ 치료자가 역전이를 알기 위해 꼭 교육분석을 받아야 하는 것은 아니다.

답 ③

요컨대, 프로이트(Freud)는 기본적으로 분석가의 '중립(Neutrality)'과 '절제(Abstinence)'를 강조한 바 있습니다. 여기서 '중립'은 환자의 전이는 물론 환자가 보이는 어떠한 내용의 말과 감정에도 동요되지 않은 채 일정한 거리를 유지할 수 있는 자세를 의미합니다. 또한 '절제'는 환자의 반응에 따라 분석가 자신의 내면에서 일어나는 감정의 표출에 대한 욕구를 스스로 억제할 수 있는 태도를 의미합니다. 이와 같은 '중립'과 '절제'는 유명한 프로이트의 거울 비유로 제시되는데, 분석가는 자신에게 비추어진 환자의 있는 그대로의 모습을 다시 보여 주어야 하며, 분석가의 주관이 개입되어서는 안 된다는 기본원칙에 따른 것입니다.

02 벡(Beck)의 인지적 오류 4가지를 쓰고, 각각에 대해 설명하시오. 8점 07, 15, 18, 22, 24년 기출

※ 2024년 1회 2번 기출문제와 동일 또는 매우 유사하므로, 해당 해설을 참조하세요. ☞ 교재 5p

03 아동 및 청소년을 대상으로 한 상담에서는 발달적 측면에 대한 고려가 이루어져야 한다. 피아제(Piaget)의 인지발달이론에 의한 인지발달단계에서 전조작기, 구체적 조작기, 형식적 조작기에 해당하는 아동 및 청소년을 위한 상담의 특성 및 주의점을 발달단계별로 쓰시오.

6점 13, 19년 기출

고득점을 향한 심화해설

① 전조작기(Preoperational Stage, 2~7세)
   ㉠ 이 시기의 아동은 아직 논리적인 사고를 하는 데 어려움이 있으며, 상상(상징)을 통해 보이지 않는 대상을 표현하려는 경향이 있다. 또한 자기중심적인 사고로 인해 또래 아이들과 협동놀이를 하는 데 어려움이 있다.
   ㉡ 상담자는 듣기와 말하기만으로 상담을 이끌어 가는 데 어려움이 있음을 염두에 두고, 오감을 활용한 놀이법을 활용하거나, 상징놀이를 통해 자신을 표현할 수 있도록 놀잇감을 제공하는 등 다양한 기법을 활용할 필요가 있다.

② 구체적 조작기(Concrete Operational Stage, 7~12세)
   ㉠ 이 시기의 아동은 구체적이고 현실적으로 사고를 하며, 학교에서의 또래관계를 통해 자신과 타인의 관점 차이를 깨닫게 된다. 그러나 이와 같은 과정에서 오히려 복잡한 정서를 경험하게 되며, 학교에서의 수행이나 또래관계에서의 수용에 대한 불안감을 가지기도 한다.
   ㉡ 상담자는 아동이 가설·연역적 사고력 결핍으로 인해 여러 가지 가능성을 고려하는 데 어려움이 있음을 염두에 두고, 역할연기, 독서치료, 미술활동 등을 통한 다양한 체험이 이루어지도록 할 필요가 있다. 또한 학교 수행이나 또래 승인 등과 관련된 심리적 불안과 함께 가정의 특수한 상황(예 부모의 이혼, 알코올중독 등)에 따른 부적응적인 감정을 적절히 다루어야 할 필요가 있다.

③ 형식적 조작기(Formal Operational Stage, 12세 이상)
   ㉠ 이 시기의 청소년은 자신의 능력과 타인의 능력을 비교할 수 있으며, 자의식이 강해지면서 어른에 의지하기보다 또래들의 기준과 기대에 동조하려는 경향이 있다. 그러나 신체적 성숙과 실제 성숙도 간에 차이가 있으며, 특히 감정의 기복이 심하여 극도의 침울한 상태와 흥분된 상태를 자주 경험하기도 한다.
   ㉡ 상담자는 청소년의 진정한 감정이 표면적 행동으로 위장되어 있음을 염두에 두어 그의 행동을 의도적인 것으로 간주한 채 과잉반응하지 않도록 주의한다. 또한 청소년이 자신의 감정을 적절히 다루지 못하여 심각한 문제를 야기할 수 있으므로, 청소년기의 정서적 취약성을 이해하고 민감하게 반응할 필요가 있다.

이 문제는 피아제(Piaget)의 인지발달이론에 의한 인지발달단계와 함께 아동 및 청소년에 관한 상담이론을 포괄적으로 알고 있어야 풀 수 있는 문제입니다. 사실 이 문제는 명확한 정답이 있는 것도 아니고, 발달 및 상담이론에 관한 포괄적인 내용을 담고 있으므로 매우 난도가 높은 수준으로 볼 수 있습니다.

요컨대, 피아제가 아동의 인지발달에 대해 보여준 혁신적인 연구들은 이후 수많은 발달심리학자와 교육심리학자들에게 지대한 영향을 미쳤습니다. 과거에는 아동을 성인의 축소판이라 생각하는 경향이 있었으나, 피아제 이후 아동은 성인의 축소판이 아닌 나름대로의 발달 과정을 가진 존재이며, 각 단계별로 발달과제를 완수해 가면서 지적인 성장을 하는 존재라는 인식이 뿌리내리게 되었던 것입니다.

04 상담 종결 시 다루어야 할 것을 5가지 쓰시오.   [5점] [14, 20년 기출]

고득점을 향한 심화해설

① 지난 상담 과정에 대해 점검 및 평가하기
  ㉠ 상담 과정을 종결할 때 가장 먼저 언급되는 주제는 지난 상담 내용을 점검하는 것이다. 상담자와 내담자는 그동안 함께 해 온 상담의 과정을 되돌아보면서 무엇을 배웠고, 무엇이 변화되었는지를 자세히 살펴본다.
  ㉡ 앞선 여러 단계에서 일어난 변화의 종류나 내용을 재음미하고 요약해 보는 과정으로서, 내담자 스스로 상담을 처음 찾았을 때 가졌던 기대와 목표가 얼마나 달성되었는지를 확인하는 과정이 된다.

② 증상의 재발 가능성에 대해 논의하기
  ㉠ 상담이 효과적으로 마무리되었다고 해도 내담자가 스트레스를 받거나 환경적인 요인이 악화되는 경우 과거의 나약했던 모습으로 되돌아갈 수도 있다.
  ㉡ 상담자는 내담자의 증상이 다시 찾아와 재발하는 것이 당연한 것일 수 있으며, 이와 같이 증상이 재발하는 경우 내담자 스스로 극복하고자 노력하는 것이 중요하다는 점을 상기시키도록 한다.

③ 다시 찾아올 수 있음을 알리기
  ㉠ 상담이 종결되더라도 상담자가 내담자에게 어떤 방식으로든 도움을 줄 수 있다는 지속적 조력의 의사를 전달할 수도, 내담자가 먼저 다시 찾아와도 될지 그 여부를 물을 수도 있다.
  ㉡ 상담을 통해 증상을 가라앉히고 성격 변화 및 인간적 성숙을 이루었다고 해도 인생의 어느 시점에 다시 위기가 찾아올 수 있으므로, 상담자는 내담자에게 다른 위기나 삶의 전환기에 직면하여 다시 상담할 수 있음을 설명하는 것이 중요하다.

④ 자기 분석을 격려하기
  ㉠ 상담자는 상담 종결 후에도 내담자 스스로 자기 분석을 통해 자신에 대한 탐색과 통찰을 계속하도록 격려할 필요가 있다.
  ㉡ 내담자가 자신의 행동이나 감정, 대인관계 또는 꿈의 의미 등에 대해 계속적으로 집중하면서 자신의 인생에 대한 통찰을 지속적으로 시도한다면, 비록 증상이 재발하더라도 바로 상담자를 다시 찾기보다 스스로 증상의 의미를 탐색하고 그것에 대처할 수 있게 된다.

⑤ 의존성 문제 다루기
  ㉠ 종결은 상담자와 내담자 모두에게 상실감을 주며, 그와 같은 상실감은 내담자에게 더욱 크게 나타난다. 특히 의존적인 내담자의 경우 종결 시점이 되어 종결에 대한 논의가 이루어질 때 급작스러운 불안과 공포, 분노와 절망감을 느낄 수 있다.
  ㉡ 상담자는 내담자의 상담 종결에 따른 불안과 공포에 대해 이해하려고 노력하며, 이를 비지시적인 자세로 대하는 것이 바람직하다. 다만, 이와 같은 내담자의 두려움을 수용하려고 노력하면서도 종결의 결정을 굳건히 함으로써, 내담자가 의존할 대상 없이도 세상을 스스로 살아가야 한다는 사실을 깨닫도록 한다.
⑥ 이별의 감정에 대해 이야기하기
  ㉠ 상담자는 내담자의 의존성과 연관 지어 이별의 섭섭함에 대해 이야기할 필요가 있다. 특히 종결의 아쉬움과 섭섭함을 생각해 보도록 하면서, 내담자에게 이별이 단지 무엇인가를 잃어버리는 것이 아닌 다른 새로운 여정을 시작하는 것임을 상기시킬 수 있다.
  ㉡ 성공적인 종결은 성공적인 내면화를 통해 내담자의 자아를 더욱 공고히 한다.

> **전문가의 한마디**
> 이 문제는 2020년 1회 실기시험(6번)에서 "청소년 상담을 포함하여 일반적인 상담의 종결 과정에서 다루어야 할 사항을 5가지 기술하시오"로 출제된 바 있습니다. 또한 이 문제와 관련하여 2017년 1회 실기시험(9번)에서는 "바람직한 상담 종결을 위해 상담관계를 마무리하면서 해야 할 일을 3가지 쓰시오"가 출제된 바 있는데, 그렇다면 "상담 종결 시 다루어야 할 것 5가지"와 "상담관계를 마무리하면서 해야 할 일 3가지"가 동일한 문제인지 아니면 서로 다른 문제인지는 출제자만이 알 수 있습니다. 사실 이와 유사한 내용은 교재에 따라 3가지에서 대략 10가지에 이르기까지 다양하게 제시되고 있습니다. 그러나 출제자가 이와 같이 약간 다른 방식으로 시험문제를 출제하고 있다는 것은 설령 그것이 내용상 큰 차이가 없을지라도 서로 다르게 채점이 이루어질 수 있음을 시사합니다. 참고로 위의 문제 해설은 '김환 外,『상담면접의 기초』, 학지사 刊'을 참조하였습니다.

05 심리상담의 과정에서 내담자가 침묵을 지키는 이유를 5가지 쓰시오. 5점 08, 10, 12, 15, 19년 기출

심화해설

① 내담자가 상담 초기 관계형성에서 두려움을 느끼는 경우
② 내담자가 상담 중 논의된 것에 대해 음미하고 평가하며 정리하려 하는 경우
③ 내담자가 상담자에게 적대감을 가지고 저항하는 경우
④ 내담자가 자신의 말에 대한 상담자의 확인이나 해석을 기대하고 있는 경우
⑤ 내담자가 자신의 감정 표현으로 인한 피로에서 회복하고 있는 경우
⑥ 내담자가 다음에 무엇을 논의할 것인지 상담자가 결정해 주기를 기다리는 경우
⑦ 내담자가 할 말이 더 이상 생각나지 않거나 무슨 말을 해야 할지 모르는 경우
⑧ 내담자가 자신의 생각이나 느낌을 표현하고자 노력하고 있음에도 불구하고 적절한 표현이 떠오르지 않는 경우

전문가의 한마디

이 문제는 다양한 답안이 도출될 수 있습니다. 그 이유는 심리상담의 과정에서 내담자가 침묵을 지키는 이유에 대해 교재마다 보통 4~8가지로 다양하게 제시하고 있기 때문입니다. 이와 관련하여 직업상담사 2급 1차 필기시험에 다음과 같은 문제가 출제된 바 있습니다.

> 내담자의 침묵에 관한 설명으로 틀린 것은? 직업 10년 1회
> ① 상담자 개인에 대한 적대감에서 오는 저항이나 불안 때문에 생긴다.
> ② 상담관계가 이루어지기도 전에 일어난 침묵은 대개 긍정적이며 수용의 형태로 해석될 수 있다.
> ③ 내담자가 상담자에게서 재확인을 바라거나 상담자의 해석 등을 기대하며 침묵에 들어가는 경우이다.
> ④ 내담자가 이전에 표현했던 감정 상태에서 생긴 피로를 회복하고 있다는 뜻이기도 하다.
> 답 ②

참고로 2008, 2010, 2012년 실기시험에서는 6가지, 2015년 3회 실기시험에서는 3가지, 2019년 1회 실기시험에서는 4가지를 쓰도록 제시한 바 있습니다.

06 단회상담은 다른 일반적인 심리상담과 달리 극히 제한된 시간 내에 응급 상황을 처리해야 하는 경우가 많다. 이와 같은 상담에서 강조되는 원리 또는 기술을 5가지만 쓰시오.

5점 11, 15, 19년 기출

고득점을 향한 심화해설

① 상담자는 상담 사례의 성격이나 상황조건에 따라 상담을 단회로 할 것인지 다회로 할 것인지 신속히 결정해야 한다.
② 상담자는 내담자가 원하는 것(Wants)을 발견해야 한다.
③ 상담자는 내담자가 원하는 것과 관련하여 내담자와 더불어 합리적인 상담 목표를 수립해야 한다.
④ 상담자는 적극적 경청이나 질문, 해석적 반영, 초점화 등의 기술을 동원하여 내담자와의 대화 과정을 능숙하게 조절해야 한다.
⑤ 상담자는 융통성과 단호함을 겸비해야 한다.
⑥ 상담자는 내담자가 문제 해결에 대한 의지와 동기를 잃지 않도록 도와야 한다.
⑦ 상담자는 조언 및 지시를 적절히 사용하여 효과적이고 능률적인 상담이 이루어지도록 해야 한다.
⑧ 상담자는 탈이론적인 융통성과 주체성을 가져야 한다.
⑨ 상담자는 상담의 주요 기술로서 직면(Confrontation)을 기술적으로 사용해야 한다.
⑩ 상담자는 그 회기 내에 내담자가 원했던 결론이나 결과를 얻을 수 있도록 해야 한다.

전문가의 한마디

단회상담은 단기상담과 명확히 다릅니다. 단회상담은 단기상담에 비해 더 짧은 기간, 그야말로 상담자와 내담자가 처음 만나는 단 1회에 상담이 이루어지는 방식입니다. 사실 단회상담은 상담의 이론적 측면에서 등한시되어 온 영역이었으나, 실생활 문제와 관련하여 결코 간과할 수 없는 중요한 위치를 차지하고 있기에 최근 많이 논의되고 있습니다. 참고로 위의 해설에서 ⑤번과 ⑧번에 제시된 '융통성'은 동일한 내용을 담고 있지 않습니다. 즉, ⑤번의 경우 상담자가 내담자의 성격이나 대인관계 양식, 인지상태 등에 따라 유효적절하게 대처하는 것을 말하는 반면, ⑧번의 경우 상담자가 특정 이론에 얽매여 해당 이론이 강조하는 기술을 고집하기보다는 내담자의 인간적인 속성에 따라 가장 적합한 방법을 적용하는 것을 말합니다. 지면 관계상 세부적인 내용을 수록하지는 않았으므로, 이와 관련된 보다 자세한 사항은 임상심리사 2급 2차 실기합격 단기완성 이론서(시대고시기획 刊)를 살펴보시기 바랍니다. 또한 이 문제와 관련하여 2015년 1회 실기시험(12번)에서는 7가지를 쓰도록 요구한 바 있으므로, 가급적 위의 해설 내용을 충분히 학습하시기 바랍니다.

알아두기

1. 단회상담의 장점
   - 상담이 1회에 이루어질지라도 단기상담이나 장기상담에 비해 효율성이 높은 편이다.
   - 내담자의 구체적인 문제에 대한 즉각적인 해결책이 마련되므로, 상담에 대한 내담자의 거부감이 줄어든다.
   - 시간 및 비용의 소요가 덜 하며, 더 많은 내담자에게 상담의 기회를 제공할 수 있다.
   - 상담관계의 지속에 따라 발생되는 내담자의 상담자에 대한 의존성을 효과적으로 방지한다.
   - 장기적인 치료로 인한 부작용을 방지하는 한편, 스스로 해결할 수 있는 가능성을 높인다.

2. 단회상담의 제한점
   - 단회상담이 불가능한 내담자들도 있다.
   - 시간제한으로 인해 상담이 다소 지시적인 양상으로 전개될 가능성이 있다.
   - 짧은 시간 내에 내담자의 문제는 물론 그의 성격 및 상황까지 파악해야 하므로, 효과적인 상담을 위해 상담이론이나 기법에 대한 전문성이 요구된다.
   - 사회복지기관이나 일반적인 전화상담의 경우와 같이 상담을 전공하지 않은 자원봉사자들에 의해 이루어지는 경우가 많으므로 전문성이 결여될 수 있다.

07 행동치료는 다양한 형태의 치료를 포괄하는 것으로, 그 기저에 가정하는 학습원리 측면에서의 강조점이 다르며, 그 구체적인 기법 및 절차의 측면에서도 다양하다. 그러나 이들 치료들은 공통된 특징을 가지는데, 행동치료의 주요 특징을 3가지 기술하시오. 3점

고득점을 향한 심화해설

① 문제의 측정 가능한 행동으로의 정의

행동치료에서 문제는 구체적이고 측정 가능한 행동단위로 분석되고 정의된다. 그로 인해 행동치료의 치료 효과는 구체적인 행동들의 변화 여부로 판단된다.

② 학습의 원리에 기초를 둔 치료

행동치료에서 문제는 행동상의 문제이고, 그 행동은 기본적으로 학습된 것으로 가정된다. 따라서 학습의 원리를 파악하고 이해할 수 있다면, 새로운 학습경험을 제공함으로써 문제행동을 변화시킬 수 있다고 본다.

③ 치료 효과에 대한 체계적인 평가와 기법 및 절차의 상세한 기술

행동치료에서는 변화될 행동을 조작적으로 정의하고 체계적으로 평가한다. 따라서 치료계획을 세울 때 문제의 본질과 정도를 파악하고, 치료가 진행되면서 그 효과를 체계적으로 평가하며, 치료의 최종 목표점과 이를 달성하기 위한 기법 및 절차를 상세히 기술한다.

전문가의 한마디

이 문제는 정확한 복원이 이루어지지 않아 실제 문제와 차이가 있을 수 있습니다. 이 문제에 대해 어떤 수험생들은 '행동치료의 원리'를 묻는 문제였다고 주장하는 반면, 다른 수험생들은 '행동치료의 특징'을 묻는 문제였다고 주장하고 있습니다. 그러나 그와 같은 혼란은 문제상에서 '원리'와 '특징'의 용어가 공통적으로 언급되었기 때문인 것으로 보입니다.

요컨대, 행동치료는 그 기저에 가정하는 학습원리(예 고전적 조건화, 조작적 조건화, 관찰학습 등) 측면에서의 강조점이 다르며, 그 구체적인 기법 및 절차(예 체계적 둔감법, 토큰경제, 모델링 등)의 측면에서도 다양합니다. 그러나 행동치료는 과학적 방법의 원리와 절차를 따른다는 점에서 공통적이기 때문에 인간의 내면이나 무의식과 같이 측정하기 어려운 문제행동의 기저 원인을 분석하려고 시도하지 않은 채 측정 가능한 행동에 대한 구체적이고 분명한 평가와 치료 절차를 통해 각각의 사례에 적합한 개별화된 개입을 수행하게 됩니다. 참고로 이와 관련하여 1차 필기시험에 다음과 같은 문제가 출제된 바 있습니다.

행동치료에 관한 설명으로 틀린 것은? 16년 기출
① 평가와 치료가 직접적으로 연관된다.
② 문제행동의 기저 원인에 중요성을 둔다.
③ 모든 사례에 동일한 기법을 적용하기보다는 개별화된 평가와 개입을 한다.
④ 평가와 치료 절차가 구체적이고 분명하다.

답 ②

08 시간-제한적 집단정신치료의 주요 특징을 3가지 쓰시오. 6점 15, 21년 기출

심화해설

① 기능 수준 및 집단의 동질성을 고려한 집단 참여자의 선정

시간-제한적 집단치료(Time-limited Group Psychotherapy)는 어느 정도 자아강도와 지능 수준, 기본적인 인간관계능력과 심리적 수용능력, 변화에 대한 동기 등을 가지고 있는 내담자에게 적합하다. 또한 집단 구성 시 비슷한 증상을 보이는 동질집단을 구성하는 것이 효과적이다. 반면에 만성정신장애, 심한 정신병이나 성격장애, 급성 정신병 상태, 약물중독이나 심각한 자살시도 등을 경험하고 있는 사람에게는 적합하지 않다.

② 대인관계학습의 접근법

대인관계학습은 집단 참여자들을 통한 피드백과 자기이해를 포함하는 광범위하고 복합적인 치료요인으로서, 집단 상황을 통한 여기-지금(Here & Now)에서의 교정적 정서경험으로 볼 수 있다. 시간-제한적 집단치료는 치료 과정에서 학습한 것을 실생활에 적용시킬 수 있도록 기회를 제공하기 위해 계획된 종결을 적절히 활용함으로써, 단기간의 치료를 통해서도 대인관계학습에 따른 성격변화를 이룰 수 있는 것으로 보고되고 있다.

③ 시간-제한(Time-limited)의 의도적인 활용

폴크스(Foulkes)는 집단정신치료에서 시간제한을 강조하면서, 집단정신치료를 종결해야 할 결정적인 시기에 대해 대략 6개월을 제안한 바 있다. 치료에 있어서 시간제한을 의도적으로 적용할 경우 환자들에게 빨리 회복하려는 동기를 유발하고 매 회기에서 지리멸렬한 주제에서 벗어나 중요한 작업에 집중하도록 유도하며, 자기효율성을 수반하는 개인의 책임감을 인식하도록 할 수 있다.

전문가의 한마디

사실 이 문제는 맞히기 매우 어려운 고난도의 문제에 해당합니다. 일반적으로 시간제한 심리치료나 단기치료에 대한 내용들은 심리치료 관련 교재들에서 종종 볼 수 있습니다. 그로 인해 일부 교재에서는 이 문제의 답안으로 단순히 시간제한 심리치료나 단기치료의 특징을 열거하기도 합니다. 그러나 이는 엄밀한 의미에서 오답으로 볼 수 있습니다. 그 이유는 문제에서 요구하는 바가 시간제한 심리치료 혹은 단기치료가 아닌 '시간-제한적 집단정신치료'로서, 시간제한적 치료, 집단치료, 정신치료의 특성들을 모두 포함하고 있기 때문입니다. 그러나 문제는 일반 심리상담 관련 교재에서 이와 같이 보다 전문화된 치료 형태에 대해 다루고 있지 않다는 것입니다. 참고로 위의 해설은 시간제한 집단정신치료에 관한 학술논문으로서, '이후경 外, 《외래환자를 위한 시간제한 집단정신치료》(신경정신의학 Vol.40 No.3, 2001), 대한신경정신의학회 刊'의 해당 내용을 토대로 답안을 작성하였습니다.

알아두기 시간-제한적 집단정신치료가 부상하게 된 이유
- 정신분석적 정신치료와 얄롬(Yalom)의 집단정신치료에서 궁극적인 성격변화를 목표로 치료자와 환자 간에 합의가 도출될 때까지 장기적으로 시행하는 데서 오는 양자 간의 경제적·심리적 부담감을 줄일 수 있다.
- 실존치료, 게슈탈트치료 등 인간에 대한 전체적인 접근을 중시하는 이론이 수용됨에 따라, 치료자들 사이에서 완벽한 치료가 가능하지 않다는 합의가 도출되고 있다.
- 치료 효과만큼 경제성, 효율성의 문제가 중시됨에 따라 보험자에 의해서 치료방법 및 치료기간이 제한되는 관리의료체제에 부응할 수 있다.
- 인지행동 집단치료를 비롯한 구조적인 시간제한 집단치료가 급증함에 따라 그 대안으로 비구조적인 집단정신치료에 있어서 시간제한의 가능성을 제시하게 되었다.

09

다음 보기의 내용은 사티어(Satir)의 경험적 가족치료모델의 의사소통 유형에 대한 설명이다. 빈칸에 들어갈 각각의 의사소통 유형을 쓰시오. 5점 11년 기출

(A) - 다른 사람을 존중하면서도 자신의 진정한 가치나 감정은 무시한다.
(B) - 오로지 자기 자신만을 생각하며, 다른 사람들은 무시한다.
(C) - 비인간적인 객관성과 논리성의 소유자이며, 자신과 타인을 무시한다.
(D) - 주변상황과 관계없이 행동하며, 버릇없고 혼란스럽다.
(E) - 자신 및 타인, 상황을 모두 신뢰하고 존중한다.

고득점을 향한 심화해설

A : 회유형
B : 비난형
C : 초이성형(계산형)
D : 산만형(혼란형)
E : 일치형

전문가의 한마디

이 문제는 2017년 3회 실기시험(6번)에서와 같이 문제상 보기 없이 각 유형의 명칭 5가지를 쓰는 방식으로 출제되기도 합니다. 다만, 문제에서 각 유형에 대한 간략한 설명을 요구할 경우를 대비하여 알아두기 의 내용을 간단히 정리해 두시기 바랍니다.

참고로 사티어(Satir)의 의사소통 가족치료는 '경험적 가족치료'로도 불립니다. 경험적 가족치료는 가족체계 내에서 현재 일어나는 상호작용에 초점을 둔 접근모델로서, 언어적·비언어적 의사소통을 연구하여 가족체계를 파악할 수 있다는 것을 전제로 합니다. 특히 사티어는 가족의 미성숙한 태도, 역기능적 의사소통, 낮은 자아존중감, 억압된 감정표현에 초점을 두고, 가족 내 개별성원이 억압된 감정 및 미해결 사건을 잘 다스릴 수 있도록 돕는 데 주력하였습니다. 그의 가족치료모델은 가족성원이 직접적이고 분명하며, 정직한 의사소통을 함으로써 자아존중감을 증진시키고 성장해 나가도록 돕는 것을 목표로 합니다.

알아두기 의사소통 유형(Satir)

- 회유형(Placating)
  - 자신의 내적 감정이나 생각을 무시한 채 타인의 비위와 의견에 맞추려 한다.
  - 자신이 안정을 유지하기 위해서는 상대방에게 "예"라고 대답해야 한다고 생각한다.
  - 다른 사람의 의견에 지나치게 동조하고 비굴한 자세를 취하며, 사죄와 변명을 하는 등 지나치게 착한 행동을 보인다.
- 비난형(Blaming)
  - 회유형과 반대로 자신만을 생각하며, 타인을 무시하고 비난하는 양상을 보인다.
  - 약해서는 안 된다는 의지로 자신을 강하게 보이도록 하기 위해 타인을 통제하고 명령한다.
  - 외면적으로는 공격적인 행동을 보이나, 내면적으로는 자신을 '소외자' 또는 '외로운 실패자'라고 느낀다.
- 초이성형(Super-Reasonable) 또는 계산형(Computing)
  - 자신 및 타인을 모두 무시하고 상황만을 중시한다.
  - 비인간적인 객관성과 논리성의 소유자로서 원리와 원칙을 강조한다.
  - 내면적으로는 쉽게 상처받고 소외감을 느낀다.
- 산만형(Irrelevant) 또는 혼란형(Distracting)
  - 초이성형과 달리 자신 및 타인은 물론 상황까지 모두 무시한다.
  - 가장 접촉하기 어려운 유형으로서, 위협을 무시하고 상황과 관계없이 행동하며, 말과 행동이 불일치하고 정서적으로 혼란스러워 보인다.
  - 내면적으로 모두가 자신을 거부한다고 생각함으로써 무서운 고독감과 자신의 무가치함을 느낀다.
- 일치형(Congruent)
  - 자신이 중심이 되어 타인과 관계를 맺으며, 다른 사람과 연결이 필요한 경우 스스로 직접 선택한다.
  - 의사소통 내용과 내면의 감정이 일치하므로 매우 진솔한 의사소통이 가능하며, 알아차린 감정이 언어로 정확하고 적절하게 표현된다.
  - 자신 및 타인, 상황을 신뢰하고 높은 가치관을 가지고 있으며, 심리적으로도 안정된 상태이다.

10 심리검사 결과의 올바른 해석을 위한 해석지침을 4가지 쓰시오. 4점 14, 20년 기출

고득점을 향한 심화해설

답안 1

① 해석의 기본관점의 수립

검사 결과의 해석은 단순히 측정된 결과를 전달하는 것이 아니므로, 검사자는 검사 결과를 해석하는 기본관점을 가지고 있어야 한다. 즉, 검사자는 무엇보다도 검사 점수가 무엇을 의미하는가에 대한 자신의 입장을 분명히 수립해야 한다.

② 통계학적 해석에 대한 설명

어떤 수검자들은 검사자가 검사 결과를 질적 혹은 서술적으로 설명해 주기보다는 수치로 말해 줄 것을 요구하기도 한다. 이때 검사자는 수검자에게 검사 점수와 함께 표준점수의 성질을 쉽게 설명해 주어 검사 결과를 정확히 이해할 수 있도록 해야 한다.

③ 개인 간 차이와 개인 내적 차이의 명료화

미술적성검사에서 A는 68점, B는 72점을 받았다고 가정할 때, 해당 점수만으로 B가 A보다 미술재능이 더 뛰어나다고 단언하기는 어렵다. 그 이유는 측정된 두 점수에 측정의 오차가 개입되어 있을 수 있기 때문이다. 또한 심리검사는 최소 2개 이상의 하위척도로 구성되어 있으며, 그 프로파일 형태를 보고 개인 내적인 차이를 해석할 수 있게 된다. 그러나 하위척도 점수 간의 차이를 통계적으로 밝힐 수 없다면, 그 결과를 객관적이고 정확하다고 단언하기 어렵다. 따라서 개인 간 차이를 밝히기 위해 측정의 표준오차(Standard Error of Measurement)를 사용하고, 개인 내적 차이를 밝히기 위해 차이의 표준오차(Standard Error of Difference)를 사용한다.

④ 측정오차를 고려한 해석

심리검사를 통해 얻은 점수는 측정치로서, 사실상 모든 측정치는 진점수와 함께 어느 정도 오차점수를 포함한다. 따라서 검사자는 검사 과정과 결과에서 어떤 종류의 오차가 어느 정도 개입되어 있는지를 항상 확인해야 한다.

답안 2

① 검사 결과에 대해 내담자가 어떻게 기대하고 있는지를 우선적으로 탐색한다.
② 검사 결과는 하나의 잠정적인 결과임을 인식하고 이를 내담자에게 알려주도록 한다.
③ 한두 개의 숫자나 타입 정보만 알려 주고 결과를 해석했다고 생각하지 않는다.
④ 심리검사는 내담자를 이해하기 위한 다양한 방법 중 하나일 뿐임을 명심한다.
⑤ 심리검사 결과가 평소의 행동관찰 결과와 다를 경우 검사가 틀렸다고만 생각하지 말고, 그와 같은 차이를 보이는 이유에 관심을 가지고 탐색하도록 한다.

전문가의 한마디 이 문제는 출제자 혹은 채점자의 기준에 따라 서로 다른 답안이 도출될 수 있습니다. 그 이유는 심리검사 결과의 해석과 관련된 해석지침이 교재에 따라 매우 다양하게 제시되고 있기 때문입니다. 다만, 일부 수험서는 심리검사 결과 해석 시 주의사항을 문제의 답안으로 제시하고 있는데, 해석지침이 본래 심리검사 결과 해석의 방향이나 큰 틀에서의 방법에 관한 내용을 담고 있다면, 주의사항은 심리검사 결과 해석에서 검사자가 지켜야 할 혹은 삼가야 할 구체적인 행동을 담고 있다는 점에서 서로 다른 것임을 염두에 두어야 합니다. 참고로 답안 1 은 '김영환 外, 『심리검사의 이론과 실제』, 학지사 刊', 답안 2 는 '김창대 外, 『심리검사의 이해와 학생상담』, 한국교총원격교육연수원 刊', '김봉환 外, 『학교진로상담』, 학지사 刊' 등을 참조하였습니다.

11 심리치료 과정을 기술하기 위해 사용되는 여러 단계는 임상심리학 자문에도 적용된다. 다음 보기에 제시된 자문의 각 단계들을 순서대로 나열하시오. 2점

- 중재
- 질문의 이해
- 평가
- 추적조사
- 종결

_____ → _____ → _____ → _____ → _____

고득점을 향한 심화해설

임상심리학 자문의 순서

질문의 이해 → 평가 → 중재 → 종결 → 추적조사

① 제1단계 : 질문의 이해

　자문가는 피자문자의 자문 의뢰 목적과 함께 의뢰된 문제의 성질을 명확히 파악함으로써, 자문의 성격이 자신의 전문성에 부합하는 것인지 확인한다.

② 제2단계 : 평가

　자문가는 면접법이나 관찰법, 다양한 정보·자료의 수집 등을 통해 의뢰된 문제에 대해 조사하며, 상황을 명확하게 평가한다.

③ 제3단계 : 중재

　자문가는 실제적인 자문을 통해 피자문자가 얻고자 하는 바에 대한 정확한 중재 전략을 전개한다.

④ 제4단계 : 종결

　자문의 목적이 충족되거나 더 이상의 자문이 무의미하다고 판단되는 경우 자문이 종결된다. 이 경우 자문가는 잔여 쟁점들을 처리한다.

⑤ 제5단계 : 추적조사

　자문가는 자문의 효과를 극대화하기 위해 자문의 결과에 의한 새로운 변화를 지속적으로 추적한다.

전문가의 한마디 이 문제는 임상심리학 자문의 순서에 관한 기존 문제에 대한 변형된 형태의 문제에 해당합니다. 2007년(7번) 및 2021년 3회 실기시험(12번)에서는 보기의 빈칸에 들어갈 단계의 명칭을 쓰는 방식으로 출제되었으나, 이번에는 각 단계를 보기에서 골라 순서대로 나열하도록 하고 있습니다. 다만, 문제상 보기 내용의 순서에 대해서는 정확한 복원이 이루어지지 않았으므로, 이 점 감안하여 답안을 작성하도록 합니다. 복습 차원에서 1차 필기시험에 출제된 다음의 문제를 풀어보시기 바랍니다.

임상심리학 자문의 순서로 옳은 것은? 　　　　　　　　　　　　　　　　　　13년 기출

① 평가 → 중재 → 질문의 이해 → 추적조사 → 종결
② 질문의 이해 → 평가 → 중재 → 종결 → 추적조사
③ 중재 → 질문의 이해 → 추적조사 → 종결 → 평가
④ 추적조사 → 중재 → 평가 → 종결 → 질문의 이해

답 ②

12 성인용 웩슬러 지능검사(WAIS)의 소검사가 측정하는 항목을 6가지 쓰시오. 6점

고득점을 향한 심화해설

① 추상적 사고(Abstract Thought)
   개념을 구체적 수준이 아닌 추상적 수준에서 조작하는 능력(예 공통성 문제, 토막짜기)
② 장기기억(Remote Memory)
   대략 1~2개월 이전의 부호화된 정보를 회상하고 인지하는 능력(예 기본지식, 빠진 곳 찾기)
③ 시각기억(Visual Memory)
   장기 및 단기 비언어적 기억을 편집하는 능력(예 빠진 곳 찾기, 바꿔쓰기)
④ 청각기억(Auditory Memory)
   청각 자극을 수용하고 회상하는 단기기억 능력(예 숫자 외우기, 산수문제)
⑤ 사회적 이해(Social Comprehension)
   구체화된 사회적 상황에 관습, 사회적 지식, 도덕적 판단을 적용하는 능력(예 이해문제, 차례맞추기)
⑥ 시각-운동 속도(Visual-motor Speed)
   시각적 조직화 능력 및 공간적 과제를 동작으로 수행한 결과에 대한 피드백 능력(예 모양 맞추기, 바꿔쓰기)

전문가의 한마디

이 문제는 출제자의 정확한 의도를 파악하기 어려운 만큼 수험생들을 혼란스럽게 만들기에 충분합니다. 과연 이 문제가 웩슬러 지능검사의 소검사를 6가지 쓰라는 것인지 아니면 소검사의 세부 측정 내용을 대략 6가지만 쓰라는 것인지 불분명합니다. 그러나 웩슬러 지능검사의 소검사를 쓰는 문제나 특정 소검사의 세부 측정 내용을 쓰는 문제는 이미 임상심리사 2차 실기시험에서 여러 차례 출제되었기에, 이 문제가 기존의 출제 방식과는 다르다는 점을 확인할 수 있습니다(→ 2020년 2회 12번 참조).

요컨대, 이 문제는 웩슬러 지능검사(WAIS)의 소검사들이 무엇을 측정하고 있는지를 프로파일 해석의 측면에서 접근한 것으로, 이는 여러 학자들에 의해 시도되었습니다. 그중 가장 널리 알려진 것은 혼(Horn)의 지능 모델인데, 혼은 유동성 지능과 결정성 지능에 대한 연구를 토대로 웩슬러 지능검사의 소검사들을 4가지 범주, 즉 '결정성(Crystallized)', '유동성(Fluid)', '기억(Retrieval)', '속도(Speed)'로 분류한 바 있습니다. 그런데 비슷한 시기에 딘(Dean)은 개인능력 프로파일 모델을 통해 웩슬러 지능검사의 소검사들을 6가지 범주, 즉 '추상적 사고(Abstract Thought)', '장기기억(Remote Memory)', '시각기억(Visual Memory)', '청각기억(Auditory Memory)', '사회적 이해(Social Comprehension)', '시각-운동 속도(Visual-motor Speed)'로 분류하였습니다.

사실 그와 같은 연구들은 웩슬러 지능검사 소검사들의 전체 프로파일을 해석하는 근거가 되는 경험적·이론적 배경으로서, 이후 여러 임상적 사례들을 통해 지지를 얻은 바 있습니다. 따라서 이 문제에서 "소검사가 측정하는 항목"(주의 : "소검사 항목"이 아님)이란 곧 소검사의 해석적 범주를 의미하는 것으로 판단되며, 그에 따라 웩슬러 지능검사의 소검사들을 6가지 해석적 범주로 분류한 딘의 이론적 모델을 답안으로 작성하였습니다. 이와 관련된 보다 자세한 내용은 'Dean, R. S., 《Manual : Report of individual evaluation for use with WAIS/WAIS-R》, Psychological Assessment Resources(1983)', 'Kaufman, A. S. et al., 『Assessing Adolescent and Adult Intelligence』, Allyn and Bacon(1990)'를 참고하시기 바랍니다.

알아두기 딘(Dean)의 개인능력 프로파일 모델에 의한 WAIS-Ⅲ 분석

추상적 사고 (Abstract Thought)	• 공통성(Similarities) • 토막짜기(Block Design) • 행렬추론(Matrix Reasoning)
장기기억 (Remote Memory)	• 상식(Information) • 빠진 곳 찾기(Picture Completion)
시각기억 (Visual Memory)	• 빠진 곳 찾기(Picture Completion) • 바꿔쓰기(Digit Symbol-coding) • 동형찾기(Symbol Search)
청각기억 (Auditory Memory)	• 숫자(Digit Span) • 산수(Arithmetic) • 순서화(Letter-number Sequencing)
사회적 이해 (Social Comprehension)	• 이해(Comprehension) • 차례 맞추기(Picture Arrangement)
시각-운동 속도 (Visual-motor Speed)	• 모양 맞추기(Object Assembly) • 바꿔쓰기(Digit Symbol-coding) • 동형찾기(Symbol Search)

13 성인용 웩슬러 지능검사(WAIS)의 양적 분석에 포함되는 내용을 5가지 쓰시오.

5점 | 11, 13, 18년 기출

고득점을 향한 심화해설

① 현재 지능의 파악
　현재 지능은 언어성 IQ(VIQ) · 동작성 IQ(PIQ) · 전체 IQ(FIQ), 지능 수준(최우수 · 우수 · 평균상 · 평균 · 평균하 · 경계선 · 정신지체), 백분위, 측정의 오차범위 등을 밝히는 방식으로 기술된다.

② 병전 지능의 파악
　수검자의 현재 지능수준이 본래 가지고 있던 지능수준과 차이가 있는지를 파악함으로써 수검자의 지능이 퇴화 혹은 유지된 상태인지, 수검자의 병리가 만성적 혹은 급성적인 양상을 보이는지를 추정한다.

③ 언어성 검사와 동작성 검사 간 비교
　개인이 속한 연령집단에서의 유의미한 점수 차이를 근거로 하여 언어성 IQ와 동작성 IQ 간의 점수차를 이용한 해석이 가능하다.

④ 소검사 간 점수들의 분산 분석
　각각의 소검사 점수가 다른 소검사들의 경향으로부터 이탈한 정도를 비교해 봄으로써 수검자의 지적 기능의 세부적인 양상을 파악하도록 하는 것은 물론, 이를 통해 수검자의 성격구조상 특징을 추론해 볼 수 있도록 한다.

⑤ 각 소검사 환산점수와 지표 간 비교에 의한 분산 분석
　각 소검사 점수의 연령교정 평가치에 따른 환산점수와 임상장면에서 통계적 기준을 활용한 지표의 평균치 분산을 통한 대략적인 지표 간 차이를 통해 특징적인 임상적 양상을 파악한다.

전문가의 한마디　이 문제는 웩슬러 지능검사의 개정판인 WAIS-IV에 관한 문제가 아닌 구판, 즉 WAIS에 관한 문제에 해당합니다. 구판에서는 언어성 지능(VIQ ; Verbal IQ)과 동작성 지능(PIQ ; Performance IQ), 전체 지능(FIQ ; Full-scale IQ)을 구분하여 지능지수를 제시하는 반면, 개정판 WAIS-IV에서는 언어성 지능과 동작성 지능에 대한 구분 없이 언어이해지수(VCI ; Verbal Comprehension Index), 지각추론지수(PRI ; Perceptual Reasoning Index), 작업기억지수(WMI ; Working Memory Index), 처리속도지수(PSI ; Processing Speed Index), 전체지능지수(FSIQ ; Full Scale IQ) 등 조합점수를 제시합니다.

알아두기 K-WAIS-IV의 양적 분석에 포함되어야 할 내용

- **현재 지능의 파악**
  지능검사를 실시하면 전체지능지수(FSIQ ; Full Scale IQ)와 일반능력지수(GAI ; General Ability Index)가 산출된다. 전체지능지수(FSIQ)는 개인의 전반적인 정신능력의 추정치로 연령규준과 비교하여 IQ 점수의 상대적인 위치를 나타내며, 일반능력지수(GAI)는 전반적인 지능 측정치의 대안으로 활용된다. 특히 전체지능지수(FSIQ)와 일반능력지수(GAI)의 차이는 뇌손상이나 연령에 민감한 소검사가 전반적인 기능 수준을 저하시키는 정도를 반영한다.

- **병전 지능의 추정**
  병전 지능을 추정하기 위해 정신병리나 뇌손상에 비교적 영향을 받지 않고 점수가 안정적인 소검사, 즉 어휘(Vocabulary), 상식(Information), 토막짜기(Block Design) 소검사를 이용할 수 있다. 어휘, 상식, 토막짜기 소검사의 환산점수로 병전 지능을 추정한 다음, 이를 현재 지능과 비교하여 현재 지능이 15점 이상 저하되어 있다면, 이는 수검자에게 유의미한 지적 능력의 저하가 있는 것으로 가정할 수 있다.

- **지수 점수들 간의 비교**
  전체지능지수(FSIQ)를 해석한 후 4개의 지수 점수, 즉 언어이해지수(VCI ; Verbal Comprehension Index), 지각추론지수(PRI ; Perceptual Reasoning Index), 작업기억지수(WMI ; Working Memory Index), 처리속도지수(PSI ; Processing Speed Index)의 지수 점수들(Index Scores) 간의 차이가 유의미하지 않은 경우라면 전반적인 측정치(FSIQ, GAI)가 수검자의 지적 능력을 잘 대표하는 것으로 볼 수 있다. 반면에 그 차이가 유의미한 경우라면 전반적인 측정치보다는 지수 점수를 중심으로 해석해야 한다.

- **소검사 프로파일의 분산 분석**
  소검사 프로파일에 대한 분산 분석(변산성 분석)을 통해 수검자의 인지적 강점 및 약점을 파악할 수 있으며, 지수 점수를 해석하는 데 유용한 정보를 얻을 수 있다. 지수 점수들 간의 차이가 유의미하지 않은 경우라면 10개의 핵심 소검사의 환산점수를 평균한 값이 강점 및 약점 평가의 기준이 되는 반면, 지수 점수들 간의 차이가 유의미한 경우라면 개별 지수 점수의 평균값을 각각 사용하여 소검사의 강점 및 약점을 해석한다.

전문가의 한마디 일반능력지수(GAI)는 3개의 언어이해 소검사[공통성(Similarity), 어휘(Vocabulary), 상식(Information)]와 3개의 지각추론 소검사[토막짜기(Block Design), 행렬추론(Matrix Reasoning), 퍼즐(Visual Puzzles)]를 기반으로 한 조합점수입니다. 일반능력지수(GAI)는 전체지능지수(FSIQ)와 달리 작업기억이나 처리속도 소검사들을 포함하지 않습니다.
요컨대, 전체지능지수(FSIQ)는 전반적인 인지능력에 대한 가장 타당한 측정치로 간주됩니다. 작업기억이나 처리속도는 인지능력의 종합적인 평가에 있어서 중요한데, 만약 요약 점수에 그 측정치들을 제외할 경우 인지능력이라는 구성개념이 포괄하는 범위가 축소됩니다. 그러나 신경심리학적 결손이 있는 경우 작업기억과 처리속도 소검사의 수행은 언어이해와 지각추론 소검사의 수행보다 손상될 가능성이 더욱 크므로, 그와 같은 상황에서 손상된 작업기억과 처리속도 소검사는 전체지능지수(FSIQ)를 통해 드러나는 일반 인지능력과 다른 인지기능(예 기억) 간의 실제 차이를 은폐할 수도 있습니다. 따라서 일반능력지수(GAI)는 일반 인지능력과 기타 인지기능 간의 비교를 토대로 상대적인 강점 및 약점을 확인하는 데 도움을 줄 수 있습니다. 다만, 일반능력지수(GAI)는 전체지능지수(FSIQ)를 대신하지 않으며, 이를 사용할 경우 전체지능지수(FSIQ)를 비롯하여 다른 모든 지수 점수들과 함께 보고 및 해석하도록 하고 있습니다.
참고로 알아두기 의 'K-WAIS-IV의 양적 분석'에 관한 내용은 교재에 따라 다르게 제시되고 있습니다. 해당 내용은 '박영숙 外, 『최신 심리평가』, 하나의학사 刊'을 참조한 것으로, 선택적 절차로서 과정점수를 포함한 질적 분석은 제외하였습니다.

14 다음 보기의 MMPI-2 상승척도쌍을 보고 물음에 답하시오. 6점 17년 기출

> A. 1-2-3 Code Type
> B. 3-4 Code Type
> C. 7-8-9 Code Type
> D. 2-7-3 Code Type

보기의 4가지 상승척도쌍 가운데 가장 응급한 사례로 다루어야 하는 것을 고르고, 그 이유를 쓰시오.

(1) 응급한 사례로 다루어야 하는 상승척도쌍

고득점을 향한 심화해설

7-8-9 Code Type

(2) 이유

고득점을 향한 심화해설

① MMPI-2의 척도 7 Pt(Psychasthenia, 강박증)는 심리적 고통이나 불안, 공포, 자신의 능력에 대한 의심과 회의, 강박관념의 정도를 반영하는 지표로 활용되며, 척도 8 Sc(Schizophrenia, 정신분열증)는 정신적 혼란과 불안정 상태, 자폐적 사고와 왜곡된 행동을 반영하는 지표로 활용된다. 그리고 척도 9 Ma(Hypomania, 경조증)는 심리적·정신적 에너지의 수준을 반영하며, 사고나 행동에 대한 효율적 통제의 지표로 활용된다.

② 일반적으로 척도 1 Hs(Hypochondriasis, 건강염려증), 척도 2 D(Depression, 우울증), 척도 3 Hy(Hysteria, 히스테리)는 신경증 척도로 분류하는 반면, 척도 6 Pa(Paranoia, 편집증), 척도 7 Pt(Psychasthenia, 강박증), 척도 8 Sc(Schizophrenia, 정신분열증), 척도 9 Ma(Hypomania, 경조증)는 정신병 척도로 분류한다.

③ 어떤 환자가 신경증 혹은 정신병을 가지고 있다고 가정하고 그에게 MMPI-2를 연속적으로 시행하는 경우, 그 환자의 임상척도는 특징적인 상승모형을 나타내게 될 것이다. 따라서 MMPI-2 프로파일의 기울기와 관련하여 신경증 척도와 정신병 척도를 토대로 해석할 수 있는 것이다.

④ 환자가 정신병을 가진 경우 전체 프로파일은 점차적 혹은 급작스런 상승을 보이며, 이는 증상의 발현에 상응하여 나타난다. 만약 그와 같은 상태가 장기화되는 경우 상승척도는 점차적으로 감소하게 되는데, 그 감소가 처음에는 3가지 신경증 척도에서만 나타나는 반면, 4가지 정신병 척도는 여전히 상승상태를 유지하게 된다. 그러나 정신병적 증상들이 환자의 성격에 점차 통합되면 이후 4가지 정신병 척도에서도 그 상승 정도가 감소하게 된다.

⑤ 환자가 신경증을 가진 경우 증상의 발현에 상응하는 3가지 신경증 척도의 상승이 나타난다. 물론 증세가 심할수록 4가지 정신병 척도의 상승 정도 또한 일정 수준 증가하나, 75T 이상으로 크게 증가하지는 않는다. 또한 신경증적 증세가 약화될수록 반대 순서로 점수가 낮아짐으로써 결국 정상 프로파일로 되돌아간다.

⑥ 이와 같이 MMPI-2 프로파일의 기울기에 대한 해석은 주로 3가지 신경증 척도와 4가지 정신병 척도의 관계를 근거로 한다. 이때 정적 기울기(Positive Slope)는 4가지 정신병 척도가 3가지 신경증 척도보다 더 높이 상승한 것을, 부적 기울기(Negative Slope)는 두 척도군 간에 서로 반대되는 관계가 있음을 나타낸다. 예를 들어 7-8-9 상승척도쌍(Code Type)과 같은 정적 기울기는 대개 환자의 충동억제력이 제한되어 있거나, 현실과의 관계가 손상되어 있거나, 그 밖에 지남력 상실 및 혼란 상태를 수반한 심리적 장애를 시사한다. 반면에 1-2-3 상승척도쌍(Code Type)과 같은 부적 기울기는 대개 환자의 불안이나 우울, 사기 저하, 신체증상 호소 등을 수반하나 정신병적 왜곡현상이 없는 심리적 장애를 시사한다.

⑦ 7-8-9 상승척도쌍의 환자는 과대망상적 사고나 환각을 가지고 있을 수 있으며, 정서적 흥분과 충동적 과격행동을 보일 수 있으므로, 응급한 사례로 다루는 것이 바람직하다.

> **전문가의 한마디**
> 이 문제는 문제 자체가 모호하여 서로 다른 답안이 도출될 수 있습니다. 즉, MMPI-2 상승척도쌍이 어느 정도 수준을 나타내 보이는지 구체적인 프로파일 형태로 제시되지 않은 데다가, "응급한 사례"라는 것이 신경증이든 정신병이든 그 증세의 심각도와 밀접하게 연관되므로 일방적으로 어느 한쪽을 응급하다고 단정 지을 수 없기 때문입니다. 따라서 이 문제는 출제자의 의도에 따라 달리 채점이 이루어질 수 있습니다. 참고로 MMPI 및 MMPI-2의 연구자들은 임상척도들을 완전히 신뢰할만한 것으로 간주하지 않습니다. 그들은 임상척도에 측정의 표준오차가 포함되어 있으므로, T점수의 차이가 5점 미만일 경우 그 차이를 유의미하다고 간주해서는 안 된다고 주장합니다. 따라서 상승척도쌍에 포함된 척도 중 가장 낮은 점수가 프로파일에서 그다음으로 높은 척도의 점수보다 T점수로 최소한 5점 이상 높은 경우만을 해석할 것을 권장하고 있습니다.

15 MMPI-2에서 과장된 보고를 탐지하는 척도를 3가지 쓰고, 각각에 대해 설명하시오.

6점 19년 기출

> **고득점을 향한**
> **심화해설**

① F척도(비전형 척도, Infrequency)
　㉠ F척도는 비전형적인 방식으로 응답하는 사람들을 탐지하기 위한 것으로서, 검사 문항에 대해 정상인들이 응답하는 방식에서 벗어나는 경향성을 측정한다.
　㉡ F척도는 본래 무선반응을 탐지하려는 목적으로 개발되었다. 그러나 그리 심각한 문제를 겪고 있지는 않지만 자신을 실제보다 더 부적응적인 모습으로 보이려는 수검자에게서 F척도 점수가 상승하는 양상을 보인다는 점에서, 수검자의 이상반응 경향 및 타당하지 않은 수검 태도를 탐지하는 데 유용한 것으로 밝혀졌다.
　㉢ 측정 결과가 65~80T 정도인 경우 수검자의 신경증이나 정신병, 현실검증력 장애를 시사하며, 측정 결과가 100T 이상인 경우 수검자가 의도적으로 심각한 정신병적 문제를 과장해서 응답한 것으로 짐작할 수 있다.

② F_B척도(비전형-후반부 척도, Back inFrequency)
　㉠ F_B척도는 검사 실시 과정에서 수검자의 수검 태도상의 변화를 탐지하기 위한 것으로서, 기존의 F척도만으로 수검자가 검사 후반부에 어떤 수검 태도를 보였는지 파악할 수 없었던 문제점을 보완하기 위해 고안되었다.
　㉡ 표준적인 F척도를 살펴봤을 때 타당하다고 여겨지는 검사 자료에서 F_B척도의 점수가 상승했다면, 이는 수검자가 검사지의 후반부에 제시된 문항들에 대해서는 타당하지 않은 방식으로 응답했을 가능성이 있음을 시사한다.
　㉢ F_B척도 점수는 검사 실시 과정에서 수검자의 수검 태도가 크게 변화되었는지를 파악하는 목적으로만 사용된다. 특히 F_B척도가 90T 이상이면서 F척도보다 최소 30T 이상 높은 경우 태도상 유의미한 변화가 있는 것으로 간주한다.

③ F_P척도(비전형-정신병리 척도, inFrequency Psychopathology)
　㉠ 일부 임상장면에서 F척도의 상승은 수검자의 무선반응이나 부정왜곡 때문만이 아닌 적어도 부분적으로나마 수검자의 심각한 정신병리를 시사하는 것일 수 있다. F_P척도는 그와 같은 점에 착안하여 수검자의 비전형적인 반응을 탐지하는 데 있어서 F척도를 보완하기 위해 고안되었다.

ⓒ F_P척도에 포함되는 문항들은 MMPI-2 규준집단은 물론 정신과 환자들에게서조차 채점되는 방향으로는 거의 응답하지 않는 문항들이다. 즉, 정상인들이 거의 응답하지 않았기 때문에 선정된 F척도의 문항들과 비교해 볼 때, F_P척도의 문항들은 실제의 정신병리를 반영할 가능성이 훨씬 낮다고 볼 수 있다.

ⓒ F_P척도가 100T 이상일 경우 수검자의 무선반응 혹은 부정왜곡(Faking-bad)을 짐작할 수 있으므로, 해당 프로파일은 무효로 간주할 수 있다.

전문가의 한마디

MMPI-2에서는 문항 내용과 관련된 왜곡응답을 평가하기 위해 과장된 보고(과대보고 혹은 과잉보고)를 탐지하는 비전형성 범주의 척도들(→ F, F_B, F_P)과 축소된 보고(과소보고 혹은 축소보고)를 탐지하는 방어성 범주의 척도들(→ L, K, S)을 구분하고 있습니다. 몇몇 분들은 비전형성 범주의 척도 3가지 외에 FBS 척도(증상타당도 척도, Fake Bad Scale)를 답안에 포함시키기도 하는데, 특히 꾀병을 탐지하기 위해 고안된 FBS 척도는 다른 모든 척도들 가운데 가장 낮은 타당도로 인해 표준채점 양식에서 제외시키는 경향이 있으므로, 가급적 위의 해설로 제시된 3가지를 답안으로 작성하시기 바랍니다. 이와 관련된 보다 자세한 내용은 'Graham, J. R., 『MMPI-2, 성격 및 정신병리 평가』, 이훈진 外 譯, 시그마프레스 刊'을 참조하시기 바랍니다.

요컨대, 이 문제와 관련하여 1차 필기시험에서 다음과 같은 문제들이 출제된 바 있습니다. 참고로 MMPI-2의 타당도 척도 중 'F_B'는 'F(B)'로, 'F_P'는 'F(P)'로 표기하기도 합니다.

MMPI-2의 타당도 척도 점수 중 과잉보고(Over Reporting)로 해석 가능한 경우는? [18년 기출]

① VRIN 80점, K 72점
② TRIN(↑방향) 82점, FBS 35점
③ F 75점, F(P) 80점
④ F(B) 52점, K 52점

답 ③

MMPI의 타당도 척도 중 평가하는 내용이 나머지와 다른 하나는? [19년 기출]

① F
② K
③ L
④ S

해설 L척도(부인 척도, Lie), K척도(교정 척도, Correction), S척도(과장된 자기제시 척도, Superlative Self-presentation)는 과소보고(Under Reporting) 경향을 탐지하는 척도에 해당한다.

답 ①

16 로샤 검사(Rorschach Test)는 검사 채점을 위해 수검자가 잉크 반점의 어느 부분에 대해 반응했는지 반응영역(Location)을 기호화한다. 다음 보기의 빈칸에 들어갈 각각의 반응영역을 기호로 표시하시오. [4점]

> (A) – 잉크 반점 전체가 반응에 사용된 경우
> (B) – 흔히 이용되는 잉크 반점 영역이 반응에 사용된 경우
> (C) – 드물게 이용되는 잉크 반점 영역이 반응에 사용된 경우
> (D) – 흰 공간 부분이 반응에 사용된 경우

고득점을 향한 심화해설

A : W
B : D
C : Dd
D : S

전문가의 한마디 이 문제와 관련하여 2023년 3회 실기시험(18번)에서는 로샤 검사(Rorschach Test)에서 반응영역의 기호 'D', 'Dd', 'S'의 정의와 기호화 기준을 쓰는 문제가 출제된 바 있습니다. 로샤 검사의 반응영역(Location)에 관한 보다 자세한 내용은 2023년 3회 18번 문제 해설을 살펴보시기 바랍니다.

17 로샤검사 결과를 엑스너(Exner) 방식으로 채점하고자 한다. 엑스너 종합체계방식의 주요 채점 항목을 5가지만 기술하시오. 5점 15, 20, 24년 기출

고득점을 향한 심화해설

※ 2024년 1회 16번 기출문제와 동일 또는 매우 유사하므로, 해당 해설을 참조하세요. ☞ 교재 33p

18. 임상적 면접의 서면보고서에 포함되어야 할 내용을 5가지 쓰시오.

5점 | 08, 19년 기출

고득점을 향한 심화해설

① 환자에 대한 신상정보(Identifying Information)
   환자의 이름, 성별, 연령, 거주지, 연락처, 결혼상태, 직업상태, 의뢰자 등
② 주 호소문제(Chief Complaint)
   환자의 욕구, 도움을 받고자 하는 내용 및 이유에 대한 진술, 문제의 강도 및 지속기간 등
③ 현 병력 또는 현재병력(History of Present Illness)
   증상의 발전 및 변화 과정, 치료 경력, 증상에 대한 대응 노력 등
④ 과거병력(Past Health History)
   정서 상태에 영향을 미치는 신체적 질병의 유무, 이전 정신적 혼란의 삽화(Episode), 처방된 약물 및 다른 약물의 사용 등
⑤ 병전성격(Premorbid Personality)
   현재 기능수준에 대한 기저선 파악, 병전성격에 대한 평가 등
⑥ 개인력(Personal History)
   신체적·심리적 문제에 대한 내력, 아동기 및 청소년기의 발달적 경험, 교육·직업·결혼의 과정 등
⑦ 가족력(Family History)
   아동기와 청소년기의 가정환경, 부모의 성격 및 사회적 지위, 부모와의 관계, 직계가족의 정신과적 병력 등
⑧ 정신상태검사(Mental Status Examination)
   용모 및 외모, 면담 태도, 정신운동 활동, 정서적 반응, 언어와 사고, 감각과 지능, 기억력과 지남력 등
⑨ 권고사항(Recommendation)
   특정한 문제 또는 목표 증상에 대한 적절한 치료 종류 및 방법의 제시

전문가의 한마디

2023년 2회 실기시험(20번)에서는 "심리평가의 최종보고서에 포함되어야 할 내용"에 관한 문제가 출제된 바 있습니다. 임상적 면접의 서면보고서와 심리평가의 최종보고서는 동일한 것이 아니므로, 해당 보고서에 포함되는 사항들 중에는 유사한 부분도 있으나 완전히 동일하지는 않습니다. 이 점 답안 작성 시 유의하시기 바랍니다.

19 재활모형은 '손상(Impairment), 장애(Disability), 핸디캡(Handicap)'의 3단계로 구분할 수 있다. 그중 '장애'의 정의를 쓰고, 그 개입방법에 대해 예를 들어 설명하시오. [4점] [16년 기출]

(1) 장애(Disability)의 정의

고득점을 향한 심화해설

손상으로 인해 정상적인 행동을 수행할 능력이 제한 또는 결핍된 상태를 말한다. 즉, 개인이 사회적 상황에서 주어진 역할이나 과제를 해내지 못하거나 수행하는 데 한계를 보이는 것으로 볼 수 있다.

(2) 개입방법

고득점을 향한 심화해설

> [예] A씨는 교통사고를 당하여 한쪽 다리를 절단하는 수술을 받게 되었다.

A씨는 걷는 능력이 제한되어 일상생활의 유지능력이나 직무수행능력이 부족할 수 있으므로, 임상적 재활을 통해 개인 능력을 향상시키고 환경적 자원을 활용할 수 있도록 돕는다(→ 직업재활상담, 역할훈련, 환경지원 등).

20 망상을 보이는 편집증적 내담자의 평가를 위한 면담 시 주의사항을 3가지 쓰시오.

6점 17년 기출

고득점을 향한 심화해설

① 논리를 사용하여 내담자의 망상체계를 깨뜨리려고 하지 말 것
　논리를 사용하여 내담자의 망상체계를 깨뜨리려는 시도는 내담자와 끝없는 논쟁을 불러일으킬 뿐이다.
② 내담자의 망상 경험에 대한 정서처리와 현실검증을 나누어 다룰 것
　내담자의 망상 경험으로 인한 고통이나 감정을 인정하고, 이를 수용·공감해 주는 것이 중요하다. 그러나 그와 별도로 내담자의 망상 경험에 대한 현실검증을 해주어야 한다.
③ 내담자의 망상 경험에 대한 지각과 해석을 구분할 것
　일반적으로 망상이 기이할수록 망상 경험에 대한 내담자의 해석이 그릇될 수 있음을 명확히 표현한다.
④ 적극적인 참여자로서의 태도를 보일 것
　편집증적 성향이 강한 내담자와 면담을 할 경우, 내담자가 주도권을 잡으려는 시도를 할 수 있다. 이때 면담자는 자신이 적극적인 참여자라는 것을 보여 주어야 한다.

전문가의 한마디
이 문제는 명확한 정답이 있는 것이 아니므로 다양한 답안이 도출될 수 있습니다. 일반적으로 편집증 환자들은 다른 사람을 못 믿듯이 면담자 또한 믿지 않는 경향이 있습니다. 이런 종류의 환자들을 대할 때는 존중하고 예의를 지키되 형식을 벗어나서는 안 됩니다. 특히 증상이 심한 환자들에게 따뜻함과 공감을 표현하는 것이 오히려 의심을 살 수도 있음을 염두에 두어야 합니다. 면담자는 앞으로의 계획 및 결정에 대해 자세히 설명해 주어야 하며, 환자의 의심에 대해서는 방어적으로 반응하지 말아야 합니다.
참고로 편집증(Paranoia)은 '망상장애(Delusional Disorder)'라고도 부르는데, 망상을 주된 증상으로 한다는 점에서 조현병(Schizophrenia)과 일면 흡사합니다. 다만, 망상장애는 한 가지 이상의 망상이 최소 1개월 이상 지속적으로 나타나지만 조현병의 주요 진단기준에 부합하지 않는 경우 진단될 수 있습니다. 즉, 망상장애는 조현병의 다른 증상들은 없으면서 비현실적인 믿음을 유지하는 장애로 볼 수 있습니다.

알아두기 DSM-5에 의한 망상장애(Delusional Disorder)의 하위유형

색정형 (Erotomanic Type)	망상의 중심 주제가 다른 사람이 자신을 사랑하고 있다는 것일 때 적용된다.
과대형 (Grandiose Type)	망상의 중심 주제가 어떤 위대한 (그러나 확인되지 않은) 재능이나 통찰력을 갖고 있다거나 혹은 어떤 중요한 발견을 하였다고 확신하는 것일 때 적용된다.
질투형 (Jealous Type)	망상의 중심 주제가 자신의 배우자나 연인이 부정을 저지르고 있다는 것일 때 적용된다.
피해형 (Persecutory Type)	망상의 중심 주제가 자신이 음모나 속임수, 염탐, 추적, 독극물이나 약물 투입, 악의적 비방, 희롱 혹은 장기 목표 수행상의 방해를 받고 있다는 것일 때 적용된다.
신체형 (Somatic Type)	망상의 중심 주제가 신체적 기능이나 감각을 수반하는 것일 때 적용된다.
혼합형 (Mixed Type)	어느 한 가지 망상적 주제가 지배적이지 않을 때 적용된다.
불특정형 (Unspecified Type)	지배적인 망상적 믿음이 명확히 결정될 수 없을 때 혹은 특정 유형에 기술되지 않을 때 적용된다.

01 상담의 초기단계에 반드시 이루어져야 하는 내용을 3가지 쓰시오. 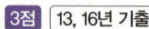 13, 16년 기출

심화해설

① 상담관계(Rapport) 형성
  ㉠ 상담관계, 즉 라포(Rapport)는 상담자와 내담자 간의 친근감 및 신뢰감의 형성을 의미하는 것으로, 서로를 믿고 존중하는 감정의 교류에서 이루어지는 조화로운 인간관계이다.
  ㉡ 상담자는 관심 기울이기(Attending), 적극적 경청(Active Listening) 등을 통해 내담자에게 일관된 관심과 공감적 반응을 나타내 보여야 한다.

② 내담자의 이해와 평가
  ㉠ 상담자는 내담자가 상담을 받으러 온 이유와 함께 내담자의 개인적 특성 및 관련 정보를 파악하여 내담자의 문제를 명료화해야 한다.
  ㉡ 상담자는 내담자의 언어적 정보는 물론 비언어적 정보를 수집하면서 내담자가 현실을 어떻게 지각하고 그에 대해 어떻게 반응하는지 이해할 수 있으며, 그에 따라 내담자를 어떻게 도울 수 있을지를 구체적으로 알 수 있게 된다.

③ 상담의 구조화
  ㉠ 상담의 구조화는 상담의 효과를 최대화하기 위해 심리적 조력관계의 본질, 제한점, 목표 등을 규정하고 상담자와 내담자의 역할 및 책임, 바람직한 태도 등의 윤곽을 명백하게 하는 것이다.
  ㉡ 구조화의 방법으로는 시간의 제한, 행동의 제한, 상담자 역할의 구조화, 내담자 역할의 구조화, 상담 과정 및 목표의 구조화, 비밀보호의 원칙 및 한계 등이 있다.

④ 상담 목표 설정
  ㉠ 상담 목표는 상담의 방향을 제시하고 효과적인 상담 전략을 계획할 수 있도록 하며, 상담의 진행 상황 및 유효성 여부를 판단할 수 있는 기준을 제시해 준다.
  ㉡ 상담자는 내담자와 협의하여 상담을 통해 달성할 구체적인 목표를 설정하여야 한다. 이때 목표는 현실적이면서 구체적인 행동으로 이어질 수 있는 것이어야 한다.

> **전문가의 한마디**
> 상담의 초기단계에서 이루어져야 할 내용에 대해서는 교재마다 약간씩 다르게 제시되고 있으나 내용상 큰 차이는 없습니다. 보통 교재에 따라 3~5가지 정도로 제시되는데, 그중 상담관계 형성, 내담자의 이해(내담자 문제의 이해), 상담의 구조화, 목표 설정 등이 공통적으로 포함되어 있습니다. 특히 위의 해설 내용은 상담의 초기단계에서 이루어지는 일에 대해 비교적 잘 정리되어 있는 '천성문 外, 『상담심리학의 이론과 실제』, 학지사 刊'을 참조하였습니다. 참고로 이와 관련된 문제는 경우에 따라 3가지 혹은 4가지 답안을 요구할 수도 있습니다. 만약 이 문제에서와 같이 3가지 답안을 요구할 경우, 내용상 서로 연관된 '상담의 구조화와 목표 설정'을 함께 제시하시기 바랍니다.

02 상담자의 윤리적 책임에는 내담자와 이중관계를 맺지 않는 것이 있다. 이중관계의 의미와 이를 피해야 하는 이유에 대해 구체적으로 예를 들어 설명하시오. 5점 18년 기출

(1) 이중관계의 의미와 이를 피해야 하는 이유

고득점을 향한 심화해설

① 이중관계는 상담자가 내담자와 함께 상담자-내담자로서의 관계를 맺는 것 이외에 다른 관계를 맺는 것을 말한다. 금전이나 상품의 거래관계, 친구나 친척 등 지인과의 친밀관계, 이성친구나 애인과의 성적관계 등이 대표적인 이중관계에 해당한다.
② 이중관계는 상담자-내담자 관계에 부정적인 영향을 미치기 쉽다. 이중관계로 인해 상담자와 내담자가 거래관계를 맺는 경우 상대적으로 약자에 해당하는 어느 한 쪽이 상대방의 부탁을 거절하기 어렵게 되며, 상담시간에 집중할 수도 없게 된다. 또한 이중관계로 인해 친밀관계나 성적관계를 맺는 경우 서로 간의 정확한 공감을 방해할 수 있으며, 전이 혹은 역전이 감정을 가지게 될 수도 있다.

(2) 구체적인 예

고득점을 향한 심화해설

① 예1 : 내담자가 인테리어 가게를 하고 있는데, 상담자가 자기 상담소의 인테리어를 새로 하고 싶을 때 내담자에게 이를 부탁하는 경우
인테리어 가게를 하는 내담자는 상담자의 인테리어 요청을 거절하기 어려울 것이고, 실제로 인테리어를 하게 될지도 모른다. 보통 내담자는 상담자를 권위적인 존재이거나 자신에게 도움을 주는 존재로 여기기 때문에 상담자의 부탁을 거절하지 못하는 것이다. 그런데 이와 같은 판매자-소비자 관계에서는 만족스럽지 못한 잡음이 일어나기 마련이며, 이 경우 기존의 상담관계

때문에 상담자나 내담자는 자신의 마음을 허심탄회하게 이야기하지 못할지도 모른다. 또한 판매자-소비자 관계로 인해 상담자와 내담자가 상담시간에 집중할 수 없게 될 수도 있다.

② 예2 : 상담자와 내담자가 서로에 대해 연모의 감정을 갖게 되는 경우

내담자는 상담자에게 의지하면서 상담자에게서 이전에 자신이 만났던 남자들과 달리 자신의 아버지와 같은 믿음직스러운 면모를 발견하게 되었다. 다른 한편으로, 상담자는 내담자가 몇 해 전 세상을 떠난 자신의 어머니를 닮았다고 여기면서, 내담자에게 애틋한 감정을 품게 되었다. 이와 같이 내담자와 상담자 간 특별한 감정에서 비롯되는 전이와 역전이로 인해 상담자-내담자 관계에 불필요한 감정이 개입되고, 그로 인해 두 사람은 상담장면에서 서로 간에 정확한 공감을 할 수 없게 되었다.

> **전문가의 한마디**
> 이 문제는 2022년 1회 실기시험(12번)에 출제된 문제를 변형한 것으로, 단순히 이중관계 지양의 이유에 관한 일반적인 내용을 기술하는 것이 아니라 이중관계를 피해야 하는 이유에 대해 예를 들어 설명하도록 요구하고 있습니다. 이 경우 이중관계의 예로 단순히 '거래관계', '친밀관계', '성적관계'의 용어만을 쓸 경우 오답처리 될 수 있으므로, 그 구체적인 사례를 제시하여야 합니다. 참고로 위의 해설은 상담자의 윤리적 책임으로서 내담자와 이중관계를 맺지 말아야 할 필요성과 관련하여 그 구체적인 사례를 제시하고 있는 '김환 外, 「상담면접의 기초」, 학지사 刊'을 토대로 답안을 작성하였습니다.

03 집단상담의 제한점을 3가지 쓰시오. [3점] 15, 21년 기출

심화해설

① 집단장면에서는 집단성원의 비밀보장에 한계가 있다.
② 집단상담은 집단성원 개개인에 대해 주의를 기울여 그를 수용하고 이해하는 데 한계가 있다.
③ 집단상담은 집단성원의 성격적 특징이나 집단 활동에의 부적응 등에 따라 예상치 못한 부정적인 결과를 초래할 수 있다.
④ 집단상담은 집단 내 개별성원들로 하여금 집단의 규준과 기대치에 부응해야 한다는 미묘한 압박감을 유발할 수 있다.
⑤ 집단성원이 집단상담의 수용적 분위기에 도취되어 집단경험 자체를 목적으로 삼는 경우, 오히려 현실도피의 기회를 제공할 우려가 있다.
⑥ 집단지도에 대한 관심의 증가로 인해 적절한 훈련이나 경험 없이 집단상담지도자가 되는 경우가 있는데, 이는 부적절한 지도성의 문제를 야기할 수 있다.

전문가의 한마디

집단상담의 제한점(단점)에 관한 내용은 교재마다 약간씩 다르게 제시되고 있으나 내용상 큰 차이는 없습니다. 위의 문제 해설은 '강진령, 『집단상담의 실제』, 학지사 刊', '천성문 外, 『상담심리학의 이론과 실제』, 학지사 刊', '이현림 外, 『성인학습 및 상담』, 학지사 刊', '이장호·강숙정, 『집단상담의 기초 : 원리와 실제』, 박영사 刊' 등을 참조하여 비교적 공통된 내용을 간략하게 답안으로 작성하였습니다. 참고로 2021년 1회 실기시험(4번)에서는 집단상담의 장점 및 제한점을 각각 3가지씩 쓰도록 요구한 바 있으므로, '알아두기'의 내용도 함께 살펴보시기 바랍니다.

알아두기

집단상담의 장점(이점)
- 집단상담은 상담자가 다수의 내담자들과 접촉하므로 시간과 비용면에서 경제적이다.
- 집단상담은 외적인 비난이나 처벌에 대한 두려움 없이 새로운 행동을 현실검증 해볼 수 있는 기회를 제공한다.
- 집단상담에서는 다양한 성격의 소유자들과 접할 수 있으므로 개인상담이 줄 수 없는 여러 가지 풍부한 학습경험을 제공한다.
- 집단상담은 집단성원들 간의 친밀감을 통해 여러 가지 문제를 더욱 쉽게 다룰 수 있으며, 특히 대인관계적 문제에 효과적으로 접근할 수 있다.
- 집단상담에서는 동료들 간에 서로의 관심사나 감정들을 터놓고 이야기할 수 있으므로 소속감과 동료의식을 발전시킬 수 있다.
- 내담자가 개인상담을 기피하는 경우 우선 집단상담을 통해 개인상담의 필요성을 느끼도록 하며, 내담자로 하여금 용기를 얻어 개인상담에 응하도록 유도할 수 있다.

04 다음 보기의 사례를 읽고 물음에 답하시오.

> 내담자 : "저는 지난밤 너무도 기이한 꿈을 꾸었어요. 벌써 제대한 지 2년이 넘었는데, 군대 취사병으로 있을 때로 돌아갔죠. 저는 저녁 메뉴로 돼지를 잡아야 하는 상황이었는데요, 평소 살아있는 동물을 죽이는 것을 무척이나 싫어했음에도 고참의 지시에 따를 수밖에 없었죠. 그런데 그 돼지가 어찌나 힘이 세고 튼튼한 놈인지 칼로 놈의 목을 몇 차례 찔렀지만 마치 저를 비웃듯 계속 몸부림을 치더라고요. 이러다가는 안 되겠다 싶어 온 힘을 주어 그 놈의 목을 힘껏 비틀어서는 놈의 목 한가운데를 최대한 깊숙이 찔러 넣었죠. 그러자 돼지가 몸부림을 그치고 조용히 고개를 돌렸는데요, 그 돼지가 바로 형이었던 거예요. 너무도 황당하고 두려워서 잠에서 깨어났는데요, 등에서 식은땀이 줄줄 흐르더라고요."

보기의 내담자가 이야기한 꿈의 내용을 듣고 상담자가 제시해야 할 적절한 반응을 반영, 직면, 해석의 상담기법으로 표현하시오.

(1) 반 영

심화해설

① "당신은 그런 끔찍한 꿈을 꾸고 마음이 몹시 당황했군요."
② "당신은 지난밤 꿈으로 인해 정말 많이 놀랐나보군요."

(2) 직 면

> **고득점을 향한 심화해설**

① "그 꿈의 결말은 결국 형을 칼로 찔렀다는 것인데, 당신이 평소 형을 미워한 것은 아닌가요?"
② "당신은 살아있는 동물을 죽이는 것을 무척이나 싫어한다고 말했는데요, 칼에 몇 차례 찔리고도 죽지 않은 돼지를 굳이 있는 힘껏 칼로 찔러 죽이려고 할 필요까지 있었나요?"

(3) 해 석

> **고득점을 향한 심화해설**

① "돼지가 힘이 무척 세고 튼튼하다고 한 것은 아마도 당신이 평소 형에 대해 가지고 있던 열등감일 수 있습니다. 혹시 당신의 형에 대한 열등감이 그와 같은 꿈으로 나타난 것은 아닌지 추측해 봅니다."
② "이 꿈은 당신이 평소 형에 대해 가지고 있던 무의식적인 사고나 감정(예 형에 대한 적개심)을 담고 있는 것으로도, 혹은 보다 넓은 관점에서 우리의 전통적인 의식 속에 뿌리 내린 장자(長子) 우선주의에 대한 반감을 담고 있는 것으로도 볼 수 있을 것 같습니다. 이제 그 이야기를 나눠보도록 하죠."

> **참 고** '명료화' 반응의 예
> "비록 꿈이지만, 형을 칼로 찔러 죽인 것에 대해 죄책감 같은 것을 느꼈는지도 모르겠군요."

> **전문가의 한마디** 이 문제는 2015년 3회 실기시험(5번)에 출제된 문제의 변형된 형태로, '명료화'가 제외되어 있다는 점 외에 별다른 차이점은 없습니다. 또한 이 문제는 2016년 3회 실기시험(8번) 및 2022년 3회 실기시험(3번)에서 변형된 형태로 출제된 바 있는데, 사례의 예로 '아버지'와 '형', '사슴'과 '돼지'가 교체되어 출제되었으나, 상담기법으로서 반영, 직면, 해석의 구체적인 적용을 다루는 점에서 큰 차이는 없습니다. 다만, 기출복원문제 특성상 보기의 예문이나 지문의 내용에 약간의 차이가 있을 수 있으며, 문제의 특성상 제시되는 답안에도 차이가 있을 수 있습니다.

05 다음 보기는 상담자와 내담자가 나눈 대화의 내용을 담은 축어록의 일부이다. 상담자는 내담자의 메시지에 대해 '구체화', '명료화', '공감'의 기술로써 반응하고 있다. 보기의 상담사례에서 밑줄 친 부분에 사용된 상담기술을 '구체화', '명료화', '공감'의 3가지 기술로 구분하여 그 기호를 쓰시오. [5점]

> 내담자 : 저는 남을 돕는 일을 하고 싶어요. 그런 일에서 느끼는 보람이 제게 큰 의미가 있거든요. 그래서 그런 일을 하는 직업을 가지고 싶어요.
> 상담자 : 어떤 일로 사람들을 돕고 싶은가요? (ㄱ)
> 내담자 : 가정환경이 열악한 아이들을 돕고 싶어요. 아이들이 학교공부를 잘 따라갈 수 있도록, 또 즐겁게 뛰어놀 수 있도록 돕고 싶어요.
> 상담자 : 그러니까 아동복지와 관련된 일을 하고 싶으신 거로군요. (ㄴ)
> 내담자 : 그런데 어떤 사람들은 그런 직업으로는 먹고 살기 힘들다고 말하더라고요.
> 상담자 : 어떤 사람들이요? 혹시 부모님께서도 그렇게 말씀하셨는지 궁금하네요. (ㄷ)
> 내담자 : 네, 부모님께서도 비슷한 말씀을 하셨어요. 그래서 다른 직업을 선택해야 하나 고민이에요.
> 상담자 : 과연 남을 돕는 의미 있는 직업을 택하느냐, 아니면 보수 등 조건이 좋은 직업을 택하느냐 선택의 기로에 선 거로군요. (ㄹ)
> 내담자 : 이렇게 막상 진로를 선택해야 할 순간에 이르니 그저 막막하기만 하네요.
> 상담자 : 진로선택을 앞둔 상황에서 미래에 대한 고민으로 불안한 마음이 들겠어요. (ㅁ)

(1) 구체화 : ( ), ( )

(2) 명료화 : ( ), ( )

(3) 공감 : ( )

고득점을 향한 심화해설

(1) 구체화 : ㄱ, ㄷ
(2) 명료화 : ㄴ, ㄹ
(3) 공감 : ㅁ

① 구체화

　내담자의 메시지 중 불분명하고 불확실한 부분, 애매모호하여 혼란을 주는 부분, 자신만의 고유한 지각이 반영되어 선뜻 이해하기 어려운 부분 등을 정밀하게 확인하는 것이다.

② 명료화

　상대방의 대화내용을 분명히 하고 상대방이 표현한 바를 정확히 지각하였는지 확인하는 것이다.

③ 공 감

　상담자가 내담자의 입장에서 이해하고 이를 언어적 표현으로 전달하는 것이다.

> **전문가의 한마디**
>
> 이 문제는 정확한 복원이 이루어지지 않아 실제 문제와 차이가 있을 수 있습니다. 다만, 상담사례에서 내담자의 메시지에 대한 상담자의 반응으로서 '구체화', '명료화', '공감'의 기술을 구분하는 방식으로 출제되었다는 수험생들의 의견에 따라 위와 같이 문제를 재구성하였습니다.
>
> 요컨대, 이 문제는 수험생들을 혼란스럽게 만들기에 충분합니다. 왜냐하면 상담의 기술로서 구체화와 명료화를 명확히 구분하기 어려울 뿐만 아니라, 사실상 이 둘을 동일한 것으로 간주하기도 한다는 점 때문입니다. 그럼에도 불구하고 이 둘의 차이점을 언급한다면, 구체화는 내담자가 사용하는 언어 내용의 정체를 구체적으로 확인하는 기술인 반면, 명료화는 내담자 메시지의 전후 문맥을 분명히 하기 위한 기술이라는 점입니다.
>
> 구체화는 내담자가 즐겨 사용하는 언어, 즉 내담자의 어휘와 개념을 정확히 파악하는 데 중점을 둡니다. 이는 내담자의 주관적 세계 혹은 준거틀이 다른 사람들과 동일하지 않으며, 같은 단어를 다른 의미로 사용하는 경우도 많기 때문입니다. 반면, 명료화는 상대방과의 대화내용을 분명히 하는 것, 즉 상담자가 자신이 들은 내용의 정확성 여부를 점검하는 데 중점을 둡니다. 이는 상담진행 과정에서 내담자의 대화 내용 가운데 앞 뒤 관계가 불명료하거나 논리의 비약 혹은 내용 생략 등이 있을 수 있으므로, 상담자가 내담자 메시지를 잘 이해하고 있는 것인지를 확인할 필요가 있기 때문입니다.
>
> 이와 같이 구체화와 명료화는 내담자가 표현하는 내용을 정확히 파악하기 위해 사용하는 기술이라는 점에서 공통적이므로, 단 하나의 예시문장으로 그것이 구체화 기술에 해당하는지 아니면 명료화 기술에 해당하는지를 구분하기란 매우 어렵습니다. 다만, 앞서 언급한 두 기술의 차이점을 염두에 둔 채 구체화와 명료화의 기술에 해당하는 예시문장을 각각 제시한다면, 이를 어느 정도 명확히 구분할 수 있습니다. 그러나 대다수 심리상담 관련 교재들은 구체화를 별도의 상담기술로 제시하기보다는 이를 명료화의 기술로 포함시켜 설명하는 경향이 있으므로, 이 두 기술의 구분은 위의 사례문항과 같은 특수한 경우에 한하여 유효하다고 볼 수 있습니다.

06 상담장면에서 '생산적인 경청'을 하는 상담자가 보이는 구체적인 태도를 5가지 쓰시오.

5점 ︱06, 15, 20년 기출

고득점을 향한 심화해설

① 반응하기에 앞서 내담자가 자신에 대해 충분히 말할 시간을 제공한다.
② 내담자가 심각하게 말하고 있는 것을 스스로 그렇게 받아들인다.
③ 내담자의 말에 충분한 주의를 기울인다.
④ 고개를 끄덕이거나 '음' 하는 등의 최소 반응으로 주의를 기울이고 있음을 보여준다.
⑤ 필요한 질문을 하며, 불필요한 질문을 삼간다.
⑥ 내담자와 자주 눈을 맞추며, 시계를 보는 등의 행위를 삼간다.
⑦ 내담자의 말을 가로막지 않으며, 내담자와의 논쟁을 회피하지 않는다.
⑧ 주제를 바꾸는 등 내담자의 문제나 호소를 회피하지 않는다.
⑨ 내담자가 할 말을 찾을 때 충분히 인내하고 기다린다.
⑩ 말하기 전에 생각하며, 즉각적인 충고를 삼간다.

전문가의 한마디

이 문제는 2020년 3회 실기시험(3번)에서 "내담자의 말을 경청하는 데 있어서 좋은 상담자가 되기 위한 구체적인 방법을 5가지 쓰시오"로 제시된 바 있습니다. 이와 같이 이 문제는 "생산적인 경청을 하는 상담자의 태도", "생산적인 경청자의 특징", "내담자의 말을 경청하는 데 있어서 좋은 상담자가 되기 위한 방법", "좋은 경청자의 요건", "효과적인 경청의 구체적인 방법" 등 다양한 방식으로 제시될 수 있습니다. 다만, 이와 같은 문제들은 상담자의 입장에서 생산적인 경청 혹은 효과적인 경청의 구체적인 방법에 대해 묻는 것으로, 2022년 1회 1번 문제와 같이 내담자의 입장에서 상담자가 자신의 말에 주의를 기울이고 배려하고 있음을 느끼도록 하는 방법과는 분명한 차이가 있음을 염두에 두어야 합니다.
요컨대, 경청의 올바른 방법 혹은 효과적인 방법에 대해서는 학자마다 교재마다 약간씩 다르게 기술하고 있으므로, 이점 유념하여 가장 정답에 근접한 것으로 보이는 내용들을 선별하여 이를 적절히 답안으로 제시하시기 바랍니다. 참고로 1차 필기시험에 다음과 같은 문제들이 출제된 바 있습니다.

> 다음 중 효과적인 경청과 가장 거리가 먼 것은? [10, 13년 기출]
> ① 내담자가 심각한 듯 얘기를 하지만, 면접자가 보기에는 그렇게 보이지 않을 때에는 중단시킨다.
> ② 면접자는 반응을 보이기 앞서서, 내담자가 스스로 말할 시간을 충분히 주려고 한다.
> ③ 면접자는 내담자에게 주의를 많이 기울인다.
> ④ 내담자가 문제점을 피력할 때 가로막지 않고, 문제점에 관한 논쟁을 피하지 않는다.
> 답 ①

> 내담자와의 면접에서 중요한 기법 중 하나인 경청에 대한 설명과 가장 거리가 먼 것은? [16년 기출]
> ① 반응하기에 앞서 내담자가 말할 충분한 시간을 준다.
> ② 대수롭지 않은 내용을 말할 때는 도움이 될만한 충고를 생각하며 듣는다.
> ③ 내담자와 자주 눈을 맞추고 주의를 기울인다.
> ④ 가능한 한 내담자의 말을 끊고 반응하는 행동을 하지 않는다.
> 답 ②

알아두기

1. 올바른 경청의 자세(Egan) : SOLER
   - S(Squarely) : 내담자를 정면으로 마주본다.
   - O(Open) : 내담자에게 개방적인 자세를 취한다.
   - L(Leaning) : 내담자 쪽으로 약간 몸을 기울인다.
   - E(Eye contact) : 적당한 거리에서 내담자와 지속적으로 시선을 접촉한다.
   - R(Relaxed) : 내담자를 편안하고 자연스럽게 대한다.

2. 상담자의 바람직한 경청의 자세(Hill & O'Brien) : ENCOURAGES
   - E(Eye) : 적당한 정도로 눈을 마주친다(다른 곳을 보거나 뚫어지게 응시하지 않는다).
   - N(Nod) : 가끔 고개를 끄덕인다.
   - C(Cultural Differences) : 문화적 차이를 인식하고 이를 존중한다.
   - O(Open Mind) : 내담자 쪽으로 열린 자세를 유지한다(팔짱을 끼지 말고, 내담자 쪽으로 자세를 기울인다).
   - U(Unhmn) : '음' 등의 최소 반응을 사용하여 격려한다.
   - R(Relaxed) : 편안하고 자연스럽게 대한다.
   - A(Avoid) : 산만한 행동을 삼간다.
   - G(Grammatical) : 내담자의 언어스타일에 맞추어 표현한다.
   - E(Ear) : 제3의 귀로 경청한다(언어적 메시지는 물론 비언어적 메시지를 주의하여 듣는다).
   - S(Space) : 공간적 거리를 적절히 유지한다(너무 가깝거나 멀지 않도록 한다).

07 단기상담에 적합한 내담자의 특성 4가지를 기술하시오. 〔4점〕 15, 18년 기출

고득점을 향한 심화해설

답안 1

① 호소하는 문제가 비교적 구체적이다.
　단기상담을 하는 상담자는 내담자가 호소하는 구체적인 문제에 초점을 두며, 경우에 따라 내담자의 문제를 구체화하여 단기상담에 적합하도록 목표를 조정하기도 한다. 예를 들어, 결혼 후 남편에게서 잦은 폭행을 경험한 부인이 이혼을 해야 할지 말아야 할지를 결정하고자 하는 경우 단기상담이 적합하다. 그 이유는 호소하는 문제가 구체적이기 때문이다(예 가정폭력).

② 주 호소문제가 발달상의 문제와 연관된다.
　사람은 성장하면서 다양한 발달상의 어려움을 경험할 수 있으며, 이와 같은 발달과정상의 문제는 단기상담에서 효과를 기대할 수 있다. 예를 들어, 이성교제, 임신 및 출산, 직업선택 및 진로 문제 등은 단기상담에 적합하다.

③ 호소문제가 발생하기 이전에는 생활기능이 정상적이었다.
　예를 들어, 평소 우울증이나 대인관계 등 다른 모든 생활기능에서 정상적이었던 사람이 사랑하는 사람과 이별을 하고 나서 우울증이 생긴 경우 단기상담이 적합하다. 그 이유는 이별이 우울증과 직접적으로 연관된 것이므로, 상담을 통해 이별을 사실로 인정하도록 함으로써 그로 인한 상실감, 외로움, 후회 등을 다룰 수 있기 때문이다.

④ 내담자를 사회적으로 지지해 주는 사람이 있다.
　일반적으로 단기상담은 내담자의 문제가 완전히 해결되기 이전에 종결되는 경우가 많다. 상담기간 동안에는 상담자가 내담자를 지지해 줌으로써 정서적인 문제가 감소될 수 있으나, 상담 종결 이후에는 그와 같은 정서적인 문제가 재발하거나 내담자가 용기를 잃을 수도 있다. 이때 내담자를 지지해 주고 조언해 주는 사람이 있다면, 상담자의 전문적인 조력 없이도 어려움을 극복해 나갈 수 있다.

⑤ 과거든 현재든 상보적 인간관계를 가져본 적이 있다.
　상보적 인간관계는 당사자들 간에 서로 돕고 잘해 주는 관계를 의미한다. 이와 같은 관계를 맺은 경험이 있는 사람은 상담자와도 조기에 상보적 관계를 형성할 수 있는 반면, 그와 같은 경험이 없는 사람은 상담자를 신뢰하지 않거나 반대로 상담자에게 의존적인 양상을 보일 수 있다.

⑥ 성격장애를 가지고 있지 않다.

성격장애로 진단된 내담자는 단기상담을 통해 효과를 거두기 어렵다. 예를 들어, 반사회적 성격장애나 경계선 성격장애를 가진 내담자의 경우, 상담자가 그의 문제를 단기간에 해결할 수 있을 것으로 기대하기 어렵다.

답안 2

① 내담자가 비교적 건강하며 그 문제가 심각하지 않은 경우
② 내담자가 자신의 경미한 문제에 대한 명확한 인식을 원하는 경우
③ 내담자가 임신, 출산 등 발달과정상의 문제를 경험하는 경우
④ 내담자가 중요 인물의 상실로 인해 생활상의 적응을 필요로 하는 경우
⑤ 내담자가 급성적 상황으로 인해 정서적인 어려움을 겪는 경우
⑥ 내담자가 조직이나 기관의 구성원으로 소속되어 있는 경우

전문가의 한마디

단기상담에 적합한 내담자에 관한 문제는 교재에 따라 크게 두 가지 관점, 즉 '단기상담에 적합한 내담자의 특징적 양상'과 '단기상담에 적합한 내담자의 특징적 유형'으로 제시됩니다(→ 위의 해설에서 답안1 은 전자, 답안2 는 후자에 해당). 그러나 이 두 가지 모두 실제 교재에서는 '단기상담에 적합한 내담자의 특성'으로 제시되고 있으므로, 채점자에 따라 두 가지 모두 혹은 두 가지 중 어느 하나만을 답안으로 인정할 수도 있습니다. 위의 해설에서 답안1 은 '강갑원, 『알기 쉬운 상담이론과 실제』, 교육과학사 刊', 답안2 는 '천성문 外, 『상담심리학의 이론과 실제(제3판)』, 학지사 刊'을 참조하였습니다. 참고로 1차 필기시험에서도 단기상담에 적합한 내담자의 특징적 양상과 단기상담에 적합한 내담자의 특징적 유형이 문제로 출제된 바 있습니다.

단기상담에 적합한 내담자의 특성으로 옳은 것은? [19년 기출]
① 반사회적 성격장애가 있다.
② 문제가 구체적이거나 발달과정상의 문제가 있다.
③ 지지적인 대화상대자가 전혀 없다.
④ 만성적이고 복합적인 문제가 있다.

답 ②

단기상담에 적합한 내담자와 가장 거리가 먼 것은? [14, 22년 기출]
① 위급한 상황에 있는 군인
② 중요 인물과의 상실을 경험한 자
③ 급성적으로 발생한 문제로 고통받는 내담자
④ 상담에 대한 동기가 낮은 내담자

답 ④

08 내담자를 면접 평가할 때 사용하는 행동평가 방법을 3가지 쓰고, 각각에 대해 설명하시오.

6점 19년 기출

고득점을 향한 심화해설

① 행동적 면접
  ㉠ 내담자의 구체적인 문제행동, 문제행동을 유지시키는 상황 요인, 문제행동 뒤에 수반되는 결과가 무엇인지 파악하기 위한 것이다.
  ㉡ 내담자의 현재 문제와 함께 그 문제를 유지시키는 요인이 무엇인지, 과거에 어떻게 대응해 왔는지, 치료에 대한 기대가 무엇인지 등을 알아본다.

② 관찰법
  ㉠ 행동평가에서는 자연적인 상황에서의 관찰법, 통제된 관찰법, 자기관찰법 등 여러 가지 관찰법을 사용한다.
  ㉡ 자연적인 상황에서의 관찰법은 내담자의 집, 학교, 병원 등에서 자연스럽게 나타나는 문제행동을 관찰하는 것이고, 통제된 관찰법은 내담자가 문제행동을 보이는 상황을 조작해 놓은 채 그 조건에서의 문제행동을 관찰하는 것이다. 자기관찰법은 내담자 스스로 자신의 행동, 사고, 정서 등을 관찰하고 기록하는 것이다.

③ 질문지 혹은 평정척도
  ㉠ 질문지나 평정척도와 같은 간단한 지필검사로 내담자의 외현적인 행동은 물론 우울, 불안, 주의력결핍 등을 평가하는 것이다.
  ㉡ 기존에 만들어진 지필검사를 이용하거나 연구자가 관찰하고자 하는 행동이나 태도, 정서에 대해 적절한 질문지나 평정척도를 만들어 평가하는 방법이 있다.

| 전문가의 한마디 | 이 문제는 2008년 실기시험(10번)과 2011년 실기시험(4번)에 출제된 "내담자에 대한 심리평가를 위해 사용되는 행동평가 방법을 4가지 제시하시오"와 사실상 동일한 내용을 담고 있는 것으로, 다양한 답안이 존재할 수 있는 문제이기도 합니다.

요컨대, 행동평가의 방법은 2011년 4번 문제 해설에서 제시한 바와 같이 그 수가 매우 많습니다. 해당 문제에서는 '4가지'라는 점에 착안하여 '자연관찰법(직접관찰법)', '유사관찰법(통제관찰법)', '참여관찰법', '자기관찰법' 등 4가지를 답안으로 제안하였는데, 이는 '안창일, 『임상심리학(제1판)』, 시그마프레스 刊'에 소개된 것으로, 2009, 2016년 및 2022년 1차 필기시험의 문제 지문으로 제시되기도 하였습니다. 그런데 이번 문제에서는 4가지가 아닌 3가지를 쓰도록 요구하고 있으며, 공교롭게도 같은 책 개정판(현행 제3판)에서는 행동평가의 방법으로 위의 해설과 같이 '행동적 면접', '관찰법', '질문지 혹은 평정척도' 등 3가지를 제시하고 있습니다. 초판과 개정판의 내용상 차이는 초판에서 행동평가의 방법으로 제시한 4가지 방법을 개정판에서는 하나의 '관찰법' 범주 안에 포함시키되 행동적 면접과 지필검사(질문지나 평정척도)를 추가했다는 데 있습니다. 따라서 출제자의 정확한 의도를 알 수 없는 바, 앞선 2008년과 2011년에 출제된 4가지를 요구하는 문제에 대해서는 정확히 '4가지'가 제시된 초판의 내용을, 2019년 3회 실기시험(18번)을 비롯하여 재차 출제된 3가지를 요구하는 문제에 대해서는 '3가지'가 제시된 개정판의 내용을 답안으로 제시하였습니다. 다만, 행동평가의 방법은 그 수가 매우 많고 1차 필기시험에서조차 다양하게 소개되고 있는 만큼, 앞서 소개한 도서가 아닌 다른 도서의 내용을 답안으로 작성하더라도 정답으로 인정받을 것으로 보입니다.

행동평가 방법에 관한 설명으로 옳지 않은 것은? [09, 16, 22년 기출]

① 자연관찰은 참여자가 아닌 관찰자가 환경 내에서 일어나는 참여자의 행동을 관찰하고 기록하는 방법이다.
② 유사관찰은 제한이 없는 환경에서 관찰하는 방법이다.
③ 참여관찰은 관찰하고자 하는 개인이 자연스러운 환경에 관여하면서 기록하는 방식이다.
④ 자기관찰은 자신이 개인과 환경 간의 상호작용에 관한 자료를 수집하도록 한다.

답 ②

행동평가 방법 중 흡연자의 흡연 개수, 비만자의 음식섭취 등을 알아보는 데 가장 적합한 방법은? [14, 18년 기출]

① 자기감찰   ② 행동관찰
③ 참여관찰   ④ 평정척도

답 ①

다음 중 반응성 효과가 적고 관찰자로 하여금 광범위한 자연 장면에서 행동을 기록할 수 있도록 해 주기 때문에 생태학적 타당도를 높일 수 있는 행동평가 방법은? [08, 11년 기출]

① 자기-감찰   ② 참여관찰
③ 비참여관찰   ④ 행동평가 면접

답 ②

09 재활모형에서 손상(Impairment), 장애(Disability), 핸디캡(Handicap)의 의미를 쓰고, 개입방법상의 차이점을 설명하시오. 5점 10, 13, 18년 기출

(1) 의 미

고득점을 향한 심화해설

① 손상(Impairment)
  ㉠ 생리적 · 심리적 · 해부학적 구조 또는 기능에 이상이 있는 상태를 말한다. 신체기관의 구조나 기능이 상실되는 것, 비정상적으로 병리적인 상태에 놓이는 것, 심리적 손상이 일시적 혹은 영구적으로 있는 것을 의미한다.
  ㉡ 사고장애나 지리멸렬, 망상, 환각, 불안, 우울, 집중력이나 기억력 상실, 주의산만, 무감동 등의 증상을 나타낸다.

② 장애(Disability)
  ㉠ 손상으로 인해 정상적인 행동을 수행할 능력이 제한 또는 결핍된 상태를 말한다. 즉, 개인이 사회적 상황에서 주어진 역할이나 과제를 해내지 못하거나 수행하는 데 한계를 보이는 것으로 볼 수 있다.
  ㉡ 기능상의 어려움으로 인해 일을 할 때나 자기 활동을 수행할 때, 의사소통이나 사회생활을 할 때 지장이 있다.

③ 핸디캡(Handicap)
  ㉠ 손상이나 장애로 인해 정상적인 역할수행에 제한 또는 장애가 발생함으로써 사회적 불이익을 경험하는 상태를 말한다.
  ㉡ 핸디캡은 주로 낙인이나 편견에서 비롯되는데, '장애인'이라는 수식어가 사회적인 불리조건을 형성하며, 그로 인해 사회생활에서의 한계를 유발한다.

(2) 개입방법상의 차이점

고득점을 향한 심화해설

① 동일한 질환이나 사고에 의해 신체적 혹은 정신적 장애 상태에 놓인 경우에도 손상(Impairment)은 기관의 차원에서, 장애(Disability)는 개인의 차원에서, 핸디캡(Handicap)은 사회의 차원에서 접근이 이루어진다.
② 손상(Impairment)의 경우 약물치료, 정신치료 등 일반의학의 측면에서 손상의 경감에 초점을 둔 임상적 치료가 필요한 반면, 장애(Disability)의 경우 재활상담, 일상생활 기술훈련, 역할훈련 등 재활의학의 측면에서 개인의 능력 개발 및 환경자원의 활용에 초점을 둔 임상적 재활이 필요하다. 또한 핸디캡(Handicap)의 경우 권익 옹호, 편견 해소, 제도적 변화 등 사회적 측면에서 사회체계의 변화를 유도하는 데 초점을 둔 사회적 재활이 필요하다.

전문가의 한마디

이 문제와 관련하여 **2024년 1회 실기시험(18번)**에서는 '손상(Impairment)', '장애(Disability)', '핸디캡(Handicap)' 외에 '병리(Pathology)'를 추가하여 문제를 출제한 바 있습니다.
요컨대, '손상(Impairment)', '장애(Disability)', '핸디캡(Handicap)'의 3단계 재활모형은 1980년 세계보건기구(WHO)의 국제장애분류(ICIDH ; International Classification of Impairments, Disabilities and Handicaps)에서 비롯됩니다. 그러나 특히 정신사회재활과 관련하여 몇몇 학자들은 이를 '손상(Impairment)', '기능결함(Dysfunction)', '역할장애(Disability)', '불이익(Disadvantage)'의 4단계로 분류하는 것이 바람직하다고 주장하였습니다. 즉, 손상 단계에서는 기존의 의학적 치료, 기능결함 단계에서는 기능 중심의 재활방법, 역할장애 단계에서는 사회적응을 돕는 재활방법, 불이익 단계에서는 사회적 편견해소 및 제도개선 등의 사회적 재활이 필요하다는 것입니다. 특히 전통적 의료모델에 기초한 3단계 장애분류가 일방적 인과관계를 강조하는 반면, 4단계 장애분류는 각 단계들 간의 상호작용 관계를 강조한다는 측면에서 사실 더욱 바람직한 것으로 보입니다.

10 방어기제의 의미를 쓰고, 방어기제의 유형을 4가지 제시하시오. [6점] (04, 07, 10, 17, 21, 22년 기출)

(1) 방어기제의 의미

고득점을 향한 심화해설

방어기제(Defense Mechanism)는 자아가 위협받는 상황에서 무의식적으로 자신을 속이거나 상황을 다르게 해석함으로써 감정적 상처로부터 자신을 보호하려는 심리 의식이나 행위를 가리키는 정신분석 용어이다.

(2) 방어기제의 유형

고득점을 향한 심화해설

① 억압(Repression)

죄의식이나 괴로운 경험, 수치스러운 생각을 의식에서 무의식으로 밀어내는 것으로서 선택적인 망각을 의미한다.

예 부모의 학대에 대한 분노를 억압하여 부모에 대한 이야기를 무의식적으로 꺼리는 경우

② 부인 또는 부정(Denial)

의식화되는 경우 감당하기 어려운 고통이나 욕구를 무의식적으로 부정하는 것이다.

예 애인이 교통사고로 사망했음에도 불구하고 그의 죽음을 인정하지 않은 채 여행을 떠난 것이라고 주장하는 경우

③ 합리화(Rationalization)

현실에 더 이상 실망을 느끼지 않기 위해 또는 정당하지 못한 자신의 행동에 그럴듯한 이유를 붙이기 위해 자신의 말이나 행동을 정당화하는 것이다.

예 여우가 먹음직스러운 포도를 발견하였으나 먹을 수 없는 상황에 처했을 때 "저 포도는 신 포도라서 안 먹는다"고 말하는 경우

④ 반동형성(Reaction Formation)
자신이 가지고 있는 무의식적 소망이나 충동을 본래의 의도와 달리 반대되는 방향으로 바꾸는 것이다.
예 미운 놈에게 떡 하나 더 준다.

⑤ 투사(Projection)
사회적으로 인정받을 수 없는 자신의 행동과 생각을 마치 다른 사람의 것인 양 생각하고 남을 탓하는 것이다.
예 자기가 화가 난 것을 의식하지 못한 채 상대방이 자기에게 화를 낸다고 생각하는 경우

전문가의 한마디 방어기제의 유형에 대해서는 2007년 실기시험(2번) 및 2010년 실기시험(1번)에서 5가지를 쓰고 설명하도록 요구한 바 있으므로, 가급적 위의 5가지 유형의 명칭과 함께 간략한 내용까지 기억해 두시기 바랍니다. 다만, 이번 문제에서는 설명하라는 별다른 지시가 없으므로, 각 유형의 명칭만 답안으로 작성하도록 합니다.

11 공포증 환자를 대상으로 체계적 둔감법을 실시하고자 한다. 체계적 둔감법의 3단계 과정을 순서대로 쓰고, 각 단계에 대해 간략히 설명하시오. 6점 [09, 10, 15, 18, 21년 기출]

심화해설

① 근육이완훈련

근육이완 상태에서는 불안이 일어나지 않는다는 원리를 토대로 한다. 치료자(상담자)는 수회에 걸쳐 내담자가 근육의 긴장을 이완할 수 있도록 훈련시킨다.

② 불안위계목록 작성

치료자는 내담자가 가지고 있는 불안이나 공포에 대한 구체적인 정보와 함께 각각의 증상과 관련된 행동들을 파악한다. 불안이나 공포를 일으키는 유발상황에 대한 위계목록은 대략 10~20개 정도로 작성한다.

③ 불안위계목록에 따른 둔감화

치료자는 역조건형성을 통해 내담자로 하여금 이완상태에서 불안을 유발하는 상황을 상상하도록 유도한다. 이때 불안과 공포를 유발하는 상황을 상상하는 순서는 위협을 가장 적게 느끼는 상황에서부터 시작하여 가장 위협적인 상황으로 옮겨가도록 한다. 불안유발자극과 불안반응의 관계가 완전히 소거될 때까지 절차를 반복하여 실시한다.

전문가의 한마디

'체계적 둔감법(Systematic Desensitization)'은 '체계적 둔감화', '체계적 탈감화', '체계적 탈감법', '단계적 둔감화', '단계적 둔감법', '단계적 둔화법', '체계적 감강법', '체계적 감도 감강법'이라고도 합니다. 일반적으로 체계적 둔감법의 단계는 3단계의 표준절차를 의미하나 이를 구체적인 방법적 절차로 제시할 수도 있습니다. 만약 해당 문제가 "3단계를 쓰시오"로 제시된다면 반드시 표준절차 3단계를 써야만 합니다. 그러나 상담 과정의 예를 제시하면서 "체계적 둔감화의 실시 절차를 쓰시오"로 제시된다면 이를 다음과 같이 보다 구체적인 절차로 풀어써도 관계없습니다.

- 내담자에게 신체근육을 이완하고 정신적 심상에 집중하는 방법을 알려준다.
- 내담자의 불안을 유발하는 자극을 분석하여 불안의 정도에 따라 불안위계목록을 작성한다.
- 내담자에게 불안위계목록상 불안을 가장 적게 일으키는 장면부터 상상하도록 요구한다.
- 내담자가 다시 불안을 느끼는 경우 이완훈련을 실시한다.
- 점차적으로 자극의 강도를 높여 불안을 가장 심하게 일으키는 장면에 이르기까지 체계적으로 접근한다.
- 가장 심한 자극에 이르기까지 내담자가 불안을 느끼지 않는 경우 상담 과정을 종료한다.

알아두기

1. 체계적 둔감법의 장점
- 특별한 도구가 필요 없으므로 경제적이다.
- 내담자로 하여금 불안에 대처할 수 있는 자신의 독자적인 적응전략을 형성할 수 있도록 한다.
- 내담자의 주의집중력을 증진시킬 수 있다.

2. 체계적 둔감법의 유의점
- 치료자의 많은 훈련경험이 요구된다.
- 자극을 상상하기 위해 내담자에게도 어느 정도의 지적 능력이 요구된다.
- 상상된 자극에 대해 불안이 감소되었더라도 실제 상황에서 일반화되지 않는 경우도 있다.

12 다음은 벡(Beck)의 인지적 왜곡의 유형과 그에 대한 설명을 나열한 것이다. 아래의 빈칸에 들어갈 인지적 왜곡의 유형을 보기에서 찾아 순서대로 쓰시오. [6점]

- 과잉일반화
- 흑백논리
- 개인화
- 정신적 여과
- 독심술적 오류
- 파국화
- 예언자적 오류
- 잘못된 명명
- 임의적 추론
- 감정적 추리

(ㄱ)	한두 번의 사건에 근거하여 일반적인 결론을 내리고 무관한 상황에도 그 결론을 적용시킨다.
(ㄴ)	자신과 무관한 사건을 자신과 관련된 것으로 잘못 해석한다.
(ㄷ)	충분한 근거 없이 다른 사람의 마음을 마음대로 추측하고 단정한다.
(ㄹ)	어떤 상황에서 일어난 여러 가지 일 중에서 일부만을 뽑아내어 상황 전체를 판단한다.
(ㅁ)	결론을 지지하는 증거가 없거나 증거가 결론과 배치되는데도 불구하고 어떤 결론을 이끌어낸다.
(ㅂ)	충분한 근거 없이 미래에 일어날 일을 단정하고 확신한다.

고득점을 향한 심화해설

ㄱ. 과잉일반화
ㄴ. 개인화
ㄷ. 독심술적 오류
ㄹ. 정신적 여과
ㅁ. 임의적 추론
ㅂ. 예언자적 오류

전문가의 한마디	이 문제는 완전한 복원이 이루어지지 않아 실제 문제와 약간의 차이가 있을 수 있습니다. 수험생들의 의견에 따르면, 이 문제가 인지적 왜곡(혹은 인지적 오류)의 유형을 임의대로 쓰고 설명하도록 한 이전 문제와 달리, 특정 유형에 대한 설명을 보기로 제시하여 그에 부합하는 인지적 왜곡의 명칭을 별도의 보기에서 찾아 쓰도록 하고 있다는 점에서 차이가 있다는 것이었습니다.

사실 인지적 왜곡에 관한 문제는 앞선 2023년 1회 실기시험(2번)에도 출제된 바 있는데, 단순암기로 답안을 작성하는 이전 문제와 달리, 서로 유사한 내용들에서 개념용어에 대한 정확한 이해와 판단을 요구하는 이번 문제가 오히려 정답을 맞히기 어렵다고 볼 수 있습니다. 여러분은 이 문제에서와 같이 별도의 보기로 인지적 왜곡의 명칭이 제시되지 않는다면, 그리고 인지적 왜곡의 각 유형에 대한 개념설명이 아니라 예시형태로 진술되어 있다면, 과연 이 6가지 유형의 명칭을 정확히 답안으로 작성할 수 있을까요?

참고로 정신적 여과는 '선택적 추상화(Selective Abstraction)', 파국화는 '재앙화(Catastrophizing)', 감정적 추리는 '정서적 추론(Emotional Reasoning)'으로도 불립니다. 복습 차원에서 1차 필기시험에 출제된 다음의 문제를 풀어보시기 바랍니다.

벡(A. Beck)이 제시한 인지적 오류와 그 내용이 옳은 것을 모두 고른 것은? [22년 기출]

ㄱ. 개인화 – 내담자가 두 번째 회기에 오지 않을 경우, 첫 회기에서 내가 뭘 잘못했기 때문이라고 강하게 믿는 것
ㄴ. 임의적 추론 – 남자 친구가 바쁜 일로 연락을 못하면 나를 멀리하려 한다고 결론 내리고 이별을 준비하는 것
ㄷ. 과잉일반화 – 한두 번의 실연당한 경험으로 누구로부터도 항상 실연을 당할 것이라고 생각하는 것

① ㄱ, ㄴ
② ㄱ, ㄷ
③ ㄴ, ㄷ
④ ㄱ, ㄴ, ㄷ

답 ④

13 소크라테스식 대화의 특징을 3가지 제시하고, 소크라테스식 대화의 구체적인 예를 2가지 쓰시오.

5점 14, 17, 20년 기출

(1) 소크라테스식 대화의 특징

> **고득점을 향한 심화해설**

① 일련의 신중한 질문을 통한 내담자 자신의 대안적 해결책 탐색

소크라테스식 대화는 치료자(상담자)가 내담자의 문제에 해결책을 제시하거나 그들의 지각 및 해석 내용을 직접적으로 논박하는 것이 아니다. 치료자는 일련의 신중한 질문을 통해 먼저 내담자가 어떤 결론을 내리고 있는지 이해한 다음, 다른 대안이 가능한지 여부를 살펴보도록 함으로써 내담자 스스로 자신의 해결책을 찾아내도록 돕는다.

② 내담자 자신이 경험한 사건에 대한 보다 자세하고 진솔한 진술 유도

소크라테스식 대화는 내담자로 하여금 치료자가 제시한 해석 내용에 동의해야 한다는 부담감 및 위협감을 덜 갖도록 한다. 그로 인해 내담자는 자신이 경험한 사건에 부여한 의미, 상상 내용, 두려워하는 것, 미래에 대한 예상 등에 대해 보다 자세하고 진솔하게 이야기할 수 있게 된다.

③ 치료자의 비판단적·교육적 접근을 통한 내담자의 역기능적 신념에의 변화 유도

소크라테스식 대화는 치료자가 내담자로 하여금 자기모순에 빠지도록 함정을 파거나 내담자의 신념이 잘못된 것임을 직설적으로 폭로하는 것이 아니다. 오히려 일련의 질문을 통해 내담자로 하여금 자신의 생각을 어떻게 살펴보아야 하는지에 대한 비판단적·교육적인 접근을 펼친다.

(2) 구체적인 예

고득점을 향한 심화해설

① 논리적 · 경험적 · 실용적 논박

그와 같은 신념이 타당하다는 논리적 · 경험적 근거는 무엇인가? 그 신념이 당신의 목적 달성에 어떠한 도움이 되는가?

② 대안적 논박

다른 사람은 이 상황을 어떻게 볼 것인가? 현 상황에서 좀 더 타당한 대안적 신념은 없는가?

전문가의 한마디
소크라테스식 대화는 인지치료에서 널리 사용하는 인지기술로서, 특히 벡(Beck)이 내담자의 부적응적인 신념을 확인하고 그것의 유효성을 진단하기 위한 기법으로 활용하였습니다. 사실 소크라테스식 대화에 관한 내용은 심리학, 상담학, 철학, 교육학 등 다양한 학문 분야에서 다루어지고 있으며, 그로 인해 학자마다 혹은 교재마다 다양한 방식으로 소개되고 있습니다. 참고로 위의 문제 해설은 'Weishaar, M. E., 『인지치료의 창시자, 아론 벡』, 권석만 譯, 학지사 刊', '천성문 外, 『상담심리학의 이론과 실제』, 학지사 刊' 등의 관련 내용을 참조하여 답안을 작성하였습니다.

알아두기 소크라테스식 대화를 통해 우울증을 가진 내담자를 치료하는 구체적인 예

> (환자는 퇴근 후 나머지 대부분의 시간을 침대에서 보내고 있다.)
> - 치료자 : 당신이 퇴근 후 집에 가서 침대에 눕게 될 확률이 얼마나 되나요?
> - 내담자 : 거의 100%입니다.
> - 치료자 : 당신이 대부분의 시간을 침대에 눕는 이유는 무엇인지요?
> - 내담자 : 기분이 나아지기 때문이죠.
> - 치료자 : 얼마 동안 기분이 나아지나요?
> - 내담자 : 몇 분 동안이요.
> - 치료자 : 그러면 그 다음에는 어떻게 되나요?
> - 내담자 : 글쎄요, 다시 우울한 기분이 들 겁니다.
> - 치료자 : 그렇게 된다는 것을 어떻게 알 수 있나요?
> - 내담자 : 매번 반복되어 일어나니까요.
> - 치료자 : 정말 그런가요? 침대에 누워 있으면서 오랫동안 기분이 나아진 적은 없나요?
> - 내담자 : 그런 적은 없는 것 같은데요.
> - 치료자 : 침대에 눕고 싶은 충동에 따르지 않을 경우 기분이 나아진 적은 없나요?
> - 내담자 : 글쎄요, 어떤 활동을 할 때 기분이 나아지긴 하지요.
> - 치료자 : 자, 그럼 침대에 눕고자 하는 당신의 충동으로 돌아갑시다. 침대에 눕는 이유가 무엇이었지요?
> - 내담자 : 기분이 나아지는 것이지요.
> - 치료자 : 그렇다면 침대에 눕지 않고 무언가 생산적인 활동을 하면 어떻게 될까요?
> - 내담자 : 기분이 나아지겠죠.
> - 치료자 : 그 이유가 무엇인지요?
> - 내담자 : 그건 우울한 기분을 잊게 하고 다른 것에 집중할 수 있기 때문이죠.

14 인간중심치료에서 로저스(Rogers)가 강조한 치료자의 특성 혹은 태도를 3가지 쓰시오.

3점 08, 10, 14, 17, 18, 19, 20, 21, 22, 24년 기출

고득점을 향한 심화해설

※ 2024년 2회 7번 기출문제와 동일 또는 매우 유사하므로, 해당 해설을 참조하세요. ☞ 교재 49p

15 아동상담에서 놀이의 치료적 기능을 3가지 쓰고, 각각에 대해 설명하시오.

6점 16, 24년 기출

고득점을 향한 심화해설

※ 2024년 2회 10번 기출문제와 동일 또는 매우 유사하므로, 해당 해설을 참조하세요. ☞ 교재 54p

16 WAIS-IV의 척도별 구성 중 언어이해(Verbal Comprehension Index)와 지각추론(Perceptual Reasoning Index)에 포함되는 핵심 소검사 항목을 각각 2개씩 쓰시오. [4점]

(1) 언어이해지수(VCI)의 핵심 소검사

고득점을 향한 심화해설

공통성(Similarity), 어휘(Vocabulary), 상식(Information)

(2) 지각추론지수(PRI)의 핵심 소검사

고득점을 향한 심화해설

토막짜기(Block Design), 행렬추론(Matrix Reasoning), 퍼즐(Visual Puzzles)

전문가의 한마디 웩슬러 지능검사[성인용 WAIS-IV(K-WAIS-IV) / 아동용 WISC-IV(K-WISC-IV)]의 소검사에 관한 문제는 척도별 구성(→ 지수 혹은 지표)에 따라 각 지수(지표)에 포함되는 소검사의 명칭을 쓰는 방식으로도, 혹은 특정 소검사가 측정하는 내용을 쓰는 방식으로도 출제되고 있습니다. 특히 전자의 경우 핵심(주요) 소검사와 보충 소검사를 구분하지 않은 채 특정 지수(지표)에 포함되는 소검사의 명칭을 폭넓게 쓰도록 요구하는 경우도 있지만, 이 둘을 명확히 구분하여 핵심(주요) 소검사만을 쓰도록 요구하는 경우도 있습니다. 이와 같이 문제상에서 각 지수별(지표별) 핵심(주요) 소검사와 보충 소검사를 구별하여 쓰도록 요구할 수 있으므로 반드시 이 두 가지를 구분하도록 하며, 특별한 지시가 없는 한 가급적 핵심(주요) 소검사를 답안으로 작성하도록 합니다.

알아두기 K-WAIS-IV와 K-WISC-IV의 척도별 구성 비교

척 도	소검사 구분	K-WAIS-IV	K-WISC-IV
언어이해	핵심 소검사	공통성, 어휘, 상식	공통성, 어휘, 이해
	보충 소검사	이 해	상식, 단어추리
지각추론	핵심 소검사	토막짜기, 행렬추론, 퍼즐	토막짜기, 공통그림찾기, 행렬추리
	보충 소검사	무게비교, 빠진 곳 찾기	빠진 곳 찾기
작업기억	핵심 소검사	숫자, 산수	숫자, 순차연결
	보충 소검사	순서화	산 수
처리속도	핵심 소검사	동형찾기, 기호쓰기	기호쓰기, 동형찾기
	보충 소검사	지우기	선 택

17 MMPI 2개 척도에 대한 분석에서 4-9/9-4 척도의 임상 양상을 5가지 기술하시오.

5점 | 06, 08, 11, 15, 17, 20, 21, 24년 기출

고득점을 향한 심화해설

※ 2024년 1회 14번 기출문제와 동일 또는 매우 유사하므로, 해당 해설을 참조하세요. ☞ 교재 28p

18 MMPI 척도 6 Pa(Paranoia, 편집증)의 임상 소척도 3가지를 쓰고, 각각에 대해 설명하시오. 6점

고득점을 향한 심화해설

① 피해의식(Pa1 – Persecutory Ideas)
  ㉠ 세상을 위협적이라고 지각하며, 자신이 오해나 부당한 대우, 불필요한 통제와 간섭을 받는다고 생각한다.
  ㉡ 자신의 문제 혹은 실패의 원인과 책임을 외부로 귀인하며, 관계사고나 피해망상을 보이기도 한다.
② 예민성(Pa2 – Poignancy)
  ㉠ 다른 사람들보다 더 민감하며, 쉽게 흥분하고 강렬한 감정경험을 한다.
  ㉡ 기분전환을 위해 위험하거나 자극적인 활동을 추구하기도 한다.
③ 순진성(순박성 또는 도덕적 미덕)(Pa3 – Naïveté)
  ㉠ 다른 사람들에 대해 비현실적으로 긍정적이고 낙천적인 태도를 보인다.
  ㉡ 윤리적 문제에 대해 엄격하며, 사회에서 경험하는 불신감이나 적대감을 부인한다.

MMPI 척도 6 Pa(Paranoia, 편집증)의 임상 소척도 문항 예제(일부)

임상 소척도	문항 예	그렇다	아니다
피해의식 (Pa1)	나에게 원한을 품고 있는 사람이 있다.		
	누군가 나에게 음모를 꾸미고 있는 것 같다.		
	나를 정말로 해치려고 하는 사람은 없다.		
예민성 (Pa2)	아무도 나를 이해해 주지 못하는 것 같다.		
	때때로 나는 너무 잘 들려서 그것 때문에 괴로울 때가 있다.		
	실내에 있으면 불안하다.		
순진성 (Pa3)	사람들은 대개 들킬까 봐 두려워서 정직할 뿐이다.		
	사람들은 대개 속으로는 싫어하면서도 남을 돕는 척한다.		
	예상외로 나는 더 친하게 구는 사람들을 경계하는 편이다.		

전문가의 한마디

1943년 미국 미네소타 대학의 하더웨이와 매킨리(Hathaway & McKinley)가 MMPI(Minnesota Multiphasic Personality Inventory)를 처음 발표한 이래로, MMPI는 현재까지 가장 유용하고 다방면에서 활용 가능한 진단도구로 널리 인정받고 있습니다. 그러나 MMPI에 대한 광범위한 연구가 이루어진 만큼 여러 문제점들이 지적되었는데, 그중 하나는 MMPI 개발 당시 척도의 동질성 검증이 미흡하였기에 임상척도들 대부분이 문항 내용면에서 다소 이질적인 양상을 보인다는 점이었습니다. 그로 인해 몇몇 연구자들은 기본 임상척도 내 문항들의 하위범주를 체계적으로 분석하는 것이 원자료 해석에 도움이 된다고 제안하였으며, 이에 해리스와 링고스(Harris & Lingoes)는 10개의 기본 임상척도 중 6개 척도에 대해 소척도를 구성하였습니다. 이른바 해리스-링고스 소척도(Harris-Lingoes Subscales)는 MMPI 문항군을 사용하여 구성되었으나 MMPI-2에서도 채점될 수 있는데, 다만 MMPI-2 개정에 따라 소척도 또한 일부 문항의 삭제, 문항번호의 변경 등 변화를 보이고 있습니다. 참고로 소척도의 우리말 명칭은 교재에 따라 약간씩 다르게 번역되기도 하며, 소척도 약자의 숫자는 첨자의 형태로 표기되기도 합니다(예 Pa1 or Pa$_1$).

알아두기

MMPI-2 해리스-링고스 소척도(Harris-Lingoes Subscales)

임상척도	임상 소척도
척도 2 D (Depression, 우울증)	D1 – Subjective Depression(주관적 우울감) D2 – Psychomotor Retardation(정신운동지체) D3 – Physical Malfunctioning(신체적 기능장애) D4 – Mental Dullness(둔감성) D5 – Brooding(깊은 근심)
척도 3 Hy (Hysteria, 히스테리)	Hy1 – Denial of Social Anxiety(사회적 불안의 부인) Hy2 – Need for Affection(애정욕구) Hy3 – Lassitude-Malaise(권태-무기력) Hy4 – Somatic Complaints(신체증상 호소) Hy5 – Inhibition of Aggression(공격성의 억제)
척도 4 Pd (Psychopathic Deviate, 반사회성)	Pd1 – Familial Discord(가정불화) Pd2 – Authority Problems(권위불화) Pd3 – Social Imperturbability(사회적 침착성) Pd4 – Social Alienation(사회적 소외) Pd5 – Self-Alienation(내적 소외)
척도 6 Pa (Paranoia, 편집증)	Pa1 – Persecutory Ideas(피해의식) Pa2 – Poignancy(예민성) Pa3 – Naïveté(순진성)
척도 8 Sc (Schizophrenia, 정신분열증)	Sc1 – Social Alienation(사회적 소외) Sc2 – Emotional Alienation(정서적 소외) Sc3 – Lack of Ego Mastery-Cognitive(자아통합 결여-인지적) Sc4 – Lack of Ego Mastery-Conative(자아통합 결여-동기적) Sc5 – Lack of Ego Mastery-Defective Inhibition(자아통합 결여-억제부전) Sc6 – Bizarre Sensory Experiences(기태적 감각 경험)
척도 9 Ma (Hypomania, 경조증)	Ma1 – Amorality(비도덕성) Ma2 – Psychomotor Acceleration(심신운동항진) Ma3 – Imperturbability(냉정함) Ma4 – Ego Inflation(자아팽창)

일부 전공교재에서는 척도 0 Si(Social Introversion, 내향성)의 임상 소척도를 해리스-링고스 소척도로 포함시키고 있으나, 사실 이는 벤 포라스와 그의 동료들(Ben-Porath, Y. S., Hostetler, K., Butcher, J. N., & Graham, J. R.)이 개발한 것입니다. 벤 포라스 등이 개발한 척도 0 Si(내향성)의 임상 소척도는 다음과 같습니다.

| 척도 0 Si
(Social Introversion,
내향성) | Si1 – Shyness/Self-Consciousness(수줍음/자의식)
Si2 – Social Avoidance(사회적 회피)
Si3 – Self/Other Alienation(내적/외적 소외) |

19 로샤 검사(Rorschach Test)의 특수점수에서 특수내용의 종류를 3가지 쓰고, 각각에 대해 설명하시오. 6점 18, 20년 기출

고득점을 향한 심화해설

① 추상적 내용(AB ; Abstract Content)

수검자가 상징적인 표현을 사용하는 경우 채점된다. 이와 관련하여 다음의 두 종류 반응 유형이 있을 수 있다.

인간의 정서나 감각을 나타내는 인간 경험(Hx) 반응	형태가 있는 대상에 대해 인간의 정서나 감각적 경험을 부여하는 경우 혹은 형태에 대한 고려 없이 정서나 감각적인 것을 지각하는 경우이다. 예 "이 고양이는 잔뜩 화가 난 것처럼 보여요." "이 전체가 우울을 의미해요. 온통 검고 음울해 보여요."
분명하고 구체적인 상징적 표상을 언급한 반응	수검자가 분명하고 구체적으로 상징적 표현을 사용하는 것으로, 형태가 있는 대상에 대해 상징적인 의미를 부여하는 경우이다. 예 "이 조각은 공산주의를 상징해요." "이 가면은 악(惡)을 상징해요."

② 공격적 운동(AG ; Aggressive Movement)

운동반응에서 싸움, 파괴, 논쟁, 공격성 등 분명하게 공격적인 내용이 포함되어 있는 경우 채점된다. 이때 공격은 반드시 주체적인 것이어야 하며, 공격을 당하는 경우에는 채점되지 않는다. 또한 폭발로 인해 무엇인가 파괴되는 경우 채점되지만, 폭발 자체만으로는 채점되지 않는다.

> 예 "이 남자의 얼굴은 무엇인가에 몹시 화가 나 있어요."
> "거미들이 무기를 들고 서로 덤벼들려고 하고 있어요."
> "발사된 로켓이 무엇인가를 파괴하려고 해요."

③ 협조적 운동(COP ; Cooperative Movement)

운동반응에서 둘 또는 그 이상의 대상들이 협조적인 상호작용을 하고 있는 경우 채점된다. 이때 상호작용은 분명하게 협조적인 양상을 보여야 한다. 즉, "두 사람이 서로 다정하게 이야기를 나누고 있다."와 같은 반응의 경우 채점되지만, 단순히 "두 사람이 서로 이야기를 하고 있다."와 같은 반응의 경우에는 채점되지 않는다.

> 예 "두 사람이 함께 바구니를 들어 올리고 있어요."
> "곤충들이 함께 이 기둥을 쓰러뜨리려고 해요."
> "사람들이 서로 어울려 춤을 추고 있어요."

④ 병적인 내용(MOR ; Morbid Content)

MOR은 다음의 두 가지 중 어느 하나에 해당하는 경우 채점한다.

대상을 파괴되거나 손상된 것으로 보는 반응	죽은, 파괴된, 손상된, 폐허가 된, 상처를 입은, 깨어진 등으로 대상을 지각한 경우이다. 예 죽은 개, 닳아빠진 외투, 폐허가 된 건물, 멍든 얼굴, 깨진 유리 등
대상에 대해 우울한 감정을 부여하는 반응	대상에 대해 우울한 감정이나 음울한 특징을 부여하는 경우이다. 예 울부짖는 개, 불행한 사람, 슬픈 나무, 음울한 집 등

참고 특수점수의 다양한 종류별 우리말 명칭은 교재에 따라 약간씩 다르게 제시되고 있습니다. 위의 문제 해설 및 **알아두기** 에 제시된 명칭은 '최정윤, 『심리검사의 이해(제3판)』, 시그마프레스 刊'을 토대로 하였습니다.

전문가의 한마디 특수점수(Special Score)는 수검자의 반응내용에서 나타나는 특이한 면에 대해 기호화하는 것입니다. 특수점수를 사용함으로써 종합체계 이전까지 내용분석의 대상이었던 여러 가지 반응 특징들에 대한 수량화가 가능해졌습니다. 이러한 특수점수는 개인의 인지적 활동은 물론 방어기제, 자기지각, 대인지각 등에 관한 정보를 제공해 줍니다. 참고로 종합체계에서는 6가지의 특수점수, 즉 '특이한 언어반응(세부항목 6개)', '반응 반복', '통합 실패', '특수내용(세부항목 4개)', '개인적 반응', '특수한 색채 현상'을 통해 총 14가지 특수점수를 제시하고 있습니다.

알아두기 로샤 검사(Rorschach Test)의 특수점수에서 특이한 언어반응(Unusual Verbalization)의 종류
- 일탈된 언어표현(Deviant Verbalization)
  - 이탈된 언어표현(DV ; Deviant Verbalization)
  - 이탈된 반응(DR ; Deviant Response)
- 부적절한 반응합성(Inappropriate Combination)
  - 조화되지 않은 합성(INCOM ; Incongruous Combination)
  - 우화적인 합성(FABCOM ; Fabulized Combination)
  - 오염 반응(CONTAM ; Contamination)
- 부적절한 논리(ALOG ; Inappropriate Logic)

20 심리평가의 최종보고서에 반드시 포함되어야 할 내용을 5가지만 쓰시오. 5점 10, 17, 20, 21년 기출

고득점을 향한 심화해설

① 제목 및 내담자에 관한 정보
　제목, 작성자 및 내담자의 이름, 평가한 날짜 및 장소, 내담자의 성별, 생년월일, 결혼상태, 참고자료, 의학적 기록 등
② 의뢰된 이유 및 원천
　내담자의 의뢰와 연관된 사람, 장소(기관), 의뢰된 이유, 특별히 의뢰된 질문 등
③ 평가도구 및 절차
　사용되는 평가의 목록, 평가의 절차 등
④ 행동관찰
　내담자의 용모 및 외모, 말과 표현, 면담 태도, 언어적·비언어적 의사소통능력 등
⑤ 평가 결과에 대한 해석
　내담자의 신체적·정신적·정서적 기능, 인지능력, 행동수행능력, 대인관계능력 등
⑥ 생활사적 정보와 평가 결과의 통합
　내담자의 현재 상태에 대한 심리적 평가, 잠정적 결론을 유추하기 위한 과정
⑦ 요약 및 권고
　보고서의 중요 부분에 대한 정리·기술, 진단에 대한 정보 제공, 치료적 개입에 대한 건의 및 그로 인해 발생할 수 있는 문제 등

전문가의 한마디 심리평가 보고서의 구성 형식(구성 요소)은 학자마다 교재마다 다양하게 제시되고 있으며, 명확한 정답이 있는 것은 아닙니다. 다만, 위에 제시된 7가지 요소들은 공통적으로 포함되는 내용이므로, 이를 반드시 기억해 두시기 바랍니다. 참고로 1차 필기시험에 다음과 같은 문제가 출제된 바 있습니다.

> 심리학적 평가보고서 작성 시 반드시 포함되지 않아도 되는 사항은? 14년 기출
> ① 심리검사가 의뢰된 이유　　② 인지와 정서기능
> ③ 예후와 진단적 정보　　　　④ 질환의 원인
> 답 ④

기출(복원)문제 및 해설

※ 임상심리사 2급 실기시험은 기출 미공개 시험으로, 본 교재는 기출 키워드를 분석하여 복원한 문제를 수록하였습니다. 실제문제와 차이가 있을 수 있으므로 참고하시기 바랍니다.

01 다음은 사이버 상담에서 사용하는 기법에 대한 설명이다. 아래의 빈칸에 들어갈 사이버 상담의 기법을 보기에서 찾아 순서대로 쓰시오. [5점]

- 정서적 표현에 괄호 치기
- 말줄임표 사용
- 즉시성과 현시기법
- 글씨체 사용
- 비유적 언어 사용

(ㄱ)	상담자가 내담자의 글에 대한 자신의 심정과 모습을 생생하게 시각화하여 표현하는 것
(ㄴ)	글 속에 숨어있는 정서적 내용을 보여주며, 사실에 대한 대화를 주고받으면서 정서적 표현을 전달하는 것
(ㄷ)	침묵하는 것을 나타내거나 눈으로 글을 읽고 있음을 나타낼 때 사용하는 것
(ㄹ)	문제나 상황에 대한 의미를 전달하고 심화시키기 위해 은유 등을 사용하는 것
(ㅁ)	강조하고 싶은 경우 큰 글씨를 사용하거나, 내담자가 보내온 것과 같은 글씨체나 크기를 사용하여 내담자와 내적 세계를 공유하는 것

고득점을 향한 심화해설

ㄱ. 즉시성과 현시기법
ㄴ. 정서적 표현에 괄호 치기
ㄷ. 말줄임표 사용
ㄹ. 비유적 언어 사용
ㅁ. 글씨체 사용

| 전문가의 한마디 | 이 문제는 사이버 상담의 표현기법에 관한 것으로, 임상심리사 2급 시험에 처음 출제된 문제이나, 청소년상담사 2급 필기시험에 이미 출제된 바 있습니다. 복습 차원에서 다음의 문제를 풀어보시기 바랍니다. |

사이버 상담의 기법과 이에 관한 설명이 옳은 것을 모두 고른 것은?　　청소년상담사 2급 16년 기출

ㄱ. 즉시성과 현시기법 – 상담자가 내담자의 글에 대한 자신의 심정과 모습을 생생하게 시각화하여 표현하는 것
ㄴ. 정서적 표현에 괄호 치기 – 글 속에 숨어있는 정서적 내용을 보여주며, 사실에 대한 대화를 주고받으면서 정서적 표현을 전달하는 것
ㄷ. 말줄임표 사용 – 침묵하는 것을 나타내거나 눈으로 글을 읽고 있음을 나타낼 때 사용하는 것
ㄹ. 비유적 언어 사용 – 문제나 상황에 대한 의미를 전달하고 심화시키기 위해 은유 등을 사용하는 것
ㅁ. 글씨체 사용 – 강조하고 싶은 경우 큰 글씨를 사용하거나, 내담자가 보내온 것과 같은 글씨체나 크기를 사용하여 내담자와 내적 세계를 공유하는 것

① ㄱ, ㄴ
② ㄱ, ㄴ, ㄷ
③ ㄱ, ㄷ, ㄹ
④ ㄴ, ㄷ, ㄹ, ㅁ
⑤ ㄱ, ㄴ, ㄷ, ㄹ, ㅁ

답 ⑤

참고로 사이버 상담의 표현기법은 위의 5가지 외에 '이모티콘 · 스마일리 · 아바타의 사용', '문자기반 외재화', '순서 짓기' 등이 있습니다.

| 알아두기 | **사이버 상담의 주요 표현기법** |

- 정서적 표현에 괄호 치기 : 글 속에 숨어있는 정서적인 내용에 괄호를 침으로써 비언어적 단서의 결핍을 보완한다.

  > 예) ㅇㅇㅇ 님! 당신의 소식을 들은지 벌써 몇 주가 지났네요[무소식에 염려가 됩니다]. 최소한 답 메일을 보내주시는 것만으로도 감사하겠어요[제가 좀 지나친 요구를 한다는 느낌도 드네요].

- 즉시성과 현시기법 : 상담자와 내담자 간 관계의 질을 심화시키기 위한 것으로, 상담자가 이메일을 읽는 당시의 자신의 심정과 모습을 생생하게 시각화하여 표현한다.

  > 예) ㅇㅇㅇ 님이 보내준 답 메일을 이제 막 읽어보았어요. ㅇㅇㅇ 님, 지금 제 입이 귀에 걸려있답니다. ㅇㅇㅇ 님이 드디어 죄책감을 이겨냈다고 생각하니 너무나 기뻐서 가슴이 벅차오르네요.

- 비유적 언어 사용 : 정보를 비유적으로 처리하는 두뇌 영역에 접근하면 보다 깊은 비언어적 각성 수준에 도달하게 되므로, 문제나 상황에 대한 의미를 전달하고 심화시킬 수 있다.

  > 예) ㅇㅇㅇ 님! 죄책감은 무거운 짐과 같아요. 내가 움직일 때마다 따라 움직이고, 그 무게가 항상 어깨를 짓눌러 힘들게 하지요.

- 말줄임표 사용 : 말줄임표(……)는 침묵을 나타낼 때 주로 사용하며, 컴퓨터 너머에 상담자가 있음을 확인시켜 주기 위해서도 사용한다.

> 예) 음…… 글쎄요…… 생각 좀 해 봅시다……

- 글씨체 사용 : 영미권에서는 작성된 글씨의 크기나 대문자의 사용 여부가 내담자의 자아개념과 관계가 깊다고 보는데, 내담자가 보내온 것과 같은 글씨의 크기나 글씨체를 사용하는 것만으로도 내담자로 하여금 내적인 세계를 공유한다는 느낌을 줄 수 있다.

> 예) 내담자 : 두서없는 긴 글 읽어 주셔서 감사해요.
> 상담자 : ○○○ 님의 메시지는 언제든 환영입니다.

02 상담자가 내담자에 대한 심리치료 및 상담을 종결할 수 있는 상황을 4가지 쓰시오. 4점 24년 기출

고득점을 향한 심화해설

※ 2024년 3회 4번 기출문제와 동일 또는 매우 유사하므로, 해당 해설을 참조하세요. ☞ 교재 73p

03
병원의 정신과나 정신건강복지센터에서 환자를 평가하기 위해 면담할 때 일반적으로 유의해서 보아야 하는 사항을 2가지 쓰시오. 4점 15년 기출

고득점을 향한 심화해설

① 심리평가의 사유
  ㉠ 평가면담을 통해 내담자(환자)의 부적응 문제 및 의뢰된 사유, 내담자의 문제와 관련된 환경 및 생활 상황에 관한 정보를 수집해야 한다.
  ㉡ 내담자에 대한 평가면담을 시작하면서 우선적으로 확인해야 할 내용은 심리평가를 받게 된 직접적인 이유, 즉 '주 문제' 혹은 '증상'이다.
  ㉢ 임상가는 내담자에게서 나타난 주 문제의 구체적인 특징, 발생 경과, 그 문제가 생활에 미친 영향, 대처 노력, 이전 치료경험 등의 측면을 함께 알아보아야 한다.
  ㉣ 내담자의 주 문제, 생활에 미친 영향, 대처 노력 등에 대한 개략적인 정보가 수집되면 내담자의 문제 및 상태에 대한 잠정적인 가설을 설정할 수 있다. 이와 같은 가설에는 최근에 발생한 문제, 신체 상태, 사회적 환경, 촉발적 스트레스, 습관적 대응기제, 현재 갈등에 대한 생활사적 선행요인, 중요한 성격적 특질, 자기개념 및 정체감, 자아강도, 자기결정 능력, 대인관계 능력 등이 포함된다.

② 발달사적 정보
  ㉠ 평가면담을 통해 개인의 역사적, 사회적, 가족적 및 발달사적 정보 등을 수집해야 한다.
  ㉡ 내담자의 주 문제와 함께 그 문제의 경과 및 생활에 미친 영향 등에 관한 정보가 수집된 후에는 내담자의 발달사, 내담자가 속한 사회적 환경의 초기 상태와 변천사에 관한 자료를 수집한다. 이와 같은 발달사적 정보에는 개인의 발달력, 가족력, 사회력, 학업 및 직업력, 의학력 등이 포함된다.
  ㉢ 내담자가 경험하고 있는 문제를 보다 근원적으로 이해하기 위해 내담자의 현재 문제와 적응, 주변 환경은 물론 과거부터 현재까지 개인의 변화 역사, 사회적 조건과 경험 등을 이해할 필요가 있는 것이다.
  ㉣ 발달사적 정보는 심리검사나 행동관찰 등으로는 구하기 어려우며, 대개는 면담 시 직접적인 질문을 통해 얻을 수 있다.

③ 정신상태평가
  ㉠ 면담이 진행되는 도중에 드러나는 내담자의 말, 표정, 자세, 동작, 태도 등을 토대로, 그리고 필요한 경우 별도의 추가적인 질문을 통해 정신상태평가가 이루어진다.

ⓒ 정신상태평가는 내담자 혹은 환자를 관찰하고 자기진술을 이끌어 내며, 질문을 통해 내담자의 심리적 및 행동적 기능을 평가하는 과정이다.

ⓓ 정신상태평가에는 다음과 같은 내용들이 포함된다.

> • 현재 정신병리적 문제의 평가(잠정적 진단과 예후, 손상 정도, 가장 적합한 치료방법 등)
> • 성격구조의 파악 및 이를 통한 정신병리적 문제의 역사적·발달적 선행요인의 확인
> • 치료에 필요한 능력 및 치료 참여의 의지에 대한 평가

ⓔ 현재 정신병리적 문제의 평가에 초점을 둔 정신상태평가에서는 용모 및 외모, 면담 태도, 정신운동 활동, 정서적 반응, 언어와 사고, 감각과 지능, 기억력과 지남력 등이 포괄적으로 검토된다.

전문가의 한마디

이 문제는 문제 자체가 모호하여 서로 다른 답안이 도출될 수 있습니다. 다만, 중요한 것은 출제자가 어떤 의도로 이와 같은 문제를 냈는지 알아볼 필요가 있다는 점입니다.

우선 이 문제가 정신과 혹은 정신건강복지센터(구 정신보건센터)를 찾은 환자에 대한 평가면담이라는 점에서, 임상장면의 초기면담에서의 주요 면담 내용에 관한 것일 수도, 혹은 환자의 평가면담에 사용되는 정신상태검사에 관한 것일 수도 있습니다. 이 경우 정신상태검사의 주요 항목(예 일반적 외모와 면담행동, 면담자에 대한 태도, 정신운동 기능, 감정과 정서, 언어와 사고, 감각과 지각 등)이나 정신상태검사에 포함되는 기술 내용(예 일반적 기술, 기분 및 정서, 말, 지각, 사고, 감각 및 인지 등)을 답안으로 제시할 수 있습니다. 그러나 이 문제에서는 정신상태검사의 주요 항목이나 기술 내용과 같이 다양한 요소들을 답안으로 요구하는 것이 아닌 단 2가지만을 요구하고 있다는 점에 주목해야 합니다. 이는 출제자가 특정 교재를 염두에 두고, 해당 교재의 내용을 그대로 작성할 것을 요구하는 것으로 볼 수 있습니다.

요컨대, 김재환 등은 평가면담을 심리평가를 위한 정보수집 과정이라 강조하면서, 보이틀러(Beutler)가 제안한 다음의 2가지를 '심리평가의 사유', '발달사적 정보'로 정리하는 한편, 추가적으로 '정신상태평가'를 포함시켜 평가면담의 주요 내용으로 소개하고 있습니다.

> "평가면담은 심리평가를 위한 정보수집 과정이다. 면담을 통해 얻어야 할 정보는 일반적으로 1) 부적응적 문제 및 의뢰된 사유, 그러한 문제와 관련되어 있는 환경 및 생활 상황에 관한 정보, 2) 개인의 역사적, 사회적, 가족적 및 발달사적 정보 등이다(Beutler, 1995). 또, 면담이 진행되는 도중에 드러나는 내담자의 말, 표정, 자세와 동작, 태도 등을 기초로, 그리고 필요한 경우 별도의 추가적인 질문을 통해 정신상태평가가 이루어진다."
>
> (김재환 外, 『임상심리검사의 이해』, 학지사 刊)

따라서 이 문제와 같이 "~쓰시오"로 제시될 경우 위의 인용문에서 보이틀러가 제안한 2가지를 그대로 답안으로 작성하되, 2015년 3회 19번 문제와 같이 "~쓰고 설명하시오"로 제시될 경우 본문의 해설과 같이 '① 심리평가의 사유' 및 ⓒ의 내용, '② 발달사적 정보' 및 ⓒ의 내용을 답안으로 작성하도록 합니다.

참고로 「정신보건법」이 2017년 5월 30일부로 「정신건강증진 및 정신질환자 복지서비스 지원에 관한 법률」로 전부 개정됨에 따라 정신보건법령에 규정되어 있던 '정신보건센터'가 정신건강증진 및 정신질환자 복지서비스 지원에 관한 법률상 '정신건강복지센터'로 변경되었습니다. '정신건강복지센터'는 정신건강증진시설, 사회복지시설, 학교 및 사업장과 연계체계를 구축하여 지역사회에서의 정신건강증진사업 및 정신질환자 복지서비스 지원사업을 하는 기관 또는 단체를 말합니다.

04 자문의 정신건강 모델과 행동주의 모델의 차이점을 설명하시오.

4점 13, 21년 기출

고득점을 향한 심화해설

① 정신건강 모델은 기본적으로 자문 요청자(피자문자)에게 문제해결의 능력이 있다고 가정한다. 자문가와 자문 요청자 간의 관계는 평등하며, 자문가는 조언과 지시를 제공하여 촉진자로서의 역할을 수행한다. 자문의 성공 여부는 자문 요청자의 진단, 대처, 기술적·정서적 문제해결 능력의 확장 정도 등으로 평가한다.

② 행동주의 모델에서 자문가는 학습이론이 어떻게 개인, 집단 및 조직의 문제에 실질적으로 적용될 수 있는지를 가르치고 보여주는 인정된 전문가이다. 자문가와 자문 요청자 간에 보다 분명한 역할이 있으며, 문제해결에 있어 상호관계가 있을 수 있지만 행동지식 기반에 있어서 자문가와 자문 요청자 사이에는 커다란 불균형이 있다.

전문가의 한마디

이와 관련된 문제가 2009년 1차 필기시험에 출제되었으며, 그와 거의 동일한 문제가 2019년 1회 필기시험에도 출제된 바 있습니다. 필기시험의 보기로 제시된 내용은 사실상 가장 정확한 답안으로 간주할 수 있습니다. 따라서 다음의 2009년 1차 필기시험의 관련 문항을 확실히 기억해 두시기 바랍니다.

다음은 자문의 모델 중 무엇에 관한 설명인가? 09년 기출

- 자문가와 자문 요청자 간에 보다 분명한 역할이 있다.
- 자문가는 학습이론이 어떻게 개인, 집단 및 조직의 문제에 실질적으로 적용될 수 있는지를 가르치고 보여주는 인정된 전문가이다.
- 문제해결에 있어 상호관계가 있을 수 있지만 행동지식 기반에 있어서 자문가와 자문 요청자 사이에는 커다란 불균형이 있다.

① 정신건강 모델　　② 행동주의 모델
③ 조직 모델　　　　④ 과정 모델

답 ②

05 프로차스카 등(Prochaska et al.)은 행동변화가 이루어지는 과정을 '사전(전 숙고) – 계획(숙고) – 준비 – 행동 – 유지 – 종결'에 이르는 6단계로 설명하였다. 그중 사전(전 숙고) 단계, 준비 단계, 유지 단계에 대해 설명하시오. 6점 20, 24년 기출

※ 2024년 2회 3번 기출문제와 동일 또는 매우 유사하므로, 해당 해설을 참조하세요. ☞ 교재 43p

06 만성 정신질환자를 위한 정신사회재활의 일반적인 목표를 3가지 쓰시오. 6점 15년 기출

고득점을 향한 심화해설

① 증상의 호전을 장기간 지속시킨다.
② 대인관계 및 독립적인 생활 기술을 습득하도록 한다.
③ 보다 만족스러운 삶의 질을 성취하도록 한다.

참고 이 문제는 정신사회재활의 일반적인 목표를 제시하는 것으로서, 명확한 정답이 있는 것은 아닙니다. 다만, 정신사회재활의 목표는 위의 해설에서처럼 임상적 측면, 기능적 측면, 주관적 측면으로 구분할 수 있습니다. 그에 따라 정신사회재활에 관한 연구들 또한 다음과 같이 이루어지고 있습니다.

- 임상적 측면 : 환자의 증상, 재입원율 등에 관한 연구(예 Eckman et al., 1992 ; Hwang et al., 1999 ; Seo et al., 2001 ; Lee & Kim, 2002 등)
- 기능적 측면 : 지역사회 내에서의 재적응을 위한 사회적 대인관계, 일상생활 기술 등에 관한 연구(예 Yu, 1991 ; Wallace et al., 1992 ; Lee & Kim, 1997 등)
- 주관적 측면 : 자아존중감, 지각된 사회적 지지, 삶의 질 등에 관한 연구(예 Won & Cho, 1998 ; Kim, 2001 ; Han, 2002 등)

알아두기 정신사회재활의 필요성(Test et al.)

- 현재 정신과 치료의 주류를 이루는 약물치료는 증상을 감소시키는 데는 효과적인 반면, 정신과적 증상의 원인을 제거하는 데는 효과적이지 못하다.
- 정신장애인은 작은 스트레스에도 심한 정신병리를 보일 수 있으므로, 그들을 둘러싼 환경(예 전문가, 지역사회, 사회제도 등)을 정신장애인의 스트레스를 줄이는 방향으로 재조직할 필요가 있다.
- 정신장애인은 일상의 생존에 필요한 기능이 결여되어 있으므로, 그와 같이 결여된 기능을 보완하고 지원하는 일이 매우 중요하다.
- 입원중심 치료는 입원 과정에서 파생되는 부작용으로 인해 장기간의 치료를 필요로 하므로, 이를 대체할 수 있는 형태의 접근이 필요하다.
- 탈원화는 입원치료에 의한 집중적인 케어(Care)의 연결을 어렵게 하였다. 이와 같이 입원치료를 통해 제공되는 케어는 재활의 과정을 통해 재현될 수 있다.
- 정신장애인의 재활은 일반 신체장애인의 재활보다 복잡하다. 정신장애인의 손상은 일반 신체장애인의 손상에 비해 유동적이므로, 보다 집중적인 관리가 필요하다.
- 정신사회재활의 대상은 정신장애인에게만 국한되지 않는다. 정신사회재활은 그들을 둘러싼 환경 또한 정신장애인에게 우호적으로 변화되어야 한다는 것을 의미한다.
- 대부분의 정신장애인은 타인과의 긴밀한 유대관계를 맺는 능력이 부족하다. 따라서 그들로 하여금 소외되고 고립된 생활에서 벗어날 수 있도록 대인관계를 증진시키기 위한 노력이 요구된다.

07 만성 정신질환자의 탈시설화 추세가 나타나게 된 배경을 3가지 기술하시오. 6점 19년 기출

> **고득점을 향한**
> **심화해설**

① 약물치료의 효과

정신장애의 증상을 치료하는 정신의약물이 발견되기 이전에는 발작을 일으키거나 병의 증상이 심하여 조절이 불가능한 경우 감금하거나 족쇄를 채우는 등 신체적 구속을 필요로 하였다. 그러나 1950년대 말부터 향정신성 의약물들이 발견되기 시작한 이래로 대부분의 증상들이 생리학적으로 조절 가능하게 되었으며, 그에 따라 정신장애인들을 더 이상 격리상태로 감금할 필요가 없게 되었다.

② 인도주의 이념

1960년대 미국을 비롯한 서구사회를 지배한 인도주의 이념은 지역사회정신건강의 등장에 큰 영향을 미쳤다. 인도주의 운동가들은 대단위 정신병원의 열악한 생활환경과 비인간적 처우에 반기를 들었고, 정신장애인들을 장기수용 상태에서 해방시켜 지역사회로 복귀시킬 것을 주장하였다.

③ 경제적 부담

대단위 정신병원들은 건물의 수리 및 보수, 시설의 유지 등에 엄청난 비용이 들었고, 한 번 입원하면 사망할 때까지 거의 퇴원이 이루어지지 않는 장기 입원환자들을 24시간 보호감독하기 위해 필요한 인적 자원이 점점 늘어나면서 막대한 인건비가 소요되었다. 결국 이와 같은 경제적 부담은 인도주의 운동에 편승하면서 지역사회보호의 등장에 박차를 가하였다.

④ 탈시설화 정책

탈시설화의 움직임은 정책적 차원에서 1963년 미국 케네디 대통령의 〈지역사회 정신건강센터 건립법, Mental Retardation Facilities and Community Mental Health Centers Construction Act〉으로 표면화되었다. 이는 '최소한의 규제'를 보장하는 곳에서 정신장애의 치료와 보호가 이루어지도록 한 것으로, 지역사회 정신건강센터의 설립 등 지역정신보건서비스의 확충을 골자로 하였다.

전문가의 한마디 탈시설화(Deinstitutionalization)는 정신질환자를 정신병원이나 요양시설 등에 대규모로 수용하여 치료·보호하는 시설화(Institutionalization)에 대응하는 개념입니다. 미국에서는 1830년 단 세 곳에 불과했던 주립정신병원이 1880년 75개까지 증가했는데, 이는 시설화의 대표적인 사례로 볼 수 있습니다. 그러나 그와 같은 시설화는 이후 많은 논란을 불러일으켰는데, 1950년대 정신의약물의 발달과 1960년대 인권옹호활동 등이 결합되면서 지역사회 정신건강센터의 건립, 주립정신병원의 축소 및 폐지, 정신장애인의 지역사회 내에서의 치료 및 보호 등 전환의 계기를 맞게 되었습니다.

알아두기 지역사회정신건강에서 기본적으로 제공되어야 하는 서비스(Felix, Test & Gerhart)
- 위기개입
- 의료 및 정신보건서비스
- 일상생활훈련
- 직업관련 서비스
- 상담 및 가족상담 서비스
- 주거서비스
- 생계보조 서비스
- 자 문
- 예방 및 교육, 홍보 및 권익옹호 서비스
- 사회조사 서비스

08 정신분석의 주요 개념으로서 방어기제의 유형을 4가지 쓰고, 각각에 대해 간략히 설명하시오.

8점 04, 07, 10, 17, 21, 22, 23, 24년 기출

고득점을 향한 심화해설

※ 2024년 1회 1번 기출문제와 동일 또는 매우 유사하므로, 해당 해설을 참조하세요. ☞ 교재 3p

09 불안장애에 대한 행동치료에 근거한 학습이론과 그 구체적인 치료기법을 예를 들어 설명하시오. 3점 13, 16, 20년 기출

고득점을 향한 심화해설

① 행동 학습의 기본원리로서 ABC 패러다임
  ㉠ 행동치료는 내담자의 부적응 행동을 수정하고 이를 적응 행동으로 바꾸는 것을 목표로 한다.
  ㉡ 행동치료는 모든 행동이 그 행동에 앞서서 혹은 뒤이어 일어나는 사상들의 영향을 받아 유발된다는 가정에서 비롯된다. 이는 행동주의이론의 'ABC 패러다임'의 원리를 토대로 한 것으로, 행동에 앞서서 일어나는 것(→ 선행요인)이 행동을 하게 하는 자극이 되며, 행동에 뒤이어 일어나는 것(→ 후속결과)이 그와 같은 행동을 빈번히 일으키는 동기, 즉 강화요인이 된다는 것이다.
  ㉢ 개인의 행동을 유발시키는 선행요인과 후속결과는 행동을 지속하게 하는 유지조건이 되므로, 이를 각각 '유지선행요인(Maintaining Antecedents)'과 '유지후속결과(Maintaining Consequences)'라고 한다.

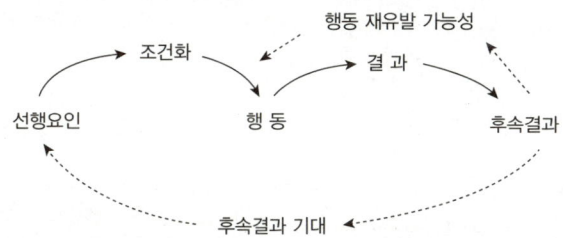

② 공포증 형성 및 유지에 대한 2요인이론
  ㉠ 불안장애를 가진 환자들에게서 나타나는 공포증은 다양한 경로를 통한 두려움의 학습에서 비롯되며, 이는 회피반응에 의해 유지되고 강화된다. 이와 같은 회피행동은 두려움을 피하게 하는 부적 강화 효과를 지니므로 계속적인 양상을 보이며, 그로 인해 공포자극이 유해하지 않다는 것을 학습할 기회를 얻지 못하게 되어 공포반응은 소거되지 않은 채 지속된다.
  ㉡ 모어(Mower)는 불안장애의 원인과 관련하여 '불안의 학습' 및 '회피행동의 학습'의 두 가지 학습 과정에 의한 2요인이론을 제시하였다. 즉, 특정 자극에 대한 공포나 불안감은 고전적 조건형성을 통해 학습되는 반면, 그러한 자극을 회피하는 행동은 조작적 조건형성을 통해 유지된다는 것이다.

③ 불안장애에 대한 행동치료
　㉠ 불안의 발달과 지속에 대한 학습이론은 ABC 패러다임의 기본원리를 토대로 고전적 조건형성과 조작적 조건형성에 의한 학습 양상을 강조하는 2요인이론에 의해 잘 설명된다.
　㉡ 따라서 행동치료는 행동을 직접 변화시키기보다는 그 행동에 선행하는 조건 및 후속하는 조건을 변화시킴으로써 행동의 전반적인 맥락을 변화시키고자 한다. 예를 들어, 환자로 하여금 불안 유발 상황에 단계적으로 노출시키는 한편 역조건형성을 통해 조건 자극과 조건 반응과의 연합을 방해하는 새로운 자극(예 불안-이완)을 제시하는 체계적 둔감법이나, 불안 유발 상황을 회피하지 않은 채 이를 직면하게 하는 노출치료(혹은 노출훈련)를 실시함으로써 환자의 불안 반응을 경감 또는 제거할 수 있다.

전문가의 한마디 불안장애의 행동치료를 위해 사용되는 치료기법은 여러 가지가 있으므로, 이 문제는 다양한 답안이 도출될 수 있습니다. 다만, 이 문제에서는 행동치료의 학습이론에 초점을 두고 있으므로, 행동치료의 기초가 되는 학습의 원리를 설명하는 ABC 패러다임과 함께 불안장애의 대표적인 원인론 중 하나인 모어(Mower)의 2요인이론(2요인 학습이론)을 불안장애에 대한 행동치료에 근거한 학습이론으로 제시하며, 그 이론을 토대로 불안 혹은 공포 반응의 감소 효과가 입증된 노출치료의 기법을 답안으로 작성하도록 합니다(→ 위의 해설의 ③번 내용). 복습 차원에서 다음의 문제들을 풀어보시기 바랍니다.

행동치료를 위해 현재문제에 대한 기능분석을 하면 규명할 수 있는 요소가 아닌 것은?　　　16, 21년 기출

① 문제행동을 일으키는 자극이나 선행조건
② 문제행동과 관련 있는 유기체 변인
③ 문제행동과 관련된 인지적 해석
④ 문제행동의 결과

답 ③

불안장애의 대표적인 원인론 중 2요인 학습이론과 거리가 먼 것은?　　　09년 기출

① 모델링의 효과를 잘 설명한다.
② 공포 감소에 대한 노출치료의 이론적 근거를 제공한다.
③ 2요인이란 고전적 조건형성과 조작적 조건형성을 각각 말한다.
④ Mower가 주장하였다.

답 ①

10 관찰학습이 효과적으로 일어날 수 있는 조건을 4가지 기술하시오. 　　4점　14, 21년 기출

고득점을 향한 심화해설

① 모델에 대한 관심

　모델에 대해 관심을 가져야 한다. 모델에 대한 관심을 높이기 위해 보상을 줄 수 있다.

② 획득한 정보의 유지

　모델에게서 얻은 정보를 유지해야 한다. 획득한 정보를 조직하고 유지하기 위해 상상 기술이나 언어적 부호화 전략 등을 사용할 수 있다.

③ 모델 행동의 재현

　모델 행동을 재현해야 한다. 행동은 학습과 행동변화를 위해 모방되고 연습되어야 한다.

④ 모델 행동의 동기화

　모델 행동을 하도록 동기화되어야 한다. 행동은 충분한 유인가나 동기가 있어야 지속적으로 일어날 수 있다.

전문가의 한마디 관찰학습이 효과적으로 일어날 수 있는 조건은 관찰학습의 과정과도 밀접하게 연관됩니다. 따라서 이를 함께 기억해 두시기 바랍니다.

알아두기 관찰학습의 과정

- 제1단계 – 주의집중 과정
  모델에 주의를 집중시키는 과정으로, 모델은 매력적 특성을 가지고 있어서 주의를 끌게 되며, 관찰자의 흥미와 같은 심리적 특성에 대해서도 영향을 받는다.
- 제2단계 – 보존 과정(기억 과정, 파지 과정)
  모방한 행동을 상징적 형태로 기억 속에 담는 것을 말한다. 이때 행동의 특징을 회상할 수 있는 능력이 관찰학습에서 중요하다.
- 제3단계 – 운동재생 과정(재생 과정)
  모델을 모방하기 위해 심상 및 언어로 기호화된 표상을 외형적인 행동으로 전환하는 단계이다. 이때 전제조건은 신체적인 능력이다.
- 제4단계 – 동기화 과정(동기유발 과정, 자기강화 과정)
  관찰을 통해 학습한 행동은 강화를 받아야 동기화가 이루어져 행동의 수행가능성을 높인다. 행동을 학습한 후 그 행동을 수행할 여부를 결정하는 데 중요한 역할을 하는 것이 바로 강화이다.

11 합리적·정서적 치료 상담의 ABCDE 모형을 각 단계별로 설명하시오. [5점]

심화해설

① A(Activating Event ; 선행사건)
　내담자의 감정을 동요시키거나 내담자의 행동에 영향을 미치는 사건을 의미한다.

② B(Belief System ; 비합리적 신념체계)
　선행사건에 대한 내담자의 비합리적 신념체계나 사고체계를 의미한다.

③ C(Consequence ; 결과)
　선행사건을 경험한 후 자신의 비합리적 신념체계를 통해 그 사건을 해석함으로써 느끼게 되는 정서적·행동적 결과를 말한다.

④ D(Dispute ; 논박)
　내담자가 가지고 있는 비합리적 신념이나 사고에 대해 그것이 사리에 부합하는 것인지 논리성·현실성·실용성(효용성)에 비추어 반박하는 것으로서, 내담자의 비합리적 신념체계를 수정하기 위한 것이다.

⑤ E(Effect ; 효과)
　논박으로 인해 나타나는 효과로서, 내담자가 가진 비합리적인 신념을 철저하게 논박하여 합리적인 신념으로 대체한다.

전문가의 한마디

합리적·정서적 치료(RET ; Rational-Emotive Therapy) 또는 합리적·정서적 행동치료(REBT ; Rational-Emotive Behavior Therapy)는 엘리스(Ellis)에 의해 발전된 인지적 치료접근으로, 이 둘은 사실상 동일한 것으로 간주되는 한편 '인지적·정서적 치료', '인지·정서·행동적 상담' 등 다양한 명칭으로 불리고 있습니다.
요컨대, 엘리스는 1955년 인본주의적 치료와 철학적 치료, 행동주의적 치료를 혼합하여 '합리적 치료(RT ; Rational Therapy)'를 처음 고안하였으며, 이후 정서의 측면을 강조하기 위해 1962년 '합리적·정서적 치료(RET ; Rational-Emotive Therapy)'로 명칭을 변경하였습니다. 그리고 1993년 자신의 치료법에 행동적 측면이 상당 부분 포함되어 있음을 받아들여 이를 '합리적·정서적 행동치료(REBT ; Rational-Emotive Behavior Therapy)'라 공식적으로 명명하였습니다. 그러나 그는 자신이 개발한 치료법의 명칭에 '인지적(Cognitive)'이라는 표현 대신 '합리적(Rational)'이라는 표현을 사용한 것에 대해 그것이 자신의 실수였음을 최근에야 비로소 고백한 바 있습니다. 그 이유는 '합리적'이라는 표현이 이성에 의한 합리성의 한계를 지적한 포스트모던(Post-modern)의 새로운 조류에 부합하지 않았기 때문입니다.
사실 엘리스가 제시한 '합리적(Rational)'의 표현에는 경험적·논리적으로 타당한 인지, 효율적인 동시에 자기개선적인 인지라는 의미가 포함되어 있으므로, '인지적(Cognitive)'의 표현과 같다고 볼 수 있습니다. 그럼에도 불구하고 엘리스가 그 명칭을 변경하지 못한 이유는 1970년대 중반 이후부터 벡(Beck)과 마이켄바움(Meichenbaum)이 각각 인지치료(CT ; Cognitive Therapy), 인지·행동치료(CBT ; Cognitive-Behavioral Therapy)의 개념을 보편화시켰으므로, 그와 같은 상황에서 뒤늦게 명칭을 변경하는 것이 적절하지 못하다고 판단했기 때문입니다.

12 로저스(Rogers)가 제안한 내담자의 긍정적 변화를 촉진시키기 위한 치료자의 조건을 3가지 쓰시오. 3점 08, 10, 14, 17, 18, 19, 20, 21, 22, 23, 24년 기출

※ 2024년 2회 7번 기출문제와 동일 또는 매우 유사하므로, 해당 해설을 참조하세요. ☞ 교재 49p

13 다음 보기는 질문기법과 그 적용 예를 나열한 것이다. 그중 해결중심 상담에서 사용하는 질문기법과 그 적용 예를 연결한 것으로 옳은 것은 'ㅇ', 틀린 것은 'x'를 아래의 빈칸에 각각 표시하시오. [5점]

> ㄱ. 상담 전 변화 질문 – 예약 후 오늘 오기까지 혹시 어떤 변화가 있었나요?
> ㄴ. 행동평가 질문 – 당신의 행동은 자신에게 도움이 됩니까?
> ㄷ. 예외질문 – 어떻게 하면 덜 고통스러웠던 상황이 다시 일어날 수 있을까요?
> ㄹ. 대처질문 – 그러한 상황 속에서 어떤 경험을 했나요?
> ㅁ. 논박질문 – 최악이라고 상상한 것이 현실이 된다면 정말 파멸일까요?

ㄱ. (   )   ㄴ. (   )
ㄷ. (   )   ㄹ. (   )
ㅁ. (   )

고득점을 향한 심화해설

ㄱ. ㅇ
  상담 전 변화 질문은 상담 전 변화가 있는 경우 내담자가 이미 보여준 해결능력을 인정하며, 이를 강화하고 확대할 수 있도록 격려하는 해결중심 상담의 질문기법이다.

ㄴ. ×
  행동평가 질문은 특히 현실치료에서 널리 사용하는 질문기법으로, 내담자로 하여금 자신의 행동을 평가하도록 하는 방식이다. 상담자는 내담자에게 "지금의 행동이 당신에게 도움이 됩니까?"라고 질문함으로써, 내담자로 하여금 자신의 행동과 욕구와의 관계를 점검해 보도록 한다.

ㄷ. ㅇ
  예외질문은 문제해결을 위해 우연적이며 성공적으로 실행한 방법을 찾아내어 이를 의도적으로 계속해 보도록 격려하는 해결중심 상담의 질문기법이다.

ㄹ. ×

대처질문은 어려운 상황에서의 적절한 대처 경험을 상기시키도록 함으로써 내담자로 하여금 스스로의 강점을 발견하고, 자신이 대처방안의 기술을 가지고 있음을 깨닫도록 하는 해결중심 상담의 질문기법이다. 다만, 이때 질문은 특정 상황에서 어떤 경험을 했는지를 묻는 것이 아니라 성공적인 대처방법을 묻는 것이어야 한다. 예를 들면, "당신은 그 어려운 상황 속에서 어떻게 지금까지 견딜 수 있었나요?"라고 질문한다.

ㅁ. ×

논박질문은 특히 인지·정서·행동적 치료(REBT)에서 사용하는 질문기법으로, 내담자가 가지고 있는 비합리적 신념이나 사고에 대해 그것이 사리에 부합하는 것인지 논리성·현실성·실용성(효용성)에 비추어 반박하는 방식이다. 상담자는 내담자에게 "가장 최악이라고 상상했던 것이 현실화된다면 그것이 정말로 파국적인 일인가요?"라고 질문함으로써 내담자로 하여금 비합리적 신념에 도전하게 한다.

> **전문가의 한마디**
>
> 이 문제는 해결중심 상담(해결중심치료)에서 사용하는 해결 지향적 질문의 유형과 그 예에 관한 것으로, 2020년 3회 실기시험(2번)에 출제된 문제와 같이 단순히 해결 지향적 질문의 유형을 쓰는 문제와는 다른 방식의 문제입니다. 이와 같은 문제는 보기상 예문이 제시되어 있으므로 언뜻 쉬울 것 같지만, 실제로 5가지를 모두 맞히기란 쉽지 않습니다. 그 이유는 해결중심 상담이 아닌 다른 상담(혹은 치료)에서 널리 사용하는 질문 유형이 포함되어 있는 한편(→ ㄴ, ㅁ), 해결중심 상담의 질문 유형이지만 예시가 적절하기 않은 것도 포함되어 있기 때문입니다(→ ㄹ). 요컨대, 이 문제는 임상심리사 2급 시험에 처음 출제된 문제이나, 청소년상담사 3급 필기시험에 이미 출제된 바 있습니다. 복습 차원에서 다음의 문제를 풀어보시기 바랍니다.
>
> ---
>
> 해결중심 상담의 질문기법과 그 적용 예가 옳은 것을 모두 고른 것은? [청소년상담사 3급 17년 기출]
>
> ㄱ. 행동평가 질문 : 당신의 행동은 자신에게 도움이 됩니까?
> ㄴ. 예외질문 : 어떻게 하면 덜 고통스러웠던 상황이 다시 일어날 수 있을까요?
> ㄷ. 상담 전 변화 질문 : 예약 후 오늘 오기까지 혹시 어떤 변화가 있었나요?
> ㄹ. 대처질문 : 그러한 상황 속에서 어떤 경험을 했나요?
> ㅁ. 논박질문 : 최악이라고 상상한 것이 현실이 된다면 정말 파멸일까요?
>
> ① ㄱ, ㄴ　　② ㄱ, ㅁ
> ③ ㄴ, ㄷ　　④ ㄷ, ㄹ
> ⑤ ㄹ, ㅁ
>
> 답 ③

14 다음 보기의 사례를 읽고 물음에 답하시오. 6점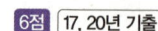

> 40대 남성인 A씨는 오염에 대한 생각으로 반복적인 손 씻기 행동을 보이고 있다. A씨도 그와 같은 생각이 부적절하다는 것을 인식하고 있지만 잘 통제되지 않은 채 반복적으로 의식에 떠올라 고통을 호소하고 있다.

(1) A씨의 주요 증상을 토대로 진단명을 쓰시오.

(2) 적절한 치료기법을 쓰시오.

심화해설

(1) 진단명
강박장애(Obsessive-Compulsive Disorder)

(2) 치료기법
노출 및 반응방지법(ERP ; Exposure and Response Prevention)

전문가의 한마디

이 문제는 그 자체로 완벽하지 못하여 몇 가지 다른 답안도 가능합니다. 일단 사례를 통해 A씨가 강박사고와 강박행동을 가진 것으로 제시되고 있으므로 '강박장애(OCD)'를 진단명으로 제시할 수 있으나, 강박장애의 치료기법은 '노출 및 반응방지법(ERP)' 이외에도 매우 다양하기 때문입니다. 다만, 여기서는 노출 및 반응방지법(ERP)이 강박장애에 대한 가장 효과적인 치료방법 중 하나로 널리 알려져 있으며, 임상심리사 2급 필기시험에서도 이를 문제로 다루고 있는 점에 착안하여 노출 및 반응방지법(ERP)을 답안으로 제시하였습니다.

강박장애를 가진 내담자의 심리치료에 가장 효과적인 방법은? [21년 기출]

① 행동조형
② 자유연상법
③ 노출 및 반응방지법
④ 혐오조건화

답 ③

알아두기 강박사고를 줄이기 위한 효과적인 치료기법

사고중지 (Thought Stopping)	• 강박사고가 떠오를 때마다 중지를 지시하는 치료기법이다. • 환자는 "그만(Stop)!"이라고 외침으로써 자신을 괴롭히는 생각과 집착을 차단할 수 있으며, 자신의 주의를 보다 적응적인 생각에 기울일 수 있게 된다.
역설적 의도 (Paradoxical Intention)	• 강박행동을 오히려 과장된 방식으로 하도록 지시하는 치료기법이다. • 강박사고에 의한 불안을 완화시키는 것은 물론 강박행동을 해야 한다는 심리적 압박감에서 벗어나도록 돕는다.
자기주장훈련 (Self-assertion Training)	• 감정을 과도하게 억제하지 않도록 유도하는 치료기법이다. • 적절한 표현방법을 익혀서 지나친 자기억제를 줄이도록 하며, 상대방을 공격하지 않으면서 자신의 감정과 의견을 솔직하게 표현하도록 돕는다.

15 성인용 웩슬러 지능검사(WAIS)의 소검사가 측정하는 항목 5가지와 그 내용을 쓰시오.

10점 23년 기출

고득점을 향한 심화해설

※ 2023년 1회 12번 기출문제와 동일 또는 매우 유사하므로, 해당 해설을 참조하세요. ☞ 교재 118p

16 성인용 웩슬러 지능검사(WAIS-Ⅳ)에서 상식(Information) 소검사가 측정하는 측면 5가지를 쓰시오. [5점]

심화해설

① 일반적이고 사실적이며 전반적인 지식의 범위
② 학교 교육 및 장기간의 학습을 통해 축적된 지식
③ 교육적·문화적 배경, 독서 경험
④ 지적인 호기심, 지식을 추구하고자 하는 욕구, 지적 성취에 대한 동기
⑤ 주변 환경에 대한 기민함

전문가의 한마디

이 문제는 2014년 실기시험(3번) 및 2020년 3회 실기시험(12번)에 출제된 문제의 변형된 형태로, 기존 문제들이 WAIS(K-WAIS)의 언어성 소검사로서 기본지식(Information)이 측정하는 측면을 기술하도록 한 것과 달리, 여기서는 개정판인 WAIS-Ⅳ(K-WAIS-Ⅳ)의 언어이해지수(VCI)의 핵심 소검사인 상식(Information)이 측정하는 측면을 기술하도록 요구한다는 점에서 차이가 있습니다. 물론 '기본지식'이나 '상식'의 소검사 명칭은 번역상 차이일 뿐이므로 소검사가 측정하는 측면에서 차이가 있는 것은 아니지만, 이와 같은 문제들의 경우 출제자가 특정 교재의 내용을 염두에 두고 문제를 낸 것으로 볼 수 있으므로, 여기서는 상식(Information) 소검사가 측정하는 측면을 정확히 5가지 기술하고 있는 '이우경 外, 『심리평가의 최신 흐름(제2판)』, 학지사 刊'의 해당 내용을 토대로 답안을 작성하였습니다.

요컨대, 이 문제를 토대로 앞선 WAIS의 소검사가 측정하는 항목과 그 내용을 쓰는 문제가 단순히 소검사의 명칭과 그것이 측정하는 측면을 기술하는 문제가 아님을 확인할 수 있습니다. 그 이유는 출제자가 동일 회차 서술형 시험에서 내용상 중복된 문제를 출제하지는 않기 때문입니다. 따라서 이 두 가지 출제방식, 즉 WAIS를 구성하는 여러 소검사들이 측정하는 항목에 관한 문제와 WAIS의 특정 소검사가 측정하는 측면에 관한 문제를 명확히 구분하여 학습하시기 바랍니다.

알아두기 WAIS-Ⅳ의 핵심 소검사로서 상식(Information)이 측정하는 특성

- 일반적·실제적 지식의 범위
- 학습 혹은 학교 교육 기간
- 지적 호기심 혹은 지식 추구 욕구
- 일상생활에서의 기민성
- 장기기억

(출처 : 박경 外, 『심리평가의 이해와 활용』, 학지사 刊)

17 다음은 MMPI-2의 임상척도 중 특정 척도가 높은 점수를 보일 때 나타나는 특징을 설명한 것이다. 아래의 빈칸에 들어갈 임상척도를 쓰시오. [2점]

(ㄱ)	피해망상, 과대망상, 관계사고 등 정신증적 증상을 보일 수 있다. 자신이 음모에 휘말렸거나 남들로부터 부당한 대우, 모함, 괴롭힘을 당한다고 느낀다.
(ㄴ)	기분이 고양되어 있고 자신감에 넘치다가도 금방 초조해지고 동요되며 낙담하는 등 감정 기복을 보인다. 주기적으로 우울 삽화를 보일 수도 있다.

고득점을 향한 심화해설

ㄱ. 척도 6 Pa(Paranoia, 편집증)
ㄴ. 척도 9 Ma(Hypomania, 경조증)

전문가의 한마디 이 문제는 완전한 복원이 이루어지지 않아 실제 문제와 약간의 차이가 있을 수 있습니다. 수험생들의 의견에 따르면, 이 문제가 기존의 MMPI가 아닌 MMPI-2를 기반으로 하며, MMPI의 임상척도 중 특정 척도가 높은 점수를 보일 때 나타나는 특징을 임의대로 기술하도록 한 기존 방식과 달리 보기상에 MMPI-2의 임상척도 중 특정 척도의 특징을 제시한 채 그에 해당하는 임상척도의 명칭을 쓰도록 하는 방식으로 출제되었다는 것이었습니다. 그런데 수험생들이 복원한 기출키워드들을 분석한 결과, 해당 내용이 여러 전공교재 중 특히 '이우경 外, 『심리평가의 최신 흐름(제2판)』, 학지사 刊'을 토대로 한 것으로 추정되고 있습니다. 따라서 다음의 '알아두기'에서는 MMPI-2의 임상척도의 특징을 비교적 상세하게 기술하고 있는 '이우경 外, 『심리평가의 최신 흐름(제2판)』, 학지사 刊'의 해당 내용을 간략히 정리하였습니다. 이와 같이 기존 문제들과 유사한 문제라도 출제자가 다른 전공교재를 사용하여 문제를 출제하고 있는 만큼 해설 또한 문제들에 따라 달라질 수 있으나, 그 기본적인 내용에 있어서 큰 차이를 보이는 것은 아니므로, 이점 감안하여 학습하시기 바랍니다. 참고로 2020년 1회 15번 '알아두기'에서는 MMPI의 임상척도 중 척도 6 Pa(편집증)가 높은 점수를 보일 때 나타나는 특징과 관련하여 '최정윤, 『심리검사의 이해』, 시그마프레스 刊'의 해당 내용을 간략히 정리하였으므로, 이 두 가지를 함께 살펴보시기 바랍니다.

알아두기 MMPI-2의 임상척도 중 척도 6 Pa(편집증), 척도 9 Ma(경조증)가 높은 점수를 보일 때의 주요 특징

척도 6 Pa (편집증)	• 피해망상, 과대망상, 관계사고 등 정신증적 증상을 보일 수 있다. • 자신이 음모에 휘말렸거나 남들로부터 부당한 대우, 모함, 괴롭힘을 당한다고 느낀다. • 주위 사람들에게 원한을 품고 화를 내며 분개한다. • 방어기제로서 투사(Projection)를 주로 사용한다. • 임상장면에서는 척도 8 Sc(Schizophrenia, 정신분열증)와 동반상승하여 조현병이나 망상장애, 조현성(분열성) 성격장애로 진단받는 환자들이 많다. • 정신건강의학과 환자인 경우 입원치료의 과거력을 보고하는 경우가 많다.
척도 9 Ma (경조증)	• 활동량이 지나치게 많고, 생각보다 행동이 앞선다. • 객관적인 현실과는 무관하게 자신감이 넘치며, 자신의 능력을 과신한다. • 자기중심적이고 충동적이며, 자신이 추구하는 바가 지연되거나 행동이 방해받는 경우 과민한 반응을 보인다. • 기분이 고양되어 있고 자신감이 넘치다가도 금방 초조해지고 동요되며 낙담하는 등 감정 기복을 보인다. • 충동, 감정을 억제하지 못한 채 이를 쉽게 표출하며, 간헐적으로 분노감, 적대감, 공격성을 폭발시키는 경우도 있다. • 주기적으로 우울 삽화를 보일 수도 있다.

18 로샤 검사(Rorschach Test)에서 반응영역의 기호 'D', 'Dd', 'S'의 정의와 기호화 기준을 쓰시오.

6점 19년 기출

심화해설

① W – 전체반응(Whole Response)
  ㉠ 반점 전체를 사용하여 반응한 경우이다.
  ㉡ 수검자가 반점 전체를 모두 사용하여 반응하였을 때만 'W'로 기호화한다.
  ㉢ 얼핏 보기에 반점 전체를 사용하여 반응한 것처럼 보이지만 실제로는 일부를 제외하고 반응하는 경우가 있는데, 이와 같이 작은 일부분이라도 제외되는 경우 'W'로 기호화할 수 없다.

② D – 흔한 부분반응, 보통 부분반응 또는 평범 부분반응(Common Detail Response)
  ㉠ 흔히 이용하는 반점 영역을 사용하여 부분반응한 경우이다.
  ㉡ 수검자가 반점의 일부를 사용하여 응답한 경우로서 그 영역이 일반적으로 사용빈도가 높다면, 즉 사람들이 흔히 사용하는 부분에 대해 반응하였다면 'D'로 기호화한다.
  ㉢ 대부분의 D 영역이 반점의 큰 영역을 포함하고는 있지만 반드시 그런 것은 아니다. 즉, 해당 영역의 크기보다는 정상규준집단에서 사용되는 빈도에 따라 결정되는데, 정상규준집단에서 95% 이상으로 반응된 영역의 경우에 'D'로 채점된다.

③ Dd – 드문 부분반응 또는 이상 부분반응(Unusual Detail Response)
  ㉠ 드물게 이용하는 반점 영역을 사용하여 부분반응한 경우이다.
  ㉡ W나 D로 채점되지 않는 영역은 자동적으로 'Dd'로 기호화된다.
  ㉢ D와 마찬가지로 해당 영역의 크기보다는 정상규준집단에서 사용되는 빈도에 따라 결정되는데, 정상규준집단에서 5% 미만으로 반응된 영역의 경우에 'Dd'로 채점된다.

④ S – 공백반응, 공간반응 또는 간격반응(Space Response)
  ㉠ 흰 공간(공백) 부분이 사용된 경우이다.
  ㉡ 어떤 방식으로 흰 공간을 사용했든지 간에 단독으로 기호화될 수 없으며, 'WS', 'DS', 'DdS'와 같이 다른 기호들과 함께 기호화된다.
  ㉢ 수검자는 흰 공간만을 사용하여 반응할 수도 혹은 흰 공간을 다른 반점 영역과 연관시키거나 통합하여 반응할 수도 있다. 만약 반점 전체를 사용하면서 흰 공간을 같이 통합한 경우라면 'WS', 반점의 일부를 사용하면서 흰 공간을 사용한 경우이거나 혹은 흰 공간을 단독으로 사용한 경우라면 'DS'나 'DdS'로 기호화할 수 있다.

이 문제와 관련하여 앞선 2023년 1회 실기시험에서는 반응영역(Location)의 4가지 기호에 대한 정의를 보기로 제시하여 각각에 해당하는 기호를 직접 작성하는 문제가 출제된 바 있으므로, 2023년 1회 16번 문제를 함께 살펴보시기 바랍니다.

요컨대, 이 문제는 2019년 1회 14번 문제와 마찬가지로 로샤 검사(Rorschach Test)에서 반응영역의 기호 중 'D', 'Dd', 'S'의 관련 내용만을 쓰도록 요구하고 있으나, 로샤 검사의 반응영역은 위의 해설로 제시된 4가지가 하나의 세트이므로 가급적 위의 4가지를 모두 학습하도록 합니다. 또한 위의 해설에서 ㉠은 정의, ㉡은 기호화 기준, ㉢은 기호화 관련 부연설명에 해당하므로, 답안 작성 시 ②, ③, ④번의 ㉠, ㉡의 내용을 정리하여 기술하시기 바랍니다.

참고로 위의 해설로 제시된 각 기호의 우리말 명칭은 교재에 따라 다양하게 제시되고 있습니다. 몇 가지 예를 살펴보면 다음과 같습니다.

- 박영숙 外, 『최신 심리평가』, 하나의학사 刊
  전체반응 / 흔한 부분반응 / 드문 부분반응 / 공백반응
- 김재환 外, 『임상심리검사의 이해』, 학지사 刊
  전체 반응 / 평범 부분 반응 / 이상 부분 반응 / 공간 반응
- 강봉규, 『심리검사의 이론과 기법』, 동문사 刊
  전체반응 / 보통 부분반응 / 이상 부분반응 / 간격(공백)반응
- 김영환 外, 『심리검사의 이론과 실제』, 학지사 刊
  전체반응 / 부분반응 / 드문 부분반응 / 공백반응
- 이우경 外, 『심리평가의 최신 흐름』, 학지사 刊
  전체 반응 / 보통 부분 반응 / 드문 부분 반응 / 공백 반응
- 박경 外, 『심리검사의 이론과 활용』, 학지사 刊
  W반응 / D반응 / Dd반응 / S반응

19 기질 및 성격검사(TCI)는 4가지 기질과 3가지 성격을 측정하는 척도들로 구성되어 있다. 그중 성격척도 3가지를 쓰고, 각각에 대해 설명하시오. 　6점　18, 24년 기출

고득점을 향한 심화해설

※ 2024년 1회 15번 기출문제와 동일 또는 매우 유사하므로, 해당 해설을 참조하세요. ☞ 교재 30p

전문가의 한마디 이 문제와 관련하여 2024년 1회 실기시험(15번)에서는 기질 및 성격검사(TCI)를 구성하는 4가지 기질척도와 3가지 성격척도를 모두 쓰도록 요구한 문제가, 2024년 3회 실기시험(17번)에서는 그중 기질척도를 3가지만 쓰고 설명하도록 요구한 문제가 출제된 바 있습니다. 이와 같이 최근 들어 기질 및 성격검사(TCI)에 관한 문제가 빈번히 출제되고 있으므로, 4가지 기질척도와 3가지 성격척도를 반드시 기억해 두시기 바랍니다.

20 흔히 일반 종합심리검사(Full Battery)에서 사용하는 검사 중 신경심리검사로서의 역할을 할 수 있는 검사를 2가지 쓰시오. 〔2점〕 〔16년 기출〕

고득점을 향한 심화해설

① 웩슬러 지능검사(WAIS ; Wechsler Adult Intelligence Scale)
  ㉠ 지능검사는 신경심리검사가 개발되기 이전부터 인지기능의 손상을 평가하는 보편적인 도구로 널리 사용되어 왔다. 그 이유는 뇌손상의 결과로 나타나는 대표적인 손상이 일반적인 지적 능력이기 때문이다. 즉, 뇌손상 후 원래의 지능보다 양적으로 저하되어 문제해결, 계산능력, 추상적 사고 등 다양한 능력에 걸쳐 손상이 나타난다. 특히 그와 같은 능력들 간에 종종 편차가 나타나는데, 이는 지능의 구성요소 중 어떤 능력이 더 손상되었는지를 파악할 수 있도록 한다.
  ㉡ 지능검사 중 가장 보편적으로 사용되는 웩슬러 지능검사는 인지기능의 기저수준을 결정하는 데 매우 유용한 것으로 입증되어 왔다. 따라서 개별적인 기능을 측정하는 검사들에 비해 병전 지능을 추정하는 데 널리 사용되고 있으며, 이는 법의학적 측면에서 법적 판단의 근거가 되기도 한다.
  ㉢ 웩슬러 지능검사를 신경심리학적으로 활용한 연구자들은 각 소검사들이 다양한 뇌손상에 차별적으로 민감하다고 가정하고, 뇌손상의 위치나 심각도에 따른 지수점수의 차이 혹은 소검사 패턴의 차이에 대해 연구하고 있다. 이는 뇌의 좌반구 손상이 언어이해지수(VCI)의 저하를, 뇌의 우반구 손상이 지각추론지수(PRI)의 저하를 초래한다는 근거에서 비롯된 것으로, 특히 언어이해지수(VCI)와 지각추론지수(PRI)의 점수 차이가 클수록 뇌손상 가능성이 크다고 볼 수 있다.

② 벤더게슈탈트 검사(BGT ; Bender Gestalt Test)
  ㉠ 벤더게슈탈트 검사에 사용되는 9장의 카드로 구성된 도형들은 형태심리학의 창시자인 베르타이머(Wertheimer)가 지각의 형태학적 측면을 연구하기 위해 고안한 것으로서, 이를 허트(Hutt)가 원 도형과 보다 유사한 자극으로 구성된 검사를 개발하여 검사의 실시 및 해석에 대한 새로운 지침인 'HABGT(Hutt Adaptation of the Bender Gestalt Test)'을 제시함으로써 심리검사 도구로 그 유용성을 인정받게 되었다.
  ㉡ 베르타이머의 형태심리학적 논리에 따르면, 조직된 전체 혹은 구조화된 단위는 인간의 일차적 지각형태이며, 통합된 지각의 상실 혹은 왜곡된 지각은 여러 형태의 비정상적·정신병리

적 징후일 수 있다는 것이다. 이와 같은 논리에 따라 벤더게슈탈트 검사는 수검자의 지각 과정을 분석하여 지각상의 오류나 통합 과정상의 오류를 파악하는 것은 물론 시각-운동기능도 평가할 수 있다는 점에서 특히 간편 신경인지기능검사로서 매우 유용하게 사용되고 있다.

ⓒ 벤더게슈탈트 검사는 도형의 지각적 회전, 퇴영, 단순화, 파편화, 중첩의 어려움, 보속성 등 뇌손상의 징후로 해석할 수 있는 채점체계를 갖추고 있다.

전문가의 한마디

사실 신경심리검사의 용도로 사용할 수 있는 검사도구가 다양한데다가, 이를 신경심리검사 배터리에 포함된 각종 하위검사 혹은 특수목적검사들로 확장할 경우 그 수가 매우 많은 만큼, 이 문제는 다양한 답안이 도출될 수 있습니다. 다만, 일반 종합심리검사(Full Battery)에 포함되는 하위검사들에서 엄밀한 의미로 신경인지기능을 측정한다고 말할 수 있는 대표적인 검사도구로 대략 위의 2가지를 언급할 수 있습니다.

참고로 신경심리검사 배터리로 널리 사용되고 있는 것은 루리아-네브라스카 신경심리배터리(LNNB 또는 L-N ; Luria-Nebraska Neuropsychological Battery)와 할스테드-라이탄 신경심리배터리(HRNB 또는 H-R ; Halstead-Reitan Neuropsychological Battery)가 있습니다. 이와 관련하여 1차 필기시험에 다음과 같은 문제가 출제된 바 있습니다.

신경심리검사와 가장 거리가 먼 것은?   　16년 기출

① H-R(Halstead-Reitan Battery)
② L-N(Luria-Nebraska Battery)
③ BGT(Bender Gestalt Test)
④ Rorschach Ink Blot Test

답 ④

2022년

임상심리사 2급

제1회 기출(복원)문제 및 해설

제3회 기출(복원)문제 및 해설

합격의 공식 시대에듀

우리의 모든 꿈은 이루어 질 것이다.
그것을 믿고 나갈 용기만 있다면.

- 월트 디즈니 -

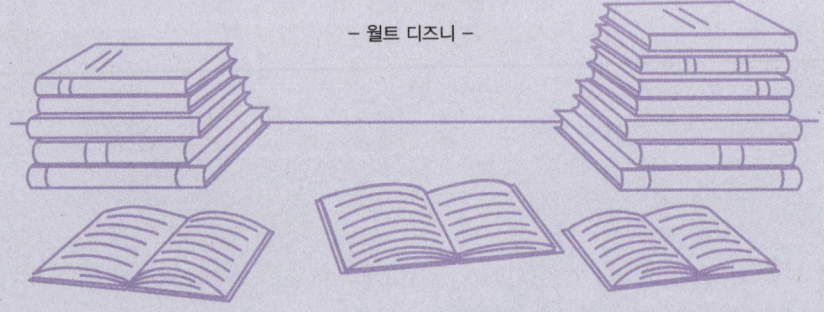

끝까지 책임진다! 시대에듀!

QR코드를 통해 도서 출간 이후 발견된 오류나 개정법령, 변경된 시험 정보, 최신기출문제, 도서 업데이트 자료 등이 있는지 확인해 보세요! **시대에듀 합격 스마트 앱**을 통해서도 알려 드리고 있으니 구글 플레이나 앱 스토어에서 다운받아 사용하세요. 또한, 파본 도서인 경우에는 구입하신 곳에서 교환해 드립니다.

2022

기출이 답이다 임상심리사 2급 2차 실기합격

기출(복원)문제 및 해설

※ 임상심리사 2급 실기시험은 기출 미공개 시험으로, 본 교재는 기출 키워드를 분석하여 복원한 문제를 수록하였습니다. 실제문제와 차이가 있을 수 있으므로 참고하시기 바랍니다.

01 상담 초기 상담자가 경청하고 배려하고 있다는 것을 내담자가 알 수 있게 하는 방법을 3가지 쓰고, 각각에 대해 설명하시오. [6점]

고득점을 향한 심화해설

① 고개의 끄덕임
  고개의 끄덕임은 매우 단순한 행동반응이지만, 상황에 따라 포함된 의미가 다양할 수 있다. 적절한 시기에서 고개의 끄덕임은 내담자에게 경청하고 있다는 느낌을 주기에 충분하다.
② 단순 음성 반응
  "아", "예", "그렇군요" 등 단순 음성 반응 또한 내담자에게 경청하고 있다는 느낌을 줄 수 있다. 그러나 내담자의 말을 이해하지도 못하면서 단순 음성 반응을 습관적으로 하는 것은 바람직하지 않다.
③ 적절한 질문
  내담자의 진술 내용 중 궁금하거나 잘 이해하지 못한 부분 혹은 잘 알아듣지 못한 부분이 있을 때 상담자의 적절한 질문은 내담자에게 경청하고 있다는 느낌을 줄 수 있다.
④ 내담자 말의 재진술
  내담자의 진술 내용이나 의미를 반복하거나 바꾸어 말하는 재진술은 내담자에게 경청하고 있다는 느낌을 줄 수 있다. 그러나 이때 반복은 내담자가 한 말을 무차별적으로 하는 것이 아니라 중요한 것에 초점을 맞추어 선택적으로 하는 것이다.

전문가의 한마디

이 문제는 2023년 2회 실기시험(6번)에서 "상담장면에서 '생산적인 경청'을 하는 상담자가 보이는 구체적인 태도를 5가지 쓰시오" 혹은 2020년 3회 실기시험(3번)에서 "내담자의 말을 경청하는 데 있어서 좋은 상담자가 되기 위한 구체적인 방법을 5가지 쓰시오" 등 상담기법으로서 경청의 방법에 관한 기존 문제에 대한 변형된 형태의 문제에 해당합니다. 사실 생산적인 경청 혹은 효과적인 경청의 구체적인 방법은 여러 교재들에서 다양하게 언급되고 있지만, 이 문제에서 출제자의 의도는 단순히 경청의 방법을 나열하는 것이 아닌 내담자의 입장에서 상담자가 자신의 말에 주의를 기울이고 배려하고 있음을 느끼도록 하는 방법을 진술하도록 요구한다는 데 있습니다. 이와 관련하여 '강갑원, 『알기 쉬운 상담이론과 실제』, 교육과학사 刊', '김계현, 『카운슬링의 실제』, 학지사 刊'에서는 "상담자가 내담자의 말을 경청하고 있다는 것을 전달하는 방법"으로 위의 해설과 같이 4가지를 제시하고 있습니다. 보다 구체적인 내용은 해당 교재들을 참조하시기 바랍니다.

알아두기 경청의 4가지 측면(Egan)
- 내담자의 언어적 메시지를 잘 듣는 것이다.
- 내담자의 비언어적 메시지를 잘 관찰하며 듣는 것이다.
- 내담자가 설명하는 상황적 맥락을 잘 듣는 것이다.
- 내담자의 이야기를 냉철하게 듣는 것이다.

02 내담자중심치료에서 강조하는 치료자의 기본 태도를 3가지 쓰시오.

3점　08, 10, 14, 17, 18, 19, 20, 21, 23, 24년 기출

고득점을 향한 심화해설

※ 2024년 2회 7번 기출문제와 동일 또는 매우 유사하므로, 해당 해설을 참조하세요. ☞ 교재 49p

03 벡(Beck)의 인지적 오류 5가지를 쓰고, 각각에 대해 설명하시오.

10점　07, 15, 18, 22, 23, 24년 기출

고득점을 향한 심화해설

※ 2024년 1회 2번 기출문제와 동일 또는 매우 유사하므로, 해당 해설을 참조하세요. ☞ 교재 5p

04 다음 보기의 사례를 읽고 물음에 답하시오. 3점 17년 기출

> 내담자 : 나는 도움이 안 되는 사람이에요.
> 상담자 : 그렇게 생각하세요? 도움이 안 되는 사람이라고요? 정말 비참한 기분이겠네요.
> 내담자 : 제 친구가 어제 저한테 그렇게 말했어요.
> 상담자 : 그 친구가 당신을 쓸모없는 사람이라고 말했다고요?

보기의 사례에서 상담자가 보여주려고 하는 것은 무엇인가?

고득점을 향한 심화해설

답안 1
인본주의 심리치료 관점
상담자는 적극적 경청(Active Listening)을 통해 내담자의 말을 되풀이하고 내담자의 표현을 명료화함으로써 내담자로 하여금 자기 자신을 더욱 극명하게 보여주려고 한다.

답안 2
인지치료 관점
상담자는 내담자가 부정적인 자동적 사고로서 인지삼제(Cognitive Triad) 가운데 자기 자신에 대한 역기능적 인지도식을 가지고 있음을 보여주려고 한다.

전문가의 한마디

이 문제는 출제자의 정확한 의도를 파악하기 어려우므로 다양한 답안이 도출될 수 있습니다. 특히 출제자의 의도가 보기의 사례에서 상담자가 내담자에게 적용하고 있는 상담기술에 초점을 둔 것인지, 아니면 상담 진행 중 내담자에게서 보이는 역기능적 사고에 초점을 둔 것인지 불분명합니다.

우선 이 문제에 대해 인본주의 심리치료 관점의 답안을 제시한 이유는 보기의 사례가 인본주의 심리치료의 대표적인 학자인 미도르와 로저스(Meador & Rogers)의 저술 『Person-Centered Therapy』에 소개된 적극적 경청(Active Listening)에 관한 사례 내용과 상당 부분 일치하고 있기 때문입니다. 여기서는 내담자의 말을 되풀이하고 내담자의 표현을 명료화함으로써 내담자로 하여금 자기 자신을 더욱 극명하게 볼 수 있도록 하는 것을 적극적 경청으로 설명하고 있습니다. 다음으로 인지치료 관점의 답안을 제시한 이유는 문제상에 인본주의 관점, 즉 인간중심상담 혹은 내담자중심상담에 대한 아무런 언급 없이 인지치료에서 다루는 부정적인 자동적 사고로서 인지삼제(Cognitive Triad) 가운데 자기 자신에 대한 역기능적 인지도식의 주요 예문이 사례로 등장하고 있기 때문입니다. 인지삼제는 우울증의 주요 원인으로 자기 자신, 자신의 미래, 주변 환경에 대해 가지는 부정적인 사고를 말합니다.

이와 같이 이 문제는 출제자의 의도에 따라 달리 채점이 이루어질 수 있으므로, 이 점 감안하여 학습하시기 바랍니다.

알아두기 우울증상을 동반한 부정적인 자동적 사고로서 인지삼제(Cognitive Triad)

자기 자신	자기 자신에 대한 비관적 사고를 말한다. 예 "나는 아무짝에도 쓸모없는 사람이다."
자신의 미래	자기 자신의 앞날에 대한 염세주의적 사고를 말한다. 예 "내겐 더 이상 희망이 존재하지 않는다."
주변 환경(상황)	자기 주변은 물론 세상 전반에 대한 부정적 사고를 말한다. 예 "세상 살기가 정말로 어렵다."

05 다음 보기의 사례를 읽고 물음에 답하시오. [4점] [11, 16년 기출]

> 만약 이번 학기에 전 과목에서 A학점을 받지 못한다면, 이번 학기는 실패한 것이나 다름없어.

(1) 벡(Beck)의 인지치료에서 보기의 내용과 관련된 인지적 오류의 유형을 제시하시오.

고득점을 향한 심화해설

이분법적 사고(Dichotomous Thinking) 또는 흑백논리(Black-or-white Thinking)

(2) 위의 인지적 오류를 수정하는 데 가장 보편적으로 사용되는 치료기법을 쓰고 간략히 설명하시오.

고득점을 향한 심화해설

이분법적 사고는 완벽주의(Perfectionism)의 기저에서 흔히 발견되는 인지적 오류로서, 성공이 아니면 실패, 100점이 아니면 0점을 가정하여 완벽하지 못할 바에 아예 그 일을 시작하지 못한다. 모든 사건이나 경험에 대해 극단적인 해석을 유도하는 이분법적 사고를 극복하도록 하기 위해 가장 보편적으로 사용되는 치료기법은 '척도화 기법(Scaling Technique)'이다. 척도화 기법은 탈 이분법적 인지치료 전략에서 비롯된 것으로, 어떤 사건이나 경험을 판단할 때 양단 결정을 하지 않고 이를 비율(%)로 제시하도록 하여 중간지대를 떠올려 보도록 하는 것이다. 예를 들어, 보기의 사례에서 내담자가 성공 아니면 실패를 강조할 때, 상담자(치료자)는 내담자에게 구체적인 점수 또는 학점, 석차 등을 일정한 척도를 기준으로 이야기하도록 함으로써, 그와 같은 성적 또는 성과가 성공 또는 실패 여부를 떠나 자신에게 어떠한 의미를 지니는지 생각해 보도록 할 수 있다.

| 전문가의 한마디 | '척도화 기법(Scaling Technique)'은 '척도화하기(Scaling)'라고도 하며, 전형적인 이분법적 사고를 극복하도록 하기 위해 극단적인 해석을 차원적인 해석으로 변환시키는 것입니다. 이분법적 사고의 인지적 오류에 최적화된 기법으로서, 상담장면에서도 널리 사용되고 있습니다. |

| 알아두기 | **척도화 기법의 예** |

> (내담자는 평소 남편과의 갈등으로 인해 슬픔에 빠져있다.)
> 치료자 : 슬픔의 척도를 1~100까지로 볼 때, 현재 당신은 어느 정도로 슬픕니까?
> 내담자 : 95 이상은 되는 것 같아요.
> 치료자 : 매우 높은 수준이군요. 그렇다면 지금껏 살아오면서 가장 슬펐던 때는 언제였나요?
> 내담자 : 가장 친했던 친구가 교통사고로 세상을 떠났을 때예요.
> 치료자 : 그럼 그 슬픔의 정도를 100으로 볼 수 있겠네요. 자, 이번에는 슬프지 않았던 때, 즉 즐거웠던 때를 떠올려 보세요. 그것이 언제였나요?
> 내담자 : 남편과 함께 신혼여행을 갔을 때예요.
> 치료자 : 그럼 그 슬픔의 정도를 0으로 볼 수 있겠네요. 이제 두 가지 사건, 즉 친구를 잃었을 때와 남편과 신혼여행을 갔을 때를 비교해 본다면, 현재 당신은 얼마나 슬픈가요?
> 내담자 : 글쎄요... 그때의 일들과 비교해 본다면 대략 50 정도 될 것 같네요.

06 무어(Moore)의 가족 갈등 모델에 의한 가족 갈등의 5가지 유형을 쓰시오. [5점]

> **고득점을 향한 심화해설**

① 관계 갈등 또는 인간관계 갈등(Relationships Conflicts)
지속적으로 관계를 유지해야 하는 사람들이 서로 간의 오해, 불신, 편견 등으로 관계형성 및 관계유지에 어려움을 겪을 때 발생하는 갈등이다.

② 자료 갈등 또는 사실관계 갈등(Data Conflicts)
동일한 자료 혹은 사건에 대해 서로 이해하는 바가 달라서 사실관계에 대해 각자 다른 입장을 주장할 때 발생하는 갈등이다.

③ 이익 갈등 또는 이해관계 갈등(Interests Conflicts)
자원이나 자리는 한정적인 데 비해 그것을 원하는 사람이 많을 때 발생하는 갈등이다.

④ 구조 갈등 또는 구조적 갈등(Structure Conflicts)
적합하지 않은 제도, 규제, 풍습, 힘의 불균형 등 구조적 문제나 한계로 인해 발생하는 갈등이다.

⑤ 가치 갈등 또는 가치관 갈등(Values Conflicts)
개인이나 가족(혹은 집단) 구성원 간 신념이나 가치관의 차이로 인해 발생하는 갈등이다.

전문가의 한마디

무어(Christopher W. Moore)는 가족상담(가족치료)이나 가족관계의 전문가이기보다는 갈등관리 및 갈등조정의 전문가로, 미국의 갈등조정가 훈련기업인 'CDR(Collaborative Decision Resources) Associates'의 설립자이기도 합니다. 그의 갈등분석에 관한 이론적 모델은 개인은 물론 기업이나 정부조직 등에서도 널리 적용되는데, 일부 가족상담학이나 가족관계학 전문가들이 그의 모델을 가족 문제에 적용하여 설명하기도 합니다. 참고로 다음의 사례를 통해 무어의 갈등의 유형을 복습하도록 합시다.

(사례) 상속 분쟁
- 남매인 A(누나)와 B(남동생)는 사망한 부친의 재산을 상속받는 과정에서 갈등을 겪고 있다. 그들의 부친이 남긴 재산의 가액은 70억원인데, 법에 따라 A와 B가 각각 20억원의 법적 상속분을 가지고, 시가 30억원 상당의 건물을 나누는 문제였다.
- A는 해당 건물을 B와 공유하는 형태로 상속분을 받겠다고 주장했는데, B는 아버지가 사망하기 10년 전 누나인 A에게 10억원을 증여한 사실이 있으므로 상속분의 일부를 미리 받았다고 주장하는 한편, 자신이 장남으로 홀로 되신 어머니를 부양해야 하므로 더 많은 지분을 상속받아야 한다고 주장하고 있다.
- B는 건물 공동 소유에 있어서도 공유물 분할 과정에서 금전적 손해를 입을 수 있으므로, 건물을 본인이 단독으로 소유하되 A에게 상당액의 주식을 배분하는 형태로 상속재산을 분할하기를 바라고 있다.

(갈등 유형의 예)
- 관계 갈등(인간관계 갈등) : 남매 간의 불신과 배신감
- 자료 갈등(사실관계 갈등) : A가 사망 전 부친에게서 받은 10억원이 상속에 갈음하는 것인가? / A와 B는 부친의 재산 증식에 각자 어떤 기여를 했는가?
- 이익 갈등(이해관계 갈등) : 누구에게 더 많은 유산이 돌아가는 것이 합당한가?
- 구조 갈등(구조적 갈등) : 장자가 재산상속에서 우선권을 가지는 것이 적법한가?
- 가치 갈등(가치관 갈등) : 남매는 살아생전 부친께 효도를 다 했는가?

07 상담을 위한 면접에서는 내담자의 문제와 상담의 목표에 관계없이 모든 면접에서 공통적인 기본방법이 있다. 면접의 기본방법을 5가지 쓰시오. 5점

고득점을 향한 심화해설

① 경청(Listening)

경청은 내담자의 말과 행동에 대해 상담자가 선택적으로 주목하는 것이다. 이는 내담자로 하여금 생각이나 감정을 자유롭게 표현하고 자신의 방식으로 문제를 탐색하도록 함으로써 상담에 대한 책임감을 느끼게 한다.

② 반영(Reflection)

반영은 내담자의 말과 행동에서 표현되는 감정·생각·태도를 상담자가 다른 참신한 말로 부연하는 것이다. 이는 내담자의 자기 이해를 돕는 것은 물론 내담자로 하여금 자기가 이해받고 있다는 인식을 준다.

③ 명료화(Clarification)

명료화는 내담자의 말 속에 포함되어 있는 불분명한 내용에 대해 상담자가 그 의미를 분명하게 밝히는 것이다. 이는 내담자가 애매하게만 느끼던 내용이나 불충분하게 이해한 자료를 상담자가 말로 정리해 줌으로써 내담자로 하여금 자기가 이해받고 있다는 느낌을 가지도록 하며, 자신이 미처 생각하지 못했던 측면을 다시 생각하도록 하는 자극제가 된다.

④ 직면(Confrontation)

직면은 내담자가 모르고 있거나 인정하기를 거부하는 생각과 느낌에 대해 주목하도록 하는 것이다. 이는 내담자의 변화와 성장을 증진시킬 수도 있는 반면, 내담자에게 심리적인 위협이나 상처를 줄 수도 있다.

⑤ 해석(Interpretation)

해석은 내담자에게 어떤 의미를 전달하고자 하는 상담자의 시도로서, 내담자의 여러 언행들 간의 관계 및 의미에 대한 가설을 제시하는 것이다. 이는 무의식에 관한 분석적 전문성을 요하는 것으로, 내담자가 의식하지 못하는 의미까지 지적하고 설명해 준다.

전문가의 한마디

상담을 위한 면접의 기본방법은 여러 가지가 있고, 전공교재에서도 여러 가지 방법들이 언급되고 있는 만큼, 이 문제는 다양한 답안이 도출될 수 있습니다. 다만, 이 문제는 비교적 정확한 출처가 있고 출제자 또한 해당 출처를 토대로 정답지를 마련하였을 것이므로, 가급적 위의 해설로 제시된 5가지를 답안으로 작성하시기 바랍니다. 이와 관련된 보다 자세한 내용은 '이장호, 『상담심리학』, 박영사 刊'을 참조하시기 바랍니다.

08 효과적인 경청 기술은 몇 가지 기법들을 포함하고 있다. 다음 보기의 빈칸에 들어갈 기법을 각각 쓰시오. 4점

> • 내담자의 마음에서 일어나는 감정들을 거울로 비추듯이 보여주는 것 – (A)
> • 내담자의 말을 상담자가 알기 쉬운 언어로 다시 이야기해 주는 것 – (B)

고득점을 향한 심화해설

A : 반영
B : 부연(재진술 또는 바꾸어 말하기)

효과적인 경청 기술로서 적극적 경청의 4가지 기법(Cormier & Cormier)

명료화 (Clarification)	• 메시지가 완전히 이해되고 있음을 확실히 하기 위해 질문하는 것이다. • 내담자가 자신의 메시지를 정교화하도록 돕는 한편, 상담자가 그 메시지를 이해하고 있음을 확실히 하기 위해 필요하다.
부연 또는 재진술 (Paraphrase)	• 내담자가 말한 내용을 상담자가 알기 쉽게 다른 표현으로 이야기해 주는 것이다. • 내담자가 자신이 한 말에 초점을 둘 수 있도록 해 주는 한편, 감정에 초점을 두는 것이 미숙할 때 객관적인 내용을 강조할 수 있다.
반영 (Reflection)	• 내담자의 메시지 가운데 감정과 관련된 부분을 바꾸어 말하는 것이다. • 내담자가 더 깊은 수준의 감정을 표현할 수 있도록 하며, 자신의 감정을 보다 잘 지각하고 감정에 대한 변별력을 높여줄 수 있다.
요약 (Summarization)	• 몇 가지 논점들을 조리 있고 간단한 메시지로 묶기 위한 것이다. • 공통된 주제나 패턴을 발견할 수 있도록 하며, 진행된 대화를 검토해 볼 수 있도록 해준다.

> **전문가의 한마디**
>
> 이 문제와 관련하여 잘못된 복원 정보와 오답이 유포되고 있는 것에 주의하시기 바랍니다. 이 문제는 단순히 일반적인 상담의 기법에 대해 묻는 것이 아닌, 임상심리사 2급 필기시험에도 출제된 바 있는 코르미에와 코르미에(William H. Cormier & L. Sherilyn Cormier)의 효과적인 경청 기술로서 적극적 경청의 기법 4가지를 묻는 문제입니다. 특히 출제자는 적극적 경청의 기법 4가지 중 이른바 '내용 되돌리기'로서 '부연(재진술 또는 바꾸어 말하기)'과 '감정 되돌리기'로서 '반영'을 염두에 두고 문제를 출제한 것으로 보입니다.

Cormier와 Cormier가 제시한 적극적 경청 기술에 해당하지 않는 것은? [09년 기출]

① 질문
② 요약
③ 반영
④ 명료화

답 ①

요컨대, 부연과 반영은 내담자의 표현을 거울로 비추듯이 되돌린다는 점에서 공통적이나, 그것이 내담자의 진술 내용에 관한 것인지 아니면 내담자의 진술과 관련된 감정에 관한 것인지에 따라 구분됩니다. 예를 들어, 내담자가 동거녀와 결혼을 앞두고 있으나 권태감으로 인해 결혼을 주저하고 있을 때, 상담자는 "당신은 그 사람과의 관계에서 지루함을 느끼고 있군요. 그래서 당신은 자신의 문제 때문에 결혼이 당신에게 맞는지 확신하지 못하는군요."라고 반응할 수 있는데, 전자는 반영 기법을, 후자는 부연 기법을 사용한 것으로 볼 수 있습니다. 참고로 이와 관련된 보다 자세한 내용은 'Cormier, W. H. & Cormier, L. S., 『Interviewing strategies for helpers, fundamental skills and cognitive behavioral interventions(4rd ed.)』, Brooks Cole'을 살펴보시기 바랍니다.

Cormier와 Cormier가 제시한 적극적 경청 기술과 그 내용에 해당하지 않는 것은? [20년 기출]

① 해석 – 당신이 그 사람과의 관계에서 재미없다고 말할 때 성적 관계에서 재미없다는 말씀으로 들립니다.
② 요약 – 이제까지의 말씀은 당신이 결혼하기에 적당한 사람인지 불확실해서 걱정하신다는 것이지요.
③ 반영 – 당신은 그 사람과의 관계에서 지루함을 느끼고 있군요.
④ 부연 – 그래서 당신은 자신의 문제 때문에 결혼이 당신에게 맞는지 확신하지 못하는군요.

답 ①

09 행동수정을 목적으로 한 행동치료의 기법을 5가지 쓰시오. [5점]

고득점을 향한 심화해설

① 소거(Extinction)
　부적응적 행동의 반복을 유발하는 강화요인을 제거하는 것이다.
　[예] 아동의 부적응적 행동은 부모나 교사가 계속 주의와 관심을 기울여 줌으로써 강화를 받을 수 있는데, 이때 주의와 관심을 기울이지 않음으로써 아동의 부적응적 행동이 서서히 감소하게 된다.

② 혐오적 조건형성(Aversive Conditioning)
　일종의 처벌로서, 부적응적 행동을 할 때 불쾌 자극을 줌으로써 그 행동을 억제시키는 것이다.
　[예] 알코올중독 환자로 하여금 술을 마실 때마다 구토를 일으키는 약물을 복용하게 함으로써 술을 회피하도록 조건형성을 한다.

③ 체계적 둔감법(Systematic Desensitization)
　상호억제의 원리를 이용한 것으로, 병존할 수 없는 새로운 반응을 통해 부적응적 반응을 억제하는 것이다.
　[예] 뱀에 대한 공포증을 가진 환자에게 우선 근육이완훈련을 통한 긴장해소 방법을 알려 주고, 공포를 느끼는 자극 상황을 그 심한 정도에 따라 위계적으로 분류하도록 한 다음, 불안위계 목록에 따라 약한 공포 자극에서 강한 공포 자극으로 점진적으로 노출시킨다.

④ 행동조성법 또는 조형(Behavior Shaping)
　조작적 조건형성의 원리를 이용한 것으로, 부적응적 행동에 대해서는 강화물을 제거하고 적응적 행동에 대해서는 강화물을 제공함으로써 바람직한 행동을 형성하도록 하는 것이다.
　[예] 교사는 어떤 학생이 수업 시간에 산만한 행동을 보일 때는 관심을 주지 않고 무시하다가, 그 학생이 수업 시간에 집중하는 행동을 보일 때는 관심을 줌으로써 학생의 산만한 행동은 점차 줄어들고 공부하는 행동은 점차 증가하게 된다.

⑤ 환표이용법 또는 토큰경제(Token Economy)
　실제적인 강화물을 대신하여 환표(예 토큰, 스티커 등)를 강화물로 사용함으로써 바람직한 행동을 유도하는 것이다.
　[예] 정신병원에 입원한 환자가 기본적인 적응행동(예 개인위생 관리, 이부자리 정돈 등)을 할 때마다 토큰을 하나씩 지급하여 토큰이 10개가 모이면 강화물(예 영화 보기, 외출 등)을 준다.

전문가의 한마디

행동수정을 목적으로 한 행동치료의 기법은 여러 가지가 있고, 전공교재에서도 여러 가지 방법들이 언급되고 있는 만큼, 이 문제는 다양한 답안이 도출될 수 있습니다. 위의 해설은 '권석만, 『현대 이상심리학(제2판)』, 학지사 刊'을 참조한 것으로, 해당 교재에서는 이상심리학의 행동주의적 입장에 관한 절(節)을 통해 행동치료에 대해 다음과 같이 설명하면서, 위의 해설로 제시된 5가지 주요 기법들을 설명하고 있습니다.

> "행동치료(Behavior Therapy)는 다양한 학습원리를 적용해서 이상행동을 수정하는 치료기법을 말한다. 정신분석치료에서는 이상행동을 치료하기 위해서 그 기저의 원인인 무의식적 갈등을 자각하여 해소하게 하는 반면, 행동치료에서는 잘못된 학습에 의해 형성된 이상행동을 제거하거나 적응적 행동을 학습시켜 대체하게 한다. 이런 점에서 행동치료는 행동수정(Behavior Modification)이라고 불리기도 한다."
>
> (출처 : 권석만, 『현대 이상심리학(제2판)』, 학지사 刊)

참고로 2021년 3회 실기시험(18번)에서는 주의력결핍 및 과잉행동장애(ADHD)의 치료방법 중 행동치료의 기법을 쓰는 문제가 출제된 바 있는데, 이는 출제자가 다른 의도를 가지고 출제한 것인 만큼, 가급적 출제자의 의도에 부합하는 답안을 작성하시기 바랍니다.

10 행동치료의 노출치료법을 통해 환자가 가지게 되는 인지적 측면의 치료효과를 3가지 쓰시오.

6점 | 12, 17년 기출

고득점을 향한 심화해설

① 상황에 대한 현실적 인식

노출치료는 안전한 상황에서 환자로 하여금 불안유발 상황에 노출시킨다. 이 경우 환자는 그 상황들에 대해 보다 현실적으로 생각하게 되며, 이와 같은 현실적인 사고가 상황을 덜 위협적인 것으로 느끼도록 만든다.

② 불안 수준의 감소

환자가 노출치료를 통해 불안유발 상황에 노출되는 경우 그것이 생각했던 것보다 덜 두렵다고 기대할 수 있게 된다. 이와 같은 기대의 변화는 환자의 불안 수준이 둔감화 과정 동안 줄어들기 때문이다.

③ 불안 대처에 대한 믿음

노출치료는 환자로 하여금 자신이 불안에 잘 대처할 수 있다는 믿음을 가지도록 한다. 환자가 불안유발 상황에 대해 부정적인 결과를 경험하지 않은 채 이를 반복적으로 성공리에 상상함으로써 그와 같은 믿음은 더욱 확고해지게 된다.

전문가의 한마디 이 문제는 완전한 복원이 이루어지지 않아 실제 문제와 약간의 차이가 있을 수 있습니다. 다만, 노출치료의 치료적 효과 혹은 노출치료 시행에 따른 환자의 유익에 관한 내용을 다루는 문제인 것으로 추정하고 있습니다.

알아두기 노출치료에서 치료의 극대화를 위해 사용하는 일반적인 과정

상반되는 반응 (제1단계)	환자는 노출이 이루어지는 동안 그와 상반되는 반응을 수행한다. 예 환자는 불안을 유발하는 상황을 상상하면서 근육을 이완시키게 된다.
반응제지 (제2단계)	환자는 치료를 받는 동안 과거 불안을 줄이기 위해 사용한 부적응적 도피 또는 회피행동을 제지당한다. 예 대중 앞에서 말을 더듬는 것에 대한 두려움을 가진 환자에게는 대중 앞에서의 수행 상황에 대한 회피행동이 제지당한다.
과장된 장면 (제3단계)	상상적 노출을 통해 상황을 보다 생생하게 만들기 위해 불안유발 상황을 과장하여 묘사할 수 있다. 예 새에 대한 공포를 가진 환자에게는 여러 마리의 새들이 자신을 향해 날아오는 것을 상상하도록 할 수 있다.

11 놀이치료에서 놀이는 치료적 가치가 있다. 놀이의 치료적 가치를 3가지 쓰시오.

3점 15, 20, 22년 기출

심화해설

① 저항을 극복하는 데 도움이 되므로, 치료적 관계형성에 유용하다.
② 의사소통의 매체로서 아동을 이해하고 진단하는 데 유용하다.
③ 아동의 불안 감소 및 긴장 이완을 통해 효과적인 치료를 가능하게 한다.
④ 정화(Catharsis)를 통해 심리적인 외상을 극복할 수 있도록 한다.
⑤ 창조적 사고를 통해 참신한 문제해결능력을 발달시키도록 한다.
⑥ 유능성을 향한 욕구를 자극하고 그 실현가능성을 높임으로써 자아존중감을 발달시킨다.
⑦ 역할놀이를 통해 새로운 행동을 연습하고 이를 획득하도록 하며, 나아가 공감력을 증진시킨다.
⑧ 은유적 교훈을 제시함으로써 통찰을 돕는다.
⑨ 환상과 상상을 통해 대리적인 욕구충족을 가능하게 한다.
⑩ 애착형성을 촉진하고 관계를 향상시킴으로써 타인과 친밀해지는 능력을 발달시킨다.
⑪ 일상생활에 일반적으로 적용될 수 있는 사회적 기술을 발달시킨다.

전문가의 한마디

'놀이의 치료적 가치'와 '놀이의 치료적 기능'은 동일한 것이 아닙니다. 이와 관련하여 2024년 2회 실기시험(10번)에서는 놀이의 치료적 기능을 3가지 쓰도록 요구한 바 있는데, 놀이의 치료적 기능으로서 '관계형성', '자기노출', '치유'는 놀이의 치료적 가치에 부합하는 내용들을 담고 있습니다. 참고로 위의 문제 해설은 아동의 정신치료와 관련하여 놀이의 유효성에 대해 연구한 셰퍼(Schaefer)의 '놀이의 치료적 요인'에 관한 것으로, '안창일, 『임상심리학(제3판)』, 시그마프레스 刊'에 '놀이의 치료적 가치'로 제시된 내용이기도 합니다.

알아두기 놀이치료에 사용되는 보편적인 접근법 3가지(Schaefer)

- 정신분석학적 접근법
  - 정신분석치료에서는 환자의 변화에 대한 동기, 환자의 치료자에 대한 전이, 자유연상의 과정 등을 강조한다.
  - 아동으로 하여금 내면의 생각이나 감정, 욕구를 치료자에게 자유롭게 의사소통할 수 있도록 하는 일종의 비언어적인 의사소통 수단으로서 놀이가 유용하게 사용될 수 있다.
  - 놀이는 의식적인 면이나 무의식적인 면에서 아동의 정신생활에 대한 통찰력을 제공할 수 있다. 또한 아동이 대처하는 문제에 대한 단서를 제공할 수 있고, 그들이 대처하는 데 사용하는 기제를 제공할 수 있다.
- 관계치료적 접근법
  - 로저스(Rogers)의 연구에 영향을 받은 것으로서, 심리치료에서 치료자와 아동의 상호작용의 질을 강조한다.
  - 치료자는 전반적으로 수용적인 분위기를 만들기 위해 노력한다. 즉, 어떤 특별한 방법을 사용하여 치료를 강제로 시도하기보다는 비지시적이고 따뜻한 느낌을 주려고 노력한다.
  - 아동은 자신의 감정을 말이나 몸짓, 놀이를 통해 상징적인 의미로 표현하게 된다. 이때 치료자는 아동이 말하는 것이 무엇인지 정확히 파악하기 위해 노력하면서, 아동으로 하여금 자신의 문제에 대한 통찰을 획득하도록 돕고, 아동 스스로 자신의 문제를 해결할 능력이 있음을 인식시키도록 한다.
- 구조적 접근법
  - 아동의 심리치료에서 지시적인 방법과 비지시적인 방법을 절충시킨 비교적 최근의 경향으로서, 음악, 문학, 연극, 인형극, 자유놀이 등 다양한 표현예술의 사용으로 이어지고 있다.
  - 치료의 초기에 구체적인 목적과 분명한 전략으로 단기치료를 강조하며, 과거에 뿌리를 둔 무의식적 기제에 초점을 두기보다 현재의 실천에 초점을 둔다.
  - 과도한 상징적 해석을 사용하지 않으며, 치료자와 아동 간의 관계를 중시하되 지나치게 허용적인 분위기는 삼간다.

12 상담자의 윤리적 책임에는 내담자와 이중관계를 맺지 않는 것이 있다. 이중관계를 지양해야 하는 이유를 쓰시오. 4점 10, 16년 기출

고득점을 향한 심화해설

① 이중관계는 상담자가 내담자와 함께 상담자-내담자로서의 관계를 맺는 것 이외에 다른 관계를 맺는 것을 말한다. 금전이나 상품의 거래관계, 친구나 친척 등 지인과의 친밀관계, 이성친구나 애인과의 성적 관계 등이 대표적인 이중관계에 해당한다.

② 이중관계는 상담자가 공정하고 객관적이며 효율적으로 상담업무를 수행하는 데 위험요인이 될 수 있으며, 또한 내담자를 착취하거나 해를 입힐 가능성이 있다. 비록 이중관계가 항상 비윤리적이고 비전문적인 것은 아니지만 전문가로서의 객관성을 손상시킬 수 있으므로, 상담자는 이중관계의 잠재적 유해성 여부에 대해 세심한 주의를 기울일 필요가 있다.

전문가의 한마디

이 문제는 2023년 2회 실기시험(2번)에 출제된 문제의 변형된 형태로, 이중관계의 의미를 쓰고 이를 피해야 하는 이유를 구체적인 예로써 설명하도록 한 것과 달리, 단순히 이중관계의 지양 이유만을 쓰도록 하고 있다는 점에서 차이가 있습니다. 사실 최근에는 '이중관계' 대신 '다중관계'의 표현을 널리 사용하고 있는데, 이는 '이중관계'라는 표현이 이차적인 관계의 복잡성을 충분히 설명하지 못한다는 지적에 따른 것입니다. 임상심리사 2차 실기시험에서는 2021년 1회 시험(2번)에서 처음으로 '다중관계'의 표현을 사용하여 문제가 출제되기도 하였습니다. 현재 한국상담학회, 한국심리학회, 한국상담심리학회 등 상담심리 관련 학회에서도 윤리강령의 내용에 '이중관계' 대신 '다중관계'의 표현을 사용하고 있습니다. 참고로 한국심리학회 윤리규정에서는 다음과 같이 다중관계의 의미와 지양 이유를 간략히 설명하고 있습니다.

> "다중관계, 즉 어떤 사람과 전문적 역할 관계에 있으면서 동시에 또 다른 역할 관계를 가지는 것은 심리학자가 공정하고 객관적이며 효율적으로 업무를 수행하는 데 위험요인이 될 수 있으며, 또한 상대방을 착취하거나 해를 입힐 가능성이 있으므로, 심리학자는 다중관계가 발생하게 될 때 신중하여야 한다."
> (출처 : 한국심리학회 윤리규정 中 다중관계)

13 카우프만(Kaufman)과 리히텐베르거(Lichtenberger)가 제시한 지능검사의 기본 철학을 5가지 쓰시오. 　5점　24년 기출

고득점을 향한 심화해설

※ 2024년 2회 15번 기출문제와 동일 또는 매우 유사하므로, 해당 해설을 참조하세요. ☞ 교재 61p

14 MMPI나 BDI와 같은 객관적 자기보고형 검사의 장점과 단점을 각각 2가지씩 쓰시오.

4점 09, 17, 24년 기출

(1) 장 점

고득점을 향한 심화해설

※ 2024년 2회 13번 기출문제와 동일 또는 매우 유사하므로, 해당 해설을 참조하세요. ☞ 교재 58p

(2) 단 점

고득점을 향한 심화해설

※ 2024년 2회 13번 기출문제와 동일 또는 매우 유사하므로, 해당 해설을 참조하세요. ☞ 교재 58p

15 집-나무-사람 그림검사(HTP)에서 사람(Person) 그림을 통해 평가할 수 있는 측면 3가지를 쓰고, 각각에 대해 설명하시오. 6점 14년 기출

고득점을 향한 심화해설

① 자화상 – 현재의 자아상태
  ㉠ '자화상'은 수검자가 자신에 대해 스스로 어떻게 느끼는지를 묘사하는 것이다.
  ㉡ 우선 신체적인 측면이 투사된다. 생리적 약점이나 신체적 장애를 가지고 있는 경우, 그와 같은 약점이 수검자의 자아개념에 영향을 미치고 심리적인 감수성을 일으킬 때 그림 속에 재현된다. 이때 신체적인 약점은 물론 장점 또한 투사되는데, 예를 들어 남성적 발달이나 매력적인 얼굴이 투사되어 나타나는 경우가 많다.
  ㉢ 다음으로 심리적인 측면이 투사된다. 심리적 자아의 모습이 그림 속에 나타나게 된다. 예를 들어, 키 큰 수검자가 자신의 모습을 왜소하고 팔을 무기력하게 늘어뜨린 채 불쌍해 보이는 얼굴로 그렸다면, 이 수검자의 신체적 자아는 위축되지 않았더라도 심리적으로 자기 자신을 무기력하고 의존적인 존재로 느끼고 있는 것일 수 있다.

② 이상적인 자아 – 이상적으로 바라는 자기상
  ㉠ '이상적인 자아'는 수검자가 이상적으로 바라는 자기상을 투사한 것이다.
  ㉡ 홀쭉하고 연약한 편집증의 남성은 건장한 체격의 운동선수를 그릴 수 있고, 자신의 몸에 대한 부끄러움을 가진 임신한 미혼여성은 날씬하고 자유롭게 춤을 추고 있는 무희를 그릴 수 있다.
  ㉢ 흔히 소년의 경우 수영복을 입은 운동선수를, 소녀의 경우 드레스를 입은 영화배우를 그리기도 한다.

③ 중요한 타인 – 자신에게 영향을 미치는 중요 인물들
  ㉠ '중요한 타인'은 수검자의 현재 혹은 과거의 경험 및 환경으로부터 도출되는 것으로서, 수검자에게 영향을 미치는 중요 인물들의 영향력을 반영한 것이다.
  ㉡ 중요한 타인의 그림은 청소년이나 어른보다는 아동의 그림에서 더욱 잘 나타나며, 일반적으로 '부모'의 모습으로 표현된다.
  ㉢ 아동이 부모를 그리는 이유는 그들의 생활에서 부모가 차지하는 비중이 크며, 아동의 입장에서 부모는 곧 그들이 동일시해야 할 모델이기 때문이다.

이 문제는 출제자 혹은 채점자의 기준에 따라 서로 다른 답안이 도출될 수 있습니다. 그 이유는 집-나무-사람 그림검사(HTP)의 사람(Person) 그림과 관련된 평가가 구체적으로 각각의 신체부위에 대한 평가인지, 사람을 그리는 과정에서의 그리기 행동에 대한 평가인지, 사람 그림에 대한 일반적인 측정 내용에 관한 것인지 모호하기 때문입니다. 다만, 여기서는 문제상에 '3가지'를 제시하고 있다는 점에 착안하여 '최정윤, 『심리검사의 이해(제3판)』, 시그마프레스 刊'의 해당 내용을 토대로 답안을 작성하였습니다.

16 다음 보기의 사례를 읽고 물음에 답하시오. `5점` `03, 05년 기출`

> 올해 30세인 A씨는 인천광역시에 위치한 ○○회사에 다니고 있다. A씨는 지난 1년 전부터 회사 직원들을 비롯한 주위 사람들이 자신을 감시하고 있고, 자신의 평소 생각이 언론을 통해 보도되고 있다며 몹시 불안해하고 있다. 또한 알아들을 수 없는 말들을 혼자 중얼거리는가 하면, 종종 문을 걸어 잠근 채 다른 사람들과 만나는 것을 거부하곤 하였다.

당신은 임상심리사로서 A씨와 같이 정신질환을 가진 사람들을 모아서 정신재활프로그램을 운영하고자 한다. 이와 관련하여 정신재활의 기본원리를 5가지만 쓰시오.

고득점을 향한 심화해설

① 정신재활의 일차적인 초점은 정신과적 장애를 가진 사람의 능력을 향상시키는 데 있다.
② 정신재활이 환자에게 주는 이득은 그가 살고 있는 환경 속에서 필요한 행동을 향상시키는 데 있다.
③ 정신재활은 다양한 기법들을 사용하므로 절충적이라고 할 수 있다.
④ 정신재활의 주요 초점은 정신과적 장애를 가진 사람의 직업성과를 향상시키는 데 있다.
⑤ 환자가 희망을 가지는 것은 재활 과정의 필수 요소이다.
⑥ 재활 초기 환자의 재활전문가에 대한 의존은 점진적인 자신감 회복과 함께 환자의 독립적인 기능을 증대시키기 위한 것이다.
⑦ 환자를 재활 과정에 적극적으로 참여시키는 것이 바람직하다.
⑧ 정신재활의 기본적 개입방법은 환자의 기술을 개발시키는 것과 환자에 대한 환경적 자원을 개발해 주는 것이다.
⑨ 정신과 환자의 재활을 위해서는 약물치료와 함께 다양한 재활개입이 필수적이다.

전문가의 한마디

사실 정신재활과 정신사회재활은 명확히 구분하기 어려운 측면이 있습니다. 그 이유는 두 가지 모두 환자의 신체적·정신적·사회적·직업적 능력을 최대한 회복시켜 인간으로서 살아갈 수 있는 권리 내지 존엄성을 회복시키는 것을 근본적인 목적으로 하고 있기 때문입니다.
요컨대, 임상심리사 시험에서도 '정신재활의 원리'와 '정신사회재활의 원리'에 대한 문제가 출제되고 있으나, 이 두 가지가 동일한 출처에서 비롯된 것인지는 명확하지 않습니다. 2006년 실기시험(10번)에서는 정신사회재활의 기본원리를 5가지 쓰는 문제가 출제되었으나, 이는 위의 사례형 문제와는 달리 단순 기술형으로 출제된 만큼 그 출처가 다르며, 출제자가 요구하는 정답 또한 다를 것으로 보입니다. 참고로 위의 문제 해설은 '박상규, 『정신재활의 이론과 실제』, 학지사 刊', 'Anthony, W. et al., 『정신재활』, 손명자 譯, 성원사 刊' 등을 참조하였습니다.

17 만성 정신질환자에 대한 재활개입 방법을 3가지 쓰시오. [3점] [09, 16, 21년 기출]

고득점을 향한 심화해설

① 사회기술훈련
　만성 정신질환자의 역기능적인 대인관계나 특정한 사회기술상 결함을 알아내고 이러한 결함들을 보충하기 위해 사회기술훈련을 실시한다.

② 환자 교육
　환자 교육을 통해 환자로 하여금 자신의 병을 극복해 나가는 데 필요한 내용들을 교육시킨다.

③ 가족 교육 및 치료
　환자의 가족을 대상으로 정신병의 진단·경과·예후, 정신병적 증상에 대한 대처요령 등을 교육하고, 가족 내의 긴장이나 스트레스, 비정상적인 의사소통 과정 등을 치료한다.

④ 직업재활
　환자로 하여금 직업재활을 통해 사회적인 접촉을 늘리고, 사회적인 역할을 부여받도록 함으로써 자기실현을 할 수 있는 기회를 제공한다.

⑤ 지역사회 지지서비스
　지역사회 지지서비스를 통해 환자의 사회생활을 위한 의학적 치료, 주거 공간 확보, 재정적 지원, 여가활동 등을 제공한다.

⑥ 다양한 주거 프로그램
　환자의 입원기간 단축 및 사회로의 조기복귀를 위해 중간거주시설, 장기 집단거주시설, 요양원 등 다양한 주거 프로그램을 활용한다.

전문가의 한마디

이 문제는 정신사회재활에서 재활치료의 기본 구성요소를 묻는 문제(→ 2021년 1회 9번) 혹은 치료적 개입에 포함되는 내용을 묻는 문제(→ 2013년 3번 문제)와 유사하나 특히 재활개입의 방법적 측면을 강조한다는 점에서 차이가 있습니다. 이와 같은 문제는 설명을 요구하는 방식으로 출제되기도 하는데, 만약 구성요소의 내용적 측면을 설명하도록 요구하는 경우 각 요소의 의의 및 특징을 기술하는 반면, 방법적 측면을 설명하도록 요구하는 경우 각 요소의 실행방법을 기술하도록 합니다.

요컨대, 이 문제는 〈진단 및 기능적 평가 → 재활계획의 수립 → 개입〉으로 이어지는 정신재활(정신사회재활)의 절차 중 '개입'에 관한 세부적인 내용을 다루고 있습니다. 참고로 2020년 2회 실기시험(17번)에서는 '재활계획의 수립'에 관한 세부적인 내용을 다루는 문제가 출제된 바 있습니다.

알아두기 정신재활(정신사회재활) 절차의 3단계

- 제1단계 – 진단 및 기능적 평가
  - 진단과 기능적 평가를 통해 환자의 임상적 진단명과 행동적 기능 수준을 파악하며, 손상과 장애의 정도를 평가한다.
  - 증상에 근거한 진단 및 평가를 통해 환자의 정신생물학적 취약성 극복을 위한 최적의 약물치료를 시행할 수 있으며, 기능적 평가를 통해 환자의 증상 악화 및 재발을 유발하는 스트레스원을 파악하여 이를 완화할 수 있는 대처기술과 능력을 알아낼 수 있게 된다.
- 제2단계 – 재활계획의 수립
  - 앞선 임상적 평가와 기능적 평가를 통해 환자의 현재 상태에 대한 종합적인 평가가 이루어진 후 이를 토대로 재활계획을 수립한다.
  - 재활계획에는 재활목표에 대한 구체화, 단기목표 및 장기목표의 설정, 획득해야 할 기술 및 자원들의 우선순위 설정, 목표 달성 기간의 설정, 연관 기관이나 지지모임과의 협력 내용 등이 포함된다.
- 제3단계 – 개입
  - 환자에 대해 사회기술훈련과 환자 교육을 실시하며, 직업재활을 통해 사회적 접촉을 늘리도록 한다.
  - 가족 교육 및 치료를 통해 환자의 회복을 돕는 동시에 가족 내 긴장 및 스트레스를 해소하도록 한다. 또한 지역사회 지지서비스나 다양한 주거 프로그램을 활용할 수 있도록 함으로써 증상의 재발을 방지하고 사회로의 조기 복귀를 돕는다.

18 다음 보기의 사례를 읽고 물음에 답하시오.
10점 | 04, 09, 13, 18년 기출

> 서울시 마포구에 사는 A씨는 30대 중반의 전업주부로, 결혼 후 직장을 그만두고 별다른 사회활동을 하지 않고 있다. 결혼 후 몇 년이 지나 남편이 회사일을 이유로 거의 매일 늦게 귀가하고, 주말에도 집에 머무는 경우가 극히 드물었다. A씨는 자신의 사회경력으로부터도 자신이 꿈꾸던 결혼생활로부터도 멀어지게 되었다고 생각하면서, 자신이 사회와 무관한 존재, 더 이상 아무런 가치도 없는 존재로 전락해 버렸다는 생각을 떨칠 수 없었다. 그와 같은 생각은 날이 갈수록 더해졌고, 이제는 하루 중 거의 대부분의 시간을 우울한 기분으로 보내야 했다. 결국 A씨는 더 이상 삶이 아무런 의미가 없다는 생각에 자살을 할 결심을 하게 되었다.

(1) A씨의 증상은 주요 우울장애를 시사한다. 주요 우울장애의 진단 기준에서 주요 우울증상을 4가지 기술하시오.

고득점을 향한 심화해설

① 하루의 대부분 우울한 기분이 거의 매일 지속된다.
② 거의 모든 일상 활동에서 흥미나 즐거움을 상실한다.
③ 체중에 의미 있는 변화가 나타나거나 식욕 감소 또는 증가를 느낀다.
④ 불면 또는 과도한 수면을 한다.
⑤ 정신운동성의 초조나 지체가 나타난다.

전문가의 한마디

주요 우울장애의 주요 진단 기준(주요 우울증 삽화)과 관련하여 핵심 증상에 대한 내용은 DSM-IV와 DSM-5에서도 별다른 차이가 없습니다. 참고로 DSM-5에 의한 주요 우울증 삽화(Major Depressive Episode)의 9가지 주요 증상은 다음과 같습니다.

- 우울한 기분이 거의 매일, 하루 중 대부분의 시간에 주관적인 보고(예 슬픈 느낌, 공허감 또는 절망감)나 객관적인 관찰(예 울 것 같은 표정)에 의해 나타난다(주의 : 아동 및 청소년의 경우 과민한 기분으로 나타날 수 있음).
- 모든 또는 거의 모든 일상 활동에서 거의 매일, 하루 중 대부분, 흥미나 즐거움이 현저히 저하되어 있다.
- 체중조절을 하지 않음에도 불구하고 체중에 의미 있는 감소(예 1개월 이내에 신체의 5% 이상 체중 변화가 나타남)가 나타나거나, 거의 매일 식욕 감소 또는 증가를 느낀다(주의 : 아동의 경우 체중 증가가 기대치에 미치지 못한 것에 주의할 것).

- 거의 매일 불면에 시달리거나 과도한 수면을 한다.
- 거의 매일 정신운동성의 초조나 지체가 나타난다(이는 객관적으로 관찰 가능하며, 단지 주관적인 좌불 안석이나 침체감이 아님).
- 거의 매일 피로를 느끼며 활력을 상실한다.
- 거의 매일 자신이 무가치하다고 느끼거나 부적절한 죄책감(이는 망상적일 수 있음)을 느낀다(단지 병에 걸린 것에 대한 자책이나 죄책감이 아님).
- 거의 매일 사고력이나 집중력이 감소되거나 우유부단함을 보인다(주관적인 호소나 객관적인 관찰로도 가능함).
- 죽음에 대한 반복적인 생각(단지 죽음에 대한 공포가 아님), 구체적인 계획 없이 반복되는 자살 생각, 자살 시도나 자살 수행을 위한 구체적인 계획을 떠올린다.

(2) 자살 위험성(가능성)에 대한 평가 항목을 3가지 기술하시오.

고득점을 향한 심화해설

① 자살 의도 평가

　상담자는 자살 가능성 의심자에게 자살 의도가 있는지를 신중하게 묻는다. 만약 그렇지 않다고 대답하는 경우 일단 넘어가지만, 자살할 생각을 가끔 한다는 식의 대답이 나오는 경우 다음 단계로 넘어간다.

② 자살 방법 평가

　앞선 단계에서 자살 의도가 밝혀지는 경우 어떤 방법으로 자살할 생각을 가지고 있는지 물어본다. 이때 그 방법이 더욱 위험한 것일수록, 그리고 그 계획이 보다 구체적인 것일수록 자살의 위험성이 더 큰 것으로 평가된다.

③ 자살 준비 평가

　자살하기 위해 구체적으로 준비하고 있거나 준비한 적이 있는지를 질문하는 단계이다. 만약 자살 의도도 있고 방법도 생각하였으나 아직 준비 단계에 이르지 않았다면 자살의 위험성은 아직 낮은 것으로 볼 수 있다. 그러나 자살을 실제로 준비하고 있다고 대답한다면 자살이 임박한 것일 수 있으므로 그에 대한 긴급한 조치가 요구된다.

④ 자살 시도 평가

　최근 자신이 생각한 방법으로 실제 자살 시도를 한 적이 있는지를 평가한다. 만약 최근에 몰래 약을 먹어본 적이 있다거나 목을 매어본 적이 있다고 진술하는 경우 자살의 위험성이 극도로 높은 것으로 평가되어야 하며, 이때 그와 같은 사실을 즉각 주위에 알리고 정신건강의학과 전문의를 통해 응급조치를 받도록 해야 한다.

(3) 자살 위험이 높을 경우 해야 할 대처방법을 3가지 기술하시오.

① 가족이나 가까운 사람에게 알려야 한다.
② 혼자 있지 못하게 한다.
③ 자살을 시도할 수 있는 위험한 물건이나 상황에 가까이 있지 않게 한다.
④ 정신건강의학과 전문의를 포함한 자살 예방 전문가를 만나게 한다.

이 문제는 정확한 복원이 이루어지지 않아 실제 문제와 차이가 있을 수 있습니다. 다만, 이 문제가 2013년 실기시험(2번) 문제와 사례의 내용에서 약간 차이가 있으나 사실상 동일한 문제로 볼 수 있다는 수험생들의 의견에 따라 위와 같이 해설을 작성하였습니다.

요컨대, 이 문제는 기존 기출문제와 달리 DSM-IV에 의한 주요 우울증 삽화의 진단 기준을 쓰라고 명시하지도 않았으며, 자살 위험도 평가를 기존 2가지에서 이번에는 3가지로 쓰도록 하고 있다는 점에서 그 차이점을 발견할 수 있습니다. 이와 같은 변화는 정신장애의 진단기준을 종전 DSM-IV에서 현행 DSM-5로 맞추기 위해, 또한 자살 위험도 평가를 종전 2가지에서 3가지로 제시하여 문제의 배점을 적절히 맞추기 위해 문제 자체를 약간 변형한 것으로 볼 수 있습니다. 따라서 주요 우울장애의 진단기준에 관한 하위문제의 경우 현행 기준에 따라 DSM-5에 의한 주요 우울증 삽화(Major Depressive Episode)의 진단 기준을 토대로 답안을 제시하였으며, 자살 위험성(가능성) 평가 항목에 관한 하위문제의 경우 '이홍식, 『자살의 이해와 예방』, 학지사 刊'에 소개된 '자살 계획의 평가'의 내용을 답안으로 제시하였습니다. 참고로 『자살의 이해와 예방』에서는 '자살 의도를 물어보기'와 '자살 계획을 평가하기'를 자살 위험 평가의 진행 과정으로 소개하고 있으며, 특히 자살 계획의 평가를 자살 위험성(가능성)에 대한 평가로 설명하고 있습니다. 따라서 문제에서 자살 위험성에 대한 평가를 2가지 쓰도록 할 경우 2013년 2번 문제와 같이 '자살 의도를 물어보기'와 '자살 계획을 평가하기'로 답안을 작성하도록 하며, 이를 3가지(혹은 4가지) 쓰도록 할 경우 위의 해설과 같이 '자살 의도 평가, 자살 방법 평가, 자살 준비 평가, 자살 시도 평가'로 답안을 작성하도록 합니다. 참고로 이 문제는 자살 위험성을 평가하기 위한 구체적인 방법으로서 면담이나 각종 심리평가도구(예 각종 우울척도 등)를 묻는 것이 아닌 평가 항목을 답안으로 작성하는 취지의 문제임을 유념하시기 바랍니다.

알아두기

1. **자살 위험도의 평가적 요소(자살 위험도 평가의 주요 고려사항)**
    - 위험에 대한 자기보고 : 자살에 대한 생각이 얼마나 자주 떠오르는지, 이를 얼마나 오랫동안 견디어 낼 수 있는지 등
    - 자살의 계획 : 자살계획의 치명성 또는 성공률, 자살의 방법 및 도구, 계획의 구체성 등
    - 자살력 : 과거 자살시도 경험, 가족이나 친구 등 주변 인물들의 자살 및 자살시도 여부 등
    - 심리적 증상 : 심리적 고통이나 정신장애 유무, 알코올중독 또는 약물중독 여부 등
    - 환경적 스트레스 : 최근 발생한 중요한 변화 또는 상실, 성취 불가능한 욕구의 유무 등
    - 자원 및 지지체계 : 과거 유사한 상황에서의 도움, 자살충동의 억제요인, 미래에 대한 계획 등

2. **자살 위기를 경험한 사람의 자살 예방을 위한 대처방법**
    - 자살 시도자를 혼자 두지 않도록 하며, 자살 시도자에게 혼자가 아님을 알려준다.
    - 자살 시도자의 문제를 과소평가하지 않으며, 자살 시도자로 하여금 상황을 객관적으로 파악할 수 있도록 돕는다.
    - 자살시도의 옳고 그름에 대해 논하지 않으며, 상투적인 표현을 삼간다.
    - 자살시도를 유발한 스트레스 원인에 대해 명확히 할 수 있도록 돕는다.
    - 자살 시도자의 긍정적 대처기술을 부각시키며, 지속적으로 공감적 지지를 보낸다.
    - 상황에 대해 이성적인 판단을 하며, 냉정과 침착을 유지하도록 한다.
    - 결코 대화를 비밀로 하겠다고 약속하지 않는다.
    - 자살 위기를 경험한 사람은 반드시 전문가의 도움을 받도록 유도한다.

19 심리평가에 대한 전통적 모델과 치료적 모델의 차이점을 설명하시오. 단, 각 모델의 평가 목표 및 평가자의 역할에 대해서만 기술하시오. 4점 07년 기출

(1) 전통적 모델

고득점을 향한 심화해설

① 평가 목표
　현존하는 문제와 관련하여 그 차원과 범주를 명확히 기술한다. 또한 환자에 대한 치료적 결정을 도우며, 전문가들 간의 의사소통을 원활히 한다.
② 평가자의 역할
　심리평가자는 객관적인 관찰자이자 반숙련된 전문가로서 비교적 제한적인 역할을 수행한다.

(2) 치료적 모델

고득점을 향한 심화해설

① 평가 목표
　환자로 하여금 자기 자신과 타인에 대해 생각하고 느끼는 새로운 방식을 학습할 수 있도록 하며, 문제에 대한 이해를 확장시켜 자신의 삶의 문제를 해결할 수 있도록 돕는다.
② 평가자의 역할
　심리평가자는 관찰자인 동시에 참가자로서 초기 과정에서부터 상담을 통해 핵심문제를 탐색하고 치료적인 개입을 하는 등 보다 능동적인 역할을 수행한다. 또한 심리평가자는 검사도구는 물론 인간의 성격 및 정신병리에 대한 지식과 기술을 갖춘 전문가로서의 역할을 수행한다.

심리평가에 대한 전통적 모델의 가장 큰 문제점은 '진단'을 주된 기능으로 함으로써 평가 과정 및 효과 측면에서 환자를 비인간화시킬 수 있고, 잘못된 진단적 명명으로 인해 환자의 기본권을 침해할 가능성이 있다는 점이었습니다. 그에 대한 대안으로 제시된 치료적 모델은 전통적 모델에서 심리평가자의 제한적인 역할을 뛰어넘어 평가 방식에 있어서 협력적이고 대인관계적이며, 평가 과정에 있어서 보다 유연하면서도 도전적인 역할로서의 임상적 기술을 요구합니다. 이른바 '협력적 경험주의'에 입각한 치료적 모델은 심리평가자의 보다 능동적인 역할에 기반을 두어 평가 자체를 잠재적인 치료적 개입으로 보는 경향이 있습니다.

20 신경심리검사 중 시공간 능력을 평가하기 위해 사용되는 검사를 5가지 쓰시오. 〔5점〕

고득점을 향한 심화해설

① 벤더도형검사(BGT ; Bender Visual Motor Gestalt Test) 또는 벤더게슈탈트검사(BGT ; Bender Gestalt Test)
② 레이 복합도형검사(R-CFT ; Rey Complex Figure Test) 또는 레이-오스테리스 복합도형검사(RO-CFT ; Rey-Osterrieth Complex Figure Test)
③ 웩슬러 지능검사의 토막짜기 소검사(Block Design)
④ 시계 그리기 검사(CDT ; Clock Drawing Test)
⑤ 인물화 검사(DAP ; Draw-A-Person)

전문가의 한마디

시공간 능력은 시지각 능력과 구성 능력을 포함합니다. 시지각 능력은 색깔, 형태, 크기 등 자극의 물리적·감각적 특성에 기초하여 외부 대상을 파악하는 능력을, 구성 능력은 대상에 조작을 가하여 특정 공간 관계를 인식하는 능력을 말합니다. 이와 같은 시공간 능력을 측정하는 검사도구들은 여러 가지가 있으나, 위의 해설에서는 1차 필기시험의 문제와 지문으로 제시된 검사도구들을 답안으로 작성하였습니다.

신경심리학적 능력 중 BGT 및 DAP, 시계 그리기를 통해 가장 효과적으로 평가할 수 있는 것은? 〔21년 기출〕

① 주의 능력　　　　　　　② 기억 능력
③ 실행 능력　　　　　　　④ 시공간 구성 능력

답 ④

시공간 처리능력을 평가하기에 적합하지 않은 검사는? 〔18년 기출〕

① 토막짜기　　　　　　　② 벤더도형검사
③ 선로잇기검사　　　　　④ 레이 복합도형검사

답 ③

2022 기출이 답이다 임상심리사 2급 2차 실기합격

기출(복원)문제 및 해설

※ 임상심리사 2급 실기시험은 기출 미공개 시험으로, 본 교재는 기출 키워드를 분석하여 복원한 문제를 수록하였습니다. 실제문제와 차이가 있을 수 있으므로 참고하시기 바랍니다.

01 정신분석의 주요 개념으로서 방어기제의 유형을 3가지 쓰고, 각각에 대해 간략히 설명하시오.

6점 04, 07, 10, 17, 21, 23, 24년 기출

고득점을 향한 심화해설

※ 2024년 1회 1번 기출문제와 동일 또는 매우 유사하므로, 해당 해설을 참조하세요. ☞ 교재 3p

02 다음은 상담 초기에 흔히 볼 수 있는 대화이다. 보기의 내용을 읽고 질문에 답하시오.

5점 | 03, 06, 16, 20년 기출

> 내담자 : 선생님, 저는 솔직히 확신이 서지 않습니다. 상담 받고 나면 과연 좋아질까요?
> 상담자 : 그렇게 말씀하시니 다행이군요. 솔직하게 이야기한다는 것 자체가 쉽지 않거든요.
> 내담자 : 오해는 마세요. 선생님을 믿지 못해서가 아니에요. 단지, 상담을 받아도 나아지지 않는다면 어떻게 해야 할지 불안해서요.
> 상담자 : _____

보기에서 내담자는 상담의 효과에 대한 의문과 회의를 표명하였다. 이와 같은 경우 상담자는 어떻게 반응해야 하며, 그러한 반응의 근거는 무엇인지 설명하시오.

(1) 상담자의 반응

고득점을 향한 심화해설

① 내담자는 자신이 혼자서 해결하기 힘든 심리적인 문제나 대인관계에 있어서의 어려움을 해결하기 위해 상담자를 찾게 된다. 그러나 막상 상담을 받으러 와서는 긴장감과 불안감을 느끼면서 상담을 받는 것에 대해 주저하기도 한다. 과연 상담이 자신의 문제를 해결하는 데 도움이 될 것인지, 상담자가 자신의 이야기에 대해 어떻게 반응할지, 자신의 내밀한 부분이나 비정상적인 부분이 적나라하게 노출되는 것은 아닌지, 상담자가 자신에게 심각한 문제가 있다고 말하는 것은 아닌지, 지금껏 잘 참아왔는데 굳이 상담을 받을 필요가 있는지 등 온갖 다양한 생각이 뒤섞이는 가운데 상담자와 마주하게 된다.
② 따라서 상담자는 이러한 내담자의 마음을 잘 이해하고, 내담자로 하여금 최대한 편안한 상태에서 자신의 어려움을 이야기할 수 있는 분위기를 조성해 나가야 한다. 또한 내담자의 의구심을 있는 그대로 받아들이고 이를 직면하는 것이 바람직하다. 예를 들어, 상담자는 다음과 같이 반응할 수 있는 것이다.

예 상담 분위기 조성 및 신뢰관계 형성, 긍정적 상담 효과에 대한 기대감 형성

"상담을 처음 받는 경우 누구나 긴장하고 불안해한답니다. 더욱이 자신의 속내 이야기를 다른 누군가에게 털어놓을 때에는 그만큼 주저하게 되고, 과연 그로 인해 문제가 해결될 지 오히려 더 큰 고민에 빠지게 될 지 걱정하게 되지요. 그러한 감정은 자연스러운 것이니 억지로 감추려고 할 필요는 없겠죠. 중요한 것은 ○○○ 님이 자신의 현재 감정을 솔직히 이야기하고 있다는 점이에요. 그 점에 있어서 저는 ○○○ 님과의 상담이 더욱 원활하게 진행될 수 있을 것이라 기대됩니다. 마음의 부담이나 불안에서 서서히 벗어나 자신의 문제와 그에 따른 감정을 진실되게 표현해 보세요. 저도 ○○○ 님과 함께 문제에 대해 고민하고 해결책을 찾을 수 있도록 노력해 볼게요."

(2) 반응의 근거

고득점을 향한 심화해설

① 상담의 초기단계에서 내담자는 상담에 대한 불안과 두려움, 그리고 자신의 문제에 대한 해결가능성을 사이에 두고 양가감정을 경험하게 된다.
② 상담자는 내담자의 양가감정을 해소함으로써 상담이 원활히 이루어질 수 있도록 내담자와 상호 긍정적인 친화관계(Rapport)를 형성할 필요가 있다.
③ 상담자는 상담 효과에 대한 의구심을 불식시키면서 내담자로 하여금 상담 효과에 대해 긍정적인 기대를 가질 수 있도록 돕는다.

전문가의 한마디

상담의 효과는 상담자가 상담이론에 대해 얼마나 잘 알고 있느냐 혹은 상담기법을 얼마나 능숙하게 사용할 수 있느냐에 따라 결정되는 것은 아닙니다. 그것은 상담자와 내담자 간의 인간 대 인간으로서의 깊은 정서적 만남을 통해 나타나게 됩니다. 이를 위해 상담자는 내담자를 깊이 있게 이해하고 공감하며, 진실한 태도로 내담자와 대화를 나누어야 합니다. 또한 내담자를 문제가 있는 인간이 아닌 이미 완성된 인간으로서 바라보고 존중할 줄 알아야 하며, 자신의 이기적인 목적을 위해 내담자를 이용하지 않아야 합니다. 결국 상담자는 끊임없이 자기성찰을 해야 하며, 전문성을 확보하기 위해 지속적으로 노력해야 하는 것입니다.

03 다음 보기의 내담자의 진술에 대한 상담자의 반응은 각각 어떤 개입기술에 해당하는지 (   ) 안에 쓰시오.

4점

> 내담자 : 저는 지난밤 너무도 기이한 꿈을 꾸었어요. 아버지와 함께 숲으로 사냥을 나섰는데요, 사냥감에 온통 주의를 기울이느라 깊숙한 곳까지 다다르게 되었죠. 그런데 갑자기 바위 뒤편에서 커다란 물체가 튀어나오는 거예요. 저는 순간 사슴인 줄 알고 방아쇠를 당겼지요. 어렴풋이 그 물체가 쓰러진 듯이 보였고, 저는 두근거리는 가슴을 부여잡은 채 서서히 다가갔어요. 가까이 가보니 그 물체는 사슴이 아닌 아버지였어요. 아버지가 숨을 쉬지 않은 채 죽어 있더라고요. 저는 너무도 황당하고 두려워서 잠에서 깨어났는데요, 등에서는 식은땀이 줄줄 흐르더라고요.
> 상담자 : _____

(1) "당신은 그런 끔찍한 꿈을 꾸고 마음이 몹시 당황했군요." (①)

(2) "비록 꿈이지만, 총을 잘못 쏘아 아버지를 돌아가시게 한 것에 대해 죄책감 같은 것을 느꼈는지도 모르겠군요." (②)

(3) "혹시 권위적이고 무관심한 아버지가 일찍 사고로 세상을 떠났으면 하는 생각이 마음 한구석에 있었는지도 모르겠군요." (③)

(4) "권위적인 존재에 대한 적개심을 간접적으로나마 인정하고 표현했다는 점이 중요하다고 볼 수 있겠군요." (④)

고득점을 향한 심화해설

① 반영(Reflection)
　㉠ '반영'은 내담자가 전달하고자 하는 의사의 본질을 스스로 볼 수 있도록 내담자의 말과 행동에서 표현되는 감정·생각·태도를 상담자가 다른 참신한 말로 부연하는 기술을 말한다.
　㉡ 상담자는 반영을 통해 내담자의 태도를 거울에 비추어 주듯이 보여줌으로써 내담자의 자기이해를 도와줄 뿐만 아니라 내담자로 하여금 자기가 이해받고 있다는 인식을 주게 된다.
　㉢ 반영을 할 때는 말로 표현된 내용 자체보다는 그것의 밑바탕에 깔려 있는 감정을 그대로 되돌려주기 위해 노력해야 한다.

② **명료화(Clarification)**
   ㉠ 내담자의 말 속에 포함되어 있는 불분명한 내용에 대해 상담자가 그 의미를 분명하게 밝히는 것이다.
   ㉡ 내담자가 말하고자 하는 의미를 상담자가 생각하고, 이 생각한 바를 다시 내담자에게 말해 준다는 의미에서 내담자의 말을 단순히 재진술하는 것과 차이가 있다.
   ㉢ 내담자가 애매하게만 느끼던 내용이나 불충분하게 이해한 자료를 상담자가 말로 정리해 줌으로써 내담자로 하여금 자기가 이해받고 있다는 느낌을 가지도록 하며, 자신이 미처 생각하지 못했던 측면을 다시 생각하도록 하는 자극제가 된다.

③ **직면(Confrontation)**
   ㉠ 내담자의 자기 이해를 돕기 위해 상담자의 눈에 비친 내담자의 행동 특성 또는 사고방식의 스타일을 지적하는 것이다. 즉, 직면은 내담자가 모르고 있거나 인정하기를 거부하는 생각과 느낌에 대해 주목하도록 하는 상담자의 언급 또는 지적이다.
   ㉡ 직면은 내담자의 변화와 성장을 증진시킬 수도 있는 반면, 내담자에게 심리적인 위협이나 상처를 줄 수도 있는 만큼 매우 강력한 것이다.
   ㉢ 상담자는 직면 반응을 사용할 때 시의성, 즉 내담자가 그것을 받아들일 수 있는 준비가 되어 있는지를 면밀히 고려해야 한다. 또한 이와 같은 상담자의 직면 반응은 내담자를 배려하는 상호 신뢰의 맥락에서 이루어져야 하며, 내담자에 대한 상담자의 분노나 좌절을 표현하는 수단으로 사용되어서는 안 된다.

④ **해석(Interpretation)**
   ㉠ 내담자가 새로운 방식으로 자신의 문제들을 돌아볼 수 있도록 사건들의 의미를 설정해 주고, 자신의 문제를 새로운 각도에서 이해할 수 있도록 그의 생활 경험과 행동, 행동의 의미를 설명하는 것이다.
   ㉡ 해석은 내담자의 여러 언행들 간의 관계 및 의미에 대한 가설을 제시하는 것으로 볼 수 있다.
   ㉢ 내담자에게 자신의 감정을 파악하여 그 원인을 이해하도록 함으로써 좀 더 자유롭게 감정을 인정하고 받아들일 수 있도록 한다.

> **전문가의 한마디**
> 이 문제는 '아버지와 사슴', '형과 돼지'의 사례로 임상심리사 시험에 종종 등장하는 문제로서, 특히 2016년 3회 실기시험(8번)에 출제된 문제의 변형된 형태에 해당합니다. 수험생들의 의견에 따르면, 사슴이 등장하는 사례의 내용에는 큰 차이가 없으나, 각각의 개입기술에 대한 설명이 기존 문제에 제시된 표현과는 다르다는 것이었습니다. 그러나 임상심리사 시험이 동일한 문제를 그대로 반복해서 출제하기보다는 약간씩 변형된 형태로 출제하는 경향이 있다는 점에서, 이 문제가 시사하는 바가 크다고 볼 수 있습니다. 따라서 문제와 답안을 무조건적으로 암기하기보다는 그와 관련된 이론적인 내용도 충실히 살펴볼 필요가 있습니다.

04 임상심리사의 윤리원칙으로서 유능성의 의미를 설명하고, 이를 위반하는 이유를 3가지 쓰시오.

5점 [11, 16, 19년 기출]

(1) 유능성의 의미

> **고득점을 향한**
> **심화해설**

'유능성'은 임상심리사 또는 임상심리학자가 자신의 강점과 약점, 자신이 가지고 있는 기술과 그것의 한계에 대해 자각해야 한다는 것이다. 그리하여 지속적인 교육수련으로 최신의 기술을 습득하며, 이를 통해 사회의 변화에 민첩하게 대응해야 한다는 것이다.

(2) 유능성의 원칙을 위반하는 이유

> **고득점을 향한**
> **심화해설**

① 임상심리사가 개인적인 심리적 문제를 가지고 있는 경우

임상심리사는 다른 사람과 마찬가지로 자신의 판단이나 행동을 손상시키는 정신과적 장애나 심리적인 문제를 가지게 될 수 있다. 또한 인간으로서 가질 수 있는 전 범위의 문제들을 경험할 수 있다. 예를 들어, 이혼이나 질병, 경제적 문제 등과 관련하여 나타날 수 있는 우울, 불안, 스트레스 등이 개인적인 문제와 약점으로 작용하여 임상심리사로서 유능한 서비스 제공을 어렵게 만들 수 있는 것이다.

② 임상심리사가 너무 많은 부담으로 인해 지쳐있는 경우

임상심리사는 너무 많은 부담을 지게 되어 소진될 수 있다. 이와 같은 소진은 임상심리사로 하여금 자신의 직업이나 환자들에 대해 관심을 덜 기울이게 만든다. 임상심리사가 최소한의 관심만을 가진 채 치료시간을 보내려고 할 경우 결국 무능한 전문가 활동으로 이어질 수 있다.

③ 임상심리사가 교만하여 더 이상 배우지 않고 배울 필요가 없다고 생각하는 경우

임상심리사는 교만하고 자기도취적일 수 있으며, 그로 인해 최신의 정보를 습득하거나 배울 필요가 없다고 생각할 수 있다. 교만한 임상심리사는 자기 자신이 다른 전문적인 연구결과나 문헌보다 더욱 뛰어나다고 생각하므로, 이와 같은 최신의 정보들을 자신의 지식에 통합시키려 하지 않은 채 새로운 정보와 자문에 대해 폐쇄적인 태도를 보이게 된다.

④ 임상심리사가 해당되는 특정 전문교육수련을 받지 않고도 특정 내담자군을 잘 다룰 수 있다고 여기는 경우

임상심리사는 자신의 이기심에 의해 어떤 사례라도 맡는 데 동의할 수 있다. 다시 말해 이기적인 임상심리사는 특정 장애에 대한 전문적인 수련이나 치료경험이 없음에도 불구하고 그와 같은 장애를 가진 사람을 치료하겠다고 나설 수 있는 것이다. 그는 양질의 전문적인 서비스를 제공하겠다는 의지보다는 돈을 벌거나 경력을 쌓는 것에 몰두하는 등 자신의 욕구를 다른 환자나 동료의 욕구보다 위에 둘 수 있다. 이기적인 임상심리사는 유능해지고자 동기화될 수도 있겠으나, 자신의 무지나 무경험, 잘못된 정보로 인해 무능한 서비스를 제공하게 될 수도 있다.

> **전문가의 한마디**
>
> 임상심리사의 유능성에 관한 문제는 지난 2004년과 2011년에 이어서 약간 변형된 형태로 2018년 3회 필기시험에 출제된 바 있습니다. 참고로 이 문제에서는 임상심리사가 유능성을 위반하는 이유를 3가지 쓰도록 요구하고 있으므로, 위의 문제 해설에서 내용상 서로 연관된 ③번과 ④번을 함께 답안으로 작성하는 것이 좋습니다.

다음은 어느 항목의 윤리적 원칙에 위배되는가? [18년 기출]

임상심리사가 개인적인 심리적 문제를 갖고 있다든지, 너무 많은 부담 때문에 지쳐있다든지, 교만하여 더 이상 배우지 않고 배울 필요가 없다고 생각하거나, 해당되는 특정 전문교육수련을 받지 않고도 특정 내담자군을 잘 다룰 수 있다고 여긴다.

① 유능성
② 성실성
③ 권리의 존엄성
④ 사회적 책임

답 ①

05 다음 보기의 사례를 읽고 물음에 답하시오. [3점] [15, 20년 기출]

> A군은 임상심리학 전공 대학원생으로, ○○상담센터에서 실습을 하고 있다. A군은 자신이 개발한 새로운 프로그램을 상담에 적용해 보려던 차에, 마침 평소 자신이 호감을 가지고 있던 한 여학생이 상담센터를 찾아와 상담을 신청한 사실을 알게 되었다. A군은 그 여학생과의 상담을 자신이 맡겠다고 제안하였다.

보기의 내용에 제시된 A군의 행동이 윤리적으로 타당한지의 여부를 쓰고, 그에 대한 이유를 제시하시오.

(1) 윤리적 타당성 여부(상담을 진행해도 되는가?)

고득점을 향한 심화해설

윤리적 문제 동반(상담 불가)

(2) 이 유

고득점을 향한 심화해설

① 전문가로서의 태도 : 전문적 능력과 성실성의 결여
  ㉠ 상담자는 자기 자신의 교육과 수련, 경험 등에 의해 준비된 범위 안에서 전문적인 서비스와 교육을 제공해야 한다. 또한 상담자는 자신의 신념체계, 가치, 제한점 등이 상담에 미칠 영향력을 자각하고 있어야 한다. 이는 전문적 능력과 성실성을 요구하는 전문가로서의 올바른 태도에 해당한다.

㉡ A군은 임상심리학 전공 대학원생이지만 아직 교육과 수련, 경험 등에서 완벽히 준비된 전문가로 보기 어렵다. 또한 A군이 스스로 개발한 새로운 프로그램은 그 효과나 한계점 등이 입증되지 않았으므로, 이를 실제 내담자에게 적용할 때 나타날 수 있는 부작용이나 위험성을 충분히 고려하고 있다고 볼 수 없다.

㉢ 따라서 A군은 자신이 제공할 수 있는 전문적인 도움의 한계, 자신이 개발한 새로운 프로그램이 내담자에게 미칠 수 있는 위험 등을 인식하고 지도감독자의 도움을 요청하는 것이 바람직하다. 즉, 상담자는 전문인으로서의 능력과 효율성에 대한 자기반성이나 평가가 있어야 하며, 자신의 이익이 아닌 내담자의 이익을 최우선으로 하여 내담자를 도울 수 있는 방법을 강구해야 하는 것이다.

② 상담관계 : 이중관계(다중관계)의 위험

㉠ 상담관계의 부적절한 유형으로서 이중관계는 상담자가 내담자와 함께 상담자-내담자로서의 관계를 맺는 것 이외에 다른 관계를 맺는 것을 말한다. 금전이나 상품의 거래관계, 친구나 친척 등 지인과의 친밀관계, 이성친구나 애인과의 성적 관계 등이 대표적인 이중관계에 해당한다.

㉡ A군은 평소 자신이 호감을 가지고 있던 여학생을 대상으로 자신이 상담을 하겠다고 제안하고 있으나, 현 상황에서 A군이 자신의 개인적 욕구와 함께 그것이 상담에 미칠 영향력을 충분히 고려하고 있다고 볼 수 없다.

㉢ 따라서 A군은 내담자에 대한 자신의 개인적 욕구와 영향력을 충분히 자각하고 있어야 하며, 어떠한 경우에도 상담관계에서 비롯된 내담자의 신뢰와 의존을 자기 자신을 위해 이용해서는 안 된다. 즉, 상담자는 내담자와의 이중관계 혹은 상담자 자신의 전문적 판단에 영향을 미칠 수 있는 다른 관계를 맺지 않도록 노력해야 하는 것이다.

전문가의 한마디 이 문제는 명확한 정답이 있는 것이 아니므로 다양한 답안이 도출될 수 있습니다. 다만, 여기서는 보기의 내용 중 전문성 결여 문제(예 A군의 실습생으로서 지위와 역할, 검증되지 않은 프로그램의 실제 적용에 따른 문제 등)와 상담관계 문제(예 A군의 내담자에 대한 평소 호감, 개인적인 이해의 개입 등)에 초점을 두고, 이를 한국상담심리학회(KCPA)의 상담심리사 윤리강령과 '이장호, 『상담심리학』, 박영사 刊'의 관련 내용을 참조하여 답안으로 작성하였습니다.

06 개인상담과 비교하여 집단상담이 갖는 치료적 요인을 6가지 쓰시오. 6점

고득점을 향한 심화해설

① 이타심(이타주의)

집단성원들은 위로, 지지, 제안 등을 통해 서로 도움을 주고받는다. 자신도 누군가에게 도움을 줄 수 있고, 타인에게 중요할 수 있다는 발견은 자존감을 높여준다.

② 1차 가족집단의 교정적 재현(초기가족의 교정적 재현)

집단은 가족과 유사한 점이 있다. 다시 말해 집단상담자는 부모, 집단성원은 형제자매가 되는 것이다. 집단성원은 부모형제들과 교류하면서 집단 내에서 상호작용을 재현하는데, 그 과정을 통해 그동안 해결되지 못한 갈등상황에 대해 탐색하고 도전한다.

③ 모방행동(모델링을 통한 대리학습)

집단상담자와 집단성원은 새로운 행동을 배우는 데 좋은 모델이 될 수 있다.

④ 대인관계학습

집단성원과의 상호작용을 통해 자신의 대인관계에 대한 통찰과 자신이 원하는 관계형성에 대한 아이디어를 가질 수 있으며, 대인관계 형성의 새로운 방식을 시험해 볼 수 있는 장이 된다.

⑤ 응집력(집단응집력)

집단 내에서 자신이 인정받고, 수용된다는 소속감은 그 자체로 집단성원의 긍정적인 변화에 영향을 미친다.

⑥ 정화(카타르시스)

집단 내의 비교적 안전한 분위기 속에서 집단성원은 그동안 억압되어온 감정을 자유롭게 발산할 수 있다.

전문가의 한마디

이 문제는 출제자의 정확한 의도를 파악하기 어려우므로 다양한 답안이 도출될 수 있습니다. 수험생들의 의견에 따르면, 이 문제가 그동안 임상심리사 시험에 수차례 출제된 얄롬(Yalom)의 집단상담의 치료적 요인과 유사한 문제이나, 이전 문제들과 달리 '얄롬(Yalom)'이 명시되지 않은 데다가, 개인상담과의 비교 관점이 강조되어 있었다는 점에서 완전히 동일한 문제는 아니라는 것이었습니다. 사실 이 문제는 글자 그대로 볼 때, 개인상담과 집단상담 간 비교 관점에서 이 두 가지 상담방법의 차이점을 묻는 것일 수도, 개인상담과 차별되는 집단상담의 장점을 묻는 것일 수도, 그것도 아니면 집단상담의 치료적 요인 중 특히 집단상담에 주로 적용될 수 있는 요인을 묻는 것일 수도 있습니다. 그러나 사실 그와 같은 몇 가지 관점들도 내용상 공통되는 부분들이 있는데, 결국 집단상담이 가지는 치료적 요인 혹은 치료적 효과에 관한 것이라는 점입니다.

요컨대, '구승영 外, 《집단상담의 치료적 요인에 관한 집단원의 지각 차원》(상담학연구 Vol.20 No.1, 2019), 한국상담학회 刊'에서는 개인상담과의 비교 관점에서 집단상담의 치료적 요인에 대해 다음과 같이 진술하고 있습니다. 특히 해당 논문은 집단상담의 치료적 요인이 보다 대인관계적인 기제와 관련되어 있으며, 개인상담과 차별화되는 치료적 요인이 존재하고 있음을 강조하고 있습니다.

- 치료적 요인에 대한 경험적 연구들은 연구 초기에는 집단상담 과정에서 공통적으로 나타나는 치료적 요인을 살펴보는 연구가 대다수 이루어졌다면, 시간이 흐름에 따라서 특정한 집단의 유형이나 발달단계, 집단원에 따라서 치료적 요인이 달라지는지를 보다 세밀하게 파악하려는 방향으로 이루어지고 있다. '응집력', '카타르시스', '대인관계학습'과 같은 치료적 요인은 집단원들이 중요하게 인식하는 공통적인 치료적 요인으로 여겨져 왔으나 최근에는 집단원의 변화와 관련하여 가장 상관이 높은 치료적 요인으로 '카타르시스'나 '자기개방'이 언급되고 있다. (중략)
- 집단상담의 치료적 요인은 개인상담의 치료적 요인과 중복되면서도 차별되는 특성을 지니는데, Fuhriman과 Burlingame(1990)은 개인상담과 집단상담이 치료적 요인에 있어 어떠한 차이를 보이는지에 대하여 연구한 결과, 많은 치료적 요인이 두 상담 양식에 공통적으로 적용되는 것을 보고하였다. 그러나 집단상담에서만 나타나는 요인들도 있는 것으로 보고하였는데 '대리학습'이나 '역할유연성', '이타심', '초기가족의 교정적 재현', '대인관계학습'과 같은 치료적 요인은 집단상담에서 주로 나타나는 것으로 드러났다.

위의 논문에서도 얄롬(Yalom)이 제시한 집단의 치료적 요인이 널리 언급되고 있는데, 따라서 여기서는 얄롬이 제안한 요인들과 함께 위의 논문에 제시된 개인상담과 차별화되는 집단상담의 치료적 요인들을 참조하여 답안을 작성하였습니다.

알아두기

집단의 치료적 요인(Dinkmeyer)
- 집단은 인간행동의 본보기를 제공한다.
- 집단성원은 다른 참가자와 상담자에게서 받는 피드백으로부터 이익을 얻는다.
- 집단성원은 다른 참가자들과 도움을 주고받는다.
- 집단은 새로운 행동을 시도하고 현실을 검증할 기회를 제공한다.
- 집단 상황은 집단성원으로 하여금 자신의 삶을 변화시키는 행동을 하도록 격려한다.
- 집단 상호작용은 집단성원으로 하여금 자신이 가정과 직장에서 어떻게 기능하는지를 이해하고, 자신의 사회적 위치를 찾도록 돕는다.
- 집단은 집단성원이 소속의 욕구를 충족할 수 있는 방법으로 구조화되어 있다.

07 정신사회재활에서 재활계획을 위한 4단계를 쓰시오. [4점] [20년 기출]

고득점을 향한 심화해설

① 제1단계 – 재활목표의 설정
  전반적인 목표와 구체적인 목표를 장기목표(매달 혹은 1년)와 단기목표(매주 혹은 매일)로 나누어 세운다.
  예 만약 환자가 지금부터 1년 이내에 직업을 가지고 부모로부터 독립하는 것을 목표로 삼는다고 가정하자. 독립생활을 위해서는 개인위생기술, 예산수립기술, 약물관리기술, 주거지 보수 및 관리 기술 등이 필요하므로, 환자는 그 기술들의 전반적인 습득을 장기목표로 설정하고, 단기목표는 그것을 세분화하여 단기간 내에 우선적으로 필요한 두 가지 영역에서 진전을 이루는 것으로 설정할 수 있다.

② 제2단계 – 기술 및 자원의 우선순위 설정
  목표를 달성하기 위해 획득해야 할 여러 가지 기술과 자원들의 우선순위를 설정한다.
  예 환자가 대인관계의 개선을 목표로 설정하였다면, 대화기술보다는 개인위생을 유지하는 기술이 우선적으로 필요할 것이다.

③ 제3단계 – 목표 달성 기간의 설정
  목표를 달성하기 위해 소요되는 구체적인 기간을 설정한다.
  예 기간의 제한은 재활치료 팀과 환자 모두에게 기간 내에 증상이 호전되고 기능이 향상될 것이라는 기대감과 함께 그것이 실제 이루어졌을 때 보람과 만족감을 가져다 줄 수 있다.

④ 제4단계 – 목표 달성을 위한 협력 내용 및 치료방법의 결정
  목표 달성을 조력할 수 있는 연관 기관이나 지지모임과의 협력 내용, 치료와 자문에 관한 구체적인 방법 등을 결정한다.
  예 재활치료 팀은 치료와 자문을 책임질 사람을 정하는 등 구체적인 방법을 확인해야 한다. 예를 들어, 다른 연관 기관과의 협력은 보통 사례관리자나 사회사업가를 통해 이루어지는데, 그들은 환자의 목표, 욕구, 자원, 호전 정도 등을 추적하여 재활치료 팀에게 보고하게 된다.

전문가의 한마디
이 문제는 〈진단 및 기능적 평가 → 재활계획의 수립 → 개입〉으로 이어지는 정신재활(정신사회재활)의 절차 중 '재활계획의 수립'에 관한 세부적인 내용을 다루고 있습니다. 다시 말해, 임상적 평가와 기능적 평가를 통해 환자의 현재 상태에 대한 종합적인 평가가 이루어지면 이를 토대로 재활치료의 계획을 수립하게 되며, 그 구체적인 계획에 근거하여 치료적 개입을 하게 되는 것입니다.

08 벡(Beck)의 인지적 오류 3가지를 쓰고, 각각에 대해 설명하시오. 6점 07, 15, 18, 22, 23, 24년 기출

※ 2024년 1회 2번 기출문제와 동일 또는 매우 유사하므로, 해당 해설을 참조하세요. ☞ 교재 5p

09 인지치료에서는 내담자의 자동적 사고를 수정하기 위해 소크라테스식 질문법을 사용한다. 소크라테스식 질문법을 사용할 때의 유의사항을 6가지 기술하시오. 6점 13, 16, 19년 기출

고득점을 향한 심화해설

① 변화 가능성을 보여주는 질문을 한다.
　좋은 소크라테스식 질문은 종종 내담자에게 가능성을 열어 준다. 치료자는 내담자로 하여금 생각을 변화시키는 것이 어떻게 고통스러운 감정을 감소시키고 대처능력을 향상시키는지 볼 수 있도록 돕는 질문을 한다.

② 구체적인 성과를 얻을 수 있는 질문을 한다.
　치료자의 질문은 내담자의 완고하고 부적응적인 사고의 패턴을 깨고 내담자에게 합리적이고 생산적인 대안들을 보여줄 수 있을 때 효과적이다.

③ 내담자를 학습 과정에 참여하도록 이끄는 질문을 한다.
　소크라테스식 질문은 내담자로 하여금 '생각에 대해 생각하기(Thinking about Thinking)'에 익숙해지도록 돕는 것을 목표로 한다. 치료자의 질문은 내담자의 호기심을 자극하고 내담자 스스로 새로운 관점을 보도록 격려하는 것이어야 한다.

④ 내담자의 인지기능, 주의집중력 등을 고려하여 도움이 되는 수준의 질문을 한다.
　치료자는 내담자의 인지기능, 증상에 따른 고통, 주의집중력 등을 고려하여 내담자를 압도하거나 위협하지 않으면서도 충분한 도전을 제공하는 질문을 하는 것이 바람직하다.

⑤ 정해진 결론으로 이끄는 질문을 삼간다.
　소크라테스식 질문은 내담자의 유연하고 창의적인 사고능력을 향상시키기 위해 사용되어야 한다. 결코 치료자가 모든 해답을 알고서 내담자를 자신과 동일한 결론으로 이끌기 위해 사용해서는 안 된다.

⑥ 가급적 선다형의 질문을 사용하지 않는다.
　소크라테스식 질문은 개방형이므로 가급적 폐쇄형 질문은 삼가고 선다형 질문은 필요한 경우에 한하여 사용하도록 한다. 물론 그와 같은 질문이 효과적인 경우도 있으나 대부분의 소크라테스식 질문은 다양한 응답을 위한 여지를 남겨두어야 한다.

전문가의 한마디

이 문제는 출제자 혹은 채점자의 기준에 따라 혹은 문제에서 요구하는 내용이 구체적으로 무엇인가에 따라 서로 다른 답안이 도출될 수 있습니다. 즉, 소크라테스식 질문 자체에 초점을 두어 그 구체적인 제시방식과 관련된 유의사항을 묻는 것일 수도, 소크라테스식 질문의 전반적인 사용상 유의사항을 묻는 것일 수도 있다는 점입니다. 다만, 위의 해설은 문제상에서 6가지를 기술하도록 요구하고 있는 점에 착안하여, 'Wright, J. H. et al., 『인지행동치료』, 김정민 譯, 학지사 刊'에 제시된 6가지를 답안으로 작성하였습니다.

요컨대, 소크라테스식 질문은 의문문 형식의 문장 자체를 지칭한다기보다는 이른바 '소크라테스 방식(Socratic Method)', '소크라테스식 대화(Socratic Dialogue)' 또는 '소크라테스식 질문법 혹은 문답법(Socratic Questioning)'으로 불리는 기법 혹은 방법을 의미합니다. 소크라테스식 질문법(문답법)은 특히 인지치료에서 환자의 자동적 사고를 평가하기 위해 활용하는 기법으로서, 환자로 하여금 자신의 자동적 사고가 현실적으로 타당한가를 평가하고 좀 더 현실적인 생각을 가지도록 유도하는 방법입니다. 벡(Beck)이 내담자의 인지적 변화 촉진을 위한 질문방식을 지칭하기 위해 사용한 용어로서, 내담자에게 문제에 대한 해결책을 제시하거나 내담자의 지각 및 해석 내용을 직접 수정해 주기보다, 일련의 신중한 질문을 제시하여 내담자 스스로 자신의 생각을 평가하고 해결책을 얻도록 돕는 것을 근본적인 목표로 합니다.

알아두기 자동적 사고에 대한 소크라테스식 질문법 사용 시 유의사항(이정흠)

- 자동적 사고를 평가하는 것은 일종의 기술로서 반복된 연습과 지도가 필요하므로, 환자에게 이를 미리 알려주어 실망하지 않도록 한다.
- 환자의 자발적인 표현이 치료에 가장 효과적이므로, 치료자가 섣불리 답이라고 생각하는 것을 말해주지 않는다.
- 환자에게 좌절하지 않도록 미리 어려움을 예상해 주며, 실험으로서 과제를 제시해 준다.
- 자동적 사고를 찾는 데만 몰두하여 환자로 하여금 취조를 받는 듯한 느낌을 주어서는 안 되며, 환자의 어려움을 공감하고 그에 대해 관심어린 태도를 보여야 한다.
- 자동적 사고를 찾아내고는 그냥 넘어가서는 안 되며, 자동적 사고를 찾는 것의 의미와 그것의 유용성에 대해 다루어 주고 넘어가도록 한다.
- 앞선 치료 과정에서 다룬 내용은 물론 앞으로의 치료 과정에서 다루어질 내용에 대해 심사숙고하는 시간을 가지도록 한다.
- 과제는 할 수 있고 해야 하는 범위 내에서 최소한으로 줄이도록 하며, 그 결과에 대해 충분히 함께 검토하도록 한다.

10 얄롬(Yalom)이 제시한 실존주의 상담에서 인간의 궁극적 관심사 4가지를 쓰시오. [4점]

고득점을 향한 심화해설

① 죽음(Death)

죽음은 불안의 가장 기본적인 원천으로, 삶과 죽음, 존재와 비존재는 상호적이다. 이때 실존적 갈등은 죽음의 불가피성에 대한 자각과 삶을 지속하려는 소망 간의 갈등이다. 이러한 죽음의 불가피성과 삶의 유한성은 오히려 삶을 더욱 가치 있게 만들며, 죽음의 불안은 현재의 삶에 충실하도록 자극하는 역할을 한다.

② 자유(Freedom)

자유와 그에 대한 책임을 갖고 태어난 인간은 안정되고 구조화된 세상에 살지 않으므로 갈등을 경험하게 된다. 이때 실존적 갈등은 자유 및 근거 없음에 대한 자각과 안정된 근거 및 구조에 대한 소망 간의 갈등이다. 실존적 의미에서 자유는 인간이 스스로 선택하고, 자신의 삶에 대해 책임을 질 수 있는 존재임을 강조한다.

③ 고립 또는 소외(Isolation)

고립(소외)은 3가지 형태, 즉 '대인관계적 고립(Interpersonal Isolation)', '개인내적 고립(Intrapersonal Isolation)', '실존적 고립(Existential Isolation)'으로 구분된다. 특히 실존적 고립은 인간과 세계 간의 근본적인 분리를 의미하는 것으로, 인간은 자신의 실존적 고립에 대해 인정하고 직면함으로써 타인과 성숙한 관계를 맺을 수 있다.

④ 무의미성(Meaninglessness)

무의미성은 삶의 의미가 무엇인가 하는 질문에 대한 내적 갈등으로, 이때 실존적 갈등은 전혀 의미가 없는 세계에서 자신의 의미에 대한 욕구를 어떻게 발견할 것인가에서 비롯된다. 인간은 자신의 삶과 인생에서 끊임없이 어떤 의미를 추구하는 존재로, 삶은 예정된 각본이 없기에 개인 각자는 자신의 의미를 스스로 구축해야 한다.

전문가의 한마디 얄롬(Yalom)은 인간이 4가지 궁극적 관심사, 즉 '죽음', '자유', '고립(소외)', '무의미성'에 대한 자각으로 인해 갈등과 불안을 느낀다고 보고, 그와 같은 궁극적 관심사에 대한 이해와 수용이 문제해결에서 매우 중요하다고 강조하였습니다. 따라서 실존주의 상담에서 상담자는 궁극적 관심사에 대한 내담자의 자각이 어떻게 그의 심리적 문제와 연관되어 있는지를 파악하여 내담자를 조력하게 됩니다. 이와 관련하여 직업상담사 2급 1차 필기시험에 다음과 같은 문제가 출제된 바 있습니다.

Yalom이 제시한 실존주의 상담에서의 4가지 궁극적 관심사에 해당하지 않는 것은?

[직업 20년 1·2회 통합 기출]

① 죽음
② 자유
③ 고립
④ 공허

답 ④

알아두기 고립 또는 소외(Isolation)의 3가지 유형(Yalom)

대인관계적 고립 (Interpersonal Isolation)	일반적으로 '외로움'이라 불리는 것으로서, 타인과의 소원한 관계를 의미한다.
개인내적 고립 (Intrapersonal Isolation)	개인의 내면적 요소가 자아와 통합되지 못한 채 유리된 상태를 의미한다.
실존적 고립 (Existential Isolation)	개인이 아무리 노력해도 타인과 연결될 수 없는 간격 혹은 인간과 세계 간의 근본적인 분리를 의미한다.

11 심리검사의 신뢰도를 추정하는 방법을 3가지 쓰고, 각각에 대해 설명하시오. 6점 19년 기출

고득점을 향한 심화해설

① 검사-재검사 신뢰도(Test-retest Reliability)
  ㉠ 동일한 검사를 동일한 수검자에게 일정 시간 간격을 두고 두 번 실시하여 얻은 두 검사 점수의 상관계수에 의해 신뢰도를 추정하는 방법이다.
  ㉡ 가장 기초적인 신뢰도 추정방법으로서, 동일한 대상에 동일한 측정도구를 서로 상이한 시간에 두 번 측정한 다음 그 결과를 비교한다.
  ㉢ 검사 점수가 시간의 변화에 따라 얼마나 일관성이 있는지를 의미하므로, 시간에 따른 안정성을 나타내는 '안정성 계수(Coefficient of Stability)'라고도 부른다.
② 동형검사 신뢰도(Equivalent-form Reliability)
  ㉠ 동일한 수검자에게 첫 번째 시행한 검사와 동등한 유형의 검사를 실시하여 두 검사 점수 간의 상관계수에 의해 신뢰도를 추정하는 방법이다.
  ㉡ 새로 개발한 검사와 여러 면에서 거의 동일한 검사를 하나 더 개발해서 두 검사 점수 간의 상관계수를 구한다.
  ㉢ 상관계수가 두 검사의 동등성 정도를 나타낸다는 점에서 '동등성(동형성) 계수(Coefficient of Equivalence)'라고도 부른다.
③ 반분신뢰도(Split-half Reliability)
  ㉠ 전체 문항 수를 반으로 나눈 다음 상관계수를 이용하여 두 부분이 모두 같은 개념을 측정하는지 일치성 또는 동질성 정도를 비교하는 방법이다.
  ㉡ 검사를 한 번 실시한 후 이를 적절한 방법에 의해 두 부분의 점수로 분할하여 그 각각을 독립된 두 개의 척도로 사용함으로써 신뢰도를 추정한다.
  ㉢ 둘로 구분된 문항들의 내용이 얼마나 일관성이 있는가를 측정한다는 점에서 '내적합치도 계수(Coefficient of Internal Consistency)'라고도 부른다.

전문가의 한마디 심리검사의 신뢰도 추정방법에 관한 문제는 임상심리사 1차 필기시험에 빈번히 등장하는 문제이기도 합니다. 복습 차원에서 다음의 문제들을 풀어보시기 바랍니다.

동일한 검사를 동일한 집단에 1주일 또는 1개월의 간격을 두고 다시 실시하여 전후 검사 결과를 상관계수로 계산하는 신뢰도는? [16년 기출]

① 동형검사 신뢰도
② 검사-재검사 신뢰도
③ 반분신뢰도
④ 문항내적합치도

답 ②

동일한 사람에게 첫 번째 시행한 검사와 측정영역, 문항 수, 난이도가 같은 검사로 두 번째 검사를 실시해서 두 검사 점수 간의 상관으로 신뢰도를 추정하는 방법은? [17년 기출]

① 반분신뢰도
② 내적합치도
③ 동형검사 신뢰도
④ 검사-재검사 신뢰도

답 ③

알아두기 검사-재검사를 통해 신뢰도를 추정할 경우 충족되어야 할 조건

- 첫째, 측정내용 자체는 일정 시간이 경과하더라도 변하지 않는다고 가정할 수 있어야 한다.
- 둘째, 동일한 수검자에게 검사를 두 번 실시하지만, 처음 받은 검사 경험이 이후에 받은 검사의 점수에 영향을 미치지 않는다는 확신이 있어야 한다.
- 셋째, 검사와 재검사 사이의 어떤 학습활동이 두 번째 검사의 점수에 영향을 미치지 않는다고 가정할 수 있어야 한다.

12 다음 보기의 사례를 읽고 물음에 답하시오. [6점] [11, 13, 20년 기출]

> 한 임상심리학자는 최근 자신이 개발한 사회공포증 치료법의 효과성 여부를 검증하기 위한 실험을 실시하였다. 사회공포증이 의심되는 20명의 인원을 대상으로 5회기에 걸쳐 치료를 시행한 후 그 변화를 살펴보았다. 치료 효과를 검증하기 위한 방법으로 치료 시작 전과 치료 종료 후 실험대상자들에게 자신의 증상에 대한 심각성 수준을 7점 척도상에 평정하도록 하였다. 임상심리학자는 치료 종료 후 실험대상자들에 의한 척도상의 평정점수가 유의미하게 낮게 나왔다는 사실을 토대로 자신의 치료법이 효과가 있다고 주장하였다.

보기의 임상심리학자가 수행한 실험에서 절차상의 문제점과 이를 해결하기 위한 대안을 3가지 제시하시오.

고득점을 향한 심화해설

① 집단 설정 과정 및 표본의 대표성 문제

임상심리학자는 사회공포증이 의심되는 20명을 실험대상자로 선정하였다. 그러나 비교적 소수의 인원으로 실험을 하는 만큼 통계적 검증력이 결여될 수밖에 없다. 더욱이 실험대상자들의 연령이나 성별, 증상의 심각성 정도 및 주 호소 불안의 유형(예 발표불안, 대인불안 등)에 대한 구체적인 기준도 없이 막연히 사회공포증 의심자들을 실험대상자로 선정함으로써 실험 결과를 일반화하는 데 한계를 나타내 보인다.

> **해결 대안 – 모집단에 대한 상세한 기술 및 표본 선발의 구체적 기준 마련**
> 임상심리학자는 집단 설정 과정에서 표본의 크기 및 표본의 대표성에 문제가 없는지 확인해야 한다. 동일한 주제에 대해 서로 다른 연구자들이 시행한 두 개 이상의 집단설계 연구로서 집단당 30명 이상을 대상으로 적절한 통계적 검증력을 가진 치료방법과 동등한 효능을 보인다면 이를 잘 확립된 치료(Well-established Treatments)로 볼 수 있다.

② 통제집단의 결여

보기의 사례에서는 임상심리학자가 사회공포증이 의심되는 사람들을 대상자로 선정하면서 이들을 실험집단과 통제집단으로 나누지 않은 것으로 보인다. 요컨대, 실험설계는 기본적으로 실험집단, 통제집단, 자극의 3요소로 이루어진다. 집단을 실험집단과 통제집단으로 나누는 것은 보다 정확한 인과관계의 추리를 위한 것이므로 반드시 필요한 과정이라고 할 수 있다.

> **해결 대안 – 실험집단과 통제집단의 무작위할당 및 각 집단에 대한 적절한 통제**
>
> 임상심리학자는 집단을 실험집단과 통제집단으로 나누고 가급적 둘 이상의 연구에서 실험집단이 대기자 통제집단보다 우수한 효능을 보이는지를 검증해야 한다. 다만, 실험대상자들을 두 집단으로 구분할 때 이들을 무작위로 배치함으로써 두 집단을 동질적으로 구성하며, 실험 과정에서 두 집단에 대한 적절한 통제가 이루어지도록 주의해야 한다.

③ 조사반응성(반응효과)과 위약효과(가실험효과)

실험대상자들은 제한된 실험 환경에서 자신이 연구자나 다른 실험대상자들의 관찰 대상이 된다는 사실을 인식함으로써 평소 자신의 모습과 다르게 반응할 수 있다. 이때 문제시되는 것이 조사반응성과 위약효과이다.

> **해결 대안 – 다른 독립적인 연구자에 의한 연구와의 치료 효과에 대한 반복 검증**
>
> 임상심리학자는 연구 결과가 제한된 연구 환경을 벗어나 보다 현실적이면서 다양한 환경에서도 적용될 수 있는지 검토해야 한다. 특히 서로 다른 연구자들이 시행한 두 개 이상의 집단 설계 연구로서 위약 혹은 다른 치료에 비해 우수한 효능을 보이는지 충분히 검토해야 한다.

④ 비교 및 검증 과정의 결여

실험설계는 사전·사후 검사 결과 변수 간 의미 있는 변화를 비교·검토하는 과정이 요구된다. 실험 결과에 따른 치료적 효과는 단순히 자기보고식 평정척도만으로 검증될 수 있는 것이 아니다.

> **해결 대안 – 검사 결과 변수 간 비교·검토, 치료 효과의 임상적 유의성을 고려한 종합적 판단**
>
> 임상심리학자는 객관적 관찰자로서의 진단, 실험 과정상 포착된 실험대상자의 생리적·행동적 반응의 변화, 치료적 효과의 임상적 유의성에 대한 판단 등을 종합적으로 고려하여 치료법의 효과성 여부를 판단해야 한다. 해당 치료법에 관한 연구가 엄정한 실험설계를 거치고 다른 치료와 비교하여 우수한 효능을 보인다면 이를 잘 확립된 치료로 볼 수 있다.

전문가의 한마디

이 문제는 명확한 정답이 있는 것이 아니므로 다양한 답안이 도출될 수 있습니다. 다만, 위의 해설은 실험연구설계에 관한 이론과 함께 최근 대두되고 있는 근거기반 심리평가(EBA ; Evidence-Based Assessment)에 기초하여 근거기반치료의 3단계 기준에 해당하는 근거기반이 강한(Strong) 치료[→ 잘 확립된 치료(Well-established Treatments)], 어느 정도인(Modest) 치료[→ 효과가 있음직한 치료(Probably Efficacious Treatments)], 그리고 논쟁의 여지가 있는(Controversial) 치료[→ 실험적인 치료(Experimental Treatments)]를 효과성 판단의 기준으로 설정하여 답안을 작성하였습니다. 이와 관련하여 1차 필기시험에서 다음과 같은 문제가 출제된 바 있습니다.

> 치료 매뉴얼을 바탕으로 하며 내담자의 특성이 명확하게 기술된 대상에게 경험적으로 타당화된 치료를 실시할 때 증거가 잘 확립된 치료에 대한 기준에 해당하지 않는 것은? [20년 기출]
> ① 서로 다른 연구자들이 시행한 두 개 이상의 집단설계 연구로서 위약 혹은 다른 치료에 비해 우수한 효능을 보이는 경우
> ② 두 개 이상의 연구가 대기자들과 비교해 더 우수한 효능을 보이는 경우
> ③ 많은 일련의 단일사례 설계연구로서 엄정한 실험설계 및 다른 치료와 비교하여 우수한 효능을 보이는 경우
> ④ 서로 다른 연구자들이 시행한 두 개 이상의 집단설계 연구로서 이미 적절한 통계적 검증력(집단당 30명 이상)을 가진 치료와 동등한 효능을 보이는 경우
>
> 답 ②

13 다음 보기는 검사결과 해석의 과정에 대한 설명이다. 이를 순서대로 올바르게 나열하시오.

2점

> ㄱ. 점수가 의미하는 것에 유의하여 결과를 내담자에게 실제로 전달한다.
> ㄴ. 내담자가 검사결과 해석을 듣고 이를 받아들일 수 있도록 준비시킨다.
> ㄷ. 내담자가 검사결과가 나타내는 의미를 충분히 이해하고 있는지 숙고하여 해석을 준비한다.
> ㄹ. 내담자가 검사결과를 어떻게 이해했는지 확인한다.

고득점을 향한 심화해설

순서 : ㄷ - ㄴ - ㄱ - ㄹ

① 제1단계 – 해석 준비하기

상담자는 내담자가 검사 자체의 의도와 함께 그 결과가 나타내는 의미를 충분히 이해하고 있는지 숙고한다. 또한 검사결과가 교육수준, 가정환경 등 내담자 정보와 함께 통합적인 해석이 이루어진다는 사실을 내담자가 명확히 알고 있는지 숙고한다.

② 제2단계 – 내담자 준비시키기

상담자는 내담자로 하여금 검사결과 해석을 듣고 이를 받아들일 수 있도록 준비시킨다. 이 경우 상담자는 검사결과를 제시하기 전에 먼저 내담자에게 검사의 목적을 다시 한 번 상기시키며, 검사 과정에서의 느낀 점이나 예상되는 결과를 이야기해 보도록 요구할 수 있다.

③ 제3단계 – 정보(결과) 전달하기

상담자는 검사결과 및 그와 관련된 정보들을 내담자에게 실제로 전달한다. 이때 단순히 검사 점수만을 이야기하는 것이 아닌 측정오차 등의 문제를 쉬운 용어로써 설명해 주며, 점수 자체보다는 그것이 의미하는 바가 더욱 중요하다는 사실을 인식시킨다. 또한 내담자가 솔직하게 반응하도록 격려하며, 내담자가 의미 있는 결과를 잘 수용할 수 있도록 가급적 긍정적인 말로 전달한다.

④ 제4단계 – 추후활동

상담자는 상담결과에 대해 내담자와 이야기를 나누면서 내담자가 그것을 어떻게 이해했는지 확인한다. 또한 검사결과를 통해 알게 된 내용들을 비롯하여 관련 자료들을 내담자가 잘 통합할 수 있도록 돕는다.

전문가의 한마디

이 문제는 틴슬리와 브래들리(Tinsley & Bradley)가 제시한 검사결과 해석의 4단계에 관한 것입니다. 검사결과는 내담자를 혼란스럽고 당황스럽게 만들며, 때로는 내담자에게 마력적으로 작용할 수 있습니다. 따라서 검사결과 해석에 있어서 상담자의 세심하고 주의 깊은 접근이 필요한 것입니다.

요컨대, 틴슬리와 브래들리는 검사결과 해석과 관련하여 이해와 통합의 원리를 제안하였는데, 이는 규준을 참조하여 검사 점수의 의미를 충분히 '이해'한 다음, 그것을 이전에 수집한 내담자에 관한 다른 정보들과 유의미하게 '통합'하여 역동적인 관점에서 결과를 전달하는 것을 말합니다. 틴슬리와 브래들리의 이해와 통합의 원리는 '검사결과 검토의 2단계'로 불리기도 하는데, 이는 '검사결과 해석의 4단계'와는 다르므로, 이 점 혼동 없으시기 바랍니다.

알아두기 검사결과 검토의 2단계(Tinsley & Bradley)

이해 (제1단계)	• 이 점수가 내담자에게 어떤 의미가 있는지를 파악하는 단계로, 규준을 참조하여 검사 점수의 의미를 충분히 이해한다. • 상담자는 내담자와의 이전 면담에서 얻은 정보를 토대로 검사결과를 검토할 수 있으며, 해석을 실시하는 회기에서 논의될 의미에 대해 생각이나 가설을 발전시킬 수 있다.
통합 (제2단계)	• 검사해석을 준비하는 단계로, 이해를 통해 얻어진 정보들을 이전에 수집한 내담자에 대한 개인적·상황적 정보들(예 내담자의 자기진술, 가족배경, 이전 직업경험 등)과 통합한다. • 상담자는 우선적으로 자료의 일관성을 확정지어야 한다. 자료의 일관성이 명백한 경우 검사상의 기술적 오차를 점검하며, 오차가 없다면 내담자와 함께 검사 점수와 다른 자료와의 불일치성에 대한 가설을 발전시켜야 한다.

14 K-WISC-IV의 지표 3가지를 쓰고, 각 지표별 소검사를 1개씩 쓰시오. 6점 17, 24년 기출

고득점을 향한 심화해설

※ 2024년 1회 11번 기출문제와 동일 또는 매우 유사하므로, 해당 해설을 참조하세요. ☞ 교재 23p

전문가의 한마디 이 문제는 K-WISC-IV(한국판 웩슬러 아동용 지능검사 제4판)의 척도별 구성에 관한 것으로, 다음과 같이 변형된 형태로도 출제되고 있습니다.
- 2024년 1회 11번 : "K-WISC-IV의 4가지 지표점수를 쓰시오."
- 2017년 1회 12번 : "K-WISC-IV의 4가지 지표와 각 지표별 소검사를 1개씩 쓰시오."
- 2015년 3회 9번 : "K-WISC-IV의 척도별 구성 중 언어이해, 지각추론, 처리속도에 각각 포함되는 핵심 소검사 항목을 모두 쓰시오."

15. MMPI-2에서 ? 척도의 상승을 야기할 수 있는 이유를 5가지 쓰시오.

심화해설

① 수검자가 강박성으로 인해 문항 내용에 대한 정확한 응답에 과도하게 집착하는 경우
② 수검자가 정신적 부주의나 혼란으로 인해 문항을 빠뜨리는 경우
③ 수검자가 방어적인 태도로 자신을 드러내는 것에 대해 거부감을 느끼거나 검사 및 검사자에 대해 불신하는 경우
④ 수검자가 검사자에게 비협조적이고 반항적인 태도를 보이는 경우
⑤ 수검자가 극도의 불안이나 우울증상을 보이는 경우

전문가의 한마디

? 척도(무응답 척도, Cannot Say)는 응답하지 않은 문항 또는 '그렇다', '아니다' 모두에 응답한 문항들의 총합으로서, 내담자의 심각한 정신병리로 인한 반응상의 어려움, 검사 및 검사자에 대한 비협조적 태도, 개인적 정보노출에 대한 방어적 태도 등을 측정합니다. 일반적으로 ? 척도의 원점수가 10 이하일 경우 정상 범위에 해당하는 반면, 원점수가 30 이상일 경우 프로파일이 무효일 가능성이 높습니다.

알아두기

빠뜨린 문항의 원인(? 척도의 상승 이유) 및 대처방법
• 수검자가 강박성으로 인해 문항 내용에 대한 정확한 응답에 과도하게 집착하는 경우
  ☞ 검사자는 문항에 정답이 있는 것이 아니며, 문항이 요구하는 응답이 대략적인 것임을 강조한다.
• 수검자가 정신적 부주의나 혼란으로 인해 문항을 빠뜨리는 경우
  ☞ 검사자는 수검자가 충분한 시간과 여유를 가지고 모든 문항을 주의 깊게 살펴보도록 요구한다.
• 수검자가 방어적인 태도로 자신을 드러내는 것에 대해 거부감을 느끼거나 검사 및 검사자에 대해 불신하는 경우
  ☞ 검사자는 척도점수가 중요한 것이지 각 문항의 개별적인 응답 내용이 중요한 것이 아니라는 점을 강조하며, 검사 결과에 대해 비밀이 유지될 것임을 확신시킨다.
• 수검자가 검사자에게 비협조적이고 반항적인 태도를 보이는 경우
  ☞ 이 경우 검사를 실시하지 않는 것이 바람직하다. 다만, 검사자는 수검자와 면담을 통해 충분히 라포(Rapport)를 형성한 후 검사를 재시도할 수 있다.
• 수검자가 극도의 불안이나 우울증상을 보이는 경우
  ☞ 이 경우 검사를 실시하지 않는 것이 바람직하다. 다만, 검사자는 수검자의 불안이나 우울증상이 경감된 후 검사를 시행할 수 있다.

16

MMPI-2 2개 척도에 대한 분석에서 6-8/8-6 유형의 일반적인 특징 5가지와 가능성 있는 장애 진단명 2가지를 쓰시오. [7점] [07, 10, 16년 기출]

(1) 6-8/8-6 유형의 일반적인 특징 5가지

고득점을 향한 심화해설

① 자신감과 자존감이 부족하며, 실패로 생각되는 것에 대한 열등감과 죄책감을 느낀다.
② 타인에 대해 적대감과 의심, 과민한 반응과 변덕스러운 태도를 보이는 등 타인과의 관계에서 불안정하다.
③ 현실을 인지하는 능력을 상실하여 자폐적이고 분열적인 환상에 빠지기도 하며, 성적인 문제에 대해 갈등을 나타낸다.
④ 심한 스트레스를 받는 경우 감정이 둔화되고 부적절한 양상을 보이며, 우울증상을 나타내기도 한다.
⑤ 피해망상, 과대망상, 환청 등으로 작은 고통에도 괴로워한다.

(2) 가능성 있는 장애 진단명

고득점을 향한 심화해설

① 조현병(Schizophrenia) / 편집형 정신분열증(Paranoid Schizophrenia)
② 조현성(분열성) 성격장애(Schizoid Personality Disorder) 혹은 편집성 성격장애(Paranoid Personality Disorder)

전문가의 한마디

이 문제는 2007년부터 출제된 문제로, 최신 경향에 맞게 원판 MMPI 대신 MMPI-2로 문제를 약간 변형한 것입니다. 이와 같이 임상심리사 시험에서는 기존 기출문제를 다시 출제하는 과정에서 기존 내용 그대로 혹은 이를 약간 변형하여 출제하는 경우를 종종 볼 수 있습니다. 여기서 중요한 것은 출제자가 과연 명확한 의도를 가지고 문제를 변형한 것인지 아니면 단순히 형식적으로 변형한 것인지 정확히 알 수 없으며, 그로 인해 과연 기존 문제에 대해 기존의 정답을 적용하여 채점이 이루어질 것인지 아니면 기존 문제에 대해 변경된 사항을 적용하여 채점이 이루어질 것인지 불분명하다는 것입니다.

요컨대, MMPI는 구판에 해당하므로, 출제자가 MMPI의 MMPI-2로의 개정 시기를 고려했느냐 혹은 그렇지 않느냐에 따라 DSM-IV 기준으로 채점이 이루어질 수도 혹은 개정판인 DSM-5 기준으로 채점이 이루어질 수도 있습니다. 만약 DSM-IV 기준으로 진단명을 제시할 경우 '편집형 정신분열증'으로, DSM-5 기준으로 진단명을 제시할 경우 '조현병(정신분열증)'으로 답안을 작성하는 것이 바람직합니다. 그 이유는 DSM-IV 기준에서 정신분열증의 하위 유형, 즉 '망상형 또는 편집형(Paranoid Type)', '해체형 또는 혼란형(Disorganized Type)', '긴장형(Catatonic Type)', '감별불능형 또는 미분화형(Undifferentiated Type)', '잔류형(Residual Type)'으로의 분류가 DSM-5에서는 폐지되었기 때문입니다. 다만, 문제상에서 진단명을 DSM-IV 기준 혹은 DSM-5 기준으로 작성하라는 별도의 지시가 없으므로, 상승척도쌍 6-8/8-6 유형의 주된 임상 특징으로서 편집증적 경향성을 반영하여 답안을 제시해도 무방할 것으로 보입니다.

참고로 MMPI(혹은 MMPI-2) 상승척도쌍 6-8/8-6 유형의 특징은 위에 제시한 것 이외에도 다양하게 나타날 수 있습니다. 다만, MMPI(혹은 MMPI-2)에서 척도 6 Pa(Paranoia)은 편집증, 척도 8 Sc(Schizophrenia)은 조현병(정신분열증)을 검출하기 위한 것이므로, '편집증'과 '조현성(분열성)'을 답안에 반영하는 것이 중요합니다.

17 사회성숙도 검사(Social Maturity Scale)에서 아동의 발달을 측정하기 위해 이용하는 영역을 4가지 쓰시오.

※ 2024년 1회 17번 기출문제와 동일 또는 매우 유사하므로, 해당 해설을 참조하세요. ☞ 교재 35p

18 놀이치료에서 놀이는 치료적 가치가 있다. 놀이의 치료적 가치를 5가지 쓰시오.

※ 2022년 1회 11번 기출문제와 동일 또는 매우 유사하므로, 해당 해설을 참조하세요. ☞ 교재 214p

19 다음 보기의 사례를 읽고 물음에 답하시오.　　　　　　　　　　　　　　　　　　6점

> 올해 15세로 중학교 3학년인 A군은 평소 학교 친구들과 어울리지 못하며, 거의 매일 아침 등교 시간마다 학교가기를 거부하고 있다. A군은 학교에서 아이들이 자신과 놀아주기는커녕 괴롭히고 따돌린다면서, 학교에 가는 것이 죽고 싶을 만큼 싫다고 불평을 늘어놓았다. A군은 또래 아이들에 비해 골격이 크고 당당한 체구이며, 어려서부터 태권도를 좋아하여 현재까지 도장에 다니고 있다. 그러나 A군은 중학교에 진학한 이후 성적이 최하위권으로 떨어졌으며, 현재 A군의 담임선생님은 최근 실시한 집단지능검사의 결과와 함께 A군의 일반계 고등학교 진학이 어렵다는 이야기를 A군의 어머니에게 알려주었다고 한다. A군의 어머니는 자신의 아들이 담임선생님의 이야기처럼 고등학교 진학이 어려울 만큼 심각한 상태인지, A군이 학교생활에 적응하지 못하는 것을 어떻게 해결할 수 있을지, 앞으로 A군을 어떠한 방식으로 훈육해야 할 것인지 등의 문제를 호소하고 있다. 심리평가를 위해 A군과 A군의 어머니가 내원했을 때, A군은 무표정한 얼굴에 약간 어눌한 말투를 보였으며, 발음도 부정확했다. 또한 대답하는 것을 귀찮아하는 듯 매우 짧은 답변으로 일관했으며, 자신의 문제들을 쉽게 포기하려는 모습을 보였다.

위의 사례에 제시된 내담자 A군이 또래에게 따돌림을 당하고 있다면, 초기 호소증상 외에 사고, 정서, 행동의 측면에서 어떤 양상이 나타날 수 있는지를 각각 2가지씩 쓰시오.

(1) 사 고

고득점을 향한
심화해설

① 자폐적·경직적·비현실적이며, 자기패배적·피해망상적 사고 패턴이 많다.
② 공상이나 환상 또는 자기만의 세계에 몰입하는 경향이 있다.

(2) 정 서

> **고득점을 향한 심화해설**

① 분노, 불안, 우울, 외로움 등 부정적인 정서에 사로잡힌다.
② 무력감, 열등감, 낮은 자긍심을 가지고 있다.

(3) 행 동

> **고득점을 향한 심화해설**

① 자기표현능력이 부족하다.
② 회피적인 행동이나 상황에 맞지 않는 행동을 한다.

전문가의 한마디
이 문제는 2012년(9번) 및 2021년 3회(10번) 실기시험 문제와 매우 유사한 것처럼 보이나, 전혀 다른 문제에 해당합니다. 문제상에서 사고, 정서, 행동의 측면이 강조되고 있다는 점에서 이전 문제들과 마찬가지로 인지·정서·행동적 치료(REBT)에 관한 문제로 오인할 수 있으나, 사실 이 문제는 청소년 집단따돌림(왕따)에 관련된 문제입니다. 이와 같이 임상심리사 시험에서는 동일한 사례를 이용하여 전혀 다른 성질의 문제를 출제하기도 한다는 점을 염두에 두시기 바랍니다.
참고로 청소년 집단따돌림에서 피해청소년의 심리·사회적 특성을 다루는 연구들은 많이 있으나, 여기서는 그와 같은 문제를 '사고의 측면', '정서적 측면', '행동적 측면'으로 구분하고 있는 '이규미 外, 《상담사례를 통해서 본 "왕따"현상》(서울청소년상담연구Ⅲ, 1998), 서울특별시청소년종합상담실 刊'을 참조하여 답안을 작성하였습니다.

알아두기
집단따돌림 피해청소년의 공통적인 특성
- 첫째, 부정적 정서를 가지고 있다.
  따돌림 피해자들은 또래에 대해 신뢰감을 갖지 못하며, 또래의 따돌림에 기인한 분노, 불안, 우울, 외로움 등 다양한 부정적 정서를 가지고 있다.
- 둘째, 자기인식이 결여되어 있다.
  대부분의 청소년들은 피해자들이 따돌림 당할만한 원인을 제공한다고 지각하지만, 정작 따돌림 피해자들은 자신이 따돌림 당하는 이유에 대해 인식하지 못한다.
- 셋째, 사회적 기술이 부족하다.
  따돌림 피해자들은 기본적으로 대인관계기술이나 의사소통기술과 같은 사회적 기술이 부족하다.

20 최근 인터넷 중독이 사회적인 관심으로 대두되고 있다. 인터넷 중독이 의심되는 내담자로 하여금 인터넷 중독에서 벗어날 수 있도록 일반적으로 추천하는 방법을 4가지만 쓰시오.

4점 | 17, 20년 기출

고득점을 향한 심화해설

① **반대로 실행하기(Practice the Opposite)**
현재 인터넷 사용 습관이나 패턴에 대해 정확한 정보를 파악한 다음 내담자와 함께 새로운 스케줄을 짜는 방법이다. 이는 내담자의 컴퓨터 사용 패턴을 고치기 위해 평소의 패턴을 흩트려 놓고 새로운 사용시간 패턴에 적응하도록 하는 데 목표를 둔다.
  예 내담자가 평소 집에 돌아오자마자 바로 컴퓨터 앞에 앉아 인터넷이나 게임을 하는 습관을 가지고 있다면, 새로운 스케줄에는 과제를 먼저 하고 저녁식사를 한 다음 컴퓨터를 사용하도록 시간을 조정한다.

② **외적 중지자 활용하기(Use External Stoppers)**
내담자로 하여금 스스로 컴퓨터 사용을 제한할 수 있도록 해야 할 일이나 반드시 가야 할 장소 등의 외적 중지자를 이용하는 방법이다.
  예 어떤 내담자가 매일 정해진 시간에 학원에 가야 할 경우, 그 한 시간 전에 컴퓨터를 사용하도록 함으로써 사용시간에 외적인 제한을 둘 수 있다.

③ **컴퓨터 사용시간에 대한 구체적인 목표 세우기(Set Goals)**
컴퓨터 사용시간을 통제하기 위해 합리적인 목표를 설정하여 구조적인 계획을 세우도록 하는 방법이다.
  예 현재 일주일에 40시간을 사용할 경우 20시간으로 조정하고, 이를 특정 시간대로 배분하여 달력이나 다이어리의 주별 계획표에 적어 넣는다. 이와 같은 방법은 내담자로 하여금 스스로 컴퓨터 사용을 통제해 나간다는 자신감을 경험할 수 있는 기회를 제공한다.

④ **특정 응용프로그램의 사용 금지(Abstain from a Particular Application)**
내담자에게 가장 문제가 되는 특정 응용프로그램이 무엇인지 파악하여 해당 프로그램의 사용을 금지시키는 방법이다.
  예 내담자가 채팅 프로그램에 중독적인 성향을 보이는 경우, 채팅 프로그램의 사용을 금지시키는 대신 이메일 등을 활용하도록 한다.

⑤ 득과 실을 상기시키는 카드를 활용하기(Use Reminder Cards)

컴퓨터 중독으로 야기되는 문제 5가지와 함께 컴퓨터 사용시간을 줄이거나 특정 응용프로그램의 사용을 절제함으로써 얻게 되는 이점 5가지를 목록화하여 이를 카드로 작성하도록 하는 방법이다.

예 내담자가 다른 생산적인 활동 대신 컴퓨터를 사용하고 싶은 충동을 느끼게 될 때 해당 카드를 꺼내 보도록 함으로써, 컴퓨터 과다사용에 따른 문제와 이를 조절하여 얻는 이점을 되새겨 보도록 한다.

⑥ 그동안 소홀히 한 활동에 대한 목록 만들기(Develop a Personal Inventory)

내담자로 하여금 그동안 인터넷이나 컴퓨터게임에 몰두하느라 시간을 줄이거나 혹은 아예 무시한 활동들을 하나하나 적어서 이를 목록으로 만들도록 하는 방법이다.

예 목록에 적힌 각 활동들에 대해 '매우 중요', '중요', '그다지 중요하지 않음'의 등급을 매겨 중요성을 평가하도록 함으로써 컴퓨터 중독 이전의 삶이 어떠했는지를 되돌아보도록 하는 한편, 가족관계 및 친구관계, 학교공부, 취미생활 등에서 어떤 즐거움이나 만족감을 느꼈는지를 떠올려보도록 한다.

전문가의 한마디

인터넷 중독에서 벗어나도록 하는 방법에 관한 문제는 2003년, 2006년, 2010년 2차 실기시험에 출제된 바 있으나, 이 문제는 앞선 문제와 달리 청소년 내담자로 그 대상을 국한하고 있지 않음을 유념해야 합니다. 즉, 이 문제는 과년도 기출문제와 유사하나 동일한 문제가 아니므로, 출제자가 동일한 정답을 염두에 두고 문제를 출제한 것으로 보기 어렵습니다. 이와 관련하여 2010년 15번 문제 해설을 살펴보시기 바랍니다.

사실 인터넷 중독의 예방 및 치료 방법은 학자·교재마다 다양하게 제시되고 있습니다. 물론 인터넷 중독의 예방 및 치료를 위한 지침이나 그 구체적인 방법이 내용상 큰 차이를 보이는 것은 아니므로 보다 간략한 지침을 답안으로 제시할 수도 있겠으나, 여기서는 인터넷 중독에 관한 연구로 유명한 영(Young)이 제시한 구체적인 치료전략을 토대로 답안을 작성하였습니다. 이와 같이 인터넷 중독의 예방 및 치료 방법에 대해서는 서로 다른 방식으로 문제가 출제될 수 있고, 그에 대한 답안 또한 다양하게 제시될 수 있으므로, 무조건적인 암기보다는 이해가 필요합니다.

알아두기 인터넷 중독 예방 지침(출처 : 한국지능정보사회진흥원)
- 특별한 목적 없이 컴퓨터를 켜지 않는다.
- 컴퓨터 사용시간을 가족들과 협의하여 결정한다.
- 컴퓨터 사용시간과 내용을 사용일지에 기록하는 습관을 들인다.
- 컴퓨터 옆에 알람시계를 두어 사용시간을 수시로 확인한다.
- 인터넷 사용 이외에 운동이나 취미활동 시간을 늘린다.
- 인터넷 때문에 식사나 취침시간을 어기지 않는다.
- 스스로 인터넷 사용조절이 어려울 경우, 시간관리 소프트웨어를 설치한다.

교육은 우리 자신의 무지를 점차 발견해 가는 과정이다.

- 윌 듀란트 -

2021년

임상심리사 2급

제1회 기출(복원)문제 및 해설

제3회 기출(복원)문제 및 해설

합격의 공식 시대에듀

인생이란 결코 공평하지 않다.
이 사실에 익숙해져라.

— 빌 게이츠 —

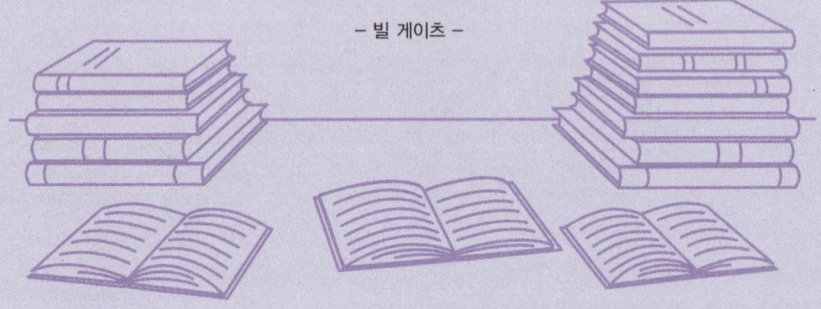

끝까지 책임진다! 시대에듀!

QR코드를 통해 도서 출간 이후 발견된 오류나 개정법령, 변경된 시험 정보, 최신기출문제, 도서 업데이트 자료 등이 있는지 확인해 보세요! **시대에듀 합격 스마트 앱**을 통해서도 알려 드리고 있으니 구글 플레이나 앱 스토어에서 다운받아 사용하세요. 또한, 파본 도서인 경우에는 구입하신 곳에서 교환해 드립니다.

제1회 기출(복원)문제 및 해설

2021

기출이 답이다 임상심리사 2급 2차 실기합격

※ 임상심리사 2급 실기시험은 기출 미공개 시험으로, 본 교재는 기출 키워드를 분석하여 복원한 문제를 수록하였습니다. 실제문제와 차이가 있을 수 있으므로 참고하시기 바랍니다.

01 상담자가 상담 시 내담자와의 관계에 대해 알고 있어야 할 윤리문제에 대한 기본원칙을 쓰고, 행동지침을 5가지 기술하시오. 7점 06, 12, 17, 20년 기출

(1) 기본원칙

고득점을 향한 심화해설

상담자는 내담자의 권리 및 상담자 자신의 상담에 대한 윤리관의 중요성을 충분히 인식하고 있어야 하며, 어떤 경우에도 내담자의 인간으로서의 가치는 존중받고 보호되어야 한다.

(2) 행동지침

고득점을 향한 심화해설

① 상담자는 자신이 어떠한 개인적 욕구를 가지고 있으며, 자신의 그와 같은 욕구가 내담자에게 어떠한 영향을 미치는지를 명확히 자각하고 있어야 한다.
② 상담자는 내담자의 복지에 대한 책임이 있으며, 내담자를 자신의 욕구충족을 위해 이용해서는 안 된다.
③ 상담자는 치료적 관계를 명백히 해칠 수 있는 내담자와의 어떠한 다른 관계(예 금전적 관계, 성적 관계 등)를 가져서는 안 된다.

④ 상담자는 내담자의 비밀을 보장해야 하며, 상담관계에 부정적인 영향을 미칠 수 있는 다른 문제들에 대해 알려 줄 책임이 있다.
⑤ 상담자는 자신의 태도, 가치관 등을 자각하고 있어야 하며, 그것이 상담관계 및 내담자에게 어떠한 영향을 미치는지를 인식하고 있어야 한다.
⑥ 상담자는 상담의 목표, 절차 등을 비롯하여 상담관계를 시작함으로써 내담자에게 닥칠지도 모르는 위험, 상담 결정을 내리기 전에 고려해야 할 요인들에 대해 미리 내담자에게 알려 주어야 한다.
⑦ 상담자는 자신이 제공할 수 있는 전문적인 도움의 한계를 명확히 알고 있어야 하며, 내담자에게 적절한 도움을 제공하기 어렵다고 판단하는 경우, 지도감독자의 도움을 받거나 내담자를 다른 상담자에게 의뢰해야 한다.
⑧ 상담자는 상담 과정에서 자신이 내담자에게 모델이 될 수 있음을 알아야 하며, 따라서 상담자 자신의 생활에서 내담자에게 영향을 미칠 수 있는 일이나 행동을 인식하고 있어야 한다.

> **전문가의 한마디** 2020년 3회 실기시험(5번)에서는 상담에서 윤리문제에 대한 기본원칙을 제외한 채 윤리문제와 관련된 행동지침을 쓰도록 요구한 바 있습니다. 참고로 윤리문제와 관련된 행동지침은 곧 윤리적 지침을 의미하나, 이는 윤리원칙과는 다릅니다.

알아두기 상담자와 내담자 간 이중적 관계가 바람직하지 않은 이유
- 첫째, 상담자가 내담자와 개인적인 친분관계를 계속적으로 유지하는 것이 상담자로서의 치료적 활동에 영향을 줄 수 있다.
  일반적으로 상담자들이 자신의 가족과 상담관계를 맺지 않는 이유 중 하나는 서로 간의 관계가 밀착되어 있으므로 한 사람의 문제가 다른 사람의 문제와 서로 얽혀 있는 경우가 많기 때문이다.
- 둘째, 상담자는 내담자에 비해 상담관계에서 더 많은 영향력을 행사하는 위치에 있다.
  상담자는 개인적인 관계에서 생겨난 미묘한 문제들과 관련하여 상담시간 중 내담자에게 부당한 영향력을 행사할 위험이 있다.

02 내담자와의 관계에 있어서 치료자는 내담자와 다중관계를 피해야 한다. 여기서 다중관계의 의미를 쓰고, 치료자로서 이를 다루는 방법을 설명하시오. 5점

(1) 다중관계의 의미

고득점을 향한 심화해설

다중관계(이중관계)는 상담자가 내담자와 함께 상담자-내담자로서의 관계를 맺는 것 이외에 다른 관계를 맺는 것을 말한다. 금전이나 상품의 거래관계, 친구나 친척 등 지인과의 친밀관계, 이성친구나 애인과의 성적 관계 등이 대표적인 다중관계에 해당한다.

(2) 다중관계를 다루는 방법

고득점을 향한 심화해설

① 다중관계(이중관계)는 윤리적인 문제를 유발할 수 있으므로 내담자와의 관계에서 치료자는 어디까지나 그 관계의 경계선을 명확히 하여 전문적 관계를 유지하도록 노력해야 한다.
② 만약 내담자와 다중관계를 맺는 경우, 치료자는 그 관계가 치료자 자신의 욕구 때문인지 아니면 내담자의 욕구 때문인지를 생각해 보고, 내담자의 욕구를 우선적으로 충족시키도록 노력해야 한다.
③ 다중관계로 인해 문제가 발생할 우려가 있는 경우, 치료자는 수련감독자나 다른 전문가에게 자문을 구하며, 그것으로도 해결할 수 없을 경우 의뢰절차를 밟아야 한다.

전문가의 한마디

'다중관계'는 상담장면에서의 상담자-내담자 관계가 아닌 다른 모든 관계를 포괄적으로 지칭하는 것으로, '이중관계'의 용어 대신 최근에 널리 사용되고 있습니다. 사실 이 문제는 2023년 2회 2번 문제를 변형한 것인데, 앞선 문제가 "이중관계(다중관계)의 의미와 이를 피해야 하는 이유"에 대해 설명하도록 하였다면, 여기서는 "치료자로서 이를 다루는 방법"을 설명하도록 요구하고 있다는 점에서 차이가 있습니다.

요컨대, 학회 윤리강령에서도 치료자의 객관성과 전문적인 판단에 영향을 미칠 수 있는 다중관계를 피하도록 요구하고 있으나, 실상 어쩔 수 없이 혹은 부지불식간에 다중관계를 맺게 되는 경우도 있습니다. 예를 들어, 심리학 교수가 학생을 대상으로 심리상담을 하게 되는 경우, 교육자와 치료자로서의 역할을 동시에 혹은 연속적으로 수행하게 됩니다. 그러나 다중관계(이중관계)의 위반 가능성은 매우 다양한 양상으로 나타날 수 있는데, 이와 관련하여 1차 필기시험에 다음과 같은 문제가 출제된 바 있습니다.

> 상담자가 자신의 내담자와 치료를 진행하는 기간에 내담자 가족에게 식사초대를 받아 식사를 했다면 어떤 윤리원칙을 위반할 가능성이 높은가? [19년 기출]
>
> ① 유능성
> ② 이중관계
> ③ 전문적 책임
> ④ 타인의 존엄성에 대한 존중
>
> 답 ②

03 얄롬(Yalom)이 제시한 집단상담의 치료적 요인을 5가지 기술하시오.

5점　09, 12, 13, 14, 17, 18, 19, 24년 기출

고득점을 향한 심화해설

※ 2024년 1회 3번 기출문제와 동일 또는 매우 유사하므로, 해당 해설을 참조하세요. ☞ 교재 7p

04 집단상담의 장점 및 제한점을 각각 3가지씩 쓰시오. [6점] [15년 기출]

(1) 장점(이점)

심화해설

① 집단상담은 상담자가 다수의 내담자들과 접촉하므로 시간과 비용면에서 경제적이다.
② 집단상담은 외적인 비난이나 처벌에 대한 두려움 없이 새로운 행동을 현실검증 해볼 수 있는 기회를 제공한다.
③ 집단상담에서는 다양한 성격의 소유자들과 접할 수 있으므로 개인상담이 줄 수 없는 여러 가지 풍부한 학습경험을 제공한다.
④ 집단상담은 집단성원들 간의 친밀감을 통해 여러 가지 문제를 더욱 쉽게 다룰 수 있으며, 특히 대인관계적 문제에 효과적으로 접근할 수 있다.
⑤ 집단상담에서는 동료들 간에 서로의 관심사나 감정들을 터놓고 이야기할 수 있으므로 소속감과 동료의식을 발전시킬 수 있다.
⑥ 내담자가 개인상담을 기피하는 경우 우선 집단상담을 통해 개인상담의 필요성을 느끼도록 하며, 내담자로 하여금 용기를 얻어 개인상담에 응하도록 유도할 수 있다.

(2) 단점(제한점)

고득점을 향한 심화해설

① 집단장면에서는 집단성원의 비밀보장에 한계가 있다.
② 집단상담은 집단성원 개개인에 대해 주의를 기울여 그를 수용하고 이해하는 데 한계가 있다.
③ 집단상담은 집단성원의 성격적 특징이나 집단 활동에의 부적응 등에 따라 예상치 못한 부정적인 결과를 초래할 수 있다.
④ 집단상담은 집단 내 개별성원들로 하여금 집단의 규준과 기대치에 부응해야 한다는 미묘한 압박감을 유발할 수 있다.
⑤ 집단성원이 집단상담의 수용적 분위기에 도취되어 집단경험 자체를 목적으로 삼는 경우, 오히려 현실도피의 기회를 제공할 우려가 있다.
⑥ 집단지도에 대한 관심의 증가로 인해 적절한 훈련이나 경험 없이 집단상담지도자가 되는 경우가 있는데, 이는 부적절한 지도성의 문제를 야기할 수 있다.

05 다음 보기의 사례를 읽고 물음에 답하시오. [6점] 05, 09, 15, 23년 기출

> 내담자 : 저는 지난밤 너무도 기이한 꿈을 꾸었어요. 벌써 제대한 지 2년이 넘었는데, 군대 취사병으로 있을 때로 돌아갔죠. 저는 저녁 메뉴로 돼지를 잡아야 하는 상황이었는데요, 평소 살아있는 동물을 죽이는 것을 무척이나 싫어했음에도 고참의 지시에 따를 수밖에 없었죠. 그런데 그 돼지가 어찌나 힘이 세고 튼튼한 놈인지 칼로 놈의 목을 몇 차례 찔렀지만 마치 저를 비웃듯 계속 몸부림을 치더라고요. 이러다가는 안 되겠다 싶어 온 힘을 주어 그 놈의 목을 힘껏 비틀어서는 놈의 목 한가운데를 최대한 깊숙이 찔러 넣었죠. 그러자 돼지가 몸부림을 그치고 조용히 고개를 돌렸는데요, 그 돼지가 바로 형이었던 거예요. 너무도 황당하고 두려워서 잠에서 깨어났는데요, 등에서 식은땀이 줄줄 흐르더라고요.

보기의 내담자가 이야기한 꿈의 내용을 듣고 상담자가 제시해야 할 적절한 반응을 반영, 직면, 해석의 상담기법으로 표현하시오.

(1) 반 영

고득점을 향한 심화해설

※ 2023년 2회 4번 기출문제와 동일 또는 매우 유사하므로, 해당 해설을 참조하세요. ☞ 교재 137p

(2) 직 면

고득점을 향한 심화해설

※ 2023년 2회 4번 기출문제와 동일 또는 매우 유사하므로, 해당 해설을 참조하세요. ☞ 교재 137p

(3) 해 석

고득점을 향한 심화해설

※ 2023년 2회 4번 기출문제와 동일 또는 매우 유사하므로, 해당 해설을 참조하세요. ☞ 교재 138p

06 상담의 종결 단계에서는 우선적으로 지난 상담 내용에 대한 점검이 이루어진다. 상담자와 내담자가 지난 상담 과정을 되돌아보면서 평가하여야 할 사항을 4가지 쓰시오. 4점

고득점을 향한 심화해설

① 상담 과정과 경험에 대한 주관적인 평가
　내담자가 상담 과정과 경험을 주관적으로 어떻게 평가하는지 들어보는 것으로, 이때 내담자에게 상담을 통해 무엇을 배웠고 무엇이 변화되었는지를 묻게 된다.

② 상담에 대한 기대 및 목표 달성 정도에 대한 평가
　내담자가 초기에 언급했던 호소문제와 기대, 공유했던 상담목표 등에 초점을 두고 지난 상담 과정을 요약함으로써, 내담자의 상담에 대한 기대와 목표가 얼마나 달성되었는지를 확인한다.

③ 긍정적인 변화 유무에 대한 평가
　상담 목표를 중심으로 내담자의 실생활에서, 그리고 내담자의 사고, 감정, 행동에서 어떤 긍정적인 변화가 일어났는지를 확인한다.

④ 변화에의 자발적인 기여 인식에 대한 평가
　상담 성과를 가져오기 위해 내담자가 기여한 요인이 무엇인지 내담자 스스로 확인해 볼 수 있는 기회를 제공하는 것으로, 이를 통해 자신의 강점과 잠재력을 확인하고 앞으로 활용 가능한 문제해결방법 등을 되새길 기회를 갖도록 한다.

전문가의 한마디

이 문제는 정확한 복원이 이루어지지 않아 실제 문제와 차이가 있을 수 있습니다. 또한 문제 자체가 모호하여 서로 다른 답안이 도출될 수 있습니다. 사실 이 문제에 대해 다수의 수험생들이 출제자의 정확한 의도를 모르겠다고 진술하고 있는데, 그 이유는 그것이 2020년 2회 실기시험(1번)에 출제된 "내담자가 상담을 끝낼 준비가 되었는지를 평가할 때 유용한 영역을 6가지 쓰시오"나 2016년 1회 실기시험(7번)에 출제된 "내담자가 상담을 끝낼 준비가 되었는지를 판단할 수 있는 방법을 3가지 쓰시오"와 유사하나 정확히 일치하는 문제는 아닌 것 같다는 의견이 다수를 차지하고 있기 때문입니다.

요컨대, 일부 수험생들은 이 문제에서 유독 "지난 상담 내용(혹은 과정)"이라는 표현이 강조되어 있었다고 주장하고 있습니다. 만약 그 의견이 정확하다면, 이 문제는 2023년 1회 4번의 상담 종결 시 다루어야 할 사항에 관한 문제 해설의 맨 처음 항목으로 제시된 "지난 상담 과정에 대해 점검 및 평가하기"의 구체적인 내용을 다루는 것으로 볼 수 있습니다. 결국 이 문제는 기존 기출문제를 확장하여 응용한 것으로서, 사실상 신출문제로 보아야 할 것입니다. 참고로 위의 해설은 '이규미, 『상담의 실제, 과정과 기법』, 학지사 刊', '김환·이장호, 『상담면접의 기초』, 학지사 刊' 등을 참조하였습니다.

07 자문의 정신건강 모델과 행동주의 모델의 차이점을 설명하시오.

4점 | 13년 기출

고득점을 향한 심화해설

※ 2023년 3회 4번 기출문제와 동일 또는 매우 유사하므로, 해당 해설을 참조하세요. ☞ 교재 173p

08 오포드(Orford)가 제시한 자조집단의 1차적 기능을 5가지 쓰시오. 5점 18년 기출

고득점을 향한 심화해설

① 정서적 지지를 제공한다.
② 집단성원들이 다루고 있는 문제를 직면하고 정복한 역할모델을 제공한다.
③ 집단성원의 문제들을 이해하는 방법을 제공한다.
④ 중요하고 적절한 정보를 제공한다.
⑤ 기존 문제에 어떻게 대처할 것인가에 대한 새로운 아이디어를 제공한다.
⑥ 집단성원들 간에 서로 돕는 기회를 제공한다.
⑦ 사교 관계(Social Companionship)를 제공한다.
⑧ 자신들의 문제에 대한 향상된 숙달감과 통제감을 제공한다.

전문가의 한마디

오포드(Orford)는 지역사회심리학 분야의 연구자로, 특히 지역사회 내 알코올중독이나 가정폭력 등 정서적인 문제를 경험한 사람들로 구성된 자조집단에 관한 연구로 유명합니다. 그는 자조집단이 집단 참가자들 간 서로 경험을 나누고 정서적 지지를 제공하며, 새로운 참가자에게 역할모델로서 희망을 발견하도록 방향성을 제공하는 등 긍정적인 기능을 한다고 주장하면서, 그와 같은 집단이 최대의 효과를 거두기 위한 조건으로 전문가의 자문가로서의 참여를 강조하였습니다. 그는 물론 전문가가 자조집단을 통제해서는 안 되겠지만, 지역사회심리학자가 전혀 없는 것 또한 바람직하지 않다는 점을 주장하였습니다.

알아두기

지역사회심리학의 원리(Orford)
- 문제의 원인은 개인, 사회장면, 체계 간 오랜 기간의 상호작용에서 기인한다.
- 문제는 이웃, 조직, 지역사회 등 여러 수준에서 정의할 수 있다.
- 지역사회심리학은 진료실이 아닌 실제 현장이나 사회적 맥락에서 실무를 수행한다.
- 지역사회심리학자는 지역사회의 욕구와 위험을 전향적으로 평가한다.
- 지역사회심리학은 기존 문제의 치료보다는 문제의 예방을 강조한다.
- 전문가의 자문이 이루어지나, 실제 개입은 준전문가, 훈련된 비심리학자 혹은 자조 프로그램을 통해 이루어진다.

09 정신사회재활을 계획하고 개입할 때 재활치료의 기본 구성요소를 5가지 쓰시오. 5점 13년 기출

심화해설

① 사회기술훈련
  ㉠ 사회기술훈련은 의사소통의 결여로 인해 발생하는 환자의 역기능적인 대인관계나 사회기술 상의 결함을 극복하도록 하기 위한 구조화된 교육과정이다.
  ㉡ 환자가 사회생활을 하는 데 있어서 필요한 제반 기술들을 체계적이고 조직적으로 가르치는 것으로서, 대화기술, 사교적 관계를 형성하는 기술, 금전을 관리하는 기술, 스트레스를 관리하는 기술, 건강을 유지하는 기술 등이 포함된다.

② 환자 교육
  ㉠ 환자 교육은 치료를 위한 효과적인 방법을 지도하는 것은 물론 환자의 자존감을 키우고 회복에 대한 희망을 심어줌으로써 환자가 보다 적극적인 자세로 치료 과정에 참여하도록 유도한다.
  ㉡ 약물을 복용해야 하는 이유는 무엇인지, 복용하는 약물의 효과 및 부작용은 무엇인지 등을 가르치며, 증상 교육을 통해 현재와 과거의 증상을 인지하고 재발경고 징후를 파악함으로써 재발을 막는 데 초점을 둔다.

③ 가족 교육 및 치료
  ㉠ 가족 교육 및 치료는 환자의 가족에게 정신병의 원인 및 진단, 증상, 예후, 난폭한 행동에 대한 대처요령 등을 가르치는 것은 물론 가족 내 긴장이나 스트레스에서 비롯되는 역기능적 의사소통의 해소 요령 등을 교육하는 것이다.
  ㉡ 가족을 대상으로 한 교육은 환자의 장애에 대한 올바른 지식을 전달함으로써 이전에는 이해하지 못했던 환자의 행동을 보다 잘 이해할 수 있도록 하며, 가족의 고통과 부담을 줄임으로써 가족성원들로 하여금 환자와 함께 집에서 생활하는 데 있어서의 어려움을 감소시킨다.

④ 직업재활
  ㉠ 직업재활은 만성 정신질환자에게 필요한 물품 및 서비스를 제공받을 수 있는 수단을 제공하는 동시에 사회적인 접촉 기회를 제시하고 사회적인 역할을 부여하는 효과적인 재활치료의 중요 요소이다.
  ㉡ 환자가 직업을 가진다는 것은 곧 혼자서 독립적으로 생활할 수 있다는 것을 의미하므로, 직업재활은 정신사회재활의 궁극적인 목표이기도 하다.

⑤ 지역사회 지지서비스
  ㉠ 만성 정신질환자를 병원에 수용하는 것은 인위적·일시적으로 사회적인 지지만을 제공하는 것일 뿐이며, 장기적인 측면에서 환자의 사회적인 지지체계를 약화시킴으로써 정신질환의 치료 가능성을 감소시키는 부작용을 초래한다.
  ㉡ 지역사회 지지서비스는 지역사회 내의 정신건강복지센터(정신보건센터)를 비롯한 다양한 기관과의 연계를 통해 의학적 치료는 물론, 재정적 지원 및 주거공간의 확보, 자원의 연결, 여가활동의 제공 등 다양하고 포괄적인 서비스를 제공하는 것이다.
⑥ 다양한 주거 프로그램
  ㉠ 중간 집, 요양소, 낮 병원 등 다양한 주거 형태는 만성 정신질환자의 입원기간을 단축시키고 보다 신속한 사회 복귀를 돕는 과정이다.
  ㉡ 주거 프로그램은 환자에게 외래치료의 대체형태로서 치료의 연속성을 유지하도록 하는 동시에 사회적 지지체계와의 접촉을 유지할 수 있도록 돕는 것이다.

> **전문가의 한마디**
> 이 문제는 2013년 실기시험(3번)에서와 같이 "정신사회재활에서 환자를 대상으로 한 치료적 개입에 포함되는 내용"으로도 출제될 수 있습니다. 또한 이 문제는 2022년 1회 실기시험(17번)에서와 같이 "만성 정신질환자에 대한 재활개입 방법"을 쓰는 방식으로 출제되기도 하는데, 만약 재활개입의 방법적 측면을 설명하도록 요구하는 경우 위의 해설 내용으로 제시된 구성요소와 함께 각 방법에 대한 간략한 정리가 요구됩니다(→ 2022년 1회 17번 문제 참조). 이와 같이 큰 틀에서 동일한 내용을 다루더라도 문제의 특성에 따라 답안을 융통적으로 기술할 필요가 있으므로, 위의 해설 내용을 충분히 학습하시기 바랍니다.

> **알아두기**
> 1. 사회기술훈련의 특징
>   • 무의식적 갈등이나 성격장애 또는 질병의 원인 자체보다는 행동장애에 초점을 둔다.
>   • 관찰 가능한 행동에 초점을 둔다.
>   • 환자에게 치료의 한계를 명확히 제시한다.
> 2. 환자 교육의 특징
>   • 환자의 자존감을 높이고 희망을 가지도록 한다.
>   • 환자에게 자기 스스로를 돌볼 수 있는 실제적인 방법을 제시한다.
>   • 환자가 치료진과 좀 더 효과적으로 의사소통을 할 수 있도록 돕는다.
>   • 환자로 하여금 치료에 더욱 적극적인 태도를 가지도록 한다.

10 정신분석의 주요 개념으로서 방어기제의 유형을 3가지 쓰고, 각각에 대해 간략히 설명하시오.
6점 04, 07, 10, 17, 22, 23, 24년 기출

> **고득점을 향한 심화해설**
> ※ 2024년 1회 1번 기출문제와 동일 또는 매우 유사하므로, 해당 해설을 참조하세요. ☞ 교재 3p

11 공포증 환자를 대상으로 체계적 둔감법을 실시하고자 한다. 체계적 둔감법의 3단계 과정을 순서대로 쓰고, 각 단계에 대해 간략히 설명하시오.
6점 09, 10, 15, 18, 23년 기출

> **고득점을 향한 심화해설**
> ※ 2023년 2회 11번 기출문제와 동일 또는 매우 유사하므로, 해당 해설을 참조하세요. ☞ 교재 151p

12 관찰학습이 효과적으로 일어날 수 있는 조건을 4가지 기술하시오. 〔4점〕 14, 23년 기출

> **고득점을 향한 심화해설**
>
> ※ 2023년 3회 10번 기출문제와 동일 또는 매우 유사하므로, 해당 해설을 참조하세요. ☞ 교재 181p

13 인간중심치료에서 로저스(Rogers)가 강조한 치료자의 특성 혹은 태도를 3가지 쓰시오. 〔3점〕 08, 10, 14, 17, 18, 19, 20, 21, 22, 23, 24년 기출

> **고득점을 향한 심화해설**
>
> ※ 2024년 2회 7번 기출문제와 동일 또는 매우 유사하므로, 해당 해설을 참조하세요. ☞ 교재 49p

14 인간중심치료에서 로저스(Rogers)가 제시한 내담자의 긍정적 성격변화를 위한 치료의 필요충분조건을 4가지 쓰시오. 4점 18년 기출

심화해설

① 첫째, 두 사람(내담자와 치료자)이 심리적 접촉을 한다.
② 둘째, 내담자는 불일치 상태, 즉 상처받기 쉽거나 초조한 상태에 있다.
③ 셋째, 치료자는 내담자와의 관계에서 일치성 혹은 통합성을 보인다.
④ 넷째, 치료자는 내담자를 위한 무조건적 긍정적 관심을 경험한다.
⑤ 다섯째, 치료자는 내담자의 내적 참조틀에 대한 공감적 이해를 경험하며, 이러한 경험을 내담자에게 전달하려고 노력한다.
⑥ 여섯째, 치료자의 무조건적 긍정적 관심과 공감적 이해가 내담자에게 어느 정도 전달되어야 한다.

전문가의 한마디

로저스(Rogers)는 내담자의 문제해결과 변화를 위한 필요충분조건으로 유기체에의 신뢰를 바탕으로 한 인간중심적 태도를 강조하였습니다. 그는 치료자(상담자)가 내담자의 변화를 위해 가져야 할 필요충분한 인간중심적 태도로 '일치성', '공감적 이해', '무조건적 긍정적 관심(존중)'을 제시하였으며, 이를 치료의 6가지 필요충분조건으로 소개하였습니다. 위의 해설 내용은 로저스가 1957년에 발표한 《The Necessary and Sufficient Conditions of Therapeutic Personality Change》를 토대로 한 것으로, 보다 정확한 이해를 위해 관련 내용을 아래 원문으로 소개합니다. 참고로 문제에서는 4가지를 쓰도록 요구하고 있으므로, 해설의 내용 중 핵심이 되는, 즉 로저스가 강조한 3가지 태도로서 '일치성(Congruence)', '공감적 이해(Empathic Understanding)', '무조건적 긍정적 관심(Unconditional Positive Regard)'을 반드시 포함하여 답안을 작성하시기 바랍니다.

> For constructive personality change to occur, it is necessary that these conditions exist and continue over a period of time :
> 1. Two persons are in psychological contact.
> 2. The first, whom we shall term the client, is in a state of incongruence, being vulnerable or anxious.
> 3. The second person, whom we shall term the therapist, is congruent or integrated in the relationship.
> 4. The therapist experiences unconditional positive regard for the client.
> 5. The therapist experiences an empathic understanding of the client's internal frame of reference and endeavors to communicate this experience to the client.
> 6. The communication to the client of the therapist's empathic understanding and unconditional positive regard is to a minimal degree achieved.

15 심리평가의 목적을 크게 3가지로 구분하시오. 3점 13, 24년 기출

고득점을 향한 심화해설

※ 2024년 3회 13번 기출문제와 동일 또는 매우 유사하므로, 해당 해설을 참조하세요. ☞ 교재 85p

16 지능을 평가할 때의 주요 쟁점으로 임상적 접근과 개념적 접근에 대해 설명하시오. 6점 18, 24년 기출

고득점을 향한 심화해설

※ 2024년 3회 15번 기출문제와 동일 또는 매우 유사하므로, 해당 해설을 참조하세요. ☞ 교재 87p

17. WAIS-Ⅳ의 소검사 중 이해(Comprehension)의 주요 내용을 5가지 쓰시오. [5점]

심화해설

① 사회적 상황의 이해력 및 사회적 성숙도
② 관습적 행동규준에 관한 지식 정도
③ 과거 경험을 평가하고 사용하는 능력
④ 실질적 지식과 판단력
⑤ 언어적 추론 및 개념화

전문가의 한마디

이 문제는 2020년 3회 실기시험(12번)에 출제된 문제와 마찬가지로 웩슬러 지능검사의 특정 소검사가 측정하는 측면을 확정적인 표현으로 5가지 쓰도록 요구하고 있는 만큼 맞히기 매우 어려운 고난이도의 문제에 해당합니다. 사실 그 내용과 관련하여 여러 전문교재들에서 약간씩 다른 표현들을 사용하면서 다양한 방식으로 기술하고 있는데, 이는 출제자가 과연 어떤 교재의 내용을 염두에 두고 문제를 낸 것인지 모호하게 만듭니다.

요컨대, 이해(Comprehension) 소검사는 웩슬러 지능검사 제4판에서 언어이해지수 척도에 포함되는 것으로, 성인용 제4판(WAIS-Ⅳ)에서는 보충 소검사로, 아동용 제4판(WISC-Ⅳ)에서는 주요 소검사(핵심 소검사)로 분류됩니다. 수검자는 이해 소검사에서 사회적 상황에 내재된 일반적인 원칙이나 자신의 이해에 기초하여 대답하게 되는데, 이를 통해 수검자의 사회적 현상이나 원리 및 사회적 행동에 대한 지식, 도덕 및 윤리적 판단 능력, 사회의 보편적인 가치나 관습을 대하는 태도는 물론 실생활에서 관용적으로 사용되는 상징적·비유적 표현에 대한 이해력과 추상적 사고력 등이 표출됩니다.

참고로 위의 해설은 이해 소검사가 측정하는 측면을 5~6가지로 비교적 간략하게 기술하고 있는 '황순택 外, 『K-WAIS-Ⅳ, 기술 및 해석 요강』, 한국심리주식회사 刊'을 중심으로 '최정윤, 『심리검사의 이해(제3판)』, 시그마프레스 刊', '박영숙, 『최신 심리평가(수정판)』, 하나의학사 刊', '박경 外, 『심리평가의 이해와 활용』, 학지사 刊', '이우경 外, 『심리평가의 최신 흐름(제2판)』, 학지사 刊' 등 다양한 교재들을 참조하여 답안을 작성하였습니다. 다만, 관련 내용은 교재마다 약간씩 다르게 기술하고 있으므로, 알아두기 의 내용도 함께 살펴보시기 바랍니다.

알아두기 WAIS-Ⅳ(K-WAIS-Ⅳ)의 소검사 중 이해(Comprehension)의 주요 내용(측정 측면)

- 최정윤, 『심리검사의 이해(제3판)』, 시그마프레스 刊
  - 보편적·관습적인 사회적 행동기준, 도덕기준, 사회적 규준에 대한 지식 수준
  - 실생활에 대한 실용적 지식 수준, 일반적인 사회적 현상에 대한 지식 수준
  - 양심이나 도덕적 판단의 발달 수준, 사회적 성숙도
  - 사회적 상황에서의 판단력, 실제 상황에서의 판단의 응용력
  - 사회적 이해력, 사회적 지능
  - 일반화 능력, 함축된 의미의 파악, 상징과 은유에 대한 이해력, 추상적 사고 능력(속담)
  - 언어적 이해력, 언어적 개념화 능력
  - 결정적 지능
- 이우경 外, 『심리평가의 최신 흐름(제2판)』, 학지사 刊
  - 관습적인 행동 기준, 도덕, 사회 규칙 등에 대한 지식 및 이해력
  - 실생활의 경험에 바탕을 둔 실용적인 지식
  - 자신의 과거 경험을 적절히 선택하고 조직화하여 평가하는 능력
  - 양심과 도덕의 발달 정도 등 사회성숙도
  - 사회 관습이나 기준을 강하게 고수하는 경향 혹은 경시하는 경향
  - 추상적 사고력(후반부 문항)
  - 은유 및 상징에 대한 이해력
  - 일반화 능력 vs 지나치게 구체적으로 사고하는 경향

18 MMPI 2개 척도에 대한 분석에서 4-9/9-4 형태에 대해 가능한 해석을 5가지 제시하시오.

5점 06, 08, 11, 15, 17, 20, 23, 24년 기출

고득점을 향한 심화해설

※ 2024년 1회 14번 기출문제와 동일 또는 매우 유사하므로, 해당 해설을 참조하세요. ☞ 교재 28p

19 다음 보기의 사례를 읽고 물음에 답하시오. [5점] [06, 13, 18년 기출]

> A군은 만 7세 4개월로 올해 대구에 있는 ○○초등학교에 갓 입학하였다. A군은 초등학교에 입학하기 이전 유치원에 다녔으며, 당시에는 유치원 선생님의 보살핌으로 별다른 문제를 보이지 않았다. 그러나 초등학교에 입학하면서 수업에 집중을 하지 못한 채 수업시간 중에도 돌아다니는 모습을 보였고, 학업성과도 저조한 것으로 나타났다. 또한 같은 반 아이들도 A군에게 가깝게 다가가기를 거부하였다. A군의 어머니는 A군의 특이한 성향을 의식하여 그동안 어느 정도 과잉보호를 한 점을 인정하였다.

다음은 A군에 대한 KEDI-WISC 프로파일이다. 이를 토대로 임상심리사가 할 수 있는 자문이나 치료적 개입에 대한 조언을 5가지 기술하시오.

하위검사명	평가치	하위검사명	평가치
상 식	3	빠진 곳 찾기	6
공통성	8	기호쓰기	6
산 수	4	차례 맞추기	6
어 휘	9	토막짜기	9
이 해	9	모양 맞추기	8
숫자(보충)	6	미로(보충)	7

• 언어성 IQ : 79   • 동작성 IQ : 78   • 전체 IQ : 76

고득점을 향한 심화해설

① KEDI-WISC 결과에서 A군은 언어성 IQ와 동작성 IQ가 각각 '79', '78'로서 통계적으로 유의미한 차이를 보이지 않았다. 따라서 A군의 경우 언어능력과 시각-운동 협응능력 모두에서 전반적으로 낮은 지적 능력 수준을 가진 것으로 볼 수 있다.

② A군의 전체 IQ는 '76'으로, 지능의 진단적 분류상 경계선(Borderline)에 해당한다고 볼 수 있다. 특히 언어성 소검사 중 상식과 산수에서 저조한 점수를 나타내는 것으로 보아, 기본지식이나 학습에 의해 누적된 실제적인 지식이 매우 제한적이며, 수리력 및 사고력 또한 부족한 것으로 볼 수 있다.

③ 보기상의 내용으로는 A군이 초등학교 입학 전까지 별다른 이상 증상을 보이지 않은 것으로 제시되어 있다. 또한 선천적인 정신지체를 가진 것으로도 보이지 않는다. 다만, 지적 잠재력을 평가할 수 있는 공통성과 어휘 등의 소검사에서 또래 학생들의 수행 수준과 비교하여 약간 낮은 수준을 나타내는 것으로 보아, 기본적으로 A군이 지능 및 기초학습능력 등의 인지적 요인에서 또래 학생들에 비해 상대적으로 약간 저조한 것으로 볼 수 있다.

④ A군의 저조한 학업성과의 또 다른 원인으로는 주의집중력 부족을 들 수 있다. 이는 주의집중 및 산만성을 반영하는 소검사에 해당하는 산수, 숫자, 기호쓰기에서 상대적으로 낮은 점수를 나타내 보이는 것으로 알 수 있다. 특히 A군 어머니의 과잉보호와 유치원 선생님의 특별한 보살핌이 있었던 것으로 보아, A군이 어려서부터 주의력결핍 및 과잉행동장애(ADHD)를 가지고 있었던 것으로 의심할 수 있다.

⑤ A군은 또래 학생들에 비해 기초학습능력과 주의집중력이 부족하다. 따라서 A군에게 적합한 학습전략 및 학습방법을 적용할 필요가 있다. 특히 A군의 학습에 대한 집중도를 향상시키기 위해 학습동기와 흥미를 불러일으킬 수 있는 프로그램을 적용할 필요가 있다. 또한 A군의 부모가 A군에 대한 과잉보호 사실을 인정한 만큼, A군이 또래친구들과 잘 어울릴 수 있도록 대인관계 개선훈련이나 사회기술훈련을 받도록 할 필요가 있다.

전문가의 한마디 기출복원문제 특성상 특히 사례가 제시되는 문제의 경우 그 세부적인 내용이나 수치 등은 실제와 다를 수 있습니다. 또한 이 문제는 명확한 정답이 있는 것이 아니므로 다양한 답안이 도출될 수 있습니다. 참고로 한국교육개발원 웩슬러 지능검사(KEDI-WISC ; Korean Educational Developmental Institute-Wechsler Intelligence Scale for Children)는 주의력결핍 및 과잉행동장애(ADHD)를 가진 아동의 임상적 진단에 널리 활용되어 왔습니다. 특히 ADHD 아동의 경우 주의집중력의 지표가 되는 산수, 숫자, 기호쓰기 등에서 낮은 수행을 나타내 보이는 것으로 알려져 있습니다.

20 다음 보기의 사례를 읽고 물음에 답하시오. 　　6점　17년 기출

> 검사자는 뇌졸중 환자를 대상으로 글자 지우기 검사를 실시하였다. 그런데 환자는 시야 좌측의 글자를 다 못 지우는 것이었다.

(1) 보기의 사례와 같은 현상을 무엇이라 지칭하는가?

고득점을 향한 심화해설

편측 무시(Unilateral Neglect) 또는 무시 증후군(Neglect Syndrome)

(2) 뇌의 어느 반구의 손상인가?

고득점을 향한 심화해설

우반구 손상

(3) 이와 같은 현상을 평가할 수 있는 검사 종류를 한 가지만 쓰시오.

고득점을 향한 심화해설

선 이등분 검사 또는 직선이분 검사(Line Bisection Test)

전문가의 한마디

이 문제의 답안으로 (1) 보기의 사례와 같은 현상은 '편측 무시(편측 공간 무시)' 혹은 '무시 증후군'을 제시하여도 무방할 것으로 보입니다. 다만, 무시 증후군은 편측 무시를 포함하는 보다 포괄적인 개념의 현상임을 기억해야 합니다. 또한 (3) 관련 현상을 평가할 수 있는 검사 종류는 그 수가 많으므로, 위의 답안에 제시된 것 이외에 다음의 검사들 중 하나를 제시하여도 됩니다. 단, 글자 지우기 검사(Letter Cancellation)는 이미 문제상에 제시되어 있으므로 생략합니다.

- 그림 그리기와 베끼기 검사(Drawing and Copying Test)
- 선 지우기 검사(Line Cancellation)
- 알버트 검사(Albert's Test)
- 시계 그리기(Clock Drawing)
- 캐서린 버지고 척도(CBS ; Catherin Bergego Scale)
- 행동적 주의집중 검사(BIT ; Behavioral Inattention Test) 등

알아두기

무시 증후군(Neglect Syndrome)

- 무시 증후군은 뇌병변 반대쪽에 의미 있는 자극을 제시하였을 때 그 자극을 감지하지 못하거나 반응을 하지 않는 현상을 말한다. 예를 들어, 우반구 손상 환자에게 자신의 왼편에 어떤 물건을 집게 하였을 때, 그 물건을 잘 찾지 못하거나 손 움직임이 느릴 수 있다. 다만, 이와 같은 반응상의 장애가 기본적인 감각장애나 운동장애에 기인한 것이 아니어야 한다.
- 무시 증후군은 감각성 무시(Sensory Neglect), 동시자극에 대한 감각 소멸(Sensory Extinction to Double Simultaneous Stimulation), 운동성 무시(Motor Neglect), 편측 무시(Unilateral Neglect) 또는 편측 공간 무시(Hemispatial Neglect) 등 여러 가지 형태가 있다.

감각성 무시	병소의 반대쪽에 어떤 자극을 주었을 때 이를 감지하지 못하거나 그에 대한 반응이 없는 현상이다. 예 검사자가 환자의 뒤편에 서서 오른쪽 시야 혹은 왼쪽 시야에서 손을 흔들 때, 환자는 한쪽 자극에는 고개를 돌리는 등 즉각적인 반응을 보이는 반면, 다른 쪽 자극에는 반응을 보이지 않거나 반응 속도가 매우 느리다.
동시자극에 대한 감각 소멸	병소의 같은 쪽 혹은 반대쪽에 한쪽씩 자극을 주는 경우 그에 적절히 반응하지만, 양쪽에 동시 자극을 주는 경우 병소 반대쪽을 무시하는 현상이다. 예 환자에게 눈을 감도록 한 다음 손가락으로 딱 소리를 왼쪽, 오른쪽, 그리고 양쪽으로 제시한다. 환자는 왼쪽, 오른쪽 각각에 적절히 반응을 보이는 반면, 양쪽에서 동시에 주어지는 자극에 대해서는 일관되게 어느 한쪽에만 반응을 보인다.
운동성 무시	마비 증상 등 신체 부위의 운동성에 문제가 없음에도 불구하고 병소의 반대쪽 공간으로 향하는 몸의 움직임이 현저히 떨어지는 현상이다. 예 환자의 왼쪽과 오른쪽에 검사자가 한 사람씩 있고 번갈아서 환자에게 악수를 청할 때, 환자는 어느 한쪽 공간 내에서 유독 느린 반응을 보인다.
편측 무시 (편측 공간 무시)	환자에게 어떤 공간 내에서 여러 가지 과제를 시키는 경우 병변의 반대쪽에 있는 공간을 무시하는 현상이다. 예 우반구 병변을 가진 환자에게 직선을 보여주고 그 가운데 지점을 표시하라고 요구할 때, 환자는 오른쪽으로 치우친 지점을 가리킬 수 있다. 선 이등분 검사의 환자 반응 예

제3회 기출(복원)문제 및 해설

※ 임상심리사 2급 실기시험은 기출 미공개 시험으로, 본 교재는 기출 키워드를 분석하여 복원한 문제를 수록하였습니다. 실제문제와 차이가 있을 수 있으므로 참고하시기 바랍니다.

01 정신질환을 가진 환자와의 면접에서 라포(Rapport)를 형성하는 것이 중요하다. 라포 형성이 필요한 이유와 라포 형성의 방법 4가지를 쓰시오. [6점]

(1) 라포 형성의 필요성

고득점을 향한 심화해설

① 정신질환을 가진 환자들은 자신들이 겪고 있는 문제들을 상담자에게 이야기할 때 불편해하는 경향이 있다. 그들은 심지어 이전에 절친한 친구나 부모 혹은 배우자 등 가까운 사람에게조차 그와 같은 관심사를 결코 논의한 적이 없었을 수도 있다.
② 환자들은 상담자가 자신들의 문제에 대해 부정적인 판단을 내릴 것에 대해 걱정할 수 있으며, 오해를 받거나 부당하게 대우받을 것에 대해 두려워할 수도 있다.
③ 라포(Rapport)는 전문가와 피면접자 사이에 발달하는 편안한 작업관계를 기술하는 데 사용하는 용어이다. 면접이 생산적이고 효과적으로 이루어지기 위해 상담자는 환자와 라포를 형성해야 하며, 긍정적이고 신뢰로우며, 수용적이고 존중되는 분위기에서 관계를 발달시켜 나가야 한다.

(2) 라포 형성의 방법

고득점을 향한 심화해설

① 주의 기울이기

상담자는 면접 중 전화를 받거나 사적인 걱정으로 주의 산만하지 않으며, 환자에게 온전히 주의를 집중한다.

② 열린 자세 유지하기

상담자는 환자에게 시선을 유지하며, 어떤 의사소통의 장애물 없이 열린 자세로 환자를 대한다.

③ 경청하기

상담자는 지속적인 방해 없이 환자가 질문에 대답할 수 있도록 하며, 적극적으로 주의 깊게 환자의 말을 경청한다.

④ 무비판적 태도 지향하기

상담자는 환자의 개인적인 노출에 대해 이를 판단하거나 비판하지 않는다.

전문가의 한마디

이 문제는 일반적인 상담 과정에서 상담자와 내담자 간 라포(Rapport) 형성에 관한 문제가 아닙니다. 또한 지능검사와 같은 심리검사 장면에서 검사자와 수검자 간 관계형성의 방법을 묻는 문제도 아닙니다(→ 2012년 6번, 2024년 2회 14번 참조). 이 문제는 정신질환을 가진 환자와의 임상적 면접을 전제로 하고 있는 만큼, 이전 문제들과 다른 신출문제로 보아야 합니다.

요컨대, 대다수 상담심리 관련 교재들이 라포 형성에 대해 진술하고 있는 만큼, 이 문제의 정확한 출처를 찾기는 어렵습니다. 다만, 'Plante, Th. G., 『현대 임상심리학』, 손정락 譯, 시그마프레스 刊'은 '면접과 행동관찰'을 다루는 장에서 라포 형성에 대해 기술하면서 라포 형성이 필요한 이유와 함께 라포 형성의 원리로서 4가지 방법들을 기술하고 있습니다. 따라서 해당 교재를 참고하여 위의 답안을 작성하였습니다.

02 상담 과정에서 내담자의 주요 호소문제가 명확해지면 상담의 구체적인 목표를 설정하게 된다. 상담 목표 설정 시 지켜야 할 기준을 5가지 제시하시오. [5점] [11, 17년 기출]

심화해설

① 행동보다는 결과 또는 성취로 진술되어야 한다.
② 검증이 가능하며, 구체적인 행동으로 이어질 수 있는 것이어야 한다.
③ 가시적이고 실제적인 차이로 나타나는 것이어야 한다.
④ 내담자의 능력 및 통제력을 고려한 현실적인 것이어야 한다.
⑤ 내담자의 가치에 적절한 것이어야 한다.
⑥ 그 도달을 위한 현실적인 기간이 설정되어야 한다.

전문가의 한마디
위의 해설에서 목표 설정 기준을 6가지로 제시한 이유는 해당 문제가 2011년 13번 문제를 통해 6가지를 쓰는 문제로 제시되었기 때문입니다. 이와 같이 경우에 따라 5가지 혹은 6가지를 쓰는 문제로 출제될 수 있으므로, 가급적 6가지 모두를 기억해 두시기 바랍니다.
요컨대, 상담 목표 설정 시 지켜야 할 기준에 관한 내용은 학자·교재마다 다양하게 제시되고 있습니다. 참고로 위의 해설은 상담이론가인 이건(Egan)이 제시한 내용에 해당합니다. 이건은 상담의 근본적인 목적을 내담자로 하여금 자신의 삶에서 일어나는 문제에 보다 효율적으로 대처하도록 하고, 제대로 활용하지 못했던 기회를 최대로 살릴 수 있도록 돕는 것이라고 주장하였습니다. 이와 같은 상담의 목적 혹은 목표는 사실상 다른 학자들의 의견과 크게 다르지 않습니다.

알아두기
목표 설정의 효과성 판단기준(Dyer & Vriend)
• 목표는 상담자와 내담자 간의 상호합의에 의해 이루어져야 한다.
• 목표는 구체적이고 명확하며, 달성하기 쉬운 것이어야 한다.
• 자기파괴적 행동을 보이는 내담자에게는 쉽게 달성할 수 있는 목표가 적합하다.
• 효과적으로 설정된 목표는 성취할 가능성이 높으며 성공지향적이다.
• 효과적으로 설정된 목표는 수량화·수치화할 수 있으며 측정이 가능하다.
• 효과적으로 설정된 목표는 행동적이며 관찰이 가능하다.
• 효과적으로 설정된 목표는 내담자가 이를 명확히 이해하며 재진술할 수 있다.

03 해석의 기법과 상담 과정 간의 관계에서 상담 초기, 중기, 후기의 해석 기법을 각 단계별로 쓰시오.

3점 18년 기출

심화해설

① 상담 초기 : 감정의 반영
② 상담 중기 : 명료화와 직면
③ 상담 후기 : 구체적인 해석

전문가의 한마디

해석은 그 자체로 하나의 상담기법이며, 이는 감정의 반영, 명료화, 직면 또한 마찬가지입니다. 다만, 이 문제에서 해석은 단지 하나의 기법으로서 의미를 지니기보다는 상담장면에서 그것이 어떻게 전개되는가에 초점이 맞추어져 있습니다.
요컨대, 내담자의 감정을 반영할 때에는 어느 감정이 내담자에게 가장 중요하고 의미가 있는지를 판단하고, 감정의 명료화에서는 내담자가 원래 제시한 것보다 더 많은 의미를 추가하여 반응하게 됩니다. 따라서 상담자가 내담자의 감정을 반영하고 명료화하는 것은 해석적 반응과 전연 별개의 것이 아니며, 그 모두가 하나의 연속체에 속한다고 볼 수 있습니다. 다시 말해, 감정의 반영, 명료화, 직면, 그리고 해석은 각기 다르게 표현되지만, 이는 반응 내용의 정도 및 깊이에서 차이가 있을 뿐입니다. 따라서 내담자의 내면세계에 접근하는 깊이의 정도는 '반영 → 명료화 → 직면 → 해석'의 순이라고 말할 수 있습니다. 그와 같은 관점에서 해석은 내담자가 인식하지 못하는 의미까지 설명해 준다는 점에서 가장 어려우며, 특히 무의식에 대한 분석적 전문성을 필요로 합니다.

알아두기 해석의 시기

- 해석을 하는 데 있어서 가장 중요한 것은 시기의 문제이다. 해석은 내담자가 받아들일 준비가 되어 있다고 판단될 때 조심스럽게 실행한다. 만약 내담자가 받아들일 준비가 되어 있지 않을 때 해석을 할 경우 내담자의 심리적인 균형이 깨지고 내담자를 불안에 빠뜨릴 수 있다.
- 일반적으로 상담의 초기 단계에는 감정의 반영을 많이 하게 되며, 그 다음에는 내담자의 성격과 태도를 명료화하는 해석을 하게 된다. 보통 구체적인 해석이나 심층적인 해석은 상담관계가 형성되는 중기까지는 보류한다. 특히 내담자의 성격을 파악하지 못했을 때나 해석의 실증적인 근거가 없을 때에는 해석을 삼가야 한다.
- 해석의 기법과 상담 과정 간의 관계는 다음과 같이 상담 단계별로 구분할 수 있다.

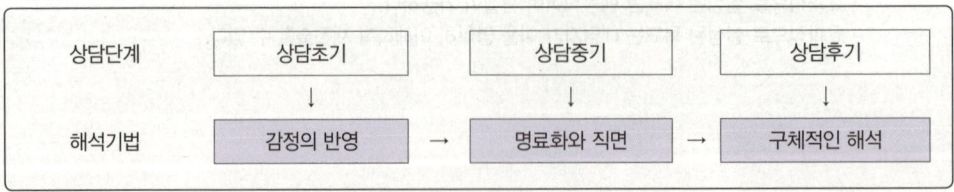

04 내담자의 반응을 해석할 때의 주의사항을 5가지 쓰시오. [5점] 06, 08, 11, 15, 18년 기출

고득점을 향한 심화해설

① 내담자가 받아들일 준비가 되어 있다고 판단되는 경우 조심스럽게 실행한다.
② 내담자의 성격을 파악하지 못한 경우 또는 해석에 대한 실증적인 근거가 없는 경우 해석을 삼간다.
③ 상담 초기에는 감정의 반영, 상담 중기에는 명료화와 직면, 상담 후기에는 구체적인 해석의 과정을 거쳐 해석이 전개되도록 한다.
④ 즉각적인 해석이나 충고적인 해석을 삼가며, 모순은 지적하지 않는다.
⑤ 가급적 내담자가 스스로 해석을 내리도록 인도한다.

전문가의 한마디

이 문제는 앞선 3번 문제와 연결되어 있으므로 함께 학습하도록 합니다. 해석은 잠정적인 표현으로 제시하는 것이 좋습니다. 즉, 상담자가 판단한 내용을 단정적으로 해석해 주기보다는 이를 암시적이거나 잠정적으로 표현하는 것이 바람직합니다. 예를 들어, "그것이 바로 당신의 문제입니다"라고 말하기보다는 "그것인 것 같은데요" 혹은 "당신은 그 점을 가장 고려해야 할 것 같습니다"라고 말합니다. 이와 같은 해석의 제시 형태에 관한 문제가 1차 필기시험에 출제된 바 있습니다.

> 다음 중 상담기법에서 해석의 제시 형태로 가장 적합한 표현 양식은? [14년 기출]
> ① 나는 당신이 ~하기를 원합니다.
> ② 당신은 ~라고 생각하는 것 같군요.
> ③ 내가 당신이라면 ~게 하겠는데요.
> ④ ~하지 않는다면, 당신은 후회할 거예요.
>
> 답 ②

알아두기 상담 과정에서 해석의 제한점
• 해석은 내담자에게 위협을 줄 수 있다.
• 해석은 내담자로 하여금 저항을 불러일으켜 자기 탐색을 감소시키는 결과를 초래할 수 있다.
• 해석은 내담자로 하여금 자신의 문제를 주지화하여 내면적 감정을 드러내지 않는 결과를 초래할 수 있다.

05 인간중심 상담에서 로저스(Rogers)가 강조한 치료자의 특성을 3가지 쓰시오. 3점 08, 10, 14, 17, 18, 19, 20, 21, 22, 23, 24년 기출

※ 2024년 2회 7번 기출문제와 동일 또는 매우 유사하므로, 해당 해설을 참조하세요. ☞ 교재 49p

06 행동치료기법 중 토큰 이코노미(Token Economy)의 장점을 5가지 쓰시오. 5점 12, 18, 24년 기출

※ 2024년 1회 5번 기출문제와 동일 또는 매우 유사하므로, 해당 해설을 참조하세요. ☞ 교재 11p

07 엘리스(Ellis)가 제시한 비합리적인 신념을 5가지 쓰시오.

심화해설

① 인간은 주위의 모든 중요한 사람들에게서 항상 사랑과 인정을 받아야만 한다.
② 인간은 모든 면에서 반드시 유능하고 성취적이어야 한다.
③ 어떤 사람은 악하고 나쁘며 야비하다. 따라서 그와 같은 행위에 대해서는 반드시 준엄한 저주와 처벌이 내려져야 한다.
④ 일이 내가 바라는 대로 되지 않는 것은 끔찍스러운 파멸이다.
⑤ 인간의 불행은 외부 환경 때문이며, 인간의 힘으로는 그것을 통제할 수 없다.
⑥ 위험하거나 두려운 일이 일어날 가능성은 상존하므로, 그것이 실제로 일어날 가능성에 대해 항상 유념해야 한다.
⑦ 인생에 있어서 어떤 난관이나 책임을 직면하는 것보다 회피하는 것이 더욱 쉬운 일이다.
⑧ 인간은 타인에게 의지해야 하며, 자신이 의지할만한 더욱 강력한 누군가가 있어야 한다.
⑨ 인간의 현재 행동과 운명은 과거의 경험이나 사건에 의해 결정되며, 인간은 과거의 영향에서 결코 벗어날 수 없다.
⑩ 인간은 다른 사람의 문제나 곤란에 대해 항상 신경을 써야 한다.
⑪ 인간의 문제에는 항상 정확하고 완전한 해결책이 있으므로, 이를 찾지 못하는 것은 매우 유감스러운 일이다.

전문가의 한마디 '엘리스(Ellis)'가 11가지의 비합리적 신념을 제시한 이후 그와 그의 동료들은 점차 비합리적 신념의 목록을 늘려갔습니다. 그로 인해 비합리적 신념은 문제 해설로 제시한 11가지 외에도 더욱 많아졌습니다. 참고로 엘리스가 제시한 비합리적 신념은 교재마다 약간씩 다르게 번역하고 있으나 내용상 차이는 없습니다.

알아두기 비합리적 신념(사고)의 4가지 특징

당위적 사고	영어의 'Must'와 'Should'로 대변되는 것으로서, 우리말로는 "반드시 ~해야 한다"로 표현된다. 예 "나는 반드시 성공해야만 한다."
파국화 또는 재앙화	지나친 과장을 의미하는 것으로서, 우리말로는 "~하는 것은 끔찍한 일이다"로 표현된다. 예 "기말시험을 망치는 것은 정말 끔찍한 일이다."
좌절에 대한 인내심 부족	좌절을 유발하는 상황을 잘 견디지 못하는 것으로서, 세상에 대한 부정적·비관적인 시각을 가지게 된다. 예 "나는 다른 사람들에게서 죄인으로 오해를 받으면서 살 수 없다."
자기 및 타인에 대한 비하	자기 자신이나 타인 혹은 상황에 대해 경멸하거나 비하함으로써 파멸적인 사고를 하는 것이다. 예 "열심히 공부하고도 성적이 떨어졌으니, 나와 같은 바보가 세상에 또 있을까?"

전문가의 한마디 비합리적 신념(사고)의 특징은 교재에 따라 '비합리적 신념의 유형', '비합리적 신념의 차원', '비합리적 신념의 요소' 등으로도 제시되고 있습니다. 참고로 1차 필기시험에 다음과 같은 문제가 출제된 바 있습니다.

> 합리적 정서행동치료의 비합리적 신념의 차원 중 인간문제의 근본요인에 해당하는 것은?
>
> 15년 기출
>
> ① 당위적 사고
> ② 과 장
> ③ 자기비하
> ④ 인내심 부족
>
> 답 ①

08
자기표현훈련이 필요한 내담자의 특성을 5가지 쓰고, 자기표현훈련을 통해 내담자가 인식해야 할 사항을 2가지 쓰시오. 7점 10, 18년 기출

(1) 자기표현훈련이 필요한 내담자의 특성

고득점을 향한 심화해설

① 남의 시선을 회피한다.
② 상대방의 잘못에 대해 지적하거나 언급하기를 두려워한다.
③ 모임이나 회의에서 습관적으로 구석자리를 찾는다.
④ 자기를 비난하는 소리를 듣고만 있다.
⑤ 불만이나 적개심 등의 표현을 주저한다.
⑥ 지나치게 변명하고 사과하는 태도를 보인다.
⑦ 지배적인 인물에 대해 전혀 반박하지 못한다.
⑧ 좋아하거나 사랑하는 대상에게 애정을 표시하지 못한다.
⑨ 남을 칭찬할 줄도 남에게서 칭찬을 받을 줄도 모른다.
⑩ 친한 사람의 비합리적인 요구를 차마 거절하지 못한다.

(2) 자기표현훈련을 통해 내담자가 인식해야 할 사항

고득점을 향한 심화해설

① 자신 또한 다른 사람과 마찬가지로 인간으로서의 기본 권리를 가지고 있다.
② 자기 스스로 결정할 권리를 가지고 있다.
③ 타인으로부터 침해받지 않을 권리를 가지고 있다.
④ 자신의 생각과 감정을 표현할 권리를 가지고 있다.

전문가의 한마디

위의 문제 해설은 자기표현훈련이 필요한 내담자에게서 나타나는 구체적인 행동적 특성 및 내담자가 인식해야 할 구체적인 사항들에 초점을 두어 답안을 작성하였습니다. 이와 관련된 내용은 '이장호, 『상담심리학』, 박영사 刊'을 참조하시기 바랍니다. 참고로 2007년 실기시험(5번)에서는 자기표현훈련이 필요한 내담자의 행동상의 특성 및 훈련 과정에서의 유의사항을 쓰는 문제가 출제된 바 있습니다.

09 집단상담의 내담자로서 집단성원들의 적절한 자기노출을 위한 지침을 4가지 쓰시오.

4점 24년 기출

고득점을 향한 심화해설

※ 2024년 3회 11번 기출문제와 동일 또는 매우 유사하므로, 해당 해설을 참조하세요. ☞ 교재 82p

10 다음 보기의 사례를 읽고 물음에 답하시오.   4점 19년 기출

> 올해 15세로 중학교 3학년인 A군은 평소 학교 친구들과 어울리지 못하며, 거의 매일 아침 등교시간마다 학교가기를 거부하고 있다. A군은 학교에서 아이들이 자신과 놀아주기는커녕 괴롭히고 따돌린다면서, 학교에 가는 것이 죽고 싶을 만큼 싫다고 불평을 늘어놓았다. A군은 또래 아이들에 비해 골격이 크고 당당한 체구이며, 어려서부터 태권도를 좋아하여 현재까지 도장에 다니고 있다. 그러나 A군은 중학교에 진학한 이후 성적이 최하위권으로 떨어졌으며, 현재 A군의 담임선생님은 최근 실시한 집단지능검사의 결과와 함께 A군의 일반계 고등학교 진학이 어렵다는 이야기를 A군의 어머니에게 알려주었다고 한다. A군의 어머니는 자신의 아들이 담임선생님의 이야기처럼 고등학교 진학이 어려울 만큼 심각한 상태인지, A군이 학교생활에 적응하지 못하는 것을 어떻게 해결할 수 있을지, 앞으로 A군을 어떠한 방식으로 훈육해야 할 것인지 등의 문제를 호소하고 있다. 심리평가를 위해 A군과 A군의 어머니가 내원했을 때, A군은 무표정한 얼굴에 약간 어눌한 말투를 보였으며, 발음도 부정확했다. 또한 대답하는 것을 귀찮아하는 듯 매우 짧은 답변으로 일관했으며, 자신의 문제들을 쉽게 포기하려는 모습을 보였다.

보기의 내용에 제시된 내담자 A군의 문제와 관련하여 적절한 치료계획을 인지적·정서적·행동적 측면에서 4가지 기술하시오.

고득점을 향한 심화해설

① 인지적 측면 – 비합리적 신념 논박하기
   A군이 학교가기를 거부하는 것은 자신의 문제를 해결할 수 없다는 무기력과 함께 자기패배적인 비합리적·비생산적 신념에서 비롯된다(예 자신의 문제들을 쉽게 포기하려는 모습). 따라서 상담자는 A군의 비합리적 신념을 논박하고, 자기패배적인 자기대화를 합리적인 자기대화로 바꾸어 말하도록 유도한다.

② 정서적 측면 – 합리적 역할극 및 합리적 정서 심상법 사용하기
   A군은 자신이 주위의 친구들에게서 관심과 인정을 받고, 친구들이 자신과 놀아주기를 바라는 등 다른 사람이 자신이 원하는 방식대로 행동해 주기를 바라지만, 이는 실현 불가능한 일이다. 따라서 상담자는 합리적 역할극을 통해 A군의 부적응적 감정이 비합리적 신념에서 비롯된 것임을 피드백하는 한편, 다른 사람의 무관심에 대해 그들을 미워할 필요도, 스스로 우울해할 필요도 없음을 인식시킨다.

③ 인지적 · 행동적 측면 – 자기교습훈련

A군의 따돌림 피해경험은 불만이나 분노에 따른 비합리적 내적 언어를 형성하면서 A군의 정서적 장애와 함께 문제행동을 유발하고 있다. 따라서 상담자는 A군의 행동 변화를 위해 자기관찰, 자기대화(새로운 내적 대화의 시작), 자기교습(새로운 기술의 학습)으로 이어지는 3단계 행동변화법을 적용하여 부적응적 행동을 스스로 통제하고 효과적으로 대처하도록 돕는다.

④ 행동적 측면 – 기술훈련(사회기술훈련)

A군은 또래와의 대인관계에서 어려움을 겪고 있다. 청소년을 대상으로 한 기술훈련(Skill-streaming*)은 청소년으로 하여금 적절한 자기개방, 정서적 지지를 주는 방법, 갈등관리기술, 공감력, 다른 시각으로 바꾸어 보기 등 대인관계에 관한 기본적인 기술들을 가르쳐 주는 것이다. 따라서 상담자는 모델링, 역할연기, 피드백, 실제상황에의 적용 등의 방법으로 기술훈련을 실시함으로써 A군의 대인관계에 대한 자신감을 증가시킨다.

> * 스킬스트리밍(Skillstreaming) : 골드슈타인(Goldstein) 등이 제안한 것으로, 아동 및 청소년을 대상으로 한 일종의 사회기술훈련이다. 아동 및 청소년으로 하여금 사회적 행동을 체계적으로 습득시키도록 하는 전략으로서, 다음과 같은 내용들로 구성되어 있다.
>
> - 초보적 사회기술 : 대화 시작하기, 자기 소개하기, 칭찬하기 등
> - 발전된 사회기술 : 도움 요청하기, 사과하기, 지시하기 등
> - 감정을 다루는 기술 : 다른 사람의 분노감정 다루기, 애정 표현하기, 공포심 다루기 등
> - 공격적 행동을 대체하는 기술 : 놀림 당하는 것에 반응하기, 타협하기, 다른 사람을 도와주기 등
> - 스트레스에 대처하는 기술 : 혼자 남는 상황 다루기, 비난 다루기, 스트레스를 유발하는 대화에 대비하기 등
> - 계획 기술 : 목표 세우기, 의사결정하기, 문제해결을 위한 우선순위 세우기 등

전문가의 한마디

이 문제는 완전한 복원이 이루어지지 않아 실제 문제와 약간의 차이가 있을 수 있습니다. 수험생들의 의견에 따르면, 이 문제가 2012년 9번 문제와 동일한 사례를 가진 매우 유사한 문제였다는 것이나 완전히 동일한 문제는 아니라는 것이었습니다. 실제로 2005년, 2007년, 2009년 그리고 2012년에 출제된 문제는 공통적으로 9점의 높은 배점에서 볼 수 있듯이 인지적·정서적·행동적 측면에서 치료방향을 서술하는 방식으로 출제되었습니다. 그러나 이 문제는 앞선 문제들과 달리 치료방향을 3가지 차원으로 서술하는 것이 아닌 구체적인 치료계획을 4가지 방식으로 제시하도록 하고 있으며, 배점 또한 기존의 9점(3×3)이 아닌 비교적 낮은 4점(4×1)으로 책정하고 있다는 점입니다. 그렇다면 이 문제는 앞선 문제들과 동일한 문제가 아닌 변형된 문제로 보는 것이 타당합니다.

요컨대, 치료계획은 향후 전개할 치료 과정(치료 순서)에 관한 것일 수도 혹은 치료를 위한 구체적인 기법의 사용에 관한 것일 수도 있습니다. 그러나 문제에서 '4가지'를 기술하도록 요구한 만큼, 해당 문제는 단순히 치료 과정을 나열하는 것이 아닌 내담자인 A군의 부적응적 문제행동을 치료하기 위해 인지적·정서적·행동적 측면에서 구체적으로 어떤 기법들을 사용할 것인지를 계획한다는 의미를 내포한다고 볼 수 있습니다. 따라서 이전 문제들의 경우 인지적·정서적·행동적 측면에서 치료방향을 개략적으로 기술한 것과 달리, 이 문제에서는 가급적 구체적인 기법들을 각각 제시하여 내담자 A군의 문제행동을 어떻게 치료할 것인지를 설명하는 방식으로 답안을 작성하였습니다. 참고로 이 문제는 엘리스(Ellis)의 인지적·정서적·행동적 치료 또는 합리적·정서적 행동치료(REBT), 벡(Beck)의 인지치료, 마이켄바움(Meichenbaum)의 인지행동수정 중 어느 하나의 치료 방식을 전제로 한 것이 아닌 만큼 다양한 치료기법이 답안으로 도출될 수 있습니다. 또한 각각의 치료기법을 인지적·정서적·행동적 측면으로 명확히 구분하기 어려우므로 다양한 방식으로 답안 작성이 이루어질 수 있습니다(예 '합리적 역할극'은 교재에 따라 정서적 기법으로도 혹은 행동적 기법으로도 제시됨). 다만, 이 문제의 핵심은 내담자 A군의 문제행동을 치료하기 위해 인지적·정서적·행동적 측면에서 구체적으로 어떤 기법들을 적용할 수 있느냐에 관한 것이므로, 이 점 감안하여 답안을 작성하시기 바랍니다.

11 성인을 대상으로 한 심리치료와 구분되는 아동심리치료의 특징을 5가지 기술하시오.

5점 19년 기출

고득점을 향한 심화해설

① 아동 내담자의 언어발달 및 인지발달을 고려한다.

아동은 언어이해 및 표현능력이 제한적이며, 구체적인 사건이나 사물에 의존해야만 논리적인 추론을 할 수 있다. 따라서 아동심리치료(혹은 아동상담)는 치료자(혹은 상담자)의 언어적 상호작용보다 비언어적 의사소통 경험이 강조되며, 아동의 복잡한 느낌이나 생각들을 통합하기 위해 실제적인 수단을 필요로 한다.

② 치료(상담) 동기 부여를 위한 치료(상담) 초기 관계형성이 중시된다.

아동은 자신의 의지가 아닌 부모, 교사 등 타인에 의해 의뢰되므로, 자신의 문제를 다루려는 동기가 부족하다. 따라서 아동심리치료에서는 치료 초기단계에서 아동 내담자와 치료관계(상담관계)를 형성하는 과정이 매우 중요하다.

③ 치료 과정에 놀이 등 아동 내담자와의 문제 공유를 위한 다양한 방법들이 활용된다.

아동은 치료자와 자신의 문제를 공유하는 능력이 부족하다. 따라서 치료자는 아동의 흥미를 불러일으킬 수 있는 방법(예 놀이, 미술 등)을 찾기 위해 노력해야 하며, 아동의 탐구욕구와 조작욕구를 치료 과정에 적극 활용할 필요가 있다.

④ 아동 내담자의 전인적 발달을 위한 통합적 접근이 요구된다.

아동은 지적·정서적·사회적·신체적 변화가 수반되는 발달 과정상에 있으며, 각 발달영역들이 서로 상호보완적인 전인적 발달을 하게 된다. 따라서 아동심리치료에서는 아동 개개인의 고유한 문제 외에 발달과제의 성공적인 수행을 도울 수 있는 방안이 포함되어야 하며, 각 발달영역과 관련하여 통합적인 접근이 필요하다.

⑤ 아동 내담자에게 영향을 미치는 부모, 교사 등의 협조와 참여가 요구된다.

아동은 가정이나 학교 혹은 주변 환경에 의해 크게 영향을 받는다. 따라서 아동심리치료가 효과적으로 이루어지기 위해서는 부모, 교사 등 관련인물들의 참여가 필수적이며, 경우에 따라 부모심리치료, 가족심리치료 등이 필요하다.

전문가의 한마디 | 엄밀한 의미에서 '상담'과 심리치료'는 서로 다른 개념이나, 이를 구분하는 기준에 대해서는 학자들 간에 의견이 분분합니다. 상담은 아동이나 내담자가 현실적으로 부딪치고 있는 의식적인 수준의 문제를 주로 다루는 반면, 심리치료는 성격적인 문제나 무의식적인 문제를 주로 다룬다고 주장하는 학자들도 있습니다. 그러나 인간의 문제(특히 아동의 문제인 경우 더더욱)는 복합적이고 상호 관련성이 높기 때문에, 비록 현실적이고 의식적인 문제라 할지라도 그 대부분이 성격적인 특성이나 무의식적인 갈등과 깊이 연관되어 있다는 점에서 그와 같은 주장은 설득력이 떨어집니다. 위의 해설 또한 아동상담 및 아동심리치료에 공통적으로 적용할 수 있는 것으로서, 관련 내용은 '김춘경 外, 『아동학개론』, 학지사 刊', '신현균, 『아동 심리치료의 실제』, 학지사 刊', '박랑규 外, 『아동심리치료학개론』, 학지사 刊' 등을 참조하였습니다.

알아두기 **아동심리치료의 중요성**
- 아동의 발달 과정에서 발생한 문제가 청소년기의 비행이나 성인기의 병리적인 문제로 발전하는 것을 사전에 예방할 수 있다.
- 아동의 신체적 발달에 영향을 미치는 정서적·환경적 요인들을 수정함으로써 아동의 건강한 발달을 돕는다.
- 아동심리치료는 아동뿐만 아니라 부모 자신의 이해에 도움이 되는 과정이다.
- 아동의 변화는 가족의 변화를 가져오는데, 아이의 변화가 가족의 변화를 유도하게 된다.

12 다음 보기는 임상심리학에서 일반적인 자문의 순서를 나타낸 것이다. 빈칸에 들어갈 내용을 각각 쓰시오.

- 제1단계 – 질문의 이해
- 제2단계 – (A)
- 제3단계 – (B)
- 제4단계 – 종결
- 제5단계 – (C)

※ 2023년 1회 11번 기출문제와 동일 또는 매우 유사하므로, 해당 해설을 참조하세요. ☞ 교재 116p

13 시간-제한적 집단정신치료의 주요 특징을 3가지 쓰시오. 3점 15, 23년 기출

> **고득점을 향한**
> **심화해설**
>
> ※ 2023년 1회 8번 기출문제와 동일 또는 매우 유사하므로, 해당 해설을 참조하세요. ☞ 교재 110p

14 심리평가의 최종보고서에 반드시 포함되어야 할 내용을 5가지만 쓰시오. 5점 10, 17, 20, 23년 기출

> **고득점을 향한**
> **심화해설**
>
> ※ 2023년 2회 20번 기출문제와 동일 또는 매우 유사하므로, 해당 해설을 참조하세요. ☞ 교재 166p

15. WAIS-Ⅳ에서 연속적인 수준의 해석방법 5단계를 쓰시오. [5점]

고득점을 향한 심화해설

① 수준 1 – FSIQ와 GAI의 해석
  ㉠ WAIS-Ⅳ에서 전체지능지수(FSIQ ; Full Scale IQ)는 일반 지능에 대한 안정적인 측정치로 간주되나, 수검자의 상태나 수검 태도에 민감한 작업기억지수(WMI ; Working Memory Index)나 처리속도지수(PSI ; Processing Speed Index)가 전체지능지수(FSIQ)의 산출에 영향을 미칠 수 있다.
  ㉡ 일반능력지수(GAI ; General Ability Index)는 언어이해지수(VCI ; Verbal Comprehension Index)와 지각추론지수(PRI ; Perceptual Reasoning Index)의 점수를 합산하여 산출하는 부가지수로, 전체지능지수(FSIQ)에 대한 대안적인 측정치로 간주된다.
  ㉢ 리히텐베르크와 카우프만(Lichtenberg & Kaufman)은 4가지 지수(VCI, PRI, WMI, PSI) 중 가장 높은 지수점수와 가장 낮은 지수점수의 차이가 1.5표준편차(SM) 미만인 경우 전체지능지수(FSIQ)에 대한 해석을 한 후 다음의 해석 단계를 진행하는 한편, 그 차이가 1.5표준편차(SM) 이상인 경우 일반능력지수(GAI)를 대안적인 일반 지능의 추정치로 해석할 수 있는지를 결정하도록 하였다.

② 수준 2 – 지수점수 및 군집 분석
  ㉠ 개인의 인지기능을 개념적으로 좀 더 구체적이고 자세히 이해하며, 그 인지적 특성이 일상생활에서의 기능과 어떻게 연관되는지를 경험적으로 설명하기 위해서는 4가지 지수점수를 해석하는 것이 유용하다.
  ㉡ 지수점수에 대한 해석은 수검자의 인지기능상 강점과 약점을 설명할 때 유용한데, 이때 각 지수점수 간 비교를 통해 개인 내적인 인지적 강점 및 약점을 고려하는 한편, 규준집단과의 비교를 통해 일반적인 적응상의 인지적 강점 및 약점도 동시에 고려해야 한다.
  ㉢ 지수점수를 통해 인지기능상 강점과 약점을 의미있게 해석하기 어려운 경우 키스(Keith)의 5요인 모형에 의한 군집 분석, WAIS-Ⅳ의 이론적 모델에 기초한 임상적 군집 분석, CHC 모형(Cattell-Horn-Carroll Model)에 기초한 임상적 군집 분석 등 다양한 군집을 적용하여 해석할 수 있다.

③ 수준 3 – 소검사 간 변산성에 대한 분석 및 해석
  ㉠ 각 소검사가 전체지능지수(FSIQ)나 지수점수로부터 이탈된 정도를 고려하여 개인의 상대적인 인지적 강점과 약점을 설명하는 단계이다. 다만, 이때 해석은 소검사 간 변산성이 충분한 정도인 경우에만 가능하다.

ⓒ 이와 같은 해석을 위해서는 우선 소검사 간 변산이 유의한지를 결정해야 한다. 만약 그것이 유의하다고 판단된다면 소검사 중 상대적으로 높은(혹은 낮은) 점수가 어떤 의미가 있는지에 대해 해석적 가설을 세우며, 이를 수검자에 대한 배경 정보와 통합하여 해석하여야 한다.

④ 수준 4 – 과정점수를 포함한 질적 분석 및 해석
  ㉠ 소검사 간 변산에 관한 잠정적인 설명을 위해서는 그와 같은 점수가 도출된 과정에 대한 질적인 접근이 필요하다.
  ㉡ WAIS-Ⅳ에서는 토막짜기, 숫자, 순서화 소검사를 활용한 다음의 과정점수가 개발되어 있다.

> - 시간 보너스 없는 토막짜기(BDN ; Block Design No Time Bonus)
> - 숫자 바로 따라하기(DSF ; Digit Span Forward)
> - 숫자 거꾸로 따라하기(DSB ; Digit Span Backward)
> - 숫자 순서대로 따라하기(DSS ; Digit Span Sequencing)
> - 최장 숫자 바로 따라하기(LDSF ; Longest Digit Span Forward)
> - 최장 숫자 거꾸로 따라하기(LDSB ; Longest Digit Span Backward)
> - 최장 숫자 순서대로 따라하기(LDSS ; Longest Digit Span Sequence)
> - 최장 순서화(LLNS ; Longest Letter-Number Sequence)

⑤ 수준 5 – 소검사 내 변산성에 대한 분석 및 해석
  ㉠ WAIS-Ⅳ는 쉬운 난이도의 문항과 어려운 난이도의 문항이 섞여 있는데, 만약 쉬운 문항에서 실패하고 어려운 문항에서 성공하는 경우, 난이도 수준과 무관하게 고르지 않은 수행 패턴을 보이는 경우 그 이유를 탐색해 보아야 한다.
  ㉡ 수검자의 비전형적인 수행 패턴은 단순한 주의력의 문제일 수도, 기억 인출의 효율성 저하나 더 나아가 대뇌피질의 손상 등이 원인일 수 있다. 다만, 극히 쉬운 문항에서의 실패는 수검자의 의도적인 속임수 때문일 수도 있다.

전문가의 한마디 WAIS-Ⅳ는 이전 버전과는 다른 소검사 구성을 보이고 있으며, 특히 지수점수 체계를 새롭게 도입하고 있습니다. 따라서 새롭게 개발된 소검사 구성 및 특성에 따라 소검사 간 그리고 소검사 내 변산을 분석하고, 과정점수와 같이 체계화된 지수를 포함한 질적 분석 및 해석을 수행할 필요가 있습니다. WAIS-Ⅳ의 5단계 수준의 해석방법은 그로스-마르낫과 라이트(Groth-Marnat & Wright)가 제안한 것이며, 참고로 K-WAIS-Ⅳ에서는 황순택 등이 프로파일의 기본적 분석을 위한 10단계 해석방법을 제안한 바 있습니다.

알아두기 K-WAIS-Ⅳ에서 프로파일의 기본적 분석을 위한 10단계 해석방법(황순택 등)
- 제1단계 : 전체지능지수(FSIQ)의 보고 및 기술
- 제2단계 : 언어이해지수(VCI)의 보고 및 기술
- 제3단계 : 지각추론지수(PRI)의 보고 및 기술
- 제4단계 : 작업기억지수(WMI)의 보고 및 기술
- 제5단계 : 처리속도지수(PSI)의 보고 및 기술
- 제6단계 : 지수수준에서의 차이값 비교의 평가
- 제7단계 : 강점과 약점의 평가
- 제8단계 : 소검사 수준에서의 차이값 비교의 평가
- 제9단계 : (선택적) 소검사 내의 점수패턴 평가
- 제10단계 : (선택적) 과정분석의 수행

16 MMPI의 상승척도쌍 1-3/3-1 유형에서 '3'이 더 높은 경우의 임상적 양상을 4가지 쓰시오.

4점

> **심화해설**
> ① 위장 계통, 호흡기 계통에서의 불편감이나 심장 관련 증상 등 신체적 증상을 호소한다.
> ② 부인(Denial) 및 억압(Repression)의 방어기제를 사용하면서 낙관적인 태도를 보인다.
> ③ 사교적이면서도 수동-의존적인 양상을 보인다.
> ④ 자신의 신체적 불편감을 이용하여 다른 사람들을 조종하려고 든다.

전문가의 한마디 MMPI의 상승척도쌍 1-3/3-1 유형에서 '3'이 더 높은 환자의 경우 스트레스 상황에서 신체적 증상을 나타내는 것이 특징입니다. 흥미로운 것은 스트레스 상황에서 벗어나면 신체적 증상이 없어지다가도 스트레스 상황에 다시 놓이는 경우 신체적 증상이 재발한다는 점인데, 그들의 그와 같은 증상은 2차적 이득과 관련되어 있는 경우가 대부분입니다. 이러한 신체적 증상은 책임과 의무를 회피하도록 해 주는 한편, 다른 사람들로부터 동정심을 이끌어냄으로써 타인을 통제하도록 해 줍니다. 복습 차원에서 1차 필기시험에 출제된 다음의 문제를 풀어보시기 바랍니다.

다음 30대 여성의 다면적 인성검사 MMPI-2 결과에 대한 해석으로 적절한 것은? 18, 22년 기출

Hs	D	Hy	Pd	Mf	Pa	Pt	Sc	Ma	Si
72	65	75	50	35	60	64	45	49	60

① 스트레스 상황에서 신체증상이 과도하고 회피적 대처를 할 소지가 크다.
② 망상, 환각 등의 정신증적 증상이 나타나기 쉽다.
③ 반사회적 행동을 보일 가능성이 크다.
④ 외향적이고 과도하게 에너지가 항진되어 있기 쉽다.

답 ①

17 MMPI-2의 성격병리 5요인 척도(PSY-5 척도)를 쓰시오. [5점] [18년 기출]

고득점을 향한 심화해설

① 공격성(AGGR, Aggressiveness)
   ㉠ 도구적인 공격성에 초점을 둔 척도로서, 모욕적·약탈적 공격성, 다른 사람을 지배·정복·파괴하고자 하는 적대적인 욕구 등을 반영한다.
   ㉡ 이 척도에서 높은 점수를 받은 사람은 다른 사람에게 위협을 가하는 것을 즐기며, 목표달성을 위해 공격적인 방법을 사용하기도 한다.

② 정신증(PSYC, Psychoticism)
   ㉠ 현실과의 단절을 평가하는 데 초점을 둔 척도로서, 활성화된 정신병적 사고, 특이한 경험, 백일몽, 불신과 의심 등을 반영한다.
   ㉡ 이 척도에서 높은 점수를 받은 사람은 관계망상과 함께 와해된 사고, 기이하며 혼란된 사고를 가지고 있다. 또한 우회적이거나 탈선된 사고를 보이기도 한다.

③ 통제 결여(DISC, Disconstraint)
   ㉠ 감각추구, 위험추구에 초점을 둔 척도로서, 편의주의적 도덕성, 비행, 충동성, 대담성 등을 반영한다.
   ㉡ 이 척도에서 높은 점수를 받은 사람은 충동적이고 위험추구적이며, 일상적인 일에 쉽게 지루해하고 관습에 얽매이는 것을 싫어한다.

④ 부정적 정서성/신경증(NEGE, Negative Emotionality/Neuroticism)
   ㉠ 부정적 정서를 경험하는 성격적 특성에 초점을 둔 척도로서, 걱정과 불안, 짜증과 분노, 두려움과 죄책감을 유발하는 스트레스로 인한 압박감 등을 반영한다.
   ㉡ 이 척도에서 높은 점수를 받은 사람은 입력되는 정보의 부정적 측면에 초점을 둔 채 과도하게 걱정하고 최악의 시나리오를 상상하며, 자기 비판적이고 죄책감을 느끼기도 한다.

⑤ 내향성/낮은 긍정적 정서성(INTR, Introversion/Low Positive Emotionality)
   ㉠ 기쁨이나 즐거움을 경험하는 성격적 특성에 초점을 둔 척도로서, 사회적 이탈, 정서적 회복력 결여 등을 반영한다.
   ㉡ 이 척도에서 높은 점수를 받은 사람은 기쁨이나 즐거움을 경험할 수 있는 능력이 거의 없고 내향적인 성격을 가지고 있으며, 성취에 대한 욕구가 낮고 우울하고 비관적인 성향을 가지고 있다.

MMPI-2의 성격병리 5요인 척도(PSY-5 척도)는 정상적인 기능과 임상적인 문제 모두와 관련되는 성격특질들을 평가하기 위해 제작된 척도입니다. PSY-5 척도의 근간을 이루는 개념들은 성격 5요인 모델(Five-Factor Model)의 이른바 'Big-5'로 불리는 구성요소와 유사하나 완전히 동일하지는 않습니다. 물론 제작자들도 그것이 광범위한 성격적 구성개념이라는 견해에 동의하기는 했지만, 그 구성개념들을 평가하는 기존의 성격척도들(예 NEO-PI-R)이 정상적인 성격 기능과 임상적인 문제를 가진 성격 기능 모두를 평가하기에는 적절하지 않다고 판단했던 것입니다.

성격 5요인모델(Big-5)	성격병리 5요인척도(PSY-5)

• 신경증(Neuroticism)
• 외향성(Extraversion)
• 경험에 대한 개방성(Openness to Experience)
• 친화성 또는 우호성(Agreeableness)
• 성실성(Conscientiousness)
	• 공격성(Aggressiveness)
	• 정신증(Psychoticism)
	• 통제결여(Disconstraint)
	• 부정적 정서성/신경증
	  (Negative Emotionality/Neuroticism)
	• 내향성/낮은 긍정적 정서성
	  (Introversion/Low Positive Emotionality)

18 주의력결핍 및 과잉행동장애(ADHD)의 치료방법 중 행동치료의 기법을 3가지 쓰고, 각각에 대해 설명하시오.

> **심화해설**
>
> ① 타임아웃(Time-out)
> 문제 행동을 중지시킬 목적으로 문제가 일어나는 상황으로부터 내담자를 일정시간 분리시키는 기법이다. 내담자의 바람직하지 못한 행동에 강화를 주지 않음으로써 반응의 강도 및 출현빈도를 감소시키는 일종의 소거(Extinction) 기술에 해당한다.
>
> ② 토큰경제(Token Economy)
> 내담자와 행동계약을 체결하여 적응적 행동을 하는 경우 토큰(보상)을 주어 강화하는 기법이다. 특히 물리적 강화물(토큰)과 사회적 강화물(칭찬)을 연합함으로써 내적 동기의 가치를 학습하도록 유도한다.
>
> ③ 반응대가(Response Cost)
> 내담자가 특정 행동을 한 것에 대해 대가를 지불하도록 하는 기법이다. 내담자가 감소 표적행동을 한 경우 내담자가 가치 있다고 여기는 중요한 물건을 치료자에게 맡기도록 하거나, 내담자가 좋아하는 행동에 대해 제약을 가한다.
>
> ④ 과잉교정(Overcorrection)
> 잘못된 행동이 과도한 양상을 보이는 경우 또는 강화로 제공될 대안행동이 거의 없거나 효과적인 강화인자가 없는 경우 유용한 기법이다. 예를 들어, 한 아동이 물건을 부수거나 친구를 때리는 등의 폭력적인 행동을 하는 경우 즉각적으로 자연스러운 상황을 재구성하도록 요구하면서, 그와 같은 행동을 한 것에 대해 상대방 또는 집단성원들에게 사과를 하도록 요구할 수 있다.
>
> ⑤ 조건부 계약(Contingency Contract)
> 조건부 계약은 내담자의 표적행동과 그에 따른 결과의 관계를 구체화한 문서화된 동의서에 해당한다. 표적행동, 표적행동의 수행결과, 그리고 각 표적행동과 그 결과에 대한 명확한 조건이 명료하게 정의되어 계약 참여자의 서명을 거치게 되므로, 참여자로서 내담자는 계약서의 내용대로 역할을 잘 수행하기 위해 노력하게 된다.

전문가의 한마디

일반적으로 ADHD의 치료방법으로는 리탈린(Ritalin), 덱스드린(Dexedrine) 등의 중추신경계 자극제를 이용한 약물치료를 널리 사용하지만 약물치료만으로 충분한 효과를 기대하기 어려우므로 행동치료나 인지행동치료, 사회기술훈련 등 다양한 방법들을 사용합니다. 특히 행동치료에서는 타임아웃, 반응대가, 과잉교정 등 바람직하지 못한 행동을 감소시키는 방법이나, 토큰경제, 조건부 계약 등 강화제를 이용하여 바람직한 행동을 촉진시키는 방법을 널리 사용합니다. 이 문제에서는 행동치료의 두 가지 부류를 구분하고 있지 않지만, 만약 행동감소치료 3가지를 쓰도록 요구하는 경우 타임아웃, 반응대가, 과잉교정 등을 답안으로 작성하시기 바랍니다. 복습 차원에서 1차 필기시험에 출제된 다음의 문제를 풀어보시기 바랍니다.

아동의 바람직하지 않은 행동을 감소시키기 위해 사용할 수 있는 적합한 기법은?   〔19년 기출〕

① 행동연쇄(Chaining)
② 토큰경제(Token Economy)
③ 과잉교정(Overcorrection)
④ 주장훈련(Assertive Training)

답 ③

19 다음 보기의 사례를 읽고 물음에 답하시오.   6점 18년 기출

> 올해 20세인 대학생 A양은 자신의 키에 비해 몸무게가 현저히 덜 나가는 상태임에도 불구하고 자신은 더욱 날씬해져야 한다고 생각하고 있으며, 실제로 음식을 먹고 싶은 마음도 없다. A양의 부모는 걱정스러운 마음에 A양에게 억지로 음식을 권하기도 하나, A양은 먹는 둥 마는 둥 하다가 자신의 방으로 돌아와서는 토해 내는 경우가 대부분이다. A양은 집에서는 물론 밖에서도 음식 먹는 자리를 피하였으며, 그로 인해 자주 어지러움과 피곤함을 느끼고 최근 몇 달 동안 월경도 멈춘 상태이다. A양은 병원에 가 보자는 부모의 걱정이 부담스러워 자신의 신체적인 문제를 일절 말하지 않고 있으며, 점점 더 야위어 가는 자신의 모습에 오히려 만족스러워하고 있다.

보기에서 A양의 증상을 토대로 유추 가능한 진단명을 쓰고, 그 구체적인 진단 기준을 기술하시오.

(1) 진단명

고득점을 향한 심화해설

신경성 식욕부진증(Anorexia Nervosa)

(2) 진단 기준

고득점을 향한 심화해설

① 필요한 양에 비해 영양분 섭취를 제한함으로써 나이, 성별, 발달수준, 신체건강의 맥락에서 현저한 저체중을 초래한다. '현저한 저체중'은 정상의 최저수준보다 체중이 덜 나가는 것으로 정의되며, 아동 및 청소년의 경우 기대치의 최저수준보다 체중이 덜 나가는 것을 의미한다.

② 현저한 저체중 상태임에도 불구하고, 체중이 증가하거나 비만이 되는 것에 대한 극심한 두려움, 혹은 체중 증가를 막기 위한 지속적인 행동을 보인다.
③ 체중이나 체형의 경험 방식에서의 장해, 자기평가에 있어서 체중이나 체형의 지나친 영향, 혹은 현재의 체중미달의 심각성에 대한 지속적인 인식 부족을 나타내 보인다.

> **전문가의 한마디**
>
> 이 문제는 완전한 복원이 이루어지지 않아 실제 문제와 약간의 차이가 있을 수 있습니다. 신경성 식욕부진증은 자발적으로 유도한 체중 감량 상태로, 음식 섭취를 거부한다는 의미에서 '거식증(拒食症)'이라고도 합니다. 보통 내성적이고 모범적이며 완벽주의적인 청소년기 혹은 성인 초기 여성에게서 흔히 나타나는 것으로 알려져 있는데, 이는 스트레스가 많은 생활사건과 밀접하게 연관되어 있음을 시사합니다. 간혹 신경성 식욕부진증(Anorexia Nervosa)과 신경성 폭식증(Bulimia Nervosa)을 혼동하는 분들이 있는데, 신경성 폭식증은 반복적인 폭식 삽화를 보이는 경우로 체중 증가를 막기 위해 부적절한 행동을 한다는 점에서 신경성 식욕부진증과 유사하나, 신경성 폭식증은 최소한 정상 수준 혹은 그 이상의 체중을 유지한다는 점에서 차이가 있습니다.
>
> 요컨대, DSM-5에서는 신경성 식욕부진증의 3가지 핵심증상으로, 지속적인 영양분 섭취의 제한, 체중의 증가나 비만이 되는 것에 대한 극심한 두려움 혹은 체중 증가를 막기 위한 지속적인 행동, 그리고 체중이나 체형에 대한 자기인식의 장해를 제시하고 있습니다. 또한 신경성 식욕부진증과 관련하여 그것이 제한형(Restricting Type) 혹은 폭식/제거형(Binge-eating/Purging Type) 중 어느 하나에 해당하는지를 명시하도록 하고 있습니다. 이와 관련하여 1차 필기시험에 다음과 같은 문제들이 출제된 바 있습니다.

신경성 식욕부진증에 관한 설명으로 틀린 것은? [17년 기출]

① 제한적 섭취로 인해 체중이 심각하게 줄어든다.
② 체중 증가에 대한 극심한 두려움이 있다.
③ 신체를 왜곡하여 지각한다.
④ 신경성 폭식증보다 의학적 합병증이 적게 나타난다.

답 ④

신경성 식욕부진증에 관한 설명으로 틀린 것은? [20년 기출]

① 폭식하거나 하제를 사용하는 경우는 해당하지 않는다.
② 체중과 체형이 자기평가에 지나치게 영향을 미친다.
③ 말랐는데도 체중의 증가와 비만에 대한 극심한 두려움이 있다.
④ 체중을 회복시키고 다른 합병증의 치료를 위해 입원치료가 필요한 경우도 있다.

답 ①

알아두기 DSM-5에 의한 신경성 식욕부진증(Anorexia Nervosa)의 하위유형

제한형 (Restricting Type)	지난 3개월 동안 폭식이나 제거행동(즉, 스스로 구토를 유도하거나 하제, 이뇨제, 관장제를 사용함)이 반복적으로 나타나지 않는다. 이러한 하위유형은 체중미달이 주로 체중관리, 단식 그리고 (혹) 과도한 운동에 의해 이루어진 것임을 나타낸다.
폭식/제거형 (Binge-eating/Purging Type)	지난 3개월 동안 폭식이나 제거행동(즉, 스스로 구토를 유도하거나 하제, 이뇨제, 관장제를 사용함)이 반복적으로 나타났다.

20 만성 정신질환자에 대한 재활개입 방법을 3가지 쓰고, 각각에 대해 설명하시오.

6점 09, 16, 22년 기출

고득점을 향한 심화해설

※ 2022년 1회 17번 기출문제와 동일 또는 매우 유사하므로, 해당 해설을 참조하세요. ☞ 교재 222p

21 임상장면에서는 환자의 신경심리평가를 위해 종합심리검사인 풀배터리(Full Battery)를 실시한다. 이러한 풀배터리에는 보통 지능검사가 포함되는데, 풀배터리에 지능검사를 넣는 이유를 5가지 쓰시오. 5점 18년 기출

고득점을 향한 심화해설

① 개인의 신경학적 문제와 정신건강의학적 문제를 감별진단하는 데 사용된다.
② 개인의 성격적·정서적 특징을 파악하는 데 사용된다.
③ 개인의 적응에 도움을 주는 강점은 물론 장애를 일으키는 약점을 파악하는 데 사용된다.
④ 개인의 인지적 특성은 물론 신체감각, 운동기능 등을 파악하는 데 사용된다.
⑤ 수검 과정에서의 직접적인 행동관찰을 통해 적응적 혹은 부적응적 행동 양상을 이해하는 자료로 사용된다.

전문가의 한마디 보통 일반인들은 지능검사를 아동 및 청소년의 지적 능력을 평가하기 위한 도구로 생각하는 경향이 있습니다. 그로 인해 이미 오래 전 학습장면을 떠난 성인 환자를 대상으로 지능검사를 실시하고자 할 때 그에 대한 거부감을 표현하는 경우들을 볼 수 있습니다. 그러나 정신건강의학과나 심리상담 관련 기관에서 실시하는 종합심리검사(Full Battery) 안에는 거의 대부분 지능검사가 포함되어 있습니다. 그 이유는 지능검사가 단지 지능지수(IQ) 측정을 목적으로 하는 것이 아닌 개인의 성격을 반영하는 역동적인 도구로 활용될 수 있기 때문입니다. 더욱이 지능은 다양한 정신장애의 예후에 영향을 미치는 여러 요인들 중 주요 공통요인에 해당합니다. 이와 같이 지능은 개인의 학습이나 적응, 정신장애의 예후 측면에서 중요하며, 개인차를 설명하고 인간행동을 이해하기 위해 필수적입니다.

목적과 그에 따른 계획이 없으면 목적지 없이 항해하는 배와 같다.

- 피츠휴 닷슨 -

2020년

임상심리사 2급

- **제1회** 기출(복원)문제 및 해설
- **제2회** 기출(복원)문제 및 해설
- **제3회** 기출(복원)문제 및 해설

합격의 공식 시대에듀

작은 기회로부터 종종 위대한 업적이 시작된다.

– 데모스테네스 –

끝까지 책임진다! 시대에듀!

QR코드를 통해 도서 출간 이후 발견된 오류나 개정법령, 변경된 시험 정보, 최신기출문제, 도서 업데이트 자료 등이 있는지 확인해 보세요! **시대에듀 합격 스마트 앱**을 통해서도 알려 드리고 있으니 구글 플레이나 앱 스토어에서 다운받아 사용하세요. 또한, 파본 도서인 경우에는 구입하신 곳에서 교환해 드립니다.

제1회 기출(복원)문제 및 해설

2020

기출이 답이다 임상심리사 2급 2차 실기합격

※ 임상심리사 2급 실기시험은 기출 미공개 시험으로, 본 교재는 기출 키워드를 분석하여 복원한 문제를 수록하였습니다. 실제문제와 차이가 있을 수 있으므로 참고하시기 바랍니다.

01 프로차스카(James O. Prochaska) 등의 행동변화 6단계 과정을 순서대로 쓰시오.

6점 / 23, 24년 기출

고득점을 향한 심화해설

※ 2024년 2회 3번 기출문제와 동일 또는 매우 유사하므로, 해당 해설을 참조하세요. ☞ 교재 43p

02 다음 보기의 사례를 읽고 물음에 답하시오. `4점` `24년 기출`

> 내담자 : 저는 지난밤 너무도 기이한 꿈을 꾸었어요. 아버지와 함께 숲으로 사냥을 나섰는데요, 사냥감에 온통 주의를 기울이느라 깊숙한 곳까지 다다르게 되었죠. 그런데 갑자기 바위 뒤편에서 커다란 물체가 튀어나오는 거예요. 저는 순간 사슴인 줄 알고 방아쇠를 당겼지요. 어렴풋이 그 물체가 쓰러진 듯이 보였고, 저는 두근거리는 가슴을 부여잡은 채 서서히 다가갔어요. 가까이 가보니 그 물체는 사슴이 아닌 아버지였어요. 아버지가 숨을 쉬지 않은 채 죽어 있더라고요. 사슴 사냥 장면이 나오는 영화를 본 지 며칠 안 돼서 그런 꿈을 꾸었는지 모르겠어요.
>
> 상담자 : _____

보기의 내담자의 진술에 대해 밑줄에 들어갈 적절한 상담자의 반응을 제시된 개입기술을 사용하여 쓰시오.

(1) 명료화

고득점을 향한 심화해설

※ 2024년 1회 4번 기출문제와 동일 또는 매우 유사하므로, 해당 해설을 참조하세요. ☞ 교재 9p

(2) 직 면

고득점을 향한 심화해설

※ 2024년 1회 4번 기출문제와 동일 또는 매우 유사하므로, 해당 해설을 참조하세요. ☞ 교재 9p

03 다음 보기의 사례를 읽고 물음에 답하시오. [4점] [15, 22년 기출]

> A군은 임상심리학 전공 대학원생으로, ○○상담센터에서 실습을 하고 있다. A군은 자신이 개발한 새로운 프로그램을 상담에 적용해 보려던 차에, 마침 평소 자신이 호감을 가지고 있던 한 여학생이 상담센터를 찾아와 상담을 신청한 사실을 알게 되었다. A군은 그 여학생과의 상담을 자신이 맡겠다고 제안하였다.

보기의 내용에 제시된 A군의 행동이 윤리적으로 타당한지의 여부를 쓰고, 그에 대한 이유를 제시하시오.

(1) 윤리적 타당성 여부(상담을 진행해도 되는가?)

고득점을 향한 심화해설

※ 2022년 3회 5번 기출문제와 동일 또는 매우 유사하므로, 해당 해설을 참조하세요. ☞ 교재 238p

(2) 이유

고득점을 향한 심화해설

※ 2022년 3회 5번 기출문제와 동일 또는 매우 유사하므로, 해당 해설을 참조하세요. ☞ 교재 238p

04 다음은 상담 초기에 흔히 볼 수 있는 대화이다. 보기의 내용을 읽고 질문에 답하시오.

4점 | 03, 06, 16, 22년 기출

> 내담자 : 선생님, 저는 솔직히 확신이 서지 않습니다. 상담 받고 나면 과연 좋아질까요?
> 상담자 : 그렇게 말씀하시니 다행이군요. 솔직하게 이야기한다는 것 자체가 쉽지 않거든요.
> 내담자 : 오해는 마세요. 선생님을 믿지 못해서가 아니에요. 단지, 상담을 받아도 나아지지 않는다면 어떻게 해야 할지 불안해서요.
> 상담자 : _____

보기에서 내담자는 상담의 효과에 대한 의문과 회의를 표명하였다. 이와 같은 경우 상담자는 어떻게 반응해야 하며, 그러한 반응의 근거는 무엇인지 설명하시오.

(1) 상담자의 반응

고득점을 향한 심화해설

※ 2022년 3회 2번 기출문제와 동일 또는 매우 유사하므로, 해당 해설을 참조하세요. ☞ 교재 232p

(2) 반응의 근거

고득점을 향한 심화해설

※ 2022년 3회 2번 기출문제와 동일 또는 매우 유사하므로, 해당 해설을 참조하세요. ☞ 교재 232p

05 상담장면에서 '생산적인 경청'을 하는 상담자가 보이는 구체적인 태도를 5가지 쓰시오.

[5점] 06, 15, 20, 23년 기출

고득점을 향한 심화해설

※ 2023년 2회 6번 기출문제와 동일 또는 매우 유사하므로, 해당 해설을 참조하세요. ☞ 교재 141p

06 청소년 상담을 포함하여 일반적인 상담의 종결 과정에서 다루어야 할 사항을 5가지 기술하시오.

[5점] 14, 23년 기출

고득점을 향한 심화해설

※ 2023년 1회 4번 기출문제와 동일 또는 매우 유사하므로, 해당 해설을 참조하세요. ☞ 교재 103p

07 다음 보기는 슈퍼비전의 기능에 대한 설명이다. 괄호 안에 들어갈 슈퍼비전의 기능을 쓰시오.

4점 24년 기출

- (A) 기능은 슈퍼바이지의 업무능력 개선에 목표를 두고 업무에 필요한 지식과 기술을 제공하는 것이다.
- (B) 기능은 슈퍼바이지의 업무만족감 고취를 목표로 하여 효과적인 업무수행을 위한 심리적 자원을 제공하는 것이다.

고득점을 향한 심화해설

※ 2024년 1회 8번 기출문제와 동일 또는 매우 유사하므로, 해당 해설을 참조하세요. ☞ 교재 17p

08 만성 정신과 환자의 치료 및 재활을 위한 가족의 태도로서 긍정적인 태도와 부정적인 태도를 각각 3가지씩 쓰시오. 10점 05, 14년 기출

(1) 긍정적인 태도(올바른 태도)

고득점을 향한 심화해설

① 환자가 치료와 재활을 지속적으로 받을 수 있도록 지지하고 돕도록 한다.
② 환자의 재발을 방지하기 위해 약을 지속적으로 복용하도록 격려한다.
③ 환자가 병원이나 지역사회 내에서 보다 나은 서비스를 받을 수 있도록 환자의 입장을 대변해 준다.
④ 차분하고 인내하는 집안 분위기를 유지하도록 한다.
⑤ 환자의 역할 수행에 대한 기대치를 현실적인 수준으로 낮추도록 한다.
⑥ 환자로 하여금 치료와 스트레스를 적게 주는 활동에 참여하도록 격려한다.

(2) 부정적인 태도(피해야 할 태도)

고득점을 향한 심화해설

① 환자에게 지나치게 과잉개입하며, 자신의 모든 것을 희생한 채 환자를 헌신적으로 돌본다.
② 환자에게 지나치게 잔소리를 하거나 비판적인 어투로 말한다.
③ 가족 내에서 환자를 따돌리거나 친구를 만나지 못하게 한다.
④ 환자의 작은 호전을 마치 당연한 것으로 생각한다.
⑤ 환자가 금세 호전될 것이라고 기대한다.
⑥ 환자로 인해 자신이 좋아하는 여가 활동이나 개인적 활동을 포기한다.

알아두기 심한 정신과적 증상을 보이는 환자로 하여금 흥분을 가라앉히도록 하기 위한 가족의 태도
- 조용하고 침착한 태도로 위협적이지 않게 대한다.
- 단순하고 간결하게 천천히 이야기한다.
- 확신을 가진 태도로 대한다.
- 말하기보다는 들어준다.
- 환자의 감정에 대해 공감해 준다.
- 우선적으로 환자를 진정시키는 데 초점을 둔다.
- 감정적으로 흥분할만한 주제에 관한 대화는 삼간다.
- 환자와 논쟁하거나 환자를 비난하지 않는다.

09 정신질환자의 평가 전 면담 시 유의사항을 2가지 기술하시오. [4점]

고득점을 향한 심화해설

① **부적응적 사고와 경험의 강화 방지**

정신병적 증상을 보이는 환자와의 면담 과정은 어렵고 까다로울 수 있다. 임상가는 내담자에게 있는 기괴한 생각과 감각적 경험을 면담 과정에서 끌어내되, 그 내용이 강화받지 않도록 해야 한다.

② **면담 과정에서의 초점 유지**

정신병적 증상을 보이는 환자는 면담 과정에서 종종 초점을 벗어나 엉뚱한 반응을 보이는 경우가 있다. 이때 임상가는 짧고 직설적인 질문을 하거나 불필요한 언급에 대해 관심을 보이지 않는 등 환자로 하여금 면담 속에서 배회하거나 종잡을 수 없이 벗어나지 않도록 해야 한다.

전문가의 한마디

이 문제는 2023년 3회 3번 문제, 즉 "병원의 정신과나 정신건강복지센터에서 환자를 평가하기 위해 면담할 때 일반적으로 유의해서 보아야 하는 사항"과는 다른 문제입니다. 2023년 3회 3번 문제는 평가면담의 내용, 즉 평가면담을 통해 얻어야 할 정보에 관한 것을 묻고 있는 반면, 이 문제는 평가면담의 대상을 정신병적 증상을 보이는 정신질환자로 한정하여 그들을 면담할 때 유의해야 할 사항에 대해 묻고 있습니다. 다만, 이 경우 임상가가 유의해야 할 사항은 단 두 가지만 있다고 보기 어렵고, 그것이 명확한 기준에 근거한 것은 아니므로 사실상 다양한 답안이 도출될 수 있습니다. 참고로 이 문제에서 '평가 전 면담'은 환자가 처음 병원이나 기관을 방문했을 때 이루어지는 접수면담이라기보다는 전체 심리평가 과정 중 심리검사에 앞서 내담자의 문제를 확인하고 협조를 이끌어내기 위해 실시하는 면담 과정으로 볼 수 있습니다.

10 재활치료를 받고 있는 정신과 환자들을 대상으로 한 환자 교육 방법 중 2가지를 쓰고, 각각에 대해 설명하시오. 4점 24년 기출

고득점을 향한 심화해설

※ 2024년 3회 9번 기출문제와 동일 또는 매우 유사하므로, 해당 해설을 참조하세요. ☞ 교재 80p

11 벡(Beck)의 인지치료의 핵심과제로서 자기점검은 5개의 칼럼으로 구성된 사고기록지를 통해 가능하다. 벡(Beck)과 그의 동료들이 제안하여 널리 사용되고 있는 사고기록지의 5개 칼럼 내용을 쓰시오.

5점 [13년 기출]

> **고득점을 향한 심화해설**

① 상황(Situation)
  불쾌한 감정을 유발한 실제 사건, 생각의 흐름, 기억의 내용을 기술한다.
② 감정 또는 정서[Emotion(s)]
  앞선 상황에서 발생한 감정의 유형(슬픔, 불안, 분노 등) 및 그 감정의 강도를 기술한다.
③ 자동적 사고[Automatic Thought(s)]
  감정과 연관된 자동적 사고 및 그 사고의 확신 정도를 기술한다.
④ 합리적 반응(Rational Response)
  자동적 사고에 대한 합리적 반응 및 그 반응의 확신 정도를 기술한다.
⑤ 결과(Outcome)
  현 상황에서 자동적 사고에 대한 확신 정도를 재평정하며, 그에 대한 감정 강도를 기술한다.

> **알아두기** 역기능적 사고의 일일기록지(Daily Record of Dysfunctional Thoughts)
> - '역기능적 사고의 일일기록지(사고기록지)'는 내담자의 역기능적 사고를 탐색하기 위한 것이다.
> - 'ABC 패러다임'의 원리에 기초한 것으로서, 종이 위에 구체적인 사건(상황)과 함께 그때의 감정 및 행동반응을 기술하도록 하며, 그 사이에 어떤 사고가 개입되었는지 작성하도록 한다.
> - 내담자는 자동적 사고의 타당성을 검토하고 이를 보다 현실적인 사고로 전환함으로써 자신에게 어떤 감정상의 변화가 나타나는지 체험할 수 있게 된다.
> - 사고기록지는 내담자에게 사고를 좀 더 구체적이고 분명하게 만드는 것은 물론 자신의 불쾌 감정과 관련된 사고 내용을 인식하도록 함으로써 합리적 사고능력 및 자기관찰 능력을 향상시킨다.

12 다음 보기의 사례를 읽고 물음에 답하시오.　　　10점　17, 23년 기출

> 40대 남성인 A씨는 오염에 대한 생각으로 반복적인 손 씻기 행동을 보이고 있다. A씨도 그와 같은 생각이 부적절하다는 것을 인식하고 있지만 잘 통제되지 않은 채 반복적으로 의식에 떠올라 고통을 호소하고 있다.

(1) A씨의 주요 증상을 토대로 진단명을 쓰시오.
(2) 적절한 치료기법을 쓰시오.
(3) 치료과정을 4단계로 약술하시오.

(1) 진단명

강박장애(Obsessive-Compulsive Disorder)

(2) 치료기법

노출 및 반응방지법(ERP ; Exposure and Response Prevention)

(3) 치료과정

심화해설

① 노출

강박적 사고를 유발하는 자극에 대해 충분한 시간 동안 직면하도록 한다. A씨의 경우 오염에 대한 강박적 사고에 의해 반복적인 손 씻기 행동을 보이고 있으므로, 치료자가 의도적으로 더러운 물질을 만져보도록 요구한다.

② 상상

강박적 행동을 하지 않으면 발생할 것이라고 생각하는 비극적인 결말에 대해 상상하게 한다. A씨는 더러운 물질을 만짐으로써 손에 병균이 묻었을 것이고, 그로 인해 질병에 걸릴 것이라 생각할 수 있다.

③ 행동방지

강박적 사고에 의해 나타나는 강박적 행동을 제지한다. A씨는 오염에 대한 강박을 가지고 있으므로, 치료자는 A씨로 하여금 과도한 손 씻기 행동을 금지시킨다.

④ 치료유지

약 10회 내외의 내원이나 전화상담을 통해 환자가 그와 같은 치료효과를 지속시키도록 고무한다.

전문가의 한마디

앞선 2023년 3회 실기시험(14번)에서는 보기의 사례에서 환자에 대한 진단명과 치료기법을 쓰도록 요구하였으나, 이 문제에서는 치료과정까지 쓰도록 요구하고 있습니다. 사실 강박장애의 대표적인 치료기법으로서 '노출 및 반응방지법(ERP)'은 '노출'과 '행동방지(반응방지)'의 기본 과정을 포함하나, 여기서는 치료과정을 4단계로 약술하도록 요구하고 있으므로 이를 실제적인 치료장면으로 가정하여 보다 구체화된 절차로써 기술할 필요가 있습니다. 참고로 위의 치료과정에 대한 답안은 'Trull, T. J., 『임상심리학』, 권정혜 外 譯, Cengage Learning 刊'을 참고하였습니다.

13 다음 보기는 웩슬러 지능검사의 대략적인 검사 결과이다. 이와 같은 결과를 보이는 환자의 유형을 쓰시오. 3점

> - 상식(Information), 어휘(Vocabulary), 토막짜기(Block Design) 점수는 상대적으로 높은 수준을 보이는 반면, 공통성(Similarities), 모양 맞추기(Object Assembly) 점수는 낮은 수준을 보인다.
> - 언어성 지능(VIQ)이 동작성 지능(PIQ)보다 높은 양상을 보인다.

심화해설

뇌손상 장애

웩슬러 지능검사에 의한 뇌손상 장애의 진단

① 웩슬러 지능검사의 소검사 중 상식(Information), 어휘(Vocabulary), 토막짜기(Block Design)는 병전지능 추정의 기준이 되는 소검사이다. 이 소검사들의 점수를 기준으로 추정한 병전지능과 수검자의 연령, 학력, 학교성적, 직업 등을 함께 고려해 보았을 때 수검자의 현재 지능이 15점 이상 저하되어 있는 경우 수검자에게 유의미한 지능 저하가 있는 것으로 추정할 수 있다.

② 소검사 프로파일 분석에서 상식(Information), 어휘(Vocabulary), 그리고 뇌손상 환자의 병전지능의 좋은 지표가 되는 이해(Comprehension) 문제는 급성 뇌기능 장애에 가장 적게 영향을 받는 것으로 알려져 있다. 따라서 소검사 프로파일의 전반적인 분석을 통해 환자의 기능 수준에 대한 추정을 할 수 있다. 예를 들어, 공통성(Similarities)의 낮은 점수는 언어적 개념형성능력이나 논리적 · 추상적 추론능력의 결함을, 모양 맞추기(Object Assembly)의 낮은 점수는 시각-운동 협응능력의 결함을 시사한다.

③ 일반적으로 뇌손상 장애를 가진 환자들은 소검사 평가치상 변산이 큰 경향이 있으며, 언어성 지능(VIQ)과 동작성 지능(PIQ) 간에 유의미한 점수 차이를 보이는 경향이 있다. 또한 뇌손상 장애의 양상은 개념적 · 논리적 수행상의 어려움, 시각-운동 협응의 어려움 등 질적인 지표로 나타나기도 하는데, 이는 인지적 비효율성 및 인지적 통제의 어려움은 물론 뇌손상에 대한 보상적 적응능력을 반영해 주기도 한다.

전문가의 한마디 이 문제는 정확한 복원이 이루어지지 않아 실제 문제와 차이가 있을 수 있습니다. 또한 문제 자체가 모호하여 서로 다른 답안이 도출될 수 있습니다. 우선 이 문제와 관련하여 눈여겨보아야 할 것은 병전지능 추정의 기준이 되는 대표적인 소검사, 즉 상식 또는 기본지식(Information), 어휘(Vocabulary), 토막짜기(Block Design)가 부각되어 있다는 점입니다. 일반적으로 병전지능 추정은 신경심리학적 측면에서 환자의 뇌손상 장애로 인한 인지기능상의 변화를 판단하기 위한 것이라는 점에서, 출제자의 대략적인 의도를 파악할 수 있습니다. 참고로 커밍스와 벤슨(Cummings & Benson)은 지적 능력의 저하를 5가지 인지기능 중 3가지 이상의 침범이 있는 경우로 정의한 바 있습니다. 여기에는 기억장애, 언어장애, 고등기능장애, 시공간 능력 저하, 성격 및 감정의 변화 등이 포함되는데, 특히 기억능력, 언어능력, 시공간 능력은 웩슬러 지능검사를 통해 측정할 수 있는 영역이기도 합니다.

14 MMPI 검사 결과 L척도와 K척도는 30 이하이고, F척도는 70 이상으로 나타났다. 이 결과를 토대로 유추할 수 있는 환자의 상태를 2가지 기술하시오. `4점` `15년 기출`

고득점을 향한 심화해설

① 신체적·정서적 곤란을 인정하나 자신의 문제를 해결할 자신도 능력도 결여되어 있다.
② 문제 해결을 위한 도움을 얻고자 의도적으로 증상을 과장하거나 정신적 장애가 있는 것처럼 위장한다.

전문가의 한마디

이 문제는 완전한 복원이 이루어지지 않아 실제 문제와 차이가 있을 수 있습니다. 특히 문제상의 수치와 관련하여 '30 이하, 70 이상'인지 혹은 보다 구체적인 수치가 주어졌는지 명확하지 않습니다. 또한 문제의 초점이 해당 검사 결과를 가진 환자의 상태인지 혹은 환자의 유형인지 불분명합니다. 다만, MMPI의 각 척도별 검사 점수에서 '30 이하, 70 이상'의 점수 범위가 정상과 비정상을 구분하는 상징적인 의미를 가지고 있으며, 이 문제가 구체적인 사례 형태로 제시되어 있지 않은 점에 착안하여 '30 이하, 70 이상'에서 환자의 일반적인 상태를 답안으로 작성하였습니다.

알아두기

타당도척도의 형태분석 중 삿갓형(∧형)에 대한 해석적 가설

- MMPI 검사 결과 각 척도의 점수가 70 이상이거나 30 이하인 경우, 즉 척도별 점수가 일반적으로 정상인 것으로 간주되는 범위에서 이탈한 경우, 그 이탈된 정도에 따라 심리적 갈등이나 부적응 정도의 심각성을 판단한다.
- 임상장면에서는 L척도와 K척도의 점수가 50 이하이고, F척도의 점수가 60 이상인 삿갓형의 타당도척도 형태를 자주 보게 된다. 이는 환자가 자신의 신체적·정서적 곤란을 인정하는 한편, 이를 자신의 능력으로 해결할 수 있다는 자신감이 부족하여 문제 해결을 위한 도움을 필요로 하는 것으로 볼 수 있다.
- 이와 같은 상태에서 F척도의 점수가 증가할수록 환자의 문제영역이 많고 문제의 정도가 심각하며, 스스로도 이를 해결하기 더욱 어렵다고 느낌으로써 보다 빨리 도움을 얻고자 증상을 과장하거나 혹은 의도적으로 정신적 장애가 있는 것처럼 위장하는 것으로 볼 수 있다.
- 특히 K척도의 낮은 점수는 환자가 의도적으로 자신의 문제영역을 과장하거나 심각한 정서적 장애를 가지고 있는 것으로 왜곡하려는 성향을 나타낸다. 이는 환자에게 자신의 문제에 대한 해결책을 마련하는 데 있어서 정신적 혹은 심리적 자질이 부족하다는 점을 시사한다.

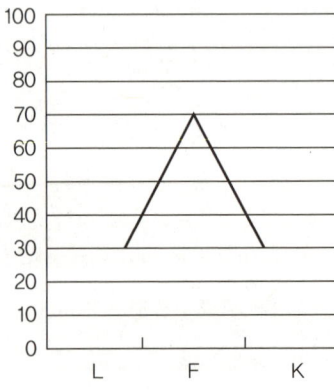

15 MMPI의 6번 척도(Pa)에서 T점수가 72점인 경우 임상적으로 어떠한 의미가 있는지 5가지를 쓰시오. `5점` `03, 05년 기출`

고득점을 향한 심화해설

① 대인관계 예민성
② 피해의식
③ 만연한 의심
④ 경직된 사고
⑤ 관계망상

전문가의 한마디 이 문제와 관련하여 2023년 2회 실기시험(18번)에서는 MMPI 척도 6 Pa(Paranoia, 편집증)의 임상 소척도를 쓰고 설명하는 문제가 출제된 바 있습니다. MMPI 및 MMPI-2의 기본 임상척도 중 다수의 척도가 소척도들로 구성되어 있으므로, 2023년 2회 18번 문제 해설의 '알아두기'의 내용을 학습하시기 바랍니다.

알아두기 MMPI의 척도 6 Pa(Paranoia, 편집증)이 높은 경우
- 주위 환경에 의심과 경계심이 많다.
- 분노를 느끼기 쉬우며, 특히 그 분노가 특정인에게 집중되는 경향이 있다.
- 다른 사람과 다투거나 논쟁하기를 좋아한다.
- 대인관계에서 방어적이고 불신감이 많으므로 대인 접촉이 어렵다.
- 주위에서 일어나는 일이나 말들이 자신을 겨냥한 것이라고 과해석하며, 다른 사람의 사소한 거부나 비판에 대해 민감하게 반응한다.
- 방어기제로서 투사를 주로 사용하여 자신의 문제를 타인의 탓으로 돌리는 경향이 있다.
- 감정적인 문제에 대한 언급을 삼가며, 자신의 말이나 행동에 대해 합리화를 하는 경향이 있다.
- 피해망상이나 과대망상을 보이며, 정신분열증으로 진단될 수 있다.

16 MMPI 2개 척도에 대한 분석에서 4-9/9-4 척도의 임상 양상을 5가지 기술하시오.

5점 06, 08, 11, 15, 17, 21, 23, 24년 기출

고득점을 향한 심화해설

※ 2024년 1회 14번 기출문제와 동일 또는 매우 유사하므로, 해당 해설을 참조하세요. ☞ 교재 28p

17 로샤검사 결과를 엑스너(Exner) 방식으로 채점하고자 한다. 엑스너(Exner) 종합체계방식의 주요 채점 항목을 5가지만 기술하시오.

5점 15, 23, 24년 기출

고득점을 향한 심화해설

※ 2024년 1회 16번 기출문제와 동일 또는 매우 유사하므로, 해당 해설을 참조하세요. ☞ 교재 33p

18. 기능성 기억장애와 기질성 기억장애의 예를 한 가지씩 쓰고 차이점을 설명하시오.

4점 17년 기출

(1) 기능성 기억장애와 기질성 기억장애의 예

고득점을 향한 심화해설

① 기능성 기억장애의 예
　친구가 교통사고를 당하는 광경을 목격한 후 당시의 사고 장면에 대한 기억을 일시적으로 잊는다.

② 기질성 기억장애의 예
　교통사고로 뇌손상을 입은 환자가 심각한 기억 손실과 함께 주의집중 곤란, 정서적 증상을 보인다.

(2) 차이점

고득점을 향한 심화해설

① 기능성 기억장애는 뇌의 병변이 아닌 심리적 요인에 의해 기억기능이 억제되거나 기억력이 저하되는 것인 반면, 기질성 기억장애는 뇌의 병변이나 감각기관의 장애 등으로 인해 기억력이 저하되는 것이다.

② 기능성 기억장애는 급작스럽고 완전하게 기억이 회복되는 경우가 많은 반면, 기질성 기억장애는 기억이 회복되더라도 그 속도가 느리고 불완전한 경우가 대부분이다.

전문가의 한마디
이 문제는 2007년 1번 및 2009년 10번 문제를 약간 변형한 문제로 볼 수 있습니다. 기능성(기능적) 기억장애와 기질성(기질적) 기억장애에 관한 문제는 단순히 그 특징을 쓰는 방식으로도 혹은 직접 예를 쓰는 방식으로도 출제될 수 있습니다. 특히 예에 관한 것은 명확한 정답이 있는 것이 아니므로 다양한 답안이 도출될 수 있습니다.

19 아동 평가에서 특정 문제영역이 아닌 전반적인 광범위한 문제영역에 대해 보호자의 보고를 토대로 평가할 수 있는 평정척도가 있다. 그에 해당하는 평정척도를 2가지 쓰시오. [4점] [12, 17, 24년 기출]

> **고득점을 향한 심화해설**
> ※ 2024년 3회 20번 기출문제와 동일 또는 매우 유사하므로, 해당 해설을 참조하세요. ☞ 교재 93p

20 심리평가의 최종보고서에 반드시 포함되어야 할 내용을 5가지만 쓰시오. [5점] [10, 17, 21, 23년 기출]

> **고득점을 향한 심화해설**
> ※ 2023년 2회 20번 기출문제와 동일 또는 매우 유사하므로, 해당 해설을 참조하세요. ☞ 교재 166p

제2회 기출(복원)문제 및 해설

2020

※ 임상심리사 2급 실기시험은 기출 미공개 시험으로, 본 교재는 기출 키워드를 분석하여 복원한 문제를 수록하였습니다. 실제문제와 차이가 있을 수 있으므로 참고하시기 바랍니다.

01 내담자가 상담을 끝낼 준비가 되었는지를 평가할 때 유용한 영역을 6가지 쓰시오. [6점]

고득점을 향한 심화해설

① 내담자의 초기 문제와 증상이 감소 혹은 제거되었는지를 확인한다.
② 내담자의 상담 원인이 되었던 스트레스 유발 감정이 제거되었는지를 확인한다.
③ 내담자의 대처능력과 자기 자신 및 타인에 대한 이해능력 정도를 평가한다.
④ 내담자의 대인관계 능력을 확인한다.
⑤ 내담자의 생활계획 수립능력과 생산적인 활동능력을 평가한다.
⑥ 내담자의 여가생활 활동능력을 평가한다.

전문가의 한마디

메홀릭과 터너(Maholick & Turner)는 내담자가 상담을 끝낼 준비가 되었는지를 다음과 같이 7가지 영역으로 평가할 수 있다고 주장하였으며, 김춘경 등은 이를 6가지로 정리하여 위의 해설과 같이 소개하였습니다.

- Examining whether initial problems or symptoms have been reduced or eliminated.
- Determining whether the stress that motivated the client to seek counseling has dissipated.
- Assessing increased coping ability.
- Assessing increased understanding and valuing of self and others.
- Determining increased levels of relating to others and of loving and being loved.
- Examining increased abilities to plan and work productively.
- Evaluating increases in the capacity to play and enjoy life.

이와 관련된 내용은 'Maholick, L. T. & Turner, D. W., 《Termination : That Difficult Farewell》, American Journal of Psychotherapy(Vol.33, Issue.4)', '김춘경 外, 『청소년상담』, 학지사 刊'을 살펴보시기 바랍니다.

02 다음 보기의 사례를 읽고 물음에 답하시오. 　5점　16년 기출

> 내담자 : 이건 정말 믿을 수가 없어요. 선생님, 지난번 상담을 받을 때 남편이 집에 일찍 들어오겠다고 약속했었잖아요? 그런데 정말로 남편이 제 시간에 맞춰 집에 오더라고요. 그렇게 약속을 잘 지킬 줄 몰랐는데, 정말 깜짝 놀랐다니까요.

보기에서 내담자의 말에 대한 상담자의 공감적 반응을 적절히 제시하시오.

고득점을 향한 심화해설

공감적 반응(Empathic Response)

공감(Empathy)은 '감정이입적 이해'로도 불리는 것으로서, 로저스(Rogers)는 공감을 "치료자가 내담자의 경험을 마치 자기 자신의 것처럼 지각하고 이해하며, 그 이해한 것을 내담자에게 전달하는 것"으로 정의하였다. 이러한 공감은 공감적 태도에서 공감적 경청을 한 뒤 공감적 반응을 하는 과정으로 연결되므로, 공감적 반응은 곧 내담자에게 전달되는 공감의 최종 산출물로서 치료자의 특정한 반응을 도출하는 행위이다. 웩슬러(Wexler)는 공감적 반응에 대해 치료자가 "당신(내담자)과 같이 있다"는 감정 경험의 동반자적 입장을 전달하는 것 이상이어야 한다고 주장하였다.

> 상담자 : "남편분께서 지난번 상담에서 한 집에 일찍 들어오겠다는 약속을 지켜주어서 상담자인 저로서도 정말 놀랍고 기쁘네요."

전문가의 한마디
'반영적 반응'과 '공감적 반응'은 동일한 것일까요? 대부분의 수험생들이 이 문제를 2018년 3회 8번 문제와 동일한 것으로 착각한 것 같습니다. 물론 일부 교재에서 '반영적 반응'과 '공감적 반응'을 동일한 것처럼 설명하고, '반영적 반응'의 예를 '공감적 반응'의 예로 설명하는 경향이 있습니다. 그러나 '반영적 반응'과 '공감적 반응'은 서로 유사하지만 유의미한 차이가 있습니다.
요컨대, '반영적 반응'은 내담자의 말과 행동에서 표현되는 감정·생각·태도를 상담자가 다른 참신한 말로 부연하는 기술입니다. 반면, '공감적 반응'은 상담자가 직접 경험하지 않고도 내담자의 감정을 거의 같은 수준으로 이해하고 반응하는 기술입니다. 즉, '반영적 반응'은 상담자가 내담자의 태도를 거울에 비추어 주듯이 보여줌으로써 내담자의 자기 이해와 수용을 돕는 것을 주된 목표로 하는 반면, '공감적 반응'은 상담자가 내담자의 주관적 내면에 대해 민감하게 이해하고 있음을 보여줌으로써 궁극적으로 촉진적 상담관계를 형성하는 것을 주된 목표로 합니다.

03 상담자와 내담자의 상담관계에서 제시되는 일반적인 윤리원칙을 5가지 쓰시오. [5점]

심화해설

① 자율성(Autonomy)
  ㉠ 상담자는 내담자의 자율성을 최대한 존중해 주어야 한다. 비록 내담자의 선택과 결정이 다소 잘못되었더라도 내담자의 자율적인 선택과 행동을 존중해 주어야 한다.
  ㉡ 다만, 자율성은 타인의 권리를 침해하지 않는 범위에서 자신의 행위를 결정할 수 있음을 말한다.

② 선행 또는 덕행(Beneficence)
  ㉠ 상담자는 내담자의 성장과 복지에 기여하여야 한다. 능력이 부족하거나 정직하지 못한 상담자는 오히려 내담자에게 해를 끼칠 수 있다.
  ㉡ 다만, 효과적인 상담을 한다는 명분하에 자율성의 원칙을 어겨서는 안 된다.

③ 무해성 또는 비해악성(Nonmaleficence)
  ㉠ 상담자는 내담자에게 피해를 끼쳐서도, 내담자가 타인에게 피해를 끼치는 것을 내버려 두어서도 안 된다.
  ㉡ 상담에서 내담자가 피해를 입게 되거나 내담자에 대한 잘못된 진단으로 문제가 생기는 것 등은 무해성의 원칙에 어긋나는 일이다.

④ 정의 및 공정성(Justice/Fairness)
  ㉠ 상담자는 내담자에게 차별적인 대우를 해서는 안 되며, 인종, 성별, 종교적 신념에 관계없이 내담자를 동등하게 대우해야 한다.
  ㉡ 정의롭다(혹은 공정하다)는 것은 상담자가 내담자에게 필요한 사회적 봉사를 적절하고 평등하게 해 준다는 의미이다.

⑤ 성실성 또는 충실성(Fidelity)
  ㉠ 상담자는 내담자를 상담할 때 신뢰를 바탕으로 성실히 임해야 한다. 여기서 성실은 곧 충실, 신뢰, 약속 이행 등을 의미한다.
  ㉡ 상담 약속 불이행이나 비밀보장 파기 등 상담 계약을 이행하지 않거나 허위로 하는 것은 성실성의 원칙에 어긋나는 일이다.

전문가의 한마디

앞의 문제 해설은 키치너(Kitchener)가 제시한 상담윤리의 5가지 기본원칙에 해당합니다. 사실 이와 같은 문제는 수험생들이 가장 혼란스러워 하는 문제이기도 합니다. 임상심리사 시험에서는 윤리원칙, 윤리문제에 대한 기본원칙, 윤리적 지침, 행동지침 등 유사한 표현들이 빈번히 등장하고 있기 때문입니다. 그러나 이는 상황에 따라 달리 구분하여야 합니다.

요컨대, 윤리원칙과 관련하여 임상심리사 1차 필기시험에서는 크게 두 가지 방식으로 출제되는 경향이 있습니다. 하나는 보통 심리학자 혹은 임상심리사의 윤리원칙으로 제시되는 것이고, 다른 하나는 보통 상담자 혹은 심리상담자의 윤리원칙으로 제시되는 것입니다(단, 모든 문제가 항상 그런 것은 아니며, 두 가지를 혼합해서 문제의 지문으로 출제하기도 합니다). 이 두 가지는 1차 필기시험에서도 어느 정도 일정한 패턴을 보이는데, 이를 간략히 정리하면 다음과 같습니다.

심리학자, 임상심리사	상담자, 심리상담자
• 유능성 • 성실성 • 전문적이고 과학적인 책임 • 인간의 권리와 존엄에 대한 존중 • 타인의 복지에 대한 관심 • 사회적 책임	• 자율성 • 선행(덕행) • 무해성(비해악성) • 정의 및 공정성 • 성실성(충실성)

위의 내용을 기억하셨다면, 1차 필기시험에 출제된 다음의 문제들을 풀어보시기 바랍니다.

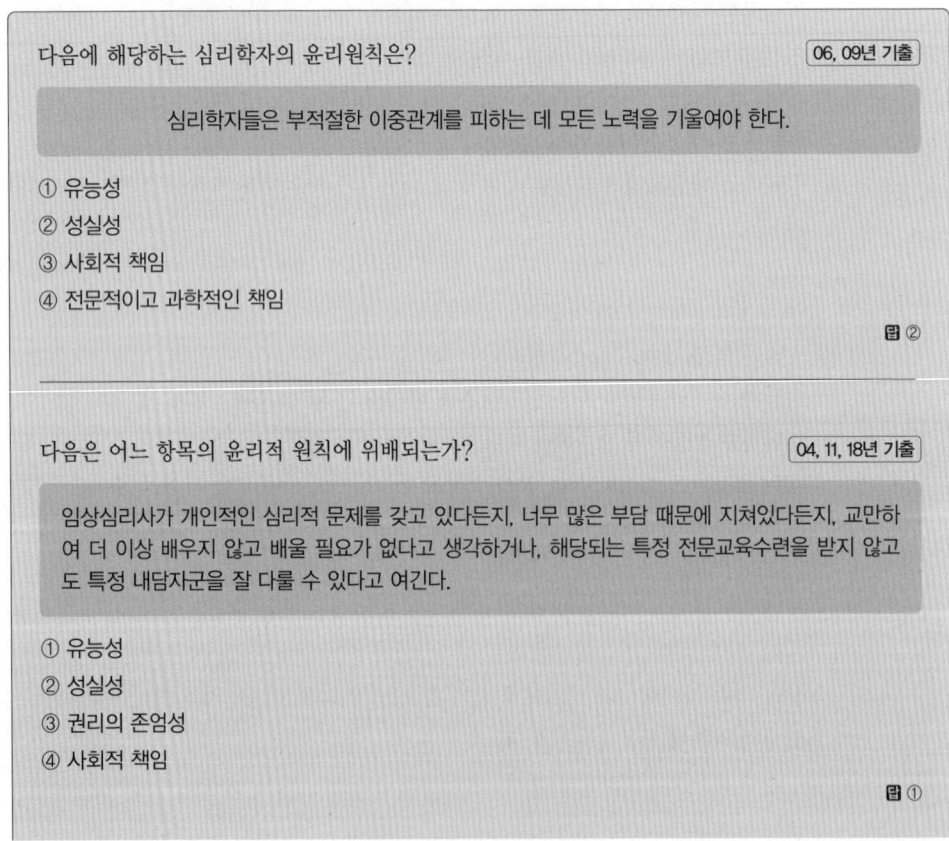

Kitchener가 상담의 기본적인 윤리적 원리를 제시한 것으로 상담자가 내담자와 맺은 약속을 잘 지키며 믿음과 신뢰를 주는 행동을 하는 것은? 〔17, 22년 기출〕

① 자율성(Autonomy)
② 무해성(Nonmaleficence)
③ 충실성(Fidelity)
④ 공정성(Justice/Fairness)

답 ③

미국심리학회(APA)와 미국상담학회(ACA)에서 제시한 전문적 심리상담자의 기본적인 도덕원칙에 해당하지 않는 것은? 〔20년 기출〕

① 자율성(Autonomy)
② 명확성(Clarity)
③ 성실성(Fidelity)
④ 덕행(Beneficence)

답 ②

상담의 일반적인 윤리적 원칙에 해당하지 않는 것은? 〔15, 19년 기출〕

① 자율성(Autonomy)
② 무해성(Nonmaleficence)
③ 선행(Beneficence)
④ 상호성(Mutuality)

답 ④

04 정신역동적 치료의 특징을 5가지 기술하시오. [5점]

고득점을 향한 심화해설

① 환자의 감정과 정서 표현에 초점을 둔다.
② 특정한 주제를 회피하거나 치료적 진전을 지연시키는 환자의 행위를 탐색한다.
③ 환자가 나타내는 행위, 사고, 감정, 경험, 관계양상의 패턴을 파악한다.
④ 과거 경험을 강조한다.
⑤ 대인관계의 경험에 주목한다.
⑥ 치료적 관계를 강조한다.
⑦ 환자의 소망, 꿈, 공상 등 심리내적 역동을 탐색한다.

전문가의 한마디

이 문제는 명확한 정답이 있는 것이 아니므로 다양한 답안이 도출될 수 있습니다. 사실 정신역동치료는 어떤 특정 이론에 기초한 치료방법이라기보다는 인간의 의식과 무의식을 포함하는 정신의 내면적인 힘과 정신적 갈등이 어떻게 작용하는가를 밝히려는 여러 심리학파들의 이론적 조망에 근거한 치료방법입니다. 정신역동적 조망에는 프로이트(Freud)의 정신분석이론, 아들러(Adler)의 개인심리이론, 융(Jung)의 분석심리이론, 에릭슨(Erikson)의 심리사회이론 등 다양한 이론들이 포함되는데, 특히 프로이트와 융은 의식 너머 무의식에 인간을 움직이는 힘이 존재한다고 본 반면, 아들러와 에릭슨은 무의식보다는 의식 속에 인간을 움직이는 힘이 있다고 보았습니다. 참고로 위의 해설과 관련된 자세한 내용은 'Blagys, M. D. & Hilsenroth, M. J., 《Distinctive Features of Short-term Psychodynamic-interpersonal Psychotherapy : A Review of the Comparative Psychotherapy Process Literature》, Clinical Psychology : Science and Practice(Vol.7, Issue.2)'를 살펴보시기 바랍니다.

알아두기

정신역동적 조망의 인간 행동과 심리적 문제에 대한 가정(Plante, T. G.)
- 정신역동적 조망은 인간의 행동에 영향을 미치는 정신내적인 추동, 동기, 갈등 및 충동이 주로 무의식적이라는 입장을 취한다.
- 다양한 적응적 및 부적응적 자아 방어기제들이 정상행동과 이상행동에 기여하는 미해결된 갈등, 욕구, 소원 및 공상을 다루는 데 사용되곤 한다.
- 아동의 초기경험과 부모 사이의 관계는 이후의 심리발달과 성인으로서의 행동에 중요하며 지속적인 영향을 미친다.
- 대부분의 무의식적 영향에 대한 통찰은 심리기능과 행동을 향상시키기 위한 처리절차로 연결된다.
- 환자와 치료자 사이에 발전되는 전이 관계의 분석은 환자의 갈등을 해결하는 동시에 환자의 심리기능과 행동을 향상시켜 준다.

05 불안장애에 대한 행동치료에 근거한 학습이론과 그 구체적인 치료기법을 예를 들어 설명하시오.

※ 2023년 3회 9번 기출문제와 동일 또는 매우 유사하므로, 해당 해설을 참조하세요. ☞ 교재 179p

06 토큰경제(Token Economy)에서 강화는 학습이론의 어떤 원리를 근거로 한 것인지 쓰시오.

3점

심화해설

조작적 조건형성 혹은 조작적 조건화(Operant Conditioning)

전문가의 한마디

유기체의 행동은 반응적 행동(Respondent Behavior)과 조작적 행동(Operant Behavior)으로 구분할 수 있습니다. 파블로프(Pavlov)는 유기체의 의지와 상관없이 불수의적으로 나타나는 반응적 행동에 초점을 둔 고전적 조건형성(Classical Conditioning)을 강조한 반면, 스키너(Skinner)는 자극이 없이 방출되는 반응으로서 자발적으로 나타나는 행동에 초점을 둔 조작적 조건형성(Operant Conditioning)을 강조하였습니다.
요컨대, 스키너는 고전적 조건형성으로는 유기체의 다양한 행동을 설명하는 데 한계가 있음을 깨닫게 되었습니다. 예를 들어, '스키너 상자(Skinner Box)'의 쥐가 먹이를 얻기 위해 스스로 지렛대를 누르는 행동은 고전적 조건형성으로 설명할 수 없습니다. 그래서 그는 행동이 완성된 후 그 결과에 의존해서 일어나는 조건형성된 행동을 조작적 행동으로 설명하였던 것입니다.

알아두기 고전적 조건형성과 조작적 조건형성의 비교

구 분	고전적 조건형성	조작적 조건형성
학습의 원리	무조건 자극과 조건 자극의 연합	조작적 행동에 뒤따르는 강화
반응의 양상	수동적 반응	능동적 반응
자극 / 반응 순서	자극이 반응보다 선행	반응이 자극(보상)보다 선행
행동의 유지	연합의 빈도	강화의 크기

- 고전적 조건형성은 연합에 의해 학습이 이루어지는 반면, 조작적 조건형성은 강화에 의해 학습이 이루어진다고 본다.
- 고전적 조건형성에서 피험동물의 반응은 수동적으로 이루어지는 반면, 조작적 조건형성에서 피험동물의 반응은 능동적으로 이루어진다.
- 고전적 조건형성에서는 자극(먹이)이 먼저 제시된 후에 그 반응으로서 행동(☞ 침 흘림)이 나타나는 반면, 조작적 조건형성에서는 반응(☞ 지렛대를 누름)이 먼저 나타난 뒤에 자극(먹이)이 제공된다. 즉, 고전적 조건형성에서는 자극이 반응을 유발하지만, 조작적 조건형성에서는 반응이 자극을 유도한다.
- 고전적 조건형성에서는 행동을 유지시키는 기제를 연합의 빈도로 보는 반면, 조작적 조건형성에서는 행동을 유지시키는 기제를 강화의 크기로 본다.

07 다음 보기의 빈칸에 들어갈 용어를 각각 쓰시오. `2점`

> 통제자극의 유형 중 어떤 반응이 특정 자극이 존재하는 경우에만 강화되었다면 이는 (　A　)이며, 어떤 반응이 특정 자극이 존재하는 경우에만 소거되었다면 이는 (　B　)이다.

고득점을 향한 심화해설

A : S^D(변별자극 혹은 강화자극)
B : $S^\triangle$(소거자극)

전문가의 한마디 이 문제는 출제자의 정확한 의도를 파악하기 어려우므로 가급적 위의 답안을 그대로 작성하시라 권합니다. 통제자극은 두 가지 유형, 즉 'S^D'("에스-디"라고 부름)와 '$S^\triangle$'("에스-델타"라고 부름)로 구분됩니다. S^D는 '변별자극(식별자극)'을 지칭하는 것으로, 특정 반응을 하면 보상이 따른다는 신호라는 점에서 '강화자극'이라 불릴 수 있습니다. 반면, $S^\triangle$는 특정 반응을 하면 보상되지 않는다는 신호라는 점에서 '소거자극'이라 불릴 수 있습니다.

08 소크라테스식 대화의 특징을 3가지 제시하고, 소크라테스식 대화의 구체적인 예를 2가지 쓰시오. 5점 14, 17, 23년 기출

(1) 소크라테스식 대화의 특징

고득점을 향한 심화해설

※ 2023년 2회 13번 기출문제와 동일 또는 매우 유사하므로, 해당 해설을 참조하세요. ☞ 교재 155p

(2) 구체적인 예

고득점을 향한 심화해설

※ 2023년 2회 13번 기출문제와 동일 또는 매우 유사하므로, 해당 해설을 참조하세요. ☞ 교재 155p

09 접수면접에 포함되어야 할 내용을 5가지 쓰시오. 5점 16, 24년 기출

※ 2024년 1회 7번 기출문제와 동일 또는 매우 유사하므로, 해당 해설을 참조하세요. ☞ 교재 15p

10 놀이치료에서 놀이는 치료적 가치가 있다. 놀이의 치료적 가치를 5가지 기술하시오. 5점 15, 22년 기출

※ 2022년 1회 11번 기출문제와 동일 또는 매우 유사하므로, 해당 해설을 참조하세요. ☞ 교재 214p

11. 다음 보기의 사례를 읽고 물음에 답하시오. [6점] [11, 13, 22년 기출]

> 한 임상심리학자는 최근 자신이 개발한 사회공포증 치료법의 효과성 여부를 검증하기 위한 실험을 실시하였다. 사회공포증이 의심되는 20명의 인원을 대상으로 5회기에 걸쳐 치료를 시행한 후 그 변화를 살펴보았다. 치료 효과를 검증하기 위한 방법으로 치료 시작 전과 치료 종료 후 실험대상자들에게 자신의 증상에 대한 심각성 수준을 7점 척도상에 평정하도록 하였다. 임상심리학자는 치료 종료 후 실험대상자들에 의한 척도상의 평정점수가 유의미하게 낮게 나왔다는 사실을 토대로 자신의 치료법이 효과가 있다고 주장하였다.

보기의 임상심리학자가 수행한 실험에서 절차상의 문제점과 이를 해결하기 위한 대안을 3가지 제시하시오.

고득점을 향한 심화해설

※ 2022년 3회 12번 기출문제와 동일 또는 매우 유사하므로, 해당 해설을 참조하세요. ☞ 교재 250p

12 웩슬러 지능검사(K-WAIS)의 소검사 항목 11가지를 제시하고, 각 소검사의 측정 내용을 기술하시오.

11점 06년 기출

(1) 언어성 소검사

고득점을 향한 심화해설

① 기본지식(Information)
   일상의 사실적 지식의 범위, 과거의 학습 및 학교 교육, 지적 호기심 혹은 지식추구 충동, 일상생활에서의 기민성 혹은 일상세계에 대한 관심, 장기기억 등을 측정한다.

② 숫자 외우기(Digit Span)
   즉각적인 기계적 회상, 사고 패턴을 전환할 수 있는 능력, 주의집중력, 청각적 연속능력, 기계적 학습 등을 측정한다.

③ 어휘문제(Vocabulary)
   언어 발달의 정도, 단어 지식 및 언어적 개념형성, 언어 사용 및 축적된 언어 학습 능력, 우수한 학업성취 및 교육적 배경, 수검자의 최상의 지적 능력 추론, 수검자가 획득한 사고·경험·관심의 범위 등을 측정한다.

④ 산수문제(Arithmetic)
   청각적 기억, 연속적 능력, 수리적 추론·계산능력 및 계산의 속도, 주의집중력 및 낮은 주의산만, 현실접촉 및 정신적 기민성, 외부세계와의 능동적 관계 등을 측정한다.

⑤ 이해문제(Comprehension)
   실제적 지식의 표명, 사회성숙도, 행동의 보편적 기준에 대한 지식, 적절한 선택·조직화·사실과 관계의 강조 등 과거 경험의 평가능력, 추상적 사고와 일반화, 실제 사회적 상황에 대한 판단력 등을 측정한다.

⑥ 공통성 문제(Similarity)
   논리적·추상적 추론능력, 언어적 개념형성 또는 개념적 사고, 본질과 비본질을 구분하는 능력, 언어적 유창성과 관련된 연합능력 등을 측정한다.

(2) 동작성 소검사

심화해설

① 빠진 곳 찾기(Picture Completion)
시각적 기민성, 시각적 재인 및 동일시(시각적 장기기억), 환경의 세부사항에 대한 인식, 부분에 대한 전체의 인식(시각적 인식능력), 본질과 비본질을 구분하는 능력, 시각적 조직화 능력과 연결된 시각적 주의집중력 등을 측정한다.

② 차례 맞추기(Picture Arrangement)
계획하는 능력, 시간 순서 및 시간 개념, 비언어적 대인관계 상황에 대한 정확한 이해, 전체적인 상황에 대한 이해 및 평가 능력, 시각적 조직화 및 중요 시각적 단서에 대한 인식, 정보의 연합 및 계획의 속도 등을 측정한다.

③ 토막짜기(Block Design)
전체를 구성요소로 분석하는 능력, 공간적 시각화 능력, 비언어적 개념형성, 지속적 노력 및 주의집중력, 시각-운동 협응 및 지각적 조직화 등을 측정한다.

④ 모양 맞추기(Object Assembly)
각 부분들 간의 관계 예측, 시각-운동 협응능력, 동시적 처리능력, 익숙한 형태로의 종합능력, 익숙한 형태를 구별하는 능력, 어떤 것과 관련된 미지의 물체에 대한 인식적 조작능력 및 지각 속도 등을 측정한다.

⑤ 바꿔쓰기(Digit Symbol)
정신운동 속도 및 사무적 속도, 지시를 정확히 따르는 능력, 지필 기술, 익숙하지 않은 과제에 대한 학습능력, 인지적 유연성, 지속적 노력 및 주의집중력, 연합 학습 및 새로 습득한 시각적 자료에 대한 모방능력, 순차적 능력 등을 측정한다.

전문가의 한마디
이 문제는 출제자 혹은 채점자의 기준에 따라 서로 다른 답안이 도출될 수 있습니다. 그 이유는 웩슬러 지능검사의 각 소검사가 측정하는 것에 관한 내용이 교재에 따라 다양하게 제시되고 있기 때문입니다. 위의 해설은 '박경 外, 『심리검사의 이론과 활용』, 학지사 刊'의 해당 내용을 토대로 답안을 작성하였습니다.
요컨대, 임상심리사 2차 실기시험에서는 기존 기출문제를 재출제하는 경우들을 볼 수 있는데, 그로 인해 웩슬러 지능검사의 구 버전의 기본 구조에 관한 문제들도 다시 등장하고 있다는 점에 유념해야 합니다. 참고로 2014년 실기시험(2번 및 3번)에서는 WISC-Ⅲ와 K-WAIS, 2016년 1회 실기시험(13번)에서는 K-WAIS-Ⅳ, 2015년 3회 실기시험(9번) 및 2024년 1회 실기시험(11번)에서는 K-WISC-Ⅳ의 기본 구조에 관한 문제가 출제된 바 있습니다.

알아두기 한국판 웩슬러 성인용 지능검사 제4판(K-WAIS-Ⅳ)의 구성 및 주요 측정 내용

- 언어이해(Verbal Comprehension)

공통성 (Similarity)	• 총 18문항으로, 쌍으로 짝지어진 낱말들을 제시하여 그들 간의 공통점이 무엇인지 찾도록 한다. • 언어적 개념형성능력, 논리적·추상적 추론능력, 연합 및 범주적 사고력, 본질과 비본질을 구분하는 능력 등을 측정한다.
어휘 (Vocabulary)	• 총 30문항으로, 27개의 어휘문항과 3개의 그림문항으로 구성되어 있으며, 어휘의 의미와 대상의 이름을 말하도록 한다. • 언어발달 정도, 단어지식 및 언어적 개념형성능력, 언어 사용 및 축적된 언어학습능력, 우수한 학업성취 및 교육적 배경, 장기기억 등을 측정한다.
상식 (Information)	• 총 26문항으로, 개인이 소유한 일반적인 지식의 정도를 측정한다. • 일반적·실제적 지식의 범위, 과거의 학습 또는 학교교육, 지적 호기심 또는 지식을 얻고자 하는 욕구, 장기기억과 정보축적, 결정성 지능, 획득된 지식 등을 측정한다.
이해-보충 (Comprehension)	• 총 18문항으로, 일상생활에서의 사회적 상황과 관련된 여러 가지 문항들에 대해 자신의 이해를 토대로 답하도록 한다. • 사회적 상황의 이해력 및 사회적 성숙도, 관습적 행동규준에 관한 지식 정도, 과거 경험을 평가하고 사용하는 능력, 실질적 지식과 판단력, 언어적 추론 및 개념화 등을 측정한다.

- 지각추론(Perceptual Reasoning)

토막짜기 (Block Design)	• 총 14문항으로, 모형이 그려진 카드를 보고 빨간색과 흰색이 칠해진 나무토막을 도구로 사용하여 이를 맞추어 보도록 한다. • 시각적 자극의 분석 및 통합능력, 시각-운동 협응능력, 지각적 조직화 능력, 비언어적 개념형성능력, 시간적 압박하에서의 작업능력 등을 측정한다.
행렬추론 (Matrix Reasoning)	• 총 26문항으로, 일부가 누락된 행렬을 보고 이를 완성할 수 있는 반응선택지를 고르도록 한다. • 광범위한 시각적 지능, 부분과 전체의 관계를 파악하는 능력, 지각적 조직화 능력, 시공간 정보에 대한 동시적 처리능력, 유동성 지능 등을 측정한다.
퍼즐 (Visual Puzzles)	• 총 26문항으로, 완성된 퍼즐을 모델로 하여 제한된 시간 내에 해당 퍼즐을 만들 수 있는 세 개의 조각을 찾도록 한다. • 광범위한 시각적 지능, 부분들 간의 관계를 예상할 수 있는 능력, 시각적·지각적 조직화 능력, 시각적 기억능력, 공간적 표상능력 등을 측정한다.
무게비교-보충 (Figure Weights)	• 총 27문항으로, 양쪽 무게가 달라 불균형 상태에 있는 저울 그림을 보고 균형을 맞추는 데 필요한 반응선택지를 고르도록 한다. • 양적·수학적 추론능력, 유추적 추론능력, 시각적 조직화 및 주의집중력 등을 측정한다.
빠진 곳 찾기-보충 (Picture Completion)	• 총 24문항으로, 특정 부분이 생략된 그림을 보고 해당 부분을 찾도록 한다. • 시각적·지각적 조직화 능력, 대상의 핵심적인 세부사항을 시각적으로 인식해내는 능력, 본질과 비본질을 구분하는 능력, 시각적 기억능력, 환경적 세부사항에 대한 인식 등을 측정한다.

- 작업기억(Working Memory)

숫자 (Digit Span)	• '바로 따라하기', '거꾸로 따라하기', '순서대로 따라하기'의 3가지 과제로 구성되며, 한 문항당 두 번의 시행이 포함된 각 8개의 문항으로 이루어져 있다. • 청각적 단기기억능력, 즉각적인 기계적 회상능력, 연속적 정보처리능력, 암기학습능력, 주의력 및 주의집중력, 정신적 조작능력 등을 측정한다.
산수 (Arithmetic)	• 총 22문항으로, 제한된 시간 내에 간단한 계산문제를 암산으로 풀도록 한다. • 청각적 단기기억능력, 연속적 정보처리능력, 주의력 및 주의집중력, 수리적 추론능력, 계산능력, 단기 및 장기기억 등을 측정한다.
순서화-보충 (Letter-Number Sequencing)	• 숫자와 요일을 지시에 따라 순서대로 암기하도록 하는 과제로 구성되며, 한 문항당 세 번의 시행이 포함된 10개의 문항으로 이루어져 있다. • 청각적 단기기억능력, 주의력 및 주의집중력, 정신적 조작능력, 순차적 처리능력 등을 측정한다.

- 처리속도(Processing Speed)

동형찾기 (Symbol Search)	• 총 60문항으로, 쌍으로 이루어진 도형이나 기호들이 표적부분과 반응부분으로 제시되며, 해당 두 부분을 훑어본 후 표적모양이 반응부분에 있는지 여부를 지적하도록 한다. • 정보처리속도, 시각-운동 협응능력, 시각적 단기기억능력, 시각적 변별력, 주의력 및 주의집중력 등을 측정한다.
기호쓰기 (Coding)	• 총 135문항으로, 제한된 시간 내에 기호표를 사용하여 숫자와 짝지어진 기호를 그려 넣도록 한다. • 정보처리속도, 시각-운동 협응능력, 시각적 단기기억능력, 시각적 지각능력 및 탐색능력, 주의력 및 주의집중력, 사무적 과제의 속도 및 정확성, 친숙하지 않은 과제를 학습하는 능력 등을 측정한다.
지우기-보충 (Cancellation)	• 제한된 시간 내에 조직적으로 배열된 도형들 속에서 표적대상과 색깔 및 모양이 동일한 도형을 찾도록 한다. • 정보처리속도, 시각-운동 협응능력, 시각적 단기기억능력, 선택적 주의력, 속도와 정확성 등을 측정한다.

13. 다음 보기의 사례를 읽고 물음에 답하시오.

10점 | 05년 기출

> 인천광역시의 ○○중학교 1학년에 재학 중인 A군은 부모가 이혼한 상태이다. A군은 어머니와 함께 살고 있으며, 보통 주말이나 방학을 이용하여 아버지와 지내고 있다. A군은 아버지의 말을 잘 따르는 편이고, 자신도 아버지와 함께 시간을 보내는 것을 좋아한다. 그런데 A군은 수업시간에 주의가 산만하고 과제를 제대로 수행하지 않으며, 종종 짜증을 부리는 모습을 보였다. A군에 대한 웩슬러 지능검사 결과 언어성 IQ(VIQ)는 114, 동작성 IQ(PIQ)는 134, 전체 IQ(FIQ)는 126을 나타냈다. 특이한 것은 산수에서 7점, 숫자에서 11점으로 다른 하위검사에 비해 상대적으로 낮은 점수를 받았다.

보기의 내용에서 A군의 지능검사 결과 및 신상정보로 유추 가능한 해석을 제시하시오.

고득점을 향한 심화해설

① A군의 지능검사 결과 전체 IQ(FIQ)가 '126'이므로 우수(Superior)의 범위에 해당한다고 볼 수 있다. 그러나 언어성 IQ(VIQ)와 동작성 IQ(PIQ)의 차이가 15점 이상인 경우 임상적·신경학적 측면에서 유의미한 것으로 간주되며, 특히 그 차이가 20점 이상인 경우 뇌손상이나 정신장애를 의심할 수 있는 만큼 언어성 IQ와 동작성 IQ의 점수차에 주의를 기울여야 한다.

② 일반적으로 언어성 IQ가 동작성 IQ에 비해 상대적으로 낮은 경우 청각적-언어적 정보처리 능력, 언어능력 및 읽기능력 등에서의 저조한 수행을 나타내 보일 수 있으며, 이는 자폐증, 학습장애, 주의력결핍 및 과잉행동장애, 품행장애나 반사회성성격장애 등에서 비롯된 것일 수 있다.

③ 보기의 사례 내용만으로 정확한 진단을 내리기는 어려우나, A군이 주의가 산만하고 과제를 제대로 수행하지 않으며, 종종 짜증을 부리는 모습을 보인다는 점, 그리고 웩슬러 지능검사의 소검사 중 산수(Arithmetic)와 숫자(Digit Span)에서 상대적으로 낮은 점수를 보인다는 점은 주의력결핍 및 과잉행동장애(ADHD ; Attention-Deficit/Hyperactivity Disorder)를 시사한다. 특히 주의력결핍 및 과잉행동장애의 증상들은 웩슬러 지능검사의 소검사 중 주의산만성 요인과 연관된 산수(Arithmetic), 숫자(Digit Span), 기호쓰기(Coding) 등에서의 저조한 수행 결과를 나타내는 것으로 보고되고 있다.

④ 주의력결핍 및 과잉행동장애(ADHD)가 뇌손상 및 기능결함, 유전, 심리적 요인 등에 의해 발병하며, 특히 아동이나 청소년에게서 학습의 어려움, 과제지향성 부족, 학업성취도 저하 등을 나타내 보이는 특정 학습장애(Specific Learning Disorder)를 동반하기도 한다는 점에서 그에 대한 감별진단이 필요하다. 특정 학습장애 또한 생물학적 원인이나 심리적 요인에 의해 발병하며, 지능수준에 비해 현저한 학습부진 양상을 보이고 과잉행동을 나타내는 경향이 있다. 다만, 특정 학습장애가 읽기, 쓰기, 산술 등의 기초적 학습능력과 관련된 심리적 과정상의 장애를 특징으로 하는 데 반해, 보기의 사례에서는 그와 관련된 구체적인 학습기능상의 문제를 제시하고 있지 않다.

전문가의 한마디

DSM-5 분류기준에 의한 특정 학습장애(Specific Learning Disorder)는 DSM-Ⅳ 분류기준상 학습장애(Learning Disorders)가 새롭게 변경된 것입니다. 주의력결핍 및 과잉행동장애(ADHD)와 특정 학습장애는 DSM-5에서 공통적으로 신경발달장애(Neurodevelopmental Disorders)의 하위유형으로 분류되는 만큼 다양한 특성들을 공유하고 있으며, 그와 관련하여 DSM-5에서도 이 두 가지가 흔히 동반되어 나타난다고 제시하고 있습니다. 다만, 특정 학습장애의 경우 학업적 기술을 배우고 사용하는 데 있어서의 어려움과 연관된 반면, 주의력결핍 및 과잉행동장애(ADHD)의 경우 그와 같은 기술을 수행하는 데 있어서의 어려움과 밀접하게 연관됩니다.

요컨대, 어떤 수험생들은 이 문제의 답안으로 우울증이나 우울장애를 언급하기도 합니다. 물론 아동이나 청소년의 경우 우울증상이 과민한 기분(예 짜증)이나 반항적이고 적대적인 행동으로 나타나기도 하지만, 보통 우울증의 경우 웩슬러 지능검사에서 동작성 IQ(PIQ)가 언어성 IQ(VIQ)에 비해 상대적으로 낮은 결과를 보인다는 점을 감안할 필요가 있습니다. 또한 어떤 수험생들은 DSM-5에서 주의력결핍 및 과잉행동장애(ADHD)의 진단 기준으로 "몇몇 심각한 부주의 또는 과잉행동-충동성의 증상들이 12세 이전에 나타나야 한다"는 것을 이유로 이를 중학생인 A군에게 적용하기 어렵다고 주장하기도 합니다. 그러나 DSM-5 진단 기준에서는 그 요건이 아동기 동안 상당한 임상적 증상이 나타나는 것에 대한 중요성을 담고 있을 뿐 발병 시기를 명시하는 것은 아니며, 그 발병 시기를 입증하는 것은 사실상 어렵다고 밝힌 점을 염두에 두어야 합니다. 그리고 문제의 사례에서도 중학생인 A군의 문제 증상 발현 시기는 명시되어 있지 않습니다.

14 MMPI-2에서 재구성 임상척도를 개발하게 된 이유를 설명하시오. 〔3점〕 〔16년 기출〕

고득점을 향한 심화해설

① 원판 MMPI의 임상척도들을 제작할 때 경험적인 방식으로 문항들을 구성하였으므로, 한편으로 같은 임상척도에 포함된 문항들의 내용이 상당히 이질적인 면도 있는 반면, 다른 한편으로 임상척도들 간의 상관도 높고 서로 독립적이지 않은 면도 있었다. 즉, 타당성이 의심스러운 문항들로 인해 척도 상승의 의미를 명확히 하기가 어려웠을 뿐만 아니라(→ 수렴타당도의 저하), 임상척도들 간의 높은 상관으로 인해 척도의 차별적 해석에도 어려움이 있었다(→ 변별타당도의 저하).

② 임상척도들 간의 높은 상관을 보이는 이유는 한 개 이상의 척도에서 중복 채점이 이루어지는 문항들이 있는 것은 물론, 각각의 임상척도에 포함된 문항들 중 일부는 환자들이 공통적으로 치료받고 싶어 하는 정서적 고통 및 불행감과 관련이 있기 때문이다. 즉, 수검자가 특정 임상척도에서 높은 점수를 얻었다고 할 때, 그 점수에는 해당 척도에서 측정하고자 하는 핵심적 구성개념과 관련된 특성(예 우울한 기분, 기태적 사고 등)뿐만 아니라 공통적인 정서적 고통도 반영되어 있다고 볼 수 있다.

③ 이와 같이 원판 MMPI는 임상척도 점수에 핵심적 구성개념과 관련된 특성이 얼마나 반영되어 있는지, 그리고 공통적인 정서적 고통으로부터 비롯된 변량이 얼마나 반영되어 있는지를 판단하기가 어려웠다. 그래서 임상가들은 임상척도의 상승이 의미하는 바를 보다 명확히 하기 위해 상승척도쌍, 소척도, 내용척도 등을 활용해 왔다.

④ MMPI-2에 포함된 재구성 임상척도(RC ; Restructured Clinical Scales)는 2003년 텔레헨(Tellegen)과 그의 동료들이 개발한 것으로, 기본 임상척도의 중요한 기술적 특성을 그대로 유지하면서 그동안 임상척도의 문제점으로 제기되어왔던 해석상의 모호함을 감소시키고 변별력을 증가시키는 것을 목적으로 한다.

전문가의 한마디

재구성 임상척도는 임상척도에 비해 향상된 수렴타당도와 변별타당도를 가진 것으로 알려져 있습니다. 그러나 비교적 최근에 개발되었기 때문에 실제 임상장면에서의 활용 적합성에 대한 연구결과가 아직 충분하지 않습니다. 텔레헨(Tellegen)과 그의 동료 또한 재구성 임상척도에 대한 만족스러운 연구결과들이 보고되고 임상가들이 충분히 익숙해지기 전까지는 임상척도에서 얻어진 해석적 가설들을 명료화하는 데 초점을 두고 해석하는 것이 바람직하다고 제안한 바 있습니다.

참고로 재구성 임상척도는 척도 개발 시 일반요인을 제거하기 위해 활용된 RCd 척도를 포함하여 각 임상척도의 핵심적 특성을 반영하는 것으로 간주되는 척도 1, 2, 3, 4, 6, 7, 8, 9 등 총 9개의 척도로 이루어져 있습니다. 다만, 척도 5와 척도 0은 정신병리의 핵심적 요소를 평가하지 않는다고 판단되어 별도의 재구성 척도를 제작하지 않았습니다. 이와 관련하여 텔레헨 등은 척도 5와 척도 0의 재구성 척도를 추후 제작할 것이라고 언급한 바 있습니다.

15 MMPI-2의 재구성 임상척도 중 다른 사람들이 믿을만하지 못하고 남을 배려하지 않고 자신만 생각하며 착취적이라고 생각하는 경우 상승하는 척도를 쓰시오. 3점

심화해설

RC3 : 냉소적 태도(cyn, Cynicism)

MMPI-2 재구성 임상척도(RC ; Restructured Clinical Scales)

① RCd : 의기소침(dem, Demoralization) – 24문항
  ㉠ 이 척도는 수검자가 경험하고 있는 전반적인 정서적 불편감 및 정서적 동요를 나타내는 지표이다.
  ㉡ 이 척도의 점수가 높은 사람은 낙심하여 기운이 없고 의기소침한 상태라고 보고한다. 이들은 자존감이 낮고 비관적이며, 과거에 실패했기 때문에 미래도 실패할 것이라고 믿는 경향이 있다.

② RC1 : 신체증상 호소(som, Somatic Complaints) – 27문항
  ㉠ 이 척도는 신체적 건강에 대한 집착을 나타내는 지표이다.
  ㉡ 이 척도의 점수가 높은 사람은 만성통증을 비롯한 여러 가지 신체적 불편감을 호소하고 신체기능에 집착하며, 심리적 혹은 대인관계적 곤란을 경험할 때 신체증상을 드러내면서도 정작 신체증상과 관련된 심리적 요인이 있을 수 있음을 받아들이지 않는 경향이 있다.

③ RC2 : 낮은 긍정 정서(lpe, Low Positive Emotions) – 17문항
  ㉠ 이 척도는 삶에 대한 긍정적인 정서적 관여가 경감되어 있음을 나타내는 지표이다.
  ㉡ 이 척도의 점수가 높은 사람은 불행감을 느끼고 의기소침해져 있으며, 임상적 우울증을 경험할 위험성이 크다. 특히 일상생활의 일들을 효과적으로 다룰 만한 에너지를 갖고 있지 못하고, 어떤 일에 대해 책임을 지거나 결정을 내리는 데 어려움을 느끼며, 무력감과 절망감에 빠진 채 수동적이고 위축된 모습을 보이는 경향이 있다.

④ RC3 : 냉소적 태도(cyn, Cynicism) – 15문항
  ㉠ 이 척도는 타인에 대한 신뢰를 지나치게 공언하는 특성을 나타내는 지표이다.
  ㉡ 이 척도는 임상척도 3 Hy(Hysteria, 히스테리)와 반대방향으로 채점되는데, 이 척도의 점수가 높은 사람은 다른 사람들이 믿을만하지 못하고 남을 배려하지 않고 자신만 생각하며 착취적이라고 생각하는 반면, 점수가 낮은 사람은 순진하고 남에게 잘 속으며, 다른 사람을 지나치게 신뢰하는 경향이 있다.

⑤ RC4 : 반사회적 행동(asb, Antisocial Behavior) - 22문항
  ㉠ 이 척도는 반사회적 특성에 대한 보다 순전한 측정치이자 지표이다.
  ㉡ 이 척도의 점수가 높은 사람은 사회적 규준이나 기대에 순응하지 않은 채 과거 법률에 저촉되는 행동을 흔히 범한 적이 있으며, 약물남용 문제를 보이기도 한다. 평소 비판적이고 논쟁적이며, 화를 잘 내고 공격적으로 행동하는 경향이 있다.

⑥ RC6 : 피해의식(per, Ideas of Persecution) - 17문항
  ㉠ 이 척도는 피해의식 사고에 대한 보다 순전한 측정치이자 지표이다.
  ㉡ 이 척도의 점수가 높은 사람은 자신이 다른 사람들의 표적이 되어 외부의 힘에 의해 통제당하거나 희생당한다고 느낀다. 타인의 동기를 지나치게 의심하고 다른 사람과 신뢰로운 인간관계를 맺지 못하며, 특히 75T 이상의 높은 점수는 망상이나 환각을 지니고 있을 가능성을 시사한다.

⑦ RC7 : 역기능적 부정 정서(dne, Dysfunctional Negative Emotions) - 24문항
  ㉠ 이 척도는 불안과 짜증을 비롯한 다양한 부정적 정서경험을 나타내는 지표이다.
  ㉡ 이 척도의 점수가 높은 사람은 우울증상을 호소하고 심리적으로 매우 불안정하며, 남들의 비판에 지나치게 예민한 경향이 있다. 자신이 실패했다고 생각하는 일에 집착하여 이를 과도하게 반추하며, 대인관계에서 지나치게 수동적이고 복종적인 모습을 보이기도 한다.

⑧ RC8 : 기태적 경험(abx, Aberrant Experiences) - 18문항
  ㉠ 이 척도는 정신병적 장애에서 관찰되는 감각, 지각, 인지 및 운동상의 장애 정도를 나타내는 지표이다.
  ㉡ 이 척도의 점수가 높은 사람은 현실검증력의 손상을 반영하는 환각, 망상, 기태적 감각 경험 등을 보고하기도 하며, 특히 75T 이상의 높은 점수는 망상장애, 조현병, 조현정동장애(분열정동장애)로 진단될 수 있다.

⑨ RC9 : 경조증적 상태(hpm, Hypomanic Activation) - 28문항
  ㉠ 이 척도는 경조증적 상태를 나타내는 지표이다.
  ㉡ 이 척도의 점수가 높은 사람은 지나치게 빠른 사고, 고양된 활력수준, 고양된 기분과 짜증 등을 경험하며, 흔히 공격성, 약물남용, 반사회적 행동과 연관된 충동 등을 통제하는 데 있어서 어려움을 느낀다. 특히 75T 이상의 높은 점수는 조증 삽화를 시사하며, 양극성장애로 진단될 수 있다.

> **전문가의 한마디**
> 앞선 문제는 MMPI-2 재구성 임상척도(RC)의 개발 이유를 설명하는 것이었으나, 이 문제는 척도별 기술 및 해석을 다룬다는 점에서 의의가 있습니다. 특히 2020년 1회 필기시험에서도 재구성 임상척도의 척도별 기술 및 해석을 다룬 문제가 처음 출제된 만큼, 향후 이와 관련된 문제가 지속적으로 출제될 것으로 보입니다.

MMPI-2의 재구성 임상척도 중 역기능적 부정 정서를 나타내며, 불안과 짜증 등을 경험하는 경우 상승하는 척도는? [20년 기출]

① RC4　　② RC1　　③ RC7　　④ RC9

답 ③

16. 치료와 재활의 의미와 차이를 기술하시오.

6점 | 04, 06, 07년 기출

(1) 의미

심화해설

① 치료(Therapy)
  어떤 질병, 장애 또는 문제를 치료, 치유, 완화하기 위해 계획된 체계적 과정 및 활동을 의미한다.
② 재활(Rehabilitation)
  장애인의 신체적·정신적·사회적·경제적·직업적 가용능력을 최대한 회복시키기 위한 체계적 과정 및 활동을 의미한다.

(2) 차이

심화해설

① 치료는 개인의 증상과 병리를 감소시키는 데 초점을 두는 반면, 재활은 개인의 강점이나 자원을 개발시키는 데 초점을 둔다.
② 치료는 개인의 역기능을 완화시키는 데 주력하는 반면, 재활은 개인의 기능을 회복시키는 데 주력한다.
③ 치료는 병의 경감에 관심을 두는 반면, 재활은 건강의 유도에 관심을 둔다.
④ 치료는 개인의 장애를 직접적으로 공략하는 반면, 재활은 개인이 가지고 있는 자원을 발견하고 이를 개발하는 데 주력한다.

전문가의 한마디 '재활(Rehabilitation)'은 라틴어의 'Habitas'를 어원으로 합니다. 'Habitas'는 'to make able' 혹은 'to make fit again'을 의미하는 것으로서, 우리나라 말로는 '할 수 있게 만들다' 혹은 '건강한 상태로 되돌리다'로 번역할 수 있습니다. 다시 말해 '재활'은 인간이라면 누구나 누려야 할 권리와 존엄이 어떤 원인에 의해 손상되었으므로, 손상된 권리와 존엄을 '회복'시킨다는 의미를 가집니다. 참고로 정신장애 분야에서는 '재활'보다는 '회복'의 용어를 선호하는 경향이 있는데, 이는 '회복'이 '재활'보다 미래에 대한 더욱 낙관적인 의미를 내포하고 있기 때문입니다. 참고로 위의 해설은 '정원철, 『정신보건사회사업론』, 공동체 刊', '손명자, 《정신재활의학 : 임상심리학의 새로운 전망》[한국심리학회지 : 임상(Vol.12, No.2)], 한국임상심리학회 刊' 등을 참조하였습니다.

알아두기 **치료와 재활의 차이점**

치료(Therapy)	재활(Rehabilitation)
개인의 증상과 병리 감소를 목적으로 함	개인의 강점이나 자원의 개발을 목적으로 함
다양한 인과이론에 기초하여 개입을 결정함	개입 결정 시 인과이론에 기초하지 않음
과거, 현재, 미래에 초점을 둠	현재와 미래에만 초점을 둠
증상 및 가능한 원인을 측정함	현재 요구되는 기술 및 자원을 측정함
정신의학, 정신역동이론 등의 역사적 근거를 가짐	인간자원개발, 신체재활, 직업재활, 특수교육 등의 근거를 가짐
일차적 기술로서 약물치료, 정신치료 등을 활용함	일차적 기술로서 자원조정, 직업기술훈련 등을 활용함

17 정신사회재활에서 재활계획을 위한 4단계를 쓰시오. 4점 22년 기출

고득점을 향한 심화해설

※ 2022년 3회 7번 기출문제와 동일 또는 매우 유사하므로, 해당 해설을 참조하세요. ☞ 교재 242p

18 최근 인터넷 중독이 사회적인 관심으로 대두되고 있다. 인터넷 중독이 의심되는 내담자로 하여금 인터넷 중독에서 벗어날 수 있도록 일반적으로 추천하는 방법을 4가지만 쓰시오.
4점 17, 22년 기출

고득점을 향한 심화해설

※ 2022년 3회 20번 기출문제와 동일 또는 매우 유사하므로, 해당 해설을 참조하세요. ☞ 교재 262p

19 전화로 어떤 여성이 다급한 목소리로 자신이 방금 강간을 당했다고 보고하면서 두려워하고 있다. 상담자로서 취할 조치 방법을 5가지 기술하시오. [5점] [17년 기출]

고득점을 향한 심화해설

① **심리적 안정 및 지지하기**

상담자는 우선 내담자를 안정시키고 지지해 주며 위로할 필요가 있다. 성폭력 피해 직후에는 아무것도 생각할 수 없을 정도로 혼란스럽고 힘든 상황이므로, 일단 피해 장소에서 벗어나 마음을 진정시키도록 한다. 그리고 내담자로 하여금 가해자와 성관계를 한 것이 아니라 폭력을 당한 것임을 인식시키며, 따라서 수치심이나 순결 상실을 괴로워할 것이 아니라 상해를 입은 몸과 마음을 추스르고 돌보는 것이 중요함을 알린다.

② **성폭력 상황에 대한 구체적인 파악 및 증거 보관에 대한 당부**

상담자는 내담자가 누구에게, 언제, 어느 정도의 성폭력을 당한 것인지에 대해 구체적으로 확인할 필요가 있다. 또한 성폭력을 평소 알고 지낸 사람에게 당한 것인지, 아니면 전혀 모르는 사람에게 당한 것인지를 파악해야 한다. 그리고 성폭력 신고에 대비하여 성폭력의 증거가 될 수 있는 속옷이나 도구 등을 반드시 보관하도록 당부한다.

③ **도움을 줄 수 있는 사람 찾기**

내담자는 성폭력 피해 이후 모든 것이 싫어지고 부정적인 생각에 빠질 수 있으므로, 내담자의 말을 전적으로 신뢰하고 힘든 상황을 가슴으로 이해하면서 내담자의 심리적 안정을 도와줄 수 있는 사람을 찾는 것이 중요하다. 가까운 친구나 믿을 수 있는 가족, 전문상담원 등은 문제를 보다 객관적으로 볼 수 있도록 조언을 제공할 것이며, 병원 등에 동행하면서 큰 힘이 되어줄 것이다.

④ **병원 연계**

내담자가 성폭력으로 인해 어떤 상처를 입었는지 알아보기 위해 병원에 가는 것은 필수적이다. 병원에 가는 시기는 피해 직후가 가장 바람직하고, 빠를수록 좋다. 내담자는 피해 직후 정신적 충격으로 인해 몸의 상처를 미처 느끼지 못하는 경우도 있으므로, 상담자는 내담자로 하여금 가급적 빨리 병원에 갈 수 있도록 설득해야 하며, 더 나아가 임신이나 성병을 미리 예방하는 조치가 이루어지도록 도와야 한다.

⑤ 법적 · 의료적 절차에 관한 정보 제공 및 전문기관 연계

성폭력은 내담자가 혼자서 해결해 나가기 어려운 법률적 · 의료적 문제들과 연결되어 있다. 따라서 상담자는 내담자에게 법적 · 의료적 절차에 관한 정보를 제공하는 한편, 법적 · 의료적 차원에서 충분한 지원을 받을 수 있도록 내담자를 관련 전문기관에 연계해 주어야 한다. 또한 심리적 측면에서 지속적인 상담 및 치료가 이루어질 수 있도록 제반 조치를 취해야 한다.

> **전문가의 한마디**
>
> 이 문제는 성폭력 전화상담의 일반적인 사례라기보다는 위기상황에서의 적절한 개입에 관한 문제로 볼 수 있습니다. 이와 관련된 내용은 교재마다 혹은 성폭력 상담 관련 지침마다 약간씩 다르게 제시되어 있으나 내용상 큰 차이는 없습니다.
>
> 참고로 2012년 12월 18일 '성폭력범죄의 처벌 등에 관한 특례법'의 전부개정에 따라 2013년 6월 19일부터 성폭력범죄에 대한 친고죄가 폐지되었습니다. 그동안 친고죄로 인해 성범죄에 대한 처벌이 합당하게 이루어지지 못한 채 피해자에 대한 합의 종용으로 2차 피해가 야기되는 문제가 불거짐에 따라 관련 조항이 삭제된 것입니다. 따라서 일부 교재에서 성폭력범죄가 친고죄이므로 상담자가 내담자에게 고소 여부를 결정하도록 도와야 한다는 내용은 더 이상 유효하지 않습니다.

20 다음 보기의 신경심리검사들이 평가하는 인지기능 영역을 쓰시오.

> Contrasting Program / Go-No-Go Test / Fist-Edge-Palm / Alternating Hand Movement / Alternating Square and Triangle / Luria Loop / Controlled Oral Word Association Test(COWAT) / Korean-Color Word Stroop Test(K-CWST)

심화해설

전두엽 집행기능(전두엽 실행기능 또는 전두엽 관리기능)

전문가의 한마디

위의 문제 보기에 제시된 신경심리검사들은 서울신경심리검사(SNSB ; Seoul Neuropsychological Screening Battery)에서 전두엽 집행기능(전두엽 실행기능 또는 전두엽 관리기능)을 측정하는 검사들에 해당합니다. 서울신경심리검사(SNSB)는 주의집중능력, 언어 및 관련 기능, 시공간 기능, 기억력, 전두엽 집행기능 등 5가지 인지영역을 평가하는 다양한 검사들로 구성되며, 그 밖의 지표들로 단시간 내에 치매를 선별하기 위한 검사도구로서 한국판 간이 정신상태검사(K-MMSE), 수검자의 인지기능에 영향을 미칠 수 있는 정서적 상태를 평가하는 노인용 우울검사(GDS), 신체적 상태를 평가하는 바텔 일상생활활동(B-ADL), 수검자와 보호자의 보고를 토대로 치매의 심각도를 평가하는 임상치매척도(CDR) 등이 포함되어 있습니다. 노인용 신경심리검사 배터리로서 55~80세 노년층에 대한 규준을 제공하며, 검사 실시에 대략 2시간 정도가 소요됩니다.

알아두기 서울신경심리검사(SNSB ; Seoul Neuropsychological Screening Battery)의 구성

인지영역	신경심리검사
주의집중능력	• Digit Span : Forward / Backward • Letter Cancellation
언어 및 관련 기능	• Spontaneous Speech / Comprehension / Repetition • Korean-Boston Naming Test(K-BNT) • Reading / Writing • Finger Naming / Right-Left Orientation / Calculation • Body Part Identification • Praxis Test : Buccofacial, Ideomotor
시공간 기능	• K-MMSE : Drawing • Rey Complex Figure Test(RCFT) : Copy
기억력	• K-MMSE : Registration / Recall • Seoul Verbal Learning Test(SVLT) • RCFT : Immediate & Delayed Recalls / Recognition

전두엽 집행기능	• Contrasting Program / Go-No-Go Test
	• Fist-Edge-Palm / Alternating Hand Movement
	• Alternating Square and Triangle / Luria Loop
	• Controlled Oral Word Association Test(COWAT)
	  - Semantic(Animal, Supermarket)
	  - Phonemic(ㄱ, ㅇ, ㅅ)
	• Korean-Color Word Stroop Test(K-CWST)

기타 지표	• K-MMSE • Geriatric Depression Scale(GDS) • Barthel Activities of Daily Living(B-ADL) • Clinical Dementia Rating Scale(CDR)

2020

기출이 답이다 임상심리사 2급 2차 실기합격

기출(복원)문제 및 해설

※ 임상심리사 2급 실기시험은 기출 미공개 시험으로, 본 교재는 기출 키워드를 분석하여 복원한 문제를 수록하였습니다. 실제문제와 차이가 있을 수 있으므로 참고하시기 바랍니다.

01 인간중심치료에서 치료자가 갖춰야 할 필요충분조건 3가지를 쓰시오.

3점 | 08, 10, 14, 17, 18, 19, 21, 22, 23, 24년 기출

고득점을 향한 심화해설

※ 2024년 2회 7번 기출문제와 동일 또는 매우 유사하므로, 해당 해설을 참조하세요. ☞ 교재 49p

02 해결중심치료에서 사용하는 해결 지향적 질문유형을 3가지 쓰시오. 〔3점〕 〔18년 기출〕

심화해설

① 상담 전 변화에 관한 질문(Pre-session Change Question)
　내담자가 상담을 약속한 후 상담소에 오기까지 경험한 변화에 대해 알아보는 것은 문제해결에 있어서 중요한 단서를 제공할 수 있다. 상담 전 변화가 있는 경우 내담자가 이미 보여준 해결능력을 인정하며, 이를 강화하고 확대할 수 있도록 격려한다.
　예 "처음 상담을 신청했을 때와 상담을 받으러 오기까지의 시간 동안 어려운 상황이 좀 나아진 사람들을 종종 볼 수 있었습니다. 혹시 그와 같은 변화를 경험하셨습니까?"

② 예외질문 또는 예외발견질문(Exception-finding Question)
　예외란 내담자가 문제로 생각하고 있는 행동이 일어나지 않는 상황을 의미한다. 예외질문은 문제해결을 위해 우연적이며 성공적으로 실행한 방법을 찾아내어 이를 의도적으로 계속해 보도록 격려하는 것이다. 예외질문을 통해 평소 내담자가 인지하지 못했던 예외를 찾아내고 그것을 계속 강조하면서 내담자의 성공을 확대하고 강화시키게 된다.
　예 "문제가 발생하지 않은 때는 언제였습니까?"
　　 "문제가 해결된다면 어떻게 알 수 있겠습니까?"

③ 기적질문(Miracle Question)
　기적질문은 문제 자체를 제거시키거나 감소시키지 않은 채 문제와 떨어져서 문제가 해결된 상태 혹은 그 해결책을 상상해 보도록 하는 것이다. 치료자는 내담자로 하여금 문제에 대한 집착에서 벗어나 해결을 위한 요구사항들을 구체화·명료화하도록 함으로써 해결중심 영역으로 들어가게 한다.
　예 "잠자는 동안 기적이 일어나 당신을 여기에 오게 한 그 문제가 극적으로 해결됩니다. 아침에 일어나서 지난밤 기적이 일어나 모든 문제가 해결되었다는 것을 어떻게 알 수 있을까요?"

④ 척도질문 또는 평가질문(Scaling Question)
　척도질문은 숫자를 이용하여 내담자에게 문제의 심각성 및 우선순위, 문제해결에 대한 희망, 자아존중감, 변화(혹은 치료)에 대한 확신, 변화(혹은 치료)에 대한 의지와 노력, 문제가 해결된 정도 등을 표현하도록 하는 것이다. 척도질문을 통해 치료자는 내담자의 문제해결에 대한 태도를 더욱 정확히 알 수 있으며, 내담자의 변화를 격려하고 강화해 주는 사람 및 상황에 대한 구체적인 정보를 얻을 수 있다.

예 "폭력을 행사하는 아버지가 어느 정도 싫은지 0점에서 10점까지 점수로 표현할 수 있을까요?"
"문제해결의 상태를 1점부터 10점까지의 척도로 나타냈을 때, 당신은 현재 6점에 있다고 했습니다. 만약 6점에서 7점으로 올라간다면 무엇이 달라질까요?"

⑤ 대처질문(Coping Question)

대처질문은 어려운 상황에서의 적절한 대처 경험을 상기시키도록 함으로써 내담자로 하여금 스스로의 강점을 발견하고, 자신이 대처방안의 기술을 가지고 있음을 깨닫도록 하는 것이다. 대처질문은 특히 자신의 미래를 매우 절망적으로 보아 아무런 희망이 없다고 생각하는 내담자에게 주로 사용한다.

예 "당신은 그 어려운 상황 속에서 어떻게 지금까지 견딜 수 있었나요?"
"어떻게 해서 상황이 더욱 나빠지지 않을 수 있었나요?"

⑥ 관계성질문(Relationship Question)

관계성질문은 내담자와 중요한 관계에 있는 사람들이 갖고 있는 생각, 의견, 지각 등에 대해 묻는 것으로, 그들의 관점에서 내담자 자신의 문제에 대해 어떻게 생각할지 추측해 보도록 하는 것이다. 내담자는 자신의 입장에서 자신을 보다가 중요한 타인의 눈으로 보게 될 때, 이전에는 없었던 가능성을 만들어 낼 수 있다.

예 "만약 당신의 아버지가 지금 여기에 있다고 가정할 때, 당신의 아버지는 당신의 문제가 해결될 경우 무엇이 달라질 거라 말씀하실까요?"

⑦ 악몽질문(Nightmare Question)

악몽질문은 기적질문과 유사하나 다른 질문들과 달리 문제중심적인 질문이다. 내담자에게 뭔가 더 나쁜 일이 일어나야만 내담자가 현재와 다른 무엇을 하려고 시도한다거나 문제에서 벗어날 수 있을 것으로 예상될 경우 이 질문을 사용한다. 특히 상담 전 변화에 관한 질문, 예외질문, 기적질문 등이 효과가 없을 때 유용하나, 섣부른 역설을 사용하여 생길 수 있는 부작용을 염두에 두어야 한다.

예 "잠자는 동안 악몽을 꾸게 되어 당신을 여기에 오게 한 그 문제가 갑자기 더욱 나빠집니다. 아침에 일어나서 지난밤 악몽으로 인해 모든 문제가 나빠졌다는 것을 어떻게 알 수 있을까요?"

⑧ 간접적인 칭찬 : "어떻게 그렇게 할 수 있었습니까?" 질문

간접적인 칭찬의 질문은 내담자의 어떤 측면이 긍정적이라는 것을 암시하는 질문이다. 이는 내담자로 하여금 자신의 강점이나 자원을 스스로 발견하도록 하므로, 직접적인 칭찬보다 더욱 바람직하다고 볼 수 있다.

예 "그 어려운 상황에서도 어떻게 집안을 그토록 평온하게 유지할 수 있었나요?"
"당신은 아이들을 존중하는 것이 인성발달에 중요하다는 것을 어떻게 아셨습니까?"

⑨ "그 외에 또 무엇이 있습니까?" 질문

이 질문은 예외를 더 발견하고, 강점 및 자원, 성공적 경험 등 긍정적인 측면을 더욱 많이 이끌어내려는 의도를 가진다.

예 "무엇이 더 있을까요? 또 다른 좋은 생각이 무엇일까요?"
"이전에 이야기한 것과 연결시켜 보면 또 무엇이 있을까요?"

> **전문가의 한마디**
> 해결중심치료에서 사용하는 해결 지향적 질문들은 비단 해결중심치료에 국한하여 사용되는 것은 아닙니다. 이는 다양한 유형의 상담이나 치료에서 매우 유용하게 사용될 수 있는 질문들입니다. 해결 지향적 질문 또한 그 종류가 다양한데, 이 문제에서와 같이 3가지를 쓰도록 요구할 경우 가급적 여러 교재들에서 공통적으로 소개되고 있는 '예외질문(예외발견질문)', '기적질문', '척도질문(평가질문)', '대처질문' 중에서 선택하여 답안을 작성하시기 바랍니다. 요컨대, 해결중심치료모델에서는 해결중심적 대화가 강조됩니다. 이는 내담자의 문제를 해결하기 위해 치료자와 내담자가 함께 목표를 세우고 해결책을 구상하며 실행해 나가는 것을 의미합니다. 치료자는 자기 문제의 전문가인 내담자가 스스로의 문제를 어떻게 지각하는지를 파악하게 되는데, 이때 내담자를 한 발짝 뒤에서 인도하는 역할을 수행하게 됩니다. 다시 말해, 해결중심치료모델에서 치료자의 역할은 인지치료에서 널리 사용되는 소크라테스식 대화와 마찬가지로 내담자로 하여금 문제를 다른 시각에서 바라보게 하며, 내담자의 생활에서 문제시되지 않았거나 문제가 해결되는 시점의 예외적인 상황을 발견하도록 돕는 데 있습니다. 해결중심치료모델의 치료자도 인지치료의 치료자들과 마찬가지로 소크라테스식 질문법을 사용하여 내담자와 함께 목표를 세우고, 내담자의 강점을 활용하여 문제를 협력적으로 해결하기 위해 노력합니다.

> **알아두기** 해결중심치료모델에서 치료자-내담자 관계유형

방문형 (Visitor)	• 흔히 자신의 의사와 상관없이 상담을 받으러 온 비자발적 내담자에게서 주로 나타난다. • 내담자는 문제를 인식하고 있지 않거나, 문제가 자신이 아닌 다른 사람에게 있다고 생각한다. • 내담자는 치료자와 함께 공동으로 문제를 인식하거나 상담의 목표를 발견하기가 어렵다.
불평형 (Complainant)	• 치료자와 내담자 간 대화 속에 불평이 있는 경우 혹은 문제를 공동으로 확인하였으나 해결책을 구축해 나가는 데 있어서 내담자의 역할을 확인하지 못한 경우에 나타난다. • 내담자는 대화 속에서 문제와 해결의 필요성에 대해 상세히 설명하지만, 아직 자신을 문제해결의 일부로 보지 않는다. • 내담자는 대체로 문제해결이 자신이 아닌 다른 사람(예 배우자, 부모, 자녀, 친구, 동료 등)의 변화를 통해 이루어질 수 있다고 생각한다.
고객형 (Customer)	• 치료자와 내담자가 문제와 함께 도달하고자 하는 해결책을 공동으로 확인했을 때 이루어진다. • 내담자는 자신을 문제해결의 일부로 생각하면서, 문제해결을 위해 무엇인가 할 의지를 보인다. • 내담자는 상담을 통해 무엇을 이루고자 하는지에 대해 생각해 보았으며, 이를 달성하기 위해 자신의 노력이 필수적임을 잘 알고 있다.

03 내담자의 말을 경청하는 데 있어서 좋은 상담자가 되기 위한 구체적인 방법을 5가지 쓰시오.

5점 06, 15, 20, 23년 기출

※ 2023년 2회 6번 기출문제와 동일 또는 매우 유사하므로, 해당 해설을 참조하세요. ☞ 교재 141p

04 인지·정서·행동적 상담(REBT)의 ABCDE 모델에 기초하여 치료계획을 짜시오. 5점 14년 기출

고득점을 향한 심화해설

① 제1단계 – 합리적 신념과 비합리적 신념의 구분

상담자는 내담자에게 인지·정서·행동적 상담(REBT)에 대한 책자나 상담자의 설명 등을 통해 인지·정서·행동적 상담의 관점, 논리 등을 내담자에게 교육시킨다. 이를 통해 내담자는 합리적 신념과 비합리적 신념을 구분하는 방법을 배우게 된다.

② 제2단계 – 내담자의 자기보고 및 상담자의 관찰을 통한 비합리적 신념의 발견 및 인식 유도

면담 과정에서 내담자의 자기보고 및 상담자의 관찰을 통해 내담자의 심리적인 문제를 야기한 비합리적 신념을 발견하고 내담자로 하여금 이를 인식 및 인정하도록 한다. 또한 내담자가 반복적으로 자기패배적인 대화나 사고를 통해 자신의 비합리적 신념을 유지하고 있다는 사실을 인식하도록 한다.

③ 제3단계 – 내담자의 비합리적 신념에 대한 논박

상담자는 내담자의 비합리적 신념에 대해 내담자가 포기할 때까지 논박한다. 또한 합리적 신념에 대해 예를 보여주거나 시범을 보인다.

④ 제4단계 – 내담자의 비합리적 신념을 합리적 신념으로 바꾸기 위한 연습 유도 및 과제 부여

상담자는 내담자로 하여금 자신의 비합리적 신념을 합리적 신념으로 바꾸도록 연습시킨다(예 합리적 신념을 큰 소리로 되뇌게 하기, 자기패배적인 자기대화를 합리적인 자기대화로 바꾸어 말하도록 하기 등). 또한 상담자는 내담자에게 일상생활에서의 비합리적 신념을 찾아내어 이를 스스로 논박하도록 인지적 과제를 부여한다. 이후 면담 과정을 통해 내담자가 과제를 제대로 수행했는지 그 여부를 점검한다.

⑤ 제5단계 – 합리적 행동의 시연 및 새로 학습한 결과의 실제 적용

상담자는 상담 과정을 통해 개발한 합리적 행동을 내담자에게 시연하도록 요구하며, 새롭게 학습한 결과를 실제상황에 적용해 보도록 격려한다. 또한 그에 대한 반복적인 학습이 이루어지도록 지지한다.

전문가의 한마디

이 문제는 구체적으로 인지·정서·행동적 상담(REBT)의 ABCDE 모델을 설명하라는 것인지, ABCDE 모델의 실제적인 진행 과정을 예를 들어 설명하라는 것인지 모호합니다. 그러나 문제상에서 ABCDE 모델 그 자체를 강조하기 보다는 ABCDE 모델에 기초하여 치료계획을 짜도록 요구하고 있다는 점에 착안하여, ABCDE 모델에 기초한 상담 진행절차를 기술하고 있는 '한숙자, 『전문상담학개론』, 창지사 刊'을 참조하여 답안을 작성하였습니다. 참고로 치료계획의 구체적인 단계는 명확히 정해져 있지 않으며, 따라서 여러 가지 답안이 도출될 수 있습니다. 다만, 여기서는 이번 문제와 2014년 15번 문제의 배점이 각각 5점과 10점인 것에 착안하여 이를 5단계로 구분하였습니다.

05 상담에서의 윤리문제와 관련하여 상담자가 알고 있어야 할 상담 시 행동지침을 5가지 쓰시오.

※ 2021년 1회 1번 기출문제와 동일 또는 매우 유사하므로, 해당 해설을 참조하세요. ☞ 교재 267p

06 심리치료자가 내담자에 대해 비밀보장을 할 수 없는 경우를 5가지 쓰시오.

※ 2024년 1회 9번 기출문제와 동일 또는 매우 유사하므로, 해당 해설을 참조하세요. ☞ 교재 19p

07 다음 보기의 사례를 읽고 물음에 답하시오. 6점

> 올해 15세로 중학교 3학년인 A군은 평소 학교 친구들과 어울리지 못하며, 거의 매일 아침 등교 시간마다 학교가기를 거부하고 있다. A군은 학교에서 아이들이 자신과 놀아주기는커녕 괴롭히고 따돌린다면서, 학교에 가는 것이 죽고 싶을 만큼 싫다고 불평을 늘어놓았다. A군은 또래 아이들에 비해 골격이 크고 당당한 체구이며, 어려서부터 태권도를 좋아하여 현재까지 도장에 다니고 있다. 그러나 A군은 중학교에 진학한 이후 성적이 최하위권으로 떨어졌으며, 현재 A군의 담임선생님은 최근 실시한 집단지능검사의 결과와 함께 A군의 일반계 고등학교 진학이 어렵다는 이야기를 A군의 어머니에게 알려주었다고 한다. A군의 어머니는 자신의 아들이 담임선생님의 이야기처럼 고등학교 진학이 어려울 만큼 심각한 상태인지, A군이 학교생활에 적응하지 못하는 것을 어떻게 해결할 수 있을지, 앞으로 A군을 어떠한 방식으로 훈육해야 할 것인지 등의 문제를 호소하고 있다. 심리평가를 위해 A군과 A군의 어머니가 내원했을 때, A군은 무표정한 얼굴에 약간 어눌한 말투를 보였으며, 발음도 부정확했다. 또한 대답하는 것을 귀찮아하는 듯 매우 짧은 답변으로 일관했으며, 자신의 문제들을 쉽게 포기하려는 모습을 보였다.

보기의 사례에 제시된 내담자 A군의 행동변화를 위한 행동수정의 원리 3가지를 쓰고, 각각에 대해 설명하시오.

심화해설

① 상반행동의 강화원리

아동이 바람직하지 못한 행동을 중단하도록 하기 위해 수정하고자 하는 행동과 모순되거나 혹은 동시에 그 행동과 함께 수행될 수 없는 상반행동을 강화한다.

예 A군은 친구들과 어울려 노는 것에 대해 거부감을 가짐으로써 고립적 행동이 심한 양상을 보이고 있다. 따라서 치료자는 놀이상황을 조장하여 A군이 또래 아이들과 어울려서 노는 모습을 보일 때 많은 관심과 칭찬을 해 주는 반면, A군이 혼자 놀고 있을 때에는 무관심하게 대한다. 그 결과 A군은 또래 아이들과 어울려서 노는 빈도가 많아지고, 학교 친구들과도 가까워질 수 있게 된다.

② 점진적 접근원리

아동이 이전에 하지 못했던 새로운 행동을 하도록 가르치기 위해서는 그 하위단계의 행동들을 계속 강화해 가면서 점차적으로 목표행동에 접근해 나가도록 한다.

예 A군이 대인관계에서 부적응 행동을 보이는 것은 A군의 무표정한 얼굴과 어눌한 말투, 부정확한 발음 때문일 수 있다. 따라서 치료자는 대인관계장면을 조장하여 A군이 상대방과 눈을 맞추는 것에서부터 시작하여 상대방에게 밝은 미소를 띤 표정을 짓는 데 이르기까지, 짧고 단순한 문장을 발음하는 것에서부터 시작하여 또래 아이들 앞에서 길고 복잡한 문장을 큰 소리로 정확히 발음하는 데 이르기까지 행동조성(Shaping)의 방법을 적용한다. 그 결과 A군은 대인관계에서의 두려움을 극복하고 자신감을 가질 수 있게 된다.

③ 모방원리

아동에게 새로운 행동을 가르치기 위해 영향력 있는 사람의 바람직한 행동을 관찰할 기회를 제공하여 그 행동을 모방하도록 유도함으로써 목표행동을 배우도록 한다.

예 A군은 자신의 문제들을 쉽게 포기하려는 모습을 보이는데, 그와 같은 무력감은 A군의 행동변화를 더욱 어렵게 만든다. 따라서 치료자는 A군이 모델로 삼을만한 국가대표 태권도 올림픽 메달리스트나 운동선수 출신 유명인 등 영향력 있는 사람들이 어려운 역경을 극복하고 성공에 이르는 과정을 이야기해 주거나, 그들의 과거 및 현재 활동을 탐색하도록 지도한다. 그 결과 A군은 모방효과를 통해 자신 또한 어려움을 극복하고 성공할 수 있다는 능력감을 가질 수 있게 된다.

전문가의 한마디

이 문제는 완전한 복원이 이루어지지 않아 실제 문제와 약간의 차이가 있을 수 있습니다. 수험생들의 의견에 따르면, 이 문제가 2012년 9번 문제나 2019년 1회 18번 문제와 동일한 사례를 가진 매우 유사한 문제였다는 것이나, 인지·정서·행동적 치료(REBT)의 치료적 방법을 다룬 앞선 문제들과 달리, 이 문제에서는 행동치료에서 행동수정의 원리를 3가지 기술하는 방식으로 출제되었다는 것입니다.

요컨대, 행동수정의 원리는 교재에 따라 다양한 방식으로 기술하고 있는데, 기본적으로 파블로프(Pavlov)의 고전적 조건형성이나 스키너(Skinner)의 조작적 조건형성의 원리를 응용하여 부적응 행동을 유발시키는 요인을 제거하고, 적응 행동으로 변화시켜서 그 행동이 지속적으로 유지되도록 하는 것을 목표로 한다는 점에서 공통적이라 할 수 있습니다. 이와 관련하여 '강경미, 『아동행동수정』, 학지사 刊'에서는 행동수정의 원리를 크게 '새로운 행동을 발달시키기 위한 원리', '새로운 행동을 유지시키기 위한 원리', '부적절한 행동을 감소 또는 중단시키기 위한 원리', '정서적 반응수정을 위한 원리'로 구분하고 각각의 원리에 보다 구체적인 세부원리들을 제시하고 있는데, 위의 해설에서는 A군이 친구와 어울리지 못하는 문제에 대해 부적절한 행동을 감소 또는 중단시키기 위한 원리로서 '상반행동의 강화원리'를 적용하고, 무표정한 얼굴, 어눌한 말투, 부정확한 발음, 그리고 자신의 문제들을 쉽게 포기하려는 문제에 대해 새로운 행동을 발달시키기 위한 원리로서 '점진적 접근원리'와 '모방원리'를 적용하였습니다. 다만, 이러한 답안 또한 사례문제에 대한 일례에 불과하므로 다양한 답안이 가능합니다.

08 직업재활을 해야 하는 이유를 3가지 쓰시오. 6점 24년 기출

고득점을 향한 심화해설

※ 2024년 3회 10번 기출문제와 동일 또는 매우 유사하므로, 해당 해설을 참조하세요. ☞ 교재 81p

09 심리검사 결과의 올바른 해석을 위한 해석지침을 4가지 쓰시오. 4점 14, 23년 기출

고득점을 향한 심화해설

※ 2023년 1회 10번 기출문제와 동일 또는 매우 유사하므로, 해당 해설을 참조하세요. ☞ 교재 114p

10 임상적 연구나 실무에서 의사결정을 할 때 임상적 판단 및 통계적 판단을 사용하게 된다. 임상적 판단보다 통계적 판단을 사용할 경우 나타날 수 있는 장점 및 단점을 각각 2가지 쓰시오.

4점 10년 기출

(1) 통계적 판단의 장단점

고득점을 향한 심화해설

① 장 점
  ㉠ 개념의 구체화 및 조작화 과정을 통해 모호한 개념을 보다 명확하게 정의함으로써 통계적 공식에 따른 보다 구체적인 예측이 가능하다.
  ㉡ 객관적으로 도출된 공식, 명확한 준거, 회귀분석 등을 통해 임상적 판단이 극복하기 어려운 신뢰도 결여의 문제를 상당부분 해결할 수 있다.

② 단 점
  ㉠ 인간의 본질적 복잡성을 수량화하는 것은 그 자체로 한계가 있다.
  ㉡ 개인의 내면적 특성을 점수로 환원하는 것에 대해 내담자의 심리적인 거부감을 유발할 수 있으며, 윤리적인 문제가 나타날 수 있다.

(2) 임상적 판단의 장단점

고득점을 향한 심화해설

① 장 점
  ㉠ 다양한 검사자료, 사례사, 의학적 기록, 언어적 행동 및 비언어적 행동의 관찰에 의한 광범위한 정보들을 토대로 비교적 정확성 있는 판단을 기할 수 있다.
  ㉡ 과학적 예측모델이나 회귀분석에 근거한 통계적 접근이 어려울 경우에도 적용할 수 있다.

② 단 점
　㉠ 통계적 접근에 비해 신뢰성이 떨어진다.
　㉡ 임상가의 주관적 편견이 개입될 수 있으며, 검사 과정상의 편향이 나타날 수 있다.

> **전문가의 한마디**
> 통계적 판단과 임상적 판단은 각각 양적 연구방법과 질적 연구방법의 특성을 반영합니다. 따라서 이와 같은 연구방법들의 특성 및 장단점을 통해 통계적 판단 및 임상적 판단의 차이를 판별할 수 있습니다. 이 문제에서는 통계적 판단의 장단점에 대해 묻고 있으나 향후 임상적 판단의 장단점에 관한 문제도 출제될 수 있으므로, 이 두 가지의 장단점을 함께 기억해 두시기 바랍니다. 참고로 이와 관련하여 2012년 10번 문제를 살펴보시기 바랍니다. 심리치료의 효과성을 검증하는 방법으로서 '통계적 유의성'과 '임상적 유의성'에 관한 내용이 이 문제와 밀접하게 연관됩니다.

11 심리평가 보고서를 작성할 때 심리검사 결과와 생활사적 정보를 통합하는 중요한 이유에 대해 기술하시오. 5점 05, 12, 16년 기출

고득점을 향한 심화해설

① 객관적 검사나 투사적 검사로 제시되는 심리검사는 내담자의 검사에 대한 직접적인 반응을 통해 내담자의 심리적 특성과 현재의 상태를 표출하지만, 이는 내담자의 반응에 의한 주관적인 정보에 불과하다.

② 반면, 상담자가 관찰자 또는 치료자로서 수집하는 내담자에 대한 직접적인 관찰정보, 생활사적·발달사적 정보, 다양한 기록자료 등은 내담자의 심리적 상태를 파악하는 데 유효한 객관적인 정보에 해당한다.

③ 주관적인 정보와 객관적인 정보는 서로 통합됨으로써 오류를 최소화할 수 있으며, 내담자에 대한 보다 정확한 진단 및 평가가 가능하다. 따라서 내담자의 심리에 대한 전반적인 이해를 위해 심리검사의 결과와 생활사적 정보를 통합해야 한다.

전문가의 한마디

위의 문제 해설을 보고 몇몇 분들은 "왜 심리검사 중 객관적 검사가 주관적인 정보를 제공한다고 말하는가?"라고 의문을 가질 수 있겠습니다. 요컨대, 객관적 검사의 객관성은 검사과제의 구조화와 함께 검사에 제시되는 문항의 내용이나 의미가 객관적으로 명료화되어 있다는 의미입니다. 그러나 자기보고형 검사로서 객관적 검사가 내담자(수검자) 본인의 자기 상태에 대한 기술로 이루어진다는 점을 감안할 때 그에 따른 검사 결과까지 객관적이라고 볼 수는 없습니다. 반면, 제삼자로서 상담자가 내담자를 직접 관찰하고 내담자에 대한 다양한 기록자료를 수집하는 등의 과정을 통해 입수하는 정보들은 분명 그 내담자에 대한 보다 객관적인 정보에 해당한다고 볼 수 있습니다. 따라서 이와 같은 주관적인 정보와 객관적인 정보를 통합하여야 내담자에 대한 보다 심도 있고 정확한 평가가 가능합니다.

12 웩슬러 지능검사(K-WAIS)의 언어성 소검사 중 기본지식(Information)이 측정하는 측면 5가지를 쓰시오. 〔5점〕 〔14년 기출〕

심화해설

① 일상의 사실적 지식의 범위
② 과거의 학습 및 학교 교육
③ 지적 호기심 혹은 지식추구 충동
④ 일상생활에서의 기민성 혹은 일상세계에 대한 관심
⑤ 장기기억

전문가의 한마디

사실 이 문제는 맞히기 매우 어려운 고난이도의 문제에 해당합니다. 그 이유는 앞선 2020년 2회 12번 문제와 같이 웩슬러 지능검사의 소검사 항목 11가지에 대한 일반적인 측정 내용을 개괄적으로 진술하는 방식과 달리, 이 문제는 특정 소검사가 측정하는 측면을 확정적인 표현으로 정확히 5가지 쓰도록 요구하고 있기 때문입니다. 이와 같은 방식은 출제자가 특정 교재의 내용을 염두에 두고 문제를 낸 것으로 볼 수 있으며, 그에 따라 답안도 출제자의 의도 혹은 출제자가 사용한 교재의 내용을 가급적 정확하게 제시하여야 정답으로 인정될 가능성이 있습니다. 위의 문제 해설은 이와 같은 점을 고려하여 기본지식(Information)이 측정하는 측면을 정확히 5가지 기술하고 있는 '박경 外, 『심리검사의 이론과 활용』, 학지사 刊'의 해당 내용을 토대로 답안을 작성하였습니다. 참고로 K-WAIS-IV의 언어이해지수 척도 중 핵심 소검사인 '상식(Information)'이 측정하는 측면 또한 K-WAIS의 언어성 소검사 중 '기본지식(Information)'이 측정하는 측면과 내용상 동일합니다. 따라서 위의 답안은 K-WAIS-IV의 상식(Information) 소검사에도 공통적으로 적용 가능합니다. 이와 관련된 내용은 '박경 外, 『심리평가의 이해와 활용』, 학지사 刊'에서도 확인할 수 있습니다. 다만, 관련 내용은 교재마다 약간씩 다르게 기술하고 있으므로, 알아두기 의 내용도 함께 살펴보시기 바랍니다.

알아두기 K-WAIS-IV의 핵심 소검사로서 상식(Information)이 측정하는 측면
- 일반적이고 사실적이며 전반적인 지식의 범위
- 학교 교육 및 장기간의 학습을 통해 축적된 지식
- 교육적·문화적 배경, 독서 경험
- 지적인 호기심, 지식을 추구하고자 하는 욕구, 지적 성취에 대한 동기
- 주변 환경에 대한 기민함

(출처 : 이우경 外, 『심리평가의 최신 흐름(제2판)』, 학지사 刊)

13 어떤 환자에게 MMPI를 실시한 결과 L척도와 K척도의 T점수가 70 이상으로 높게 나타났다. 방어적 성향이 강하여 검사 결과를 해석하기 어려울 정도였으나, 이 환자에게 심리검사는 꼭 필요한 것으로 판단되었다. 이때 임상심리사가 취할 수 있는 방법을 2가지로 구분하여 설명하시오.

4점 [18년 기출]

고득점을 향한 심화해설

① 프로파일의 신뢰성이 극단적으로 결여된 경우
  수검자가 솔직하지 못한 태도를 취함으로써 타당도 프로파일에서 극단적인 신뢰성 결여를 나타낼 경우 임상척도들에 대한 해석 자체를 보류하여야 한다.

② 방어적 태도가 문제시되는 경우
  타당도 프로파일이 비록 덜 극단적이지만 방어적 태도가 문제시될 경우 임상척도들의 프로파일에 대해서 잠정적으로 해석을 내리지만 수검자의 방어적 수검태도를 고려하면서 해석을 내려야 한다.

전문가의 한마디

이 문제는 정확한 복원이 이루어지지 않아 실제 문제와 차이가 있을 수 있습니다. 또한 문제 자체가 모호하여 서로 다른 답안이 도출될 수 있습니다. 우선 이 문제와 관련하여 눈여겨보아야 할 것은 MMPI의 타당도척도 중 F척도에 대해 아무런 언급이 없다는 점입니다. 이 경우 출제자가 MMPI 타당도척도의 형태와 관련하여 이른바 'V자형'에 대한 해석을 염두에 두었다거나, '긍정왜곡(Faking-good)'을 염두에 둔 것은 아님을 짐작할 수 있습니다. 또한 이 문제에서는 임상심리사가 취할 수 있는 방법과 관련하여 정상인과 정신장애를 가진 환자를 구분하도록 명시하고 있지 않으며, 그것이 MMPI 해석에 있어서의 방법에 관한 것인지 아니면 심리검사 및 심리평가 이후 치료적 장면에서 적용할 수 있는 방법에 관한 것인지도 구체적으로 밝히고 있지 않습니다.
요컨대, 문제상에서 L척도와 K척도의 T점수를 막연히 70 이상으로 제시하고 있는데, 이는 해당 프로파일 자체의 타당성에 문제가 있을 수 있으며, 그에 따라 임상척도에 대해 통상의 해석을 내리는 것이 부적절할 수 있음을 나타내고 있습니다. 이와 관련하여 '박영숙, 『심리평가의 실제』, 하나의학사 刊'에서는 타당도척도의 전체적인 형태분포가 수검자의 수검태도를 이해하는 데 있어서 매우 중요하다고 지적하면서, MMPI 프로파일의 해석 첫 단계에서 수검자의 검사수행 태도와 타당도 프로파일을 결부시켜 해석 절차를 진행할 것을 강조하였으며, 이를 위의 해설에서와 같이 두 가지 측면으로 제시하였습니다. 따라서 여기서는 '박영숙, 『심리평가의 실제』, 하나의학사 刊'의 해당 내용을 토대로 답안을 작성하였습니다. 참고로 일부 교재에서는 "…이 환자에게 심리검사는 꼭 필요한 것으로 판단되었다"는 표현을 이유로 "다른 검사로 대체한다"를 답안으로 제시하고 있으나, 해당 표현은 문제상에서 언급되지 않은 다른 검사를 염두에 둔 것이라기보다는 MMPI를 염두에 둔 것으로 볼 필요가 있습니다. 따라서 1단계로 프로파일의 신뢰성이 극단적으로 결여된 경우 임상척도들에 대한 해석을 일단 보류하고, 2단계로 덜 극단적이지만 방어적 태도(예 신입사원 면접 등)가 문제시되는 경우 보수적인 해석을 내리는 것으로 정리할 수 있습니다.

> **알아두기** MMPI의 해석전략
> 임상가는 일반적으로 다음과 같은 질문에 대한 해답을 구하면서 해석을 시도하고 가설을 설정해 나간다.
>
> - 수검자의 검사수행 태도는 어떠한가?
> - 수검자의 일반적인 적응수준은 어떠한가?
> - 어떠한 심리적 특징이 수검자에 대해서 추론될 수 있는가?
> - 수검자에게 가장 적절한 임상진단(Clinical Diagnosis)은 무엇인가?
> - 수검자의 행동 저변에 어떤 정신역동이 존재하고 있는가?
> - 수검자의 치료에 관한 제언은 무엇인가?

14 MMPI 검사 결과 타당도 척도에 대한 T점수가 L척도 46, F척도 110, K척도 45로 나타났으며, 5번 Mf 척도를 제외한 대부분의 임상척도가 높게 나타났다. 이와 같은 프로파일을 나타낼 수 있는 성향을 가진 사람들의 유형을 3가지 쓰시오. 6점 09, 24년 기출

※ 2024년 1회 13번 기출문제와 동일 또는 매우 유사하므로, 해당 해설을 참조하세요. ☞ 교재 27p

15 로샤 검사(Rorschach Test)의 특수점수에서 특수내용의 종류를 3가지 쓰고, 각각에 대해 설명하시오. 6점 18, 23년 기출

※ 2023년 2회 19번 기출문제와 동일 또는 매우 유사하므로, 해당 해설을 참조하세요. ☞ 교재 164p

16 투사적 그림검사인 집-나무-사람 그림검사(HTP)에서 그림의 크기와 위치가 나타내는 의미를 2가지씩 제시하시오. 8점 07년 기출

(1) 그림의 크기

심화해설

① 과도하게 큰 그림
  ㉠ 공격성, 과장성, 낙천성, 행동화 성향, 자기 확대에의 욕구 등을 반영한다.
  ㉡ 나이가 어린 아동의 경우 과활동성, 공격성, 인지적 미성숙, 청소년의 경우 내면의 열등감 및 부적절감에 대한 과잉보상욕구, 행동화 경향, 충동성, 성인의 경우 조증 상태와 밀접하게 연관된다.
  ㉢ 종이 크기를 벗어날 경우 환경이 주는 압박감이 크며, 그에 따른 좌절을 보상하려는 욕구가 강하게 내재되어 있음을 반영한다.
② 과도하게 작은 그림
  ㉠ 열등감, 불안감, 위축감, 낮은 자존감, 의존성 등을 반영한다.
  ㉡ 퇴행적 경향, 의존적 성향, 스트레스 상황에서의 위축된 행동과 연관된다.
  ㉢ 자아구조가 약하거나 자아강도가 낮음을 시사한다.

(2) 그림의 위치

심화해설

① 높은 위치에 그려진 그림
  ㉠ 욕구 수준 혹은 포부 수준이 높으며, 달성하기 어려운 목표를 설정해 놓고 그에 따른 갈등과 스트레스를 느끼고 있을 가능성이 높다.

ⓒ 현실세계보다는 자신만의 공상 속에서 만족감을 얻으려는 경향을 반영하기도 한다.
　② 낮은 위치에 그려진 그림
　　　㉠ 불안정감, 부적절감이 내면화되어 있으며, 우울증적 성향을 가지고 있을 가능성이 높다.
　　　ⓒ 공상적·이상적인 것을 추구하기보다는 확실하게 현실에 기반을 둔 분명하고 실제적인 것을 추구하는 경향을 반영하기도 한다.

전문가의 한마디 위의 해설은 집-나무-사람 그림검사(HTP)에서 '그림의 크기'와 '그림의 위치'에 대한 해석 중 문제에서 요구하는 내용만을 제시하였습니다. 참고로 '그림의 크기'는 대략 20cm 정도의 크기에 용지의 2/3 정도를 활용하여 그리는 것이 일반적입니다. 또한 '그림의 위치'는 용지의 중앙, 가장자리, 왼쪽, 오른쪽, 위쪽, 아래쪽, 모퉁이 등에 따라 서로 다른 해석이 가능합니다.

알아두기 집-나무-사람 그림검사(HTP)의 사용상 이점
- 연필과 종이만으로 검사가 가능하다. 즉, 검사시행이 용이하다.
- 검사에 소요되는 시간이 대략 20~30분 정도로 비교적 짧은 편이다.
- 중간 채점이나 기호 채점의 절차를 거치지 않으므로 그림에 대한 직접적인 해석이 가능하다.
- 수검자의 투사를 직접 목격할 수 있다.
- 심리적으로 위축된 아동이나 우리말에 서툰 외국인 혹은 문맹자 등 언어표현이 어려운 사람에게도 적용할 수 있다.
- 연령, 지능, 예술적 재능 등에 의해 제한을 받지 않는다.
- 일부 환상을 경험하는 환자에게서 환상의 해소와 함께 치료적 효과가 나타나기도 한다.

17 다음은 50대 여성 내담자의 웩슬러 지능검사(K-WAIS) 결과이다. 이를 토대로 다음의 물음에 답하시오.

8점　17년 기출

하위검사명	평가치	하위검사명	평가치
기본지식	8	빠진 곳 찾기	5
숫자 외우기	6	차례 맞추기	6
어휘문제	10	토막짜기	5
산수문제	7	모양 맞추기	6
이해문제	8	바꿔쓰기	5
공통성 문제	9		

(1) 정신과적 진단의 종류 2가지와 함께 감별진단을 위해 고려해야 하는 사항을 4가지 기술하시오.

고득점을 향한
심화해설

① 정신과적 진단 2가지
　주요우울장애, 범불안장애

② 감별진단을 위한 고려사항
　㉠ 주요우울증 삽화에서 나타날 수 있는 주의산만과 욕구불만을 참지 못하는 성향은 주의력결핍 및 과잉행동장애(ADHD)에서도 발생할 수 있으나, 이는 보통 12세 이전 아동기 동안 상당한 임상적 증상을 포함한다.
　㉡ 강박장애의 반복적인 생각이나 회피행동은 범불안장애에서도 나타날 수 있다. 그러나 범불안장애의 반복적인 생각들은 보통 강박장애에서 보이는 비현실적·비합리적으로 보이는 강박사고와 달리 실생활에 대한 걱정인 경우가 많다.
　㉢ 외상후스트레스장애(PTSD)에서도 불안은 언제나 존재한다. 만약 불안과 걱정이 외상후스트레스장애로 더 잘 설명될 경우 범불안장애를 진단할 수 없다. 또한 주요우울장애는 외상후스트레스장애의 진단기준 대부분을 포함하지 않으며, 다른 외상후스트레스장애의 증상이 없을 때 진단된다.

ⓔ 광범위한 불안과 걱정은 우울장애, 양극성장애 및 정신병적 장애에서 흔히 동반되므로, 이러한 상태에서 과도한 불안이 발생한다고 해서 이를 서로 분리하여 범불안장애로 진단해서는 안 된다.

(2) 내담자가 신경학적 검사상 특별한 소견이 없이 최근 남편의 외도로 인해 스트레스를 받았다고 가정할 때, 이 내담자에게서 나타난 숫자 외우기 및 산수문제 점수의 상대적 저하와 함께 동작성 지능의 전반적 저하를 설명하시오.

고득점을 향한 심화해설

① 숫자 외우기(Digit Span)는 청각적 단기기억, 즉각적인 기계적 회상, 주의력 및 주의집중력, 기계적 학습능력, 사고 패턴을 바꾸는 능력으로서 가역성 등을 측정한다. 만약 수검자가 이 소검사에서 반응 실패를 보일 경우 낮은 기억력, 연속적 능력의 문제, 불안, 주의산만, 낮은 동기, 낮은 지능 등을 검토해야 한다. 특히 이 소검사는 수검자의 상태 불안, 즉 검사에 대한 불안에 의해 영향을 많이 받는다.

② 산수문제(Arithmetic)는 인지적 기술, 청각적 기억력, 연속적 능력, 숫자추리력 및 숫자조작 속도, 주의력 및 주의집중력, 현실접촉 및 정신적 기민성 등을 측정한다. 만약 수검자가 이 소검사에서 반응 실패를 보일 경우 주의력 및 주의집중력 부족, 종이와 연필을 사용하지 않는 데 대한 불안, 패배주의적 태도 등을 검토해야 한다. 이 소검사는 특히 수검자로 하여금 불안을 유발하는데, 이와 같은 불안과 좌절에 대해 반응하는 방식이 임상적으로 가치가 있다.

③ 동작성 지능은 비언어적 추론능력 및 개념형성능력은 물론 동작의 협응을 통해 비언어적 능력을 동작으로 표현할 수 있는 능력이 요구된다. 그러나 동작성 지능의 전반적인 저하를 보이는 대표적인 정신장애로 우울장애가 보고된다는 점에 주목할 필요가 있다. 즉, 우울장애 환자들이 수검 상황에서 보이는 주의력 및 주의집중력 저하, 불안, 낮은 동기로 인한 정신 운동성 지연 등은 실용적인 과제를 다루거나 시간제한이 있는 과제를 수행하는 데 있어서 상당한 어려움을 초래하게 된다.

④ 문제상에서 내담자가 신경학적 검사상 특별한 소견이 없이 최근 남편의 외도로 인해 스트레스를 받은 상태임을 가정할 경우, 숫자 외우기 및 산수문제 점수의 저하, 동작성 지능의 전반적 저하는 결국 내담자의 스트레스 상황에서의 주의력 및 주의집중력 저하, 불안, 낮은 동기로 인한 정신 운동성 지연 등에서 비롯되었다고 볼 수 있다.

이 문제는 보기의 사례 내용에 대한 정확한 복원이 이루어지지 않아 혹은 문제 자체가 완벽하지 못하여 몇 가지 다른 답안도 가능합니다. 사실 임상장면에서 웩슬러 지능검사의 소검사 결과만을 가지고 정신과적 진단을 내리거나 그에 대해 감별진단을 하는 것도 쉽지 않습니다. 더욱이 문제상에서 내담자에 대한 현 병력이나 과거 병력, 신경학적 검사 결과 등에 대한 구체적인 소견 없이 추측성 진단을 내리는 것은 결코 바람직하지 않습니다.

요컨대, 웩슬러 지능검사의 동작성 검사 점수가 유의미하게 낮은 경우 우울증이나 불안증 등 신경증적 장애를 가졌거나 강박성, 주의집중력 부족 등의 경향을 가진 것으로 짐작할 수 있습니다. 다만, 여기서 정신과적 진단으로 주요우울장애와 범불안장애를 제시한 이유는 이 두 가지가 동반되어 나타나는 경우가 많기 때문입니다. 일례로 신경증적 장애에 관한 한 연구에서는 범불안장애 환자의 90%가 동반질환을 가지고 있고 그중 주요우울장애가 62.4%로 가장 많았으며, 주요우울장애 환자의 경우도 마찬가지로 동반질환 중 범불안장애가 가장 많았다고 보고한 바 있습니다[참고 : 백대업 外, 《주요우울장애 환자와 범불안장애 환자의 성격 특성 비교 연구》(생물치료정신의학 제9권 제1호), 대한생물치료정신의학회 刊]. 참고로 위의 해설은 문제상에서 별다른 진단체계 기준을 제시하고 있지 않으므로, DSM-5 진단 기준을 토대로 작성하였습니다.

18 심리평가자의 역할과 관련하여 심리평가자의 '과학자로서의 자질'과 '예술가로서의 자질'에 대해 설명하시오. 4점 11, 14년 기출

(1) 과학자로서의 자질

고득점을 향한 심화해설

① 과학은 사물이나 현상에 대한 실험과 체계적인 이해를 통해 인과관계를 규명하고 반복적인 실험과 검증의 과정을 통해 이론으로 정립하며, 이를 토대로 미래를 예측하고 문제를 적절히 통제하는 것을 목표로 한다.
② 심리평가는 심리검사와 상담, 행동관찰 등을 토대로 자료를 수집하며, 이를 토대로 종합적인 평가를 내리는 전문적인 작업과정이라는 점에서 그 자체로 과학적인 방법에 해당한다고 볼 수 있다.
③ 따라서 심리평가자는 과학자로서 전문적인 지식과 객관적인 실험, 논리적인 검증을 통해 내담자(수검자)에 대한 종합적이고 체계적인 해석과 판단을 내려야 한다.

(2) 예술가로서의 자질

고득점을 향한 심화해설

① 인간의 심리는 보편적인 법칙에 따라 규명할 수 있는 성질의 것이 아니다. 이는 인간의 사고나 행동이 논리적이고 일관적인 방향으로 전개되지 않기 때문이며, 실제로 심리평가를 현실장면에 직접적으로 적용하기에는 많은 어려움이 있다.
② 동일한 문제일지라도 내담자의 특성에 따라 서로 상이한 가설에 의해 설명될 수 있으므로, 심리평가자는 다양한 평가 경험과 치료 경험에 근거하여 통찰력을 발휘해야 한다.

③ 심리평가자는 내담자에 대한 해석과 판단에 앞서 내담자를 선의와 용기로써 이해하고 희망과 에너지로써 치료전략을 수립하며, 전문적인 관계 형성을 통해 내담자를 치료적인 관계로 유도해야 한다.

> **전문가의 한마디**
> 심리평가자의 '과학자로서의 자질'은 객관적이고 타당한 방법에 의해 평가할 수 있는 능력을 말하는 반면, '예술가로서의 자질'은 다양한 경험을 토대로 평가 내용을 해석 및 설명할 수 있는 능력을 말합니다.

19 조현병 양성 증상을 보이는 환자를 대상으로 임상심리사가 수행할 수 있는 적절한 대처방법을 3가지 기술하시오. 6점 17년 기출

고득점을 향한 심화해설

① 환각이나 환청이 있을 경우의 대처방법
  ㉠ 차분하면서 이해하는 태도로 환자에게 방금 무엇을 보았거나 들었는지, 그것이 어떤 내용인지를 구체적으로 물어본다.
  ㉡ 환자가 자신의 환각이나 환청에 대해 어떻게 생각하고 느끼는지, 즉 환각이나 환청으로 인해 불안감을 느끼는지, 자신의 행동을 조절할 수 있는지 등의 여부를 물어본다.
  ㉢ 환각이나 환청이 정상이냐 비정상이냐를 놓고 따지거나 논쟁하지 않으며, 이를 극복할 수 있는 실질적인 조언을 해 준다(예 친구와 대화하기, 음악 듣기, 평소 좋아하는 활동하기 등)

② 망상이 있을 경우의 대처방법
  ㉠ 아주 강한 망상적 믿음에 대해서는 논쟁을 피하도록 한다. 만약 환자가 자신의 생각이 옳다고 계속 주장하는 경우, 그것에 대해서는 논쟁하고 싶지 않다고 말한다.
  ㉡ 환자가 제시하는 망상의 내용에 대해 동의하지 않는다. 만약 환자가 망상적 믿음에 대해 그것이 사실인지 여부를 물어올 경우, 솔직하면서도 조심스럽게 "나는 그렇게 생각하지 않는다"라고 간단히 답하도록 한다.
  ㉢ 일상적·건설적인 다른 화제로 바꾼다. 즉, 가능한 한 화제를 다른 쪽으로 바꾸어 망상적인 내용에서 벗어나도록 유도한다.
  ㉣ 망상 그 자체보다는 동반되는 감정에 대해 이야기를 나눈다. 망상의 내용보다는 그로 인해 발생하는 공포, 불안, 초조 등 정서적 불편감에 관심을 가지고 대화를 나눔으로써 환자를 안심시킬 수 있다.

③ 와해된 언어나 행동이 있을 경우의 대처방법
  ㉠ 가족 내에서 환자가 지켜야 할 행동한계를 미리 설정해 놓는다. 가족이 모두 모인 자리에서 가장 문제시되는 환자의 행동이 무엇인지를 파악한 후, 가족이 견딜 수 있는 한계와 함께 그 한계를 넘을 경우 어떤 조치를 취할 것인지를 구체적으로 정하도록 한다. 이때 환자의 의견을 충분히 반영하여야 하며, 가족 내에서 결정된 사항을 환자가 충분히 이해하였는지의 여부도 확인하도록 한다.

ⓒ 와해된 행동의 위험성 여부를 판단한다. 만약 위험하다고 판단되는 경우, 환자에게 접근하는 것을 피하고 안전한 환경을 조성하도록 한다. 반면, 위험하지 않다고 판단되는 경우, 와해된 언어나 행동에 관심을 보이지 않는 한편, 적응적인 언어나 행동에 관심을 보이고 칭찬을 해 주도록 한다.
ⓒ 환자에게 그와 같은 말이나 행동을 하는 이유와 함께 스스로 이를 조절할 수 있는지의 여부를 물어본다. 가족으로서는 환자의 행동을 이해하기 어려우나 환자 나름대로 어떤 특별한 이유가 있을 수 있기 때문이다. 다만, 와해된 언어나 행동이 망상이나 환각에 의한 것인 경우 그 현실성 여부에 대해 논쟁을 벌여서는 안 된다.

> **전문가의 한마디**
>
> 이 문제는 조현병(정신분열병)의 일반적인 치료방법에 관한 문제라기보다는 양성 증상에 대한 임상심리사로서의 대처방법에 관한 문제로 추정됩니다. 따라서 여기서는 조현병의 주요 양성 증상으로서 망상, 환각(특히 환청), 와해된 언어나 행동 등에 초점을 두어 그에 대한 적절한 대처방법을 답안으로 제시하였습니다. 이와 관련하여 몇몇 수험생들은 이 문제의 답안으로 약물치료, 입원치료 등을 제시한 것으로 보이나, 이는 임상심리사가 직접 수행할 수 있는 치료방법으로 볼 수 없습니다. 참고로 위의 답안은 '이만홍 外, 『정신분열병의 통합 재활 치료』, 하나의학사 刊'을 참조하였습니다.

20 일반적으로 가족치료를 권하게 되는 경우를 2가지 쓰시오. 2점 15년 기출

고득점을 향한 심화해설

① 내담자의 어떤 증상이 역기능적인 가족관계에 얽혀 있다고 판단되는 경우
내담자의 문제 증상이 가족 전체의 고통이나 역기능을 표현한다고 판단될 때 가족치료(가족상담)가 최선의 선택이 될 수 있다.

② 내담자의 호소가 개인의 문제라기보다는 가족 간의 관계 변화에 있다고 판단되는 경우
내담자가 부부관계, 부모자녀관계, 형제들 간의 갈등을 호소할 때 가족치료를 적용하는 것이 효과적이다.

③ 가족이 서로 분리되는 것에 대해 어려움을 겪는 경우
아동이나 청소년의 문제행동의 이면에는 상당수의 경우 분리에 대한 갈등이 내재된 경우가 많은데, 이때 가족치료의 개입이 상당한 효과를 거둘 수 있다.

전문가의 한마디 이 문제는 명확한 정답이 있는 것이 아니므로 다양한 답안이 도출될 수 있습니다. 참고로 '유옥, 『가족상담 및 치료의 이론과 실제』, 동문사 刊'에서는 가족치료의 필요성에 대해 ① 개인치료의 효과가 없는 경우, ② 개인치료의 효과가 느리게 나타나고 재발률이 높은 경우, ③ 환자는 현저히 회복되었지만 다른 가족성원에게서 문제가 발생되어 치료받은 환자가 다시 원상태로 돌아가게 되는 경우 등을 제시하고 있습니다. 그러나 이와 같은 내용은 말 그대로 가족치료가 필요한 이유에 관한 것으로서, 출제자가 요구하는 정답과는 거리가 먼 것으로 보입니다. 따라서 여기서는 발롱-스키너(Walrond-Skinner)가 제시한 가족상담(가족치료)의 적용 지표를 소개하고 있는 '김유숙, 『가족상담』, 학지사 刊', '김유숙, 『가족치료 이론과 실제(제3판)』, 학지사 刊'의 해당 내용을 참조하여 답안으로 제시하였습니다.

알아두기 가족치료를 하는 것이 바람직하지 않거나 가족치료를 적용하는 데 신중을 기해야 하는 경우(Walrond-Skinner)
- 가족 내 중요한 성원이 물리적인 이유나 가족치료에 대한 동기가 없어서 참여하지 못하는 경우
  치료 자체가 어려울 수 있으므로 가족치료의 선택을 신중히 생각해야 함
- 치료자 자신이 훈련 부족으로 인해 가족이 필요로 하는 것을 제공하지 못한다고 판단되는 경우
  가족치료는 개인치료와 달리 여러 사람과 만나게 되며 이들 간의 역동을 이해해야 하는 등 복잡한 과정임
- 어려움을 겪고 있는 시기가 지나치게 길어서 어떤 장애의 말기에 있다고 판단되는 경우
  치료에 투자하는 시간이나 비용에 비해 긍정적인 예후를 기대하기 어려움
- 가족이 정서적으로 지나치게 불안정하다고 판단되는 경우
  가족의 관계체계를 변화시키기 위한 개입이 한 성원의 희생을 초래할 수도 있음
- 가족성원 중에 우울 또는 심한 정서적 박탈을 보이는 사람이 있는 경우
  치료자에 따라 문제증상을 보이는 성원을 돕는 데 지쳐서 가족치료 자체를 그르칠 가능성이 있음
- 가족이 학교와 같은 공공기관의 의뢰를 받고 찾아왔을 경우
  가족이 실제로 어떤 변화를 원하기보다는 이차적인 이득(예 퇴학처분 모면 등)을 원하는 것일 수 있음

오랫동안 꿈을 그리는 사람은 마침내 그 꿈을 닮아간다.

- 앙드레 말로 -

2019년

임상심리사 2급

제1회 기출(복원)문제 및 해설

제3회 기출(복원)문제 및 해설

합격의 공식 시대에듀

남에게 이기는 방법의 하나는 예의범절로 이기는 것이다.

- 조쉬 빌링스 -

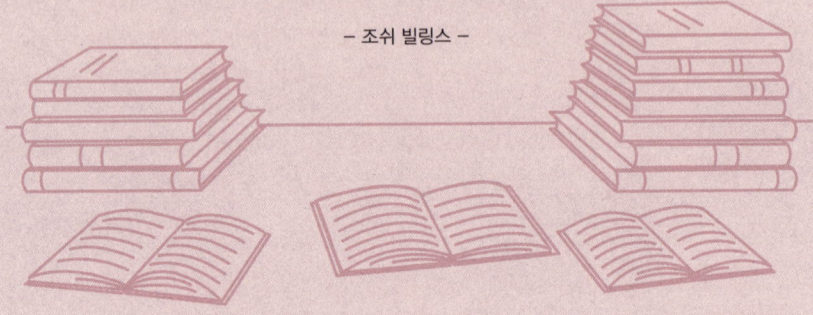

끝까지 책임진다! 시대에듀!

QR코드를 통해 도서 출간 이후 발견된 오류나 개정법령, 변경된 시험 정보, 최신기출문제, 도서 업데이트 자료 등이 있는지 확인해 보세요! **시대에듀 합격 스마트 앱**을 통해서도 알려 드리고 있으니 구글 플레이나 앱 스토어에서 다운받아 사용하세요. 또한, 파본 도서인 경우에는 구입하신 곳에서 교환해 드립니다.

기출(복원)문제 및 해설

※ 임상심리사 2급 실기시험은 기출 미공개 시험으로, 본 교재는 기출 키워드를 분석하여 복원한 문제를 수록하였습니다. 실제문제와 차이가 있을 수 있으므로 참고하시기 바랍니다.

01 성인을 대상으로 한 심리치료와 구분되는 아동심리치료의 특징을 5가지 기술하시오.

5점 | 21년 기출

고득점을 향한 심화해설

※ 2021년 3회 11번 기출문제와 동일 또는 매우 유사하므로, 해당 해설을 참조하세요. ☞ 교재 307p

02 다음은 상담장면에서 상담자가 내담자에 대한 비밀보장을 할 수 없는 예외적인 경우에 해당한다. 각각의 질문에 답하시오. 6점 24년 기출

(1) 상담자는 내담자가 스스로 자살할 계획을 가지고 있음을 알게 되었다. 그에 대한 대처방법을 3가지 쓰시오.

고득점을 향한 심화해설

※ 2024년 3회 1번 기출문제와 동일 또는 매우 유사하므로, 해당 해설을 참조하세요. ☞ 교재 68p

(2) 상담자는 내담자가 타인을 살해할 계획을 가지고 있음을 알게 되었다. 그에 대한 대처방법을 3가지 쓰시오.

고득점을 향한 심화해설

※ 2024년 3회 1번 기출문제와 동일 또는 매우 유사하므로, 해당 해설을 참조하세요. ☞ 교재 68p

03 DSM-5 진단 기준에 따른 특정공포증(Specific Phobia)의 하위유형을 3가지만 쓰고, 각각에 대해 간략히 설명하시오. 6점 24년 기출

고득점을 향한 심화해설

※ 2024년 2회 11번 기출문제와 동일 또는 매우 유사하므로, 해당 해설을 참조하세요. ☞ 교재 55p

04 다음 보기에서 설명하는 내용이 공통적으로 어떤 가족치료 이론에 관한 것인지를 쓰시오.

3점

- 헤일리(Haley)가 제안한 가족치료모델이다.
- 인간행동의 원인보다는 문제행동의 변화를 위한 해결방법에 초점을 둔다.
- 목표설정에 있어서 가족이 호소하는 문제를 포함하며, 가족의 문제를 해결하기 위한 다양한 전략을 모색한다.
- 단기치료에 해당하며, 증상처방 등 역설적 방법을 활용한다.

고득점을 향한 심화해설

전략적 가족치료(Strategic Family Therapy)

전문가의 한마디

전략적 가족치료(Strategic Family Therapy)는 가족의 반복적인 역기능적 행동에 직접적으로 개입하여 변화를 유도하는 치료기법이자 치료모델로서, 단기적 · 효율적인 개입을 특징으로 합니다. 1960년대 정신조사연구소 혹은 정신건강연구소(MRI ; Mental Research Institute)에서 이루어진 가족 의사소통 연구 프로젝트에서 비롯된 것으로, 미국 서부에서 동부로, 그리고 이탈리아로 거점이 확대되었으며, 그에 따라 잭슨과 바츨라비크(Jackson & Watzlawick) 등이 이끈 MRI의 '상호작용모델', 헤일리(Haley)가 이끈 '전략적 구조주의모델', 파라졸리(Palazzoli)가 이끈 이탈리아 밀란(Milan)의 '체계적 모델'의 세 가지 학파로 나뉘게 되었습니다.

헤일리의 모델은 치료적 개념 및 기법에 있어서 전략적 가족치료의 발전에 기여한 바가 크므로, 가장 대표적인 전략적 가족치료의 치료적 모델로 널리 알려져 있습니다. 그의 모델을 '전략적 구조주의모델'이라 부르는 이유는 그가 구조적 가족치료모델의 대표적인 학자인 미누친(Minuchin)과 함께 작업하면서, 그로부터 구조주의 관점을 배우고 이를 전략적 관점으로 결합시켰기 때문입니다. 헤일리는 자신의 저서인 『문제해결치료(Problem-Solving Therapy)』에서 전략적 기법을 적용하기 위한 맥락으로 가족조직에 대한 구조적 관점을 사용하였는데, 이는 그가 증상을 유지시키는 가족의 위계와 조직의 문제에 특별한 관심을 둔 것으로 볼 수 있습니다. 실제로 헤일리는 역기능적 가족일수록 위계구조가 혼란하여 세대 간 권력의 순위가 바르지 못하거나, 세대 간 연합이 나타난다고 보았습니다. 이러한 가족은 가족체계의 항상성에 집착하여 상황 변화에 적절히 대처하지 못한 채 가족문제의 반복된 연쇄 과정에서 벗어나지 못하는데, 헤일리는 이러한 가족을 치료적 이중구속*에 빠지게 함으로써 역설적 방법으로 증상을 자발적으로 포기하도록 유도하는 방법을 사용하게 됩니다.

참고로 '증상처방(Prescribing the Symptom)'은 문제행동을 계속하도록 지시하여 역설적 치료 상황을 조장하는 것으로, 가족치료에서는 가족이 그 가족 내에서 문제시해온 행동을 과장하여 계속하도록 하는 기법입니다. 내담자가 자기 자신이나 가족의 변화를 위해 도움을 청하면서도 동시에 변화에 저항하려는 양가감정을 가지고 있음을 역으로 이용한 것으로, 바로 '치료적 이중구속'을 활용한 것입니다.

치료적 이중구속(Therapeutic Double-bind)은 내담자에게 문제행동을 계속하도록 지시하는 다양한 역설적 개입을 일컫는 용어로, 내담자는 증상을 포기하거나 증상에 대한 자기통제력을 인정해야 하는 딜레마에 빠지게 됩니다.

알아두기 헤일리(Haley)가 제시한 가족치료의 주요 지침
- 치료자는 적극적으로 개입하여 가족의 구조를 변화시키도록 한다.
- 치료자는 가족이 제시하는 문제를 가족체계와 관련하여 파악한다.
- 치료자는 문제가 가진 긍정적인 면을 강조하여, 내담자로 하여금 새로운 맥락에서 다르게 행동하도록 한다.
- 장기적인 접근보다는 단기적인 접근이 문제해결에 더욱 효과적이다.
- 가족들은 문제해결을 기대하면서도 무의식적으로 그에 저항하므로, 역설적 기법은 문제해결에 대한 가족의 저항을 처리하는 데 도움이 된다.
- 가족치료는 가족 내의 문제를 정의하고, 문제를 해결하기 위한 새로운 행동을 촉진하며, 가족관계를 변화시키는 순서로 진행된다.

05 집단치료의 치료적 요인을 6가지 기술하시오.

※ 2024년 1회 3번 기출문제와 동일 또는 매우 유사하므로, 해당 해설을 참조하세요. ☞ 교재 7p

06 상담 슈퍼비전(Supervision)에서 회기 기록의 장점을 3가지 기술하시오. [6점]

심화해설

① 슈퍼바이지의 자기통찰

　슈퍼바이지(Supervisee)는 슈퍼비전 회기를 기록하면서 자신만의 편안한 공간에서 좀 더 깊은 통찰을 얻을 수 있다. 즉, 슈퍼비전 회기 중 자신이 통찰한 것을 토대로 생각을 더욱 발전시키며, 슈퍼바이저의 말을 참고하여 자신이 세운 가정과 임상적 판단에 대해 다시 한 번 점검한다.

② 슈퍼바이저의 슈퍼비전 점검 및 평가를 통한 향후 전략 수립

　슈퍼바이저(Supervisor)는 슈퍼비전 회기를 기록하면서 자신의 슈퍼비전 양식을 확인할 수 있다. 또한 회기 기록을 근거로 어떤 내용을 어떤 방식으로 다루었는지, 지난 슈퍼비전 회기에서 다룬 내용들이 다음 상담에 실제로 반영되고 있는지를 살펴보면서 슈퍼바이지(Supervisee)를 평가하고 다음 슈퍼비전에 대한 전략을 세운다.

③ 교육적·행정적 자료

　슈퍼바이지에 대한 종합적 평가가 교육적·행정적 결정에 중대한 영향을 미치는 상황에서는 슈퍼바이저의 세심한 기록이 추후 슈퍼바이저와 슈퍼바이지 간의 갈등을 줄이는 중요한 자료가 될 수 있다.

전문가의 한마디 이 문제는 실제 수험생들이나 복원자들 사이에서도 약간씩 다른 의견들이 제시되고 있습니다. 즉, 해당 문제가 상담 슈퍼비전의 필요성이나 슈퍼비전의 기능에 관한 것인지, 일선 상담자의 상담 회기 기록이 상담 슈퍼비전에서 유용한 점에 관한 것인지, 아니면 슈퍼바이저의 슈퍼비전 회기 기록의 장점에 관한 것인지 모호하다는 것입니다. 그럼에도 불구하고 수험생들이나 복원자들의 의견에는 공통점이 있는데, 그것은 해당 문제가 일단 회기 기록의 장점 혹은 유용성에 관한 것이며, 슈퍼비전 상황과 관련된 것이라는 점입니다. 따라서 여기서는 그와 같은 공통점에 착안하여 '슈퍼비전 기록하기'에 관한 의미 있는 내용을 담고 있는 '유영권 外, 『상담 수퍼비전의 이론과 실제』, 학지사 刊'을 참조하여 답안을 작성하였습니다.

알아두기 집단 슈퍼비전에서 사례 제시 방법을 교육적 목표와 연결시키기 위한 지침
- 첫째, 슈퍼바이지를 위한 학습 영역을 선택하고 이를 협의한다.
- 둘째, 최대한의 학습 욕구에 맞추어 어떤 제시 방법이 내담자와의 작업에 필요한지를 결정한다.
- 셋째, 내담자에 대한 자료들을 가장 잘 제시하는 기록과 제시 방법을 선택한다.

07 단회상담은 다른 일반적인 심리상담과 달리 극히 제한된 시간 내에 응급 상황을 처리해야 하는 경우가 많다. 이와 같은 상담에서 강조되는 원리 또는 기술을 5가지만 쓰시오.

5점 | 11, 15, 23년 기출

고득점을 향한 심화해설

※ 2023년 1회 6번 기출문제와 동일 또는 매우 유사하므로, 해당 해설을 참조하세요. ☞ 교재 106p

08 만성 정신질환자의 탈시설화 추세가 나타나게 된 배경을 3가지 기술하시오.

6점 | 23년 기출

고득점을 향한 심화해설

※ 2023년 3회 7번 기출문제와 동일 또는 매우 유사하므로, 해당 해설을 참조하세요. ☞ 교재 176p

09 심리검사의 신뢰도를 추정하는 방법을 3가지 쓰고, 각각에 대해 설명하시오. 6점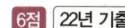

고득점을 향한 심화해설

※ 2022년 3회 11번 기출문제와 동일 또는 매우 유사하므로, 해당 해설을 참조하세요. ☞ 교재 248p

10 정신장애의 취약성-스트레스 모델에 대해 설명하시오. 〔5점〕 〔16년 기출〕

고득점을 향한 심화해설

① 취약성-스트레스 모델(Vulnerability-Stress Model)은 환경으로부터 주어지는 심리사회적 스트레스와 그에 대응하는 개인의 특성을 고려해야 한다는 입장이다.
② 취약성(Vulnerability)은 특정 장애에 걸리기 쉬운 개인적 특성을 말하며, 심리사회적 스트레스(Psychosocial Stress)는 심리적 부담을 야기하는 외부사건을 의미한다.
③ 이상행동은 유전적·생리적·심리적으로 특정 장애에 걸리기 쉬운 개인적 특성과 스트레스 경험이 상호작용함으로써 발생한다.
④ 심리사회적 스트레스는 이상행동을 유발하는 원인이지만, 모든 사람들이 똑같은 불행한 사건을 경험한다고 해서 동일한 이상행동을 나타내는 것은 아니다.
⑤ 각 개인은 저마다 성격이나 심리적 특성이 다르므로, 불행한 사건에 대처하는 방식이 각기 다르고 그 심리적 결과 또한 다르다.
⑥ 따라서 취약성-스트레스 모델은 이상행동의 유발과정을 이해하기 위해 환경으로부터 주어지는 심리사회적 스트레스와 그에 대응하는 개인적 특성을 동시에 고려해야 한다고 주장한다.

전문가의 한마디
정신장애의 취약성-스트레스 모델과 관련하여 2017년 3회 실기시험에서는 정신장애의 발생 원인에 해당하는 개인의 취약성 요인을 쓰도록 요구한 바 있습니다. 이와 관련하여 2017년 3회 8번 문제를 살펴보시기 바랍니다.
요컨대, 정신장애의 취약성-스트레스 모델에 관한 문제는 1차 필기시험에서 빈번히 출제되고 있습니다. 이와 관련하여 2012년 1차 필기시험에 다음과 같은 문제가 출제된 바 있습니다.

> 이상행동을 설명하는 이론적 관점 중 다음의 특징을 설명하는 것은? 〔12년 기출〕
>
> 환경으로부터 주어지는 심리사회적 스트레스와 그에 대응하는 개인의 특성을 고려해야 한다는 입장이다. 대부분의 이상행동은 개인이 삶의 과정에서 겪게 되는 불행한 사건이 계기가 되어 나타나는 경우가 많다. 그러나 똑같은 불행한 사건을 경험한 사람들이 모두 동일한 이상행동을 나타내는 것이 아니다. 이는 심리사회적 스트레스가 이상행동을 촉발하는 원인이 되나 개인마다 성격이나 심리적 특성이 달라서 불행한 사건에 대처하는 방식이 각기 다르고 그 심리적 결과도 다르기 때문이다.
>
> ① 취약성-스트레스 모델　　② 심리사회적 모델
> ③ 사회적 학습이론　　　　　④ 인지이론
>
> 답 ①

11 지능검사를 시행한 후 병전지능을 추정할 수 있는 방법을 3가지 쓰시오. 6점

고득점을 향한 심화해설

① 지능검사의 소검사에 근거한 추정
　웩슬러 지능검사에서 상황적 요인에 의해 잘 변화하지 않는 소검사(예 어휘, 상식 또는 기본지식, 토막짜기 등) 점수를 활용한다.

② 현재 언어능력에 근거한 추정
　대개의 경우 어휘나 언어능력은 보존될 가능성이 높으므로, NART(National Adult Reading Test)와 같이 읽기능력에 특화된 검사를 이용한다.

③ 인구통계학적 특성을 활용한 추정
　교육수준, 연령, 성별, 학업 성취도(학력), 이전의 직업기능 수준(직업력) 등을 참조한다.

> **전문가의 한마디**
>
> 지능검사를 시행하고 난 다음 수검자의 원래의 지능수준을 추정하여 현재의 지능수준과의 차이를 계산해 봄으로써 급성적 혹은 만성적 병적 경과, 지능의 유지 혹은 퇴보 정도 등을 파악할 수 있습니다. 이와 같이 지능검사 시행 후 병전지능을 추정하는 방법에 대해서는 교재에 따라 약간씩 다르게 제시되고 있으나, 여기서는 3가지를 쓰도록 하고 있다는 점에 착안하여 '김재환 外, 『임상심리검사의 이해(제1판)』, 학지사 刊'과 함께 2019년 1회 필기시험에 출제된 문제의 지문을 활용하여 답안을 작성하였습니다.
>
> 위의 문제 해설에서 NART(National Adult Reading Test)는 여러 인지기능이 복합적으로 관여하는 일반적인 지능검사와 달리 읽기능력에 특화된 독해 테스트인데, 이 검사도구가 오히려 병전지능을 더 잘 추정한다는 것이 여러 연구들을 통해 확인되었습니다. 참고로 이 문제의 정답으로 웩슬러 지능검사에서 병전지능 추정을 위해 사용되는 소검사, 즉 어휘(Vocabulary), 상식 또는 기본지식(Information), 토막짜기(Block Design)를 답안으로 작성할 경우 오답처리 됩니다.

뇌손상 환자의 병전지능 수준을 추정하기 위한 자료와 가장 거리가 먼 것은? [19, 21년 기출]

① 교육수준, 연령과 같은 인구학적 자료
② 이전의 직업기능 수준 및 학업 성취도
③ 이전의 암기력 수준, 혹은 웩슬러 지능검사에서 기억능력을 평가하는 소검사 점수
④ 웩슬러 지능검사에서 상황적 요인에 의해 잘 변화하지 않는 소검사 점수

답 ③

웩슬러 지능검사의 소검사 중에서 일반 지능 또는 발병전지능을 추정하는 데 사용되지 않는 소검사는? [17년 기출]

① 상 식
② 어 휘
③ 숫 자
④ 토막짜기

답 ③

웩슬러 지능검사에서 병전지능 추정을 위해 흔히 사용되는 소검사가 아닌 것은? [13년 기출]

① 기본지식
② 빠진곳찾기
③ 어 휘
④ 토막짜기

답 ②

12 심리상담의 과정에서 내담자가 침묵을 지키는 이유를 4가지 기술하시오.

4점 08, 10, 12, 15, 23년 기출

※ 2023년 1회 5번 기출문제와 동일 또는 매우 유사하므로, 해당 해설을 참조하세요. ☞ 교재 105p

13 상담 종결 상황의 유형 3가지를 쓰고, 각각에 대해 설명하시오. 6점

고득점을 향한 심화해설

① 상담자에 의한 조기 종결
 ㉠ 상담의 목표를 달성하기 전에 외부적인 원인(예 전근, 학기의 종료 등)에 의해 상담자가 내담자와의 면접을 종결해야 하는 경우에 해당한다.
 ㉡ 상담자와 내담자 간의 심리적으로 긴밀한 관계가 아직 형성되지 않은 경우 심각한 어려움은 없으나, 만약 밀접한 관계가 형성되었을 경우 예정보다 빠른 종결로 인해 내담자로 하여금 격앙된 감정을 불러일으킬 수 있다.
 ㉢ 상담자는 내담자와 함께 조기 종결에 따른 감정들을 다루어 나가야 한다. 즉, 내담자의 감정을 이해 및 수용하고, 종결에 따른 사후 대책에 대해 논의하여야 한다.

② 내담자에 의한 조기 종결
 ㉠ 내담자가 더이상 상담이 도움이 되지 않는다고 생각하고 상담을 거부하는 경우에 해당한다.
 ㉡ 상담에 대한 내담자의 거부적 태도는 상담 과정 중 어느 단계에서도 일어날 수 있다. 또한 내담자의 거부적 반응은 직접 말로 표현할 수도, 다음 면접 회기에 나타나지 않는 방식 등으로도 표출할 수 있다.
 ㉢ 상담자는 내담자에게 거절당한 데 대한 자신의 감정(예 불안, 분노, 무능감 등)을 정확히 파악하여야 한다. 또한 내담자와의 관계에서 긴장이 발생하는 경우 그 긴장을 피하기보다는 이를 개방적으로 다루며, 긴장에 대해 솔직히 반응하는 것이 바람직하다.

③ 성공적인 결과 후의 종결
 ㉠ 상담자와 내담자는 목표설정 단계에서 상담 목표의 내용 및 달성기준에 대해 미리 생각해 두는 것이 좋다. 종결 단계에서는 그와 같은 기준을 토대로 그동안 일어난 변화나 결과를 평가해야 하기 때문이다.
 ㉡ 상담이 설정된 목표에 도달함으로써 상담자와 내담자 간의 긴밀한 관계 또한 종결되며, 이 과정에서 내담자는 허전하고 외로운 감정을 느끼게 된다. 또한 내담자는 자신이 상담 종결을 받아들일 준비가 되어 있는지에 대해 확신을 가지지 못한다.
 ㉢ 상담자는 종결에 따른 내담자의 정서 내용을 다루면서, 그동안 상담 과정을 통해 일어난 일 혹은 변화 내용을 재음미하고 요약한다. 특히 종결에 따른 내담자의 불안감, 어려움 등을 미리 예견하고 종결 전에 여러 차례의 면접을 통해 이를 충분히 다루는 것이 바람직하다.

전문가의 한마디

이 문제는 2016년 1회 7번 문제, 즉 "내담자가 상담을 끝낼 준비가 되었는지를 판단할 수 있는 방법"과는 다른 문제입니다. 몇몇 분들은 이 문제의 답안으로 조기 종결이 이루어지는 구체적인 상황을 떠올릴 수도, 상담 종결이 이루어지는 구체적인 사례를 떠올릴 수도 있겠으나, 문제에서는 조기 종결이라는 전제도, 구체적인 사례를 작성하라는 전제도 없습니다. 다만, 여기서는 상담의 종결 상황을 쓰는 문제였다는 수험생들의 공통된 의견에 따라 상담 종결 상황의 기본적인 유형 3가지를 답안으로 제시하였습니다. 이 문제는 상담 종결 상황의 각 유형에 따른 상담자의 처리방법을 묻는 방식으로 변형되어 출제될 수도 있는 만큼, 위의 해설 내용을 충분히 학습하시기 바랍니다.

알아두기 성공적인 상담의 기준을 설정할 경우 주의해야 할 사항

- 상담자는 내담자가 일반화하거나 명확히 의식하지 못하는 문제를 행동적 차원에서 구체화시켜야 한다.
- 상담자는 내담자가 제시하는 문제영역 중 가장 중요하면서도 성취 가능한 목표를 중심으로 기준을 설정해야 한다.
- 상담자는 내담자에게 과도하게 계량적인 분석의 인상을 주지 않으면서, '언제, 누구와, 어디서, 어떤 방법을 사용하여, 어떤 결과로 나타났고, 그 결과를 어떻게 받아들이는가?'와 같은 이른바 육하원칙 방식과 유사한 접근 방식을 따르도록 한다.

14 로샤 검사(Rorschach Test)에서 반응영역의 기호 'D', 'Dd', 'S'를 각각 설명하시오.

6점 23년 기출

고득점을 향한 심화해설

※ 2023년 3회 18번 기출문제와 동일 또는 매우 유사하므로, 해당 해설을 참조하세요. ☞ 교재 192p

15 초기면담 과정에 포함되어야 할 내담자에 대한 행동관찰의 요소 4가지를 쓰시오.

4점 03, 06, 13, 16년 기출

고득점을 향한 심화해설

① 내담자의 말과 표현
목소리의 강도와 고저, 말의 속도와 반응시간, 말하기의 용이성, 말투 등
② 신체 동작
불안반응에 의한 동작(손이나 발의 무의미한 움직임), 상동증적 행위(장시간 특정 행위를 반복하는 증세) 등
③ 면담 태도
경직되거나 웅크린 자세, 다리를 꼬고 비스듬히 앉는 자세, 시선의 회피 등
④ 용모 및 외모
화려하거나 부적절한 복장 상태, 불결하거나 깔끔한 위생 상태, 키, 몸무게, 안색 등
⑤ 정서적 반응
말이나 행동에서 나타나는 불안이나 긴장의 표출, 감정의 억제, 부적절한 감정적 표현 등
⑥ 이해력
사고력·논리력·추리력, 상황판단능력, 지남력(Orientation) 등
⑦ 의사소통능력
언어적·비언어적 의사소통능력, 일탈된 언어, 자폐적 언어 등

전문가의 한마디
이 문제는 2003년, 2006년, 2013년, 2016년 1회 실기시험에 출제된 문제이나, 답안 제시 요건 및 배점상에 차이가 있습니다. 2003년 시험에서는 7가지를 쓰도록 요구한 반면, 2006년과 2013년 그리고 2016년 1회 실기시험에서는 5가지를 쓰도록 요구한 바 있습니다. 따라서 위의 해설에 제시된 7가지의 행동관찰 요소들을 상황에 따라 적절히 혼합하여 답안으로 작성하시기 바랍니다.
참고로 초기면담 과정에서 행동관찰의 요소 혹은 초기면담 과정에서 다루어지는 영역에 관한 내용은 교재에 따라 다르게 제시되고 있습니다. 따라서 출제자 혹은 채점자의 기준에 따라 다음과 같은 답안도 가능합니다.

- 내담자의 외양 및 행동
- 사고 내용
- 인지기능
- 통찰 및 판단
- 언어 및 대화
- 감각동작기능
- 정서기능

16 행동평가의 평가요소로서 4가지 변인으로 불리는 'SORC'의 의미를 쓰고, 각각에 대해 간략히 설명하시오. [4점]

심화해설

① 자극(Stimuli)
개인의 증상이나 문제행동에 선행되는 조건 및 환경적 상황을 의미한다.

② 유기체(Organismic)
자극을 받아들이는 유기체의 내부에서 일어나는 생리적 혹은 심리적 요인들 모두를 의미한다.

③ 반응(Overt Responses)
초점을 두게 되는 문제행동이나 증상으로서, 자극에 대해 유기체가 보인 외양적 반응 혹은 행동을 의미한다.

④ 후속변인(Consequent Variables)
반응으로 일어난 문제행동이나 증상을 강화하거나 처벌하는 등 반응에 영향을 미치는 후속변인들을 의미한다.

전문가의 한마디

심리검사가 개인의 내적인 정보들을 평가하는 것이라면, 행동평가는 개인의 외적인 정보들을 평가하는 것으로 볼 수 있습니다. 전통적인 평가에서는 내담자의 문제를 이해하고자 할 때 보통 면접을 수행하고, 객관적인 정보를 얻기 위해 심리검사를 실시하는 방식으로 이루어져 왔습니다. 그러나 면접과 심리검사만으로는 내담자의 문제에 대한 평가가 부족할 수 있다는 문제가 제기되어 왔으며, 따라서 이를 보완하기 위해 행동주의적인 평가방법으로서 행동평가가 부각된 것입니다. 참고로 'SORC'는 여러 학자들에 의해 연구되고 실제장면에서 사용되어온 만큼 약간씩 변형된 형태로 나타나며, 그로 인해 각 변인의 명칭에서 다음과 같이 차이를 보이기도 합니다. 다만, 이는 명칭상 차이일 뿐 그 근본적인 의미에서 차이를 가지는 것은 아닙니다.

- Stimulus – Organism – Response – Consequences
- Stimulus – Organism Variable – Response Variable – Consequence variable
- Setting Conditions – Organism Variables – Response – Consequences
- Situational Determinants – Organismic Variables – Overt Responses – Reinforcement Contingencies

알아두기 행동평가의 강조점

- 행동평가는 개인 내적인 심리적 상태보다는 문제가 일어나는 상황을 중요시하고 이를 강조한다.
- 행동평가는 개인의 행동이 환경적인 맥락 안에서 어떻게 상호작용을 하는지에 관심을 기울인다.
- 행동평가는 개인을 이해하는 데 있어서 가능한 한 추론적인 가정을 배제하며, 관찰 가능한 행동을 대상으로 이를 평가하는 데 초점을 둔다.

17 인지치료에서는 내담자의 자동적 사고를 수정하기 위해 소크라테스식 질문법을 사용한다. 소크라테스식 질문법을 사용할 때의 유의사항을 6가지 기술하시오. 6점 13, 16, 22년 기출

※ 2022년 3회 9번 기출문제와 동일 또는 매우 유사하므로, 해당 해설을 참조하세요. ☞ 교재 244p

18. 다음 보기의 사례를 읽고 물음에 답하시오.

4점 | 21년 기출

> 올해 15세로 중학교 3학년인 A군은 평소 학교 친구들과 어울리지 못하며, 거의 매일 아침 등교 시간마다 학교가기를 거부하고 있다. A군은 학교에서 아이들이 자신과 놀아주기는 커녕 괴롭히고 따돌린다면서, 학교에 가는 것이 죽고 싶을 만큼 싫다고 불평을 늘어놓았다. A군은 또래 아이들에 비해 골격이 크고 당당한 체구이며, 어려서부터 태권도를 좋아하여 현재까지 도장에 다니고 있다. 그러나 A군은 중학교에 진학한 이후 성적이 최하위권으로 떨어졌으며, 현재 A군의 담임선생님은 최근 실시한 집단지능검사의 결과와 함께 A군의 일반계 고등학교 진학이 어렵다는 이야기를 A군의 어머니에게 알려주었다고 한다. A군의 어머니는 자신의 아들이 담임선생님의 이야기처럼 고등학교 진학이 어려울 만큼 심각한 상태인지, A군이 학교생활에 적응하지 못하는 것을 어떻게 해결할 수 있을지, 앞으로 A군을 어떠한 방식으로 훈육해야 할 것인지 등의 문제를 호소하고 있다. 심리평가를 위해 A군과 A군의 어머니가 내원했을 때, A군은 무표정한 얼굴에 약간 어눌한 말투를 보였으며, 발음도 부정확했다. 또한 대답하는 것을 귀찮아하는 듯 매우 짧은 답변으로 일관했으며, 자신의 문제들을 쉽게 포기하려는 모습을 보였다.

보기의 내용에 제시된 내담자 A군의 문제와 관련하여 적절한 치료계획을 인지적 · 정서적 · 행동적 측면에서 4가지 기술하시오.

고득점을 향한 심화해설

※ 2021년 3회 10번 기출문제와 동일 또는 매우 유사하므로, 해당 해설을 참조하세요. ☞ 교재 304p

19 실존치료에서는 정상적 불안과 신경증적 불안을 구분하고 있다. 그중 정상적 불안의 특징을 3가지 쓰시오.

※ 2024년 2회 8번 기출문제와 동일 또는 매우 유사하므로, 해당 해설을 참조하세요. ☞ 교재 51p

제3회 기출(복원)문제 및 해설

※ 임상심리사 2급 실기시험은 기출 미공개 시험으로, 본 교재는 기출 키워드를 분석하여 복원한 문제를 수록하였습니다. 실제문제와 차이가 있을 수 있으므로 참고하시기 바랍니다.

01 얄롬(Yalom)이 제시한 집단상담의 치료적 요인을 5가지 기술하시오.

5점 09, 12, 13, 14, 17, 18, 19, 21, 24년 기출

고득점을 향한 심화해설

※ 2024년 1회 3번 기출문제와 동일 또는 매우 유사하므로, 해당 해설을 참조하세요. ☞ 교재 7p

02 행동치료의 방법 중 용암법(Fading)과 조형법(Shaping)에 대해 설명하시오. [4점]

고득점을 향한 심화해설

① 용암법(Fading) – 적절한 행동 발달시키기
  ㉠ 용암법은 연속적인 시도를 통해 반응을 통제하는 자극을 점진적으로 변화시킴으로써 적절한 행동을 발달시키는 행동치료의 방법이다.
  ㉡ 용암법은 자극이 반응에 대해 강한 통제를 발휘하는 상황에서 자극통제를 변화시키는 데 유용하게 사용될 수 있다. 특히 시행착오의 과정 없이도 하지 말아야 할 행동과 해도 되는 행동을 변별할 수 있도록 한다.

> **용암법의 예**
>
> 철수는 사람들이 말하는 어떤 단어들도 따라할 수 있지만 다른 자발적인 언어행동을 좀처럼 하지 않는다. 예를 들어, "네 이름이 뭐니?"라고 물으면 "뭐니?"라고 답하거나 아예 질문 전체("네 이름이 뭐니?")를 되풀이하곤 하였다. 질문(→ 자극)은 적절한 대답을 유발하기보다는 단지 흉내내기(→ 반응)를 이끌어내는데, 이는 자극통제의 문제로 볼 수 있다.
> 치료자는 철수에게 "네 이름이 뭐니?" 질문에 적절히 반응하도록 하고자 한다. 우선 철수가 관심을 가질 법한 효과적인 강화물(예 구슬)을 사용하기로 하고, 적절한 반응을 보일 때 강화물을 부여하기로 하였다. 치료자는 철수에게 작은 소리로 "네 이름이 뭐니?"하고 묻고는 철수가 채 반응하기도 전에 큰 소리로 빠르게 "철수!"하고 소리쳤다. 물론 철수는 "철수"라는 단어를 따라했고, 이에 치료자는 잘 했다고 칭찬하면서 구슬 한 개를 주었다. 치료자는 "네 이름이 뭐니?" 질문은 점점 더 큰 소리로, "철수" 대답은 점점 더 작은 소리로 계속해서 강화를 이어나갔고, 마침내 "네 이름이 뭐니?"라고 큰 소리로 묻고는 "철수"라는 소리를 내지 않은 채 단순히 입 모양으로만 흉내를 냈다. 그러자 철수는 "네 이름이 뭐니?" 질문에 정확히 "철수"라고 대답하였다. 몇 번의 시도 끝에 치료자는 "철수" 대답의 입 모양을 흉내 내는 것조차 그만두었는데, 철수는 "네 이름이 뭐니?" 질문에 정확히 "철수"라고 반응하였다.

② 조형법(Shaping) – 새로운 행동 만들기
  ㉠ 조형법은 현재 수행되지 않는 행동을 형성하는 데 사용하는 절차로, 새로운 행동을 만들기 위한 행동치료의 방법이다.
  ㉡ 목표행동에 좀 더 가깝게 근접하는 행동을 연속적으로 강화하면서 그 전의 행동은 소거하고 새로운 행동을 발달시키는 점진적 접근법이다.

> **조형법의 예**
>
> A씨는 정년퇴임 후 집 안에 틀어박힌 채 온종일 소파에 앉아 맥주를 마시면서 TV를 보는 습관을 가지고 되었고, 어느 순간 그와 같은 습관이 자신을 무기력하게 만들고 있다는 생각을 하기에 이르렀다. A씨는 주위의 충고에 따라 운동을 하기로 결심하고, 아내에게 매일 4km 달리기를 하겠다고 맹세하였다. 그러나 그의 시도는 며칠 가지 못했고, 또 다시 소파에 앉아 맥주를 마시면서 TV를 보고 있는 것이었다.
>
> 치료자는 A씨가 빠른 시일 내에 너무 많은 것을 하려고 기대했다고 지적하면서, A씨와 상의하여 조형법 절차를 시행하기로 결정하였다. 치료자는 우선 A씨에게 궁극적인 목표행동을 구체화하도록 하고, 이를 수행하기 위해 시작점으로 사용할 수 있는 반응을 결정하였다(예 집 주변을 최소한 약 400m 정도 걷기). 또한 최종목표에 점진적으로 가깝게 근접할 수 있도록 A씨가 평소 즐기는 맥주 한 캔을 강화물로 할 것을 결정하였다. A씨는 첫 번째 근접 과정(약 400m)을 몇 번 거치고 난 후 그 두 배의 거리(약 800m)를 걷게 되었고, 며칠 후에는 4배의 거리(약 1.6km), 다시 며칠 후에는 6배의 거리(약 2.4km)로 증가시킬 수 있었다. 그리고 마침내 목표거리(4km)에 접근하면서 결국에는 4km 달리기를 할 수 있게 되었다.

전문가의 한마디 용암법(Fading)과 조형법(Shaping)을 혼동하는 분들이 많습니다. 일단 두 가지 방법은 점진적으로 변화를 주는 절차라는 점에서 공통적입니다. 그러나 용암법의 경우 자극에 점진적으로 변화를 주되 반응은 동일하게 유지되는 것인 반면, 조형법의 경우 반응에 점진적으로 변화를 주되 자극은 동일하게 유지되는 것입니다. 다시 말해, 용암법은 자극을 약간씩 변화시키면서 특정 반응을 강화하여 그 자극이 점차적으로 특정 반응을 통제하는 자극과 동일하게 되는 것인 반면, 조형법은 한 행동이 약간씩 변화되는 것에 대해 강화를 하여 그 행동이 점차적으로 표적행동과 유사하게 되는 것으로, 이때 자극은 일반적으로 동일하게 유지됩니다.

03 강박장애의 심리적 치료방법으로서 노출 및 반응방지법(ERP)의 원리 및 시행순서를 기술하시오. 6점 11, 16년 기출

(1) 원리

고득점을 향한 심화해설

노출 및 반응방지법(ERP ; Exposure and Response Prevention)은 학습이론을 토대로 한 행동 치료기법으로서, 강박장애의 증상으로 나타나는 강박적 사고 및 강박적 행동을 제지하기 위한 것이다. 증상을 가진 환자에게 두려움과 거부감의 대상이 되는 자극을 체계적이고 반복적으로 노출시킴으로써 환자는 자신의 강박적 사고가 근거 없는 것이며, 따라서 강박적 행동에 의한 중화(Neutralization) 또한 불필요하다는 사실을 깨닫게 된다. 이러한 노출 및 반응방지법은 불안증상을 제거하기 위한 체계적 둔감법, 혐오치료, 홍수법 등의 행동치료기법들과 밀접하게 연관된다.

(2) 시행순서

고득점을 향한 심화해설

① 제1단계 - 노출

강박적 사고를 유발하는 자극에 대해 충분한 시간 동안 직면하도록 하는 것이다. 예를 들어, 더러움 또는 더러운 물질에 대한 강박적 사고에 의해 손 씻기의 강박적 행동을 보이는 환자에게 치료자가 의도적으로 더러운 물질을 만져보도록 요구할 수 있다. 노출에 소요되는 시간은 과제의 양 및 질적 수준에 따라 차이가 있으나, 일반적으로 90분 혹은 그 이상의 시간이 적절한 것으로 보고되고 있다.

② 제2단계 - 행동방지

강박적 사고에 의해 나타나는 강박적 행동을 제지하는 것이다. 예를 들어, 더러운 물질에 노출된 환자로 하여금 손을 씻지 못하게 한 채 더러움을 견디어보도록 요구할 수 있다. 행동방지에는 수 시간이 소요되며, 점차적으로 그 시간을 늘리는 것이 효과적이다. 이 과정에서 환자는 처음 불안과 공포를 느끼게 되지만, 이를 견디어내는 경험을 통해 강박적 사고를 유발하는 자극에 대해 체계적으로 둔감해진다.

> **전문가의 한마디**
>
> '중화(Neutralization)'는 특히 강박장애나 공황장애에서 중요하게 언급되는 개념으로서, 개인이 특정 사고나 충동 또는 심상을 무시하거나 억압하기 위해 다른 생각이나 행동을 수행하는 것을 말합니다. 예를 들어, 오염물에 대해 부적절한 불안감을 느끼는 강박장애 환자의 경우 손을 과도하게 씻는 경향이 있습니다. 즉, 손을 씻는 강박적 행동이 강박적 사고에서 비롯되는 불안감을 중화시키는 것입니다.

> **알아두기**
>
> **노출 및 반응방지법(ERP)의 실험적 근거**
> - 1972년 라흐만과 허드슨(Rachman & Hodgson)은 오염물에 대한 강박장애를 가진 환자들을 대상으로 환자들의 중화(Neutralization) 행동이 불안감 수준에 미치는 영향에 대해 실험하였다. 즉, 환자들에게 오염물을 제시한 후 그들의 중화 행동 수행 이전과 이후의 불안감 수준을 측정하여 비교하는 연구였다.
> - 강박장애 환자들은 실험에 의해 유도된 오염 자극으로 인해 불안감 수준이 증가하였다. 이때 중화 행동이 허용된 집단의 경우 고조된 불안이 신속히 감소된 반면, 중화 행동이 금지된 집단의 경우 불안이 일시적으로 상승하는 결과를 보였다. 그러나 중화 행동이 금지된 집단의 경우에도 대략 30분 정도의 시간이 경과되자 오염 자극으로 인한 불안감이 자연적으로 감소하기 시작하여 중화 행동을 수행한 집단과 유사한 수준으로 떨어지게 되었다.
> - 결국 환자들을 오염 자극에 노출시키고 반응을 방지하였을 때 환자들의 불안감이 일시적으로 급증할 수 있으나, 이는 비교적 짧은 시간 내에 자연적으로 감소된다는 사실이 밝혀졌다. 그리고 환자들에게 이후 몇 차례 오염 자극에 노출시켰을 때 오히려 중화 행동을 수행한 환자들의 경우 동일한 수준의 불안감이 유발된 반면, 중화 행동이 차단된 환자들의 경우 이전보다 오염 자극에 대한 불안감 정도가 감소되어 나타나는 것이 밝혀졌다. 이로써 노출 및 반응방지법(ERP)의 효용성이 인정받을 수 있게 되었다.

04 다음 보기의 사례를 읽고 물음에 답하시오. 　5점　15년 기출

> 김 대리는 업무능력이 뛰어나고 남보다 승진도 빠르다. 그러던 중 어느 날 사소한 실수를 저지르게 되었다. 상사와 동료들이 모두 괜찮다고 하였으나 정작 김 대리 본인만은 자신이 실수를 저질렀다는 사실을 용납하기 어려웠다. 김 대리는 "약간의 실수라도 저지른다면, 나의 회사생활은 끝이다"라고 생각하고 있었던 것이다. 김 대리는 이와 같은 심리적인 어려움으로 인해 이직까지 고려하고 있다.

보기에 제시된 김 대리의 사례를 REBT의 ABCDE 치료모델에 맞추어 설명하시오.

고득점을 향한 심화해설

① **A(Activating Event, 선행사건)**

내담자의 감정을 동요시키거나 내담자의 행동에 영향을 미치는 사건을 의미한다.

> 예 김 대리는 사소한 실수를 저질렀다.

② **B(Belief System, 비합리적 신념체계)**

선행사건에 대한 내담자의 비합리적 신념체계나 사고체계를 의미한다.

> 예 "나는 실수를 저질렀어. 이건 용납하기 어려운 일이야. 실수를 저질렀으니, 이제 나의 회사생활은 끝이야."

③ **C(Consequence, 결과)**

선행사건을 경험한 후 자신의 비합리적 신념체계를 통해 그 사건을 해석함으로써 느끼게 되는 정서적·행동적 결과를 말한다.

> 예 • 바람직하지 않은 정서적 결과 : 극심한 우울과 불안, 자괴감, 무가치감 등
> • 바람직하지 않은 행동적 결과 : 자포자기 상태에서 자신의 업무를 소홀히 하거나 동료들과 어울리기를 피함

④ D(Dispute, 논박)

내담자가 가지고 있는 비합리적 신념이나 사고에 대해 그것이 사리에 부합하는 것인지 논리성·현실성·실용성(효용성)에 비추어 반박하는 것으로서, 내담자의 비합리적 신념체계를 수정하기 위한 것이다.

> 예
> - 논리성 : "사소한 실수로 회사생활이 끝났다고 생각하는 것이 과연 논리적으로 타당한가?"
> - 현실성 : "사람은 누구나 실수를 저지르는데, 나라고 실수를 저지르지 않겠는가?"
> - 실용성(효용성) : "실수를 저질렀다고 해서 의기소침해 있는 것이 나의 인간관계나 직장생활에서 어떤 도움이 되겠는가?"

⑤ E(Effect, 효과)

논박으로 인해 나타나는 효과로서, 내담자가 가진 비합리적인 신념을 철저하게 논박하여 합리적인 신념으로 대체한다.

> 예
> - 인지적 효과 : "비록 실수를 저질렀지만, 그렇다고 내가 무능력한 사람은 아니다" 또는 "누구나 실수를 저지르는 만큼 나도 항상 완벽할 수만은 없다"
> - 정서적 효과 : "실수를 저지른 것에 대해 약간 실망스럽지만, 그렇다고 우울하거나 불안하지는 않다" 또는 "실수를 저질렀어도 나의 상사와 동료들이 나를 미워하지는 않는다"
> - 행동적 효과 : "다음에는 이와 같은 실수를 되풀이하지 않도록 좀 더 집중해야겠다" 또는 "앞으로는 지금보다 더 나아지기 위해 열심히 노력해야겠다"

전문가의 한마디 이 문제는 명확한 정답이 있는 것이 아니므로 다양한 답안이 도출될 수 있습니다. 인지·정서·행동적 상담(REBT)의 ABCDE 모델에 관한 문제는 2020년 3회 실기시험에도 출제되었으나, 위의 문제와는 다른 내용을 다루고 있습니다. 2020년 3회 4번 문제에서는 ABCDE 모델에 기초하여 일반적인 치료계획을 세우는 것이 초점이었으나, 이 문제에서는 특정 사례를 ABCDE 모델에 맞추어 각각의 단계별로 설명하는 것이 문제의 핵심으로 보입니다. 이와 같이 특정 사례를 ABCDE 모델의 과정으로 설명하는 방식은 교재마다 매우 다양하게 제시되어 있으므로, 무조건적인 암기보다는 해당 내용에 대한 충실한 이해가 요구됩니다.

05 투사기법의 장점과 단점을 각각 3가지씩 기술하시오. 6점 24년 기출

(1) 장 점

고득점을 향한 심화해설

※ 2024년 1회 10번 기출문제와 동일 또는 매우 유사하므로, 해당 해설을 참조하세요. ☞ 교재 21p

(2) 단 점

고득점을 향한 심화해설

※ 2024년 1회 10번 기출문제와 동일 또는 매우 유사하므로, 해당 해설을 참조하세요. ☞ 교재 21p

06 아동 및 청소년을 대상으로 한 상담에서는 발달적 측면에 대한 고려가 이루어져야 한다. 피아제(Piaget)의 인지발달이론에 의한 인지발달단계에서 전조작기, 구체적 조작기, 형식적 조작기에 해당하는 아동 및 청소년을 위한 상담의 특성 및 주의점을 발달단계별로 쓰시오.

6점 | 13, 23년 기출

고득점을 향한 심화해설

※ 2023년 1회 3번 기출문제와 동일 또는 매우 유사하므로, 해당 해설을 참조하세요. ☞ 교재 101p

07 임상심리사의 윤리원칙으로서 유능성의 의미를 설명하고, 이를 위반하는 이유를 3가지 쓰시오.

5점 · 11, 16, 22년 기출

(1) 유능성의 의미

※ 2022년 3회 4번 기출문제와 동일 또는 매우 유사하므로, 해당 해설을 참조하세요. ☞ 교재 236p

(2) 유능성의 원칙을 위반하는 이유

※ 2022년 3회 4번 기출문제와 동일 또는 매우 유사하므로, 해당 해설을 참조하세요. ☞ 교재 236p

08 체계적 둔감법(Systematic Desensitization)의 원리 및 시행순서를 쓰고 설명하시오. [5점]

(1) 원 리

심화해설

고전적 조건형성에 기초한 상호억제원리(Principle of Reciprocal Inhibition)
체계적 둔감법은 고전적 조건형성의 학습원리에 기초한 것으로, 양립할 수 없는 새로운 반응(→ 이완)을 통해 부적응적 반응(→ 불안)을 억제하는 상호억제의 원리를 이용하는 치료기법이다.

(2) 시행순서

심화해설

① 근육이완훈련
   근육이완 상태에서는 불안이 일어나지 않는다는 원리를 토대로 한다. 치료자(상담자)는 수회에 걸쳐 내담자가 근육의 긴장을 이완할 수 있도록 훈련시킨다.
② 불안위계목록 작성
   치료자는 내담자가 가지고 있는 불안이나 공포에 대한 구체적인 정보와 함께 각각의 증상과 관련된 행동들을 파악한다. 불안이나 공포를 일으키는 유발상황에 대한 위계목록은 대략 10~20개 정도로 작성한다.
③ 불안위계목록에 따른 둔감화
   치료자는 역조건형성을 통해 내담자로 하여금 이완상태에서 불안을 유발하는 상황을 상상하도록 유도한다. 이때 불안과 공포를 유발하는 상황을 상상하는 순서는 위협을 가장 적게 느끼는 상황에서부터 시작하여 가장 위협적인 상황으로 옮겨가도록 한다. 불안유발자극과 불안반응의 관계가 완전히 소거될 때까지 절차를 반복하여 실시한다.

전문가의 한마디

이 문제는 기존의 체계적 둔감법(Systematic Desensitization)에 관한 문제의 변형된 형태에 해당합니다. 체계적 둔감법의 시행순서, 즉 3단계 과정에 대한 문제는 이미 2차 실기시험에 몇 차례 출제된 바 있으나, 이 문제에서는 체계적 둔감법의 원리에 대해서도 기술하도록 요구하고 있습니다.

요컨대, 이 문제는 수험생들을 혼란스럽게 만들기에 충분합니다. 왜냐하면 체계적 둔감법은 그 근간이 되는 학습원리로서 파블로프(Pavlov)의 고전적 조건형성(Classical Conditioning)에서부터 고전적 조건형성의 이론적 가정에 기초한 역조건형성(Counterconditioning), 그리고 그와 같은 이론적 원리들을 보다 치료적 관점으로 발전시킨 상호억제(Reciprocal Inhibition)에 이르기까지 다양한 명칭의 원리들과 서로 밀접하게 연결되어 있기 때문입니다. 그와 같은 내용은 1차 필기시험 문제로도 살펴볼 수 있는데, 특히 1차 필기시험에서는 체계적 둔감법의 원리로 보통 '고전적 조건형성(고전적 조건화)'과 '상호억제(상호교호적 억제)'를 제시하고 있습니다. 물론 이 두 가지는 행동치료의 근간이 되는 파블로프의 원리이냐 아니면 체계적 둔감법을 하나의 치료기법으로 완성시킨 볼프(Wolpe)의 원리이냐로 구분된다고 볼 수 있는데, 과연 채점자가 무엇을 정답으로 인정할 것인지 명확하지 않으므로, 가급적 위의 해설에 제시된 내용대로 답안을 작성하도록 합니다.

체계적 둔감법(Systematic Desensitization)의 기초가 되는 학습원리는? [17년 기출]

① 혐오조건형성   ② 고전적 조건형성
③ 조작적 조건형성 ④ 고차적 조건형성

답 ②

고전적 조건화 원리를 적용하여 가장 잘 설명할 수 있는 것은? [15년 기출]

① 체계적 둔감화   ② 미신적 행동
③ 조 형   ④ 토큰 이코노미

답 ①

볼프(Wolpe)의 상호억제원리와 밀접히 관련된 행동치료기법은? [10년 기출]

① 혐오치료   ② 행동조성
③ 긍정적 강화 ④ 체계적 둔감화

답 ④

볼프(Wolpe)의 상호교호적 억제(Reciprocal Inhibition)에 관한 설명으로 가장 적합한 것은? [12년 기출]

① 불안유발자극과 이완유발자극을 조합하여 조작적 조건형성의 부적 강화를 강화시키는 절차이다.
② 불안과 양립할 수 없는 반응을 유발시킴으로써 자극과 불안 간의 결합을 약화시키는 절차이다.
③ 자극과 반응 간의 상호 처벌적인 방식으로 연합시켜 특정 불안반응이나 회피행동을 탈조건형성 시키는 절차이다.
④ 상호억제를 유발하는 경쟁자극으로서 전기충격과 같은 혐오자극을 제시하여 불안행동을 억제시키는 절차이다.

답 ②

> **알아두기** 볼프(Wolpe)의 상호억제원리(Principle of Reciprocal Inhibition)
> - 파블로프(Pavlov)의 고전적 조건형성(Classical Conditioning)의 원리에 입각하여 볼프(Wolpe)가 확립한 것으로서, '상호제지이론' 또는 '역제지이론'이라고도 한다.
> - 볼프는 신경계의 특징으로서 이완과 흥분(불안 반응)이 동시에 작동할 수 없음을 관찰하였다. 이를 통해 불안이나 공포 등의 신경증적 반응이 그것과 대립된 강력한 반응에 의해 제지 또는 억제될 수 있다고 보았다.
> - 상호제지 또는 상호교호적 억제(Reciprocal Inhibition)는 제거 대상 반응(→ 불안)과 양립할 수 없는 반응(→ 이완)을 끌어냄으로써, 이들 간의 상호 방해로 인해 두 가지 연상 중 하나를 기억할 수 없도록 하는 것이다.
> - 볼프의 상호억제원리는 특히 불안 자극에 대해 체계적인 이완을 통한 심리적인 직면을 시도하는 '체계적 둔감법 또는 체계적 탈감화(Systematic Desensitization)'로 구체화되었다.

09 정신분석적 상담 과정에서 나타나는 전이와 역전이에 대해 설명하시오.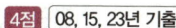

(1) 전이(Transference)

※ 2023년 1회 1번 기출문제와 동일 또는 매우 유사하므로, 해당 해설을 참조하세요. ☞ 교재 97p

(2) 역전이(Counter Transference)

※ 2023년 1회 1번 기출문제와 동일 또는 매우 유사하므로, 해당 해설을 참조하세요. ☞ 교재 98p

10 인간중심상담에서 로저스(Rogers)가 강조한 상담자(치료자)의 자세를 3가지 쓰시오.

6점 08, 10, 14, 17, 18, 20, 21, 22, 23, 24년 기출

고득점을 향한 심화해설

※ 2024년 2회 7번 기출문제와 동일 또는 매우 유사하므로, 해당 해설을 참조하세요. ☞ 교재 49p

11 가족을 하나의 유기체로 보는 벡바와 벡바(Becvar & Becvar)의 가족치료의 기본전제를 3가지 기술하시오.

6점 24년 기출

고득점을 향한 심화해설

※ 2024년 3회 12번 기출문제와 동일 또는 매우 유사하므로, 해당 해설을 참조하세요. ☞ 교재 83p

12 웩슬러(Wechsler)가 정의한 지능의 개념을 쓰고, 유동성 지능과 결정성 지능의 특징을 각각 2가지씩 기술하시오. 6점 [04, 10, 15년 기출]

(1) 웩슬러(Wechsler)의 지능의 개념

고득점을 향한 심화해설

지능은 개인이 합목적적으로 행동하고 합리적으로 사고하며, 자신을 둘러싼 환경을 효율적으로 다룰 수 있는 종합적·전체적인 능력이다.

(2) 유동성 지능과 결정성 지능의 특징

고득점을 향한 심화해설

① 유동성 지능(Fluid Intelligence)의 특징
  ㉠ 유전적·선천적으로 주어지는 능력으로서 경험이나 학습의 영향을 거의 받지 않으며, 뇌와 중추신경계의 성숙에 비례하여 발달하다가 청년기 이후부터 퇴보현상이 나타나기 시작한다.
  ㉡ 속도(Speed), 기계적 암기(Rote Memory), 지각능력(Perception), 일반적 추론능력(General Reasoning) 등과 같이 새로운 상황에서의 문제해결능력으로 잘 나타난다.
② 결정성 지능(Crystallized Intelligence)의 특징
  ㉠ 환경이나 경험, 문화적 영향에 의해 발달되는 지능으로서, 유동성 지능을 토대로 후천적인 발달이 이루어진다.
  ㉡ 언어이해능력(Verbal Comprehension), 문제해결능력(Problem Solving), 상식(Common Sense), 논리적 추리력(Logical Reasoning) 등과 같이 나이를 먹으면서도 계속 발달할 수 있는 능력으로 잘 나타난다.

전문가의 한마디 웩슬러(Wechsler)는 이전에 제안되었던 지능에 관한 여러 가지 정의들을 종합적으로 받아들여, 지능의 다요인적·중다결정적 측면을 강조하였습니다. 즉, 지능에 지적 요소는 물론 성격적 요소, 정서, 사회성, 운동능력, 감각 등을 포함시킴으로써 이를 폭넓게 개념화하였습니다. 이와 같이 웩슬러는 성격이나 정서 등의 비인지적 요인을 포함한 다면적 구성체로서의 지능을 정의함으로써, 지능검사가 단순히 지능수준을 평가하는 것을 넘어서 개인의 성격을 반영해 주는 역동적인 도구로 사용될 수 있는 기초를 제공하였습니다.

알아두기 혼(Horn)의 유동성 지능과 결정성 지능에 대한 연구
- 카텔(Cattell)은 인간의 지능을 유동성 지능(Fluid Intelligence)과 결정성 지능(Crystallized Intelligence)으로 구분하였으며, 혼(Horn)은 이를 토대로 각 지능별 특징적 양상에 대해 연구하였다.
- 일반적으로 웩슬러 지능검사의 언어성 소검사들은 결정성 지능과 연관된다. 반면, 동작성 소검사들은 유동성 지능과 관련되며, 문제해결능력을 측정한다고 볼 수 있다.
- 혼은 변형된 지능 모델을 통해 웩슬러 지능검사의 소검사들을 다음과 같이 4개의 범주로 분류하였다.

결정성(Crystallized)	유동성(Fluid)	기억(Retrieval)	속도(Speed)
• 기본지식 • 어휘문제 • 이해문제 • 공통성 문제	• 빠진 곳 찾기 • 차례 맞추기 • 토막짜기 • 모양 맞추기 • 공통성 문제 • 숫자 외우기	• 기본지식 • 산수문제 • 숫자 외우기	바꿔쓰기

- 환경의 영향을 받는 결정성 지능에는 언어성 소검사 4개가 포함되며, 유동성 지능에는 공통성 문제와 숫자 외우기의 언어성 소검사 2개와 함께 동작성 소검사들이 포함된다.
- 공통성 문제는 결정성 지능과 유동성 지능 모두와 관계가 있으며, 기억과 관련된 소검사로서 기본지식은 결정성 지능, 숫자 외우기는 유동성 지능과 연관된다.
- 소검사 특유의 변량이 큰 바꿔쓰기는 운동속도와 연관된다.

13 웩슬러 지능검사에서 병전지능 추정을 위해 사용되는 소검사를 3가지 쓰고, 이를 사용하는 이유를 설명하시오. 6점

(1) 소검사

어휘(Vocabulary), 상식 또는 기본지식(Information), 토막짜기(Block Design)

(2) 이유

① 병전지능을 추정하는 이유

지능검사를 시행하고 난 다음 수검자의 원래의 지능수준을 추정하여 현재의 지능수준과의 차이를 계산해 봄으로써, 급성적 혹은 만성적 병적 경과, 지능의 유지 혹은 퇴보 정도 등을 파악할 수 있도록 한다.

② 특정 소검사를 사용하는 이유

일반적으로 병전지능의 추정을 위해 어휘문제, 상식 또는 기본지식, 토막짜기 소검사를 사용하는데, 이를 병전지능 추정의 기준점으로 삼는 이유는 해당 소검사들의 점수가 가장 안정되어 있으며, 요인분석 결과 대표적인 언어성 및 동작성 소검사로 지적될 수 있기 때문이다.

이 문제에서는 병전지능 추정 방법을 사용하는 이유에 대해 묻는 것인지 혹은 병전지능 추정을 위해 특정 소검사를 사용하는 이유에 대해 묻는 것인지 약간 모호하다는 수험생들의 의견에 따라 그 두 가지 이유를 함께 제시하였습니다. 참고로 이 문제는 앞선 2019년 1회 11번과 같이 병전지능 추정의 방법 3가지를 묻는 문제와는 다르나, 이 두 문제가 내용상 서로 밀접하게 연결되어 있으므로 가급적 함께 학습하시기를 권합니다.

요컨대, 1968년 라파포트(Rapaport)가 환자의 본래 지능수준을 어휘문제를 기준으로 추정하는 방식을 제안한 이후로 그와 관련된 많은 연구가 이어졌습니다. 일반적으로 어휘문제, 상식(기본지식), 토막짜기 결과와 수검자의 연령, 학력, 직업, 학교성적 등을 종합적으로 고려하여 추정하게 되는데, 추정 결과 본래의 지능과 현재의 지능지수가 15점 이상 차이가 날 경우 유의미한 지적 기능의 저하가 있는 것으로 해석하기도 합니다.

14 MMPI-2에서 과장된 보고를 탐지하는 척도를 3가지 쓰고, 각각에 대해 설명하시오.

※ 2023년 1회 15번 기출문제와 동일 또는 매우 유사하므로, 해당 해설을 참조하세요. ☞ 교재 124p

15. MMPI 프로파일 해석과 관련하여 긍정왜곡(Faking-good)과 부정왜곡(Faking-bad)의 의미와 척도 양상을 설명하시오. [4점]

(1) 긍정왜곡(Faking-good)

고득점을 향한 심화해설

① 의 미
자신의 문제를 부정하고 최소화하려는 시도를 말한다.

② 척도 양상

MMPI	K척도(교정 척도, Correction)가 70T 이상인 데 반해, F척도(비전형 척도, Infrequency)를 비롯하여 대부분의 임상척도가 50T 이하이다. L척도(부인 척도, Lie)는 K척도와 동반 상승하는 경향이 있는데, 이때 L척도의 점수는 수검자의 교육 수준이나 심리적으로 세련된 정도와 역으로 상관이 있을 것이다.
MMPI-2	K척도와 S척도(과장된 자기제시 척도, Superlative Self-presentation)가 65T 이상인 데 반해, F척도를 비롯하여 대부분의 임상척도가 50T 이하이다. L척도는 K척도와 동반 상승하는 경향이 있는데, 이때 L척도의 점수는 수검자의 교육 수준이나 심리적으로 세련된 정도와 역으로 상관이 있을 것이다.

(2) 부정왜곡(Faking-bad)

고득점을 향한 심화해설

① 의 미
심한 정신장애가 있는 것처럼 보이려는 시도를 말한다.

② 척도 양상

MMPI	F척도가 대개 100T 이상이고 척도 6 Pa(Paranoia, 편집증), 척도 7 Pt(Psychasthenia, 강박증), 척도 8 Sc(Schizophrenia, 정신분열증)이 90T 이상인 데 반해, L척도와 K척도가 50T 이하이다.
MMPI-2	F척도가 90T 이상, F_P척도(비전형-정신병리 척도, inFrequency Psychopathology)가 75T 이상이고 척도 6(Pa), 척도 7(Pt), 척도 8(Sc)이 80T 이상인 데 반해, L척도와 K척도가 50T 이하이다.

전문가의 한마디

이 문제는 원판 MMPI에 관한 것이나, MMPI-2로 변형되어 출제될 가능성도 있으므로, 이 두 가지 프로파일 해석을 함께 기억해 두시기 바랍니다. 또한 MMPI 및 MMPI-2의 프로파일 해석과 관련하여 그 구체적인 수치가 교재에 따라 약간씩 다르게 제시되고 있으므로, 이 점 감안하여 학습하시기 바랍니다. 참고로 위의 문제 해설은 내용상 일관성을 도모하기 위해 '김재환 外, 『임상심리검사의 이해』, 학지사 刊'의 제1판과 제2판을 함께 참조하였으며, 일부 '김중술, 『다면적 인성검사, MMPI의 임상적 해석』, 서울대학교출판문화원 刊'을 이용하였습니다.

요컨대, 원판 MMPI에서 타당도 프로파일 해석과 관련하여 긍정왜곡(Faking-good)은 'V형'으로, 부정왜곡(Faking-bad)은 삿갓형(∧형)으로 형태분석을 시도하기도 합니다. 이는 원판 MMPI의 경우 L, F, K척도가 프로파일상 나란히 제시되었기 때문에 가능했습니다. 그러나 개정판인 MMPI-2에서는 새롭게 타당도척도들이 추가되어 타당도 프로파일상 변화가 나타남에 따라 원판 MMPI와 같은 타당도척도의 형태분석이 모호하게 되었습니다. 다만, 원판 MMPI의 타당도척도 형태분석에 관한 내용이 임상심리사 2차 실기시험은 물론 1차 필기시험에서도 여전히 중요하게 다루어지고 있으므로, 주의 깊게 살펴볼 필요가 있습니다.

16 현 병력(History of Present Illness)을 기술하는 데 있어서 포함되어야 할 사항을 5가지 쓰시오.

5점 12, 16년 기출

심화해설

답안 1
① 문제의 발생 시기
② 문제의 발생 상황
③ 문제의 발현양상으로서 증상에 대한 기술(증상의 위치, 양상, 정도, 시간 등)
④ 치료경력 혹은 증상에 대한 대응 노력
⑤ 현 증세에 대한 환자의 심리 혹은 현 증세로 인한 생활상의 변화 등

답안 2
① 현재 앓고 있는 병이 언제 발병했는가?
② 과거와 현재의 유발요인은 어떤 것이 있는가?
③ 왜 지금 정신과적 면담을 하게 되었는가?
④ 증상이나 행동변화가 시작되었을 때 피면담자의 생활여건은 어떠했는가?
⑤ 생활환경이 피면담자에게 어떤 영향을 미쳐 현재의 장애가 발현하게 되었는가?

전문가의 한마디
현 병력의 기술에 포함되어야 할 사항, 즉 현 병력의 구성요소는 교재에 따라 약간씩 다르게 제시되어 있습니다. 그 이유는 환자의 현 병력에 대한 기술 방식이 일반의학, 재활의학, 응급의학, 정신의학, 정신보건학, 간호학 등 다양한 분야에서, 그리고 실제 의료장면이나 임상장면에서 서로 유사하면서도 약간의 차이를 보이고 있기 때문입니다. 위의 문제 해설에서 **답안 1**은 일반의학, 간호학 등에서, **답안 2**는 특히 정신보건학에서 일반적으로 통용되는 내용에 해당하며, 'Javis, C., 『건강사정』, 임경춘 外 譯, 정담미디어 刊', '한국정신보건사회사업학회, 『정신보건전문요원 수련교재』, 양서원 刊' 등의 관련 내용을 참조하였습니다.

17 임상적 면접의 서면보고서에 포함되어야 할 내용을 5가지 쓰시오.   5점 08, 23년 기출

고득점을 향한 심화해설

※ 2023년 1회 18번 기출문제와 동일 또는 매우 유사하므로, 해당 해설을 참조하세요. ☞ 교재 128p

18 내담자를 면접 평가할 때 사용하는 행동평가 방법을 3가지 쓰고, 각각에 대해 설명하시오.   6점 23년 기출

고득점을 향한 심화해설

※ 2023년 2회 8번 기출문제와 동일 또는 매우 유사하므로, 해당 해설을 참조하세요. ☞ 교재 145p

19 재활치료의 주요 개념으로서 병리, 손상, 장애, 핸디캡을 각각 설명하시오. 4점 06, 15, 24년 기출

고득점을 향한 심화해설

※ 2024년 1회 18번 기출문제와 동일 또는 매우 유사하므로, 해당 해설을 참조하세요. ☞ 교재 37p

2018년

임상심리사 2급

제1회 기출(복원)문제 및 해설

제3회 기출(복원)문제 및 해설

합격의 공식 시대에듀

모든 전사 중 가장 강한 전사는 이 두 가지, 시간과 인내다.

— 레프 톨스토이 —

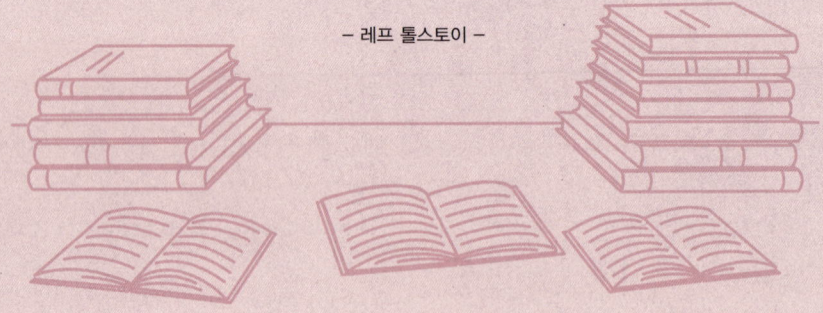

끝까지 책임진다! 시대에듀!
QR코드를 통해 도서 출간 이후 발견된 오류나 개정법령, 변경된 시험 정보, 최신기출문제, 도서 업데이트 자료 등이 있는지 확인해 보세요! **시대에듀 합격 스마트 앱**을 통해서도 알려 드리고 있으니 구글 플레이나 앱 스토어에서 다운받아 사용하세요. 또한, 파본 도서인 경우에는 구입하신 곳에서 교환해 드립니다.

2018

제1회 기출(복원)문제 및 해설

기출이 답이다 임상심리사 2급 2차 실기합격

※ 임상심리사 2급 실기시험은 기출 미공개 시험으로, 본 교재는 기출 키워드를 분석하여 복원한 문제를 수록하였습니다. 실제문제와 차이가 있을 수 있으므로 참고하시기 바랍니다.

01 로샤 검사(Rorschach Test)의 특수점수에서 특수내용의 종류를 3가지 쓰고, 각각에 대해 설명하시오.

6점 20, 23년 기출

고득점을 향한 심화해설

※ 2023년 2회 19번 기출문제와 동일 또는 매우 유사하므로, 해당 해설을 참조하세요. ☞ 교재 164p

02 재활모형에서 손상, 장애, 핸디캡의 의미를 쓰고, 개입방법상의 차이점을 설명하시오.

5점 | 10, 13, 23년 기출

(1) 의미

고득점을 향한 심화해설

※ 2023년 2회 9번 기출문제와 동일 또는 매우 유사하므로, 해당 해설을 참조하세요. ☞ 교재 147p

(2) 개입방법상의 차이점

고득점을 향한 심화해설

※ 2023년 2회 9번 기출문제와 동일 또는 매우 유사하므로, 해당 해설을 참조하세요. ☞ 교재 148p

03 해결중심가족치료에서 사용하는 해결 지향적 질문유형을 3가지 쓰고, 각각에 대해 설명하시오.

6점 20년 기출

고득점을 향한 심화해설

※ 2020년 3회 2번 기출문제와 동일 또는 매우 유사하므로, 해당 해설을 참조하세요. ☞ 교재 346p

04 집단치료의 치료적 요인을 5가지 기술하시오.

5점 09, 12, 13, 14, 17, 18, 19, 21, 24년 기출

고득점을 향한 심화해설

※ 2024년 1회 3번 기출문제와 동일 또는 매우 유사하므로, 해당 해설을 참조하세요. ☞ 교재 7p

05 기질 및 성격검사(TCI)의 하위척도를 이루는 4가지 기질과 3가지 성격을 쓰고, 각각에 대해 설명하시오. 7점 24년 기출

(1) 4가지 기질(기질척도)

고득점을 향한 심화해설

※ 2024년 1회 15번 기출문제와 동일 또는 매우 유사하므로, 해당 해설을 참조하세요. ☞ 교재 30p

(2) 3가지 성격(성격척도)

고득점을 향한 심화해설

※ 2024년 1회 15번 기출문제와 동일 또는 매우 유사하므로, 해당 해설을 참조하세요. ☞ 교재 31p

06 다음 보기의 사례를 읽고 물음에 답하시오. 10점 04, 09, 13, 22년 기출

> 서울시 마포구에 사는 A씨는 30대 중반의 전업주부로, 결혼 후 직장을 그만두고 별다른 사회활동을 하지 않고 있다. 결혼 후 몇 년이 지나 남편이 회사일을 이유로 거의 매일 늦게 귀가하고, 주말에도 집에 머무는 경우가 극히 드물었다. A씨는 자신의 사회경력으로부터도 자신이 꿈꾸던 결혼생활로부터도 멀어지게 되었다고 생각하면서, 자신이 사회와 무관한 존재, 더 이상 아무런 가치도 없는 존재로 전락해 버렸다는 생각을 떨칠 수 없었다. 그와 같은 생각은 날이 갈수록 더해졌고, 이제는 하루 중 거의 대부분의 시간을 우울한 기분으로 보내야 했다. 결국 A씨는 더 이상 삶이 아무런 의미가 없다는 생각에 자살을 할 결심을 하게 되었다.

(1) A씨의 증상은 주요 우울장애를 시사한다. 주요 우울장애의 진단 기준에서 주요 우울증상을 4가지 기술하시오.

고득점을 향한 심화해설

※ 2022년 1회 18번 기출문제와 동일 또는 매우 유사하므로, 해당 해설을 참조하세요. ☞ 교재 224p

(2) 자살 위험성(가능성)에 대한 평가 항목을 3가지 기술하시오.

고득점을 향한 심화해설

※ 2022년 1회 18번 기출문제와 동일 또는 매우 유사하므로, 해당 해설을 참조하세요. ☞ 교재 225p

(3) 자살 위험이 높을 경우 해야 할 대처방법을 3가지 기술하시오.

※ 2022년 1회 18번 기출문제와 동일 또는 매우 유사하므로, 해당 해설을 참조하세요. ☞ 교재 226p

07 상담자의 윤리적 책임에는 내담자와 이중관계를 맺지 않는 것이 있다. 이중관계의 의미와 이를 피해야 하는 이유에 대해 구체적으로 예를 들어 설명하시오. 5점 23년 기출

(1) 이중관계의 의미와 이를 피해야 하는 이유

※ 2023년 2회 2번 기출문제와 동일 또는 매우 유사하므로, 해당 해설을 참조하세요. ☞ 교재 134p

(2) 구체적인 예

※ 2023년 2회 2번 기출문제와 동일 또는 매우 유사하므로, 해당 해설을 참조하세요. ☞ 교재 134p

08 단기상담에 적합한 내담자의 특성 4가지를 기술하시오. 4점 15, 23년 기출

※ 2023년 2회 7번 기출문제와 동일 또는 매우 유사하므로, 해당 해설을 참조하세요. ☞ 교재 143p

09 지능을 평가할 때의 주요 쟁점으로 임상적 접근과 개념적 접근에 대해 설명하시오. 6점 21, 24년 기출

※ 2024년 3회 15번 기출문제와 동일 또는 매우 유사하므로, 해당 해설을 참조하세요. ☞ 교재 87p

10 인간중심치료에서 로저스(Rogers)가 제시한 내담자의 긍정적 성격변화를 위한 치료의 필요충분조건을 5가지 쓰시오. [5점] [21년 기출]

고득점을 향한 심화해설

※ 2021년 1회 14번 기출문제와 동일 또는 매우 유사하므로, 해당 해설을 참조하세요. ☞ 교재 283p

11. 다음 보기의 사례를 읽고 물음에 답하시오.

[5점] 06, 13, 21년 기출

> A군은 만 7세 4개월로 올해 대구에 있는 ○○초등학교에 갓 입학하였다. A군은 초등학교에 입학하기 이전 유치원에 다녔으며, 당시에는 유치원 선생님의 보살핌으로 별다른 문제를 보이지 않았었다. 그러나 초등학교에 입학하면서 수업에 집중을 하지 못한 채 수업시간 중에도 돌아다니는 모습을 보였고, 학업성과도 저조한 것으로 나타났다. 또한 같은 반 아이들도 A군에게 가깝게 다가가기를 거부하였다. A군의 어머니는 A군의 특이한 성향을 의식하여 그동안 어느 정도 과잉보호를 한 점을 인정하였다.

다음은 A군에 대한 KEDI-WISC 프로파일이다. 이를 토대로 임상심리사가 할 수 있는 자문이나 치료적 개입에 대한 조언을 5가지 기술하시오.

하위검사명	평가치	하위검사명	평가치
상식	3	빠진 곳 찾기	6
공통성	8	기호쓰기	6
산수	4	차례 맞추기	6
어휘	9	토막짜기	9
이해	9	모양 맞추기	8
숫자(보충)	6	미로(보충)	7

• 언어성 IQ : 79   • 동작성 IQ : 78   • 전체 IQ : 76

고득점을 향한 심화해설

※ 2021년 1회 19번 기출문제와 동일 또는 매우 유사하므로, 해당 해설을 참조하세요. ☞ 교재 288p

12 바이너(Weiner)는 심리검사를 객관적 검사와 투사적 검사로 구분하고 로샤 검사(Rorschach Test)를 투사적 검사로 분류하는 것에 대해 불만을 제기하였다. 그 이유를 2가지 기술하시오.

4점 24년 기출

※ 2024년 3회 18번 기출문제와 동일 또는 매우 유사하므로, 해당 해설을 참조하세요. ☞ 교재 90p

13 집단상담의 집단 과정에서 집단 구성 시 현실적 고려사항을 5가지 쓰시오.

5점 24년 기출

※ 2024년 1회 6번 기출문제와 동일 또는 매우 유사하므로, 해당 해설을 참조하세요. ☞ 교재 13p

14 벡(Beck)의 인지적 오류 6가지를 쓰고, 각각에 대해 설명하시오. 6점 07, 15, 18, 22, 23, 24년 기출

고득점을 향한 심화해설

※ 2024년 1회 2번 기출문제와 동일 또는 매우 유사하므로, 해당 해설을 참조하세요. ☞ 교재 5p

15 정신과 병동에 입원해 있는 A씨는 만성 조현병 환자이다. 임상심리사는 이 환자에게 인사하는 기술을 가르치고자 한다. 이를 위한 토큰경제(Token Economy)의 활용방법을 5단계로 구분하여 설명하시오. [5점]

고득점을 향한 심화해설

① 제1단계 – 표적행동의 선정
문제행동의 분석을 위해 표적행동을 선정하는 단계이다. 이때 표적행동은 변화시키고자 하는 행동, 즉 평소 잘 하지 않았지만 해야만 하는 일들(예 인사하기, 침대정리, 청소하기 등)을 의미한다.
예 만성 조현병 환자인 A씨의 경우 표적행동은 친사회적 행동으로 다른 사람과 만났을 때 인사를 하는 것이다.

② 제2단계 – 표적행동의 측정
개입(치료)효과를 판정하기 위해서는 우선 교정하려는 표적행동부터 측정해 두어야 한다.
예 임상심리사는 A씨가 평소 다른 사람들을 만났을 때 인사를 하는지 혹은 안 하는지 그 횟수 및 빈도를 측정하여 이를 기록해 둔다.

③ 제3단계 – 적절한 강화물의 선정
목표로 하는 바람직한 행동에 대한 보상을 어떻게 해야 할 것인가를 대상자와 충분히 토론하여 결정한다.
예 임상심리사는 A씨가 다른 사람들을 만났을 때 인사를 하는 경우 어떤 강화물이 제공되는지에 대해 그 구체적인 인사태도 및 강화물의 제공방법 등을 A씨와 상호 합의하에 결정한다.

④ 제4단계 – 상관표의 작성
바람직한 행동과 강화물을 효과적으로 배합하고 상관표로 작성한다.
예 임상심리사는 A씨의 인사행동 여부 및 인사태도 등을 점수화하고, 점수누적에 따른 후속강화제의 종류를 구체적으로 명시한 상관표를 작성하여 이를 A씨의 표적행동과 결부시킨다.

⑤ 제5단계 – 진전의 기록
치료의 진전상황을 측정하는 것이 행동치료에서 특히 중요한 의미를 가진다. 진전이 있다는 것 자체가 곧 강화가 되어 치료를 더욱 촉진시키기 때문이다.
예 임상심리사는 A씨의 행동에 대한 진전을 기록하고 그 바람직한 결과를 설명함으로써 A씨의 행동이 유지될 수 있도록 하며, 더 나아가 새로운 대인관계기술을 습득할 수 있도록 촉진한다.

전문가의 한마디

이 문제는 명확한 정답이 있는 것이 아니므로 다양한 답안이 도출될 수 있습니다. 토큰경제는 내담자로 하여금 바람직한 행동을 하고 바람직하지 못한 행동은 하지 않도록 동기화하는 체계입니다. 이 체계에서는 내담자가 적응행동을 할 경우 토큰을 얻고 부적응행동을 할 경우 토큰을 잃게 되며, 자신이 모은 토큰을 후속강화제(Backup Reinforcers)라 불리는 실제강화제와 교환할 수 있게 됩니다. 여기서 토큰은 실물(예 포커칩, 종이화폐 등)이거나 상징적인 것(예 점수 등)일 수 있으며, 후속강화제는 실물강화제(예 과자, 음료수 등)이거나 활동강화제(예 TV 시청, 당구 등)일 수 있습니다.

요컨대, 토큰경제는 행동조성(Shaping)과 함께 사용할 때 효과적입니다. 예를 들어, 사회적으로 매우 위축되어 있는 조현병 환자로 하여금 사회적 상호작용을 강화하기 위해 토큰경제 프로그램에 참가하도록 할 경우, 우선 최소한의 사회적 접촉(예 간호사에게 자신이 원하는 것을 부탁하기 등)을 하면 토큰을 제공하고, 이후 차츰 사회적 접촉을 늘려나가도록 유도할 수 있습니다(예 다른 환자들과 대화를 나누는 것 등). 한편으로 환자는 자신이 얻은 토큰으로 TV를 보거나 당구를 치는 활동과 교환할 수 있으며, 다른 한편으로 사회적 기술을 습득할 수 있게 됩니다. 참고로 토큰경제의 활용방법에 대해서는 교재에 따라 약간씩 다르게 제시되어 있으나, 여기서는 '5단계'를 명시하고 있다는 점에 착안하여 '권육상, 『정신건강론』, 유풍출판사 刊'을 참조하였습니다. 이와 관련하여 'Spiegler, M. D. et al., 『행동치료』, 전윤식 外 譯, 시그마프레스 刊'에서는 토큰경제의 설계 및 수행과정을 다음과 같이 6단계로 제시하고 있습니다.

- 제1단계 – 변화시키고자 하는 행동 선택하기
- 제2단계 – 기초선 수립하기
- 제3단계 – 토큰경제 시작하기
- 제4단계 – 후속강화제 확인하기
- 제5단계 – 토큰강화 실행하기
- 제6단계 – 토큰경제 평가하기

16 다음 보기의 사례를 읽고 물음에 답하시오.　　　　　　　　　　　6점　21년 기출

> 고등학교 3학년인 A양은 자신의 키에 비해 몸무게가 현저히 덜 나가는 상태임에도 불구하고 자신은 더욱 날씬해져야 한다고 생각하고 있으며, 실제로 음식을 먹고 싶은 마음도 없다. A양의 부모는 걱정스러운 마음에 A양에게 억지로 음식을 권하기도 하나, A양은 먹는 둥 마는 둥 하다가 자신의 방으로 돌아와서는 토해 내는 경우가 대부분이다. A양은 집에서는 물론 밖에서도 음식 먹는 자리를 피하였으며, 그로 인해 자주 어지러움과 피곤함을 느끼고 최근 몇 달 동안 월경도 멈춘 상태이다. A양은 병원에 가 보자는 부모의 걱정이 부담스러워 자신의 신체적인 문제를 일절 말하지 않고 있으며, 점점 더 야위어 가는 자신의 모습에 오히려 만족스러워 하고 있다.

보기에서 A양의 증상을 토대로 유추 가능한 진단명을 쓰고, 그 구체적인 진단기준을 기술하시오.

(1) 진단명

고득점을 향한 심화해설

※ 2021년 3회 19번 기출문제와 동일 또는 매우 유사하므로, 해당 해설을 참조하세요. ☞ 교재 318p

(2) 진단기준

고득점을 향한 심화해설

※ 2021년 3회 19번 기출문제와 동일 또는 매우 유사하므로, 해당 해설을 참조하세요. ☞ 교재 318p

17 공포증 환자를 대상으로 체계적 둔감법을 실시하고자 한다. 체계적 둔감법의 3단계 과정을 순서대로 쓰고, 각 단계에 대해 간략히 설명하시오. 6점 09, 10, 15, 21, 23년 기출

고득점을 향한 **심화해설**

※ 2023년 2회 11번 기출문제와 동일 또는 매우 유사하므로, 해당 해설을 참조하세요. ☞ 교재 151p

18 어떤 환자에게 MMPI를 실시한 결과 L척도와 K척도의 T점수가 70 이상으로 높게 나타났다. 방어적 성향이 강하여 검사결과를 해석하기 어려울 정도였으나, 이 환자에게 심리검사는 꼭 필요한 것으로 판단되었다. 이때 임상심리사가 취할 수 있는 방법을 2가지로 구분하여 설명하시오. 4점 20년 기출

고득점을 향한 **심화해설**

※ 2020년 3회 13번 기출문제와 동일 또는 매우 유사하므로, 해당 해설을 참조하세요. ☞ 교재 387p

기출(복원)문제 및 해설

※ 임상심리사 2급 실기시험은 기출 미공개 시험으로, 본 교재는 기출 키워드를 분석하여 복원한 문제를 수록하였습니다. 실제문제와 차이가 있을 수 있으므로 참고하시기 바랍니다.

01 엘리스(Ellis)가 제시한 비합리적인 신념을 5가지 쓰시오. [5점] [12, 14, 21년 기출]

고득점을 향한 심화해설

※ 2021년 3회 7번 기출문제와 동일 또는 매우 유사하므로, 해당 해설을 참조하세요. ☞ 교재 299p

02 벡(Beck)의 인지적 오류 4가지를 쓰고, 각각에 대해 설명하시오. [8점] [07, 15, 18, 22, 23, 24년 기출]

고득점을 향한 심화해설

※ 2024년 1회 2번 기출문제와 동일 또는 매우 유사하므로, 해당 해설을 참조하세요. ☞ 교재 5p

03 자기표현훈련이 필요한 내담자의 특성을 5가지 쓰고, 자기표현훈련을 통해 내담자가 인식해야 할 사항을 2가지 쓰시오. 9점 10, 21년 기출

(1) 자기표현훈련이 필요한 내담자의 특성

고득점을 향한 심화해설

※ 2021년 3회 8번 기출문제와 동일 또는 매우 유사하므로, 해당 해설을 참조하세요. ☞ 교재 301p

(2) 자기표현훈련을 통해 내담자가 인식해야 할 사항

고득점을 향한 심화해설

※ 2021년 3회 8번 기출문제와 동일 또는 매우 유사하므로, 해당 해설을 참조하세요. ☞ 교재 302p

04 인간중심상담에서 로저스(Rogers)가 강조한 치료자의 특성을 3가지 쓰시오.

3점 08, 10, 14, 17, 19, 20, 21, 22, 23, 24년 기출

※ 2024년 2회 7번 기출문제와 동일 또는 매우 유사하므로, 해당 해설을 참조하세요. ☞ 교재 49p

05 해석의 기법과 상담 과정 간의 관계에서 상담 초기, 중기, 후기의 해석 기법을 각 단계별로 쓰시오.

3점 21년 기출

※ 2021년 3회 3번 기출문제와 동일 또는 매우 유사하므로, 해당 해설을 참조하세요. ☞ 교재 296p

06 내담자의 반응을 해석할 때의 주의사항을 5가지 쓰시오. 〔5점〕 06, 08, 11, 15, 21년 기출

고득점을 향한 심화해설

※ 2021년 3회 4번 기출문제와 동일 또는 매우 유사하므로, 해당 해설을 참조하세요. ☞ 교재 297p

07 오포드(Orford)가 제시한 자조집단의 1차적 기능을 5가지 쓰시오. 〔5점〕 21년 기출

고득점을 향한 심화해설

※ 2021년 1회 8번 기출문제와 동일 또는 매우 유사하므로, 해당 해설을 참조하세요. ☞ 교재 278p

08 다음 보기의 사례를 읽고 물음에 답하시오. [3점] 03, 05, 12, 14년 기출

> 내담자 : 이건 정말 믿을 수가 없어요. 선생님, 지난번 상담을 받을 때 남편이 집에 일찍 들어오겠다고 약속했었잖아요? 그런데 정말로 남편이 제 시간에 맞춰 집에 오더라고요. 그렇게 약속을 잘 지킬 줄 몰랐는데, 정말 깜짝 놀랐다니까요.

보기에서 내담자의 말에 대한 상담자의 반영적 반응을 적절히 제시하시오.

심화해설

반영적 반응(Reflective Response)

반영(Reflection)은 내담자가 전달하고자 하는 의사의 본질을 스스로 볼 수 있도록 내담자의 말과 행동에서 표현되는 감정·생각·태도를 상담자가 다른 참신한 말로 부연하는 것이다. 반영을 할 때는 내담자의 말로 표현된 내용 자체보다는 그것의 밑바탕에 깔려 있는 감정을 그대로 되돌려주기 위해 노력해야 한다. 보기에서 내담자는 남편의 변화된 모습에 놀라움을 느끼고 있으므로, 상담자는 다음과 같이 내담자의 감정을 반영해 줄 수 있다.

> 상담자 : "남편이 집에 일찍 들어오겠다고 약속했는데, 정말로 집에 일찍 들어오는 모습을 보고 뜻밖의 상황에 무척이나 놀랐나 보군요."

전문가의 한마디 이와 관련된 문제는 동일한 사례를 제시하고 상담자의 공감적 반응이나 반영적 반응을 쓰도록 요구하는 방식으로 출제되고 있습니다. 이 두 가지는 서로 유사하지만 유의미한 차이가 있으므로 명확히 구별할 필요가 있습니다. 참고로 상담자의 공감적 반응에 관한 설명은 2020년 2회 2번 문제 해설을 살펴보시기 바랍니다.

09 행동치료기법 중 토큰 이코노미(Token Economy)의 장점을 3가지 쓰시오. 6점 12, 21, 24년 기출

고득점을 향한 심화해설

※ 2024년 1회 5번 기출문제와 동일 또는 매우 유사하므로, 해당 해설을 참조하세요. ☞ 교재 11p

10 순환성장애(Cyclothymic Disorder)의 진단기준을 3가지 쓰시오. 6점

심화해설

순환성장애 또는 순환감정장애(Cyclothymic Disorder)의 진단기준

① 기분삽화에 해당하지 않는 경조증증상과 우울증상이 최소 2년 동안(아동 및 청소년의 경우 최소 1년 동안) 다수의 기간에 걸쳐 나타난다.
② 2년 이상의 기간 동안(아동 및 청소년의 경우 1년 이상의 기간 동안) 경조증 기간과 우울증 기간이 절반 이상을 차지하며, 아무런 증상이 없는 기간이 2개월 이상 지속되지 않는다.
③ 주요우울증삽화, 조증삽화, 경조증삽화를 한 번도 경험한 적이 없다.
④ 진단기준 ①의 증상들이 조현정동장애(분열정동장애), 조현병(정신분열증), 조현양상장애(정신분열형장애), 망상장애, 달리 분류된 혹은 분류되지 않는 조현병스펙트럼 및 기타 정신병적 장애(정신분열스펙트럼 및 기타 정신증적 장애)로 더 잘 설명되지 않는다.
⑤ 이러한 증상들은 물질(예 남용약물, 치료약물)이나 다른 의학적 상태(예 갑상선기능항진증)의 생리적 효과에 기인한 것이 아니다.
⑥ 이러한 증상들은 사회적·직업적 기능 또는 다른 중요한 기능 영역에서 임상적으로 유의미한 고통이나 손상을 초래한다.

전문가의 한마디

순환성장애 또는 순환감정장애(Cyclothymic Disorder)는 DSM-5 분류기준에서 양극성 및 관련 장애(Bipolar and Related Disorders)의 하위유형으로 분류됩니다. DSM-5에서는 순환성장애의 진단기준을 A~F(위의 해설에서 ①~⑥)까지 제시하고 있는데, 이와 같이 정신장애의 진단기준을 기술하는 문제에서는 가급적 순서대로(위의 해설에서 ①~③) 답안을 작성하도록 합니다. 참고로 위의 진단기준상의 장애명칭은 'Black, D. W. et al., 『DSM-5 가이드북』, 강진령 譯, 학지사 刊', '권석만, 『현대 이상심리학』, 학지사 刊' 등을 참조하였습니다.
요컨대, 순환성장애는 기분삽화에 해당하지 않는 경조증증상과 우울증상이 2년 이상(아동 및 청소년의 경우 1년 이상) 지속되는 만성적인 기분장애입니다. 보통 청소년기나 초기성인기에 시작되어 서서히 만성적인 경과를 밟게 되는데, 발병한 후 2년(아동 및 청소년의 경우 1년)이 지난 후에 주요우울증삽화, 조증삽화 또는 경조증삽화가 나타나는 경우 진단은 각각 주요우울장애(Major Depressive Disorder), 제1형 양극성장애(Bipolar I Disorder), 달리 분류된 혹은 분류되지 않는 양극성 및 관련 장애(Other Specified or Unspecified Bipolar and Related Disorder)로 변경됩니다. 참고로 1차 필기시험에 다음과 같은 문제가 출제된 바 있습니다.

순환성장애의 특징이 아닌 것은? 17년 기출

① 청소년기나 초기성인기에 시작된다.
② 남녀 간의 유병률에 큰 차이가 없다고 보고된다.
③ 양극성장애보다 경미한 증상이 2년 이상 지속된다.
④ 양극성장애로는 발전하지 않는다.

답 ④

11 다음은 38세 미혼 여성의 다면적 인성검사(MMPI) 결과이다. 이를 토대로 수검자의 임상적 특징, 가능한 진단명, 주로 사용하는 방어기제에 대해 간략히 기술하시오. 8점 12년 기출

> L(76), F(42), K(80), 1(85), 2(60), 3(78), 4(62), 5(42), 6(53), 7(60), 8(56), 9(42), 0(50)

(1) 임상적 특징

고득점을 향한 심화해설

① 수검자는 타당도척도의 L척도(부인척도, Lie)에서 76, K척도(교정척도, Correction)에서 80으로 높은 점수를 보인 반면, F척도(비전형척도, Infrequency)에서 42로 낮은 점수를 보이고 있다. 이는 타당도척도의 코드유형상 'V형'에 해당한다. V형은 L척도와 K척도가 동시에 최소 60 이상인 데 반해, F척도는 50 이하인 경우를 말한다. 이와 같은 V형은 방어적 성향의 정상인이나 입사지원자에게서 흔히 나타나지만, 건강염려증 환자나 히스테리 환자 또는 만성정신장애를 가진 사람에게서도 나타난다.

② 수검자는 임상척도의 척도 1 Hs(Hypochondriasis, 건강염려증)에서 85, 척도 3 Hy(Hysteria, 히스테리)에서 78로 높은 점수를 보이고 있다. 이와 같은 1-3(Hs & Hy)의 상승척도쌍은 심리적인 문제가 신체적인 증상으로 전환되어 나타날 수 있음을 시사한다. 이 경우 수검자는 자기중심적 성향으로 대인관계에서 피상적인 양상을 보이며, 자신의 외현적 증상이 심리적인 요인에 의한 것임을 인정하지 않으려 할 것이다.

(2) 가능한 진단명

> **고득점을 향한 심화해설**

① DSM-Ⅳ 분류기준 : 신체형장애(Somatoform Disorders) 중 전환장애(Conversion Disorder)
② DSM-5 분류기준 : 신체증상 및 관련 장애(Somatic Symptom and Related Disorders) 중 전환장애(Conversion Disorder)

(3) 주로 사용하는 방어기제

> **고득점을 향한 심화해설**

부인(Denial) 및 억압(Repression)

참고 이 문제는 MMPI 원판을 기준으로 출제된 것이므로, 원판의 기준에 따라 관련 교재들을 참조하여 답안을 작성하였습니다. 참고로 2015년 3회 실기시험에 처음으로 개정판인 MMPI-2를 적용한 문제가 출제되었습니다. 이와 관련하여 2015년 3회 14번 문제를 살펴보시기 바랍니다.

전문가의 한마디 MMPI의 1-3(Hs & Hy) 상승척도쌍의 점수와 척도 2(Depression, 우울증)의 점수 차이가 크면 클수록 전환장애의 가능성이 증가하는 것으로 보고되고 있습니다. 답안으로 신체형장애 중 전환장애(DSM-Ⅳ 기준)를 제시한 것은 1-2(Hs & D) 상승척도쌍의 경우 신체형장애 중 신체화장애, 1-3(Hs & Hy) 상승척도쌍의 경우 신체형장애 중 전환장애의 진단 가능성이 좀 더 높은 것으로 알려져 있기 때문입니다. 이와 같은 진단명은 가능성의 범주에 해당하는 것이므로 명확한 정답이 있는 것은 아닙니다.

알아두기 신체증상 및 관련 장애(Somatic Symptom and Related Disorders) (DSM-5 분류기준)
- '신체증상 및 관련 장애'는 다양한 신체적 증상이 심리적 원인에서 비롯된 것으로, 의학적 검사로 설명할 수 있는 신체적 이상이 발견되지 않는 경우를 말한다.
- DSM-5에서 새로운 장애범주로 제시된 것으로, DSM-Ⅳ의 분류기준상 '신체형장애(Somatoform Disorders)'를 재구성한 것이다. DSM-5에서는 특히 환자의 기초진료와 비정신과적 임상의들에게 보다 유용하도록 구성되었다.
- DSM-Ⅳ에 따른 신체형장애와 DSM-5에 따른 신체증상 및 관련 장애의 주요 하위유형은 다음과 같다.

신체형장애(DSM-Ⅳ)	신체증상 및 관련 장애(DSM-5)
• 신체화장애(Somatization Disorder) • 전환장애(Conversion Disorder) • 동통장애(Pain Disorder) • 건강염려증(Hypochondriasis) • 신체변형장애(Body Dysmorphic Disorder) 등	• 신체증상장애(Somatic Symptom Disorder) • 질병불안장애(Illness Anxiety Disorder) • 전환장애(Conversion Disorder) • 허위성(가장성)장애(Factitious Disorder) 등

12 MMPI-2의 성격병리 5요인 척도(PSY-5 척도)를 쓰시오. [5점] [21년 기출]

※ 2021년 3회 17번 기출문제와 동일 또는 매우 유사하므로, 해당 해설을 참조하세요. ☞ 교재 314p

13 내담자의 능력을 평가하는 지능검사를 시행할 때 내담자와 라포(Rapport)를 형성하는 것이 중요하다. 라포형성의 구체적인 방법을 4가지 기술하시오. [4점] [24년 기출]

※ 2024년 2회 14번 기출문제와 동일 또는 매우 유사하므로, 해당 해설을 참조하세요. ☞ 교재 60p

14 웩슬러 지능검사의 양적 분석에 포함되어야 할 내용을 3가지 쓰시오. 6점 11, 13, 23년 기출

※ 2023년 1회 13번 기출문제와 동일 또는 매우 유사하므로, 해당 해설을 참조하세요. ☞ 교재 120p

15 임상장면에서는 환자의 신경심리평가를 위해 종합심리검사인 풀배터리(Full Battery)를 실시한다. 이러한 풀배터리에는 보통 지능검사가 포함되는데, 풀배터리에 지능검사를 넣는 이유를 5가지 쓰시오. 5점 21년 기출

※ 2021년 3회 21번 기출문제와 동일 또는 매우 유사하므로, 해당 해설을 참조하세요. ☞ 교재 321p

16 사회기술훈련을 집단으로 시행하는 경우의 장점을 3가지 쓰시오. 6점 08, 24년 기출

고득점을 향한 심화해설

※ 2024년 3회 8번 기출문제와 동일 또는 매우 유사하므로, 해당 해설을 참조하세요. ☞ 교재 78p

17. 다음 보기의 사례를 읽고 물음에 답하시오.   8점 04, 08년 기출

> 서울시 마포구의 ○○초등학교 5학년 학생인 김모 양은 평소 또래 친구들과 어울리지 못하고 집단따돌림을 당하던 중 일주일 전 자신이 거주하는 아파트에서 뛰어내려 스스로 목숨을 끊었다. 같은 반 학생들은 집단따돌림에 대한 가담 여부를 떠나 김모 양의 자살 소식을 듣고 실의에 잠겼으며, 심지어 김모 양의 죽음에 대해 죄책감까지 느끼게 되었다. 김모 양의 담임선생님은 이러한 사실을 교장선생님께 전하였고, 교장선생님은 아이들의 심리적 안정을 위해 임상심리사를 학교로 초대하였다.

(1) 보기의 내용과 관련된 임상심리사의 주요 역할 및 기능에 대해 기술하시오.

고득점을 향한 심화해설

① 심리치료

임상심리사는 동급생의 자살로 인해 심리적인 충격을 받고 있는 학생들의 심리적인 문제를 해결하기 위해 노력하게 되는데, 이는 임상심리사의 심리치료자로서의 역할에 해당한다. 임상심리사는 정신역동치료, 행동주의치료, 인지행동치료, 인간중심치료 등을 통해 학생들의 불안이나 분노를 조절하는 것은 물론, 놀이치료, 스트레스대처훈련, 자살 및 위기에의 개입, 각종 신경증 및 정신장애에 대한 개입 등을 통해 그들의 다양한 심리적 문제에 적극적으로 대처한다.

② 자문

김모 양의 담임선생님과 학교 교장선생님은 학생들의 심리적인 문제와 관련된 경험 혹은 정보 부족으로 인해 치료적 해결책을 제시할 수 없다. 임상심리사는 해당분야의 전문가로서 요청에 의해 자문을 제공하게 되는데, 이는 임상심리사의 자문가로서의 역할에 해당한다. 자문가로서 임상심리사는 학생들의 교육 및 학교생활에 대한 책임감을 가진 교사들로 하여금 효과적인 학생지도를 수행하도록 돕는다.

(2) 임상심리사가 학생들을 도울 수 있는 방법을 구체적으로 4가지 기술하시오.

고득점을 향한 심화해설

① 심리적인 충격을 받고 있는 학생, 학부모, 교사들에게 필요한 교육적 자료와 전문적 조언을 제공한다.
② 교내 보건교사와 함께 학생들의 부적응적 정서를 해소하기 위한 놀이치료, 미술치료 등 집단치료 프로그램을 계획·수립·진행한다.
③ 심각한 후유증을 보이는 학생들을 대상으로 개인상담을 실시한다.
④ 지역사회기관과 연계하여 집중적이고 지속적인 도움이 필요한 학생들을 대상으로 치료프로그램이 제공되도록 지원한다.

전문가의 한마디 이 문제는 정확한 복원이 이루어지지 않아 혹은 문제 자체가 매우 포괄적인 내용을 다루고 있으므로 몇 가지 다른 답안도 가능합니다. 참고로 임상심리사의 일반적인 역할로는 진단 및 평가, 심리치료, 심리재활, 교육 및 훈련, 자문, 행정 및 지도, 연구 등이 있습니다. 이 문제의 핵심은 임상심리사의 다양한 역할들을 토대로 실제 임상장면에서 적용할 수 있는 구체적인 문제해결 방법을 제시하는 것으로 보입니다.

18 성폭행 사건과 관련하여 그 피해자로 지목된 한 여성이 수사기관에 의해 성폭력상담소에 의뢰되었다. 그러나 정작 피해자는 자신의 성 피해 사실을 부인하고 있다. 전문상담사로서 자문을 한다고 가정할 때 적절한 자문내용 및 조치방법을 기술하시오. [5점]

(1) 자문내용

고득점을 향한 심화해설

① 성폭력 피해 후 피해자는 성폭력으로 인한 충격과 혼란의 단계를 거쳐 자신의 성폭력 피해 사실을 인정하지 않으려는 부정단계(Denial Phase)에 접어들게 된다. 부정단계에서 피해자는 여러 일상적인 문제에 관심을 보이면서 외견상 적응된 것 같은 모습을 보이지만, 정작 성폭력 자체에 대해서는 무관심한 듯한 태도를 보인다.

② 부정단계는 개인이 현실을 직시하지 못하여 부정하는 것이기는 하나, 이를 무조건 건강하지 못하다고 판단할 필요는 없다. 그와 같은 반응은 피해자가 성폭력 경험을 직시하는 데 좀 더 시간이 필요함을 의미하는 것이기 때문이다.

③ 피해자가 성폭력 피해 이후 부정단계에 들어갈 경우 성폭력 자체에 대해 외견상 무관심을 표명하는 만큼 상담을 받지 않으려는 경향을 보일 수 있다. 결국 성폭력상담에 있어서 위기개입은 피해자에 대한 유일한 개입이 될 수도 있다는 점에서 중요하다.

(2) 조치방법

고득점을 향한 심화해설

① 성폭력 피해자는 성폭력 관련 핵심감정들을 감당할 수 없을 때 의식적 혹은 무의식적 수준에서 핵심감정을 억압하거나 부인하는 경향이 있다. 따라서 성폭력으로 인한 내면의 상처를 치유하기 위해서는 우선적으로 억압했거나 부인했던 감정들을 인식하고 수용하며, 이를 표현하도록 하는 것이 선행되어야 한다.

② 상담자는 피해자인 내담자에게 보조를 맞추어 내담자가 화제를 주도하도록 개방함으로써 신뢰감을 촉진시킨 후 서서히 상담을 위한 유대를 발전시켜 나가야 한다. 이를 위해 상담자는 내담자에게 상담내용의 주도권을 줌으로써 내담자에게 현재상황에서 표현할 수 있는 내용에 대해서만 이야기할 수 있도록 배려해야 한다. 만약 내담자가 성폭력 피해의 문제가 없다고 계속해서 부인하는 경우 일단 수용하며, 언제든지 상담의 기회가 있음을 알려주어야 한다.

전문가의 한마디

이 문제는 정확한 복원이 이루어지지 않아 실제 문제와 약간의 차이가 있을 수 있으며, 문제 자체가 모호하여 서로 다른 답안이 도출될 수 있습니다. 문제의 핵심은 성폭행 피해 사실을 부인하는 피해자를 대상으로 전문상담사로서 자문을 하고 조치방법을 기술하는 것인데, 본래 자문은 직접적으로 피해자인 내담자에게 수행하는 것이 아닌 만큼 자문의 대상이 수사기관인지 혹은 상담소인지 모호합니다.

요컨대, 이 문제는 성폭력 피해자 심리상담의 초기단계에서 유의해야 할 사항에 관한 것입니다. 성폭력 피해자 심리상담에서는 가능하면 초기에 피해자의 가족상황과 성폭력 피해의 합병증 등에 관한 상세한 정보를 얻음으로써 피해자인 내담자로 하여금 위기상황에서 필요로 하는 즉각적인 욕구에 효과적으로 대처하도록 도움을 제공해야 합니다. 그러나 정작 피해자인 내담자가 자신의 성폭력 피해 사실을 부인하는 경우 그와 관련된 상세한 정보들을 얻는 것이 사실상 불가능합니다. 따라서 이 경우 내담자와의 관계형성에 유의하면서, 내담자의 의사에 반하여 상담자가 즉각적·적극적으로 개입하기보다는 내담자가 상담내용의 주도권을 가진 상태에서 자신을 개방할 수 있도록 유도해야 합니다. 참고로 이와 관련하여 1차 필기시험에서 다음과 같은 문제들이 출제된 바 있습니다.

성폭력 피해자 심리상담 초기단계의 유의사항으로 틀린 것은? `03, 09, 11, 18년 기출`

① 치료관계형성에 힘써야 한다.
② 상담자는 상담내용의 주도권을 가져야 한다.
③ 성폭력 피해로 인한 합병증이 있는지 묻는다.
④ 성폭력 피해의 문제가 없다고 부정을 하면 일단 수용해 준다.

답 ②

성 피해자에 대한 상담의 초기단계에서 상담자가 유의해야 할 사항으로 옳은 것은? `13, 17년 기출`

① 피해자가 첫 면접에서 성 피해 사실을 부인할 경우 솔직한 개방을 하도록 지속적으로 유도한다.
② 가능하면 초기에 피해자의 가족상황과 성폭력 피해의 합병증 등에 관한 상세한 정보를 얻는다.
③ 성 피해로 인한 내담자의 심리적 외상을 신속하게 탐색하고 치유할 수 있도록 적극적으로 개입한다.
④ 피해상황에 대한 상세한 정보수집이 중요하므로 내담자가 불편감을 표현하더라도 상담자가 주도적으로 면접을 진행한다.

답 ②

알아두기 성폭력 피해자 심리상담의 초기단계에서 유의해야 할 사항

- 상담자는 피해자인 내담자와 신뢰할 수 있는 관계를 유지함으로써 치료관계형성에 힘써야 한다.
- 상담자는 내담자에게 상담내용의 주도권을 줌으로써 내담자에게 현재상황에서 표현할 수 있는 내용에 대해서만 이야기할 수 있도록 배려해야 한다.
- 상담자는 내담자의 비언어적인 표현에 주의를 기울이며, 그에 대해 적절히 반응해야 한다.
- 상담자는 내담자의 성폭력 피해로 인한 합병증 등을 파악해야 한다.
- 상담자는 내담자가 성폭력 피해의 문제가 없다고 부인하는 경우 일단 수용하며, 언제든지 상담의 기회가 있음을 알려주어야 한다.

2017년

임상심리사 2급

제1회 기출(복원)문제 및 해설

제3회 기출(복원)문제 및 해설

합격의 공식 시대에듀

무언가를 위해 목숨을 버릴 각오가 되어 있지 않는 한
그것이 삶의 목표라는 어떤 확신도 가질 수 없다.

- 체 게바라 -

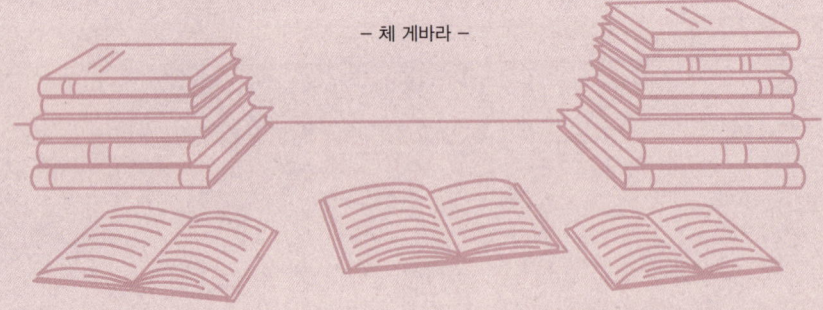

끝까지 책임진다! 시대에듀!

QR코드를 통해 도서 출간 이후 발견된 오류나 개정법령, 변경된 시험 정보, 최신기출문제, 도서 업데이트 자료 등이 있는지 확인해 보세요! **시대에듀 합격 스마트 앱**을 통해서도 알려 드리고 있으니 구글 플레이나 앱 스토어에서 다운받아 사용하세요. 또한, 파본 도서인 경우에는 구입하신 곳에서 교환해 드립니다.

2017

기출이 답이다 임상심리사 2급 2차 실기합격

기출(복원)문제 및 해설

※ 임상심리사 2급 실기시험은 기출 미공개 시험으로, 본 교재는 기출 키워드를 분석하여 복원한 문제를 수록하였습니다. 실제문제와 차이가 있을 수 있으므로 참고하시기 바랍니다.

01 아동심리치료에 있어서 고려해야 할 아동의 특성을 3가지 쓰시오. 　6점　24년 기출

고득점을 향한 심화해설

※ 2024년 3회 6번 기출문제와 동일 또는 매우 유사하므로, 해당 해설을 참조하세요. ☞ 교재 76p

02 다음 보기의 사례를 읽고 물음에 답하시오.

> 검사자는 뇌졸중 환자를 대상으로 글자 지우기 검사를 실시하였다. 그런데 환자는 시야 좌측의 글자를 다 못 지우는 것이었다.

(1) 보기의 사례와 같은 현상을 무엇이라 지칭하는가?

고득점을 향한 심화해설

편측 무시(Unilateral Neglect) 또는 무시 증후군(Neglect Syndrome)

(2) 뇌의 어느 반구의 손상인가?

고득점을 향한 심화해설

우반구 손상

(3) 이와 같은 현상을 평가할 수 있는 검사 종류를 한 가지만 쓰시오.

고득점을 향한 심화해설

선 이등분 검사 또는 직선이분 검사(Line Bisection Test)

03 MMPI 2개 척도에 대한 분석에서 4-9/9-4 척도의 임상 양상을 5가지 기술하시오.

5점 06, 08, 11, 15, 20, 21, 23, 24년 기출

고득점을 향한
심화해설

※ 2024년 1회 14번 기출문제와 동일 또는 매우 유사하므로, 해당 해설을 참조하세요. ☞ 교재 28p

04 기능성 기억장애와 기질성 기억장애의 예를 한 가지씩 쓰고 차이점을 설명하시오. 5점 20년 기출

(1) 기능성 기억장애와 기질성 기억장애의 예

> **고득점을 향한 심화해설**
>
> ※ 2020년 1회 18번 기출문제와 동일 또는 매우 유사하므로, 해당 해설을 참조하세요. ☞ 교재 343p

(2) 차이점

> **고득점을 향한 심화해설**
>
> ※ 2020년 1회 18번 기출문제와 동일 또는 매우 유사하므로, 해당 해설을 참조하세요. ☞ 교재 343p

05 카두신(Kadushin, 1985)이 제시한 슈퍼비전의 기능 3가지 분류에 따라 괄호 안에 들어갈 알맞은 말을 쓰시오. [6점]

- (A) 기능은 상담자가 내담자와의 작업에 관한 탐색과 숙고를 통해 상담자의 기술, 이해, 능력, 전문적 정체감을 발달시키는 것을 의미한다.
- (B) 기능은 상담자가 슈퍼바이저가 제공하는 수용과 확인을 통해 상담 작업의 정서적 효과를 처리하고 보고하여 풀 수 있도록 해준다.
- (C) 기능은 슈퍼비전의 질적 통제를 제공하는 것으로 슈퍼바이저는 내담자의 욕구가 명확히 정의된 윤리적, 전문적 실천의 규준 내에서 언급되고 있는가를 분명히 하기 위해 상담자를 조력한다.

고득점을 향한 심화해설

A : 교육(Education)
B : 지지(Support)
C : 관리 또는 행정(Administration)

① 교육적 기능

교육적 슈퍼비전의 핵심은 슈퍼비전을 받는 슈퍼바이지(Supervisee)로서 상담자의 지식과 기술을 향상시키는 데 있다. 슈퍼바이저(Supervisor)는 기관의 기본가치, 임무 및 목적에 대한 교육과 함께 다양한 서비스 실천이론 및 모델에 대한 교육을 통해 상담자의 문제해결 및 실천기술 향상을 도모한다.

② 관리적·행정적 기능

관리자로서 슈퍼바이저의 역할은 기관의 규정과 절차에 부합하는 서비스를 제공하는 데 초점을 둔다. 가장 적합한 상담자에게 특정 내담자의 사례를 위임하는 것을 비롯하여 상담자의 사례관리 및 서비스 제공을 감독하고 평가하는 역할을 수행한다.

③ 지지적 기능

슈퍼비전의 교육적 기능 및 관리적(행정적) 기능은 상담자의 수단적 욕구에 관심을 두지만, 지지적 기능은 상담자의 개별적 욕구에 관심을 둔다. 슈퍼바이저는 슈퍼바이지인 상담자의 동기와 사기를 진작시키는 한편 불만족과 좌절을 해결함으로써 업무 만족을 높이는 데 초점을 둔다.

전문가의 한마디 상담에서의 슈퍼비전은 경험이 많은 선배 상담자로부터 지식과 경험을 전수받는 과정으로 볼 수 있습니다. 슈퍼비전을 통해 상담자는 자기자각(Self-awareness)을 향상시키고 전문적인 상담기술을 습득하며, 상담 과정에 대한 세세한 이해와 함께 내담자에 대한 철저한 사례 이해를 통해 내담자의 복지를 위한 전문적인 노하우를 획득하게 됩니다.

참고로 이 문제의 정확한 출처는 '노안영, 『상담실습자를 위한 상담의 원리와 기술』, 학지사 刊'인 것으로 확인되었습니다. 해당 교재에서는 관련 내용을 '교육', '지지', '관리'로 소개하고 있으므로, 가급적 '행정' 대신 '관리'로 답안을 작성하시기 바랍니다.

알아두기 상담자에게 상담 슈퍼비전이 필요한 이유(Bond)
- 상담자를 위한 개인적인 지지체계를 제공한다.
- 상담자의 비밀성 보장을 보호하는 데 도움이 된다.
- 상담자가 이전에 인식하지 못했던 다른 일들이 탐지될 수 있도록 한다.
- 더 많은 학습을 위한 중요한 포럼(Forum)을 제공함으로써 상담자의 발달을 돕는다.
- 간과되기 쉬운 실습의 윤리적 문제와 규준에 상담자가 주의를 갖도록 할 수 있다.

06 다음 보기의 사례를 읽고 물음에 답하시오. 2점 22년 기출

> 내담자 : 나는 도움이 안 되는 사람이에요.
> 상담자 : 그렇게 생각하세요? 도움이 안 되는 사람이라고요? 정말 비참한 기분이겠네요.
> 내담자 : 제 친구가 어제 저한테 그렇게 말했어요.
> 상담자 : 그 친구가 당신을 쓸모없는 사람이라고 말했다고요?

보기의 사례에서 상담자가 보여주려고 하는 것은 무엇인가?

고득점을 향한 심화해설

※ 2022년 1회 4번 기출문제와 동일 또는 매우 유사하므로, 해당 해설을 참조하세요. ☞ 교재 202p

07 상담 과정에서 내담자의 주요 호소문제가 명확해지면 상담의 구체적인 목표를 설정하게 된다. 상담 목표 설정 시 지켜야 할 기준을 5가지 제시하시오. 5점 11, 21년 기출

고득점을 향한 심화해설

※ 2021년 3회 2번 기출문제와 동일 또는 매우 유사하므로, 해당 해설을 참조하세요. ☞ 교재 295p

08 전화로 어떤 여성이 다급한 목소리로 자신이 방금 강간을 당했다고 보고하면서 두려워하고 있다. 상담자로서 취할 조치 방법을 5가지 기술하시오. 5점 20년 기출

고득점을 향한 심화해설

※ 2020년 2회 19번 기출문제와 동일 또는 매우 유사하므로, 해당 해설을 참조하세요. ☞ 교재 369p

09 바람직한 상담 종결을 위해 상담관계를 마무리하면서 해야 할 일을 3가지 쓰시오.

6점 13년 기출

고득점을 향한 심화해설

① 이별의 감정 다루기
  ㉠ 상담은 상담자와 내담자의 특별한 만남에서 비롯되는 치료적 관계이므로, 내담자의 입장에서 상담의 종결로 인한 이별을 쉽게 받아들이지 못할 수 있다. 특히 의존적인 내담자의 경우 이별에 따른 분리불안이 더욱 클 수 있으므로, 상담자는 이별의 감정을 다루어 나가면서 내담자 스스로 일어설 수 있도록 지지해야 한다.
  ㉡ 상담자는 상담 종결 이후에도 언제든지 다시 상담할 수 있음을 알려 주어 내담자에게 심리적인 안정감을 줄 수 있도록 해야 한다.

② 상담 성과에 대한 평가 및 문제해결력 다지기
  ㉠ 상담자는 내담자가 상담 과정을 통해 얼마만큼 변화하고 성장했는지, 상담을 통해 해결하지 못한 것은 무엇인지 탐색해 보아야 한다.
  ㉡ 특히 상담 성과에 도달하기 위한 과정에 대해서도 검토하며, 상담 성과가 일상생활에서도 지속적으로 유지되도록 필요한 방안을 구체화해야 한다.

③ 추수상담(추후상담)에 대해 논의하기
  ㉠ 추수상담 또는 추후상담은 상담 성과에 의한 내담자의 행동 변화를 지속적으로 점검하면서, 내담자의 긍정적인 변화를 강화하는 한편, 부족한 부분을 보완하는 것을 목표로 한다.
  ㉡ 추수상담은 상담자 입장에서도 상담문제 해결과정의 적합성 여부를 판단할 수 있도록 해 준다는 측면에서 의미 있는 작업이다.

전문가의 한마디 바람직한 상담 종결을 위해 다루어야 할 주제에 관한 내용은 교재에 따라 약간씩 다르게 제시되어 있으나 내용상 큰 차이는 없습니다. 따라서 출제자 혹은 채점자의 기준에 따라 다음과 같은 답안도 가능합니다. 이와 관련된 내용은 2023년 1회 4번 문제 해설을 참조하시기 바랍니다.

- 지난 상담 과정에 대해 점검 및 평가하기
- 다시 찾아올 수 있음을 알리기
- 의존성 문제 다루기
- 증상의 재발 가능성에 대해 논의하기
- 자기 분석을 격려하기
- 이별의 감정에 대해 이야기하기

10 심리치료 효과를 가져오는 공통적인 치료요인을 3가지 쓰시오. 6점 11년 기출

고득점을 향한 심화해설

① 치료자-내담자 관계 또는 치료적 관계
  ㉠ 치료자들 간의 차이에도 불구하고 그들 모두가 특정 유형의 심리치료에서 권위 있는 전문가인 만큼 내담자의 기대에 어느 정도 영향을 미칠 수 있는 잠재력이 있다.
  ㉡ 각각의 치료자들은 자신의 치료법이 효용성과 타당성을 가지고 있다고 확신하고 있으며, 그와 같은 확신이 내담자에게 영향을 미치게 된다.
  ㉢ 내담자들은 각각의 치료자들을 상당히 다르게 지각하고 그에 따라 다른 반응을 보이기는 하지만, 그들 모두가 저마다의 장단점을 가지고 있다고 평가한다.

② 해석, 통찰, 이해
  ㉠ 심리치료는 내담자 자신 및 그의 개인적인 어려움에 대한 이해를 증가시킨다.
  ㉡ 치료자가 자신의 치료법에 대해 확신과 식견을 가지고 제시하는 한편, 환자가 이를 의미 있게 받아들이기만 한다면, 설명, 해석, 이론적 근거의 내용이 무엇인가 하는 것은 더 이상 중요한 문제가 아니다. 즉, 모든 종류의 치료에 공통적으로 중요한 것은 내담자가 그와 같은 설명, 해석 등을 받아들이는지의 여부이다.
  ㉢ 심리치료를 통해 얻게 되는 내담자의 자신에 대한 이해는 대응기제로서의 역할을 하기도 하며, 이는 내담자에게 의미 있는 한 잠재적인 유용성을 가진다고 볼 수 있다.

③ 정화와 방출
  ㉠ 치료 과정에서 치료자는 내담자로 하여금 자신의 문제를 이야기하고 불편한 과거와 현재 사건을 자세히 열거하도록 하며, 그에 따른 감정을 표현하도록 돕는다.
  ㉡ 어떤 내담자들에게는 죄의식을 유발하는 고통스러운 문제와 함께 그와 관련된 감정을 털어놓는 것 자체가 매우 치료적일 수 있다.
  ㉢ 심리치료는 그 유형에 따라 내담자의 감정 표현을 강조하는 정도가 다르지만, 기본적으로 내담자의 그와 같은 표현을 격려하고 허용하는 분위기가 있다.

④ 치료자의 내담자 특정 행동 관찰 및 그에 대한 반응
  ㉠ 일부 치료자들은 내담자가 말하는 내용이나 감정표현에 전적으로 열중하기도 하지만, 대부분의 치료자들은 내담자가 회기 중 나타내 보이는 행동에 주의를 기울이게 된다.

ⓒ 내담자의 특정 행동에 대한 해석 자체가 모든 심리치료 유형에서 공통적인 결과로 나타나는 것은 아니다.
ⓒ 다만, 모든 심리치료에 있어서 내담자의 행동이 다루어진다는 점에서 공통점을 가진다고 볼 수 있다.

> **전문가의 한마디**
>
> '심리치료의 공통요인', '심리치료의 공통적 치료요인', '통합 심리치료의 공통요인' 등은 사실상 동일한 내용을 담고 있습니다. 그러나 이와 관련된 내용은 학자·교재마다 다양하게 제시되고 있으며, 400개가 넘는 심리치료이론의 수에서 볼 수 있듯 공통요인의 수 또한 매우 많습니다. 다만, 이와 관련하여 임상심리사 시험에서는 보통 3가지만을 제시하도록 출제되고 있으므로, 가급적 위의 해설에서 '치료자-내담자 관계(치료적 관계)', '해석·통찰·이해', '정화와 방출'을 답안으로 작성하시기 바랍니다. 요컨대, 심리치료는 정신분석적 치료, 인간중심적 치료, 인지·정서·행동적 치료 등 다양한 유형으로 분류할 수 있으나 그럼에도 불구하고 기본적으로 심리치료가 가지는 공통점을 공유하고 있습니다. 그와 같은 공통점으로 인해 각각의 방법을 통합적으로 적용한 통합치료가 가능한 것입니다. 심리치료에 있어서 통합적 관점은 여러 학파 간의 공통분모를 찾아내어 이론적 통합과 기술적 절충을 이룸으로써 단일 학파의 접근법이 가지는 한계를 극복하려는 포괄적인 시도로 볼 수 있습니다.

11 다음 보기의 사례를 읽고 물음에 답하시오.

6점 03, 07, 08년 기출

> A씨는 20세 남성으로, 재수를 하여 올해 3월 대학에 입학했다. 재수를 시작한지 한 달만에 기분이 우울하고 가슴이 두근거리며, 두통, 소화불량, 불면증을 보였다. 또한 매사에 짜증이 나고 집중력이 저하되어 공부를 하는 데 지장이 초래되었다. 올해 자신이 원하던 대학교에 입학해서도 그와 같은 증상이 지속되었고, 동네 의원을 방문하였으나 별다른 내과적 이상소견이 발견되지 않았다. 의사의 추천으로 심리상담소를 찾게 되어 MMPI, BDI, K-WAIS 검사를 받게 되었고, MMPI에서 L (52), F (58), K (60), Hs (59), D (75), Hy (58), Pd (62), Mf (35), Pa (54), Pt (66), Sc (46), Ma (48), Si (59), BDI에서 23점, K-WAIS의 언어성 IQ 125, 동작성 IQ 94, 전체 IQ 114의 결과점수를 보였다.

보기에서 내담자의 정신장애 및 감별진단을 요하는 정신장애 유형을 제시하고, 각각의 장애에 대한 임상적 양상을 기술하시오.

(1) 내담자의 정신장애 유형 및 임상적 양상

고득점을 향한 심화해설

주요우울장애(Major Depressive Disorder)
① DSM-5 진단 기준에 따른 주요우울장애의 증상들
  ㉠ 우울한 기분이 거의 매일, 하루 중 대부분의 시간에 주관적인 보고(예 슬픈 느낌, 공허감 또는 절망감)나 객관적인 관찰(예 울 것 같은 표정)에 의해 나타난다(주의 : 아동 및 청소년의 경우 과민한 기분으로 나타날 수 있음).
  ㉡ 모든 또는 거의 모든 일상 활동에서 거의 매일, 하루 중 대부분, 흥미나 즐거움이 현저히 저하되어 있다.
  ㉢ 체중조절을 하지 않음에도 불구하고 체중에 의미 있는 감소(예 1개월 이내에 신체의 5% 이상 체중 변화가 나타남)가 나타나거나, 거의 매일 식욕 감소 또는 증가를 느낀다(주의 : 아동의 경우 체중 증가가 기대치에 미치지 못한 것에 주의할 것).
  ㉣ 거의 매일 불면에 시달리거나 과도한 수면을 한다.
  ㉤ 거의 매일 정신운동성의 초조나 지체가 나타난다(이는 객관적으로 관찰 가능하며, 단지 주관적인 좌불안석이나 침체감이 아님).

ⓗ 거의 매일 피로를 느끼며 활력을 상실한다.
ⓢ 거의 매일 자신이 무가치하다고 느끼거나 부적절한 죄책감(이는 망상적일 수 있음)을 느낀다(단지 병에 걸린 것에 대한 자책이나 죄책감이 아님).
ⓞ 거의 매일 사고력이나 집중력이 감소되거나 우유부단함을 보인다(주관적인 호소나 객관적인 관찰로도 가능함).
ⓩ 죽음에 대한 반복적인 생각(단지 죽음에 대한 공포가 아님), 구체적인 계획 없이 반복되는 자살 생각, 자살 시도나 자살 수행을 위한 구체적인 계획을 떠올린다.
② DSM-5 진단 기준에서는 위의 증상들 중 5가지 이상이 2주 연속으로 지속되며, 그러한 상태가 이전의 기능 상태와 비교할 때 변화를 보인다고 제시하고 있다(단, 위의 증상들 중 ㉠의 우울한 기분이나 ㉡의 흥미 또는 즐거움의 상실을 반드시 하나 이상 포함해야 함).
③ 보기의 사례 내용에서 내담자 A씨가 나타내 보이는 평상시의 우울감, 가슴 두근거림, 짜증스러움(흥미 또는 활력의 상실), 불면증, 집중력 감소 등은 주요우울증 삽화(Major Depressive Episode)의 증상에 해당하는 것으로, 해당 증상들의 심각성이 명확히 제시되어 있지 않지만 공부를 하는 데 있어서 지장을 초래하는 것으로 제시되어 있다.
④ 또한 MMPI의 척도 2D(Depression, 우울증)가 다른 소척도에 비해 높은 수준을 나타내 보인다는 점, K-WAIS에서 언어성 지능이 높은 데 비해 동작성 지능이 상대적으로 매우 낮은 양상을 나타내 보인다는 점, BDI(Beck Depression Inventory) 우울증 테스트에서 23점의 '중한 우울 상태'를 나타내 보인다는 점에서 내담자 A씨의 우울한 기분상태를 짐작할 수 있다.

(2) 감별진단을 요하는 정신장애 및 임상적 양상

① 신체증상장애(Somatic Symptom Disorder)
  ㉠ 신체증상장애는 한 가지 이상의 신체적 증상으로 고통을 호소하거나 그로 인해 일상생활이 현저히 방해를 받는 경우를 말한다. 자신의 증상의 심각성에 대한 부적합하고 지속적인 생각, 건강이나 증상에 대한 지속적으로 높은 수준의 불안, 그리고 그와 같은 증상이나 건강염려로 인한 과도한 시간과 에너지 소모 등을 특징적인 증상으로 한다.
  ㉡ 내담자 A씨의 경우 문제 증상의 지속으로 인해 동네 의원을 방문하였으나, 그것이 신체증상이나 그와 결부된 건강에 대한 과도한 사고, 감정 또는 행동에서 비롯된 것인지는 명확하지

않다. 다만, 신체증상장애가 우울장애와 연관되어 있으며, 그 증상이 두통, 복통과 같은 통증이나 막연한 피로감 등으로 나타날 수 있음을 주목할 필요가 있다.

② 범불안장애(Generalized Anxiety Disorder)
  ㉠ 범불안장애는 과도한 불안과 긴장을 지속적으로 경험하는 상태를 말한다. 불안의 대상이 분명하지 않지만, 만성적인 불안으로 인한 긴장의 고조, 피로감, 주의집중의 어려움, 과민한 기분상태, 근육 긴장, 수면 장해 등을 특징적인 증상으로 한다.
  ㉡ 내담자 A씨의 경우 신체증상과 함께 만성적인 기분 장해를 나타내 보이지만, 그것이 자기 스스로 통제할 수 없는 과도한 불안이나 걱정에서 비롯된 것인지는 명확하지 않다.

③ 적응장애(Adjustment Disorder)
  ㉠ 적응장애는 심리사회적 스트레스 사건에 대한 반응으로 정서적 또는 행동적 부적응 증상을 나타내는 장애를 말한다. 적응장애의 핵심요인이 주요한 생활사건(Major Life Event)인 만큼 가장 흔하게 관찰되는 정신장애로서, 특히 DSM-5 진단 기준에서는 '우울 기분을 동반한 적응장애(Adjustment Disorder with Depressed Mood)'의 세부 진단을 통해 적응장애가 우울감과 함께 나타날 수 있음을 강조하고 있다.
  ㉡ 내담자 A씨의 경우 재수 경험에 의한 심리사회적 스트레스로 인해 부적응적인 증상들이 나타난 것으로 볼 수도 있다. 다만, DSM-5 진단 기준에서는 개인의 스트레스 요인에 대한 반응으로 주요우울장애의 기준을 충족하는 경우 적응장애의 진단을 적용할 수 없도록 하고 있음을 유의해야 한다.

참고 이 문제의 해설 내용은 DSM-5 진단 기준에 부합하도록 새롭게 변경한 것입니다.

전문가의 한마디 이 문제는 완전한 복원이 이루어지지 않아 실제 문제와 약간의 차이가 있을 수 있습니다. 또한 명확한 정답이 있는 것이 아니므로 서로 다른 답안이 도출될 수 있습니다. 참고로 DSM-5 진단 기준에서는 주요우울장애(Major Depressive Disorder)와 관련된 주요 감별진단으로 다음을 제시하고 있습니다.

- 과민한 기분을 동반한 조증 삽화 혹은 혼재성 삽화(Manic Episodes with Irritable Mood or Mixed Episodes)
- 다른 의학적 상태로 인한 기분장애(Mood Disorder due to Another Medical Condition)
- 물질/약물로 유도된 우울장애 혹은 양극성장애(Substance/Medication-Induced Depressive or Bipolar Disorder)
- 주의력결핍 및 과잉행동장애(Attention-Deficit/Hyperactivity Disorder)
- 우울 기분을 동반한 적응장애(Adjustment Disorder with Depressed Mood)
- 슬픔(Sadness)

12 K-WISC-IV의 4가지 지표와 각 지표별 소검사를 1개씩 쓰시오. 〔4점〕 〔22, 24년 기출〕

고득점을 향한 심화해설

※ 2024년 1회 11번 기출문제와 동일 또는 매우 유사하므로, 해당 해설을 참조하세요. ☞ 교재 23p

13 조현병 양성 증상을 보이는 환자를 대상으로 임상심리사가 수행할 수 있는 적절한 대처방법을 3가지 기술하시오. 〔6점〕 〔20년 기출〕

고득점을 향한 심화해설

※ 2020년 3회 19번 기출문제와 동일 또는 매우 유사하므로, 해당 해설을 참조하세요. ☞ 교재 397p

14 집단치료의 치료적 요인을 5가지 기술하시오. 　5점　09, 12, 13, 14, 17, 18, 19, 21, 24년 기출

고득점을 향한 심화해설

※ 2024년 1회 3번 기출문제와 동일 또는 매우 유사하므로, 해당 해설을 참조하세요. ☞ 교재 7p

15 파괴적 행동문제를 보이는 청소년을 대상으로 행동치료를 수행할 때 행동원리에 의한 정적 강화의 수준을 높여야 하는 이유를 3가지 쓰시오. 　6점　11, 24년 기출

고득점을 향한 심화해설

※ 2024년 2회 5번 기출문제와 동일 또는 매우 유사하므로, 해당 해설을 참조하세요. ☞ 교재 46p

16 다음 보기의 MMPI 상승척도쌍을 보고 물음에 답하시오. [5점] [23년 기출]

> A. 1-2-3 Code Type
> B. 3-4 Code Type
> C. 7-8-9 Code Type
> D. 2-7-3 Code Type

보기의 4가지 상승척도쌍 가운데 가장 응급한 사례로 다루어야 하는 것을 고르고, 그 이유를 쓰시오.

(1) 응급한 사례로 다루어야 하는 상승척도쌍

고득점을 향한 심화해설

※ 2023년 1회 14번 기출문제와 동일 또는 매우 유사하므로, 해당 해설을 참조하세요. ☞ 교재 122p

(2) 이유

고득점을 향한 심화해설

※ 2023년 1회 14번 기출문제와 동일 또는 매우 유사하므로, 해당 해설을 참조하세요. ☞ 교재 122p

17 MMPI 임상척도 중 9번 척도의 T점수가 27점일 때 임상적 양상을 2가지 쓰시오. 4점 24년 기출

> 고득점을 향한
> **심화해설**
>
> ※ 2024년 3회 16번 기출문제와 동일 또는 매우 유사하므로, 해당 해설을 참조하세요. ☞ 교재 88p

18 행동치료의 노출치료법을 통해 환자가 가지게 되는 인지적 측면의 치료효과를 3가지 쓰시오. 6점 12, 22년 기출

> 고득점을 향한
> **심화해설**
>
> ※ 2022년 1회 10번 기출문제와 동일 또는 매우 유사하므로, 해당 해설을 참조하세요. ☞ 교재 213p

19 망상을 보이는 편집증적 내담자의 평가를 위한 면담 시 주의사항을 3가지 쓰시오.

6점 23년 기출

※ 2023년 1회 20번 기출문제와 동일 또는 매우 유사하므로, 해당 해설을 참조하세요. ☞ 교재 130p

제3회 기출(복원)문제 및 해설

2017 기출이 답이다 임상심리사 2급 2차 실기합격

※ 임상심리사 2급 실기시험은 기출 미공개 시험으로, 본 교재는 기출 키워드를 분석하여 복원한 문제를 수록하였습니다. 실제문제와 차이가 있을 수 있으므로 참고하시기 바랍니다.

01 심리평가를 위한 자료원 중 면담, 행동관찰과 비교한 심리검사의 장점을 3가지 쓰시오. [6점]

심화해설 (고득점을 향한)

① 객관적이고 포괄적인 정보 제공
  심리검사는 개인의 적응기능 및 역할수행 능력, 사고-인지 기능, 주관적 고통 및 불편감, 정서, 성격구조, 대인관계, 취약성 및 자원 등에 관한 가장 객관적이고 포괄적인 정보를 제공한다.

② 표집자료를 통한 전체의 추정
  심리검사는 측정하고자 하는 것 전체를 측정하는 것이 아니라 그중 일부, 즉 표집된 내용 및 표집된 행동을 측정하며, 이러한 표집된 자료로 전체를 추정한다.

③ 측정영역에 대한 간접적 유추
  심리검사는 측정하고자 하는 것을 직접 측정하는 것이 아니라 측정하고자 하는 영역이 반응 속에 잘 반영될 수 있는 질문 혹은 반응을 통해 그와 같은 영역을 잘 예측할 수 있다고 생각되는 질문을 토대로 유추한다.

전문가의 한마디

부처(Butcher)는 임상심리학자들이 수행하는 심리평가에 면담, 행동관찰, 심리검사 등 세 종류의 자료가 이용된다고 주장하였습니다. 사실 이들 중 어느 하나만으로도 개인에 대한 평가가 가능하겠지만, 각각 장점과 함께 한계점을 가지고 있으므로 이 세 가지 자료들을 통합하여 심리평가를 수행하게 됩니다.

알아두기

심리평가의 자료원으로서 심리검사의 주요 한계점
- 심리검사를 통해 내리게 되는 결론은 확정적인 것이 아닌 잠정적인 것이다.
- 표집자료를 통해 전체를 추정하는 과정에서 오류가 발생할 수 있다.
- 검사 반응을 통해 개인을 이해하기 위해 높은 수준의 신뢰도와 타당도가 확인된 검사를 사용해야 한다.
- 통상 일회적으로 실시되므로, 심리검사만으로 충분하고도 정확한 정보를 얻기 어렵다.
- 검사가 직접 전달하는 정보는 기본적으로 현재의 기능과 특징에 관한 것으로 국한된다. 즉, 수검자의 과거와 미래에 관한 판단은 추론적일 수밖에 없다.
- 표준화된 심리검사가 포괄하는 측정 영역이 충분하지 않다.

02 상담자가 상담 시 내담자와의 관계에 대해 알고 있어야 할 윤리문제에 대한 기본원칙을 쓰고, 행동지침을 5가지 기술하시오. [7점] 06, 12, 20, 21년 기출

(1) 기본원칙

※ 2021년 1회 1번 기출문제와 동일 또는 매우 유사하므로, 해당 해설을 참조하세요. ☞ 교재 267p

(2) 행동지침

※ 2021년 1회 1번 기출문제와 동일 또는 매우 유사하므로, 해당 해설을 참조하세요. ☞ 교재 267p

03 로샤 검사(Rorschach Test)의 구조적 요약에 제시되는 형태질 종류 3가지를 쓰시오.

6점 24년 기출

> **고득점을 향한 심화해설**
>
> ※ 2024년 2회 16번 기출문제와 동일 또는 매우 유사하므로, 해당 해설을 참조하세요. ☞ 교재 62p

04 다음은 50대 여성 내담자의 웩슬러 지능검사(K-WAIS) 결과이다. 이를 토대로 다음의 물음에 답하시오. 8점 20년 기출

하위검사명	평가치	하위검사명	평가치
기본지식	8	빠진 곳 찾기	5
숫자 외우기	6	차례 맞추기	6
어휘문제	10	토막짜기	5
산수문제	7	모양 맞추기	6
이해문제	8	바꿔쓰기	5
공통성 문제	9		

(1) 정신과적 진단의 종류 2가지와 함께 감별진단을 위해 고려해야 하는 사항을 4가지 기술하시오.

※ 2020년 3회 17번 기출문제와 동일 또는 매우 유사하므로, 해당 해설을 참조하세요. ☞ 교재 392p

(2) 내담자가 신경학적 검사상 특별한 소견이 없이 최근 남편의 외도로 인해 스트레스를 받았다고 가정할 때, 이 내담자에게서 나타난 숫자 외우기 및 산수문제 점수의 상대적 저하와 함께 동작성 지능의 전반적 저하를 설명하시오.

※ 2020년 3회 17번 기출문제와 동일 또는 매우 유사하므로, 해당 해설을 참조하세요. ☞ 교재 393p

05 집단상담의 일반적인 치료적 요인을 5가지 기술하시오. 5점 09, 12, 13, 14, 17, 18, 19, 21, 24년 기출

심화해설

※ 2024년 1회 3번 기출문제와 동일 또는 매우 유사하므로, 해당 해설을 참조하세요. ☞ 교재 7p

06 아동 평가에서 특정 문제영역이 아닌 전반적인 광범위한 문제영역에 대해 보호자의 보고를 토대로 평가할 수 있는 평정척도가 있다. 그에 해당하는 평정척도를 2가지 쓰시오.

4점 12, 20, 24년 기출

심화해설

※ 2024년 3회 20번 기출문제와 동일 또는 매우 유사하므로, 해당 해설을 참조하세요. ☞ 교재 93p

07 사티어(Satir)가 의사소통 가족치료를 통해 제시한 의사소통의 5가지 유형을 쓰시오. [5점]

심화해설

① 회유형
   다른 사람을 존중하면서도 자신의 진정한 가치나 감정은 무시한다.
② 비난형
   오로지 자기 자신만을 생각하며, 다른 사람들은 무시한다.
③ 초이성형(계산형)
   비인간적인 객관성과 논리성의 소유자이며, 자신과 타인을 무시한다.
④ 산만형(혼란형)
   주변상황과 관계없이 행동하며, 버릇없고 혼란스럽다.
⑤ 일치형
   자신 및 타인, 상황을 모두 신뢰하고 존중한다.

전문가의 한마디 이 문제는 2023년 1회 실기시험(9번)에서 각 유형에 대한 간략한 설명을 제시하고 그에 해당하는 유형의 명칭을 빈 칸에 쓰는 방식으로 출제된 바 있습니다. 각 유형에 대한 보다 자세한 내용은 2023년 1회 9번 문제 해설의 '알아두기'를 참조하시기 바랍니다.

08 개인의 취약성과 환경적 스트레스가 상호작용하여 정신장애로 발병한다고 보는 통합적인 입장의 모델 명칭을 쓰고, 이 모델에서 개인의 취약성에 해당하는 정신장애 발생 원인을 2가지 쓰시오. 5점

(1) 모델명

심화해설

취약성-스트레스 모델(Vulnerability-Stress Model)

(2) 개인의 취약성 요인

심화해설

① 특정 장애에 걸리기 쉬운 개인적 특성으로서 생물학적·유전적·인지적 요인
② 환경과의 상호작용에서 점진적으로 형성된 신체적·심리적 특성

전문가의 한마디 정신장애의 취약성-스트레스 모델에 관한 문제가 2차 실기시험에 처음 등장한 것은 2016년입니다. 다만, 2016년 1회 4번 문제의 경우 취약성-스트레스 모델을 단순히 설명하도록 요구하였으나, 이번 문제에서는 보다 구체적으로 정신장애의 발생 원인에 해당하는 개인의 취약성 요인을 쓰도록 요구하고 있다는 점에 주의해야 합니다.

알아두기 취약성-스트레스 모델(Vulnerability-Stress Model)
• 이상행동의 유발과정을 이해하기 위해 환경으로부터 주어지는 심리사회적 스트레스와 그에 대응하는 개인적 특성을 동시에 고려해야 한다는 입장이다.
• 취약성-스트레스 모델을 통해 조현병(정신분열병)의 발병 과정을 다음과 같이 나타낼 수 있다.

개인의 취약성	환경적 스트레스	정신장애의 발생
• 유전적 요인 예 조현병 가족력 • 성격특성 • 대처방식	• 환경의 변화 • 인간관계로 인한 부담 • 과중한 업무	조현병 발병

09 최근 인터넷 중독이 사회적인 관심으로 대두되고 있다. 인터넷 중독이 의심되는 내담자로 하여금 인터넷 중독에서 벗어날 수 있도록 일반적으로 추천하는 방법을 4가지만 쓰시오.

4점 20, 22년 기출

※ 2022년 3회 20번 기출문제와 동일 또는 매우 유사하므로, 해당 해설을 참조하세요. ☞ 교재 262p

10 다음 보기의 사례를 읽고 물음에 답하시오. 8점 20, 23년 기출

> 40대 남성인 A씨는 오염에 대한 생각으로 반복적인 손 씻기 행동을 보이고 있다. A씨도 그와 같은 생각이 부적절하다는 것을 인식하고 있지만 잘 통제되지 않은 채 반복적으로 의식에 떠올라 고통을 호소하고 있다.

(1) A씨의 주요 증상을 토대로 진단명을 쓰시오.

고득점을 향한 심화해설

※ 2020년 1회 12번 기출문제와 동일 또는 매우 유사하므로, 해당 해설을 참조하세요. ☞ 교재 336p

(2) 적절한 치료기법을 쓰시오.

고득점을 향한 심화해설

※ 2020년 1회 12번 기출문제와 동일 또는 매우 유사하므로, 해당 해설을 참조하세요. ☞ 교재 336p

(3) 치료과정을 4단계로 약술하시오.

고득점을 향한 심화해설

※ 2020년 1회 12번 기출문제와 동일 또는 매우 유사하므로, 해당 해설을 참조하세요. ☞ 교재 337p

11 MMPI나 BDI와 같은 객관적 자기보고형 검사의 장점과 단점을 각각 3가지씩 쓰시오.

6점 09, 22, 24년 기출

(1) 장 점

※ 2024년 2회 13번 기출문제와 동일 또는 매우 유사하므로, 해당 해설을 참조하세요. ☞ 교재 58p

(2) 단 점

※ 2024년 2회 13번 기출문제와 동일 또는 매우 유사하므로, 해당 해설을 참조하세요. ☞ 교재 58p

12 소크라테스식 대화의 특징을 3가지 제시하고, 소크라테스식 대화의 구체적인 예를 2가지 쓰시오.

5점 | 14, 20, 23년 기출

(1) 소크라테스식 대화의 특징

고득점을 향한 심화해설

※ 2023년 2회 13번 기출문제와 동일 또는 매우 유사하므로, 해당 해설을 참조하세요. ☞ 교재 155p

(2) 구체적인 예

고득점을 향한 심화해설

※ 2023년 2회 13번 기출문제와 동일 또는 매우 유사하므로, 해당 해설을 참조하세요. ☞ 교재 155p

13 심리적 응급처치의 방법을 5단계로 구분하여 설명하시오. [5점]

고득점을 향한 심화해설

① **사건 전 단계** : 사건 발생 이전
  ㉠ 사람들은 미래에 일어날 수 있는 사건에 대비하거나 그와 같은 일이 일어날 가능성을 부인하는 행동을 보인다.
  ㉡ 이 단계에서 심리요원은 사건이 발생하기 전에 사람들을 훈련시키고 정보를 제공하며, 사건이 발생할 경우 신속히 협력할 수 있는 네트워크를 구성한다.

② **충격 단계 혹은 급성 단계** : 사건 발생 직후(0~48시간)
  ㉠ 생존자들은 외상 사건에 대해 투쟁하거나 도피하는 반응을 보이며, 얼어붙거나 항복하는 등의 행동을 보인다.
  ㉡ 이 단계에서 심리요원은 생존자들의 기본적인 욕구를 파악하고 심리적 응급처치를 수행한다. 이때 응급처치의 주된 내용은 정보를 제공하고 위안을 주며, 실질적인 도움을 제공하는 것이다.

③ **구출 단계 혹은 반응 단계** : 사건 발생 후 0~1주
  ㉠ 생존자들은 탄력적 행동이나 소진 행동을 보인다.
  ㉡ 이 단계에서 심리요원은 크게 다음의 세 가지 역할을 수행한다.
    • 생존자들의 현재 상태를 평가하며, 그들의 욕구가 얼마나 잘 다루어지고 있는지를 파악한다.
    • 선별 작업을 통해 고위험자를 가려내며, 그들을 적절한 의료기관에 의뢰한다.
    • 아웃리치 연계활동을 한다.

④ **회복 단계** : 사건 발생 후 1~4주
  ㉠ 생존자들은 애도하고 재평가하며, 침습적인 기억을 경험하기도 한다.
  ㉡ 이 단계에서 심리요원은 회복이 일어나고 있는 환경, 생존자, 제공되는 서비스를 종합적으로 점검하며, 회복과 탄력적 적응을 돕는다.

⑤ **재통합 단계** : 사건 발생 후 2주~2년
  ㉠ 생존자들이 외상 사건을 자신의 삶에 통합하는 단계로서, 개인에 따라 재통합에 걸리는 기간이 짧게는 2주에서 길게는 2년까지 다양하게 나타난다.
  ㉡ 이 단계에서 심리요원은 필요한 경우 생존자들을 치료에 의뢰하여 증상을 감소시키고 기능을 증진하도록 돕는다.

전문가의 한마디 '심리적 응급처치(Psychological First Aid)'는 재난이나 외상 사건에 노출된 사람들을 돕는 단기간의 적극적인 조력 과정을 말합니다. 이는 생존자들의 정상적인 기능 회복을 위해 사건이 발생한 가까운 장소에서 필요가 발생한 즉시 서비스를 제공한다는 의미를 포함하고 있습니다. 사건의 경과 단계에 따라 생존자들의 요구가 변화하므로, 사건 발생 후 어느 정도 시간이 지난 시점인지 파악하고, 어떤 사람에게 어떤 심리적 도움이나 실질적 도움이 필요한지를 평가하여 그 사람의 요구에 부합하는 적절한 개입을 하는 것이 강조됩니다.

알아두기 심리적 응급처치 활동과정

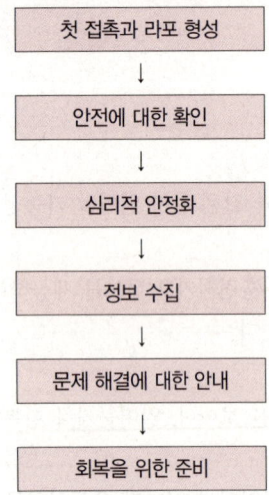

14 인간중심상담에서 로저스(Rogers)가 강조한 치료적 조건, 즉 내담자의 변화를 촉진하는 치료자의 태도를 3가지 쓰시오. 6점 [08, 10, 14, 18, 19, 20, 21, 22, 23, 24년 기출]

고득점을 향한 심화해설

※ 2024년 2회 7번 기출문제와 동일 또는 매우 유사하므로, 해당 해설을 참조하세요. ☞ 교재 49p

15 방어기제의 의미를 쓰고, 방어기제의 유형을 4가지 간략히 설명하시오.

6점 | 04, 07, 10, 21, 22, 23, 24년 기출

(1) 방어기제의 의미

고득점을 향한 **심화해설**

※ 2023년 2회 10번 기출문제와 동일 또는 매우 유사하므로, 해당 해설을 참조하세요. ☞ 교재 149p

(2) 방어기제의 유형

고득점을 향한 **심화해설**

※ 2023년 2회 10번 기출문제와 동일 또는 매우 유사하므로, 해당 해설을 참조하세요. ☞ 교재 149p

16 MMPI 임상척도 중 척도 4와 척도 6이 상승되어 있고 척도 5가 이들 척도보다 10점 이상 낮거나 T점수 50점 이하로 하락되어 있는 형태의 명칭을 쓰시오. [3점]

심화해설

수동–공격형 V

전문가의 한마디 이 문제의 답안으로 '수동–공격형'이나 'V형'을 쓰는 분들도 있으나, 가급적 '수동–공격형 V'로 작성하는 것이 좋습니다. 참고로 이 유형을 '스칼렛 오하라 V(Scarlett O'Hara V)'라고도 부르는데, 스칼렛 오하라(Scarlett O'Hara)는 미국의 소설가인 마가렛 미첼(Margaret Mitchell)의 대표적인 장편소설 『바람과 함께 사라지다(Gone with the Wind)』의 여주인공 이름입니다. 미국 남부의 재건 시대(19C 중후반)를 배경으로 한 작품 속에서 여주인공은 이기적이고 예측 불가능한 매력의 소유자로 묘사되는데, 이후 숱한 역경을 겪는 과정에서 강인한 성격을 가지게 됩니다.

알아두기 수동–공격형 V(V모양의 척도 4-5-6 형태)
- 척도 4 Pd(Psychopathic Deviate, 반사회성)와 척도 6 Pa(Paranoia, 편집증)가 상승되어 있고 척도 5 Mf(Masculinity–Femininity, 남성성–여성성)가 이들 척도보다 10점 이상 낮거나 T점수 50점 이하로 하락되어 있는 형태를 말한다. 일반적으로 여자들에게서 많이 나타나는데, 일명 '스칼렛 오하라 V(Scarlett O'Hara V)'라고도 부른다.
- 이와 같은 형태를 가진 여자들은 매우 수동적이고 의존적이며, 전통적인 여성의 역할에 과도하게 자신을 동일시하는 경향이 있다. 표면적으로는 사교적이고 자신만만해 보이나, 내면에는 분노감과 적대감이 가득 차 있으며, 애정에 대한 강한 욕구를 지니고 있다. 타인에게 지나칠 정도로 애정을 요구하나 만족할 줄 모른다. 특히 남성에게 의지하는 경향이 있는데, 그와 같은 의존성은 다소 수동–공격적인 양상을 띤다. 자신이 원하는 것을 얻기 위해 요구적이고 도발적인 태도를 보이면서 타인을 조종하려고 하는데, 이는 결국 타인을 짜증나게 만들고 중요한 타인을 떠나가게 만드는 불행한 결과를 초래한다.
- 여기서 척도 6은 편집증적인 경향을 나타낸다기보다는 타인을 비난하고 자신의 결점이나 실패를 외부환경의 탓으로 돌리는 경향성 혹은 만성적인 분노감을 반영한다. 이러한 여자들은 타인을 화나게 만드는 데 능숙하나 그것이 자신의 책임임을 좀처럼 인정하려고 하지 않으므로 치료적 개입이 매우 어렵다.

17 건강심리학의 발달배경을 3가지 쓰시오. 6점 24년 기출

※ 2024년 2회 2번 기출문제와 동일 또는 매우 유사하므로, 해당 해설을 참조하세요. ☞ 교재 41p

18 심리평가의 최종보고서에 반드시 포함되어야 할 내용을 5가지만 쓰시오. 5점 10, 20, 21, 23년 기출

※ 2023년 2회 20번 기출문제와 동일 또는 매우 유사하므로, 해당 해설을 참조하세요. ☞ 교재 166p

2016년

임상심리사 2급

제1회 기출(복원)문제 및 해설

제3회 기출(복원)문제 및 해설

성공한 사람은 대개 지난번 성취한 것 보다 다소 높게,
그러나 과하지 않게 다음 목표를 세운다.
이렇게 꾸준히 자신의 포부를 키워간다.

– 커트 르윈 –

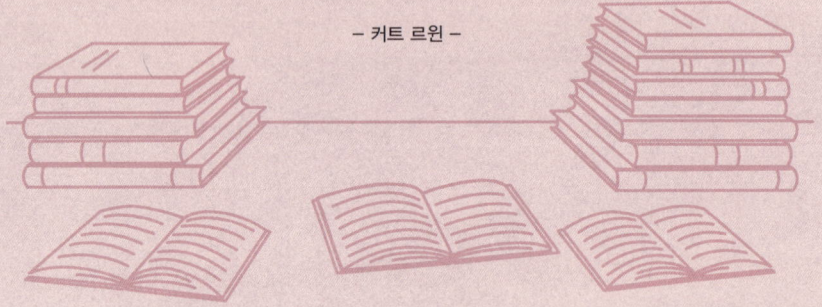

끝까지 책임진다! 시대에듀!
QR코드를 통해 도서 출간 이후 발견된 오류나 개정법령, 변경된 시험 정보, 최신기출문제, 도서 업데이트 자료 등이 있는지 확인해 보세요! **시대에듀 합격 스마트 앱**을 통해서도 알려 드리고 있으니 구글 플레이나 앱 스토어에서 다운받아 사용하세요. 또한, 파본 도서인 경우에는 구입하신 곳에서 교환해 드립니다.

기출(복원)문제 및 해설

2016 기출이 답이다 임상심리사 2급 2차 실기합격

※ 임상심리사 2급 실기시험은 기출 미공개 시험으로, 본 교재는 기출 키워드를 분석하여 복원한 문제를 수록하였습니다. 실제문제와 차이가 있을 수 있으므로 참고하시기 바랍니다.

01 집단 구성 시 동질적인 집단이 가지는 장점을 3가지 쓰시오. [6점]

고득점을 향한 심화해설

① 보편성의 경험에 의해 공감하기 쉬우며, 상호 간에 즉각적인 지지가 이루어질 수 있다.
② 집단 내 갈등이 비교적 적으며, 출석률이 상대적으로 높다.
③ 집단의 응집력과 소속감이 빠르고 강하게 발달하는 경향이 있다.

전문가의 한마디

이 문제는 동질집단의 장점에 관한 것으로 비교적 쉬운 문제로 볼 수 있으나, 막상 실제 답안으로 작성하기는 쉽지 않을 겁니다. 따라서 '공감과 지지', '낮은 갈등 수준', '응집력과 소속감' 등 핵심키워드를 암기하여 답안으로 작성하시기 바랍니다. 참고로 위의 답안은 '이장호 外, 『집단상담의 기초』, 박영사 刊'을 참조하였습니다.

알아두기

이질집단의 장점
- 다양한 대인 간의 상호작용이 가능하므로 서로 간에 의미 있는 자극을 주고받을 수 있다.
- 서로 간의 차이점을 발견하고 이해하게 된다.
- 현실검증의 기회가 풍부하다.

02 집단치료 시 동료성원에게 다른 집단성원들의 초점이 집중되어 있는 상황에서, 집단지도자가 집단성원들의 관심을 유지하면서 집단성원들이 동료성원에게 도움을 줄 수 있도록 사용하는 기법을 2가지 쓰시오. 6점

고득점을 향한 심화해설

① 집단성원들에게 질문하도록 요청하고, 문제가 무엇인지 추측해 보도록 하기
  ㉠ 한 동료성원이 특정한 관심사에 대해 몇 분 동안 이야기를 할 때, 집단지도자는 집단성원들로 하여금 작업 중인 동료성원에게 질문을 하게 하는 기법을 사용할 수 있다.
  ㉡ 집단성원들로 하여금 문제가 무엇인지 추측해 보도록 하는 것은 집단성원들을 몰입시키는 것은 물론 작업 중인 동료성원에게 행동을 중단하고 생각할 수 있는 기회를 제공한다.
  ㉢ 집단성원들에게 특별한 관심사가 무엇인지 질문을 하도록 하거나 추측해 보도록 하는 것에는 다음과 같은 이점들이 있다.
    • 집단성원들이 몰입하게 되며, 지루해하거나 무관심해지는 것을 예방한다.
    • 집단성원들의 잡담을 약화시키며, 자신이 이야기하는 것에 대해 생각하게끔 한다.
    • 집단성원들의 훌륭한 질문이 유도될 수 있다.
    • 작업 중인 동료성원은 자신이 어떻게 느끼고 있는지를 들을 수 있다. 이는 일부 집단성원들이 작업 중인 동료성원이 느끼는 바를 정확하게 지적할 경우 특히 그러하다.
    • 작업 중인 동료성원은 다른 집단성원들이 정확하게 지적할 때 그들이 이해하고 있음을 느낄 수 있다.
    • 집단지도자는 집단성원들이 질문을 하거나 진술을 하는 동안 상담 방향에 대해 생각할 시간을 가질 수 있다.
② 집단성원들에게 작업 중인 동료성원의 역할을 해 보도록 하기
  ㉠ 효과적이면서 집단성원들로 하여금 몰입하도록 해 주는 또 다른 기법으로 작업 중인 집단성원의 역할을 해 보도록 하는 것이다.
  ㉡ 이 기법은 다른 집단성원들이 작업 중인 집단성원이 되어 그의 입장에서 행동하는 것을 의미한다.

전문가의 한마디

이 문제는 정확한 복원이 이루어지지 않아 실제 문제와 차이가 있을 수 있습니다. 문제의 핵심은 집단성원들을 참여시키는 기법에 관한 것으로, 초점이 한 사람에게 집중되어 있는 상황에서 숙련된 집단지도자가 집단성원들의 보다 적극적인 참여를 위해 사용할 수 있는 기본적이면서도 효과적인 방법을 설명하는 것입니다. 사실 이 문제는 두 가지 관점, 즉 집단의 변화촉진 분위기 조성을 위한 기법이나 집단의 초점 유지를 위한 과정적 기법으로도 설명할 수 있습니다. 이 경우 집단의 변화촉진 분위기 조성을 위한 기법으로 초점 맞추기(Focusing), 모델링(Modeling) 등을, 집단의 초점 유지를 위한 과정적 기법으로 차단(Blocking), 피드백(Feedback) 등을 제시할 수도 있습니다. 다만, 문제상 제시된 표현들이 특정 교재의 내용과 흡사하므로, 이에 착안하여 해당 교재의 내용을 답안으로 작성하였습니다. 이와 관련된 보다 자세한 내용은 '노안영, 『101가지 주제로 알아보는 상담심리』, 학지사 刊'을 참조하시기 바랍니다.

03 임상심리사의 윤리원칙으로서 유능성의 의미를 설명하고, 이를 위반하는 이유를 3가지 쓰시오.

5점 11, 19, 22년 기출

(1) 유능성의 의미

고득점을 향한 심화해설

※ 2022년 3회 4번 기출문제와 동일 또는 매우 유사하므로, 해당 해설을 참조하세요. ☞ 교재 236p

(2) 유능성의 원칙을 위반하는 이유

고득점을 향한 심화해설

※ 2022년 3회 4번 기출문제와 동일 또는 매우 유사하므로, 해당 해설을 참조하세요. ☞ 교재 236p

04 정신장애의 취약성-스트레스 모델에 대해 설명하시오. 〔5점〕 〔19년 기출〕

고득점을 향한 심화해설

※ 2019년 1회 10번 기출문제와 동일 또는 매우 유사하므로, 해당 해설을 참조하세요. ☞ 교재 412p

05 상담의 초기단계에 반드시 이루어져야 하는 내용을 3가지 쓰시오. 〔3점〕 〔13, 23년 기출〕

고득점을 향한 심화해설

※ 2023년 2회 1번 기출문제와 동일 또는 매우 유사하므로, 해당 해설을 참조하세요. ☞ 교재 132p

06 다음은 상담 초기에 흔히 볼 수 있는 대화이다. 보기의 내용을 읽고 질문에 답하시오.

5점 03, 06, 20, 22년 기출

> 내담자 : 선생님, 저는 솔직히 확신이 서지 않습니다. 상담 받고 나면 과연 좋아질까요?
> 상담자 : 그렇게 말씀하시니 다행이군요. 솔직하게 이야기한다는 것 자체가 쉽지 않거든요.
> 내담자 : 오해는 마세요. 선생님을 믿지 못해서가 아니에요. 단지, 상담을 받아도 나아지지 않는다면 어떻게 해야 할지 불안해서요.
> 상담자 : _____

보기에서 내담자는 상담의 효과에 대한 의문과 회의를 표명하였다. 이와 같은 경우 상담자는 어떻게 반응해야 하며, 그러한 반응의 근거는 무엇인지 설명하시오.

(1) 상담자의 반응

고득점을 향한 심화해설

※ 2022년 3회 2번 기출문제와 동일 또는 매우 유사하므로, 해당 해설을 참조하세요. ☞ 교재 232p

(2) 반응의 근거

고득점을 향한 심화해설

※ 2022년 3회 2번 기출문제와 동일 또는 매우 유사하므로, 해당 해설을 참조하세요. ☞ 교재 233p

07 내담자가 상담을 끝낼 준비가 되었는지를 판단할 수 있는 방법을 3가지 쓰시오. [3점]

고득점을 향한 심화해설

① 내담자가 상담 계약에 명시했던 인지적·정서적·행동적 목표에 도달하였는지를 확인한다.

상담자와 내담자가 특정 상담목표에 도달하였는지의 여부에 대해 명확히 인식하고 있을 경우 상담 종결 시기를 결정하는 문제가 용이해진다.

② 내담자 스스로 자신이 획득하고자 원했던 영역에서 긍정적인 발전이 있음을 확신할 수 있는지를 확인한다.

내담자의 문제 해결과 관련하여 구체적인 진전이 있었는지의 여부를 확인하는 것이 상담 종결 시기를 결정하는 데 도움이 된다.

③ 상담관계가 도움이 되었는지를 확인한다.

상담자나 내담자가 현재 진행되는 상담회기에 대해 별로 도움이 되지 않는다고 판단하는 경우 상담을 종결한다.

④ 상담 초기에 설정되었던 상황이 변화되었는지를 확인한다.

내담자가 이사를 하는 경우, 만성적 질병 증상이 나타나는 경우, 상담을 종결하거나 다른 상담자에게 의뢰하는 등의 방법을 고려해야 한다.

전문가의 한마디

이 문제는 정확한 복원이 이루어지지 않아 실제 문제와 차이가 있을 수 있습니다. 다만, 문제의 핵심이 상담 종결 시기의 판단에 관한 것으로 보이며, 그에 따라 일반적으로 널리 알려진 영(Young), 해크니와 코르미에(Hackney & Cormier)가 제시한 상담의 종결 시기 결정을 위한 실천적 고려사항을 답안으로 제시하였습니다. 참고로 상담 종결 시기를 결정하는 것과 상담 종결 여부를 결정하는 것은 미묘한 차이가 있습니다. 메홀릭과 터너(Maholick & Turner)는 내담자가 상담을 끝낼 준비가 되었는지를 평가할 때 유용한 7가지 영역을 제시한 바 있는데, 이는 상담 종결 여부를 결정할 때 구체적으로 고려해야 할 사항을 담고 있습니다. 이와 관련하여 2020년 2회 1번 문제를 살펴보시기 바랍니다.

08 MMPI-2에서 이상으로 간주되는 점수와 그 이유에 대해 설명하시오. [5점]

(1) MMPI-2에서 이상으로 간주되는 점수

> **고득점을 향한 심화해설**

65T 이상(단, 40T 이하의 낮은 점수는 보수적으로 해석)

(2) 이 유

> **고득점을 향한 심화해설**

원판 MMPI에서는 +2 표준편차에 해당하는 70T 이상의 점수를 높은 점수로 간주하였으나, 검사 제작 과정에서 MMPI 프로파일을 구성하는 기준으로 삼은 기본 규준집단(Normative Group)에서 정신장애 집단(임상집단)을 의도적으로 배제한 채 비정신장애집단(비임상집단)만을 선별하였으며, 수검자들의 무응답에 대해서도 검사 완료를 격려하지 않은 채 이를 묵인하였다. 이와 같은 절차상의 문제로 인해 원판 MMPI의 T점수 평균은 약 5점 정도 상승되는 효과가 있었다. 따라서 절차를 달리하여 제작된 MMPI-2의 65T는 결과적으로 MMPI의 70T에 해당하는 것으로 볼 수 있다.

전문가의 한마디

이 문제는 원판 MMPI의 개정판인 MMPI-2를 기준으로 출제된 문제입니다. MMPI 및 MMPI-2의 채점 및 해석을 위한 표준점수인 T점수의 구체적인 수치는 교재마다 다르게 제시되고 있으나, 일반적으로 MMPI의 경우 70T 이상을 높은 점수로, 30T 이하를 낮은 점수로 간주하는 데 반해, MMPI-2의 경우 65T 이상을 높은 점수로, 40T 이하를 낮은 점수로 간주하기도 합니다. 그러나 이와 같은 수치도 정확한 기준에 근거한 것은 아니며, 각 척도의 특성에 따라 혹은 다른 척도와의 관계에 따라 다양한 양상으로 나타날 수 있습니다.

요컨대, MMPI 연구의 권위자이자 MMPI 재표준화 위원회의 위원이기도 했던 그레이엄(John R. Graham)은 개정판인 MMPI-2 임상척도의 이상 범주 점수의 결정과 관련하여 일반적으로 65T 이상을 높은 점수로 간주할 것을 제안하였습니다. 그러나 임상척도의 점수가 어느 정도일 때 낮은 점수라고 정의할 수 있는가에 대해서는 MMPI 및 MMPI-2 문헌마다 다르다는 점을 지적하면서, 낮은 점수가 의미하는 바에 대한 경험적인 연구자료가 비일관적이므로, MMPI-2 임상척도에서 얻어진 낮은 점수를 해석할 경우 보수적으로 접근할 것을 권유하였습니다. 따라서 이 문제의 답안으로 "65T 이상"만을 제시하여도 혹은 "단, 40T 이하의 낮은 점수는 보수적으로 해석"의 단서를 함께 제시하여도 모두 옳다고 볼 수 있습니다. 다만, 문제상에서 절단점수(Cutoff Score)만을 쓰도록 요구하는 경우 "65T"로 간략히 제시하는 것이 바람직합니다.

09 MMPI-2에서 재구성 임상척도를 개발하게 된 이유를 설명하시오. 5점 20년 기출

※ 2020년 2회 14번 기출문제와 동일 또는 매우 유사하므로, 해당 해설을 참조하세요. ☞ 교재 363p

10 로샤검사(Rorschach Test)나 다면적 인성검사(MMPI)와 같은 진단적 심리검사는 그 결과가 일치하지 않을 수 있다. 그 이유에 대해 간략히 설명하시오. [5점] [08, 10, 16년 기출]

고득점을 향한 심화해설

① 인간 성격의 복합적인 구조

인간의 성격은 복합적인 구조로 이루어져 있으며, 개인차가 다양한 양상으로 나타난다. 따라서 개인의 신체적·심리적·정신적 상태나 환경적 요인에 의해 검사 결과가 다르게 나타날 수 있다.

② 상이한 측정 수준

각각의 심리검사는 성격의 상이한 수준을 측정한다. 예를 들어, 로샤검사의 경우 개인의 무의식에 기초한 독특한 반응을 평가하는 반면, 다면적 인성검사는 개인의 독특성보다 개인마다 가지고 있는 공통된 특성들을 평가한다.

③ 측정 방법과 관련된 다양한 요인들의 영향

각각의 심리검사는 측정 방법과 관련된 다양한 요인들에 의해 영향을 받는다. 예를 들어, 로샤검사의 경우 비구조적 검사 과제를 통해 개인의 내면적 욕구나 성향을 일정한 제한 없이 외부로 투사하도록 하는 방식을 사용하는 반면, 다면적 인성검사는 구조적 검사 과제를 통해 검사 목적에 부합하여 개인이 일정한 형식에 반응하도록 하는 방식을 채택하고 있다.

④ 측정 방법과 관련된 검사 결과 산출에의 영향

각각의 측정 방법은 검사 결과의 산출에도 영향을 미쳐, 로샤검사의 경우 검사자 또는 채점자의 전문성, 검사의 상황변인 등에 따라 평가가 달라지는 반면, 다면적 인성검사의 경우 사회적 바람직성, 반응 경향성, 묵종 경향성, 응답 제한성 등에 따라 평가 결과에 차이를 나타낸다.

전문가의 한마디 이 문제는 단순히 객관적 검사(MMPI)와 투사적 검사(Rorschach Test)의 차이점을 기술하는 문제가 아닙니다. 더욱이 문제 복원 결과 문제 자체가 특정 출처, 즉 '김중술 外, 《왜 진단적 심리검사 결과가 일치하지 않는가 : Rorschach와 MMPI의 경우》[한국심리학회지 : 임상(Vol.19 No.3)], 한국임상심리학회 刊'의 내용을 토대로 한 것으로 보입니다. 따라서 심리검사 관련 교재들에 제시되는 두 검사 방식의 차이점을 기술하기보다는 가급적 문제의 출처로 보이는 해당 논문의 내용을 체계적으로 정리하여 답안으로 작성하시기 바랍니다.

11 초기면담 과정에 포함되어야 할 내담자에 대한 행동관찰의 요소 5가지를 쓰시오. 5점 03, 06, 13, 19년 기출

고득점을 향한 심화해설

※ 2019년 1회 15번 기출문제와 동일 또는 매우 유사하므로, 해당 해설을 참조하세요. ☞ 교재 419p

12 인지치료에서는 내담자의 자동적 사고를 수정하기 위해 소크라테스식 질문법을 사용한다. 소크라테스식 질문법을 사용할 때의 유의사항을 6가지 쓰시오. 6점 13, 19, 22년 기출

고득점을 향한 심화해설

※ 2022년 3회 9번 기출문제와 동일 또는 매우 유사하므로, 해당 해설을 참조하세요. ☞ 교재 244p

13 K-WAIS-Ⅳ의 4가지 주요 지수를 쓰고, 각각에 대해 설명하시오. 8점

고득점을 향한 심화해설

① 언어이해지수(VCI ; Verbal Comprehension Index)
  ㉠ 핵심 소검사로 '공통성(Similarity)', '어휘(Vocabulary)', '상식(Information)'이 있으며, 보충 소검사로 '이해(Comprehension)'가 있다.
  ㉡ 언어적 이해능력, 언어적 정보처리능력, 언어적 기술 및 정보의 새로운 문제해결을 위한 적용능력, 어휘를 이용한 사고능력, 결정적 지식, 인지적 유연성, 자기감찰 능력 등을 반영한다.

② 지각추론지수(PRI ; Perceptual Reasoning Index)
  ㉠ 핵심 소검사로 '토막짜기(Block Design)', '행렬추론(Matrix Reasoning)', '퍼즐(Visual Puzzles)'이 있으며, 보충 소검사로 '무게비교(Figure Weights)', '빠진곳찾기(Picture Completion)'가 있다.
  ㉡ 지각적 추론능력, 시각적 이미지에 대한 사고 및 처리능력, 시각-운동 협응능력, 공간처리능력, 인지적 유연성, 제한된 시간 내에 시각적으로 인식된 자료를 해석 및 조직화하는 능력, 유동적 추론능력, 비언어적 능력 등을 반영한다.

③ 작업기억지수(WMI ; Working Memory Index)
  ㉠ 핵심 소검사로 '숫자(Digit Span)', '산수(Arithmetic)'가 있으며, 보충 소검사로 '순서화(Letter-Number Sequencing)'가 있다.
  ㉡ 작업기억, 청각적 단기기억, 주의집중력, 수리능력, 부호화 능력, 청각적 처리기술, 인지적 유연성, 자기감찰 능력 등을 반영한다.

④ 처리속도지수(PSI ; Processing Speed Index)
  ㉠ 핵심 소검사로 '동형찾기(Symbol Search)', '기호쓰기(Coding)'가 있으며, 보충 소검사로 '지우기(Cancellation)'가 있다.
  ㉡ 시각정보의 처리속도, 과제 수행속도, 시지각적 변별능력, 정신적 수행의 속도 및 정신운동 속도, 주의집중력, 시각-운동 협응능력, 인지적 유연성 등을 반영한다.

전문가의 한마디

이 문제는 K-WAIS-Ⅳ(한국판 웩슬러 성인용 지능검사 제4판)의 구성에 관한 것으로서, 2015년 3회 9번 문제, 즉 K-WISC-Ⅳ(한국판 웩슬러 아동용 지능검사 제4판)의 구성에 관한 문제와 연속선상에 있다고 볼 수 있습니다.

요컨대, K-WAIS-Ⅳ는 4개의 지수척도(Index Scales), 즉 '언어이해지수 척도', '지각추론지수 척도', '작업기억지수 척도', '처리속도지수 척도'로 구성되어 있으며, 각각의 지수척도에 속하는 소검사들로 해당 지수점수(Index Scores)를 산출하게 됩니다. 그리고 4개의 지수를 산출하는 데 포함된 소검사 환산점수들을 합하여 '전체지능지수(FSIQ ; Full Scale IQ)'를 산출하게 됩니다. 몇몇 분들은 문제 자체가 구체적이지 못하여 각각의 지수척도에 포함된 소검사를 써야하는 것인지, 각 지수척도별 측정내용을 써야하는 것인지 궁금하였을 겁니다. 이 경우 출제자의 정확한 의도를 알 수 없으므로, 가급적 소검사와 측정내용을 함께 간략히 작성하는 것이 좋습니다. 그 이유는 1차 필기시험에서도 K-WAIS-Ⅳ의 4요인 구조에 포함되는 소검사를 중요하게 다루고 있기 때문입니다. 다만, 소검사 작성 시 핵심 소검사와 보충 소검사를 구분하도록 하되 핵심 소검사 중심으로 기술하며, 측정내용은 각 지수척도의 주요 특성에 해당하는 것, 즉 다른 지수척도와 차별화된 것으로 대략 3개 정도를 선별하여 답안으로 작성하는 것이 바람직합니다.

K-WAIS-Ⅳ의 4요인 구조에서 지각추론 요인에 해당하는 소검사가 아닌 것은? **15년 기출**

① 토막짜기
② 동형찾기
③ 행렬추론
④ 퍼 즐

답 ②

K-WAIS-Ⅳ 소검사 중 같은 유형의 소검사에 해당하지 않는 것은? **18년 기출**

① 상식, 공통성
② 퍼즐, 무게비교
③ 지우기, 기호쓰기
④ 동형찾기, 무게비교

답 ④

14 주의력결핍 및 과잉행동장애(ADHD)의 치료방법 중 행동치료의 기법을 3가지 쓰고, 각각에 대해 설명하시오. 6점 09, 21년 기출

※ 2021년 3회 18번 기출문제와 동일 또는 매우 유사하므로, 해당 해설을 참조하세요. ☞ 교재 316p

15 점진적 근육이완훈련의 시행 과정을 순서대로 쓰시오. `5점`

> **고득점을 향한**
> **심화해설**

① 근육군을 하나하나 긴장시킨다.
② 잠시 숨을 멈추고 약 5~10초간 그 긴장을 유발시키면서 긴장의 느낌을 기억한다.
③ 긴장시킨 근육에 갑자기 힘을 빼면서 조용히 "편안하다"라고 속삭인다.
④ 이완시킬 때의 느낌을 긴장했을 때의 느낌과 비교해 가면서 음미해 본다.
⑤ 다시 깊이 숨을 들이쉰 후 천천히 숨을 내쉬면서 조용히 "편안하다"라고 속삭인다.

> **전문가의 한마디**

'점진적 근육이완훈련(PMR ; Progressive Muscle Relaxation)' 또는 '점진적 이완훈련(Progressive Relaxation)'의 시행 과정에 대해서는 교재마다 약간씩 다르게 제시되고 있으나 내용상 큰 차이는 없습니다. 그 이유는 시행 과정 상에 준비단계와 후속단계를 포함하여 제시하거나, 각 단계별 내용을 보다 세분화하여 제시하는 경우도 있기 때문입니다. 몇몇 수험생분들은 점진적 근육이완훈련을 체계적 둔감법(둔감화)과 동일한 것으로 착각하여 체계적 둔감법의 3단계 과정, 즉 '근육이완훈련 → 불안위계목록 작성 → 둔감화'를 답안으로 작성하였을 것으로 추측됩니다. 그러나 점진적 근육이완훈련은 체계적 둔감법과 동일한 것이 아닙니다.
요컨대, 점진적 근육이완훈련은 1938년 제이콥슨(Jacobson)이 최초로 개발한 것으로, 그는 분노, 공포, 우울, 스트레스, 틱(Tic)과 말더듬 등 신체적·심리적 장애와 관련된 긴장을 치료하는 방법으로 근육이완법을 실시하였습니다. 이후 1958년 볼프(Wolpe)가 제이콥슨의 근육이완법과 행동주의이론의 주요 원리이기도 한 고전적 조건형성의 학습 원리에 기초하여 체계적 둔감법(Systematic Desensitization)을 개발하게 되었습니다. 결국 제이콥슨의 점진적 근육이완훈련은 볼프의 체계적 둔감법의 주요 구성 요소이자 하나의 과정에 포함된 것입니다.

> **알아두기** 점진적 근육이완훈련에서 긴장이완 시 지켜야 할 점

- 근육군을 긴장시켜서 풀 때까지 환자는 그 근육군에 온 정신을 집중시켜야 한다.
- 긴장을 풀 때는 갑자기 풀도록 한다. 이는 긴장을 서서히 푸는 것이 오히려 긴장을 유발할 수 있기 때문이다.
- 근육을 긴장시켰을 때와 긴장을 풀 때의 기분차이를 생생히 느끼도록 한다.

16 불안장애에 대한 행동치료에 근거한 학습이론과 그 구체적인 치료기법을 예를 들어 설명하시오.

3점 | 13, 20, 23년 기출

고득점을 향한 심화해설

※ 2023년 3회 9번 기출문제와 동일 또는 매우 유사하므로, 해당 해설을 참조하세요. ☞ 교재 179p

17 틱(Tic) 장애를 평가하는 척도를 2가지 쓰시오.

4점 | 24년 기출

고득점을 향한 심화해설

※ 2024년 3회 19번 기출문제와 동일 또는 매우 유사하므로, 해당 해설을 참조하세요. ☞ 교재 91p

18 현 병력(History of Present Illness)을 기술하는 데 있어서 포함되어야 할 사항을 5가지 쓰시오.

5점 12, 19년 기출

고득점을 향한 심화해설

※ 2019년 3회 16번 기출문제와 동일 또는 매우 유사하므로, 해당 해설을 참조하세요. ☞ 교재 446p

19 심리치료자가 내담자에 대해 비밀보장을 할 수 없는 경우를 5가지 쓰시오. 5점 11, 20, 24년 기출

고득점을 향한 심화해설

※ 2024년 1회 9번 기출문제와 동일 또는 매우 유사하므로, 해당 해설을 참조하세요. ☞ 교재 19p

20 재활모형은 '손상, 장애, 핸디캡'의 3단계로 구분할 수 있다. 그중 '장애'의 정의를 쓰고, 그 개입방법에 대해 예를 들어 설명하시오. [5점] [23년 기출]

(1) 장애(Disability)의 정의

고득점을 향한 심화해설

※ 2023년 1회 19번 기출문제와 동일 또는 매우 유사하므로, 해당 해설을 참조하세요. ☞ 교재 129p

(2) 개입방법

고득점을 향한 심화해설

※ 2023년 1회 19번 기출문제와 동일 또는 매우 유사하므로, 해당 해설을 참조하세요. ☞ 교재 129p

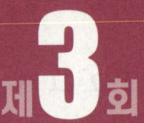

기출(복원)문제 및 해설

※ 임상심리사 2급 실기시험은 기출 미공개 시험으로, 본 교재는 기출 키워드를 분석하여 복원한 문제를 수록하였습니다. 실제문제와 차이가 있을 수 있으므로 참고하시기 바랍니다.

01 WAIS-Ⅳ의 과정점수에 포함되는 점수를 5가지 쓰시오. [5점]

고득점을 향한 심화해설

① 시간 보너스 없는 토막짜기(BDN ; Block Design No Time Bonus)
② 숫자 바로 따라하기(DSF ; Digit Span Forward)
③ 숫자 거꾸로 따라하기(DSB ; Digit Span Backward)
④ 숫자 순서대로 따라하기(DSS ; Digit Span Sequencing)
⑤ 최장 숫자 바로 따라하기(LDSF ; Longest Digit Span Forward)
⑥ 최장 숫자 거꾸로 따라하기(LDSB ; Longest Digit Span Backward)
⑦ 최장 숫자 순서대로 따라하기(LDSS ; Longest Digit Span Sequence)
⑧ 최장 순서화(LLNS ; Longest Letter-Number Sequence)

전문가의 한마디 이 문제는 WAIS-Ⅳ로 제시되었는지 K-WAIS-Ⅳ로 제시되었는지 명확하지 않지만, 두 가지 모두에 공통적으로 적용되는 것으로 내용상 차이는 없습니다. 요컨대, 과정점수(Process Scores)는 일종의 질적 분석인 과정분석을 통해 얻어지는 것으로서, 오류분석이나 한계검증과 같은 검사 수행의 질적 분석이 양적 분석만큼이나 중요하다는 견해에 따라 도입된 것입니다. 웩슬러 지능검사의 경우 WAIS-R에서 처음으로 과정 접근이 소개되었으며, 현재 성인용(WAIS-Ⅳ)은 물론 아동용(WISC-Ⅳ)에도 적용되고 있습니다. K-WAIS-Ⅳ와 그 원판인 WAIS-Ⅳ에서는 토막짜기(Block Design)에서 1개의 과정점수, 숫자(Digit Span)에서 6개의 과정점수, 그리고 순서화(Letter-Number Sequencing)에서 1개의 과정점수가 제시됩니다.

알아두기 **WAIS-IV의 과정분석**

- 과정접근적 해석은 수검자가 정답에 도달하게 된 과정이나 오답 반응을 보인 이유를 검토해 보는 것으로, 임상가가 표준검사에서 나타나는 오류의 특성을 판단하는 데 도움을 주기 위한 것이다.
- WAIS-IV의 과정점수는 수검자의 소검사 수행을 구성하는 인지능력에 대해 보다 자세한 정보를 제공하기 위해 고안되었다. 사실 지능검사에서 각각의 소검사는 일차적으로 특정한 인지 과정을 측정하도록 만들어졌으나, 과제를 수행하는 동안 다른 인지 과정들도 작용할 수 있다. 예를 들어, 토막짜기(Block Design)의 한 문항에서 실패한 수검자는 그 그림의 모양을 정확히 지각하지 못한 것일 수도, 그 그림의 형태를 분석하지 못한 것일 수도, 혹은 시간이 부족한 것일 수도 있다.
- 과정분석은 수검자의 과정점수를 동일 연령대의 점수와 비교하는 개인 간 분석방식으로도, 해당 과정점수를 다른 소검사 점수나 다른 과정점수와 비교하는 개인 내 과정분석으로도 나타날 수 있다.
- 과정분석은 임상가가 구체적인 정보처리 유형을 평가하는 데 도움을 줄 수 있으며, 수검자의 인지적 강점 혹은 약점의 기술, 진단명 결정, 치료계획의 일부로서 교정전략의 수립 등에 유용할 수 있다.

02 로샤검사(Rorschach Test)나 다면적 인성검사(MMPI)와 같은 진단적 심리검사는 그 결과가 일치하지 않을 수 있다. 그 이유에 대해 간략히 설명하시오. [5점] [08, 10, 16년 기출]

> 고득점을 향한
> **심화해설**

※ 2016년 1회 10번 기출문제와 동일 또는 매우 유사하므로, 해당 해설을 참조하세요. ☞ 교재 533p

03 심리평가 보고서를 작성할 때 심리검사 결과와 생활사적 정보를 통합하는 중요한 이유에 대해 기술하시오. [5점] [05, 12, 20년 기출]

> 고득점을 향한
> **심화해설**

※ 2020년 3회 11번 기출문제와 동일 또는 매우 유사하므로, 해당 해설을 참조하세요. ☞ 교재 385p

04 접수면접에서 다루어야 할 내용을 5가지 쓰시오. 　5점　20, 24년 기출

고득점을 향한 심화해설

※ 2024년 1회 7번 기출문제와 동일 또는 매우 유사하므로, 해당 해설을 참조하세요. ☞ 교재 15p

05 정신분석적 치료에서는 이상적인 목표에 도달하게 될 때 치료를 종결하게 된다. 정신분석적 치료의 이상적인 치료 목표를 설명하시오. 　6점　24년 기출

고득점을 향한 심화해설

※ 2024년 2회 6번 기출문제와 동일 또는 매우 유사하므로, 해당 해설을 참조하세요. ☞ 교재 48p

06 강박장애의 심리적 치료방법으로서 노출 및 반응방지법(ERP)의 원리 및 시행순서를 기술하시오. 　5점　11, 19년 기출

(1) 원리

> **고득점을 향한 심화해설**
> ※ 2019년 3회 3번 기출문제와 동일 또는 매우 유사하므로, 해당 해설을 참조하세요. ☞ 교재 427p

(2) 시행순서

> **고득점을 향한 심화해설**
> ※ 2019년 3회 3번 기출문제와 동일 또는 매우 유사하므로, 해당 해설을 참조하세요. ☞ 교재 427p

07 아동상담에서 놀이의 치료적 기능을 3가지 쓰시오. 6점 23, 24년 기출

※ 2024년 2회 10번 기출문제와 동일 또는 매우 유사하므로, 해당 해설을 참조하세요. ☞ 교재 54p

08 다음 보기의 내담자의 진술에 대한 상담자의 반응은 각각 어떤 개입기술에 해당하는지 (   ) 안에 쓰시오. [4점] [13년 기출]

> 내담자 : 저는 지난밤 너무도 기이한 꿈을 꾸었어요. 아버지와 함께 숲으로 사냥을 나섰는데요, 사냥감에 온통 주의를 기울이느라 깊숙한 곳까지 다다르게 되었죠. 그런데 갑자기 바위 뒤편에서 커다란 물체가 튀어나오는 거예요. 저는 순간 사슴인 줄 알고 방아쇠를 당겼지요. 어렴풋이 그 물체가 쓰러진 듯이 보였고, 저는 두근거리는 가슴을 부여잡은 채 서서히 다가갔어요. 가까이 가보니 그 물체는 사슴이 아닌 아버지였어요. 아버지가 숨을 쉬지 않은 채 죽어 있더라고요. 저는 너무도 황당하고 두려워서 잠에서 깨어났는데요, 등에서는 식은땀이 줄줄 흐르더라고요.

(1) "당신은 지난밤 꿈으로 인해 정말 많이 놀랐나보군요." (①)

(2) "황당하고 두려웠다는 것은 구체적으로 어떤 죄책감이 들었다는 의미인가요?" (②)

(3) "평소 아버지를 미워했나요?" (③)

(4) "아버지에 대한 적개심이 총을 오작동하도록 만든 것은 아닌가요?" (④)

고득점을 향한 심화해설

① 반영(Reflection)
② 명료화(Clarification)
③ 직면(Confrontation)
④ 해석(Interpretation)

전문가의 한마디 이 문제와 관련하여 2022년 3회 실기시험(3번)에서는 동일한 사례에 대해 약간 다른 표현의 상담자 반응을 예문으로 제시한 바 있습니다. 사실 이와 같이 빈칸에 개입기술의 명칭을 쓰는 것은 비교적 쉽다고 볼 수 있으나, 2024년 1회 실기시험(4번)에서와 같이 문제상에서 특정 개입기술을 제시하고 상담자의 구체적인 반응을 대화체로 쓰도록 요구하는 경우 막상 어떻게 써야 할지 막막할 수 있습니다. 따라서 이를 대비하여 시험에 자주 등장하는 표현의 경우 가급적 암기를 하는 것도 한 가지 방법이라 할 수 있습니다.

09 다음 보기의 사례를 읽고 물음에 답하시오. 5점 20년 기출

> 내담자 : 이건 정말 믿을 수가 없어요. 선생님, 지난번 상담을 받을 때 남편이 집에 일찍 들어오겠다고 약속했었잖아요? 그런데 정말로 남편이 제 시간에 맞춰 집에 오더라고요. 그렇게 약속을 잘 지킬 줄 몰랐는데, 정말 깜짝 놀랐다니까요.

보기에서 내담자의 말에 대한 상담자의 공감적 반응을 적절히 제시하시오.

고득점을 향한 심화해설

※ 2020년 2회 2번 기출문제와 동일 또는 매우 유사하므로, 해당 해설을 참조하세요. ☞ 교재 346p

10 다음 보기의 사례를 읽고 물음에 답하시오. 　　　5점　11, 22년 기출

> 만약 이번 학기에 전 과목에서 A학점을 받지 못한다면, 이번 학기는 실패한 것이나 다름없어.

(1) 벡(Beck)의 인지치료에서 보기의 내용과 관련된 인지적 오류의 유형을 제시하시오.

고득점을 향한 심화해설

※ 2022년 1회 5번 기출문제와 동일 또는 매우 유사하므로, 해당 해설을 참조하세요. ☞ 교재 204p

(2) 위의 인지적 오류를 수정하는 데 가장 보편적으로 사용되는 치료기법을 쓰고 간략히 설명하시오.

고득점을 향한 심화해설

※ 2022년 1회 5번 기출문제와 동일 또는 매우 유사하므로, 해당 해설을 참조하세요. ☞ 교재 204p

11 실존치료에서는 정상적 불안과 신경증적 불안을 구분하고 있다. 그중 정상적 불안의 특징을 3가지 쓰시오. 6점 19, 24년 기출

※ 2024년 2회 8번 기출문제와 동일 또는 매우 유사하므로, 해당 해설을 참조하세요. ☞ 교재 51p

12. 적성검사와 흥미검사의 공통점과 차이점을 설명하시오. [4점]

(1) 공통점

고득점을 향한 심화해설

개인차 변인 검사로서 내담자의 자기 이해를 돕고, 내담자의 진로 및 직업 선택을 위한 객관적인 정보를 제공하는 것을 기본적인 목적으로 한다.

(2) 차이점

고득점을 향한 심화해설

① 적성검사는 특정 학업과정이나 직업에 대한 앞으로의 수행능력과 적응도를 예측하기 위한 검사인 반면, 흥미검사는 특정 분야에 대한 호오(好惡)나 선호, 개인적 관심도를 파악하기 위한 검사이다.
② 적성검사는 인지적 영역을 측정하는 검사로서 제한된 시간 내에 자신의 능력을 최대한 발휘할 것을 요구하는 성능검사인 반면, 흥미검사는 정서적(정의적) 영역을 측정하는 검사로서 일정한 시간제한 없이 응답자로 하여금 정직한 응답을 요구하는 성향검사이다.

전문가의 한마디 이 문제는 명확한 정답이 있는 것이 아니므로 다양한 답안이 도출될 수 있습니다. 특히 두 가지 검사의 차이점을 기술하는 데 있어서, 검사의 사용 용도상 차이점에 관한 것인지, 검사 자체의 특성상 차이점에 관한 것인지 알 수 없으므로, 두 가지 답안을 적절히 정리하시기 바랍니다. 참고로 '적성(Aptitude)'은 개인이 과제나 직무를 적절하게 수행하거나 학습하는 데 요구되는 특정한 재능과 능력을 말합니다. 반면, '흥미(Interest)'는 일정한 활동에 대한 '호(Like)/오(Dislike)' 또는 '수용/배척'을 나타내는 경향성을 말합니다. 일반적으로 지능, 적성, 학력 등은 인지적 요인으로, 성격, 흥미, 태도 및 가치관 등은 정서적(정의적) 요인으로 분류합니다. 그에 따라 지능검사, 적성검사, 성취도검사는 인지적 검사로, 성격검사, 흥미검사, 태도검사 및 가치관검사는 정서적 검사로 구분할 수 있는 것입니다.

13 카우프만 검사가 다른 개인용 지능검사와 구별되는 특징을 3가지 쓰시오. [3점]

**고득점을 향한
심화해설**

① **척도의 특징적 구성**

카우프만 검사(K-ABC ; Kaufman Assessment Battery for Children)는 지능을 인지처리과정으로 보고, 이를 문제 혹은 과제의 해결이 순차처리적이냐 동시처리적이냐에 따라 분리하여 측정한다. 여기에 언어능력이 배제된 비언어성 척도를 마련하여 언어장애 아동의 지능을 효과적으로 평가하며, 후천적으로 습득한 지식을 지능 척도와 분리하여 평가함으로써 아동의 문제해결력과 함께 그러한 문제해결력을 사용하여 얻은 습득된 능력을 비교할 수 있도록 한다.

② **처리 과정 중심의 결과**

K-ABC는 처리 과정 중심의 결과로써 검사 결과에 근거한 교육적 처치가 가능하다. 처리 과정 중심의 검사는 기존의 대다수 내용 중심의 검사와 달리 아동이 왜 그러한 정도의 수행을 하였는지에 대해 설명해 줄 수 있으므로, 지능검사 결과에 근거한 교육적 처치를 마련할 수 있는 것이다.

③ **연령별 하위검사의 차별화**

K-ABC는 인지발달이론에 근거하여 연령별로 실시하는 하위검사를 차별화하였다. 즉, 16개의 하위검사 중 수검자의 연령 및 인지발달 수준에 따라 7~13개의 하위검사를 실시하도록 되어 있다.

④ **좌뇌와 우뇌의 고른 측정**

K-ABC는 좌뇌와 우뇌의 기능을 고루 측정할 수 있는 하위검사들로 구성되어 있다. 이는 전통적 지능검사들의 경우 주로 좌뇌의 기능을 측정하는 좌뇌지향 검사로서, 우뇌가 발달한 아동이나 우뇌지향적 문화권의 아동에게 불리한 결과로 나타날 수 있다는 지적에서 비롯된 것이다.

전문가의 한마디

카우프만(Kaufman)은 카우프만 아동용 평가 배터리(K-ABC ; Kaufman Assessment Battery for Children)와 카우프만 청소년·성인용 지능검사(KAIT ; Kaufman Adolescent and Adult Intelligence Test)를 개발하였습니다. 우리나라에서는 1997년 문수백과 변창진이 K-ABC를 한국판(K-ABC ; Korean Kaufman Assessment Battery for Children)으로 번안하였습니다. K-ABC의 최신판은 2004년에 개정된 KABC-Ⅱ (Kaufman Assessment Battery for Children, Second Edition)입니다. 참고로 카우프만 지능검사의 특징에 관한 문제가 1차 필기시험에 출제된 바 있습니다.

Kaufman 지능검사의 특징과 가장 거리가 먼 것은? 〔15년 기출〕

① 언어장애 아동의 지능을 평가하는 데 적합하지 않을 수 있다.
② 인지처리과정이론을 토대로 개발된 검사이다.
③ 피검사자의 연령 및 발달단계에 따라 다른 하위검사를 실시한다.
④ 좌뇌와 우뇌의 기능을 고루 측정할 수 있다.

답 ①

알아두기

K-ABC의 5가지 종합척도
- 순차처리 척도(Sequential Processing Scales) : 연속적·시간적 순서로 정보를 처리하는 능력
- 동시처리 척도(Simultaneous Processing Scales) : 한꺼번에 주어지는 많은 정보들을 통합하여 이를 전체적으로 처리하는 능력
- 인지처리 과정 척도(Mental Processing Composite) : 문제 해결 및 정보처리 과정 등 지적 능력의 전반적 수준을 측정(순차처리 척도와 동시처리 척도를 합한 것)
- 습득도 척도(Achievement Scales) : 후천적으로 습득한 사실적 지식 수준
- 비언어성 척도(Nonverbal Scales) : 언어요인이 배제된 상태에서의 지능 수준(언어장애나 한국말이 미숙한 아동의 사정)

14 웩슬러 지능검사의 결과에서 언어성 지능이 동작성 지능에 비해 유의미하게 낮은 경우의 해석과 그 예를 쓰시오.　　5점　05년 기출

고득점을 향한 심화해설

① 웩슬러 지능검사에서는 각 개인이 속한 연령집단에서의 유의미한 점수 차이를 근거로 하여 수검자의 언어성 검사지수와 동작성 검사지수 간의 차이가 유의미한지를 판단한다.
② 일반적으로 언어성 IQ(VIQ)와 동작성 IQ(PIQ)의 차이가 15점 이상인 경우 임상적·신경학적 측면에서 유의미한 것으로 간주되며, 특히 그 차이가 20점 이상인 경우 수검자의 뇌손상이나 정신장애를 의심하기도 한다. 다만, 그 차이가 단지 유의미한 수준에 그치고 있다면, 이는 언어성 기능과 동작성 기능 간의 차이에서 비롯된 것으로 보아야 한다.
③ 언어성 IQ가 동작성 IQ보다 대략 15점 이상 낮은 경우 언어능력의 결함 가능성을 시사하는 반면, 동작성 IQ가 언어성 IQ보다 낮은 경우 시각-운동 협응능력의 결함이나 시지각적 장애 가능성을 시사한다.
④ 언어성 IQ가 동작성 IQ보다 유의미하게 낮은 경우 청각적-언어적 정보처리 능력이나 축적된 경험을 통한 문제해결 능력이 상대적으로 저조하게 나타난다. 또한 학업이나 과제수행에 있어서 어려움을 보일 수 있다.
⑤ 보통 수검자가 저학력이거나 정신지체, 학습장애, 반사회성 성격장애 등을 가진 경우, 또는 신경학적으로 뇌의 좌반구가 손상되거나 뇌의 우반구가 발달한 경우, 언어성 IQ가 동작성 IQ에 비해 상대적으로 낮게 나타난다.
⑥ 정신지체(Mentally Retardation)는 지능의 진단적 분류에서 IQ 70 미만에 해당하며, 이러한 정신지체를 보이는 수검자의 경우 산수(Arithmetic), 어휘(Vocabulary), 상식(Information) 등 학업과 관련된 검사에서 상대적으로 저조한 수행을 보인다는 보고가 있다.
⑦ 학습장애(Learning Disorder)를 가진 집단에서도 언어성 IQ가 동작성 IQ에 비해 상대적으로 낮은 경우들을 볼 수 있는데, 이는 특히 언어기능의 결함이 학습장애와 연관되어 있다는 견해와 일치한다. 학습장애를 가진 수검자의 경우 산수(Arithmetic), 상식(Information), 기호쓰기(Coding), 숫자(Digit Span) 등의 소검사에서 저조한 수행을 보인다는 보고가 있다.
⑧ 반사회성 성격장애(Antisocial Personality Disorder)를 가진 수검자의 동작성 지능은 '우수'나 '최우수' 수준인 반면, 언어성 지능은 '평균상' 수준을 넘는 경우가 드물다. 특히 소검사 간 분산이 심한 편인데, 이는 되는 대로 아무렇게나 대답하기 때문이기도 하다. 보통 공통성(Similarity), 어휘(Vocabulary) 등 개념형성 관련 점수가 상대적으로 낮다는 보고가 있다.

이 문제는 웩슬러 지능검사의 최신 개정판인 K-WAIS-IV와 K-WISC-IV에 관한 문제가 아닌 구판, 즉 K-WAIS 혹은 K-WISC에 관한 문제에 해당합니다. 구판에서는 언어성 지능(VIQ ; Verbal IQ)과 동작성 지능(PIQ ; Performance IQ), 전체 지능(FIQ ; Full-scale IQ)을 구분하여 지능지수를 제시하는 반면, 최신 개정판에서는 언어성 지능과 동작성 지능에 대한 구분 없이 언어이해지수(VCI ; Verbal Comprehension Index), 지각추론지수(PRI ; Perceptual Reasoning Index), 작업기억지수(WMI ; Working Memory Index), 처리속도지수(PSI ; Processing Speed Index), 전체지능지수(FSIQ ; Full Scale IQ) 등 조합점수를 제시합니다. 참고로 웩슬러 지능검사의 언어성 지능과 동작성 지능의 점수차 혹은 상대적인 높낮이에 따른 해석에 관한 문제는 1차 필기시험에 종종 등장한 문제이기도 합니다. 예를 들어, 2012년 1차 필기시험에 다음과 같은 문제가 출제된 바 있습니다.

> Wechsler 지능검사 결과 동작성 지능이 언어성 지능보다 현저하게 높을 때 나타날 가능성이 가장 낮은 장애는? 〔12년 기출〕
> ① 학습장애
> ② 반사회적 성격장애
> ③ 정신지체
> ④ 주요우울증
>
> 답 ④

15 MMPI 2개 척도에 대한 분석에서 6-8/8-6 유형의 일반적인 특징 5가지와 가능성 있는 장애 진단명 2가지를 쓰시오. 7점 07, 10, 22년 기출

(1) 6-8/8-6 유형의 일반적인 특징 5가지

고득점을 향한 심화해설

※ 2022년 3회 16번 기출문제와 동일 또는 매우 유사하므로, 해당 해설을 참조하세요. ☞ 교재 257p

(2) 가능성 있는 장애 진단명

고득점을 향한 심화해설

※ 2022년 3회 16번 기출문제와 동일 또는 매우 유사하므로, 해당 해설을 참조하세요. ☞ 교재 257p

16 다음 보기의 내용을 읽고 질문에 답하시오. `3점`

> 여러 가지 심리적인 문제에 대한 아동의 대처능력이나 적응잠재력을 평가하기 위한 것으로, 내적·외적 스트레스에 융통성 있고 적절하게 대처하는 개인의 전반적인 능력을 측정한다.

보기의 내용은 KPI-C와 KPRC의 한 척도에 대한 설명이다. 어느 척도에 대한 설명인지 해당 척도명을 쓰시오.

고득점을 향한 심화해설

자아탄력성(ERS ; Ego-resilience)

전문가의 한마디

한국아동인성평정척도(KPRC ; Korean Personality Rating Scale for Children)는 한국판 아동용 인성검사(KPI-C ; Korean Personality Inventory for Children)를 부분적으로 수정한 것으로, KPI-C에서 제기된 문제점들을 보완하고 검사의 임상적 타당도와 유용성을 높이기 위해 개발된 검사도구입니다. 참고로 자아탄력성 척도(ERS)는 KPI-C 및 KPRC에 모두 포함되어 있습니다.

알아두기

아동인성평정척도(KPRC ; Korean Personality Rating Scale for Children)의 구성
- 타당도척도

검사·재검사척도(T/R)	수검자가 각 문항에 대해 얼마나 주의를 기울여 일관성 있게 응답했는지를 측정한다.
L척도(L)	아동의 문제행동을 부정하고 바람직한 방향으로 기술하려는 보호자의 방어적인 태도를 측정한다.
F척도(F)	증상의 과장이나 무선반응 등 일탈된 태도를 가려내기 위한 것이다.

- 자아탄력성척도 및 임상척도

자아탄력성(ERS)	여러 가지 심리적인 문제에 대한 아동의 대처능력이나 적응잠재력을 측정한다.
언어발달(VDL)	언어능력에서의 발달상 지체나 기능상 손상을 측정한다.
운동발달(PDL)	정신운동기능이나 동작성 기능에서의 발달상 지체나 기능상 손상을 측정한다.
불안(ANX)	자연현상이나 동물, 대인관계 혹은 사회관계에서의 불안, 긴장, 두려움 등을 측정한다.
우울(DEP)	우울한 기분, 자신감 결여, 활동성 저하, 흥미 감소, 가정불화, 사회적 철수 등을 측정한다.

신체화(SOM)	전반적인 건강 상태, 다양한 신체 증상들을 측정한다.
비행(DLQ)	반항, 불복종, 공격성, 적대감, 거짓말, 도벽 등 비행이나 품행상의 문제를 측정한다.
과잉행동(HPR)	주의력결핍 및 과잉행동장애(ADHD)의 핵심증상인 주의력결핍, 과잉행동, 충동성과 함께 그에 수반되는 학습이나 대인관계상의 어려움을 측정한다.
가족관계(FAM)	가정불화, 가정 내의 긴장, 부모와 자녀 간의 관계, 부모의 자녀에 대한 무관심 등을 측정한다.
사회관계(SOC)	또래 관계에서의 소외, 리더십과 자신감의 부족, 대인관계의 불안, 인내력과 포용력의 제한 등을 측정한다.
정신증(PSY)	부적절하고 특이한 언행, 망상, 비현실감, 상동증적 행동 등 언어, 사고, 행동상의 특이함 혹은 현실접촉의 어려움을 측정한다.

17 흔히 일반 종합심리검사(Full Battery)에서 사용하는 검사 중 신경심리검사로서의 역할을 할 수 있는 검사를 2가지 쓰시오. 　4점　23년 기출

※ 2023년 3회 20번 기출문제와 동일 또는 매우 유사하므로, 해당 해설을 참조하세요. ☞ 교재 195p

18 만성 정신질환자에 대한 재활개입 방법을 3가지 쓰고, 각각에 대해 설명하시오. 　6점　09, 21, 22년 기출

※ 2022년 1회 17번 기출문제와 동일 또는 매우 유사하므로, 해당 해설을 참조하세요. ☞ 교재 222p

19 다음 보기의 사례를 읽고 물음에 답하시오. 6점

> 내담자는 상담에 앞서 비밀보장에 대한 동의를 구하였고, 이에 대해 상담자는 비밀보장에 관한 사항을 내담자에게 충분히 설명해 주었다. 이후 상담이 진행될수록 내담자는 구체적인 자살 계획을 밝히는 등 이미 자살 위험도가 상당히 높은 수준에 도달한 것으로 나타났다.

보기에서와 같이 자살 위험성이 높은 내담자에 대해 상담자가 할 수 있는 조치방법을 3가지 기술하시오.

고득점을 향한 심화해설

① 가족이나 가까운 사람에게 알려야 한다.
　일단 자살이 의심되는 경우 비록 확신이 들지 않더라도 그 사실을 가족이나 책임이 있는 사람에게 우선 알리는 것이 필요하다. 즉, 자살 위험자가 위험에서 벗어나도록 도와줄 수 있는 가족이나 친지 등에게 그 위험을 알려야 하는 것이다.

② 혼자 있지 못하게 한다.
　자살은 보통 혼자 하는 행동이므로, 주변에 누군가가 가까이 있게 되면 자살 시도를 잘 하지 못하게 된다. 자살 충동은 스스로 조절하지 못하는 경우가 흔하므로, 옆에서 도움을 줄 수 있는 사람이 필요하다는 것을 설명하도록 한다.

③ 자살을 시도할 수 있는 위험한 물건이나 상황에 가까이 있지 않게 한다.
　자살 위험자가 충동적으로 행동할 가능성이 있는 장소에 있지 못하게 하고, 주변에 자살에 사용될만한 물건도 치워놓도록 한다. 때로 전혀 생각지 못한 물건이 자살 도구로 사용될 수 있음을 예상하고 그에 대비하여야 한다.

④ 정신건강의학과 전문의를 포함한 자살 예방 전문가를 만나게 한다.
　자살 위험자의 자살 가능성을 낮추는 가장 중요한 방법은 그로 하여금 정신건강의학과 전문의를 포함한 자살 예방 전문가를 빨리 만나도록 하는 것이다. 비전문가나 일반인이 자살 위험자를 계속 돌보는 것은 매우 위험하며, 법적인 분쟁의 가능성도 있으므로 주의가 필요하다.

전문가의 한마디

이 문제는 출제자 혹은 채점자의 기준에 따라 서로 다른 답안이 도출될 수 있습니다. 그 이유는 자살 예방을 위한 조치방법이 교재에 따라 다양하게 제시되고 있기 때문입니다. 사실 자살과 같은 특정 문제에 있어서 일반 상담자는 비전문가로 볼 수 있습니다. 따라서 내담자가 자살 위험자로 판단되는 경우 그 사실을 책임이 있는 사람에게 알리고, 관련 전문가에게 의뢰해야 합니다. 이는 상담자 혹은 심리학자 윤리강령에 공통적으로 제시되는 비밀보장의 예외사항에 해당합니다. 참고로 '이홍식, 『자살의 이해와 예방』, 학지사 刊'에서는 "자살 평가 등을 통하여 자살 위험성이 높다고 판단된 사람이 있는 경우에는 다음과 같은 조치를 취한다"라고 제시하면서 자살 위험성이 높다고 판단될 때의 일반적인 조치방법을 위의 해설과 같이 4가지 제시하고 있습니다. 보다 구체적인 내용은 해당 교재를 참조하시기 바랍니다.

20 심리상담자가 준수해야 할 윤리적인 의무 중 '이중관계 지양'에 대해 설명하시오.

5점 | 10, 22년 기출

고득점을 향한 심화해설

※ 2022년 1회 12번 기출문제와 동일 또는 매우 유사하므로, 해당 해설을 참조하세요. ☞ 교재 216p

2015년

임상심리사 2급

제1회 기출(복원)문제 및 해설

제3회 기출(복원)문제 및 해설

합격의 공식 시대에듀

우리는 삶의 모든 측면에서 항상 '내가 가치있는 사람일까?' '내가 무슨 가치가 있을까?'라는 질문을 끊임없이 던지곤 합니다.
하지만 저는 우리가 날 때부터 가치있다 생각합니다.

– 오프라 윈프리 –

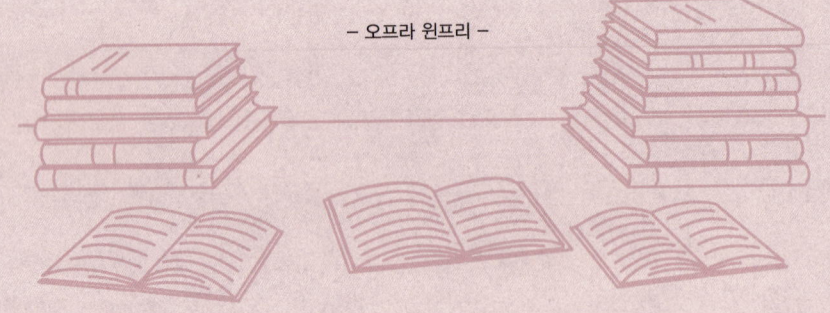

끝까지 책임진다! 시대에듀!

QR코드를 통해 도서 출간 이후 발견된 오류나 개정법령, 변경된 시험 정보, 최신기출문제, 도서 업데이트 자료 등이 있는지 확인해 보세요! 시대에듀 합격 스마트 앱을 통해서도 알려 드리고 있으니 구글 플레이나 앱 스토어에서 다운받아 사용하세요. 또한, 파본 도서인 경우에는 구입하신 곳에서 교환해 드립니다.

2015

기출이 답이다 임상심리사 2급 2차 실기합격

기출(복원)문제 및 해설

※ 임상심리사 2급 실기시험은 기출 미공개 시험으로, 본 교재는 기출 키워드를 분석하여 복원한 문제를 수록하였습니다. 실제문제와 차이가 있을 수 있으므로 참고하시기 바랍니다.

01 다음 보기의 사례를 읽고 물음에 답하시오. [6점]

> A씨는 올해 24세로 군 입대를 앞두고 병사용 진단서를 발급받기 위해 병사 진단용 검사에 의뢰되었다. MMPI 검사 결과 타당도척도에 대한 T점수가 L척도 38, F척도 112, K척도 36으로 나타났다. 또한 임상척도에 대한 T점수에서 5번 Mf 척도를 제외한 대부분의 임상척도에서 높은 점수를 보였으며, 그중 6번 Pa 척도, 7번 Pt 척도, 8번 Sc 척도 점수에서 90 이상으로 다른 임상척도에 비해 높은 점수를 보였다. A씨는 자신이 평소 과대망상 증상을 보인다고 호소하였다.

보기에서 A씨의 MMPI 검사 결과에 따라 유추 가능한 진단명과 함께 진단의 이유를 각각 기술하시오.

(1) 진단명

고득점을 향한 심화해설

꾀병(Malingering)

(2) 진단의 이유

고득점을 향한 심화해설

① MMPI의 타당도척도 중 F척도(비전형 척도, Infrequency)가 L척도(부인 척도, Lie)나 K척도(교정 척도, Correction)보다 압도적으로 높게 나타나는 것은 부정왜곡(Faking-bad) 프로파일에 해당한다.
② 정신병리를 가진 사람의 경우 F척도 점수가 70~90 정도로 나타나면서 L척도나 K척도와 함께 동반상승하는 양상을 보이는 반면, 부정왜곡 프로파일에서는 F척도가 단독으로 매우 높게 (흔히 100 이상) 나타나는 양상을 보인다.
③ 부정왜곡 프로파일의 경우 L척도와 K척도 점수가 50 이하로 낮은 반면, 무작위반응 프로파일의 경우 보통 그보다 높은 양상을 보인다. 또한 부정왜곡 프로파일의 경우 척도 6 Pa(Paranoia, 편집증)와 척도 8 Sc(Schizophrenia, 정신분열증)가 동반상승하는 양상을 보이는 반면, 무작위반응 프로파일의 경우 척도 8이 단독상승하는 양상을 보인다.
④ 부정왜곡 프로파일은 실제 자신의 상태보다 나쁘게 보이려거나 혹은 병이 더욱 심한 것처럼 보이려고 하는 사람에게서 나타나는데, 특히 감정의뢰자나 징집의뢰자에게서 종종 발견된다. 보기의 사례에서 A씨는 군 입대를 앞두고 자신이 평소 과대망상 증상을 보인다고 주장하고 있으나, 이는 군대징집 회피를 위한 의도적인 목적에서 비롯된 것으로 의심할 수 있다.

참고 이 문제는 MMPI 원판을 기준으로 출제된 것이므로, 원판의 기준에 따라 관련 교재들을 참조하여 답안을 작성하였습니다. 특히 임상심리사 시험에서는 일부 문제들을 기존 기출문제에서 그대로 다시 출제하기도 하는데, 이 과정에서 변경되어야 할 사항들을 적용하지 않는 경우가 있습니다. 이와 관련하여 가장 최근인 2024년도 실기시험에서도 MMPI 원판이나 K-WAIS 원판의 내용이 문제로 출제되고 있는 것을 확인할 수 있습니다. 따라서 수험생 여러분께서는 이 점을 유념하여 기존 내용에 대해서도 포괄적으로 학습하시기 바랍니다. 참고로 2015년 3회 실기시험에 처음으로 개정판인 MMPI-2를 적용한 문제가 출제되었습니다. 이와 관련하여 2015년 3회 14번 문제를 살펴보시기 바랍니다.

전문가의 한마디

부정왜곡 프로파일(Faking-bad)은 이른바 "모두 그렇다" 프로파일과 매우 유사합니다. "모두 그렇다" 프로파일은 부정왜곡 프로파일보다 L척도와 K척도 점수는 더 낮게, F척도 점수는 더 높게 나타나는 경향이 있습니다. 이 두 가지 프로파일은 공통적으로 척도 6과 척도 8이 동반상승하는 양상을 보이는데, 다만, "모두 그렇다" 프로파일의 경우 신경증과 연관된 3개 척도(척도 1, 2, 3)가 부정왜곡 프로파일보다 낮은 양상을 보임으로써 정적 기울기에 의해 정신병적 형태를 취하기도 합니다. 참고로 2024년 1회 실기시험에서는 이와 같은 부정왜곡 프로파일을 가진 사람들의 유형을 제시하는 문제가 출제되었습니다. 이와 관련하여 2024년 1회 13번 문제 해설을 살펴보시기 바랍니다.

몇몇 수험생분들은 진단명으로 '허위성장애(Factitious Disorder)'를 제시했을 것으로 짐작됩니다. 그러나 이는 오답에 해당합니다. 그 이유는 꾀병의 경우 의도적으로 증상을 만들거나 과장하지만, 그 이면에는 군대징집 회피, 형벌 회피, 사회적 책임 회피, 보상금 취득 등의 명확한 의도가 있습니다. 반면, 허위성장애는 환자 역할을 하려는 의도 외에 다른 현실적인 이득을 얻고자 하는 의도는 없습니다. 따라서 꾀병과 허위성장애를 반드시 구분하여야 합니다.

알아두기

허위성장애(Factitious Disorder)에 대한 DSM-5의 진단 기준

- 자신에게 부과된 허위성장애(Factitious Disorder Imposed on Self)
  - 신체적 혹은 심리적 징후 혹은 증상의 위장, 또는 손상이나 질병의 유발이 거짓으로 밝혀진다.
  - 자신이 마치 병들거나, 손상을 입거나, 상처를 입은 것처럼 다른 사람들에게 말한다.
  - 이와 같은 위장 행동은 어떠한 가시적인 보상이 없음이 명백하다.
  - 위장 행동은 망상장애나 다른 정신증적 장애와 같은 정신장애에 의해 더 잘 설명되지 않는다.
- 타인에게 부과된 허위성장애(Factitious Disorder Imposed on Another)
  - 신체적 혹은 심리적 징후 혹은 증상의 위장, 또는 손상이나 질병의 유발이 또 다른 사람에게서 거짓으로 밝혀진다.
  - 타인(희생양)이 마치 병들거나, 손상을 입거나, 상처를 입은 것처럼 다른 사람들에게 말한다.
  - 이와 같은 위장 행동은 어떠한 가시적인 보상이 없음이 명백하다.
  - 위장 행동은 망상장애나 다른 정신증적 장애와 같은 정신장애에 의해 더 잘 설명되지 않는다.

02 MMPI 2개 척도에 대한 분석에서 4번과 9번 척도가 동시에 높을 때 나타나는 심리적 특징을 4가지 기술하시오. 〔4점〕 06, 08, 11, 17, 20, 21, 23, 24년 기출

※ 2024년 1회 14번 기출문제와 동일 또는 매우 유사하므로, 해당 해설을 참조하세요. ☞ 교재 28p

03 벡(Beck)의 인지적 오류 6가지를 쓰고, 각각에 대해 설명하시오. 〔6점〕 07, 18, 22, 23, 24년 기출

※ 2024년 1회 2번 기출문제와 동일 또는 매우 유사하므로, 해당 해설을 참조하세요. ☞ 교재 5p

04 정신분석적 상담 과정에서 나타나는 전이와 역전이에 대해 설명하시오. [4점] (08, 19, 23년 기출)

(1) 전이(Transference)

고득점을 향한 심화해설

※ 2023년 1회 1번 기출문제와 동일 또는 매우 유사하므로, 해당 해설을 참조하세요. ☞ 교재 97p

(2) 역전이(Counter Transference)

고득점을 향한 심화해설

※ 2023년 1회 1번 기출문제와 동일 또는 매우 유사하므로, 해당 해설을 참조하세요. ☞ 교재 98p

05 MMPI의 일반적인 해석 과정은 다음과 같이 구분할 수 있다. 다음의 빈칸에 제시된 2~7단계의 내용을 간략히 기술하시오(단, 타당도척도와 임상척도를 중심으로 기술할 것). 6점

- 제1단계 – 검사태도에 대한 검토
- 제2단계 – (   )
- 제3단계 – (   )
- 제4단계 – (   )
- 제5단계 – (   )
- 제6단계 – (   )
- 제7단계 – (   )

고득점을 향한 심화해설

① 제1단계 – 검사태도에 대한 검토
  ㉠ 검사태도는 양적 측면과 질적 측면으로 평가하게 된다. 양적 측면은 ?척도, L척도, F척도, K척도 등 4가지 타당도척도의 점수에 기초하여 검토하며, 질적 측면은 검사 완료에 소요되는 시간, 검사 수행 시의 구체적인 행동 등을 토대로 판단하게 된다.
  ㉡ 척도에서 30개 이상의 문항을 누락하거나 양쪽 모두에 응답하는 경우 프로파일은 무효로 간주되며, L척도의 T점수가 70 이상 높은 경우 자신의 문제를 부인하고 있을 가능성이 높다. 또한 F척도에서 80 이상 높은 경우 고의적인 과장이 의심되며, K척도에서 70 이상 높은 경우 방어 또는 억압 성향을 가진 것으로 볼 수 있다.
  ㉢ 검사에 소요되는 시간이 2시간 이상인 경우 우유부단한 성향이나 강박증이 의심되며, 검사와 관련하여 불필요한 행동은 해석의 유효한 보조적 자료가 될 수 있다.
② 제2단계 – 척도별 점수에 대한 검토
  ㉠ 수검자의 타당도척도와 임상척도 점수를 검토하여 각 척도의 상승 정도를 파악하며, 그것이 수검자에 대해 어떠한 의미로 해석될 수 있는지를 검토한다.
  ㉡ 각 척도가 정상 또는 비정상 범위에 속하는지, 수검자의 성별이나 연령, 교육수준, 병리적 증상 등을 고려할 때 가장 유력한 해석이 어떤 것인지에 대해 가설들을 만들어 본다.
  ㉢ 일반적으로 척도 점수가 상승할수록 해당 척도와 관련된 문제들의 심각도 또한 커지는 것으로 가정할 수 있다.

③ 제3단계 - 척도 간 연관성에 대한 검토
  ㉠ 앞서 특정 개별척도의 점수에 관한 가설들을 종합한 후 그것을 토대로 다른 척도와의 연관성이나 인과성 정도를 분석한다.
  ㉡ 각 척도의 점수 범위가 의미하는 바와 함께 그것이 나타낼 수 있는 다양한 가설들을 종합함으로써 특정 척도의 점수를 토대로 다른 척도에 대한 예측을 시도한다.
  ㉢ 예를 들어 다소 내향적이고 억제적인 성향과 연관된 척도 2 D(Depression, 우울증)가 상승하는 경우, 다소 외향적이고 충동적인 성향과 연관된 척도 9 Ma(Hypomania, 경조증)의 점수가 낮을 것으로 예측할 수 있다.
④ 제4단계 - 척도 간 응집 및 분산에 대한 분석
  ㉠ 척도 간의 응집이나 분산을 구분하여 그에 적합한 해석상의 가설을 형성한다.
  ㉡ T점수가 70 이상으로 상승하는 임상척도로서 가장 높은 2개의 척도를 하나의 상승척도쌍으로 묶어 분석을 수행하는 것이 가장 일반적이다.
  ㉢ 척도의 동반상승은 물론 척도의 분산도 중요하다. 척도 간 분산이 크면 클수록 상승된 척도들이 나타내는 특징이 보다 뚜렷해진다.
⑤ 제5단계 - 낮은 임상척도에 대한 검토
  ㉠ 상승척도쌍이나 높이 상승된 척도에만 주의를 기울여서는 안 된다. 즉, 점수가 매우 낮은 임상척도에 대해서도 검토해야 한다.
  ㉡ 표준적인 프로파일은 T점수가 50의 범위이며, T점수가 30~70인 경우 '정상'의 범위에 있는 것으로 간주한다. 그러나 만약 어떠한 프로파일이 정상 범위의 하한선에 위치한 경우, 오히려 수검자의 병적 상태를 나타내는 등 임상적으로 유의미한 것일 수 있다.
  ㉢ 다만, 낮은 점수가 반드시 높은 점수와 상반되는 측면을 나타내는 것은 아니며, 낮은 점수 나름대로의 특별한 의미가 있을 수 있음을 염두에 두어야 한다.
⑥ 제6단계 - 형태적 분석
  ㉠ 타당도척도 및 임상척도들을 집단으로 묶어 형태분석을 수행한다.
  ㉡ 3개 척도의 상승 정도는 물론 다른 척도 집단과의 상대적인 차이를 고려하며, 세 쌍 내에서 각 척도의 상대적인 상승 정도 또한 고려한다.
  ㉢ 척도 형태 내에서 각 척도의 상승 정도에 따른 임상적·행동적 특성을 고찰한 후 이를 전체적인 척도 형태의 해석으로 종합시키며, 이와 같은 형태분석을 통해 얻어진 추론들이 수검자의 개인적 신상자료 등 지금까지 알려진 다른 정보들과 일치하는지의 여부를 검토한다.
⑦ 제7단계 - 전체 프로파일 형태에 대한 분석
  ㉠ 타당도척도 및 임상척도들의 전체 프로파일에 대한 형태분석을 수행한다.
  ㉡ 프로파일의 상승도, 기울기, 굴곡 등과 수검자의 개인자료 등을 종합적으로 고려하여 총체적·통합적인 해석을 내린다.
  ㉢ MMPI 프로파일의 기울기에 대한 해석은 신경증과 연관된 3개 척도(척도 1, 2, 3)와 정신병과 연관된 4개 척도(척도 6, 7, 8, 9) 간의 관계를 토대로 한다. 즉, 정적 기울기는 정신병 관

련 척도의 상대적인 상승에 따른 현실과의 관계 손상, 충동통제력 제한 등을 의미하는 반면, 부적 기울기는 신경증 관련 척도의 상대적인 상승에 따른 정신병적 왜곡현상이 없는 다양한 신경증적 상태(예 불안, 우울, 무력감 등)를 의미한다.

> **참고**
>
> 이 문제는 MMPI 원판을 기준으로 출제된 것이므로, 원판의 기준에 따라 관련 교재들을 참조하여 답안을 작성하였습니다. 참고로 MMPI의 채점 및 해석을 위한 표준점수인 T점수의 구체적인 수치는 교재마다 다르게 제시되고 있으나, 일반적으로 MMPI 원판의 경우 70T 이상을 높은 점수로, 30T 이하를 낮은 점수로 간주하는 데 반해, MMPI-2의 경우 65T 이상을 높은 점수로, 40T 이하를 낮은 점수로 간주하기도 합니다. 그러나 이와 같은 수치도 정확한 기준에 근거한 것은 아니며, 각 척도의 특성에 따라 혹은 다른 척도와의 관계에 따라 다양한 양상으로 나타날 수 있습니다. 예를 들어, 어떤 학자의 경우 분포의 상위 1/4에 속할 때를 높은 점수로 간주하기도 하며, 일부 임상척도에 대해 몇 개의 T점수 수준을 상정하여 이를 토대로 자료를 기술하기도 합니다.

> **전문가의 한마디**
>
> MMPI의 해석 과정은 교재마다 다양하게 제시되고 있습니다. 몇 가지 예를 살펴보면 다음과 같습니다.
>
> - 박영숙 外, 『최신 심리평가』, 하나의학사 刊
>   - 제1단계 : 수검자의 특징적인 검사태도를 고려한다.
>   - 제2단계 : 개별 척도에 대한 해석을 시도한다.
>   - 제3단계 : 2코드 해석을 시도한다.
>   - 제4단계 : 낮은 임상척도에 대해 고려한다.
>   - 제5단계 : 전체 프로파일에 대해 형태분석을 시도한다.
> - 김재환 外, 『임상심리검사의 이해』, 학지사 刊
>   - 제1단계 : 수검자의 태도를 평가한다.
>   - 제2단계 : 검사결과에 반영된 심리적 고통의 전반적인 수준을 평가한다.
>   - 제3단계 : 수검자의 정서적·행동적 통제력의 전반적인 적절성을 평가한다.
>   - 제4단계 : 임상척도의 프로파일이 4가지 일차적 패턴 중 어느 것과 부합하는지 개략적으로 살펴본다.
>   - 제5단계 : 검사결과에서 시사되는 증상이나 호소문제, 귀인양식, 행동 등을 한층 더 구체화한다.
> - 김성곤, 『심리검사 이론과 실제』, 한국가이던스 刊
>   - 제1단계 : 각 타당도 및 임상척도에 대한 피검사자의 점수를 검토한다.
>   - 제2단계 : 척도별 연관성 혹은 인과성에 대한 분석이다.
>   - 제3단계 : 척도 간의 응집 혹은 분산을 찾아보고 그에 따르는 해석적 가설을 형성하는 과정이다.
>   - 제4단계 : 매우 낮은 임상척도에 대한 검토이다.
>   - 제5단계 : 타당도 및 임상척도에 대한 형태적 분석이다.
>   - 제6단계 : 전체 프로파일에 대한 형태적 분석이다.
>
> 이와 같이 MMPI의 해석 과정이 교재마다 다르게 제시되는 이유는 그 과정이 명확히 표준화되어 있지 않기 때문입니다. 참고로 위의 문제 해설은 7단계 과정을 제시하고 있는 '최정윤, 『심리검사의 이해』, 시그마프레스 刊', 검사태도에 대한 검토 과정을 제외하고 사실상 그 내용이 동일한 '김중술, 『다면적 인성검사, MMPI의 임상적 해석』, 서울대학교출판문화원 刊'의 해당 내용을 토대로 답안을 작성하였습니다.

06 사회성숙도 검사(SMS)에서 아동의 측정영역을 6가지 기술하시오. 6점 22, 24년 기출

※ 2024년 1회 17번 기출문제와 동일 또는 매우 유사하므로, 해당 해설을 참조하세요. ☞ 교재 35p

07 다음 보기의 사례를 읽고 물음에 답하시오. 5점 09, 11년 기출

> 인천광역시에 사는 A씨는 올해 28세로서 고등학교를 중퇴한 이후 뚜렷한 사회활동을 하고 있지 않은 상태이다. 평소 잠자는 시간이 불규칙하며, 공상에 사로잡혀 기이한 생각을 하는 경우가 많다. 최근에는 자신이 신의 계시를 받아 세상을 구원할 수 있다고 믿고 있다. A씨의 말에 따르면 자신이 "내가 너희를 구원하리라"라는 간판이 있는 곳에서 뛰어내리면, 자신과 세상이 구원된다는 것이다. A씨는 자신의 거사를 방해하려는 악의 세력이 곳곳에 퍼져있다고 주장하며, 특히 병원 직원들이 악을 추종하는 정보요원이므로 반드시 따돌려야 한다고 믿고 있다.

(1) 보기에서 내담자 A씨의 증상 및 징후를 3가지 기술하시오.

고득점을 향한 심화해설

① 외부세계에 대한 잘못된 추론과 불합리한 추상적·주관적 신념에서 비롯된 망상
② 개인의 행동이나 생각에 지속적으로 영향을 미치는 환각 및 환청
③ 사고가 목표를 향하지 못한 채 비논리적이고 엉뚱한 방향으로 전개되는 와해된 언어(혼란스러운 언어)

(2) A씨에게 가능한 진단명을 제시하시오.

고득점을 향한 심화해설

조현병 또는 정신분열증(Schizophrenia)

전문가의 한마디

이 문제는 보기의 사례 내용에 대한 정확한 복원이 이루어지지 않아 혹은 문제 자체가 완벽하지 못하여 몇 가지 다른 답안도 가능합니다. 다만, 여기서는 사례 내용의 특징적인 증상들에 초점을 두어 진단명을 제시하였습니다(예 세상의 구원에 대한 신의 계시, 악의 세력에 대한 부적절한 믿음 등).

참고로 온라인 카페 등에서는 '망상장애(Delusional Disorder)'를 답안으로 제시하기도 합니다. 그러나 A씨의 '공상에 사로잡힌 기이한 생각'을 망상장애의 핵심증상인 '기괴하지 않은 망상'에 부합하는 것으로 보기는 어렵습니다. 망상장애에서 나타나는 망상은 조현병(정신분열증)에서 나타나는 망상과 비교할 때 그 내용이 기괴한 수준은 아니며, 현실에서 일어날 수 있는 상황과 연관되어 있습니다. 또한 망상장애는 망상과 관련된 생활영역 외에는 기능적인 손상이 없으며, 뚜렷하게 이상하거나 기괴한 행동을 나타내 보이지도 않습니다. A씨의 경우 자신이 매우 중요한 능력과 임무를 지닌 특별한 인물이라는 과대망상(Grandiose Delusion)과 함께, 정보기관이나 권력기관 혹은 특정 개인이 자신을 감시하거나 미행하면서 해를 끼치고 있다고 믿는 피해망상(Persecutory Delusion)을 나타내 보이고 있습니다.

또한 이 문제에 대해 '제1형 양극성장애(Bipolar I Disorder)'를 또 다른 답안으로 제시하기도 합니다. 그 이유는 조증 삽화(Manic Episode)의 주요 증상으로서 비정상적으로 의기양양하고 과도하게 고양된 기분, 사고의 비약, 수면욕구 감소 등이 언뜻 보기에 보기의 내용과 흡사하기 때문입니다. 그러나 보기의 내용에 '신의 계시'와 '내가 너희를 구원하리라'를 제시한 출제자의 의도가 무엇인지, 즉 그것이 기괴한 망상 또는 환각이나 환청을 나타내는 것인지(이 경우 '조현병'의 진단이 유력), 아니면 사고의 비약이나 정신 운동성의 초조를 나타내는 것인지(이 경우 '제1형 양극성장애'의 진단이 유력)를 정확히 판단하기는 어렵습니다.

알아두기 조현병 스펙트럼 및 기타 정신병적 장애 또는 정신분열 스펙트럼 및 기타 정신증적 장애

- '조현병 또는 정신분열증(Schizophrenia)'은 유사한 증상을 나타내면서도 그 심각도나 지속기간에서 서로 차이를 보이는 다양한 장애들로 구분할 수 있으며, 그와 같은 장애들은 공통적으로 유전적 혹은 신경생물학적 기반에 근거한다는 연구 결과들이 보고되었다.
- DSM-5의 분류기준에 따른 '조현병 스펙트럼 및 기타 정신병적 장애'는 DSM-IV의 분류기준상 '정신분열증과 기타 정신증적 장애(Schizophrenia and Other Psychotic Disorders)'를 대체한 것이다. 이는 기괴한 사고와 와해된 언어를 특징으로 하는 다양한 장애들의 통합적 범주에서, 그 증상의 심각도에 따라 동일선상의 스펙트럼(Spectrum)으로 배열할 수 있다는 데 따른 것이다.
- DSM-5의 분류기준에 의한 조현병 스펙트럼 및 기타 정신병적 장애의 주요 하위유형은 다음과 같다.
  - 조현형 (성격)장애 또는 분열형 (성격)장애[Schizotypal (Personality) Disorder]
  - 망상장애(Delusional Disorder)
  - 단기 정신병적 장애 또는 단기 정신증적 장애(Brief Psychotic Disorder)
  - 조현양상장애 또는 정신분열형 장애(Schizophreniform Disorder)
  - 조현병 또는 정신분열증(Schizophrenia)
  - 조현정동장애 또는 분열정동장애(Schizoaffective Disorder) 등

DSM-5 분류기준에서 조현병 스펙트럼 및 기타 정신병적 장애를 그 증상의 심각도에 따라 낮은 수준에서 높은 수준으로 배열하는 경우 다음과 같이 제시할 수 있다.

심각도 낮음				심각도 높음
조현형 (성격)장애	망상장애	단기 정신병적 장애	조현양상장애	조현병 및 조현정동장애

08 내담자의 공포 대상에 대한 체계적 둔감법의 3단계 과정을 순서대로 쓰고 설명하시오.

6점 · 09, 10, 15, 18, 21, 23년 기출

> **고득점을 향한 심화해설**
>
> ※ 2023년 2회 11번 기출문제와 동일 또는 매우 유사하므로, 해당 해설을 참조하세요. ☞ 교재 151p

09 MMPI 검사 결과 L척도와 K척도는 30 이하이고, F척도는 70 이상으로 나타났다. 이 결과를 토대로 유추할 수 있는 환자의 상태를 2가지 기술하시오.

4점 · 20년 기출

> **고득점을 향한 심화해설**
>
> ※ 2020년 1회 14번 기출문제와 동일 또는 매우 유사하므로, 해당 해설을 참조하세요. ☞ 교재 340p

10 시간-제한적 집단정신치료의 주요 특징을 3가지 쓰시오. 6점 21, 23년 기출

고득점을 향한 심화해설

※ 2023년 1회 8번 기출문제와 동일 또는 매우 유사하므로, 해당 해설을 참조하세요. ☞ 교재 110p

11 내담자의 반응을 해석할 때의 주의사항을 5가지 쓰시오. 5점 06, 08, 11, 18, 21년 기출

고득점을 향한 심화해설

※ 2021년 3회 4번 기출문제와 동일 또는 매우 유사하므로, 해당 해설을 참조하세요. ☞ 교재 297p

12 단회상담은 다른 일반적인 심리상담과 달리 극히 제한된 시간 내에 응급 상황을 처리해야 하는 경우가 많다. 이와 같은 상담에서 강조되는 원리 또는 기술을 7가지만 제시하시오.

7점 | 11, 19, 23년 기출

고득점을 향한 심화해설

※ 2023년 1회 6번 기출문제와 동일 또는 매우 유사하므로, 해당 해설을 참조하세요. ☞ 교재 106p

13 자폐스펙트럼장애의 진단기준 중 사회적 의사소통 및 사회적 상호작용상의 결함 기준을 2가지 쓰고, 자폐스펙트럼장애로 통합된 DSM-Ⅳ 분류기준상의 진단명 2가지를 쓰시오. **4점**

(1) 사회적 의사소통 및 사회적 상호작용상의 결함 기준(DSM-5 진단 기준)

① 사회적-정서적 상호작용에 있어서 결함을 나타낸다.
② 사회적 상호작용을 위해 사용되는 비언어적 의사소통 행동에 있어서 결함을 나타낸다.
③ 대인관계의 발전, 유지, 이해에 있어서 결함을 나타낸다.

(2) 자폐스펙트럼장애로 통합된 DSM-Ⅳ 분류기준상의 진단명

① 아동기붕괴성장애(Childhood Disintegrative Disorder)
② 아스퍼거장애(Asperger's Disorder)
③ 자폐성장애(Autistic Disorder)

전문가의 한마디 DSM-Ⅳ의 분류기준에서 '유아기, 아동기 또는 청소년기에 통상 처음 진단되는 장애(Disorders Usually First Diagnosed in Infancy, Childhood, or Adolescence)' 중 '광범위한 발달장애(Pervasive Developmental Disorders)'의 하위유형은 다음과 같습니다.

- 자폐성장애(Autistic Disorder)
- 레트장애(Rett's Disorder)
- 아동기붕괴성장애(Childhood Disintegrative Disorder)
- 아스퍼거장애(Asperger's Disorder)
- 달리 분류되지 않는 광범위한 발달장애(Pervasive Developmental Disorder Not Otherwise Specified)

위의 하위유형 중 자폐성장애를 비롯한 아동기붕괴성장애, 아스퍼거장애의 경우 DSM-5에서 '신경발달장애(Neurodevelopmental Disorders)'의 하위유형인 '자폐스펙트럼장애(Autism Spectrum Disorder)'로 통합되었습니다. 반면, 레트장애는 그 고유한 유전적 원인이 밝혀짐에 따라 자폐스펙트럼장애에서 제외되었습니다. 즉, 레트장애의 경우 결손유전자에 의해 자폐증이 나타나는 것이 확인됨에 따라, 정신장애의 원인이 아닌 증상을 기준으로 진단하는 것을 원칙으로 하는 DSM-5에서 삭제된 것입니다.

알아두기 신경발달장애(Neurodevelopmental Disorders, DSM-5 분류기준)
- 중추신경계, 즉 뇌의 발달지연이나 뇌손상과 연관된 것으로 알려진 정신장애들을 포함한다.
- 주로 뇌의 발달장애로 인해 생의 초기에 나타나는 아동기 및 청소년기의 정신장애들을 포함하고 있다.
- DSM-5에 따른 신경발달장애의 주요 하위유형은 다음과 같다.

- 지적 장애(Intellectual Disabilities)
- 의사소통장애(Communication Disorders)
- 자폐스펙트럼 장애(Autism Spectrum Disorder)
- 주의력결핍 및 과잉행동장애(Attention-Deficit/Hyperactivity Disorder)
- 특정 학습장애(Specific Learning Disorder)
- 운동장애(Motor Disorders) 등

14 놀이치료에서 놀이는 치료적 가치가 있다. 놀이의 치료적 가치를 3가지 기술하시오.

6점 20, 22년 기출

※ 2022년 1회 11번 기출문제와 동일 또는 매우 유사하므로, 해당 해설을 참조하세요. ☞ 교재 214p

15 로샤검사 결과를 엑스너(Exner) 방식으로 채점하고자 한다. 엑스너(Exner) 종합체계방식의 주요 채점 항목을 5가지만 기술하시오.

5점 15, 20, 23, 24년 기출

※ 2024년 1회 16번 기출문제와 동일 또는 매우 유사하므로, 해당 해설을 참조하세요. ☞ 교재 33p

16 재활치료의 주요 개념으로서 병리, 손상, 장애, 핸디캡을 각각 설명하시오. 4점 06, 19, 24년 기출

고득점을 향한 심화해설

※ 2024년 1회 18번 기출문제와 동일 또는 매우 유사하므로, 해당 해설을 참조하세요. ☞ 교재 37p

17 MMPI 검사 결과 '척도 1 Hs'가 상승한 경우 내담자의 성향이나 상태를 3가지 기술하시오. **3점**

고득점을 향한 심화해설

① 자신에게 어떤 신체적인 병이 있다고 생각하거나 그와 같은 병을 이용하여 다른 사람을 조종하고 지배하려고 한다.
② 모호한 신체적 증상에 과도하게 집착하고, 자기중심적·자기도취적으로 불평과 요구사항이 많으며, 냉소적·부정적·비관적이다.
③ 심리적 및 신체적 치료에 대한 예후가 좋지 않으며, 여하한 해결책에 대해서도 거부적이고 치료를 중단하는 경향이 있다.

전문가의 한마디 MMPI의 임상척도 중 척도 1 Hs(Hypochondriasis, 건강염려증)은 심기증(Hypochondria) 척도로서, 수검자의 신체적 기능 및 건강에 대한 과도하고 병적인 관심을 반영합니다. MMPI의 임상척도 중 가장 동질적이고 단일차원으로 구성되어 있으며, 그에 따라 모든 문항이 신체에 대한 염려 혹은 전반적인 신체적 역량을 다루고 있습니다. 실제로 신체적인 문제(정신과적 문제가 아님)를 가지고 있는 환자들의 경우 척도 1에서 다소 상승된 대략 65 정도(주로 60 내외)의 T점수를 얻는 것이 전형적입니다. 그러나 일반 의료환자들이라도 그보다 높은 점수를 얻는 경우 질병과 관련된 심리적인 요인이 있을 가능성이 높다고 볼 수 있습니다. MMPI의 타당도척도 및 임상척도의 측정 결과와 관련된 기준 점수 및 해석 내용 등은 교재에 따라 다르게 제시되어 있습니다. 참고로 위의 해설은 '김중술, 『다면적 인성검사, MMPI의 임상적 해석』, 서울대학교출판문화원 刊', '김재환 外, 『임상심리검사의 이해』, 학지사 刊', 'J. R. Graham, 『MMPI-2, 성격 및 정신병리 평가』, 이훈진 外 譯, 시그마프레스 刊'의 해당 내용을 토대로 답안을 작성하였습니다.

알아두기 MMPI-2의 척도 1 Hs(Hypochondriasis, 건강염려증) 문항 예시
- 갑자기 속이 메스껍거나 구토가 나서 고생한다. (그렇다)
- 일주일에 몇 번 위산과다나 소화불량으로 고생한다. (그렇다)
- 잠을 깊이 들지 못하고 설친다. (그렇다)
- 며칠마다 한 번씩 명치가 거북해서 고생한다. (그렇다)
- 거의 언제나 머리나 코가 꽉 막혀 있는 것 같다. (그렇다)
- 정수리(머리 꼭대기)를 건드리면 아플 때가 가끔 있다. (그렇다)
- 피를 토하거나 피가 섞인 기침을 한 적이 없다. (아니다)
- 지난 몇 년간 대체로 건강했다. (아니다)

18 만성 정신질환자를 위한 정신사회재활의 일반적인 목표를 3가지 쓰시오. 3점 23년 기출

※ 2023년 3회 6번 기출문제와 동일 또는 매우 유사하므로, 해당 해설을 참조하세요. ☞ 교재 175p

19 다음 보기의 사례를 읽고 물음에 답하시오. 5점 19년 기출

> 김 대리는 업무능력이 뛰어나고 남보다 승진도 빠르다. 그러던 중 어느 날 사소한 실수를 저지르게 되었다. 상사와 동료들이 모두 괜찮다고 하였으나 정작 김 대리 본인만은 자신이 실수를 저질렀다는 사실을 용납하기 어려웠다. 김 대리는 "약간의 실수라도 저지른다면, 나의 회사생활은 끝이다"라고 생각하고 있었던 것이다. 김 대리는 이와 같은 심리적인 어려움으로 인해 이직까지 고려하고 있다.

보기에 제시된 김 대리의 사례를 REBT의 ABCDE 치료모델에 맞추어 설명하시오.

※ 2019년 3회 4번 기출문제와 동일 또는 매우 유사하므로, 해당 해설을 참조하세요. ☞ 교재 429p

20 단기상담에 적합한 내담자의 특성 5가지를 기술하시오.

※ 2023년 2회 7번 기출문제와 동일 또는 매우 유사하므로, 해당 해설을 참조하세요. ☞ 교재 143p

기출(복원)문제 및 해설

2015

기출이 답이다 임상심리사 2급 2차 실기합격

※ 임상심리사 2급 실기시험은 기출 미공개 시험으로, 본 교재는 기출 키워드를 분석하여 복원한 문제를 수록하였습니다. 실제문제와 차이가 있을 수 있으므로 참고하시기 바랍니다.

01 신경심리평가에서 일반적으로 다루어야 하는 주요 평가영역을 6가지 쓰시오. 6점

고득점을 향한 심화해설

① 지능
  ㉠ 지적능력의 저하는 뇌손상의 결과로 인한 가장 일반적인 현상으로서, 특히 지능검사는 신경심리평가에 있어서 가장 많이 사용되는 도구이다.
  ㉡ 일반 성인들의 학업 및 직업 수행이나 정신과 환자들의 질병의 예후를 예측하는 데 유용하다.
  ㉢ 대표적인 검사 : 웩슬러 지능검사(The Wechsler Scales), 라벤 진행성 색채 매트릭스(Raven's Progressive and Coloured Progressive Matrices) 등

② 기억과 학습능력
  ㉠ 기억장애는 유전적인 요인에서부터 신경학적 손상, 대사기능의 이상, 나아가 정서적 · 심리적 문제 등에 의해서도 야기되므로, 평가 시에 기억 곤란을 야기하는 근본적인 원인을 명확히 파악하는 것이 중요하다.
  ㉡ 단기기억은 전두엽의 여러 영역과 관련이 있으며, 장기기억은 내측 측두엽, 간뇌, 기저전뇌, 전두엽과 관련된 것으로 알려져 있다.
  ㉢ 대표적인 검사 : 웩슬러 기억척도(Wechsler Memory Scale), 캘리포니아 언어학습검사(California Verbal Learning Test), 레이 청각언어학습검사(Rey Auditory Verbal Learning Test), 코시 토막 두드리기검사(Corsi's Block Tapping Test) 등

③ 언어기능
  ㉠ 신경학적 병변과 관련된 언어기능상의 이상은 실어증(Aphasia) 혹은 언어기능 장애(Dysphasia)로 나타난다.

- ⓒ 언어기능은 뇌의 좌반구, 특히 외측구 주변 영역과 관련이 있다. 언어표현은 브로카(Broca) 영역, 언어이해는 베르니케(Wernicke) 영역과 관련이 있는 것으로 보고되고 있다.
- ⓒ 대표적인 검사 : 보스턴 진단용 실어증검사(Boston Diagnostic Aphasia Examination), 보스턴 이름대기검사(Boston Naming Test), 통제 단어 연상검사(Controlled Oral Word Association), 라이탄 실어증 선별검사(Reitan Aphasia Screen Test) 등

④ 주의력과 정신처리속도
- ⓐ 주의력은 시공간적 지남력과 주의전환, 각성 또는 지속적 주의, 선택적 또는 초점 주의 등의 세 가지 측면으로 구분된다.
- ⓑ 뇌간에서 피질에 이르는 망상활성체(RAS ; Reticular Activating System)가 각성 및 의식에 관여하는 것으로 알려져 있다. 특히 대상피질(Cingulate Cortex)은 입력 정보의 조절 기능을 담당하며, 두정엽은 선택적 주의, 전두엽은 주의 자원을 배분하는 기능을 담당한다.
- ⓒ 대표적인 검사 : 선로잇기검사(Trail Making Test), 기호 숫자 양식검사(Symbol Digit Modalities Test), 스트룹 색상-단어검사(Stroop Color-Word Test) 등

⑤ 시각구성능력(시공간 기능)
- ⓐ 자극의 재구성을 위해서는 자극 부분들의 공간적 관계를 정확하게 지각하는 능력, 각 부분을 전체로 조직화하는 능력, 실제적인 운동능력 등이 필요하다.
- ⓑ 시공간적 지각능력의 손상은 구성장애 또는 구성실행증(Constructional Apraxia)을 초래한다. 구성장애는 1차원 및 2차원의 자극을 토대로 2차원 또는 3차원으로 된 대상이나 형태를 구성하는 능력에서 결함을 나타내는 장애로서, 특히 두정엽의 병변과 밀접한 관련이 있는 것으로 알려져 있다.
- ⓒ 대표적인 검사 : 벤더게슈탈트검사(Bender Gestalt Test), 레이-오스테리스 복합도형검사(Rey-Osterrieth Complex Figure Test), 벤톤 시각기억검사(The Benton Visual Retention Test), 웩슬러 지능검사의 토막짜기와 모양맞추기 소검사 등

⑥ 집행기능(실행기능)
- ⓐ 집행기능은 개념형성 및 추론을 통해 문제를 해결하거나 계획하며, 상황에 부합하는 판단 및 적절한 행동을 하도록 하는 고차적인 기능이다.
- ⓑ 집행기능의 손상은 기초적인 인지기능이 보존되어 있더라도 사회적으로 적응적인 행동을 하는 데 어려움을 초래하는데, 특히 전두엽 및 전두엽-피질하부 순환경로상의 병변과 밀접한 관련이 있는 것으로 알려져 있다.
- ⓒ 대표적인 검사 : 위스콘신 카드분류검사(Wisconsin Card Sorting Test), 스트룹검사(Stroop Test), 선로잇기검사(Trail Making Test), 추적검사(Trail Making Test) 등

⑦ 성격 및 정서적 행동
- ㉠ 성격 및 정서의 변화는 뇌손상의 직접적인 결과로 나타날 수도 있으나 신체적 기능저하나 사고경험, 환자의 병전 성격이나 정신과적 질병의 유무, 보상과 관련된 꾀병의 여부 등에 의한 것일 수도 있다.
- ㉡ 자기 인식의 제한, 충동성, 경직성, 빈약한 사회적 인식 등은 전두엽 손상과 관련된 것으로 보고되고 있다.
- ㉢ 대표적인 검사 : 간이정신진단검사-90(Symptom Checklist 90-Revised), 밀튼 임상다축성검사(Milton Clinical Multiaxial Inventory-Ⅲ), 미네소타 다면적 인성검사 (MMPI-2), 벡 우울척도(BDI ; Beck Depression Inventory) 등

> **전문가의 한마디**
> '신경심리검사'는 선천적 또는 후천적 뇌손상 및 뇌기능 장애를 진단하는 검사도구를 말하며, '신경심리평가'는 이와 같은 뇌손상 및 뇌기능 장애에 특화된 심리검사와 함께 신경심리 상태에 대한 과학적·체계적인 검사 및 환자의 행동장애에 대한 평가를 통해 인지기능의 손상여부를 판정하고 치료계획을 세우기 위한 과정을 포괄합니다. 그로 인해 신경심리평가는 다양한 종류의 심리검사 도구들을 포함한 배터리(Battery) 형태의 검사로 수행되는 것이 일반적입니다. 위의 문제 해설에서 '대표적인 검사'들은 신경심리평가의 각 평가영역을 측정하는 데 유효한 것으로 알려진 일반적인 검사도구에 해당하며, 그 종류는 위에 제시된 것 이외에도 매우 많습니다.

02 행동수정에서 자기-통제 프로그램의 일반적인 5단계를 쓰시오. `5점`

고득점을 향한 심화해설

① 제1단계 – 문제 구체화 및 목표설정
  ㉠ 내담자가 변화시키고 싶어 하는 행동이 무엇인지, 내담자가 자기-통제에 성공한 것을 어떻게 알 수 있는지 등의 물음에 답하기 위해 양적으로 문제를 구체화하고, 몇 가지 목표를 설정하는 것이 필요하다. 예를 들어 체중감량을 목표로 하는 경우, 3개월 동안 5kg을 감량하겠다는 목표보다는 매일 유산소 운동으로 약 1,000kcal를 더 소모하겠다는 보다 구체적인 목표가 바람직하다.
  ㉡ 내담자의 목표 중 자기-개선 목표(예 학교생활에 대해 긍정적인 태도 갖기, 긴장 감소시키기, 친구와의 관계진전 등)는 측정하기 어렵다. 이 경우 목표를 달성했다고 명확히 말할 수 있는 행동의 목록을 만듦으로써 추상적인 목표를 구체적이고 명확한 목표로 전환시켜야 한다.
② 제2단계 – 변화에 대한 서약
  ㉠ 변화에 대한 서약(Commitment to Change)은 내담자로 하여금 행동을 변화시키는 것이 중요하고, 행동을 변화시키기 위해 노력하여야 하며, 그와 같은 변화가 자신에게 이롭다는 사실을 인식하고 있음을 나타내는 진술 내지 행동이다.
  ㉡ 행동변화가 성공적으로 이루어지기 위해서는 내담자의 서약이 강력해지도록 하는 행위가 필요하다. 이를 위해 행동변화로 인한 모든 이득을 나열하여 기록해 보도록 하고, 변화에 대한 서약을 공연히 공표하며, 서약과 목표를 자주 상기시켜 줄 수 있는 환경을 조성하도록 한다. 또한 프로그램 초기에 많은 시간과 에너지를 투자하도록 하고, 중단의 유혹에 대비하여 이를 다룰 수 있는 여러 가지 방안들을 계획하도록 한다.
③ 제3단계 – 자료수집 및 문제 원인의 분석
  ㉠ 문제행동의 발생, 즉 언제, 어디서, 얼마나 자주 그와 같은 행동이 발생하는지에 대한 자료를 수집하는 것이 중요하다. 이는 과잉행동을 감소시키려고 할 때에 특히 중요하다.
  ㉡ 자료수집을 통해 행동을 기록하고 문제행동의 발생빈도를 나타내는 그래프를 그리는 것만으로도 행동의 진전이 일어날 수 있다. 특히 초기 관찰 동안 문제의 빈도를 기록할 때 문제행동의 선행자극과 그 문제를 유지시킬 수 있는 즉각적인 결과를 면밀히 살펴봄으로써 문제행동의 강화요인을 파악할 수 있다.

④ 제4단계 – 프로그램 설계 및 실행
  ㉠ 어떤 상황에서 어떤 행동을 했을 때 어떤 결과에 이르게 된다는 것은 그동안의 경험을 통해 알 수 있다. 이와 같은 상황, 행동, 결과의 세 가지 변인은 자기-통제 기술을 선택하는 데 중요한 요인이 된다.
  ㉡ 상황 관리에서는 자기-지시, 모델링, 신체적 지도(바람직한 동작의 유도), 즉각적인 주위 환경(바람직한 대안행동의 단서를 주는 환경으로의 재배치) 등의 기술이 효과적이며, 행동 관리에서는 숙달준거(Mastery Criteria)와 행동조성(Shaping)을 통한 목표행동의 세분화가 이루어져야 한다. 또한 결과 관리에서는 특정 상황에서 바람직하지 않은 특정 행동을 부주의하게 강화하는 강화물을 제거하는 한편, 행동상의 긍정적인 진전에 대해 의미 있는 강화물을 제공하는 등의 강화물 관리가 이루어져야 한다.

⑤ 제5단계 – 재발 예방 및 유지
  ㉠ 자기-통제 프로그램에서는 일반적으로 재발 현상이 나타난다. 이때 재발은 내담자가 프로그램을 시작하기 전에 있었던 것과 거의 같은 비율로 원하지 않던 행동을 다시 하게 되는 것을 말한다.
  ㉡ 상황, 행동, 결과의 세 가지 변인은 자기-통제 프로그램 설계 시 고려해야 할 중요한 영역인 동시에, 재발의 원인에 대한 분석과 그것의 방지 방법을 분석하는 데도 유용한 틀을 제공한다.

> **전문가의 한마디**
> 자기-통제 프로그램의 5단계에 관한 내용은 교재에 따라 약간씩 다르게 제시되고 있으나 내용상 큰 차이는 없습니다. 예를 들어, 일부 교재에서는 해당 5단계를 〈문제의 규정 → 기초선 결정 → 자기통제 프로그램의 설계 → 계약하기 및 프로그램의 관리 → 행동수정자로부터 '젖떼기'〉로 제시하기도 합니다.

> **알아두기**
> 행동수정에서 행동계약(Behavioral Contract)의 4가지 주요 기능
> - 행동계약은 관련자 모두 계약 목표와 절차에 동의하였으며, 처치 기간 동안 그 목표와 절차를 잊지 않을 것이라는 점을 확실히 한다.
> - 행동용어로써 목표를 구체화하므로, 프로그램 내내 모든 관련자들이 목표에 얼마나 가까이 도달했는지에 대해 동의하도록 해 준다.
> - 프로그램 수행에 소요되는 시간, 비용, 노력 등이 얼마나 되는지 현실적으로 추정할 수 있도록 해 준다.
> - 계약에의 서명을 통해 모든 관련자들이 계약에서 제시한 구체적인 절차들을 신뢰롭게 따르겠다는 서약을 확실히 한다.

03 웩슬러(Wechsler)가 정의한 지능의 개념을 쓰고, 유동성 지능과 결정성 지능의 특징을 각각 2가지씩 기술하시오. 6점 [04, 10, 19년 기출]

(1) 웩슬러(Wechsler)의 지능의 개념

※ 2019년 3회 12번 기출문제와 동일 또는 매우 유사하므로, 해당 해설을 참조하세요. ☞ 교재 439p

(2) 유동성 지능과 결정성 지능의 특징

※ 2019년 3회 12번 기출문제와 동일 또는 매우 유사하므로, 해당 해설을 참조하세요. ☞ 교재 439p

04 심리상담의 과정에서 내담자가 침묵을 지키는 이유 3가지를 기술하시오.

6점 08, 10, 12, 19, 23년 기출

고득점을 향한 심화해설

※ 2023년 1회 5번 기출문제와 동일 또는 매우 유사하므로, 해당 해설을 참조하세요. ☞ 교재 105p

05 다음 보기의 사례를 읽고 물음에 답하시오.

4점 | 05, 09, 21, 23년 기출

> 내담자 : 저는 지난밤 너무도 기이한 꿈을 꾸었어요. 벌써 제대한 지 2년이 넘었는데, 군대 취사병으로 있을 때로 돌아갔죠. 저는 저녁 메뉴로 돼지를 잡아야 하는 상황이었는데요, 평소 살아 있는 동물을 죽이는 것을 무척이나 싫어했음에도 고참의 지시에 따를 수밖에 없었죠. 그런데 그 돼지가 어찌나 힘이 세고 튼튼한 놈인지 칼로 놈의 목을 몇 차례 찔렀지만 마치 저를 비웃듯 계속 몸부림을 치더라고요. 이러다가는 안 되겠다 싶어 온 힘을 주어 그 놈의 목을 힘껏 비틀어서는 놈의 목 한가운데 최대한 깊숙이 찔러 넣었죠. 그러자 돼지가 몸부림을 그치고 조용히 고개를 돌렸는데요, 그 돼지가 바로 형이었던 거예요. 너무도 황당하고 두려워서 잠에서 깨어났는데요, 등에서 식은땀이 줄줄 흐르더라고요.

보기의 내담자가 이야기한 꿈의 내용을 듣고 상담자가 제시해야 할 적절한 반응을 반영, 명료화, 직면, 해석의 상담기법으로 표현하시오.

(1) 반 영

고득점을 향한 심화해설

※ 2023년 2회 4번 기출문제와 동일 또는 매우 유사하므로, 해당 해설을 참조하세요. ☞ 교재 137p

(2) 명료화

고득점을 향한 심화해설

※ 2023년 2회 4번 기출문제와 동일 또는 매우 유사하므로, 해당 해설을 참조하세요. ☞ 교재 138p

(3) 직면

> 고득점을 향한
> **심화해설**

※ 2023년 2회 4번 기출문제와 동일 또는 매우 유사하므로, 해당 해설을 참조하세요. ☞ 교재 137p

(4) 해 석

> 고득점을 향한
> **심화해설**

※ 2023년 2회 4번 기출문제와 동일 또는 매우 유사하므로, 해당 해설을 참조하세요. ☞ 교재 138p

06 다음 보기의 사례를 읽고 물음에 답하시오. 5점 20, 22년 기출

> A군은 임상심리학 전공 대학원생으로, ○○상담센터에서 실습을 하고 있다. A군은 자신이 개발한 새로운 프로그램을 상담에 적용해 보려던 차에, 마침 평소 자신이 호감을 가지고 있던 한 여학생이 상담센터를 찾아와 상담을 신청한 사실을 알게 되었다. A군은 그 여학생과의 상담을 자신이 맡겠다고 제안하였다.

보기의 내용에 제시된 A군의 행동이 윤리적으로 타당한지의 여부를 쓰고, 그에 대한 이유를 제시하시오.

(1) 윤리적 타당성 여부(상담을 진행해도 되는가?)

고득점을 향한 심화해설

※ 2022년 3회 5번 기출문제와 동일 또는 매우 유사하므로, 해당 해설을 참조하세요. ☞ 교재 238p

(2) 이 유

고득점을 향한 심화해설

※ 2022년 3회 5번 기출문제와 동일 또는 매우 유사하므로, 해당 해설을 참조하세요. ☞ 교재 238p

07 일반적으로 가족치료를 권하게 되는 경우를 2가지 쓰시오. 2점 20년 기출

※ 2020년 3회 20번 기출문제와 동일 또는 매우 유사하므로, 해당 해설을 참조하세요. ☞ 교재 399p

08 행동치료에서 치료자들은 내담자의 행동을 간접 측정하기보다는 직접 측정하는 것을 선호한다. 이와 같이 행동을 직접 측정하는 경우 일반적으로 포함시키는 특성 6가지를 쓰시오. 6점 24년 기출

※ 2024년 3회 5번 기출문제와 동일 또는 매우 유사하므로, 해당 해설을 참조하세요. ☞ 교재 74p

09 K-WISC-Ⅳ의 척도별 구성 중 언어이해, 지각추론, 처리속도에 각각 포함되는 핵심 소검사 항목을 모두 쓰시오. [6점]

고득점을 향한 심화해설

① 언어이해(Verbal Comprehension)
  공통성(Similarities), 어휘(Vocabulary), 이해(Comprehension)
② 지각추론(Perceptual Reasoning)
  토막짜기(Block Design), 공통그림찾기(Picture Concepts), 행렬추리(Matrix Reasoning)
③ 처리속도(Processing Speed)
  기호쓰기(Coding), 동형찾기(Symbol Search)

전문가의 한마디 K-WISC-Ⅳ(한국판 웩슬러 아동용 지능검사 제4판)는 언어이해(Verbal Comprehension), 지각추론(Perceptual Reasoning), 작업기억(Working Memory), 처리속도(Processing Speed) 등 4요인 구조의 척도별 구성으로 이루어져 있습니다. 다만, 이 문제에서는 '작업기억' 척도(지표)가 제외되어 있으며, 각 척도별 소검사 중 보충 소검사를 제외한 핵심 소검사(또는 주요 소검사) 항목만을 쓰도록 제시되었다는 점에 주의하시기 바랍니다. 이 경우 보충 소검사를 추가적으로 작성하는 경우 오답처리 될 수 있습니다. 참고로 문제에서 각 소검사의 영문 명칭을 쓰도록 요구하지 않는 이상, 굳이 영문 명칭까지 작성할 필요는 없습니다.

알아두기 K-WAIS-Ⅳ와 K-WISC-Ⅳ의 척도별 구성 비교

척 도	소검사 구분	K-WAIS-Ⅳ	K-WISC-Ⅳ
언어이해	핵심 소검사	공통성, 어휘, 상식	공통성, 어휘, 이해
	보충 소검사	이 해	상식, 단어추리
지각추론	핵심 소검사	토막짜기, 행렬추론, 퍼즐	토막짜기, 공통그림찾기, 행렬추리
	보충 소검사	무게비교, 빠진곳찾기	빠진곳찾기
작업기억	핵심 소검사	숫자, 산수	숫자, 순차연결
	보충 소검사	순서화	산 수
처리속도	핵심 소검사	동형찾기, 기호쓰기	기호쓰기, 동형찾기
	보충 소검사	지우기	선 택

10 아동 로샤검사에서 기호화하는 항목을 6가지만 쓰시오. 6점 15, 20, 23, 24년 기출

> **고득점을 향한**
> **심화해설**

※ 2024년 1회 16번 기출문제와 동일 또는 매우 유사하므로, 해당 해설을 참조하세요. ☞ 교재 33p

11 집단상담의 제한점을 3가지 쓰시오. 3점 21, 23년 기출

> **고득점을 향한**
> **심화해설**

※ 2023년 2회 3번 기출문제와 동일 또는 매우 유사하므로, 해당 해설을 참조하세요. ☞ 교재 136p

12 심리평가에서 심리검사를 시행하는 주요 목적을 5가지 쓰시오. [5점]

심화해설

① 내담자가 표면적으로 드러내지 않은 문제를 확인하고 진단하기 위해 심리검사를 시행한다.
  내담자가 표면적으로 드러내지는 않지만 정신병적 징후가 의심될 경우 심리검사를 통해 이를 확인하고 진단할 수 있다.
② 내담자의 문제증상이나 행동의 심각성 및 그 정도를 파악하기 위해 심리검사를 시행한다.
  내담자가 불안하다고 보고하고 있으나 그 정도가 어느 수준인지, 비현실적인 사고를 보이고 있으나 그 사고 수준이 망상에까지 이르고 있는지 등을 평가할 수 있다.
③ 변별진단을 위해 심리검사를 시행한다.
  내담자의 문제증상이나 행동이 신체적인 이유 때문인지, 정서적인 이유 때문인지, 성격적 특성 때문인지에 따라 치료적 접근은 달라진다. 이와 같이 그 원인에 대한 변별을 통해 올바른 치료적 개입이 이루어질 수 있도록 심리검사를 시행한다.
④ 특수한 영역에서의 기능평가를 위해 심리검사를 시행한다.
  내담자의 지능이나 적성을 파악하고자 할 경우, 교통사고로 인한 특수 영역의 손상 여부를 파악하고자 할 경우, 내담자의 장애판정이나 법적인 목적에 사용하기 위한 경우 등 내담자의 어느 특정 영역에서의 기능이나 수준을 평가해야 할 때 심리검사를 시행한다.
⑤ 내담자의 성격적인 측면이나 전반적인 기능 수준을 평가하기 위해 심리검사를 시행한다.
  심리검사 결과를 종합하여 내담자의 문제와 관련된 성격적 특성이나 역동을 이해할 수 있으며, 내담자의 전반적인 기능 수준을 평가할 수 있다.

전문가의 한마디 이 문제는 임상적 진단과 심리평가를 위한 심리검사의 시행 목적 혹은 기능을 쓰도록 하고 있다는 점에서 심리검사의 일반적인 목적을 쓰는 문제와 차이가 있다고 말할 수 있습니다. 물론 그 두 가지가 내용상 일부 겹치는 부분도 있으나 이는 결코 동일한 문제가 아님을 유념하시기 바랍니다.

알아두기 심리검사의 일반적인 목적
- 기술적 진단 : 심리검사는 개인의 행동상 나타나는 문제나 요인들에 대한 원인적 요인을 진단한다. 즉, 심리검사를 사용함으로써 개인의 결함이나 결점을 파악할 수 있는 것은 물론 그 원인을 발견할 수 있다.
- 미래 행동의 예측 : 심리검사는 한 개인의 행동을 예측하도록 한다. 즉, 심리검사 결과의 개인 간 상호비교를 통해 특정 개인이 수행할 행동을 확률적으로 예측한다.
- 개성 및 적성의 발견 : 심리검사는 개인으로 하여금 개성과 적성을 발견하도록 한다. 특히 청소년을 대상으로 한 심리검사에서는 진로적성 및 학업성취도를 객관적으로 제시함으로써 개인의 발전을 도모하도록 한다.
- 조사 및 연구 : 심리검사는 개인은 물론 집단의 일반적인 경향을 파악하도록 한다. 특정 집단의 심리적 성향이나 행동적 양상에 대한 조사 및 연구를 통해 해당 집단의 특징을 기술하거나 인과관계를 규명할 수 있다.

13 MMPI-2에서 ?척도가 상승하는 경우를 5가지 쓰시오. 5점 11, 22년 기출

고득점을 향한 심화해설

※ 2022년 3회 15번 기출문제와 동일 또는 매우 유사하므로, 해당 해설을 참조하세요. ☞ 교재 256p

14 다음은 20대 남성의 다면적 인성검사(MMPI-2) 결과이다. 이 결과를 타당도척도와 임상척도의 코드 유형(Code Type)에 근거하여 각각 설명하시오. [6점]

- 타당도 프로파일 : VRIN (46), TRIN (50), F (73), FB (52), FP (50), L (45), K (37), S (40)
- 임상 프로파일 : Hs (57), D (76), Hy (64), Pd (66), Mf (48), Pa (65), Pt (74), Sc (56), Ma (49), Si (61)

(1) 타당도 프로파일 분석

고득점을 향한 심화해설

① MMPI-2의 타당도척도 중 F척도(비전형 척도, Infrequency)가 대략 65~80T 정도인 경우 수검자의 신경증이나 정신병, 현실검증력 장애를 의심할 수 있다. 프로파일에서는 VRIN 척도(무선반응 비일관성 척도, Validity Response INconsistency)와 TRIN 척도(고정반응 비일관성 척도, True Response INconsistency) 점수가 정상 수준이므로 무선반응이나 고정반응에 의해 F척도 점수가 상승된 것으로 볼 수 없으며, F_B척도(비전형-후반부 척도, Back inFrequency)와 F_P척도(비전형-정신병리 척도, inFrequency Psychopathology) 점수 또한 정상 수준이므로 수검자의 수검 태도에 이상이 있는 것으로 볼 수 없다.

② 다만, L척도(부인 척도, Lie)와 K척도(교정 척도, Correction)에서 45T 미만의 비교적 낮은 점수는 수검자가 자신의 정신병리를 약간 과장한 것일 수 있음을 시사한다. 그러나 이 경우에도 과대보고에 민감한 F_P척도에서 이상반응이 나타나지 않았으므로, 그것이 비정상적인 상태라기보다는 도움을 요청하는 상태로 보이며, S척도(과장된 자기제시 척도, Superlative Self-presentation)에서의 낮은 점수가 수검자의 정신병리로 인한 주관적인 고통의 정도를 나타내 주고 있다.

(2) 임상 프로파일 분석

고득점을 향한 심화해설

① 임상척도의 코드 유형(Code Type)에서는 척도 2 D(Depression, 우울증)와 척도 7 Pt (Psychasthenia, 강박증)가 다른 임상척도에 비해 유의미하게 높은 것으로 나타나고 있다. 특히 65T 이상(혹은 70T 이상)으로 상승하는 임상척도로서 가장 높은 2개의 척도를 하나의 상승 척도쌍으로 묶어 분석을 수행할 수 있다.

② 2-7 유형의 상승척도는 정신과 장면에서 흔히 볼 수 있는 것으로서, 불안과 긴장이 수반된 우울, 초조, 걱정, 예민함을 특징으로 한다. 특히 스트레스를 받는 경우 식욕부진, 불면증 등의 신체적인 증상을 호소하는데, 이는 환자의 만성적인 긴장상태를 반영한다. 완벽주의 성향으로 인해 사소한 문제에 집착하며, 자신의 결함에 대해 열등감과 죄책감을 느낀다. 또한 대인관계에 있어서 수동적·의존적인 양상을 보이며, 특히 다른 사람들로부터 보호적인 행동을 유도한다.

③ 정서적 고통의 척도(Distress Scales)로 불리는 척도 2와 척도 7의 상승은 환자가 정서적으로 어려움을 느끼고 다른 사람으로부터 도움을 받으려는 동기가 강함을 나타내므로, 치료에 대한 예후가 좋다. 그러나 그 상승이 80T 이상인 경우 단순히 심리치료만으로 도움을 주기는 어려울 수 있으므로, 심리치료를 시작하기 전에 약물치료가 선행되어야 한다.

④ 우울장애(Depressive Disorders), 불안장애(Anxiety Disorders), 강박장애(Obsessive Compulsive Disorder)의 진단이 가능하다.

전문가의 한마디

이 문제는 정확한 복원이 이루어지지 않아 문제에서 제시된 검사 점수에서 약간의 차이가 있을 수 있습니다. 2015년 1회 실기시험까지는 MMPI 원판을 적용한 문제가 출제되었으나, 이번 2015년 3회 실기시험에 처음으로 개정판인 MMPI-2를 적용한 문제가 출제되었습니다. MMPI-2는 기존 원판의 문제점을 개선하고 최신의 규준을 확보하여 새로운 문항과 척도들을 추가한 것입니다. 개발의 기본원칙에 따라 원판 MMPI의 기본 타당도척도 및 임상척도의 틀을 그대로 유지하고 검사 결과의 해석에 있어서 기존의 해석 내용들을 그대로 적용할 수 있도록 하였으나, 타당도척도를 보강하고 재구성 임상척도, 내용척도, 보충척도, 성격병리5요인척도(PSY-5 척도)를 추가하는 등 구성적인 측면에서 보다 진화된 모습을 보이고 있습니다. 이와 같은 변화는 채점 및 해석의 세부적인 측면에 있어서 기존 방식과의 약간의 차이를 유발합니다. 예를 들어, 일반적으로 MMPI 원판의 경우 70T 이상을 높은 점수로, 30T 이하를 낮은 점수로 간주하는 데 반해, MMPI-2의 경우 보통 65T 이상을 높은 점수로, 40T 이하를 낮은 점수로 간주합니다. 그리고 타당도척도의 해석에 있어서 개별척도들 간의 관계를 함께 고려하도록 강조하고 있으며, 임상 척도의 해석에 있어서 주로 65T 이상의 높은 점수에 초점을 두도록 하는 한편 40T 이하의 낮은 점수에 대해서는 가급적 보수적인 해석이 이루어지도록 하고 있습니다.

15 불안장애의 행동치료기법으로서 체계적 둔감법의 3단계 과정을 순서대로 쓰고 설명하시오.

6점 · 09, 10, 15, 18, 21, 23년 기출

※ 2023년 2회 11번 기출문제와 동일 또는 매우 유사하므로, 해당 해설을 참조하세요. ☞ 교재 151p

16 상담장면에서 '생산적인 경청'을 하는 상담자가 보이는 구체적인 태도를 5가지 쓰시오.

5점 · 06, 20, 23년 기출

※ 2023년 2회 6번 기출문제와 동일 또는 매우 유사하므로, 해당 해설을 참조하세요. ☞ 교재 141p

17 다음 보기의 사례를 읽고 물음에 답하시오. [6점]

> 올해 30세인 A씨는 지난 1년 전부터 주위 사람들을 비롯한 누군가가 자신을 감시하고 있고, 자신이 평소 하는 말이 언론을 통해 보도되고 있다며 몹시 불안해하고 있다. 또한 알아들을 수 없는 말들을 혼자 중얼거리는가 하면, 종종 문을 걸어 잠근 채 다른 사람들과 만나는 것을 거부하곤 하였다.

위의 사례에서 A씨는 조현병(Schizophrenia)의 증상들을 나타내 보이고 있다. 조현병의 양성 증상과 음성증상의 의미를 각각 설명하고, 위의 사례에서 두 증상에 해당되는 내용을 각각 구분하여 쓰시오.

(1) 양성증상(Positive Symptom)

고득점을 향한 심화해설

① 의 미
 망상, 환각, 환청, 와해된 언어나 행동 등 정상적인 기능의 과잉 혹은 왜곡을 반영한다. 보통 조현병(정신분열증)의 급성 일화 시 나타나는 것으로서, 정상인들에게서는 보이지 않는다.

② 사 례
 ㉠ 누군가 자신을 감시하고 있고, 자신이 평소 하는 말이 언론을 통해 보도되고 있다는 망상
 ㉡ 알아들을 수 없는 말들을 혼자 중얼거리는 등의 와해된 언어 혹은 행동

(2) 음성증상(Negative Symptom)

고득점을 향한 심화해설

① 의 미

정서적 둔마, 무논리증 또는 무언어증(언어의 빈곤), 무욕증(의욕의 저하), 대인관계의 무관심 등 적응적 기능의 결핍을 반영한다. 즉, 정상인들이 나타내는 적응적인 기능의 상실 혹은 감소를 의미한다.

② 사 례

문을 걸어 잠근 채 다른 사람들과의 만남을 거부하는 대인관계의 무관심(사회기술의 결핍)

전문가의 한마디 이 문제는 정확한 복원이 이루어지지 않아 실제 문제와 차이가 있을 수 있습니다. 참고로 조현병(정신분열증)의 양성증상과 음성증상에 관한 문제가 1차 필기시험에 다음과 같이 출제된 바 있습니다.

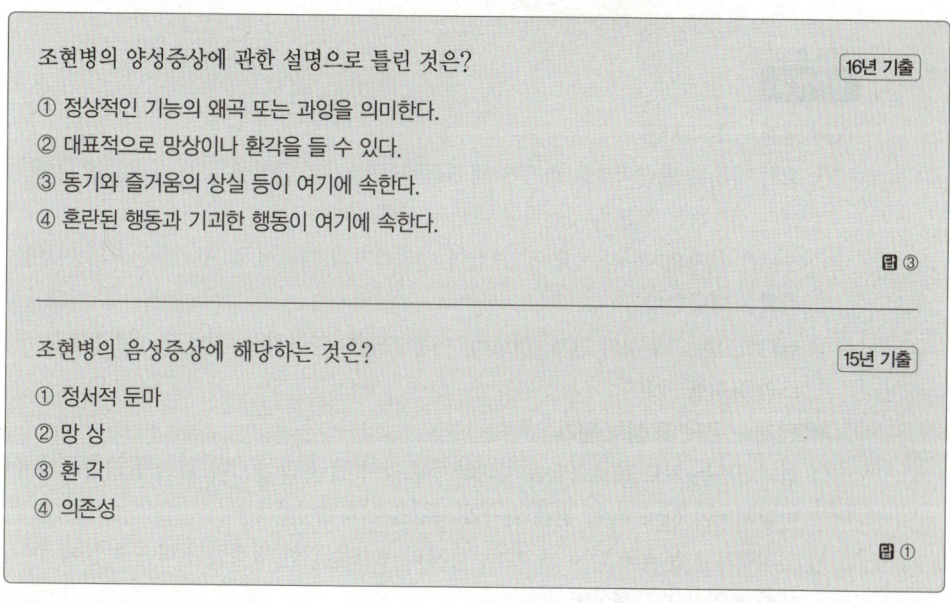

요컨대, 조현병 환자들에게서 나타나는 증상들을 '양성증상(Positive Symptom)'과 '음성증상(Negative Symptom)'으로 대별하는 경향이 있으나, 최근 임상장면에서는 그 두 가지 증상 구분에 '파과(破瓜)증상(Hebephrenic Symptom)'을 추가하여 삼분하는 경향이 있습니다. 파과증상(주의 : '파괴증상'이 아님)은 지각과 행동이 현실과 괴리가 있는 경우의 증상으로, 망상, 환각, 환청 등의 양성증상과 다른 양상을 보이는 분열증상, 비논리적·비체계적인 언어와 사고(와해된 언어 포함), 체계적이지 못한 행동 등을 포함합니다.

18 다음 보기는 심리치료의 일반적인 수행단계를 나타내고 있다. A에서 D까지 빈칸에 들어갈 내용을 각각 쓰시오. 4점

(A) ⇒ 문제 및 상황 평가 ⇒ (B) ⇒ 치료 실시 ⇒ (C) ⇒ 치료 종결 ⇒ (D)

고득점을 향한 심화해설

① 제1단계 – 초기 자문
  ㉠ 초기 자문은 일반적으로 환자가 왜 도움을 구하기로 결심했는지, 심리치료 경험으로부터 얻고자 희망하는 것은 무엇인지에 대해 논의한다.
  ㉡ 자문은 환자의 욕구, 목표 및 관심이 심리학자의 기술에 잘 부합하는지의 여부를 결정하는 기회를 제공한다.
  ㉢ 심리학자는 기밀성의 한계, 치료비, 이용 가능한 약속시간, 치료적 접근방법 등 전문적 서비스의 윤곽을 세운다.
② 제2단계 – 문제 및 상황 평가
  ㉠ 심리학자는 치료 프로그램을 계획하기에 앞서 진단 및 방향에 관한 합리적인 수준의 이해를 발달시켜야 하며, 이를 위해 환자와 상황을 파악해야만 한다.
  ㉡ 심리학자는 문제의 발생 및 지속, 문제의 해소를 위한 적절한 전략을 이끌어 주는 요인들에 대한 통찰을 획득해야만 한다.
  ㉢ 대다수의 전문가들은 치료 과정 전반에 걸쳐서 뿐만 아니라 치료 종결 후에도 치료 목표, 증상 및 서비스에 대한 만족을 정규적으로 평가함으로써 평가와 치료를 동시에 수행한다.
③ 제3단계 – 치료 목표 설정
  ㉠ 일단 문제의 본질에 대한 합리적인 수준의 이해가 확립되면 치료 목표의 설정이 이루어진다.
  ㉡ 치료 목표 설정은 공식적으로도 혹은 비공식적으로도 이루어질 수 있으나, 환자와 심리학자 모두 동일한 목표를 향해 작업할 수 있도록 각자의 마음에 있는 목표에 대해 이해하는 것이 중요하다.
  ㉢ 치료 목표가 설정되면 그에 도달하기 위한 치료계획의 윤곽이 잡혀져야 한다.

④ 제4단계 – 치료 실시
  ㉠ 치료 과정에서의 실제 치료는 치료 목표에 도달할 수 있다는 희망과 함께 제공된다.
  ㉡ 치료는 격주, 매주 혹은 매일의 회기로 진행될 수 있으며, 개인, 커플, 가족 혹은 집단을 단위로 이루어질 수 있다.
  ㉢ 치료 과정에서 상이한 이론적 접근이 사용될 수 있으며, 생물학적 중재, 심리적 중재, 사회적 중재 등이 수행될 수 있다.
⑤ 제5단계 – 치료 평가
  ㉠ 치료계획이 효과를 보이고 있는지 혹은 환자에게 보다 유용하도록 변경될 필요가 있는지를 결정하기 위해 치료 과정 동안 치료에 대한 평가가 요구된다.
  ㉡ 보통 치료시설들, 보험단체들의 경우 질문지, 점검표, 기타 도구들을 사용하여 정기적이고 공식적인 치료 평가를 수행하는 반면, 대다수의 심리학자들은 정기적인 회기 동안 환자들과 비공식적으로 치료 진행을 논의한다.
  ㉢ 치료는 평가에 기초하여 변경될 수 있는 것은 물론, 심지어 종결될 수도 있다.
⑥ 제6단계 – 치료 종결
  ㉠ 보통 심리치료는 치료 목표에 도달하게 될 때 종료되지만, 경우에 따라 환자의 재정적 제한이나 시간적 제한, 변화에 대한 저항, 심리학자의 변경이나 이동 등 다양한 요인들로 인해 조기에 종결되기도 한다.
  ㉡ 일반적으로 치료 종결 동안 심리치료의 진전에 관한 검토와 재발 전략에 관한 논의가 이루어진다.
  ㉢ 심리치료의 종결은 수개월 혹은 수년간 함께 긴밀히 작업을 수행한 환자와 치료자 모두에게 어려울 수 있다.
⑦ 제7단계 – 추적 회기
  ㉠ 치료 종결 이후 종종 치료 과정 동안 성취된 변화들이 잘 유지되고 있는지를 확인하기 위해 추적 회기가 계획되거나 환자에게 제공된다.
  ㉡ 환자의 진전을 검토하고 후에 발생하는 문제를 다루기 위해 정기적인 효능촉진(Booster) 회기가 계획될 수 있다.
  ㉢ 추적 회기는 환자에게 치료의 연속감을 제공하며, 집중적인 치료 후에 오는 종결의 급작스러움을 경감시켜 줄 수 있다.

전문가의 한마디 심리치료의 단계는 교재마다 다양하게 제시되고 있으나, 여기서는 문제의 보기에 7단계를 전제로 일부 단계들을 제시하고 있으므로, 비교적 정확한 정답이 있다고 볼 수 있습니다. 따라서 문제 해설에 제시된 심리치료의 7단계 수행 과정의 각 단계별 명칭들을 가급적 정확히 기억해 두시기 바랍니다.

19 병원의 정신과나 정신건강복지센터(구 정신보건센터)에서 환자를 평가하기 위해 면담할 때 일반적으로 유의해서 보아야 하는 사항을 2가지 쓰고 각각에 대해 설명하시오. 6점 23년 기출

고득점을 향한 심화해설

※ 2023년 3회 3번 기출문제와 동일 또는 매우 유사하므로, 해당 해설을 참조하세요. ☞ 교재 171p

20 다음 보기의 신경심리검사들이 평가하는 인지기능 영역을 쓰시오. 2점 20년 기출

> Contrasting Program / Go-No-Go Test / Fist-Edge-Palm / Alternating Hand Movement / Alternating Square and Triangle / Luria Loop / Controlled Oral Word Association Test(COWAT) / Korean-Color Word Stroop Test(K-CWST)

고득점을 향한 심화해설

※ 2020년 2회 20번 기출문제와 동일 또는 매우 유사하므로, 해당 해설을 참조하세요. ☞ 교재 371p

제○○회 임상심리사 2급 2차 실기시험 답안지

| 시험과목 | |

답안지 작성 시 유의사항

1. 답안지는 **총20쪽**(표지제외, 양면사용)이며 교부받는 즉시 페이지번호, 매수 등 이상여부를 반드시 확인하여야 하며 1매라도 분리하거나 훼손하여서는 안 됩니다. **(1인 1부만 지급)**
2. 답안지를 받는 즉시 표지의 "**시험회차**", "**1쪽**" 상단의 "**수험번호**", "**성명**"을 정확하게 기재하여야 합니다.
3. 답안 작성 시에는 문제번호 순서에 관계없이 답안을 작성하여도 무방하나, **반드시 문제번호 및 문제를 기재**하여야 합니다. (문제가 긴 경우에는 요약 기재 가능)
4. 답안은 가로쓰기로 작성하여야 하며, 주어진 **네모박스 안**에만 기재하여야 합니다.
5. 수험자 인적사항 및 답안작성은 반드시 **검정색** 또는 **청색필기구** 중 한 가지 필기구만을 계속 사용하여야 하며 **연필, 굵은 사인펜, 칼라펜** 등으로 작성된 해당문항은 0점 처리됩니다.
6. **답안 정정 시에는 정정할 부분을 두 줄(=)로 긋고**(횟수제한 없음) 그 위에 수정할 내용을 다시 기재합니다. (수정테이프, 수정액 사용불가)
7. 답안지에 답안과 관련 없는 **특수한 표시**를 하거나, **특정인임을 암시**하는 답안은 **0점** 처리됩니다.
8. 답안지는 **페이지 순으로 작성(양쪽면 활용)**하시기 바라며, 전문용어는 원어로 기재하여도 무방합니다.
9. 각 문제의 답안작성이 끝나면 바로 옆에 "**끝**"이라고 쓰고, 다음 문제는 두 줄을 띄워 기재하여야 하며, 최종 답안작성이 끝나면 줄을 바꾸어 중앙에 "**이하여백**"이라고 써야 합니다.
10. 수험자는 시험시간이 종료되면 즉시 답안작성을 멈춰야 하며, 감독위원의 답안지 **제출요구**에 불응할 때에는 **당회 시험을 무효로 처리**합니다.
11. 시험문제, 답안지, 채점기준은 **일체 공개하지 않습니다**.

※부정행위처리규정은 뒷면 참조

| 비번호 | | ※ 비번호란은 수험자가 기재하지 않습니다.

한국산업인력공단

※**본 2차시험 답안지는 모의샘플 답안지로 세부사항은 실제 답안지와 차이가 있을 수 있습니다.**

답안지 작성 시 유의사항

다음과 같은 행위를 한 수험자는 ○○○국가자격시험의 부정행위자로 처리하고 당회 시험을 무효로 합니다.

1. 시험 중 다른 수험자와 시험과 관련된 대화를 하는 행위
2. 답안지를 교환하는 행위
3. 시험 중에 다른 수험자의 답안지 또는 문제지를 엿보고 자신의 답안지를 작성하는 행위
4. 다른 수험자를 위하여 답안을 알려주거나 엿보게 하는 행위
5. 시험 중 시험문제 내용과 관련된 물건을 휴대하여 사용하거나 이를 주고받는 행위
6. 시험장 내외의 자로부터 도움을 받고 답안지를 작성하는 행위
7. 사전에 시험문제를 알고 시험을 치른 행위
8. 다른 수험자와 성명 또는 수험번호를 바꾸어 제출하는 행위
9. 대리시험을 치르거나 치르게 하는 행위
10. 그 밖에 부정 또는 불공정한 방법으로 시험을 치르는 행위

수험번호	성 명
감독확인	㉑

수험번호	성 명
감독확인	㊞

**2025 시대에듀 기출이 답이다 임상심리사 2급
2차 실기합격 한권으로 끝내기**

개정11판1쇄 발행	2025년 03월 05일 (인쇄 2025년 01월 15일)
초 판 발 행	2014년 08월 05일 (인쇄 2014년 06월 30일)
발 행 인	박영일
책 임 편 집	이해욱
편 저	이용석
편 집 진 행	박종옥 · 김희현
표지디자인	박종우
편집디자인	박지은 · 채현주
발 행 처	(주)시대고시기획
출 판 등 록	제 10-1521호
주 소	서울시 마포구 큰우물로 75 [도화동 538 성지 B/D] 9F
전 화	1600-3600
팩 스	02-701-8823
홈 페 이 지	www.sdedu.co.kr

I S B N	979-11-383-8612-8 (13180)
정 가	35,000원

※ 이 책은 저작권법의 보호를 받는 저작물이므로 동영상 제작 및 무단전재와 배포를 금합니다.
※ 잘못된 책은 구입하신 서점에서 바꾸어 드립니다.

12년간 15만 독자의 선택!
합격을 향한 로드맵, 시대에듀 임상심리사!

임상심리사 2급 1차
필기합격 단기완성

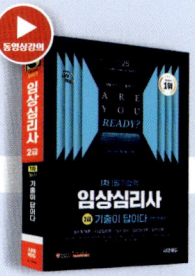

기출이 답이다 임상심리사
2급 1차 필기합격

임상심리사 2급 2차
실기합격 단기완성

핵심유형 100제 임상심리사
2급 1차 필기합격

기출이 답이다 임상심리사
2급 2차 실기합격

핵심유형 100제 임상심리사
2급 2차 실기합격

※ 도서의 이미지와 구성은 변경될 수 있습니다.
※ 개정판 준비 중입니다.

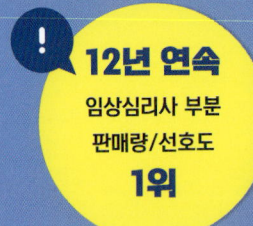

과목별 핵심이론부터 명쾌한 기출해설까지
한권으로 완성하는
시대에듀 임상심리사 시리즈

12년 연속 임상심리사 부분 판매량/선호도 **1위**

임상심리사 2급 1차 필기합격 단기완성

- 전과목 핵심이론 + 이론별 핵심예제
- OX퀴즈 + 전문가의 한마디로 빈틈없는 학습
- 최신 기출키워드 분석
- 2024년 제1회·제2회 필기시험 기출복원문제
- 유료 온라인 동영상 강의교재

임상심리사 2급 2차 실기합격 단기완성

- 전과목 핵심이론 + 이론별 기출복원예제
- OX퀴즈 + 전문가의 한마디로 빈틈없는 학습
- 최신 기출키워드 분석
- 2024년 제1회·제2회·제3회 실기시험 기출복원문제
- 유료 온라인 동영상 강의교재

※ 도서의 이미지와 구성은 변경될 수 있습니다.

➕ 시대에듀 임상심리사 2급 시리즈

- ✓ 임상심리사 2급 1차 필기합격 단기완성
- ✓ 기출이 답이다 임상심리사 2급 1차 필기합격
- ✓ 핵심유형 100제 임상심리사 2급 1차 필기합격
- ✓ 임상심리사 2급 2차 실기합격 단기완성
- ✓ 기출이 답이다 임상심리사 2급 2차 실기합격
- ✓ 핵심유형 100제 임상심리사 2급 2차 실기합격

합격을 위한 최고의 선택
상담심리사 합격도
역시 시대에듀에서!

상담심리사 한권으로 끝내기

- 상담심리사 대비 필수이론 기본서
- 실전대비 핵심문제 + 적중예상문제
- 시험 전에 보는 핵심요약 빨리보는 간단한 키워드 수록
- 부록 상담심리사 윤리강령

상담심리사 최종모의고사

- 상담심리사 및 관련 시험 대비
- 최종모의고사 4회 수록
- 중요한 문제만을 담은 부록 구성
- 키워드로 확인하는 핵심개념

※ 도서의 이미지와 구성은 변경될 수 있습니다.

도서 구매 및 상품 문의
www.sdedu.co.kr | 1600-3600